CHINA

中国税收研究报告

国家税务总局税收科学研究所/编

2010年

ZHONGGUO SHUISHOU YANJIU BAOGAO

中国财政经济出版社

图书在版编目（CIP）数据

中国税收研究报告.2010年/国家税务总局税收科学研究所编.—北京：中国财政经济出版社，2011.9

ISBN 978-7-5095-3074-0

Ⅰ.①中… Ⅱ.①国… Ⅲ.①税收管理-研究报告-中国-2010 Ⅳ.①F812.42

中国版本图书馆CIP数据核字（2011）第174053号

责任编辑：刘五书　　　　责任校对：李　丽
封面设计：邹海东

中国财政经济出版社出版

URL：http：//www.cfeph.cn

E-mail：cfeph@cfeph.cn

社址：北京市海淀区阜成路甲28号　邮政编码：100142

发行处电话：88190406　财经书店电话：64033436

北京财经印刷厂印刷　　各地新华书店经销

787×960毫米　16开　36.75印张　612 000字

2011年10月第1版　2011年10月北京第1次印刷

定价：98.00元

ISBN 978-7-5095-3074-0/F·2607

（图书出现印装问题，本社负责调换）

本社质量投诉电话：010-88190744

前　言

2010年，我所进一步落实国家税务总局领导关于加强税收科研工作的指示，紧密围绕国家税务总局中心工作，积极实施税收研究精品战略，取得了许多重要的税收研究成果。读者面前的这本文集，共收录了2010年发表的32篇税收研究报告，按照税制改革与经济发展、税收征管与纳税服务、税制比较与借鉴研究顺序排列。所选报告内容丰富，观点鲜明，较为集中地反映了当前经济运行和税收工作中的重点、焦点、热点问题的研究现状，充分表明全国税务系统税收科研水平的提高和税收科研工作取得的新成果。

本书由我所所长刘佐研究员担任主编，副所长、研究员靳东升、靳万军担任副主编，具体编辑工作由我所理论政策研究室主任石坚研究员、付广军研究员和陈文东副研究员承担。

虽然编辑者已经尽了很大努力，但是错误之处仍然在所难免，恳请读者批评指正。

在本书出版之际，我们谨向对税收科研工作给予大力支持的全国税务系统的领导和同志们，以及对本书的出版给予大力支持和帮助的中国财政经济出版社的领导和责任编辑，表示诚挚的谢意！

国家税务总局税收科学研究所

2011年6月

目 录

税制改革与经济发展

税收征管与纳税服务

税制比较与借鉴研究

税制改革与经济发展

税收分配在区域政府收入中应当有所作为

国家税务总局税收科学研究所课题组

政府收入，一般是指国家（政府）所筹集的各项收入，包括税收收入、公共收费、公债收入以及政府资产营运收入等等。其中，税收收入是政府最一般、最经常性收入。

政府收入是国民收入重要组成部分，有广义和狭义之分。广义政府收入，指政府全部收入，包括财政收入（又称财政预算收入）、预算外收入以及制度外收入①，是全口径政府可支配财力。狭义政府收入，仅包括政府财政收入，除制度外收入外，大体等于国家财政总收入或财政总支出。由于《中国统计年鉴》和《中国财政年鉴》中，只有财政收入统计数据较为详细，其他收入缺乏相应统计，除在本文特别说明外，政府收入是指狭义政府收入，亦即财政收入。

在现实经济生活中，政府收入统计和计算口径，一般有三种：小口径政府收入，仅包括财政收入；中口径政府收入，为小口径政府收入加上预算外收入；大口径政府收入，包括全部政府收入②。分析政府收入，理论上应采用全部政府收入（大口径），但由于一些政府收入不够规范，甚至可能是灰色收

① 其他收入，不仅包括土地出让金收入，还包括上级政府税收返还和转移支付等等。

② 一些学者将人口径政府收入分为三块：预算内收入、预算外收入、制度外收入。

入，数据不易取得。因此，本文分析时，我们主要采用小口径政府收入，主要是因为这部分资料可以方便地采集。有时也用到其他口径，或者其他政府收入数据，但会加以说明。

政府收入（小口径）=财政收入

政府收入（中口径）=财政收入+预算外收入

政府收入（大口径）=财政收入+预算外收入+制度外收入①

按照《中国财政年鉴》统计，政府财政收入（简称财政收入）由税收收入和非税收入②组成。

一、中国政府收入制度演变及构成分析

从政府收入发展格局来看，新中国成立以来大体可以分为三个阶段。

（一）以统收统支为主要特征阶段（1950—1977 年）

这一阶段，属于计划经济体制下政府收入管理体制，其基本特征是“计划管理、统收统支”。在政府收入形式上，主要是国有企业上缴收入（主要表现为上缴利润）和各项税收。在 1950 年至 1977 年全部财政预算内收入中，国有企业上缴收入约占全部政府收入的 51.6%，已经超过税收收入，居于主要地位；各项税收收入占 47.1%；其他收入占 1.3%。政府收入中，除了财政预算内收入外，基本上没有预算外收入，更没有制度外收入。

在政府收入划分上，中央收入占全部收入的 50% 以上，有些年份甚至达到 70%。以统收统支为主要特征的政府收入体制，尽管在经济发展水平比较落后情况下，对集中财力、搞好重点建设起到了一定积极作用，但总体上可以说是一个僵化的、没有活力的、缺乏效率的体制，是一个主观性较浓、不符合经济发展规律的体制。

（二）以财力分散为主要特征阶段（1978—1993 年）

这个时期，在改革开放、搞活经济、发展有计划商品经济指导思想下，财政改革走了一条“放权让利、财政包干”的路子，于是，政府收入体制呈现出财力分散的总体特征。

在政府收入管理上，打破了计划经济体制下收支计划管理格局，实行预算

① 分税制改革前一些学者称为制度外收入（也有人称为体制外收入）。此部分无法详细统计，虽有学者作过计算，但权威性不够。

② 按照《中国财政年鉴》，预算内非税收入主要包括国有资产经营收益、国有企业计划亏损补贴、行政性收费收入、罚没收入、使用费收入、专项收入和其他收入。

内、预算外收入分别管理的办法。预算内收入，实行“利改税”，通过权力机关立法或者行政机关授权立法实施管理；预算外收入，有些是中央部委颁布部门规章管理，有些是省、市、县政府通过行政命令管理。在政府收入形式上，预算内收入主要体现为各项税收收入，预算外收入主要体现为各种收费。以1992年为例，当年预算内收入3483.37亿元，其中，税收收入占94.6%，企业上缴收入占1.7%，国家能源交通重点建设基金、国家预算调节基金、教育费附加和其他收入占18.9%；当年预算外收入为3854.92亿元，为预算内收入1.1倍，超过了预算内收入。其中，行政事业单位收入占23%，地方财政统筹占2.4%，国有企业和主管部门收入占74.6%①。

这里，政府收入还不包括乡镇、街道自筹统筹收入和单位部门乱收费。当然，从实质意义上讲，这部分收入应为政府收入，因其基本处于失控状态，没有数据记载，只能称为制度外收入。从政府收入形式看，这个时期财力分散，已经到了无法再乱下去的地步了。

在政府收入划分上，这一时期，预算内收入体制变动非常频繁：1978年至1979年，试行固定比例包干；1980年至1984年，实行“分灶吃饭”，即“划分收支、分级包干、5年不变”；1985年至1987年，实行“划分税种、核定收支、分级包干”；1988年至1993年，继续实行“划分税种、核定收支、分级包干”。但是，分省实行了不同包干办法，例如，收入递增包干、总额分成、总额分成加增长分成、上解递增包干、定额上解、定额补助等等。由于递增比例、上解比例、分成比例等等，各不相同，几乎一个省就有一个体制。这种收入划分，虽然一定程度上调动了地方积极性，但严重影响了政府特别是中央政府调控能力。预算内收入占国内生产总值（GDP）的比重，1992年下降到13.1%，中央收入占预算内收入的比重也下降到28.1%。对于预算外收入，基本上是“谁出政策、收入归谁”，对于中央确定的收费项目，也给地方较小比例的留成。1992年预算外收入中，中央占44.3%，地方占55.7%。对于制度外收入，基本上控制在各级、各部门手中，处于无序状态。

综合预算内、预算外收入分析，政府收入占GDP比重，1992年为27.6%，与计划经济时期相比并无明显下降，关键是财力分配发生了重大变化，中央收入占全部收入的比重（包括预算内和预算外）下降为36.7%。以财力分散为主要特征时期的政府收入体制，对于打破计划财政的坚冰、调动各

① 资料来源：《中国财政年鉴1993年》，中国财政杂志社，1993年。

方面积极性、搞活经济等都起到了重要作用。但这一时期政府收入体制变化过频、无序失范，负面影响日渐凸显，迫切需要进行调整和完善。

（三）以分税制为主要特征阶段（1994 年至今）

面对政府收入体制混乱、中央调控能力不断下降这种局面，中央政府决定采取措施改革政府收入管理体制。1993 年分税制财政管理体制改革，按照“统一税法、公平税负、简化税制、合理分权”这一指导思想，重塑了国家税收制度。对预算外收支，明确收费立项权限，只有中央和省级人民政府有权确定收费项目及标准，省级各部门，市、县及乡镇均无权确定收费项目。中央、省两级也大力清理、取消了有关收费项目或者降低有关收费标准。在政府收入形式上，继续采取预算内、预算外两种体制，同时积极推进“费改税”，大力清理制度外收入。对于预算内收入，继续强化了税收在预算内收入中的主导地位，并将工商管理费等 13 项收费划入预算内管理。对于预算外收入，采取收支两条线管理，实行财政专户管理。进行了“费改税”试点，将车辆购置附加费改为车辆购置税，大力推进农村税费改革，取消乡村“三提五统”。经过清理调整，政府收入形式发生了重大变化。1996 年，预算内收入 7404.99 亿元，其中税收收入占 93.3%；预算外收入 3893.34 亿元，相当于预算内收入比重为 52.6%。1999 年，预算内收入 11444.08 亿元，其中税收收入占 93.3%；预算外收入 3385.17 亿元，相当于预算内收入比重为 29.6%，比 1996 年又下降 23 个百分点，预算对政府收入约束进一步得到强化，税收在政府收入中的主体地位相对更加突出。

在政府收入划分上，改变了财政包干办法，从 1994 年开始实行分税制。尽管分税制还有许多地方不够完善，但基本上实现了预期目标，在尽量不挫伤地方积极性情况下，提高了“两个比重”①，实现了中央改革预期。如果不考虑体制外收费，1999 年预算内、预算外收入占 GDP 的比重达 18%，比 1994 年提高了近 3 个百分点。1999 年预算内收入中，中央政府收入占 51.1%，比实行分税制前 1993 年提高 29.1 个百分点。预算外收入中，中央政府收入占 6.8%，比实行分税制前的 1993 年下降 6.6 个百分点。随着 2002 年起所得税收入分享改革，企业所得税由原来按隶属关系划分收入改为中央地方共享，个人所得税由地方收入改为共享收入，中央地方共享比例 2002 年为 5：5，2003 年 6：4，2004 年以后中央政府收入比重均在 52% 以上，2008 年预算内收入中

① 即财政收入占 GDP 的比重和中央财政收入占全国财政收入的比重。

中央政府收入占53.3%。

通过近几年清理调整，政府收入体制中一些突出问题得到了初步遏制，也进一步明确了政府收入体制发展方向。但从总体上讲，这一时期的政府收入体制，具有明显过渡性、双重性，是摆脱计划经济传统影响、克服计划经济向市场经济转轨混乱并向现代市场经济公共财政的过渡，既有计划财政旧体制痕迹，又有计划经济向市场经济转轨的新问题，也有按照市场经济公共财政框架建设的积极进展。

二、现行政府财政收入分配格局分析

（一）政府财政收入构成分析

1. 中国政府财政收入及构成分析。中国现行政府财政收入，主要由两部分构成：一是税收收入；二是非税收入（表1）。

表1　　中国政府财政收入及其构成表　　单位：亿元

项目＼年份		2004	2005	2006	2007	2008	2009
税收收入	绝对数	24165.68	28778.54	34804.35	45621.97	54223.79	59514.70
	占财政收入比重（%）	91.5	90.9	89.8	88.9	88.4	86.9
非税收入	绝对数	2230.79	2870.75	3955.85	5699.81	7106.56	8962.18
	占财政收入比重（%）	8.5	9.1	10.2	11.1	11.6	13.1
财政收入		26396.47	31649.29	38760.20	51321.78	61330.35	68476.88

注：1. 非税收入主要包括国有资产经营收益、国有企业计划亏损补贴、行政性收费收入、罚没收入、使用费收入、专项收入、其他收入。

2. 财政收入等于税收收入加上非税收入。

资料来源：2004—2008年数据，来自历年《中国财政年鉴》。2009年数据来自财政部网站。

从表1可以看出：

第一，税收收入占中国政府财政收入绝对比重，一般占90%左右，但是呈现逐年下降趋势，从2004年的91.5%下降为2009年的86.9%，下降了4.6个百分点。第二，非税收入在中国政府财政收入中所占比重较小，但呈现逐年上升趋势，非税收入占财政收入比重从2004年的8.5%上升到2009年的13.1%，上升了4.6个百分点。

2. 中国政府财政收入中中央与地方结构分析。在中国，政府分为不同层级①，政府财政收入是全国各层级政府财政收入的总和，税收收入也同样是全部各层级政府税收收入的总和。财政收入要在各个不同层级政府间划分，亦即进行财政收入分配（简称财政分配），税收收入也同样要在不同层级政府间划分，亦即进行税收收入分配（简称税收分配）。税收分配格局直接影响和决定着政府财政收入格局，同时也影响着政府财力大小。因此，其效率高低关系到政府有效履行公共服务职能的程度和质量（表2）。

表2　　中国政府财政收入中中央收入与地方收入结构表　　单位：亿元

项目 \ 年份		2004	2005	2006	2007	2008
财政收入		26396.47	31649.29	38760.20	51321.78	61330.35
其中：中央	绝对数	14503.10	16548.53	20456.62	27749.16	32680.56
	占财政收入比重(%)	54.90	52.30	52.80	54.10	53.30
其中：地方	绝对数	11893.37	15100.76	18303.58	23572.62	28649.79
	占财政收入比重(%)	45.10	47.70	47.20	45.90	46.70
税收收入		24165.68	28778.54	34804.35	45621.97	54223.79
其中：中央	绝对数	14166.09	16051.81	19576.14	26369.85	30968.68
	占税收收入比重(%)	58.60	55.80	56.20	57.80	57.10
其中：地方	绝对数	9999.59	12726.73	15228.21	19252.12	23255.11
	占税收收入比重(%)	41.40	44.20	43.80	42.20	42.90
非税收入		2230.79	2870.75	3955.85	5699.81	7106.56
其中：中央	绝对数	337.01	496.72	880.48	1379.31	1711.88
	占非税收入比重(%)	15.10	17.30	22.30	24.20	24.10
其中：地方	绝对数	1893.78	2374.03	3075.37	4320.50	5394.68
	占非税收入比重(%)	84.90	82.70	77.70	75.80	75.90

注：中央财政收入为本级收入，地方财政收入为地方本级收入，不包括中央税收返还和转移支付。
资料来源：历年《中国财政年鉴》。

从表2可以看出：

第一，在中国政府财政收入格局中，中央政府财政收入一般占大头，地方

① 在中国，政府分为五个层级，除中央政府外，地方政府分为省级（省、直辖市、自治区），地级（市、地区），县级（县、市、区）和乡级（乡、镇）。

政府本级财政收入占全部财政收入不到50%，这种格局近几年基本维持不变。第二，在中国政府税收收入格局中，中央政府税收收入（或称中央级税收）同样占大部分，地方政府税收收入（或称地方级税收）占小部分，而且这一比重低于地方政府财政收入占全部财政收入的比重。第三，在中国政府非税收入中，中央政府只占小部分，地方政府则占非税收入的绝大部分，特别是2004年地方政府非税收入占全部非税收入的84.9%，但是，中央政府非税收入占全部非税收入的比重呈现不断上升的趋势，从2004年的15.1%，上升到2008年的24.1%，5年间提高了9个百分点。

（二）中央政府、区域政府（省级）收入分配格局

在中国，政府包括中央政府和地方政府[①]，政府财政收入同样分为中央政府财政收入和地方政府财政收入，本文主要论述省级（区域）政府财政收入。下面我们分别分析中央政府和区域政府财政收入及其构成。

1. 中央政府财政收入及构成分析（表3）。

表3 **中央政府财政收入状况表** 单位：亿元

项目 \ 年份		2004	2005	2006	2007	2008
税收收入	绝对数	14166.09	16051.81	19576.14	26369.85	30968.68
	占财政收入比重（%）	97.70	97.00	95.70	95.00	94.80
非税收入	绝对数	337.01	496.72	880.48	1379.31	1711.88
	占财政收入比重（%）	2.30	3.00	4.30	5.00	5.20
财政收入		14503.10	16548.53	20456.62	27749.16	32680.56

注：中央政府财政收入为本级财政收入。

资料来源：历年《中国财政年鉴》。

从表3可以看出：

中央政府财政收入构成中，税收收入占绝对比重，一般高于90%，但呈现不断下降趋势，从2004年的97.7%下降为2008年的94.8%。非税收入占政府收入的比重很低，一般低于5%，但近年非税收入比重呈现上升趋势，从2004年的2.3%上升到2008年的5.2%，提高了2.9个百分点。尽管如此，总体上看，中央政府财政收入仍以税收收入为主，非税收入占很小部分。

---

① 地方政府包括省级以下政府。

2. 地方政府财政收入及构成分析（表4）。

表 4　　地方政府财政收入及构成表　　单位：亿元

项　目	年　份	2004	2005	2006	2007	2008
地方本级财政收入	绝对数	11893. 37	15100. 76	18303. 58	23572. 62	28649. 79
	占财政收入比重(%)	53. 30	56. 80	57. 50	56. 50	55. 50
其中:税收收入	绝对数	9999. 59	12726. 73	15228. 21	19252. 12	23255. 11
	占本级财政收入比重(%)	84. 10	84. 30	83. 20	81. 70	81. 20
	占财政收入比重(%)	44. 80	47. 90	47. 90	46. 20	45. 00
其中:非税收入	绝对数	1893. 78	2374. 03	3075. 37	4320. 50	5394. 68
	占本级财政收入比重(%)	15. 90	15. 70	16. 80	18. 30	18. 80
	占财政收入比重(%)	8. 50	8. 90	9. 70	10. 40	10. 40
中央税收返还和转移收入	绝对数	10407. 96	11484. 02	13501. 45	18137. 89	22990. 76
	占财政收入比重(%)	46. 70	43. 20	42. 50	43. 50	44. 50
地方财政收入合计		22301. 33	26584. 78	31805. 03	41710. 51	51640. 55

注：地方财政收入合计，为本级财政收入与中央税收返还和转移收入之和。

资料来源：历年《中国财政年鉴》。

从表 4 可以看出：

地方政府本级财政收入构成中，税收收入占较大比重，一般高于 80%，但呈现不断下降趋势，从 2004 年的 84. 1% 下降为 2008 年的 81. 2%。非税收入占财政收入比重呈现上升趋势，从 2004 年的 15. 9% 上升到 2008 年的 18. 8%。非税收入所占比重上升，表明地方政府财力仅靠税收收入已不能满足其实际需要，其不得不开辟新财源，非税收入和预算外收入项目成为其重要选择。

按照中国现行财政管理体制，地方政府财政收入，除本级外，还有中央对地方税收返还和转移支付，这两部分共同构成地方政府财政收入合计①。

地方政府财政收入构成中，本级财政收入占 55% 左右，且存在波动状态，从 2004 年的 53. 3% 上升到 2006 年的 57. 5%，又下降为 2008 年的 55. 5%。中央对地方税收返还和转移支付占地方政府财政收入的比重一般在 45% 左右，

① 地方政府财政收入构成其可支配财力。

且呈现出由高到低，再由低到高的曲线，从2004年的46.7%下降为2006年的42.5%，又上升为2008年的44.5%。显然，地方政府过度依赖中央政府税收返还和转移支付，这与地方政府承担了超额事权以及财力与事权不匹配有关。

在地方政府可支配（或可用）财力中，地方级税收收入只占不到一半，近一半来自中央政府税收返还和转移支付。也就是说，按照分税制体制分配给地方政府的本级税收收入，远远不能满足其履行事权所需财力。

我们认为，按照分税制，将属于地方本级税收收入（地方级收入）直接留给地方政府，是税收收入初次分配；通过中央政府集中税收收入（中央级收入），再由中央政府采用税收返还或者转移支付方式提供给地方政府，是税收收入再分配。

税收初次分配，因为没有中间环节，直接留给地方政府，不必经过任何环节，简捷快速，其效率要高；税收收入再分配，先集中到中央政府，由中央政府再按照不同方式转移给地方政府，由于存在很多中间环节和程序，其效率必然存在损失。关于税收分配与财政转移支付及其效率比较，我们将在后面详细论述。

通过以上各表分析，中国政府财政收入中，税收收入一般占大部分比重，但都存在不断下降趋势，非税收入所占比重存在上升趋势。这一现象必须引起高度关注。税收收入在政府收入中虽然占较大比重，但其在中央政府和地方政府中的地位是不同的，在中央政府收入中，税收收入一般占90%以上，有些年份甚至高于97.7%；在地方政府收入中一般在85%以下，而且呈现不断下降趋势，到2008年税收收入（包括共享税地方分享部分）占地方政府本级财政收入的比重仅为81.2%，占地方财政收入合计的45%。

由于地方政府承担事权繁多，其财力远远不能满足履行事权需要，为使其财力与事权匹配，中央政府不得不采用税收返还或者转移支付方式给地方政府以财力补助，这已成为现行分税制必须正视的主要问题。

（三）税收分配在区域政府财政收入中占比及地位

分税制只是在中央政府和省级政府之间较为完备，省以下还处于完善时期[①]。根据本课题研究需要，我们主要分析省级政府财政收入构成，为便于论

---

① 贾康认为：省以下四级地方政府之间没有进入分税制状态。参见贾康："地方政府作用与地方公共财政创新"，《财政研究简报》2010年第11期。

述，我们采用区域政府概念[①]。除台湾省外，中国尚有 31 个区域政府，我们不可能一一列举分析，根据分析需要和材料掌握情况，拟选择部分代表性区域政府财政收入及构成进行分析。

1. 东部区域代表——北京市政府财政收入及其结构分析（表5）。

表 5　北京市政府财政收入及其构成表　单位：亿元

项目＼年份		2004	2005	2006	2007	2008
地方本级财政收入	绝对数	744.49	919.21	1117.15	1492.64	1837.32
	占财政收入比重（%）	73.30	77.00	78.00	82.10	82.70
其中：税收收入	绝对数	726.50	886.13	1076.82	1435.67	1775.57
	占财政收入比重（%）	71.60	74.30	75.20	78.90	80.00
其中：非税收入	绝对数	17.99	33.08	40.33	56.97	61.75
	占财政收入比重（%）	1.80	2.80	2.80	3.10	2.80
中央补助收入	绝对数	202.44	197.77	229.37	248.94	275.52
	占财政收入比重（%）	19.90	16.60	16.00	13.70	12.40
地方财政收入合计		1015.26	1193.10	1432.73	1818.94	2220.33

注：1. 地方财政收入合计等于本级财政收入加上中央补助收入、国债转贷收入、国债转贷资金上年结余、上年结余收入、调入资金。

2. 本级财政收入等于税收收入加上非税收入。

资料来源：历年《中国财政年鉴》。

从表 5 可以看出：

在北京市财政收入格局中，2008 年来自税收分配的为 80.0%。由于政府财政收入不是全口径政府收入，没有包括预算外收入以及其他收入，例如土地出让收入等等。2009 年北京土地出让收入实际完成 928 亿元（含国有土地收益基金和农业土地开发资金），本级财政收入 2026.8 亿元（指一般预算收入，其中并不包含土地出让收入），土地出让收入为本级财政收入的 45.8%[②]。显而易见土地出让收入被单独列在政府基金项内，不与财政收入合并计算，如果加上土地出让收入，税收收入占全部政府收入的比重可能远远低于 70%。

① 本文如无特别说明，区域政府是指省级政府，区域政府收入是指省级政府收入。

② 2009 年北京市财政收入 2026.8 亿元，不含土地出让金，来源：中国政府网，2010 年 1 月 28 日。

2. 中部区域代表——河南省政府财政收入及构成分析（表6）。

表6　　河南省政府财政收入及其构成表　　单位：亿元

项目	年份	2004	2005	2006	2007	2008
地方本级财政收入	绝对数	428.78	537.65	679.17	862.08	1008.90
	占财政收入比重（%）	43.80	44.10	43.80	43.10	40.90
其中：税收收入	绝对数	307.12	365.67	471.80	625.02	742.27
	占财政收入比重（%）	31.40	30.00	30.40	31.20	30.10
其中：非税收入	绝对数	121.66	171.98	207.38	237.06	266.63
	占财政收入比重（%）	12.40	14.10	13.40	11.80	10.80
中央补助收入	绝对数	496.90	598.14	791.53	1053.33	1309.58
	占财政收入比重（%）	50.80	49.10	51.00	52.60	53.10
地方财政收入合计		978.12	1218.89	1551.41	2001.49	2465.99

注：1. 地方财政收入合计等于本级财政收入加上中央补助收入、国债转贷收入、国债转贷资金上年结余、上年结余收入、调入资金。

2. 本级财政收入等于税收收入加上非税收入。

资料来源：历年《中国财政年鉴》。

从表6可以看出：

在河南省财政收入格局中，本级财政收入占地方财政收入的比重不到50%，中央补助收入占地方财政收入的50%左右。也就是说，地方可用财力一半左右依赖中央政府支持。本级税收收入仅占地方财政收入的30%左右。由于财政收入只是政府收入的一部分，不是全口径政府收入，没有包括预算外收入及以外其他收入，例如土地出让收入等等，税收收入占全部政府收入的比重可能远远低于30%。

3. 西部区域代表——陕西省政府财政收入及其构成分析（表7）。

表7　　陕西省政府财政收入及其构成表　　单位：亿元

项目	年份	2004	2005	2006	2007	2008
地方本级财政收入	绝对数	214.96	275.32	362.48	475.24	591.47
	占财政收入比重（%）	34.80	35.60	37.60	38.00	36.40

续表

项目 \ 年份		2004	2005	2006	2007	2008
其中：税收收入	绝对数	168.99	206.62	273.16	355.50	455.60
	占财政收入比重（%）	27.40	26.70	28.30	28.40	28.00
其中：非税收入	绝对数	45.97	68.70	89.32	119.74	135.87
	占财政收入比重（%）	7.40	8.90	9.30	9.60	8.40
中央补助收入	绝对数	348.55	386.77	466.70	634.80	820.84
	占财政收入比重（%）	56.50	50.00	48.40	50.80	50.30
地方财政收入合计		617.24	772.82	964.18	1249.84	1624.42

注：1. 地方财政收入合计等于本级财政收入加上中央补助收入、国债转贷收入、国债转贷资金上年结余、上年结余收入、调入资金。

2. 本级财政收入等于税收收入加上非税收入。

资料来源：历年《中国财政年鉴》。

从表 7 可以看出：

在陕西省财政收入格局中，本级财政收入占地方财政收入的 35% 左右，中央补助收入占 50% 以上；本级税收收入占地方财政收入的 27% 左右，非税收入占地方财政收入的 9% 左右。显然，地方政府可用财力只有不到三分之一来自税收分配。由于财政收入不是全口径政府收入，没有包括预算外收入及以外其他收入，例如土地出让收入等等，税收收入占全部政府收入的比重可能会更低。

通过对以上三个区域性代表省市财政收入格局分析，可以得出以下结论：地方政府如果全面履行事权，仅仅按照分税制取得税收收入远远不够，不得不依赖于中央政府转移支付，经济不发达区域情况更加明显，问题更加突出。

（四）区域政府财政收入主要构成分析

1. 税收收入在区域政府财政收入构成分析。按照分税制体制，地方政府本级税收收入直接构成地方财政收入，地方财政收入除本级收入外，还有一部分是中央税收返还和转移支付。我们主要研究税收分配在地方财政收入中所起的作用。因此，地方政府税收收入是指地方政府本级税收收入，分析税收分配就要分析税收收入在地方政府财政收入中所占比重，比重越高，说明税收分配占有重要地位，所起作用越大（表 8）。

表 8　　部分区域政府税收收入占地方财政收入比重表　　单位:%

区域名称 \ 年份	2004	2005	2006	2007	2008
北京	71.6	74.3	75.2	78.9	80.0
山西	32.3	35.5	30.6	33.8	35.7
内蒙古	22.7	26.3	27.6	26.8	27.9
辽宁	33.7	36.2	37.8	39.8	40.9
河南	31.4	30.0	30.4	31.2	30.1
湖北	30.4	29.7	27.5	27.5	26.7
广东	49.5	52.8	56.6	58.9	58.8
广西	27.8	26.5	25.4	23.7	22.9
重庆	29.5	29.2	28.5	29.6	27.6
贵州	24.2	24.5	25.5	23.7	22.1
陕西	27.4	26.7	28.3	28.4	28.0
甘肃	20.6	19.2	19.2	18.9	15.0

资料来源：历年《中国财政年鉴》。

从表 8 我们可以看出，不同区域政府财政收入合计中，税收收入所占比重并不相同，而且差异很大。经济发达区域，其税收收入占地方政府财政收入的比重较高，例如 2008 年，北京市税收收入占地方财政收入的比重高达 80.0%，广东省税收收入占地方财政收入的比重为 58.8%。经济欠发达区域，其比重较低，例如 2008 年，甘肃省地方级税收收入占地方财政收入的比重仅为 15.0%，其他地方也多在 24% 至 40% 之间。

也就是说，地方政府所需财力，仅靠地方级税收收入远远不能满足，越是欠发达区域其缺口越大，如何实现地方政府所需财力呢？目前，合法出路只有一个，由上级政府提供保障。

下面分析中央政府对区域政府财政转移支付问题。

2. 中央转移支付占区域政府财政收入比重分析。中央政府财政转移支付资金，从本质上说，也大部分是税收收入。按照现行分税制，中央政府集中中央级税收收入，加上其他财政收入，构成中央政府财政资金，由中央政府统一运用到各项财政支出项目上，其中部分资金用于财政转移支付，这部分转移支付资金就形成了地方政府财政收入其中一项来源，成为地方政府财政收入的重要组成部分（表 9）。

表9　部分区域中央政府转移支付占地方财政收入比重表　单位:%

区域名称＼年份	2004	2005	2006	2007
北京	19.9	16.6	16.0	13.7
山西	48.6	41.8	37.4	40.5
内蒙古	61.4	52.5	51.9	50.7
辽宁	39.2	36.0	37.3	35.9
河南	50.8	49.1	51.0	52.6
湖北	51.5	48.6	50.3	50.5
广东	23.0	16.9	16.2	14.3
广西	51.6	49.6	50.2	52.1
重庆	48.3	43.9	44.4	41.3
贵州	60.8	59.4	59.6	63.3
陕西	56.5	50.0	48.4	50.8
甘肃	69.9	65.0	66.9	68.2

资料来源：历年《中国财政年鉴》。

由表9可以看出，在地方财政收入中，中央财政转移支付在各区域地方财政收入中所占比例是不同的。经济发达区域，中央财政转移支付所占比重较低，例如2007年，北京市地方财政收入中，中央政府转移支付仅占13.7%；经济欠发达区域，中央财政转移支付所占比重较高，例如2007年，甘肃省地方财政收入中，中央政府转移支付所占比重高达68.2%。

区域政府财力（财政预算收入）主要有三个来源：一是税收收入；二是非税收入；三是中央税收返还和补助收入，而且这部分占四成以上，已成为地方政府财力不可或缺的重要来源。不同区域，这三部分构成比例也有所不同，发达区域税收收入所占比重高些。例如2007年，北京税收收入占财政收入的78.9%，广东税收收入占财政收入的58.9%；欠发达区域税收收入所占比重较低，例如2007年，甘肃税收收入仅占财政收入的18.9%，因此主要依靠中央补助收入（为512.30亿元，占财政收入的68.2%）。

也就是说，经济越不发达区域，其地方财力越匮乏，越需要税收返还或者财政转移支付，越依赖中央政府支持。

三、税收分配与财政分配基本结构分析

（一）纵向税收分配——上下级政府之间（表10）

表 10　　中央、地方税收收入分配状况表　　单位：亿元

项　目		2004	2005	2006	2007	2008
税收收入		24165.68	28778.54	34804.35	45621.97	54223.79
其中：中央	绝对数	14166.09	16051.81	19576.14	26369.85	30968.68
	占税收收入比重（%）	58.60	55.80	56.20	57.80	57.10
其中：地方	绝对数	9999.59	12726.73	15228.21	19252.12	23255.11
	占税收收入比重（%）	41.40	44.20	43.80	42.20	42.90

资料来源：历年《中国财政年鉴》。

从表 10 可以看出：从 2004 年至 2008 年中央政府本级税收收入占全部税收收入的比重看，基本保持在 55% 以上；地方政府本级税收收入占全部税收收入的比重，基本在 45% 以下。也就是说，中央政府税收收入已在税收收入中占绝对“大头”。这样，一方面，中央政府拥有足够财力保障，有利于实施宏观调控；另一方面，由于地方政府税收收入仅占全部税收收入的“小头”，缺乏充足财力，难以完整履行事权，必然依靠中央财力支持。

（二）横向税收分配——同级区域政府之间

在中国，由于不同区域政府都隶属中央政府，它们之间是平行关系，不存在领导和被领导关系，也不存在隶属关系。按照分税制，一般来说并不存在区域政府之间税收分配，但是由于存在跨区经营以及区域之间税收转移现象，区域之间税收分配不仅存在，而且分配不均衡现象十分严重。但在现有体制和制度下，由于无法取得真实、可靠的数据，同时也缺乏科学、合理的方法，要想完全精确计算出横向税收分配情况，几乎没有可能。

但是，我们可以通过不同区域本级财政收入中税收收入占全部税收收入的比重与不同区域 GDP 占全部 GDP 比重比较分析，大体看出区域横向税收分配状况是否合理（表 11）。

表 11　　2008 年部分区域横向税收分配状况表　　单位：亿元

区域名称	税收收入 绝对数	税收收入 比重（%）	GDP 绝对数	GDP 比重（%）	百元 GDP 含税量（元）
北京	1775.58	7.6	10488.03	3.5	16.9
山西	566.49	2.4	6938.73	2.3	8.2
内蒙古	464.45	2.0	7761.80	2.6	6.0

续表

区域名称 \ 项目	税收收入		GDP		百元 GDP 含税量（元）
	绝对数	比重（%）	绝对数	比重（%）	
辽宁	1017.10	4.4	13461.57	4.5	7.6
河南	742.27	3.2	18407.78	6.1	4.0
湖北	537.21	2.3	11330.38	3.8	4.7
广东	2864.79	12.3	35696.46	11.9	8.0
广西	346.49	1.5	7171.58	2.4	4.8
重庆	360.29	1.5	5096.66	1.7	7.1
贵州	260.80	1.1	3333.40	1.1	7.8
陕西	455.60	2.0	6851.32	2.3	6.6
甘肃	162.80	0.7	3176.11	1.1	5.1
全国合计	23255.11	100.0	300670.00	100.0	7.7

注：百元 GDP 含税量是指地方级税收收入含量。

资料来源：历年《中国财政年鉴》。

从表11可以看出，2008年北京市地方级税收收入1775.58亿元，占全国地方级税收收入的7.6%，国内生产总值10488.03亿元，占全国GDP的3.5%。北京市地方级税收收入份额，远远高于其经济总量占全国经济总量的份额。北京市百元GDP地方级税收收入含量表明，北京市100元GDP可为地方政府提供16.9元地方级税收收入，全国GDP平均却只能提供7.7元地方级税收收入。初步结论就是，在区域之间税收收入分配中，北京市得到了更多利益。

同样，我们可以得出在横向税收分配中，由于分税制设计缺陷，造成不同区域政府所得税收收入迥然有异，分配不公平显而易见。经济越发达，其获得本级税收收入越多；反之，其所获得本级税收收入则越少。

（三）财政转移支付——上级政府对下级政府补助收入

1994年实行分税制后，中央政府为了均衡区域间财力差距，促进区域基本公共服务均等化，在保留改革前财政结算及专项补助等转移支付项目的同时，逐步建立和完善了政府间财政转移支付制度。目前，中央对地方财政转移支付制度体系由一般性转移支付[①]和专项转移支付两部分构成。2009年，中央

① 2008年以前此部分称为财力性转移支付。

对地方转移支付 23679.03 亿元，比上年增加 4970.43 亿元，增长 26.6%。

1. 一般性转移支付。指中央政府按照规范办法给予区域地方政府资金补助。旨在弥补财力薄弱区域财力缺口，均衡区域间财力差距，实现区域间基本公共服务均等化。一般性转移支付资金由地方统筹安排，不需地方财政配套。目前，一般性转移支付包括均衡性转移支付、民族地区转移支付、县乡基本财力保障机制奖补资金、调整工资转移支付、农村税费改革转移支付等等。2009 年，中央给予区域政府一般性转移支付 11319.89 亿元，比上年增加 2573.68 亿元，增长 29.4%。

2. 专项转移支付。指中央财政为实现特定宏观政策及事业发展战略目标以及对委托地方政府代理事务进行补偿而设立的补助资金。地方财政需按规定用途使用资金，重点用于教育、医疗卫生、社会保障、支农和其他指定公共服务领域。2009 年，中央对地方专项转移支付 12359.14 亿元，比上年增加 2396.75 亿元，增长 24.1%（表 12）。

表 12　　中央对地方税收返还和转移支付情况表　　单位：亿元

项　　目	2007 年	2008 年	2009 年
中央对地方转移支付	13991.23	18708.60	23679.03
一般性转移支付	7092.90	8746.21	11319.89
专项转移支付	6898.33	9962.39	12359.14
中央对地方税收返还	4121.22	4282.16	4942.27
中央对地方税收返还和转移支付	18112.45	22990.76	28621.30

注：1. 为简化中央与地方财政结算关系，从 2009 年起，将地方上解与中央对地方税收返还进行对冲处理，2008 年对地方税收返还相应作出同口径调整。

2. 从 2009 年起，将原财力性转移支付更名为一般性转移支付，将原一般性转移支付更名为均衡性转移支付。

资料来源：http://www.jrj.com，财政部网站，2009 年 3 月 20 日。

1994 年，现行中央财政转移支付制度建立之初，中央对地方转移支付仅为 550 亿元。2007 年，地方本级财政支出 38120.36 亿元，中央对地方转移支付 13991.23 亿元，地方本级支出的 36.7% 来源于中央财政转移支付，其中中西部地区本级支出的 54.1% 来源于中央财政转移支付①。2008 年，中央对地方转移支付 18663 亿元，占地方财政总支出的比重为 38%，其中中西部地区财政支出平均 54.4% 的资金来源于中央财政转移支付②。

以上分析表明，中央对地方转移支付已成为地方财政收入的主要来源，作为财政分配的一种方式，其分配力度已经超过税收分配，成为地方政府财力第一大来源。

（四）财政分配（财政收入分配）

财政收入，包括税收收入、转移支付、非税收入，是政府可支配财力的重要组成部分，它通过税收收入和非税收入集中到各级政府，形成各级政府本级财政收入。与此对应，财政分配，分为税收分配、转移支付。在中国现行分税制下，区域政府其财政收入除本级收入外，还有来自中央政府财政转移支付。这样，区域政府可支配财力有三个来源：税收收入、非税收入和转移支付。按照分税制，税收收入在各级政府间划分，称为税收分配；非税收入不属于分税制范畴，各级政府自行决定收入征集和使用，不存在分配问题；中央通过转移支付方式分配给地方政府财政资金，称为转移支付分配。它们同属于财政资金或财政收入在不同政府间划分，与税收分配类似，都属于财政分配范畴。

现在我们需要探讨税收分配与转移支付方式两种分配方式效率问题。

从整个政府财政收入看，财政收入主要来自税收收入，但是税收收入在中央政府和地方政府分配格局是不同的，中央政府拿走了较大比例，形成中央政府财政资金，当然这些中央财政可支配资金，并不是全部用于中央政府事权支出上，相当一部分又通过转移支付方式回流到区域政府，形成区域政府可支配财力。

现在关键问题是，究竟是大部分税收收入在税收环节直接留在地方政府，还是先通过税收方式集中到中央政府，然后再通过财政转移支付方式返还给区域政府？我们认为，转移支付不仅必要，而且必须。建立以税收收入分配为主，转移支付为辅的政府收入分配体制应是中国政府间分配体制之主要内容。当前，税收分配没有起到应有作用，区域政府收入主要依靠转移支付，而且转

---

① 财政部：“关于 2007 年中央和地方预算执行情况与 2008 年中央和地方预算草案的报告”，《中国财政年鉴 2008 年》。

② 郭庆旺：“从中央财政转移支付视角看 2009 年预算报告”，《中国财政》2009 年第 9 期。

移支付既有一般性转移支付①，又有专项转移支付。这种体制，不大符合分税制本意和原理，不利于调动中央和地方两个积极性，对发展市场经济不利。

四、部分国家财政收入结构分析

在大多数国家，政府收入大部分来自税收收入，同时辅之以少量规费和罚没收入。此外，国债发行主要是为了偿还债务本金和弥补财政赤字（表13）。

表13　　部分国家政府税收收入占财政收入比重表

国别	年份	计量单位	财政收入	其中：社保收入	财政收入（不含社保收入）	税收收入	
						绝对数	占比（%）
阿根廷	2004	亿比索	1316.39	134.81	1181.58	1024.97	86.70
澳大利亚	2007	亿澳元	3897.28		3897.28	3197.75	82.10
加拿大	2007	亿加元	6343.20	799.30	5543.90	4529.80	81.70
埃及	2007	埃及镑	2056.55		2056.55	1143.26	55.60
芬兰	2007	亿欧元	947.10	216.24	730.86	553.68	75.80
法国	2007	亿欧元	9403.60	3409.10	5994.50	5063.50	84.50
德国	2007	亿欧元	10647.30	3998.70	6648.60	5805.00	87.30
希腊	2007	亿欧元	911.77	318.27	593.50	459.84	77.50
意大利	2007	亿欧元	7162.30	2047.70	5114.60	4598.90	89.90
日本	2006	亿日元	1786520.00	553240.00	1233280.00	924270.00	74.90
新西兰	2007	亿新元	710.89	1.01	709.88	595.40	83.90
俄罗斯	2007	亿卢布	157983.00	20086.00	137897.00	89733.00	65.10
南非	2007	亿南非兰特	7385.06	118.56	7266.50	6066.24	83.50
泰国	2007	亿泰铢	17887.00	798.00	17089.00	14733.00	86.20
英国	2007	亿英镑	5842.77	1161.92	4680.85	4111.57	87.80
美国	2007	美元	47506.00	9651.00	37855.00	29801.00	78.70
越南	2004	亿越南盾	1792920.00		1792920.00	1534720.00	85.60

注：为保持可比性，财政收入不含社保收入，税收收入占扣除社保收入后财政收入的比重。

资料来源：Internation Monetary Fund：Government Finance Statistics Yearbook 2008.

① 原来称为财力性转移支付，原来的一般性转移支付改称为均衡性转移支付，均衡性转移支付占一般性转移支付的较大部分，2009年占34.4%。

无论是发达国家，还是发展中国家，多数国家税收在政府收入中都占有较高比重。发达国家政府收入中，税收收入一般在80%以上，发展中国家政府收入中税收比重稍低一些，但也在70%以上。只有少数国家，例如埃及，税收收入占政府财政收入的55.6%，其他收入占42.6%；俄罗斯税收收入占政府财政收入的65.1%（表14）。

表14　　部分国家中央政府税收收入占财政收入比重表

国别	年份	计量单位	财政收入	其中：社保收入	财政收入（不含社保收入）	税收收入	
						绝对数	占比（%）
阿根廷	2004	亿比索	814.28	134.81	679.47	635.54	93.50
澳大利亚	2007	亿澳元	2879.35		2879.35	2619.83	91.00
加拿大	2007	亿加元	3013.60	640.30	2373.30	2176.00	91.70
芬兰	2007	亿欧元	707.35	216.01	491.34	389.13	79.20
法国	2007	亿欧元	7987.80	3404.10	4583.70	4131.30	90.10
德国	2007	亿欧元	6955.40	3821.00	3134.40	2869.90	91.60
希腊	2007	亿欧元	891.00	318.27	572.73	454.51	79.40
意大利	2007	亿欧元	5823.90	2035.50	3788.40	3571.20	94.30
韩国	2007	亿韩元	2396280.00	362040.00	2034240.00	1614590.00	79.40
新西兰	2007	亿新元	658.59	1.01	657.58	562.07	85.50
波兰	2007		3870.63	1404.22	2466.41	2152.68	87.30
俄罗斯	2007	亿卢布	104159.00	20040.00	84119.00	55029.00	65.40
新加坡	2007	亿新加坡元	524.95		524.95	349.61	66.60
南非	2007	亿南非兰特	6390.36	118.56	6271.80	5796.76	92.40
泰国	2007	亿泰铢	16594.00	798.00	15796.00	13744.00	87.00
英国	2007	亿英镑	5321.39	1128.14	4193.25	3875.61	92.40
美国	2007	美元	26916.00	9818.00	17098.00	15398.00	90.10

注：为保持可比性，财政收入扣除了社保收入，税收收入占扣除社保收入后财政收入的比重。

资料来源：Internation Monetary Fund：Government Finance Statistics Yearbook 2008.

世界上大多数国家，中央政府财政收入主要是税收收入，发达国家一般在90%以上，例如2007年，美国联邦政府财政收入中，税收收入占90.1%；德国联邦政府财政收入中，税收收入占91.6%；法国中央政府财政收入中，税收收入占90.1%。只有极个别国家中央政府财政收入中税收收入所占比重较低，例如俄罗斯联邦政府财政收入中，税收收入仅占65.4%（表15）。

表 15　　部分国家区域政府税收收入占财政收入比重表

国别	年份	计量单位	财政收入	转移支付		税收收入	
				绝对数	占比（%）	绝对数	占比（%）
阿根廷	2004	亿比索	562.07	105.51	18.8	387.22	68.9
澳大利亚	2007	亿澳元	1527.67	689.83	45.2	489.11	32.0
加拿大	2007	亿加元	3368.60	637.90	18.9	1910.90	56.7
德国	2007	亿欧元	2989.30	444.00	14.9	2165.40	72.4
南非	2007	亿南非兰特	2136.24	2049.97	96.0	53.35	2.5

注：1. 区域政府是指中央（或联邦）政府之下的第二级次政府，有些国家称为州政府，类似中国省级政府，在表中所列国家政府一般有三个层级，第三个层级是地方政府。

2. 转移支付是指其他政府转移支付，既包括中央政府，也包括其他同级政府。

资料来源：Internation Monetary Fund：Government Finance Statistics Yearbook 2008.

从表 15 可以看出，在部分国家州级政府收入中，一些国家是以税收收入为主，如阿根廷州级政府财政收入中，税收占 68.9%，转移支付占 18.8%；德国州级政府财政收入中，税收占 72.4%，转移支付占 14.9%。但有些国家情况则不同，南非州级政府财政收入中，转移支付占 96%，税收收入仅占 2.5%。国家政体不同，财政管理体制也存在差异，是不同国家州级政府财政收入结构存在差异的主要原因。

五、现行区域政府财政收入分配问题分析

（一）财政收入分配存在的主要问题

1. 税收分配尚未发挥应有作用。税收收入具有其自身特点：及时、充裕、稳定、可靠；同时，税收是政府宏观调控的重要手段，被称为经济“内在稳定器”。以税收为政府收入主要形式，不仅能够使政府收入稳定化，而且有利于政府合理配置资源、调节收入分配关系，促进经济稳定发展。

中国与世界上多数国家一样，中央政府也是以税收收入为主，但地方政府财政收入中税收收入所占比重则低于中央，越往基层政府，比重越低。

2. 纵向税收分配，中央分配份额过大；横向税收分配，区域之间不公。政府间税收收入分配不够合理，集中倾向明显，财力和事权不够匹配。分税制要求中央和地方在事权、财权和税权方面做到相对规范、稳定。正确处理中央与地方税收收入分配关系，调动两个积极性，是分税制改革一项重要原则，但目前情况下，中国分税制还没有充分体现这一原则，政府可支配财力越向下越

困难[①]。在税收收入划分上，地方政府要履行本级事权，其必须具备一定财力。否则，巧妇难为无米之炊。

1994 年实行分税制以来，中央税体系能够实现收入稳定增长，以保证中央政府履行职能，地方税体系至今未成气候。地方税制各税种中，不仅税源分散、税收少、征管难度大、征收成本高，而且税制相当“老化”，已经严重不能适应经济发展需要。不仅如此，近年来，税收政策不断调整，凡是增收税种或者项目基本划归中央政府收入，减收政策多数是减少地方政府收入。共享税越来越多，从增强中央宏观调控能力、平衡区域发展差距方面分析，这种分税制无疑具有重要意义。但是，对于建立规范化分税制，调动两个积极性，中央与地方共赢发展，难以给出一个肯定性评价，也难以看到其良性发展趋势[②]（表 16）。

表 16　　中央政府和地方政府财政收入、支出及比重　　单位：亿元，%

项目 \ 年份		2004	2005	2006	2007	2008
财政收入	中央	14503.10	16548.53	20456.62	27749.16	32680.56
	比重	54.90	52.30	52.80	54.10	53.30
	地方	11893.37	15100.76	18303.58	23572.62	28649.79
	比重	45.10	47.70	47.20	45.90	46.70
	合计	26396.47	31649.29	38760.20	51321.78	61330.35
财政支出	中央	7894.08	8775.97	9991.40	11442.06	13344.17
	比重	27.70	25.90	24.70	23.00	21.30
	地方	20592.81	25154.31	30431.33	38339.29	49248.49
	比重	72.30	74.10	75.30	77.00	78.70
	合计	28486.89	33930.28	40422.73	49781.35	62592.66
收支差	中央	6609.02	7772.56	10465.22	16307.10	19336.39
	地方	-8699.44	-10053.60	-12127.80	-14766.70	-20598.70

资料来源：《中国统计年鉴 2009》，中国统计出版社 2009 年版。

从中央政府和地方政府财政收入所占比重看，2008 年中央为 53.3%，地

① 有人形象地说：现在财政收入分配是中央吃肉，省、市吃饭，县、乡借粮。

② 如果税收收入绝大多数是共享收入、绝大部分由一个税务机关征收，在税收立法权高度集中情况下，分税制就失去了应有意义，分税制也就从一个财政管理体制演变为单纯收入划分体制。

方政府为46.7%，中央政府占较大比例。但是，从财政支出结构看，中央政府只占21.3%，地方政府占78.7%。也就是说，中央财政收入中的大部分又通过各种方式返还给地方政府，作为地方政府支出的重要来源。这也从另一方面证明了中央政府收入中，一大部分是用于了地方政府财政开支。目前，事实是，中央政府财政收入大于财政支出，地方政府财政收入小于财政支出。也就是说，中央财政收入中一部分通过各种形式转移支付和补助，转移给地方政府使用，以弥补地方政府财力不足。

3. 区域政府财政收入分配，非税收入占比过高，特别是土地出让收入成为部分政府主要收入来源①。按照分税制，中国大多数区域政府财政收入需要上缴中央政府以进行全国再分配。许多地方政府，特别是县（市）级政府财政面临困难。因此，县（市）级政府对房地产开发及利润丰厚的土地出让具有很大的激情和权力冲动。

1989年，财政部颁发《国有土地使用权有偿出让收入管理暂行实施办法》，规定凡有偿出让国有土地使用权，各级政府土地出让主管部门必须按规定向财政部门上缴土地使用权出让收入。其中，土地使用权出让收入包括土地出让金、续期土地出让金和合同改约补偿金。自此，土地出让金正式进入了政府财政收入体系，成为地方政府收入主要来源。

值得注意，暂行实施办法从一开始就明确指出，国有土地使用权出让收入与城市土地开发建设费用实行收支两条线方式管理。上缴财政的土地使用权出让收入及其支出分别纳入中央和地方财政预算。

必须指出，土地出让收入在中央和地方的分成比例经历了一个不断演进过程。最初规定，土地使用权出让收入扣除土地出让业务费后，全部上缴财政。上缴财政部分，取得收入的城市财政部门先留下20%作为城市土地开发建设费用，其余部分按40%上缴中央财政，60%留归取得收入的城市财政部门。1992年，分成比例收取办法改革，土地出让收入总额的5%上缴中央财政，地方收取的土地出让金比例，由各省、自治区、直辖市和计划单列市财政部门在核定合理的土地开发成本和住房价款基础上，自行确定。自此，地方政府成为土地出让金的“主要受益者”，土地出让金与地方政府的利益也日益密切起来。国务院发展研究中心一份调研报告显示，在一些地方政府，土地直接税收及城市扩张带来的间接税收占地方预算内收入的40%，土地出让金净收入占

---

① 有学者形象地成为“土地财政”。

政府预算外收入的60%以上。2004年6月，十届全国人民代表大会常务委员会第十次会议公布了一份土地管理法执法检查情况报告，其中有一组数据：1992年至2003年，全国土地出让金收入累计达1万多亿元，其中近3年累计达9100多亿元，扣除成本，纯收入约有四分之一。

这是迄今人们看到的最为权威、最为全面的关于土地出让金数字。其中，一处细节耐人寻味，1万多亿元收入中超过9000亿元都在2001年至2003年间实现，那段时间，正是全国房地产业开始复苏，各地房价出现上涨势头。可以想见，此后数年内全国房价进入飙升阶段，土地出让收入规模可想而知。

根据国土资源部数据显示，土地出让收入至少占地方政府收入的一半。中国指数研究院发布《2009年中国土地出让金年终大盘点》显示，2009年中国土地出让收入达1.5万亿元①。其中，国内70个大中城市合计10836亿元，同比增长140%。杭州高达1054亿元，位居第一；上海1043亿元，排名第二；北京928亿元，位列第三。根据国土资源部统计，2008年为9600亿元，2007年为1.3万亿元②。

表17　2009年土地出让收入排行前20位城市

排名	城市名称	土地出让金（亿元）	同比增长（%）	排名	城市名称	土地出让金（亿元）	同比增长（%）
1	杭州	1054	238	11	无锡	315	278
2	上海	1043	172	12	厦门	303	475
3	北京	928	85	13	沈阳	295	93
4	天津	732	67	14	苏州	275	326
5	广州	489	301	15	大连	262	79
6	宁波	488	617	16	南京	242	66
7	重庆	440	276	17	济南	183	360
8	武汉	361	345	18	常州	176	262
9	佛山	332	390	19	青岛	155	56
10	成都	324	389	20	合肥	154	137

数据来源：中国房地产指数系统数据库。

① 财政部部长谢旭人表示，2009年全国土地出让收入大体是14239亿元，已纳入基金预算收入管理。但在2月初，国土资源部数据却显示，2009年全国土地出让收入达到15910.2亿元，其中，房地产用地出让价款13391.8亿元，占出让总价款的84.2%。两个部门数据差了大约1700亿元。参见《人民政协报》2010年3月23日。

② 参见《第一财经日报》2010年1月12日。

一些学者认为，现行分税制存在缺陷，造就了“土地财政”。因为分税制实行后，税收收入大部分中央拿走，地方只拿小部分。一些地方政府不得已将土地出让收入作为地方财政主要来源，形成中国特色“土地财政”。分税制使中央财政占全部财政收入的比重由改革前的22%提升到53.3%，地方财政收入占比则由78%下降到46.7%，地方政府财力严重匮乏，其必然从其他渠道筹集，土地成为其获得补偿的重要选择。

根据国土资源部数据，2001年，土地出让收入为地方本级财政收入的16.6%，到2006年，这一比例则高达50.9%，一些地方政府土地收入竟占政府收入的70%①。

（二）财政转移支付问题

财政转移支付规模过大，其合理性尚待完善。通过中央对地方转移支付，弥补了地方财力不足，支持了重大经济改革，促进了各地均衡发展。同时，转移支付制度已实施多年，一些问题也逐渐暴露出来，主要是：

1. 现行转移支付仍保留了原体制性转移支付特征，不利于缩小区域间差距。体制性转移支付维护既得利益，例如“两税”返还与税收收入增长挂钩，实际上起到了逆向调节作用，偏离了均等化目标。受制于经济发展水平，越是经济不发达地区，体制性补助越少。

2. 均衡性转移支付规模偏小，对区域财力均等化调节作用有限。2008年，均衡性转移支付3510.52亿元，仅占中央转移支付总规模的18.8%，调整工资性转移支付、农村税费改革转移支付合计3154.84亿元，占中央转移支付总规模的16.9%，占一般性转移支付的36.3%。同时，上述两项补助是为了配合中央宏观政策，对地方因政策性因素减收实行财力性补偿，带有专项性质，地方政府无权灵活使用而必须专款专用，不能增加地方政府可支配财力。

3. 专项转移支付种类繁多，在中央转移支付总规模中比重偏大。专项转移支付本是中央政府为了实现特定政策目标对地方的专项拨款，但目前专项转移支付几乎涵盖了所有支出科目，2008年中央专项拨款多达9966.93亿元，占中央转移支付总规模的53.4%。由于中国现阶段专项补助缺乏科学依据和严格规范程序，分配过程中存在一定随意性，容易诱发“跑部钱进”和其他腐败现象。

4. 财政预算和预算执行情况编报尚不完整。《中华人民共和国预算法》规

① 参见牛建宏：“告别地方财政方可解决高房价”，《人民政协报》2010年3月23日。

定，地方各级政府应将上级补助全部编入本级预算，并提请本级权力机关审查和批准，决算草案编制应做到收支数额准确，内容完整。但审计调查发现，预算和预算执行编报不够完整情况还比较普遍，专项转移支付未能编报尤为突出，使地方权力机关难以实施有效监督。除中央财政直接下达补助资金外，中央各部委还通过“二次分配”在部门预算中安排了中央补助地方支出，这部分资金未纳入地方政府预算，加大了预算编报不完整性。

5. 专款设置不合理，部分专款交叉重复或已失去原意。专款应是为了特定政策目标而设置，但目前部分专款在内容上交叉重复，管理部门不一，影响了中央专项转移支付资金发挥整体效用。例如，用于改善中小学办学条件专款包括中央民族教育补助专款、国家贫困地区义务教育（中小学）工程专款、农村寄宿制学校建设国债资金等等，这些专款分别由教育部门、财政部门及发展和改革委员会（局）3 个部门分别安排。这些专款交叉重复不仅不利于发挥中央专项资金整体效用，还导致地方有关部门重复申报同一项目。另外，部分专款失去原意，偏离政策目标。例如，特大自然灾害救济补助专款本为应急性救灾专款，但其中冬令春荒资金已成为相对固定补助，实际上已构成地方经常性救济补助。

6. 专款分配还不够科学，公开性和透明度不足。中央补助地方专款中，部分项目缺乏管理办法或管理办法没有公开，各省难以了解专款如何分配，只能从指标文件中了解本地区获得了多少专款，但不知道其他各省分配了多少。

六、税收分配理论归纳及初步思考

（一）税收分配理论归纳

1. 税收分配应成为区域政府收入分配主角。税收分配在区域政府收入分配的主体地位应当获得法定重视。税收收入是规范化政府收入，是法律保障收入。在区域政府财力中，税收分配以对税源贡献大小为依据，经济发达区域税源丰富，其税收收入也多，经济欠发达区域税源相对较少，其税收收入也少。即使如此，税收收入也应是区域地方政府的主要收入来源。

现实情况显示，区域政府财政收入主要依靠中央政府转移支付，特别是欠发达区域，转移支付所占比重高达一半以上，本级税收收入仅有四分之一。鉴于目前这种状况，应着力提高税收占地方政府财政收入的比重。

2. 税收分配更加注重效率。税收分配作为财政分配第一环节，按照对税源贡献大小作为分配依据，注重效率。从比较来看，税收分配作为财政分配主要方式，其效率高于财政分配其他形式，因为税收分配与区域政府对税收贡献大小有关，直接归属缴入地方国库，形成政府财政收入。纵观市场经济发达国家政府（特别是中央政府），它们主要是采用税收分配方式，取得政府财政收入。

在联邦制国家，或者政府分层级国家，其财政管理体制一般采取分税制，分税制就是要根据各层级政府事权划分，将税收收入在各不同层级政府间合理分配，以满足其履行事权所需财力。在财力不足时，中央政府通过转移支付方式进行适当补充。

3. 转移支付以公平为主。转移支付作为财政分配第二环节，是在完成税收分配基础上，按照区域公共服务均等化要求，对因区域财力不足、无法正常履行事权之区域，给予财力补助，其补助方式主要以财政转移支付方式为主，也就是说，转移支付是以调节区域财力平衡为主要目标，财政转移支付作为财政分配的补充方式，其作用主要是调节区域政府财力差距，以实现区域公共服务均等化为目标，更加强调公平。

4. 其他收入作为政府财力补充。税收收入、非税收入以及转移支付等等，构成了区域政府财政收入。财政分配，也就是财政收入分配，因此，按照财政收入来源不同，对各区域政府收入进行分配，就构成了不同收入分配方式，税收分配是税收收入分配，转移支付是财政收入分配，我们在论述了主要分配方式以后，财政收入其他收入形式分配，就构成了其他收入分配，按照前述理论，其他收入只是政府财政收入的补充形式，所占比重不应太大，因此，其他收入分配方式应是政府财政分配的补充方式。

（二）税收分配初步思考

1. 重新划分各级政府事权。只有明确各级政府事权，才能科学计算政府履行事权所需财力，也就是说规范划分事权是前提。但是，政府事权并非一成不变。随着社会主义市场经济逐步发展，政府事权不断深化，有些原来属于政府承担的事权，可能要回归到由市场去承担，有些新事权可能又要由政府来承担，特别是涉及民生事权，例如社会保障、医疗保障、最低生活保障等等，这些新事权，目前还没有完全明确由哪级政府负责。这样就造成承担事权政府没有得到相应收入，其财力不足以满足事权需要。

2. 确立地方税收收入主体税种，完善财政收入划分。分税制实施以来，中央财政收入占全部财政收入比重逐年提高，这一方面保证了中央政府调控宏观经济需要，但同时造成地方政府财力保障不足，地方政府履行事权所需财力不足，特别是越往基层政府财力越不足，这也解释了地方政府为何热衷于房地产开发。履行事权，必有财力作为支持，也就必须寻找财源，于是土地出让金便成了首选对象。改变这种状况，重新合理划分税种，给地方以稳定可靠税收收入来源，是目前当务之急，也显得刻不容缓。

3. 继续完善分税制，特别是省以下分税制。分税制是新中国成立以来涉及范围最大、调整力度最强、影响最为深远的一次财政体制改革，分税制构建了市场经济条件下规范中国中央与地方财政分配关系的基本制度框架，对财政运行产生了良好体制效应。同时，逐渐也暴露了一些问题，存在这些问题正说明分税制需要完善。分税制之所以在省以下难以真正推行，问题症结在于将20多个税种在中国五个层级政府间切分基本无解①。因此，减少政府层级是完善分税制之基本前提，建立省管县财政体制，逐步形成中央、省、县三级分税制体制，在科学、合理划分中央与区域（省级）政府税收收入基础上，继续完善省与县税收收入划分，省以下主要是建立财力与事权相匹配的财政管理体制。

4. 完善财政转移支付制度。目前财政转移支付主要问题是，中央对地方转移支付比重过大，制度不够规范。特别是专项转移支付，由各部门负责，专款专用，不利于地方政府统筹规划财政资金使用，转移支付作为区域政府财力补充方式，只能占区域政府财政收入较小部分，不能占主要部分。现在情况是，多数区域（特别是欠发达区域）转移支付占其财政收入比重过高，已经对分税制中税收分配形成了冲击，使分税制部分丧失了应有作用，如果税收分配比例进一步缩小，转移支付比例进一步增加，似有退到统收统支计划经济老路之嫌。

因此，建议进一步提高税收收入在区域政府财政收入中的比重，以部分替代转移支付方式，真正建立起新型区域政府财政收入筹集机制，以税收分配为主，转移支付为辅。

参考文献

1. 贾康："地方政府作用与地方公共财政创新"，《财政研究简报》2010年第11期。

2. 郭庆旺："从中央财政转移支付视角看2009年预算报告"，《中国财政》2009年第9期。

---

① 参见贾康："地方政府作用与地方公共财政创新"，《财政研究简报》2010年第11期。

3. 牛建宏："告别地方财政方可解决高房价"，《人民政协报》2010年3月23日。

4. 张青："财政收入与政府收入的差异及调整"，《湖北财经高等专科学校学报》2000年第5期。

5. 夏杰长："中国政府收入体系研究"，《广东商学院学报》2001年第3期。

6. 刘涵、毕美家："制度外收入的理论诠释与测算方法改革"，《现代财经》2008年第9期。

课题组组长：靳万军　付广军

成　　　员：周咏雪　王应科　刘浩明　彭继旺　罗伟平

冯立重　杨思辉　霍　军　钟文峰

参 加 单 位：北京市国家税务局　辽宁省国家税务局　山西省国家税务局　贵州省国家税务局　甘肃省国家税务局　湖北省国家税务局　陕西省国家税务局　河南省国家税务局　重庆市国家税务局　广西壮族自治区国家税务局　深圳市国家税务局　湖北省地方税务局　山西省地方税务局　广东省地方税务局　贵州省地方税务局

执　　　笔：靳万军　付广军

关于完善中国民营经济税收政策的建议

国家税务总局税收科学研究所课题组

一、中国民营经济及其税收发展现状

新中国成立后，民营经济得到长足发展，民营企业的数量有了明显的增长，民营企业的经济效益有了大幅度提高，民营企业的素质不断优化，民营企业在中国经济中的地位也越来越重要。伴随着中国民营经济的迅速发展，民营经济的税收贡献度也逐渐提高，尤其是1994年以来，民营经济税收持续增长，并且在地区分布、税种分布和行业分布方面体现出独特的特征。

（一）中国民营经济发展现状

对民营经济税收政策的研究前提是对民营经济的发展状况作出清晰明确的梳理。因此，本课题首先梳理了中国民营经济从新中国成立至现在60余年的发展历史轨迹，并探讨了民营经济在中国经济发展中的重要地位。

1. 民营经济的历史发展轨迹。新中国成立后，中国民营经济经历了从濒临灭亡、起步、迅速增长到蓬勃成长的发展过程。

（1）新中国成立至改革开放之前（1949—1978年）：1949年新中国成立后，国民经济逐步恢复和发展。1953年，国家制定了过渡时期总路线，实行“一化三改造”，即：逐步实行社会主义工业化，逐步实行对农业、手工业和资本主义民族工商业的社会主义改造，特别是通过对民族资本家的逐步改造，达到消灭民族资产阶级的目的。1956年，社会主义改造完成后，中国社会经济结构发生了根本性变化，社会主义公有制经济占绝对统治地位。国营经济比重上升到32.2%，合作社经济上升到53.4%，公私合营经济上升7.3%，三种公有制经济已达92.9%，非公有经济、个体经济已下降到7.1%，而民族资本主义经济接近零，为0.1%。“文化大革命”期间，在“左”的思想影响下，仅存的个体经济接近到零的地步，民营经济濒临灭亡。

（2）改革开放至中共十四大期间（1978—1992年）：1978年党的十一届三中全会胜利召开，之后国家颁布了诸项政策引导民营经济的恢复和发展。1982年党的十二大强调：“在农村和城市，都要鼓励劳动者个体经济在国家规定的范围和工商行政管理下适当发展，作为公有制经济的必要的、有益的补充。”1987年，党的十三大第一次对中国私营企业的性质、作用和地位作了论述，1988年通过的《中华人民共和国宪法修正案》在法律上保证了私营企业的合法身份。此后，国务院颁布了《中华人民共和国私营企业暂行条例》、《中华人民共和国私营企业所得税暂行条例》和《国务院关于征收私营企业投资者个人收入所得税的规定》三项法规，使私营企业的经营和管理有法可依，对起步发展中的私营企业起到了重要的促进作用。

在政策的引导和现实条件的支持下，私营企业一经起步，就以相当快的速度发展起来，表现出了强大的生命力。根据国家工商行政管理总局的统计，1978年年底全国城乡个体工商业户仅有14万人，而到1987年年底，仅私营企业的数目就已经达到90581万户，从业人员总数约164万人，注册资金84亿元。但是在这一阶段，私营企业规模一般不是很大，雇工人数在20人以下的大体占70%，私营企业的资金每户约5万元左右。但是，20世纪80年代后期，中国国民经济运行严重失衡，出现了明显的通货膨胀。因此，1989年中共中央开始治理经济环境，整顿经济秩序。在这种大背景下，中国私营经济出现了曲折发展的趋势，每年私营企业的数目增长均未超过10%，增长较为缓慢，甚至处于停滞不前的状态。1988年年底，个体工商户达到1452.7万户；1989年年底为1247.2万户；1990年年底为1328.3万户；1991年年底为1416.6万户。

（3）中共十四大至中共十六大期间（1992—2002年）：1992年党的十四大工作报告中，第一次明确了中国经济体制改革的目标是建立社会主义市场经济体制，并提出了在所有制结构中，要以公有制为主体，个体私营经济、外贸经济为补充，多种经济共同发展的方针。1997 年党的十五大提出："公有制为主体、多种所有制经济共同发展，是中国社会主义初级阶段的一项基本经济制度。""非公有制经济是中国社会主义市场经济的重要组成部分。"第一次把私营经济纳入社会主义的基本经济制度之内，明确了非公有制经济在社会主义市场经济中重要地位。1999 年 3 月，九届全国人民代表大会二次会议通过的《中华人民共和国宪法修正案》，第一次将"个体经济、私营经济等非公有制经济是社会主义市场经济的重要组成部分"写入了国家的根本大法，从而私营经济政策又推向了一个新的阶段。

从党的十四大到党的十六大期间，非公有制经济被纳入基本经济制度的框架之内，并确立为社会主义市场经济的重要组成部分，这一时期成为民营经济迅速发展的"黄金期"。一方面，民营经济数量增长迅速。据统计，1992—1997 年，个体工商户、私营企业、外资企业的数量年均增速分别高至 13.2%、32.5% 和 22.9%。到 2001 年年底，全国私营企业总户数已达 202.85 万户。另一方面，民营经济经营范围迅速扩大，从最初的商贸服务业和一般性竞争领域逐步拓展到制造业、商贸流通、房地产开发等竞争性行业，逐步进入交通、能源、水利、城建、通信、环保等基础设施以及文化、教育、卫生、体育等公共服务领域。最后，民营经济的规模也迅速扩大。《2002 年度全国工商联上规模民营企业调研分析报告》数据显示，以年营收总额 1.2 亿元为入围标准，2002 年全国有 1582 家私营企业入围，入围企业营收总额 9330.4 亿元，其中前 500 家企业总计达 7051.56 亿元，比上年增长 42%。

（4）党的十六大至今（2003 年至今）：2002 年党的十六大报告首次提出了"毫不动摇"和"一个统一"的重要论断，即必须毫不动摇地巩固和发展公有制经济，必须毫不动摇地鼓励、支持和引导非公有制经济发展；坚持公有制为主体，促进非公有制发展，统一于社会主义现代化建设的进程中。这从根本上解决了许多约束私营经济发展的认识与理论问题，发展私营经济将由政策推进转向制度保障。随后，在国家的政策指引和一系列宏观调控措施下，民营经济继续保持持续健康的发展势头。

从民营经济的数量来看，个体私营企业数量增长尤为明显。截至 2008 年年底，全国登记注册的私营企业达到 657.42 万户，较 2007 年年底增加 54.37 万户，增长 9%；注册资金达到 11.74 万亿元，较 2007 年年底增加 2.35 万亿元，增长 25%。从民营经济的效益来看，利润总额大幅增加。截至 2008 年 11 月，私营工业企业实现利润总额 5495 亿元，同比增长 36.6%，高于全国 31.7

个百分点。从市场格局上来看，民营企业“走出去”步伐日益加快，对外贸易继续保持高位增长，2008 年年底，私营企业进出口总额占全国进出口总额比重较 2007 年增加 1.8 个百分点，增长率较全国高出 10.6 个百分点。从企业质量上来看，民营企业素质不断提高，一是私营企业组织形式不断优化，有限责任公司已经成为私营企业首选的组织形式。截至 2007 年年底，全国 551.3 万户私营企业中，有 436.3 万户选择了有限责任公司的组织形式，占到私营企业总数的 79.14%。二是规模民营企业的数量不断增多，市场竞争能力显著增强。据国家工商行政管理总局数据显示，2007 年注册资本超过 100 万元的私营企业有 133.63 万户，比上年增加 15.05 万户，增长 12.69%，占私营企业总户数的比重为 24.24%。三是民营企业自主创新能力不断增强，截至 2007 年年底，2950 家营收总额在 3 亿元以上的企业中，有 78.24% 的企业通过了 ISO9000 质量管理认证，有 40.37% 的企业通过了 ISO14000 认证，有 466 家上规模民营企业产品被认定为“中国驰名商标”，有 413 家企业的产品被认定为“中国名牌产品”，有 1474 家企业拥有自由商标。

2. 民营经济的重要经济地位。随着民营经济的快速发展，它在中国社会主义市场经济建设过程中占据了非常重要的地位，主要体现在以下几方面：

（1）民营经济是推动经济增长的重要力量。改革开放以来，民营经济已成为国民经济中极具活力的经济增长点，成为推动中国经济发展和社会进步的重要力量。其一，民营经济是社会主义市场经济的重要组成部分。如表 1 所示，私营企业户数由 1990 年的 9.81 万户迅速增加到 2008 年的 657.42 户，18 年增长了 67 倍。其二，民营经济实现的产值不断提高，有力地促进了经济增长。据国家工商行政管理总局发布数据显示，2008 年全国个体私营经济总产值为 5.18 万亿元，比上年增长 6.54%；销售总额 9.23 万亿元，增长 24.17%；社会消费品零售额 4.57 万亿元，增长 13.53%。

表 1　　中国私营经济历年发展情况　　单位：万户

年　份	1990	1995	2000	2005	2006	2007	2008
私营经济户数	9.81	65.45	176.18	430.09	498.08	551.31	657.42

资料来源：黄孟复主编：《2007—2008 中国民营经济发展报告》，社会科学文献出版社 2008 年版。

（2）民营经济是社会就业的重要渠道。改革开放以来，民营经济在迅猛发展中吸纳了大量的社会劳动力，大大缓解了城乡就业的压力。特别是 20 世纪 90 年代中期以来，国有经济改革和结构调整中，产生了大量的下岗人员，民营企业为下岗人员再就业作出了突出贡献，极大缓解了就业压力，促进经济发展，维护了社会的稳定和改革的顺利进行。近几年，非公有制企业又成为一些高校毕业生就业的重要渠道。除 2000 年因统计口径变化原因导致在个体私营领域从业人员减少外，2000 年至 2008 年，在个体私营企业的从业人员总体呈逐年上升趋势。截至 2008 年年底，在个体私营领域就业的人数达到 1.36 亿人，较 2000 年增长了近 1 倍（表 2）。

表 2　　中国私营经济从业人员情况　　单位：万人

年　份	2000	2005	2006	2007	2008
个体私营从业人员	7476.5	10724.6	11746.0	12749.3	13680.4
增长率（%）	-9.5	11.7	9.5	8.5	7.3

资料来源：黄孟复主编：《2007—2008 中国民营经济发展报告》，社会科学文献出版社 2008 年版。

（3）民营经济已经成为对外贸易的主力军。在市场格局上，早期的民营企业基本上以国内市场为主，但随着企业的发展以及 1995 年以来国家对民营经济自营进出口的逐步放开，民营企业的国际视野日益形成。越来越多的企业实行“走出去”战略，形成了一批外向型企业，对外贸易增长迅速。2000 年至 2008 年，中国私营企业进出口总额增长迅速，尽管其年增长率近几年逐年下降，可是民营企业进出口额占全国进出口总额的比重逐年提升，说明中国民营经济在对外贸易中逐渐显现出越来越重的地位（表 3）。

表 3　　中国私营企业进出口情况　　单位：亿美元

年　份	2000	2005	2006	2007	2008
私营进出口总额	37.5	1662.1	2435.8	3476.0	4564.8
私营进出口增长率（%）	254.8	49.5	46.5	42.7	31.3
占全国进出口总额比重（%）	0.8	11.7	13.8	16.0	17.8

资料来源：黄孟复主编：《2007—2008 中国民营经济发展报告》，社会科学文献出版社 2008 年版。

（4）民营经济已经成为国家财政税收的重要来源。随着民营经济的不断发展壮大，民营企业也成了国家财政税收收入的主要来源。目前，中国的民营企业广泛地分布在中小城市、县、乡、小城镇，起着各地方经济发展主力军的作用，是地方经济的重要基础，构成了县级经济重要支柱和地方财政税收收入的主要来源。民营企业的发展对缓解地方财政困难、保持社会稳定、提高居民收入水平等方面都具有重大的意义。据有关资料显示，1994 年民营经济税收收入为 377.94 亿元，2008 年民营经济的税收收入为 7862.36 亿元，增长了 20 倍。

（5）民营经济已经成为推进自主创新的重要活力。知识经济和信息时代的到来，科学技术成为影响国家经济发展的关键因素，而技术创新归根结底要靠企业。民营经济，尤其是民营科技企业，是技术创新的重要力量。民营科技企业的创业者大多是科研所、大专院校、国有企业等单位的科技人员，他们都接受过高等教育，具有较高的文化素质，具有自信、自立、自强的品格，以及较强的技术和管理创新能力。而且民营企业具有明显的创业者与高回报和高风险的紧密关联机制，企业内部研究人员的报酬与其自身的表现、企业的经营状况密切相关，因此可以充分调动新技术创业者和研究人员的创业热情和聪明才智。改革开放以来，中国技术创新的 70%、国内发明专利的 65% 和新产品的 80% 来自以私营企业为主的中小企业。从开展自主创新活动的企业数量看（如表 4），私营企业数量持续增长，比重逐年上升，开展自主创新活动的私营企业占全国企业的比重从 2000 年的 12.1% 上升到 2007 年的 18.8%。这充分表明民营企业越来越关注自主创新，越来越多地投入到自主创新的队伍中来。

表 4　　2004—2007 年全国大中型私营工业企业自主创新分布情况

年　份	2004	2005	2006	2007
开展自主创新活动的私营企业数（户）	799.0	1014.0	1406.0	1690.0
全国开展自主创新活动的企业数（户）	6566.0	6874.0	7838.0	8954.0
私营企业占比（%）	12.1	14.7	17.9	18.8

资料来源：黄孟复主编：《2007—2008 中国民营经济发展报告》，社会科学文献出版社 2008 年版。

（6）民营经济已经成为缩小城乡差距的重要力量。民营经济已经成为缩小城乡差距的重要力量，有利于促进共同富裕。据全国 30 个省级工商联组织对民营企业参与社会主义新农村建设的不完全统计，截至 2007 年 6 月底，已有 171627 个民营企业参与到社会主义新农村建设中来，其中实行与村结对帮扶的企业有 68298 个，结对村数达到 59775 个。这些企业结合自身特点和优势，因地制宜、因企制宜，在促进农民增收、农业增效、带动农村经济发展和改善村容村貌等方面取得了明显成效。此外，许多民营企业本身就源于农村或与农村有着天然的联系，它们通过农业产业化带动、配套拉动、中心辐射等多种方式，有效拓宽了农民增收的渠道，极大改善了周边农民的生活水平。如湖北福星集团，作为一家大型高科技企业集团，它积极发展配套企业，扶持村级企业，通过以厂带村，福星地区实现了农村向城镇的转变，4000多农民实现了就地转移，占村中总劳力的85%以上；2006年农民人均纯收入突破1.5万元，是11年前的10倍。

（7）民营经济对社会公益事业贡献巨大。民营企业社会责任感增强，对社会公益事业贡献巨大，积极推动贫困地区发展。围绕党和国家关于“八七”扶贫攻坚计划、西部大开发、振兴东北等老工业基地、中部崛起、建设社会主义新农村等一系列战略部署，民营企业开发资源、兴办企业、培训人才、发展贸易，全力为贫困地区的经济社会发展服务。截至2008年，兴办有一定规模的光彩项目19188个，到位资金1864亿元，培训人员442万人，安置就业540万人，帮助带动1012万人脱贫，各类公益捐赠总额达到1383亿元，为实现贫困地区与发达地区、农村与城市之间的统筹协调可持续发展作出了积极贡献。此外，民营企业积极履行社会责任，在汶川特大地震灾害发生后，不少民营企业家迅速奋战在抢运救灾物资、营救被困群众、安置灾民生活、抢修公共设施、主动收养孤残的第一线；更多的民营经济人士则通过捐款捐物等各种方式表达对灾区人民的关爱和支援。据全国工商业联合会对上报的8000多家会员企业的不完全统计，地震发生后不到1个月，累计捐赠款物624亿多元，其中捐赠额1亿元及以上的民营企业就有5家。

（8）民营经济是完善中国特色社会主义市场经济的重要力量。民营经济的出现改变了中国单一的公有制体制，形成市场经济利益主体多元化格局，在促进经济增长、扩大就业和活跃市场等方面有着重要的作用。有利于促使多种所有制经济在市场竞争中成长和发展，展现出多元市场经济主体应有的活力。特别是改革开放30年来，民营经济不断发展壮大，为创造出公有制多种实现形式和多种经济成分共同发展的局面提供宝贵的经验，是建设具有中国特色社会主义市场经济的重要力量。

（二）中国民营经济税收发展现状

随着中国民营经济数量不断增长、规模逐渐扩大、质量不断提高，民营经济在国民经济的地位越来越重要，对国家税收的贡献度也与日提升。

1. 民营经济税收在国家税收中占据重要地位。中国民营经济的税收贡献度和民营经济的发展状况密不可分。由于中国民营经济在不同时期呈现不同的发展情况，因此民营经济的税收也随之发生变化。

(1) 新中国成立后至改革开放前（1949—1978 年）：新中国成立初期是民营经济调整变化时期。这一时期全国工商税收按经济性质划分主要有：国有经济、公私合营经济、集体经济、私营经济和个体经济五大类，属于民营经济范围的有私营经济和个体经济，在工商业中所占的比重较大，加之国民经济只上缴利润不上缴企业所得税，因此民营经济税收占主导地位。1950 年全国工商税收收入 26.32 亿元，其中，民营经济合计 17.54 亿元，占全国税收收入的 66.6%。1956 年社会主义改造之后，公有制经济占统治地位，国营经济快速发展，民营经济税收比重开始大幅度下降。而随后的文化大革命期间，民营经济濒临灭亡。1959—1980 年，私营经济税收基本不存在，个体经济税收在绝大多数年份维持在 1% 左右的份额，国有经济和集体经济税收合计占全国税收收入的 98% 以上，保持绝对垄断地位。

(2) 改革开放至中共十四大期间（1979—1992 年）：这段时期是民营经济全面恢复和较快发展的时期。在改革开放的背景以及国家政策的支持下，民营经济的发展得到有力的促进，民营经济税收比重也逐年恢复。1993 年与 1980 年相比，民营经济上缴税收增长 65 倍，平均每年增长 38%，大大超过全国工商税收年均增长 14.8% 的增速。

(3) 中共十四大至今（1993 年至今）：1994 年较大规模进行税制改革之后，随着改革开放的深入，中国的民营经济进入高速发展时期。从 1994 年开始，中国较大范围进行并实施了新税制，颁布了增值税、消费税、企业所得税等项改革。内资企业所得税制实现统一，各类企业实行 33% 的比例税率，对于盈利额在 10 万元以下的小型企业按照盈利额大小分别实行 27% 和 18% 两档低税率。同时陆续调整了税收政策，对于不具有法人资格的个人独资企业、合伙企业只征个人所得税，不征收企业所得税；对城乡个体工商户经营所得和对企事业单位承租承包经营所得征收 5%—35% 的个人所得税。2003 年 1 月 1 日起，提高了城乡个体工商户的增值税和营业税起征点；对于增值税小规模纳税人实行出口商品免税等政策，极大调动了民营经济发展的积极性。基于中国内外资企业不平等的税收待遇，2007 年 3 月 16 日全国人民代表大会通过并颁布了新的《中华人民共和国企业所得税法》，从 2008 年 1 月 1 日起中国开始实施新的《中华人民共和国企业所得税法》，贯彻各类企业公平竞争原则。根据新的企业所得税法条款规定，个体经济的税收负担进一步减轻：从 2008 年 3 月 1 日起，对个体工商户、个人独资企业和合伙企业个人所得税前扣除标准统一为 2000 元/月（24000 元/年）；对其从业人员实际支付的合理的工资、薪金支出，允许在税前据实扣除；对个体工商户、个人独资企业和合伙企业拨付的工会经费、发生的职工福利费、职工教育经费支出分别在工资总额 2%、14%、2.5% 的标准内据实扣除；对每一纳税年度发生的广告费和业务宣传费不超过当年销售（营业）收入 15% 的部分可据实扣除，超过部分准予在以后年度结转扣除；对每一纳税年度发生的与其生产经营业务直接相关的业务招待费支出，按照发生额的 60% 扣除，但最高不得超过当年销售（营业）收入的 5‰。这表明在所得税政策方面实现了民营企业与其他企业公平税收待遇。新的所得税法实现了各类企业所得税制统一，消除了税负歧视，进一步为企业提供了公平竞争的税收条件，对民营企业的进一步发展创造了极为有利的条件。

2. 民营经济税收发展的特征性分析。民营经济的发展不仅增加了全社会的资金积累，而且增加了国家的财政收入，从而进一步增强了国家的综合国力，有力地推动了中国国民经济快速、持续、健康地向前发展。通过对民营经济税收发展情况的探求，可以发现它有以下特点：

（1）民营经济税收发展的增长情况。从税收收入总量来看，如表 5 所示，1994 年民营经济税收收入为 377.94 亿元，2008 年民营经济的税收收入为 7862.36 亿元，增长了 20 倍，而同期全国税收收入 2008 年仅为 10 倍；从税收收入的增长速度来看，民营企业除 1995 年、1996 年和 2007 年的税收增长率低于全国税收收入增长率以外，其余年份均高于全国税收收入增长率。由于民营经济税收增长率高于全国税收收入增长率，民营经济税收占全国税收收入的比重也由 1994 年的 7.45% 上升为 2008 年的 14.5%，增长了 7 个百分点。通过民营经济税收情况的分析可以看出，民营经济成为新的税收增长点，未来具有巨大的增长潜力。民营企业税收在全部税收收入的份额逐年加大，地位逐步提高。

表 5　中国民营经济税收发展趋势情况　单位：亿元

年份	民营经济		税收总收入		民营经济税收占税收总收入比重（%）
	税收收入	增长率（%）	税收收入	增长率（%）	
1994	377.94		5070.79	23.13	7.45
1995	436.8	15.6	5973.75	17.81	7.31
1996	469.32	7.4	7050.61	18.03	6.66

续表

年份	民营经济		税收总收入		民营经济税收占税收总收入比重（%）
	税收收入	增长率（%）	税收收入	增长率（%）	
1997	550.99	17.4	8225.51	16.66	6.70
1998	700.77	27.2	9092.99	10.55	7.71
1999	830.77	18.6	10314.97	13.44	8.05
2000	1177.12	41.7	12665.80	22.79	9.29
2001	1578.54	34.1	15165.47	19.74	10.41
2002	1950.59	23.6	16996.56	12.07	11.48
2003	2435.74	24.9	20466.14	20.41	11.90
2004	3206.47	31.64	25723.48	25.69	12.47
2005	4101.63	27.9	30865.83	20.00	13.29
2006	5168.73	26.0	37636.27	21.90	13.73
2007	6255.77	21.0	49449.29	31.40	12.65
2008	7862.36	25.7	54219.62	18.80	14.50

注：税收收入指税务部门征收入库的各项税收，不包括关税和农业五税；民营经济税收收入不包括外商投资及港澳台资企业。

数据来源：黄孟复主编：《2009 年中国民营经济发展报告》，社会科学文献出版社 2009 年版。

（2）民营经济税收发展的地区分布。按照东部、中部、西部地区划分来看，民营经济税收收入的区域分布特征非常明显，如表 6 所示。2008 年民营经济税收收入 8690.32 亿元，比上年增加 1949.78 亿元，同比增长 28.9%。其中，东部地区民营经济税收收入为 6276.15 亿元，比上年增加 1234.22 亿元，占全部民营经济税收收入的比重为 72.22%；中部地区民营经济税收收入为 1661.09 亿元，比上年增加 619.04 亿元，占全部民营经济税收收入的比重为 19.11%；西部地区民营经济税收收入为 753.06 亿元，比上年增加 96.52 亿元，占全部民营经济税收收入的比重为 8.67%。总体来看，民营经济税收收入中近四分之三的比重是来自东部，中部和西部的民营经济税收收入比重仅占四分之一，这也基本与区域经济的发展情况完全吻合。

表6　　2008年中国民营经济税收收入地区分布　　单位：亿元

经济类型		税收收入	比上年增加	占比（%）
民营经济	东部	6276.15	1234.22	72.22
	中部	1661.09	619.04	19.11
	西部	753.06	96.52	8.67
	合计	8690.30	1949.78	100.00

注：民营经济统计口径包括《中国税务年鉴》中的私营企业和个体经营，下同。东部、中部和西部地区划分按照《中国经济年鉴》划分方式，东部包括北京、天津、河北、辽宁、上海、江苏、浙江、福建、山东、广东、广西、海南；中部包括黑龙江、吉林、山西、内蒙古、河南、湖北、湖南、安徽、江西、云南；西部包括四川、重庆、陕西、贵州、宁夏、甘肃、青海、新疆、西藏。

数据来源：2009年《中国税务年鉴》，中国税务出版社2009年版。

（3）民营经济税收发展的税种分布。私营经济和其他所有制经济一样，缴纳的税收设计现行税制中的大部分税种，包括增值税、营业税、消费税、城市维护建设税、企业所得税、个人所得税、土地增值税、印花税等。2008年，全国私营经济税收收入为8690.32亿元，其中，增值税收入为3564.61亿元，占全部私营经济税收收入的41%；其次是营业税收入1427.68亿元，占全部私营经济税收收入的16.43%；第三是个人所得税收入1060.33亿元，占全部民营经济税收收入的12.2%；第四是企业所得税收入1026.48亿元，占全部民营经济税收收入的11.81%。四大税种的税收收入比重达到80%以上（表7）。

表7　　2008年中国民营经济税收收入分税种情况　　单位：亿元

税种类别	绝对额	占　比
增值税	3564.61	41.02
营业税	1427.68	16.43
个人所得税	1060.33	12.20
企业所得税	1026.48	11.81

数据来源：2009年《中国税务年鉴》，中国税务出版社2009年版。

（4）民营经济税收发展的行业分布。在当前税制下，中国每个行业所侧重征收的税种不同，特别在流转税方面，有些行业以缴纳增值税为主，有些行业以缴纳营业税为主。因此，我们在分析民营经济税收行业分布时，将分税种进行分析。

增值税：民营经济行业分布。2008 年中国民营经济国内增值税中，制造业的税收来源为 1950.67 亿元，占到全部民营经济增值税收入的 54.72%；其次是批发零售业为 1151.72 亿元，占到全部民营经济增值税收入的 32.31%；第三是采矿业为 311.76 亿元，占到全部民营经济增值税收入的 8.74%。三大行业增值税收入比重占到全部民营经济增值税收入的 95%（表 8）。

表 8　2008 年中国民营经济国内增值税行业分布情况　单位：亿元

行　业	绝对额	占比（%）
制造业	1950.67	54.72
批发零售业	1151.72	32.31
采矿业	311.76	8.74

数据来源：2009 年《中国税务年鉴》，中国税务出版社 2009 年版。

营业税：民营经济行业分布。2008 年民营经济营业税主要来自房地产业、建筑业、租赁和商务服务业、住宿和餐饮业、交通运输、仓储和邮政业。其中房地产业房地产业 363.83 亿元，占全国民营经济营业税的 25.48%；建筑业 354.55 亿元，占全国民营经济营业税的 24.83%；租赁和商务服务业 152.78 亿元，占全国民营经济营业税的 10.7%；住宿和餐饮业 147.79 亿元，占全国民营经济营业税的 10.35%；交通运输、仓储及邮政业 139.47 亿元，占全国民营经济营业税的 9.77%。这五大行业合计占全国个体经济营业税的 80% 以上（表 9）。

表 9　2008 年中国民营经济营业税行业分布情况　单位：亿元

行　业	绝对额	占比（%）
房地产业	363.83	25.48
建筑业	354.55	24.83
租赁和商务服务业	152.78	10.70
住宿和餐饮业	147.79	10.35
交通运输、仓储及邮政业	139.47	9.77

数据来源：2009 年《中国税务年鉴》，中国税务出版社 2009 年版。

企业所得税：民营经济行业分布。2008 年中国民营经济企业所得税来源主要源自制造业、房地产业、批发和零售业和建筑业等四大行业。其中，制造业 293.01 亿元，占全国私营企业企业所得税的 28.54%；房地产业 230.69 亿元，占全国私营企业企业所得税的 22.47%；批发和零售业 214.16 亿元，占全国私营企业企业所得税的 20.86%。三大行业合计占私营企业企业所得税的 70% 以上（表 10）。

表 10　　2008 年中国民营经济企业所得税行业分布情况　　单位：亿元

行　业	绝对额	占比（%）
制造业	293.01	28.54
房地产业	230.69	22.47
批发和零售业	214.16	20.86
建筑业	76.17	7.42

资料来源：2009 年《中国税务年鉴》，中国税务出版社 2009 年版。

二、中国民营经济现行税收政策及存在的问题

民营经济是国民经济的重要组成部分，在解决社会就业、保持社会稳定、促进经济发展、增加财政收入等方面都发挥着重要作用。通过对民营经济发展历程分析，可以看出，民营经济的发展离不开国家经济政策的支持。作为中国经济政策的重要组成部分，税收政策在促进中国民营经济发展中发挥非常重要的作用，因此，为促进民营经济发展，对民营经济税收政策的分析非常重要。

（一）中国民营经济现行税收政策

为推动民营经济的健康发展，中国对其出台了很多税收优惠政策，这些政策对民营经济的发展起了很强的推动作用，主要体现在增值税和企业所得税等方面。

1. 国家关于鼓励民营经济发展的原则性规定。目前，中国鼓励民营经济发展的原则性规定主要的有以下几方面：

2002 年 6 月，全国人民代表大会颁布了《中华人民共和国中小企业促进法》，该法第十二条第二款规定："国家通过税收政策，鼓励对中小企业发展基金的捐赠。"该法第十七条规定："国家通过税收政策鼓励各类依法设立的风险投资机构增加对中小企业的投资。"该法第二十三条规定："国家在有关税收政策上支持和鼓励中小企业的创立和发展。"该法第二十四条规定："国家对失业人员创立的中小企业和当年吸纳失业人员达到国家规定比例的中小企

业，符合国家支持和鼓励发展政策的高新技术中小企业，在少数民族地区、贫困地区创办的中小企业，安置残疾人员达到国家规定比例的中小企业，在一定期限内减征、免征所得税，实行税收优惠。”这是中国从法律的高度第一次明确国家要在税收政策上鼓励中小企业发展，具有重大的意义。

2002 年 11 月 14 日，党的十六大报告《全面建设小康社会，开创中国特色社会主义事业新局面》指出：“必须毫不动摇地巩固和发展公有制经济。必须毫不动摇地鼓励、支持和引导非公有制经济发展。坚持公有制为主体，促进非公有制经济发展，统一于社会主义现代化建设的进程中。”党的十六大报告第一次明确提出了“必须毫不动摇”问题，第一次使用了“支持”的概念，公开宣布要“放宽市场准入”，严肃地提出了“完善保护私人财产的法律制度”的主张。党的十六大报告为消除私营企业发展的制度障碍奠定了基础。关于非公有制经济的问题，不再是要不要发展的问题，而是如何快速持续发展的问题。

2005 年 2 月 14 日，国务院下发了《关于鼓励支持和引导个体私营等非公有制经济发展的若干意见》（国发〔2005〕3 号）。提出了一整套政策措施，是一部十分重要的全面促进非公有制经济发展的政策性文件，是新中国成立以来第一次以中央政府的名义发布的鼓励、支持和引导非公有制经济发展的政策性文件，是党的十六大之后，关于非公有制经济发展的纲领性文件。意见的出台，使得非公有制经济在平等准入、公平待遇方面的状况有了进一步改善。

2007 年 3 月，十届全国人民代表大会五次会议上审议并通过了《中华人民共和国物权法》（以下简称《物权法》）和《中华人民共和国企业所得税法》（以下简称《企业所得税法》）。《物权法》把实行社会主义市场经济，保障一切市场主体的平等法律地位和发展权利作为基本原则，平等保护国家、集体和私人的物权，即保护了包括个人在内的所有物权人的合法物权，为私营企业家更加放心地创造财富提供了稳定合法依据，对于发展社会主义市场经济，鼓励和推动各种民营经济的发展，具有重要意义。新《企业所得税法》统一了各类企业的所得税制，为内外资企业提供同一条起跑线，结束了不合理的外资“超国民待遇”。同时放宽对小型微利企业的界定，扩大优惠范围，降低了民营企业的实际税负，节约投资成本和经营成本，有利于民营企业公平地参与市场竞争。

2009 年 9 月，为改善中小企业经营环境，实现中小企业又好又快发展，国务院颁布《关于进一步促进中小企业发展的若干意见》从以下八个角度提出了具体的建议：进一步营造有利于中小企业发展的良好环境；切实缓解中小企业融资困难；加大对中小企业的财税扶持力度；加快中小企业技术进步和结构调整；支持中小企业开拓市场；努力改进对中小企业的服务；提高中小企业经营管理水平；加强对中小企业工作的领导。

2010 年 3 月，国务院通过了《关于鼓励和引导民间投资健康发展的若干意见》，被经济界人士称为“新 36 条”。新 36 条鼓励和引导民间资本进入法律法规未明确禁止准入的行业和领域，包括基础产业和基础设施、工用事业和政策性住房建设、社会事业、金融服务、商贸流通、国防科技工业等领域，旨在创造公平竞争、平等准入的市场环境，进一步扩宽民间投资的领域和范围，发挥国有资本和民营经济各自的积极性，为“十二五”期间的民间资本营造了更广阔的市场空间。

2. 民营经济税收优惠政策的具体规定。

（1）增值税。一是重新确定了一般纳税人与小规模纳税人的划分标准。从事货物生产或者提供应税劳务的纳税人，以及以从事货物生产或者提供应税劳务为主（占年应税销售额 50% 以上），并兼营货物批发或者零售的纳税人，年应征增值税销售额（简称应税销售额）在 50 万元以下（含本数，下同）的；其他纳税人年应税销售额在 80 万元以下的，为增值税小规模纳税人，超过上述年应税销售额标准的为增值税一般纳税人。年应税销售额超过小规模纳税人标准的其他个人按小规模纳税人纳税；非企业性单位、不经常发生应税行为的企业可选择按小规模纳税人纳税。二是提高了增值税起征点，调整了小规模纳税人的适用税率。增值税起征点为：销售货物的为月销售额 2000—5000 元；销售应税劳务的为月销售额 1500—3000 元；按次纳税的为每次（日）销售额 150—200 元。此外，小规模纳税人增值税征收率由 6% 变更为 3%。

（2）营业税。

①《财政部、国家税务总局关于贯彻落实〈中共中央、国务院关于加强技术创新，发展高科技，实现产业化的决定〉有关税收问题的通知》（财税字〔1999〕273 号）规定，对单位和个人从事技术转让、技术开发业务和与之相关的技术咨询、技术服务业务取得的收入，免营业税。这一政策的实施，有利于降低引进技术的成本，提高民营企业技术创新的积极性。

②《国家税务总局关于下岗职工从事社区居民服务业享受有关税收优惠政策问题的通知》（国税发〔1999〕43 号）规定，下岗职工从事社区居民服务业取得的营业收入，个人自其持下岗证明在当地主管地税机关备案之日起、

个体工商户或者下岗职工人数占企业总人数60%以上的企业，自领取税务登记证之日起，3年内免征营业税；但第一年免税期满后由县以上主管地税机关就免税主体及范围按规定逐年审查，符合条件的，可继续免征1年至2年。这一政策的实施，不仅有助于解决下岗就业问题、减轻社会负担，而且对于引导人们投资创办中小企业具有积极的鼓励作用。

③《国家发展改革委、国家税务总局关于中小企业信用担保机构免征营业税有关问题的通知》（发改企业〔2006〕563号）规定，对符合信用担保机构免税基本条件的非营利性中小企业信用担保机构，由省级中小企业管理部门和省级地方税务部门审核、推荐后。由国家发展改革委和国家税务总局批准后，对其从事担保业务的收入，3年内免征营业税。同时规定对于享受三年营业税减免政策期限已满的担保机构，仍符合通知规定条件的，可以继续申请减免税。中小企业信用担保是帮助中小企业融资的机构，他们对于缓解中小企业融资难的问题有重要的作用。对这些机构给予税收优惠，必然有助于它们的成长和壮大，同时也提高了这些机构对中小企业服务的积极性，有利于促进中小企业发展。

（3）企业所得税。对于符合条件的小型微利企业，减按20%的税率征收企业所得税。小型微利企业的标准：工业企业，年度应纳税所得额不超过30万元，从业人数不超过100人，资产总额不超过3000万元；其他企业，年度应纳税所得额不超过30万元，从业人数不超过80人，资产总额不超过1000万元。

（4）个人所得税。

①个人和个体工商户资助非关联的科研机构和高等学校研究开发新产品、新技术、新工艺所发生的研究开发经费，经主管地税机关审核确定，其资助支出可以全额在当年度应纳税所得额中扣除。但当年度应纳税所得额不足抵扣的，不得结转抵扣。以上资助资金，不包括偶然所得和经国务院财政部门确定征税的其他所得。

②个体工商户、个人独资企业和合伙企业的年度经营亏损，经申报主管地税机关审核后，允许用下一年度的经营所得弥补，下一年度所得不足弥补的，允许逐年延续弥补，但最长不得超过5年。

（5）其他税种。如资源税规定，民营企业或个体业户在开采或生产应税产品过程中，因意外事故等原因遭受损失的，经批准，给予减征或免征资源税照顾。

上述相关的税收优惠政策只是众多优惠政策中惠及民营经济发展的一小部分，正是因为这些具有引导及鼓励性的优惠政策，在一定时期、一定的社会经济条件下，对中国民营经济的发展起到了促进作用。

（二）中国民营经济税收政策现存问题

中国现行税收优惠政策对民营经济的发展起到一定的扶持和促进作用，但是，我们也应看到，由于现有税收政策的目标不明确，优惠措施不多等，导致促进民营经济发展的税收优惠政策存在以下问题。

1. 税收优惠政策缺乏系统性和规范性。中国现行的对民营经济的税收优惠政策虽然不少，但相关的税法体系并不完善，中国至今尚未建立起一套完整、规范的民营经济税法体系。税收优惠政策的出台较为零散，不同的优惠政策是在不同时期、不同经济背景下推出的，分布于多个税种的暂行条例、实施细则中而且多是以补充规定或通知的形式发布，立法层次不高。而且大部分的税收优惠是财政部、国家税务总局根据经济的发展状况和国家产业政策的调整变化以通知、规定等形式随时下达的，政策调整也较为频繁。虽然这体现出了税收政策的灵活性，但缺乏系统性和规范性，缺乏有效的法律保证，法制环境不稳定，不利于政策的实际操作和执行。

同时，民营经济的税收优惠政策针对性也不强。很多优惠政策主要是涉及了解决社会就业、残疾人福利、弥补学校经费开支不足以及第三产业的咨询技术服务业等几部分，更多的是将税收优惠作为解决社会问题的一个手段，没有从提高民营企业核心竞争力、促进民营企业生存发展的角度来考虑，对民营企业的扶持力度不够。此外，相对于发达国家的加速折旧、税收抵免、再投资退税、延期纳税等优惠手段而言，中国的税收优惠手段单一，大多局限于税收减免和优惠税率两种方式。优惠力度小，效用不明显，不利于促进民营经济的发展。

2. 具体税收制度设计尚存缺陷。如中国所得税方面主要是个人所得税和企业所得税重复征收的问题。按规定，国家和法人股东接受转赠红股无需缴纳所得税，但企业如将未分配利润转增资本金的，视同分红，在已缴纳企业所得税的基础上还要对股东再征收 20% 的个人所得税。此外，对个人从法人企业取得的股息和红利，也要征收 20% 的个人所得税。也就是说，民营企业的利润首先要缴纳企业所得税，形成税后利润，然后把税后利润再分配给投资者，股东在已缴纳企业所得税的基础上再缴纳个人所得税。而实际上，民营公司是股东的集合体，公司利润与股东个人分得的利息实质上是出于同一笔所得，对其分别课税形成了重复征税，妨碍了民营企业者的积极性，不利于民营经济的发展。

3. 税收服务体系不完善。

（1）税收管理不规范。税收征管法规定，纳税人不设置账簿或账目混乱或申报的计税依据明显偏低的，税务机关有权采用“核定征收”的办法。但在实际操作中，由于部分民营企业财务核算不健全，普遍存在账务混乱、申报不实不全的问题。一些基层税务部门日常征管偏松，为图简便，不论民营企业账册是否健全、真实，也不论企业盈亏状况，规定凡营业收入在一定额度内的，一律实行定额或定率附征企业所得税的做法，滥用“核定征收”，扩大了“核定征收”的范围。此外，实践中由于缺乏保护，民营企业所负担的收费、摊派、集资等税外负担较重，这些客观上加重了民营企业的税收负担，有碍民营企业的发展。

（2）税务机关对民营企业纳税人的服务意识不强。民营企业的财务管理和经营管理水平与大型企业相比还存在着一定的差距，他们更需要税务机关的税务指导、培训等服务。但目前税务部门重征收、轻管理现象较为普遍，而且在税收服务上存在着“重大轻小”的倾向，对民营企业的服务观念相对滞后。部分政策的宣传服务工作也不到位，民营企业对有关的税收优惠政策知之甚少，政策利用率不高。

三、完善中国民营经济税收政策的对策

民营经济经过30年快速发展，经济总量已经具备了相当规模，但是还存在区域发展不平衡、个体发展程度差异较大等情况；此外，随着经济全球化的发展，中国民营经济发展面临诸多严峻的挑战，2008年全球金融危机爆发，中国很多民营经济面临倒闭的危险。基于中国民营经济税收政策存在的诸多问题，为了促进民营经济的可持续发展，就必须在财税政策方面予以支持，并保持政策的差别力度和连续性，为其提供较好的政府支持力度，从而有效推动民营经济的健康发展和国民经济的持续繁荣。

（一）完善中国民营经济税收政策的基本原则

中国民营经济在经济和社会发展中地位越来越重要，基于中国当前税收制度在促进民营经济健康发展方面存在问题，本课题组认为，为了促进中国民营经济发展，在税收政策方面需结合中国民营经济发展的特点，着力于提高中国民营经济税收政策的法制性和系统性、创造有利于中国民营经济发展的平等税

收环境和坚持中国民营经济税收政策的适应性和导向性。

1. 提高中国民营经济税收政策的法制性和系统性。从中国民营经济税收政策的现存问题来看，对民营经济的税收政策体系不完善，缺乏系统性和规范性。在国外，如美国、日本等均制定有《民营经济保护法》，加拿大制定有《小企业减税法》等等。相比之下，中国民营经济缺乏有效的法律保障。因此，建议有关部门借鉴国外发达国家的经验，在充分调研的基础上，结合中国实际，制定出一套完整的适合中国民营经济发展的税收政策体系。以法律的形式确定下来，明确国家的民营经济税收政策，提高民营企业税收政策的法律层次，营造有利于民营经济发展的稳定的法律环境。

2. 创造有利于中国民营经济发展的平等税收环境。中国现行税制体系的制度过程中，民营经济只是作为社会主义市场经济的有益补充，因此国家对其税收支持政策是限制和引导，国家的税收优惠政策主要还是针对国有经济，对民营经济的优惠较少。随着社会主义市场经济体制的不断发展和完善，它的社会地位在国民经济中与日俱增，成为社会主义市场经济的重要组成部分，国家在税收政策方面理应做到重视，为其提供公平的竞争环境，从而鼓励、引导和支持民营经济的健康发展。税收公平一般包括横向公平和纵向公平。横向公平即在税收政策中，不同所有制和不同规模的企业应该税负一致，对于符合国家产业政策的企业，不管采取何种经济形式，都应该实施同样的税收政策，从而减少经济发展的盲目性，促进产业结构趋向优化，使民营经济与其他所有制经济在平等竞争的条件下竞争和发展；纵向公平即根据量能负担原则，考虑中小企业与大企业的盈利程度不同，制定差别税率和差别优惠政策。然而值得注意的是，税收作为国家宏观调控的重要手段，在鼓励民营经济发展的同时应掌握好程度，避免出现新的不公平。

3. 坚持中国民营经济税收政策制定的适应性和导向性。

（1）税收政策为了促进中小企业的发展，应加强产业导向力度，贯彻国家的产业政策，通过调整商品供求结构，实现市场上商品供求的平衡；通过差别利率等信贷倾斜政策对资金市场进行调节，推动资金合理流动和优化配置；打破地区封锁和市场分割，促进区域市场和国内统一市场的发育和形成。当前中国产业结构面临重大调整，因此在税收政策方面对中国民营经济发展应着重体现产业导向，结合中国当前产业调整的发展重点，建议中国税收政策在民营经济产业导向的扶持重点包括：高新技术为主的科技型企业；吸纳失业人员和下岗职工为主的就业型企业；农副产品综合利用的深加工企业；面向社区的生活服务型企业；新型能源为主的能源企业；资源循环利用为主的环保型企业；自主创新为主的新型企业等。

（2）税收政策应体现促进民营经济发展的适应性，由于民营经济规模小、投资小，因此税收政策在引导民营经济发展应符合它的特点，向“小而专、小而精、小而优”的方向发展。

（二）完善中国民营经济税收政策的基本思路

为了更好地促进民营经济的发展，税收支持政策可从以下几方面进行。

1. 出台《中华人民共和国中小企业促进法》实施办法，落实优惠政策。2002年全国人民代表大会颁布的《中华人民共和国中小企业促进法》是中国第一次从法律高度上明确要鼓励中小企业发展，具有十分重要的意义，该法对后来一系列政策的制定也有指导意义。但是中国还未出台《中华人民共和国中小企业促进法》实施办法，加之中国有关部门贯彻执行《中华人民共和国中小企业促进法》的配套文件下发不多，导致一些法律条文在实际落实中难以操作；此外，《中华人民共和国中小企业促进法》有些条款没有明示中小企业主管部门还是其他部门具体执行，导致法律的执法主体不明确，不利于《中华人民共和国中小企业促进法》的贯彻实施。基于此，为了配合落实政策的规定，保证民营企业的良好发展环境，建议中国尽快出台国家层面的《中华人民共和国中小企业促进法》实施办法，注重实际可操作性，以便为贯彻实施法律提供有力的组织保障。

2. 继续完善税制要素的设计，提供公平的税收环境。具体到所得税方面，虽然新的所得税制已经实现了内外税制统一，但企业所得税和个人所得税之间的重复征税问题尚未消除。民营企业利润与股东个人分得的利息实质上是出于同一笔所得，对其分别课征企业所得税和个人所得税实质上形成了重复征税，妨碍了民营企业者的积极性。因此，应建立企业所得税与个人所得税互相配合、统一协调的所得税制结构。比如，对自然人或法人来源于税后分得的利润、红利和股息所得，原则上只负担一种所得税，可以考虑采取抵免的办法，尽可能避免双重课税。既保证税制的中性，也不打击民营投资者投资的积极性。

3. 完善民营经济税收征管程序，加强税收服务。

（1）在税收征管中，税务部门应严格地执行各项税收政策，坚持依法纳税。不应贪图减轻征管负担而滥用“核定征收”，要严格依照《核定征收税款办法》对纳税人账务进行核查，符合查账征收条件的实行查账征收，能准确核算收入或成本的，按应税所得率核定征收。对不设置账簿或账目混乱或申报的计税依据明显偏低的，应加强税法知识和建账建制等的辅导培训，协助民营企业建账建制、完善财务管理。积极扩大查账征收的范围，降低核定征收的比重。在核定征收时，纳税定额与应税所得额应确保客观、公正。

（2）税务机关要优化服务体系，平等服务、简化办税程序、提供纳税咨询。首先，在对纳税人服务上平等地对待不同经济类型的纳税人，纠正“重大轻小”的观念，一视同仁。针对目前中国民营企业财务管理水平低、账证不全、经营管理水平相对滞后的特点，通过进行纳税辅导和纳税培训等，引导民营企业完善财务管理和经营管理水平，加强税收法规政策宣传，使民营企业能及时获得税收法规变动的信息。其次，简化办税程序，提高办税效率，在税务登记、申报纳税、发票领购、政策减免等涉税事项上，为纳税人提供方便，简化手续，高效服务。再次，完善税务咨询制度，充分发挥税务机关接触面广、信息充分的优势，为民营企业提供优质的信息咨询服务，便于纳税人掌握税收政策、熟悉办税流程，为民营经济的发展营造一个良好的纳税环境。

参考文献

1. 苑新丽：“鼓励民营经济发展的税收政策建议”，《涉外税收》2004年第7期。

2. 潘恺蓉：“浅议民营经济的发展与税收政策”，《新远见》2008年第10期。

3. 陈广华、刘建华：“税收政策对中国民营经济发展的影响”，《现代情报》2008年第8期。

4. 黄孟复：《2009年中国民营经济发展报告》，社会科学文献出版社2009年版。

课题组组长：石　坚　何声贵
副　组　长：颜　斌　杨建中
成　　　员：唐　磊　张龙瑜　吴　讯
执　　　笔：石坚

西部大开发税收优惠政策取向研究

贵州省地方税务局课题组

一、我国现阶段西部大开发税收优惠政策的内容

（一）西部大开发税收优惠政策的主要内容

1999 年 11 月召开的中央经济工作会议将西部大开发列为今后几年经济工作的重点之一，并提出了实施西部大开发的基本思路和战略重点。2000 年 3 月，在九届全国人民代表大会三次会议上提出实施西部大开发战略。2001 年 9 月 29 日，为进一步实施西部大开发战略，加快中西部地区发展，国务院办公厅发出了《关于西部大开发若干政策措施实施意见的通知》（国办发〔2001〕73 号）。同年财政部、国家税务总局、海关总署联合下发了《关于西部大开发税收优惠政策问题的通知》（财税〔2001〕202 号）。归纳起来，西部大开发税收优惠政策包括以下几个方面：对设在西部地区国家鼓励类产业的内资企业和外商投资企业，在一定期限内减按 15% 的税率征收企业所得税。民族自治地方的企业经省级政府批准，可以定期减征或免征企业所得税。对在西部地区新办交通、电力、水利、邮政、广播电视等企业，企业所得税实行两年免征、三年减半征收。对为保护生态环境，退耕还生态林、生态草产出的农业特产品收入，在 10 年内免征农业特产税。对西部地区公路国道、省道建设用地，比

照铁路、民航用地免征耕地占用税。对西部地区内资鼓励类产业、外商投资鼓励类产业及优势产业的项目，在投资总额内进口自用先进技术设备，除国家规定不予免税的商品外，免征关税和进口环节增值税。对西部地区实行更加优惠的边境贸易政策，在出口退税、进出口商品经营范围、进出口商品配额等方面放宽限制。

2003 年 5 月 27 日，为了进一步贯彻落实国务院关于实施西部大开发战略若干政策措施，促进贵州经济和社会发展，贵州省人民政府根据国办发〔2001〕73 号文件精神，制定了《关于西部大开发若干政策措施的实施意见》（黔府发〔2003〕17 号），对贵州省实施西部大开发战略若干政策措施作了明确规定，其中税收优惠政策内容在国务院有关要求的基础上，对民族自治州、县等特殊区域做了进一步的细化规定。

（二）西部大开发税收优惠政策与其他区域税收优惠政策的比较

西部大开发税收优惠政策的实施，对西部经济发展起到了积极的作用，西部经济所有制结构、区域结构和城乡结构调整加快，投资环境得以改善，投资规模进一步扩大。但是，自西部大开发战略提出以后，在区域经济发展方面，中央又先后提出了振兴东北老工业基地、中部崛起等战略构想，并给予了相应的税收政策，加上原有的东部沿海地区的税收优惠政策，西部大开发税收政策与它们相比有无优势？

1. 西部大开发税收优惠力度与东部沿海地区比较。20 世纪 80 年代初，我国打破长期的均衡发展格局，实施地区间梯度发展战略，国家政策开始向东部地区倾斜，先后在东部地区设立经济特区，开放沿海港口城市，规划沿海开放地区，建设浦东新区，并广泛建立经济技术开发区和高新技术开发区。这些特定区域内除了能享有项目审批、外资准入、外汇留成、出口等方面的政策优惠，也享受诸多的税收优惠，从而使我国的税收优惠政策长期形成对东部地区一边倒的格局。

（1）改革初期，我国税收优惠主要集中于东部经济特区、经济开发区、经济技术开发区等，设立在这些区域内的企业在所得税方面享受低税率、定期减免税等优惠政策，目前这一格局并未改变。尽管国家对中西部老少边穷地区和民族自治地区也有所得税方面的优惠规定，但力度和执行效果都远不如东部地区。

（2）为了鼓励外商投资，长期以来我国对外资企业给予税收上的超国民待遇，外资企业享受着普遍的税收优惠，2008 年前外资企业的所得税实际税负只有内资企业的一半，而涉外企业大都集中在东部地区，这种涉外税收优惠政策使东部地区获益最大。

（3）即使在新《中华人民共和国企业所得税法》实施后，东部5个经济特区和上海浦东经济开发区新设高新技术企业仍享受“二免三减半”的优惠。

东部地区优越的区位条件和众多的经济特定区域享受的税收优惠政策，使其吸引了众多的外来投资和国内民间资本，技术水平、管理水平不断提升，劳动力素质也不断提高。东部发展的同时，导致和中西部经济差距的拉大，东部地区的经济总量、居民收入水平、引进外资的规模等都大大超过中西部。

西部地区所享受的税收优惠以企业所得税为主，还涉及农业特产税、耕地占用税、关税、进口环节增值税等税种。从税收优惠的力度分析，大体与改革开放初期对经济特区的外商投资企业优惠政策相近，大于沿海开放城市、沿海经济开放区和沿边对外开放城市的税收优惠力度。但总体来说，很多优惠政策仅仅是将东部已经享受多年的现行优惠政策扩大到西部，仅仅是扯平了东部、西部地区之间原有的政策差距，并没有使西部在“横向比较”上真正享受到更为突出的、独有的税收优惠。同时，现行的西部大开发税收优惠政策主要针对新办企业，对西部传统产业的技术改造和升级以及规模庞大的国企改组改造没有足够的税收支持，庞大的西部地区存量产业也没有得到税收政策支持，因此，西部地区不可能在促进区域经济平衡发展中真正有效地吸引外资，缩小差距，也无法发挥西部自身的产业优势和资源优势。此外，从税收优惠政策形式的选择看，仍然采用的是区域性的所得税优惠政策为主，容易导致中西部地方间税负不公和恶性税收竞争。

2. 西部大开发税收优惠力度与东北老工业基地、中部地区比较。中央在2003年作出了振兴东北老工业基地的发展战略，对东北地区给予一系列的政策优惠，其中最为重要的是在东北率先实行增值税转型试点改革。在东北首先实行增值税由生产型向消费型转变，对装备制造业、石油化工业、冶金工业、船舶制造业、汽车制造业、高新技术产业、军品工业和农产品加工工业等行业新购进的机器设备所含增值税税金，允许作为增值税进项税进行抵扣。同时，东北地区还实施提高固定资产折旧率、缩短无形资产摊销期限、扩大企业研发经费加计扣除优惠政策范围、提高计税工资税前扣除标准等减轻企业所得税负担的政策。

我国目前尚未有对中部地区全区性的税收政策倾斜，造成中部大部分地区（除吉林省、黑龙江省以外）在税收优惠上成为“塌陷区”，出现了严重的区域经济失衡。现有税收优惠政策只覆盖了国家规定的19个中西部地区、老革命根据地、少数民族地区、边远地区及其他贫困地区；湖南湘西、湖北恩施可以执行的西部大开发的税收优惠政策。

二、现阶段西部大开发税收优惠政策实施效果分析

（一）基本情况

我国地区经济不平衡突出表现为东中西部的经济差距。西部12个省市的土地面积占全国的71.5%，人口占全国的28.6%，但1999年GDP仅占全国的13.6%，人均只相当于全国平均水平的三分之二（表1），东西部差距之大可见一斑。而今，实施西部大开发已有10年，有关税收优惠政策的绩效究竟如何？地区经济悬殊的状况是否得以改观呢？从制定西部大开发税收优惠政策的初衷来看，其直接目的是通过降低西部地区投资的税收成本，增大投资回报率，从而吸引更多投资流入西部地区，其最终目的则是通过调整和引导资金流向，加速西部欠发达地区的经济增长，实现区域经济的协调发展。

西部大开发税收优惠实施之后，西部地区的税收负担较过去确实相对下降了，但东部、西部的经济增长率仍然存在较明显的差距，同时东部、西部经济发展水平的绝对差距和相对差距还在继续扩大。此外，出口退税与涉外税收优惠等其他一些税收优惠政策也在很大程度上抵消了我国区域税收优惠的政策绩效。

表1　　东部、中部和西部GDP占全国GDP的比重　　单位：%

年份	东部	中部	西部
1978年	52.5	30.7	16.8
1999年	58.8	27.6	13.6
2002年	59.9	26.6	13.5
2003年	58.5	24.6	16.9
2004年	59.4	23.6	17.1
2005年	58.8	24.6	16.9
2008年	59.52	23.01	17.47

资料来源：《新中国五十年统计资料汇编》；《中国统计年鉴》，分省统计年鉴。2008年数据根据各省统计数据计算。

从表 1 可以看出，东部地区在全国的经济总量中占据主体地位并基本处于上升趋势，而中部和西部占全国经济总量的份额却在下降，2003 年、2004 年略有上升，而 2005 年又回落到 2003 年的水平。显然，东部 GDP 的增长对全国 GDP 的增长起到了拉动作用，但同时也扩大了与中部、西部间的差距。

由表 2 可见，1978 年至 2008 年的 30 多年间，中国经济无论是东部还是中、西部都获得了长足的发展，全国人均 GDP 增长了 70 多倍，而东部、中部和西部分别增长了 60.25%、58.69%。但从人均 GDP 也反映出了东部与中、西部间的明显的差距，同期的中部和西部的人均 GDP 却总体上低于全国的平均水平，呈现出东部与中、西部地区的严重的贫富差距。

表 2　　东部、中部和西部人均 GDP　　单位：元／人

年份	东部	中部	西部	全国
1978 年	687	333	309	379
1999 年	12328	5611	4406	6546
2002 年	13334	6978	5388	8184
2003 年	16600	7993	6317	10303
2004 年	20298	9512	7992	12601
2005 年	23092	11030	9476	14533
2008 年	37069	18612	15937	24703

资料来源：《新中国五十年统计资料汇编》；《中国统计年鉴》，2008 年数据根据各省统计数据计算。

通过上述分析可以看出，现行区域税收优惠政策对缩小东西部差距的作用有限，近 10 年的西部税收优惠政策并未达到预期效果。

首先，现行的区域税收优惠政策没能体现出产业导向。西部地区迫切需要发展的是交通、能源、原材料等基础产业以及高科技产业，而现行税收优惠政策对基础产业和高科技产业的重视程度不够，鼓励传统工业和加工业的发展，未能解决西部地区产业失衡矛盾，也使西部地区的资源、科研等方面的优势也没有得到充分发挥，弱化了税收杠杆对资源配置的作用，影响了西部大开发中的产业结构的调整和优化。

其次，在区域税收优惠政策实施过程中，没有区别不同类别的产业和不同规模的项目以及投资周期、利润水平、风险系数等因素，从而使境外一些并非

先进技术、品位较低的中小企业资本大量流入，规模小、技术含量少、污染大、投资周期短的劳动密集型企业占很大比重，形成不合理的投资结构，与产业结构调整的初衷相悖。

再次，过去 10 年来优惠政策的执行也存在手段单一、受惠面窄、限制条件较多等问题，导致很多企业享受不到政策优惠。企业的主营业务不仅要在《产业结构调整目录》的鼓励类项目中，主营业务收入还必须占企业总收入的 70% 以上。即使是享受"两免三减半"的新办企业，也被限定在交通、电力等五大产业范围之内。

（二）贵州省情况

西部大开发 10 年，是贵州历史上增长速度最快、发展质量最好、城乡面貌变化最大、群众得到实惠最多的时期，经济总量等经济指标都上了一个大台阶，基础设施建设取得重要突破，生态环境明显改善，特色产业发展有很大进步。

实施西部大开发 10 年来，贵州省各级税务机关认真落实西部大开发各项税收优惠政策，在减轻企业税收负担、推动招商引资和优化产业结构方面发挥了积极作用。2001—2009 年，贵州省地税系统共为 3552 户（次），企业减免企业所得税 216370.9 万元，平均为每户（次）企业减免企业所得税 60.92 万元，大大减轻了企业的税收负担。

目前，西部大开发税收优惠政策主要采取减税、免税、退税、降低税率等直接减税的方式。客观的说，这些税收优惠政策实施，为减轻企业税收负担、推动招商引资和优化产业结构方面发挥了积极作用。但西部大开发税收优惠政策涉及的主体税种比较单一，同时符合多种税收优惠的项目不能叠加享受，政策扶持的范围和力度有限。主要表现在以下几个方面：

1. 从政策执行时限上看，优惠政策执行期较短，影响和制约政策效应。现行西部大开发税收优惠政策规定的期限为 2001—2010 年，由于政策从制定、宣传到企业了解并申请享受减免需要一个过程，因此一些企业从 2001 年开始的几年实际没有享受到这一政策。如国家实施西部大开发的税收优惠政策从 2001 年开始实行，贵州省由于种种原因，一些税收优惠内容推后了实行的时间。如耕地占用税、车船使用牌照税、城市房地产税、企业所得税民族自治地方的优惠政策等，从 2003 年才开始执行。对于西部地区其经济基础薄弱，基础设施建设投资大，收益慢的局面，还受自然条件、人口素质、基础设施、经济发展等因素的制约，项目建设的难度大、建设周期较长，要在 10 年的时间内明显缩小东西部地区的差距，政策的扶持力度显然偏弱。税收优惠政策的执行期短，导致投资者偏向投入少、周期短、风险小、利润高的行业投资，对于基础薄弱、周期长、投入高、见效慢、风险大的行业敬而远之；从企业的发展来看，需要长期稳定的政策发展环境，对于投资西部基础设施建设这种投资长、收益慢的企业来说更是如此，如果国家对西部地区税收优惠政策执行到期后没有更优惠的税收政策出台，西部地区落后的面貌仍然难以从根本上得到改善。

2. 从政策的适用对象上看，西部大开发中的税收优惠主要适用于部分企业。西部大开发税收优惠政策的适用对象有严格的限制，如增值税优惠适用于农产品加工和流通企业；企业所得税适用于国家鼓励类产业或民族地区内资企业；关税和进口环节增值税适用于投资国家鼓励类产业的项目在投资总额内进口自用设备。同时，西部大开发税收优惠主要针对新办企业，对原有内资企业优惠少，执行效果不明显。西部大开发中的税收优惠，基本上都是为吸引投资而定的，对内资企业则只能是国家鼓励类产业。新办企业是需要扶持，但是新办企业从筹建到产生效益一般需要2—3年时间，而税收政策减免时间也正好是2—3年，正处于企业没有效益期间，到企业有效益时，税收减免政策已经到期，这样造成许多企业名义上享受了税收减免政策，但实际上没有获得税收减免。

3. 从政策限制条件看，现行鼓励类税收优惠项目门槛较高。西部地区产业基础整体较差，能够享受税收优惠的企业有限，在一定程度上削弱了这项优惠政策效果。国家《产业结构调整指导目录》中规定的鼓励类产业项目门槛高，规定其主管业务收入必须占企业总收入的70%以上，才能享受按减15%的税率缴税。对于经济落后的西部地区，大多数中小企业竞争较为激烈，要达到这样的比例有较大难度。如2009年贵州省黔南州实际只有10户符合享受鼓励类产业项目15%优惠税率的企业。据统计，贵州省享受西部大开发税收优惠政策减免企业所得税收入，最高为2005年占税收收入总额的4.52%，最低为2009年占税收收入总额的0.085%，因此，西部地区真正能够享受税收优惠的企业较少。

4. 从政策执行效果上看，西部地区税收优惠政策执行与地方财政体制矛盾突出。西部地区由于经济落后，税源贫乏，财政收入少，财政自给率低，大多数属“吃饭财政”。在现行财政管理体制下，税收减免的多少最终都会直接影响到地方财政收入和政府职能运转，即便是省级以上减免的税收，都全部由地方财政负担，以致形成“上面请客，下面买单”的局面，因此，一些地方政府受财力制约，出台行政手段干预企业享受政策或推迟享受年限，优惠政策执行不到位的情况时有发生。

5. 从政策优惠方式看，税收优惠方式单一，创新不足，易引发税收流失。在西部大开发税收优惠政策的操作过程中，税务机关基本采用降低税率、定期减免等直接优惠措施。这种形式的特点是政策的透明度高，征、纳双方易于操作。但这种采用对税收进行直接减免的方式，主要适应于盈利企业，而对那些投资规模大、经营周期长、获利小、见效慢的基础设施、基础产业、交通能源建设、农业开发等项目的投资鼓励作用不大，并且定期减免的税收优惠政策，会产生个别企业急功近利，不进行立足长远的规划，从而不利于经济的协调、可持续发展。另外，优惠政策多以规范性文件或通知的形式下发，且较为杂乱，优惠层面较广，企业很容易利用假合资、假新办企业等手段，进行偷逃避税，不利于规范管理，容易造成国家税收流失。

6. 从适用税率看，西部大开发税收优惠政策的优势并不明显。西部大开发增值税优惠税率是进项税额扣除率由 10% 提高到 13%，即提高扣除标准来减少增值税，是一种间接减免税款；其企业所得税优惠税率是对鼓励类产业项目为主营业务的企业适用 15% 税率，对民族自治州、县内内资企业适用“三免两减半”（第一年至第三年免征企业所得税，第四年至第五年减半征收企业所得税）政策，同时明确对企业技术开发研制所发生的各项费用不受比例限制，计入管理费用。而国家制定的鼓励软件产业税收优惠的增值税优惠税率是按 17% 的法定税率征收增值税后，对其增值税实际税负超过 3% 的部分实行即征即退政策，是一种直接减免税款，减免税力度大；其企业所得税优惠税率是对国家规划布局内的重点软件生产企业适用 10% 税率，对我国境内新办软件生产企业适用“三免两减半”政策，同时明确工资和培训费用，可按实际发生额在计算应纳税所得额时扣除。以贵州省某高新技术企业为例，该企业 2007 年减免税收的总额为 10181 万元。其中：企业所得税减免额为 4017 万元，占其减免税总额的 39.46%；增值税减免额为 5761 万元，占其减免税总额的 56.59%，其他地方税减免额为 403 万元，只占其减免税总额的 3.96%。由此可以看出，鼓励软件产业税收优惠在适用税率、扣除标准方面比西部大开发税收优惠政策适用对象更优惠。

7. 从政策宣传力度看，实施西部大开发税收优惠政策尚未完全到位。许多企业对优惠政策知之不多、用之不活，甚至还不懂用、不会用。西部大开发从某种意义上说是一种政府行为，是政府在运作。企业对优惠政策知之不多、用之不活，也说明了各级政府贯彻实施的力度还不大，宣传不够。以2009年度为例，贵州省全年地方税收收入总额突破300亿元，其中享受西部大开发企业所得税税收优惠政策的减免税额2543万元，仅占收入总额的0.085%。因此，企业所得税优惠对大多数西部企业来讲还是很小的部分。

8. 从政策执行情况上看，税收减免后续监督管理工作有待加强。部分税务机关存在重审批、轻管理的现象，减免税后续监督管理工作有待加强。部分税务机关对减免税管理工作认识不到位，重视程度不够，监管力度不大，责任意识不强，审核把关不严，普遍认为既然企业已经享受减免税，就可以不再检查或放松管理，忽视了对享受减免税企业的监控，在减免税管理工作中缺乏主动性和前瞻性，对已享受减免税企业的后续管理力度不够，造成税收漏洞。如贵州省黔南州地方税务局在2007年开展减免税后续管理专项检查工作中发现，某企业2005年度至2006年度存在采取虚增当年收入、调整以前年度往来账虚增应纳税所得额等手段骗取减免税304.49万元及未按规定用途使用减免税的严重问题，针对检查情况，该局采取果断措施，报请上级机关同意后，依法停止该企业减免税，追缴已减免税款，并按有关法律规定进行处理。

此外，西部大开发税收政策实施后，在民族地区普遍优惠问题凸显。总体来看，税收优惠政策的实施，在一定程度上扶持和促进了地方企业的发展壮大，促进了地区社会经济的发展。但是，由于民族地区经济的特殊性，这种“一刀切”的税收优惠政策，最大的受益者恰恰不是一般的民族中小企业，而相对集中在一些垄断型或暴利型行业，如电力、供电、采掘、单采血浆站、公墓及供电部门的三产企业等，背离税收优惠政策初衷。如贵州省黔南州苗族布依族自治州地税系统自2001年执行西部大开发税收优惠政策以来，先后有490户（次）企业申请并享受企业所得税“三免两减半”税收优惠，减免企业所得税共计2.38亿元，其中2003年至2005年有82户电力、供电、采掘、单采血浆站、公墓企业享受企业所得税“三免两减半”税收优惠，占同期减免税企业322户的25.47%，减免企业所得税8754.4万元，占同期减免税总额的60.88%。

我们认为，在民族自治地区普遍实施税收优惠政策，有违国家制定政策的初衷，对民族自治地区的经济社会发展容易带来不利影响：

一是按现行规定，资源开采企业可以享受“三免两减半”税收优惠政策。近几年来，煤、磷、锑等矿产品资源市场需求旺盛，价格一路攀升，企业利润空间巨大，企业从追求自身利益最大化出发，在享受“三免两减半”税收优惠政策期间，动用非常规手段，加大开采力度，从品位高、易开采的矿点着手，乱开乱采，选高弃低，造成资源的严重浪费，从而获得高产值、高利润，又不缴企业所得税，一旦优惠期满又换地方或关闭旧企业，重新以新办企业之名骗取税收优惠，结果是地方没有得到任何利益，而国家资源被滥采浪费，生态环境遭到严重破坏。

二是一些高能耗的冶炼企业看到民族自治地区渴望加快发展愿望强烈，税收优惠明显，电力充足，纷纷落户西部地区尤其是较落后的民族自治地区，虽然促使这些地区国民生产总值有了较快增长，但实现的税收较少，甚至没有税收，政府可用财力并未增加，同时，还造成当地生态环境恶化，污染严重。如贵州省黔南州独山麻尾工业园区自 2004 年设立以来，陆续有省内外十多家铁合金企业落户该工业园区，因免税或亏损的因素，没有一家企业缴纳企业所得税；而国家鼓励类的企业由于各种原因，基本上处于微利甚至亏损，没有真正享受到税收优惠，显然不利于促进西部民族自治地区产业结构的调整，扶持优势产业，培育特色经济，而且还将加剧原有的产业结构矛盾。

三是供电等垄断行业，属国家投资，又属于高利润、高回报、负担轻行业，对此类行业和企业，国家在税收优惠政策上未作出一定的规范和限制。

三、实施区域税收优惠政策的国际借鉴

从世界范围看，无论是发达国家还是发展中国家，都普遍面临着地区经济发展不平衡问题，都存在着比较先进的发达地区和相对落后的欠发达地区。追溯历史，世界上许多国家都曾对欠发达地区进行过大规模的开发，从而促进了经济的发展，提高了整体经济实力。他山之石，可以攻玉。总结国外对欠发达地区开发的经验教训，借鉴国际经验，继续实施西部开发战略，进一步加快西部地区开发进程，对于实现中国区域经济的均衡协调发展具有重大的经济意义和现实意义。

第二次世界大战前，意大利南方和北方之间的差别十分悬殊，南方在许多方面都远远落后于北方，产生了南北“两个意大利”的说法。第二次世界大战后，意大利政府为了发展南方经济采取了一系列措施，其中包括以优惠的贷款、利息和税收条件，鼓励私人资本向南方投资。如在 1957 年至 1965 年间，政府为了鼓励在南方发展工业，除国家投资建大型工厂外，还规定在南方建厂政府可补贴厂房建设费 25% 及设备价值的 10%，并对新厂 10 年免征利润税。

经过 30 多年的努力，南方面貌发生了显著的变化。

日本山地丘陵占国土面积的 75%，开发山区发展经济是国家的一项重要工作。由于第二次世界大战后人口向城市集中，造成了农村劳动力短缺和农田荒芜。为了消灭地区差别，振兴山村经济，日本政府也运用税收手段，对落后地区进行了扶持性开发。具体的措施包括：落后地区制定特别税法，享有减免税收等优惠待遇，如大企业由城市搬迁到偏远的地区，可减免事业税、不动产出卖所得税、固定资产税等；当地开发事业可以免税或执行特税；对落后地区实行财政转移支付，如 1951 年以来为了开发北海道，中央给予北海道的让与税和交付税一直比全国平均水平高 5%—10%。经过多年的努力，振兴山村的工作已大见成效。

巴西由于自然环境条件及开发历史原因，占全国国土面积 60% 的北部、东北部、中西部地区一直是经济落后地区，形成“落后的内地巴西”与“现代化的沿海巴西”并存的畸形发展状况。为了开发亚马逊河流域，吸引劳动力、资金和技术，1967 年巴西政府颁布法令，正式成立了世界上不多见的位于内陆的马瑙斯自由贸易区，同时采取各种减免税政策，引来大批国内外投资，建立起商业中心、工业中心、旅游文化中心，使这里成为一个巨大的“自由市场”。为了吸引发达地区私人资本参与落后地区经济开发，巴西政府还颁布法令，规定在落后地区兴办企业可以减征 25% 的所得税。由于政府一系列税收鼓励措施和其他政策的配合使用，巴西落后地区的经济特别是农牧业的发展取得了可喜成果。

目前我国西部大开发与当年意大利的南方大开发、日本的山村振兴、巴西的内陆开发，既有相同之处，也有诸多不同。共同点在于，都是在国内区域经济发展水平差距较大、影响整个国家可持续发展的背景下，借助于发达地区的经济实力，使落后地区脱贫致富，最后实现共同富裕的目标；不同的是，我国和意大利、日本、巴西等国在政治、经济、社会等方面存在较大差异，开发时所处的国际环境截然不同，开发中所面临的困难因国而异，因而预期目标层次不同。因此，我国进一步实施西部大开发中的税收政策，既要借鉴外国的成功经验，又不能简单地“克隆”，要结合我国具体情况而定，重在创新。

四、未来西部大开发税收优惠政策取向分析

我国西部大开发税收优惠政策实施 10 年来，取得了很大成效，“十二五”

时期及到 2020 年期间是西部地区立足新起点、形成新突破、迈上新台阶的关键时期。在新形势和条件下，应尽最大努力保持西部地区经济社会快速发展趋势的延续，巩固近些年来其良好的发展势头，使统筹区域发展进入到缩小地区差距的轨道；在“十三五”时期，继续稳步全面推进，显著缩小西部地区与东中部经济、社会发展方面的差距，最终实现全面建设小康社会的关键性突破。

（一）进一步实施西部大开发税收优惠政策的总体构想

目前，西部大开发已进入“深入推进、科学发展”新时期，需要对深入推进西部大开发、促进西部地区科学发展的内涵、指导方针、战略目标、战略重点、路径选择和支持政策体系等进行全面深入研究。

1. 抓住国家间、地区间产业调整与转移加快的有利时机，推进西部地区产业结构的优化升级。西部地区要素成本低，资源丰富，经过多年的发展，基础设施逐步完善，产业发展具备了较好基础，近年来正成为越来越重要的产业转移承接地。这为西部地区加快发展提供极为有利的条件，应促进东部地区产业向西部地区有序转移，积极鼓励和引导西部各地根据各自特点承接产业转移，把承接国内外产业转移作为发展特色优势产业、促进经济结构优化调整的一项重要战略。

2. 抓住西部地区进入工业化和城镇化加快发展阶段的有利时机，推进西部地区新型工业化和城镇化进程。西部地区工业化进程从总体上看，正处于由初期向中期过渡阶段，而西部地区城镇化进程已进入中期阶段。按照工业化和城镇化的阶段发展规律，进入中期发展阶段后，工业化和城镇化具备加快发展的内在动力，一般情况下将呈现出加快发展的趋势，并且这种趋势将维持较长一段时间。这一阶段工业化和城镇化的联系更加紧密，工业化与城镇化将相互促进，共同推动经济社会各方面的全面进步。在发展环境不断完善的情况下，西部地区工业化和城镇化将保持快速发展的势头。西部地区应抓住这一有利时机，加快完善体制机制和发展基础，大力推进新型工业化和城镇化进程，推动西部地区经济社会持续快速发展。

3. 抓住金融危机后经济振兴和扩大内需的有利时机，推进西部地区基础设施的完善和民生工程建设。西部地区应抓住国家扩大投资需求的有利时机，争取更多国家财政支持，在民生工程、基础设施和生态环境建设等领域取得更大突破，进一步完善发展环境，增强长期发展能力，推动西部地区的持续快速发展。

（二）和谐发展目标框架下的西部大开发税收优惠政策的路径选择

1. 延长减免时间。西部大开发企业所得税优惠政策执行期限规定为10年，但相对于西部大开发这一长期复杂的工程而言则显得较短，容易导致投资者投资投入少、周期短、风险小、利润高的行业，造成区域产业结构不合理、发展不协调。2010年这项政策即将到期，政策的延续是西部地区经济发展的重要动力，国土将近一半的区域发展绝不是10年、20年即可达到目标，而周期短极易造成对子孙后代不利的短期行为。因此，有必要延长西部大开发优惠政策期限，将原定的享受优惠政策的2010年时限再给予延长10年到15年，以吸引外来资金对基础设施建设等获利回收期较长的项目的资金投入。

2. 减免方式从片面向全面转型。

（1）直接减免方式向间接与直接减免并重的方式转型。税收优惠是国家为了实现一定的经济目标，对某些纳税人或特定经济给予鼓励和照顾所作的一种特殊规定。税收优惠方式分为直接减免和间接减免。直接减免常用于保证国家基本产业或保证外国人投资项目在开业初期有较高的投资收益，以达到吸引投资的目的。但这种方式易造成税负不公，增加政府财政压力，因此，这种方式一般作为诱因投资的短期手段。而间接减免，对于政府而言应收税款并未减少，只是失去了相当于应纳税款的资金收入，政府负担轻，而同时降低企业早期的投资负担，鼓励了企业投资。目前西部大开发税收优惠政策主要是税率式优惠，对一些税种实行免征或低税率优惠。这种优惠方式只对有利润的企业起作用，对西部地区众多盈利能力弱的中小型企业作用不大。因此，针对西部开发中的税收优惠，应调整和增加其优惠方式，要改变我国长期以来以直接优惠为主的做法，将长期以来实行的减税、免税、退税、降低税率等方法与有效促进投资的投资抵免、加速折旧、提取准备金、再投资退税等间接优惠方式结合使用，把真正需要鼓励和扶持的亏损、微利企业纳入享受优惠的行列，支持西部地区中小型企业的发展壮大。

（2）区域优惠方式向产业与区域优惠并重的优惠方式转型。我国近年来在税收优惠政策上主要采取的是以区域税收优惠为主、产业优惠为辅的措施，这将导致同一产业不同区域的纳税人在税负上的不公。因此，政府在支持区域发展的同时，要选择具有产业优势、发展潜力大、能提高地区整体经济竞争力的部门或产业，建立以产业为主的税收优惠政策。西部地区通过优惠政策吸引投资，并不是不加区别地对任何项目的投资都给予优惠，而是有选择地根据西部地区经济发展的特点，吸引资金投入西部地区有发展前景的而目前发展相对较弱的项目或是西部地区具有比较优势的项目上，如能源、交通、通讯以及科学利用西部资源的深加工项目、农业开发项目和高科技项目，立足于高水平、高起点，提高引进项目的质量。不能不加区别地给予税收优惠，造成西部地区经济发展中出现低水平的重复建设，使得西部地区在过若干年以后不得不进行所谓的产业结构调整。在优惠方式上应更多地采取投资抵免、加速折旧等形式，适当延长西部地区企业的优惠期限。同时，在引进资金和项目上，不能只重视引进外资，也要重视引进内资，对内地企业和个人到西部地区投资，应给予与外资相同的待遇。

（3）减免税种从以所得税为主的地方税种向货物和劳务税与所得税并重的方式全面转型。现形的西部大开发税收优惠税种比较单一，除企业所得税外均为地方税种，且减免效果不够明显，现阶段西部地区大多财力较弱，在设计优惠税种结构时，应考虑西部地区区域政策与产业政策、区域政策与区域问题有机结合，真正实现西部地区可持续发展。优惠税种结构的设定是西部地区真正实现区域政策与产业政策、区域政策与区域问题有机结合，实现西部地区可持续发展的主要工具。针对税收优惠，总体思路是应建立一个西部的“税收绿洲”，通过对特定行业、特定地区的投资者（包括资金、技术、人才）和从事经营活动的企业给予税收优惠待遇，来弥补西部自身的不足，繁荣西部地区经济。

增值税方面。针对西部地区产业结构中以农牧业、重工业为主，而重工业中又以采掘业和原材料工业为主的特点，应在现行消费型增值税的政策环境下，对西部地区新办的国家鼓励类产业实行免征增值税三年，后再减半征收二年的优惠政策措施。

所得税方面。鼓励外资参与西部大开发，创造公平竞争环境，在现行企业所得税法统一内外资企业所得税税率基础上，对注入西部的资金、技术从企业所得税层面给予优惠政策，同时优惠政策应以行业优惠为主，为避免“一刀切”，可依据不同发展时期的目标采用不同行业的差别税率或国家不再分享西部地区企业所得税，以此加大支持西部经济社会发展力度。对积极投入西部开发的高级人才可采用提高费用扣除额、降低税率等特殊政策，甚至对贡献大的高科技人才和管理人才减免个人所得税以鼓励人才向西部的流动。允许技术含量高的机器设备、研发、技术转让等费用作税前扣除，促进高新技术产业的发展。在此基础上推广到其他产业，进而推动产业的优化升级，改变西部的经济增长方式。

一方面，应着力改变在西部地区投资企业应缴所得税回流到注册地或机构所在地缴纳的现状，切实保护西部贫困地区财政收入。解决方法有二：一是在给予其税收优惠政策的同时要求到西部投资的内外资企业在西部注册设立具有独立法人主体资格的子公司；二是由投资所在地设立集团股份制开发有限公司，外来投资企业（包括内外资企业）以股份形式参与集团股份制开发有限公司对西部地区的资源开发、基础设施建设等活动。另一方面，中央在对西部企业实行税收优惠政策时，不应将优惠给企业的税收全部由西部地区财政买单，应切实解决加大地方财政对所得税的分成问题。

同时，优惠政策应以行业优惠为主，为避免“一刀切”，可依据不同发展时期的目标采用不同行业的差别税率。对积极投入西部开发的高级人才可采用提高免征额、降低税率等特殊政策，甚至对贡献大的高科技人才和管理人才减免个人所得税以鼓励人才向西部的流动。

资源税方面。一是扩大征收范围，要使西部开发跳出“开发——破坏——污染——治理”的怪圈，针对西部应扩大资源税的征收范围，把森林、草原、名贵药材等都纳入资源税的征收范畴；二是要对国家亟待保护的资源应提高其税率或税额，起到寓禁于征的目的；三是要及时调整资源税的税制结构，将从量计征与从价计征有机结合；四是积极探索资源税的合理分配制度，提高资源税在地方财政收入中的比重。

耕地占用税方面。西部地区是一个耕地资源相对匮乏的地区，为切实保护西部土地资源。改革开放以来，特别是西部大开发以来的近10年间，西部地区经济以较快速度发展，建设项目快速上马，城镇规模迅速扩大，伴随而来的是耕地资源的大幅度减少，为保护有限的耕地资源，加之耕地占用税是一次性税源的行为税特征，在西部地区无论是对内资企业或者是外资企业实行耕地占用税优惠政策是不利于经济的可持续发展的。

环境税方面。保护西部的生态环境是西部开发一些项目开展的前提，也是西部可持续发展的保障，因此应率先在西部征收环境税（生态税）。环境税有助于促使生产者和消费者考虑其活动对环境所造成的影响。与政府的强制管制手段相比，环境税可以为污染者提供更大的灵活性，使污染者能够自由地以费用有效的方式回应市场的信号。如果把环境税确定在适当的水平上，可以使达到给定污染目标的总成本最小。因此，应在税收优惠条款中增加鼓励企业环保意识的特殊条款，如环保设备可以作为企业所得税的税前抵扣，带来正外部效应的环保型企业以及消除负外部效应的企业给予税收减免等。

营业税方面。在西部地区应大力扶持第三产业发展，在附加值高的服务行业，从事技术开发、技术服务、高科技产品研发以及旅游业等产业投资，应制定相关税收优惠政策，特别在营业税方面，建议实行逐年递减的税收优惠方式，比如第一年减按两个百分点的税率征收，到第二年至第五年减按三个百分点税率，第五年以后实行正常税率征收政策，这样既可以有效地留住了投资者，更让地方第三产业可持续发展。

为切实解决西部地区教育资源不足的问题，鼓励民间资本开办民办教育事业，努力提高西部地区人民的文化素质和积极培养本地人才，国家应从税收上给予扶持，免征民办教育的营业税（在物价主管部门和教育行政主管部门规定的收费范围内部分）和所得税。

其他税种。国家应根据西部大开发企业实际情况，对新开征或其他税种适时考虑纳入西部大开发税收优惠政策范围。

3. 配套措施从片面的税收优惠方式向全面的优惠方式转型。

（1）改善财政转移支付方式，加大对西部地区转移支付力度，弥补因实施西部大开发税收优惠政策给当地造成的财政缺口。一是提高西部地区所得税地方分享比例，由现行所得税中央分成60%，地方分成40%，调整为所得税中央分成30%，地方分成70%，充分调动西部地区发展经济，开辟财源，增加地方财力的积极性；二是对西部大开发税收优惠造成的财政减收部分，变间接转移支付为直接转移支付；三是对西部大开发税收优惠造成财力的影响，相应调整下划基数和返还基数。

（2）应将税收优惠全额纳入财政预算，确保西部大开发税收优惠政策的执行力，充分发挥财税政策的扶持效应。西部地区财政承受能力制约了所得税优惠政策的发挥。西部地区经济落后，企业效益不佳，各级地方财政财力不足，基本上都是吃饭财政，有的地方给了优惠政策也未必减得起。因此，西部地区的财政状况不利于税收优惠政策发挥应有的作用。为使西部大开发税收优惠政策落到实处，使西部大开发企业真正享受到国家优惠税收带来的好处，为加快促进西部地区快速、健康发展提供良好发展环境，建议从制定财政政策与税收政策相配套的措施：

财政政策方面：一要通过制定有关法规，确定转移支付基数，将涉及西部大开发各项税收优惠全部纳入中央财政转移支付范围，并随着中央财力的增长而稳定增加，出台相应的配套政策与操作措施确保落到实处；二要通过国家预算，加大对西部地区的专项补助范围和数额，包括对老、少、边、穷地区的补贴、对西部公益性项目的配套补助、对治理和改善西部生态环境的专项补助以及扶持西部高新技术企业、军工企业、落后地区的非公有制企业和少数民族企业的贷款贴息；三要充分发挥财政杠杆作用，动用一部分财政资金对外地投资者到西部办企业给予投资补贴；四要通过政府担保、财政贴息办法，发行企业债券，新筹资金用于西部能源、原材料等大型骨干企业发展；五要将更多的外国政府贷款项目、世界银行贷款项目和双边、多边援助项目安排在西部。

税收政策方面：通过《中华人民共和国西部大开发法》规定，实行差别税率。为了调动西部开发主体的积极性，大开发的最初10—20年，中央政策应对西部实行全面的税收优惠政策，税收优惠幅度不仅要低于全国平均水平，而且要低于沿海特区最初发展时的水平。特别建议：一是对西部地区的资源型企业免征或全额返还资源税，免税或返还部分作为国家投资，继续用于资源开发和保护；三是对西部老工业基地和资源面临枯竭的企业在增值税、所得税征收上放宽条件。

（3）调整区域税收优惠政策，加强西部地区的吸引力。一是扩大对西部地区的税收优惠范围，如对于在西部重点开发区从事农业、能源、交通等基础产业的投资开发或鼓励投资的生态环境整治、污染处理和资源综合利用等（不论内资或外资），均可免征货物和劳务税等方面的优惠。对于以资产重组形式推动西部地区现由国有企业改制、转产或产业结构升级的各类投资者，也可考虑给予税收返还等优惠政策；二是制定更加有利于西部投资的税收优惠政策。我国东西部地区经济发展已经存在巨大的差距，在目前西部地区各项条件都落后于东部地区的情况下，如果没有明显优于东部的优惠政策，就很难吸引资本向西部转移，因此，应出台更加优惠的、向西部倾斜的优惠政策，凸显西部地区的政策优势，在一定程度上弥补西部地区其他投资条件的欠缺，让外来投资者通过内陆与沿海的比较，能够首选西部，以促使资金向西部地区的转移。建议加大鼓励投资西部基础设施建设的力度。将从事基础设施项目的企业可以自取得第一笔收入起享受“两免三减半”的政策改为“三免三减半”或“五免五减半”政策。扩大享受所得税优惠企业的范围，降低政策准入门槛。适当将不在《产业结构调整指导目录》内的一些西部地区优势产业、支柱产业纳入优惠范围，在税收上优先鼓励和支持西部地区具有市场潜力和投资价值的重点产业发展，使优惠政策真正惠及西部地区更多的企业。

（4）完善相关配套政策，确保税收优惠政策落到实处。到目前为止，享受西部大开发税收优惠政策的国家鼓励类产业内资企业是指以国家重点鼓励发展的产业、产品和技术目录以及产业结构调整指导目录中鼓励类产业项目为主营业务的企业。对这些目录，国家相关部门时隔5年才进行修改。这种做法严重滞后于经济发展现状，不利于税收政策发挥促进产业结构调整的作用。建议有关部门每1—2年对产业结构调整指导目录进行一次修改和更新。

对交通运输业营业税建议制定新的更加规范的管理办法，便于操作，以达到增加税收收入规模和增强税收的宏观调控功能。

为加快西部地区公用事业和文化事业建设步伐，积累更多资金用于公用事业和文化教育事业，使其快速、健康发展。建议城市维护建设税与教育费附加不再作为货物和劳务税额附征税种，应使其独立成为公用事业税和教育税税种。

加大费改税力度。西部省区市有较丰富的自然资源和矿产资源，当前随着资源开采、销售环节征收的具有税收性质的费，国家应加大费改为税的力度。

（5）制定有利于吸引高素质人才到西部地区就业的税收优惠政策。推动西部大开发战略的实施，首先要吸引高素质的人才到西部地区创业。一是对高科技人员和具有专门技能的高级人才，到西部地区投资、就业取得的高收入、各地给予的各种福利待遇，应给予适当的个人所得税的减免优惠。二是对高级专门人才在西部地区进行的专利转让、技术咨询、科技开发、专项服务等都在税收方面给予优惠待遇，使更多高级专门人才到西部去施展才华。三是制定科学的、更加人性化的技术职务动态管理制度。

（6）实施更加有利于保护西部生态环境的税收政策。实施西部大开发战略，不能只注重经济发展，不注重环境保护，不能再走先破坏、先污染，再治理的老路。因此，在税收政策取向上，一是促进节能减排，扶持困难、微利企业，促进资源的合理有效利用，保护生态环境，对有利于西部地区生态环境保护或治理恢复生态环境的项目给予税收优惠，鼓励发展生态环境整治、污染治理、资源综合利用、农业综合开发的项目，对破坏生态环境的项目不仅不给予税收上的支持，还应当通过行政手段和法律手段予以制止；二是清理现行税制规定中不利于保护生态环境的政策规定，可以考虑首先在西部地区征收环境保护税，促使污染企业加大投入治理污染或通过重税迫使污染企业、污染项目停产下马，对在西部地区开采的矿产品资源就地进行深加工、附加值达到一定标准的可考虑减免或退还其已纳的资源税，对不进行深加工仅简单进行挖掘的企业不能给予税收优惠，以保护和合理开发利用自然资源；三是对民族自治地区供电、煤炭、房地产开发等垄断型、暴利型、资源开采型行业及“高耗能、高污染”产品不予享受税收优惠。

(7) 给予西部地区省级政府适当调控权限。国家应给予西部地区省级政府一定权限，由省级政府根据地区特点和差异，有选择地决定对西部地区特色产业、高新技术产业或其他需要大力扶持的行业适用西部大开发税收优惠政策，使这一政策切实落实到当地最需要发展的产业上来。

(8) 完善“西部大开发国家鼓励类产业、企业”确认方式。建议对符合西部大开发国家鼓励类产业、企业的确认，最好是由具有行政审批事项的部门和主管税务机关共同确认为好。同时还可以和当地的经济结构、产业结构、就业等相关发展战略一并考虑。正确确认鼓励类产业、企业，是落实好西部大开发政策的关键，也是促进地方经济后续发展的关键，也是指导和调整当地科学调整结构、引导产业发展的关键。

参考文献

1. 温家宝：《政府工作报告》，2007 年 3 月 5 日。

2. 国家税务总局局长谢旭人：“加快推进税收的发展与改革”，《学习时报》2006 年 6 月 8 日。

3. 姚慧琴、任宗哲、徐璋勇、刘新权：《中国西部经济发展报告（2007）》，社会科学文献出版社 2007 年版。

4. 韩凤芹：“区域经济统筹发展中应采取的财政金融政策”，《宏观经济研究》2005 年第 3 期。

5. 黎昌卫：“宏观调控、西部大开发与税收政策选择”，《税务与经济》2001 年第 1 期。

课题组组长：季　可

副　组　长：任四海　冯立重　黄　静

成　　　员：徐在刚　李汉文　杨　杨　刘荣典　夏筱波　王晓林

张景玲　李银华　张久泰　叶　欣　潘　韬

执　　　笔：杨　杨　李汉文　刘荣典　夏筱波　王晓林

张景玲　叶　欣　潘　韬

反避税工作的新思考

——成本分摊协议税收管理研究

广东省深圳市地方税务局课题组

2008年1月1日，《中华人民共和国企业所得税法》正式实施。借鉴美国、加拿大、日本、澳大利亚、英国及欧盟一些国家和地区的做法，新企业所得税法第四十一条第二款将“成本分摊协议”引入我国税法：企业与其关联方共同开发、受让无形资产，或者共同提供、接受劳务发生的成本，在计算应纳税所得额时应当按照独立交易原则进行分摊。

2009年2月20日，深圳一家美资企业正式向国家税务总局和深圳市地方税务局提出了与其美国母公司进行成本分摊的申请，内容涉及技术研发类无形资产和市场营销类无形资产。这是我国税务部门受理的第一个成本分摊申请，目前国内尚没有任何实践经验，而该成本分摊对方的主管税务部门——美国国内收入署（以下简称“IRS”）则有较为完备的法律规范和丰富的实践经验。因此，通过研究欧洲经济合作与发展组织（以下简称“OECD”）对成本分摊协议的管理指南和美国对成本分摊协议的具体规定和实践应用，借鉴其成熟的经济分析方法和先进的管理经验，落实我国成本分摊协议的法律规定，建立和完善相关的管理制度，维护国家税收权益，是我国税务部门面临及亟需解决的问题。

一、成本分摊协议概述

（一）成本分摊协议的概念和意义

成本分摊是近年来国际上较为流行的一种降低研发风险的经营模式，越来越多的跨国企业开始关注并采用这种方法从事无形资产的研发和集团内部劳务成本的分摊。《OECD 转让定价指南》对其作了如下表述：成本分摊协议是企业间签订的一种契约性协议，签约各方约定在产品开发、购买资产、服务或权利等方面共摊成本、共担风险，并且合理分享收益。从经济角度看，所有参与方都是研发成果的所有者，都享有研发成果的经济权益，对研发成果的使用、转让和处置所得享有受益权，同时也承担相应的经济损失；从法律角度看，所有参与方都是独立的法律实体，但只有其中一方对研发成果拥有法律所有权；从各国税务部门的实践看，成本分摊协议主要应用于关联方之间合作开发无形资产的情况，非关联方之间达成成本分摊协议或者关联方之间采用成本分摊协议开发其他资产（如集中管理）的情况则非常少。

由上所述，成本分摊协议侧重于技术研发和创新活动，各参与方共摊成本，极大地降低了单一企业从事上述活动所承担的风险。在我国仍然属于技术输入国的现实情况下，鼓励境内企业适当加入成本分摊协议，积极参与技术研发和创新活动，有利于境内企业及时掌握核心技术，增强市场竞争优势，进一步推动我国经济结构调整和产业升级，其意义不言而喻。

（二）成本分摊协议对税收收入的影响

一般来说，成本分摊协议的参与方有两种情况：一是所有参与方都是境内关联方；二是各参与方是分布在不同国家的关联方。

对于第一种情况而言，在未实施成本分摊协议时，研发成本完全在研发成果持有方的企业所得税税前扣除，持有方同时向使用方收取特许权使用费，并将其作为企业所得税应税收入；使用方则将特许权使用费作为企业所得税税前扣除项目。在实施成本分摊协议时，研发成本按参与方分摊的成本各自在企业所得税税前扣除；使用研发成果时，参与方之间不存在收取和支付特许权使用费的问题。因此，对于成本分摊所有参与方都是国内关联方的情况下，如果不考虑税收优惠政策和亏损弥补等因素的影响，是否实施成本分摊协议对国内企业所得税收入影响不大，甚至没有影响。另外，由于参与成本分摊协议各方属于“共同开发、受让无形资产，共同提供、接受劳务”，各方之间不存在相互转让无形资产或提供应税劳务，营业税问题将不复存在，从而减少国内税收收入总量。

对于第二种情况而言，是我国税务部门当前及今后面临的主要情形，即境内企业参与境外关联方的成本分摊，境内企业作为被动的成本分摊方，而境外企业则是成本分摊活动的主要执行者。在这种情况下，成本分摊协议参与方分布在不同国家，相关收益和成本费用在关联方之间的分配直接影响到相关国家的税收权益。在未实施成本分摊协议时，境内企业主要接受境外企业的技术服务或取得境外企业的特许权，并相应向境外企业支付技术服务费或特许权使用费。根据我国对外签署的税收协定和现行企业所得税法、营业税暂行条例的有关规定，向境外企业支付技术服务费或特许权使用费一方面需按 5% 税率扣缴营业税，另一方面，如果境外企业在提供劳务过程中构成了税收协定的常设机构，还需依据企业所得税法的有关规定计算缴纳企业所得税；如果境外企业在我国未设立机构、场所而取得特许权使用费或者虽设立机构、场所但与所取得的特许权使用费没有实际联系的，则应依据企业所得税法的有关规定计算缴纳预提所得税。在实施成本分摊协议时，境内企业按协议分摊的成本准予在企业所得税前扣除，但在将来使用研发成果时不再支付任何费用，前期的成本分摊将给所得税造成时间性差异，但通常都会因无形资产的超额利润而得到超额的弥补。当然，如果研发失败，各参与方预期收益为零，未来年度该项活动的所得税税收贡献也为零，前期分摊的成本所造成的所得税差异将成为永久性差异。营业税方面的影响与第一种情况相同。

（三）成本分摊协议对现有税务管理的影响

对于成本分摊协议的达成方式，我国现行税法提供了两种选择，一是采取预约定价方式，企业就其成本分摊协议方案是否符合独立交易原则在实施前取得税务部门的认可；二是企业自行签订成本分摊协议。相应的，对于成本分摊协议的管理方式，我国现行税法规定了三种方式，一是税务部门采取预约定价安排管理的方式事前对协议进行审核评估；二是税务部门受理企业自行签订的成本分摊协议备案后，层报国家税务总局，征得总局同意后对其是否符合独立交易原则进行审核，对于不合格的成本分摊协议予以调整；三是要求签订成本分摊协议的企业准备同期资料，并在年度终了后 5 个月内报送主管税务部门，主管税务部门即时进行跟踪管理。

上述三种方式的难点依然是对成本分摊协议是否符合独立交易原则进行审核，审核的重点主要侧重两方面，一是真实性，二是合理性。由于我国是一个技术输入国，审核成本分摊协议所需资料更多的还是保存在具体实施研发工作的境外关联公司，这必将给税务部门进行真实性和合理性审核增添更大的困难。虽然税务部门可通过国际税收征管合作向外国税务部门寻求帮助，也可要求纳税人提供会计师事务所等中介机构出具的鉴证文书，但其效用有限，实施效果也不甚理想。此外，无形资产研发包含了大量的行业和技术信息，而税务部门本身不具备、也不可能具备每个行业的分析专家，这对我国的税务管理理念、方式和手段产生较大的冲击，对税务管理人员素质提出更高的要求，使国际税收管理工作面临前所未有的巨大挑战，同时也推动税务部门思考如何经济高效地实施税务管理。

二、国外成本分摊协议发展概况

美国于1966年提出了成本分摊的概念，1995年颁布了专门针对成本分摊的正式法规，是世界上最早提出成本分摊概念、同时也是最早制定专项法规的国家。OECD财政事务委员会于1997年通过了关于成本分摊安排的报告，并将其作为《跨国企业与税务机关转让定价指南》（以下简称《转让定价指南》）第八章的内容，为各国制定成本分摊协议法规提供了原则性的指导意见。近年来，包括中国在内的各国税务部门纷纷出台与成本分摊协议相关的法律文件，截至目前已有30多个国家出台了与成本分摊协议相关的专项法规，其中英国、法国、卢森堡、荷兰、挪威、奥地利、加拿大、南非、新加坡和泰国等国家基本上都遵从OECD模式；还有一些国家或地区，比如芬兰、波兰、俄罗斯、阿根廷、巴西、以色列、马来西亚、泰国、越南和中国台湾等，虽然没有明确的成本分摊协议专项法规，但是只要成本分摊协议符合相关规定，仍会被税务当局接受。

（一）OECD关于成本分摊协议的立场

OECD认为，成本分摊协议是一种框架性约定，用以规范关联企业之间共同开发、生产或取得资产、劳务或权利的活动以及共同分摊的成本和风险，并确定各参与方对这些资产、劳务或权利的利益性质和范围。成本分摊协议必须遵循公平交易原则，即成本分摊协议各参与方根据其能够从被开发无形资产中获得的预期收益来承担该项无形资产相应的开发成本，并被授予在其所在区域内（或其生产和销售的产品上）单独使用该无形资产的权利，无需再为此支付特许权使用费。如果各参与方通过成本分摊协议拥有事前已存在的无形资产，或者退出已形成无形资产的协议，则新拥有者需对原拥有者进行合理的补偿，即买入/卖出支付。此外，当成本分摊协议参与方在协议执行期间实际获得的利益与预期收益不同时，各参与方可根据各自的实际收益对其所承担的成本费用进行定期调整。因此，OECD 成本分摊协议一般包括如下三个要素：成本的分摊、买入/卖出支付和定期调整。

1. 成本的分摊。在成本分摊协议中，可以进行分摊的成本包括与无形资产开发有关的所有直接成本和间接成本，所选择的成本分摊基础应能可靠地反映出参与方的预期收益，并且这种预期收益既可以通过直接的方法（即根据无形资产开发所带来的额外收入或节约的成本）来估计，也可以通过间接的方法（即根据生产或销售的数量、经营利润、销售额）进行衡量。由于无形资产的研究开发过程具有较多的不确定因素，无法保证所有的研究开发活动都能创造出具有商业价值的无形资产，参与方应该合理地对无形资产研发活动的成本分摊安排做出预测。因此，OECD 认为，在估计研发新产品或专有技术的相对预期收益时，常用的标准是新产品的销售预测或许可使用新技术所收取的特许权使用费。

2. 买入/卖出支付。当成本分摊协议中的某一参与方将其原先拥有的权利与协议中的其他参与方分享，或者有新的参与方加入业已存在的成本分摊协议时，成本分摊协议中各参与方的预期收益或分摊比例可能会发生一定的变化。根据公平交易原则，其他参与方或新参与方应该为此支付相应的费用，对上述的某一参与方或协议中的原参与方进行补偿，这一补偿被称为“买入支付”。当成本分摊协议中的某一参与方想要退出协议安排时，其可能将所拥有的成本分摊协议项下的无形资产权利转让给其他参与方，也可能放弃其权利而直接退出。在此种情形下，受让权利的其他参与方或因放弃行为而受益的其他参与方，应根据公平交易原则，对退出的原参与方加以补偿，这一补偿被称为“卖出支付”。

买入/卖出支付方式通常有三种：(1) 一次性总付款；(2) 分期支付特许权使用费（分期负担额逐年递减，或者分期支付相同数额）；(3) 其他付款形式。

3. 定期调整。根据成本分摊协议的规定，无形资产的研发成本应该按照各参与方所预期的收益比例进行分摊。由于预期收益只是对未来情况的一种预测，可能会带有一定的不确定性，因此，可能需要对成本分摊情况和买入/卖出支付情况定期进行复核与调整。换言之，可能需要用参与方在期末所实现的利益来验证它期初所做出的预测，并对前期的成本分摊份额进行一定的调整。如前所述，OECD《转让定价指南》认为，考虑到环境因素的变化性较大，因此，如果最初对未来利益的预期同实际利益存在比较明显的差异，成本分摊协议应该允许参与方对成本分摊份额进行适当调整。但这种调整只适用于未来期间的成本分摊份额，不具有追溯效力。

（二）美国关于成本分摊协议的实践

美国是实施成本分摊协议较早的国家，其在成本分摊协议理论和实践方面做了许多积极的探索，取得了十分丰富的实践经验，对我国目前开展成本分摊协议初期将具有重要的指导意义。美国认为，成本分摊协议是指“受控参与方按照各自可以从无形资产获得合理预期的收益份额，来分摊开发该无形资产的成本和风险而达成的协议”。美国在协议合同内容方面作了非常详细的规定，对受控参与方所需保存和提供的文档资料也作了具体要求，同时确定了6种买入支付方法。

1. 法律沿革。1966年，美国IRS和财政部在《国内收入法典》482节下颁布了部分关于成本分摊协议的法律草案。虽然该草案最终没有能够成为正式的法律，但成本分摊的概念却因此而影响巨大，并为无形资产的转让提供了一般性指南。1986年，《税收改革法案》首次就无形资产的关联交易引入了“与实际收益相一致”的原则。直到1995年，美国IRS和财政部才颁布了第一个全面的、专门针对成本分摊协议的正式法规。此后历经2005年修改，于2008年12月31日颁布了最新的成本分摊协议临时性法规（2009年1月5日生效，以下简称“2009年临时性法规”）。临时性法规的语言和框架与2005年法规草案保持了一致，综合考虑了2005年法规草案实施以来的各种意见，但对某些项目进行了大幅修改，因而内容更加详细、更为连贯，也更易操作。

2. 协议合规性条件。对于合格的成本分摊协议所必须满足的实质性条件和行政性条件，美国2009年临时性法规作了如下规定：

（1）实质性条件，即所有参与方相互间支付合理的款项，并使其在某一纳税年度各自所承担的无形资产开发成本与其合理的预期收益相匹配。同时，各参与方必须加入“平台贡献交易”（platform contribution transaction），以处理各种权利或能力（right or capabilities）。这些权利或能力可以是在成本分摊协议下开发或者维护的，也可以是从成本分摊协议之外获得的，但其都应对成本分摊下的开发活动具有合理的贡献。

（2）行政性条件，包括合同内容、文档准备、会计准则和申报制度等，具体如下：

①合同内容。成本分摊协议必须采用书面合同形式，内容必须包括：受控

参与方的清单，包括每个境内实体的地址及境外实体的所在国家；即将开展的无形资产开发活动范围的描述以及预期所形成的某个或某类无形资产的描述；各受控参与方所承担的功能和风险；各受控参与方从分摊成本所形成的无形资产中获得利益的具体描述；各受控参与方预期收益份额的计算方法；列举所有需要进行分摊的无形资产开发成本；各受控参与方计算无形资产开发成本和预期收益份额所采用的会计方法的一致性以及在一致性基础上所进行的外币换算；各受控参与方进行的成本分摊交易；各受控参与方参与的平台贡献交易，平台贡献交易的支付方式及相关信息分析；成本分摊协议的日期、期限，修改或终止条件及相关责任。

②文档要求。成本分摊协议中的受控参与方必须及时更新和保存足够的文档以证明其遵守了成本分摊协议的相关规定。如果美国IRS要求提供，则纳税人必须在30日内提供如下文档资料（申请延期除外）：无形资产开发活动范围的描述；各受控参与方可以从使用无形资产获得收益的合理解释；各受控参与方在成本分摊协议期限内承担的功能和风险描述；各受控参与方各项业务综述，包括影响成本分摊交易和平台贡献交易定价的各种经济和法律因素分析；各受控参与方在各纳税年度所承担的无形资产开发成本，包括归属于无形资产开发成本的各种股票形式的补偿；各受控参与方在成本分摊协议期限中估计其预期收益份额的方法描述，包括收益的预计、收益份额的修改、选用方法的原因及最优衡量方法；对所有平台贡献的描述；对所有涉及平台贡献交易类别的确定；对各平台贡献交易款项支付的详细说明，包括证明该支付方式符合相关规定的所有信息；符合公平交易原则的平台贡献交易支付款项计算的描述与解释。

③会计要求。成本分摊协议的会计要求主要体现在如下四个方面：成本分摊协议的所有参与方必须设置和保留说明会计方法一致性的账目和凭证；相关账目和凭证必须满足对可能出现的平台贡献交易支付的检查要求；外币的换算也必须基于一致性要求，并有相关账目和凭证支持；各参与方的账目和凭证如果与美国会计准则有实质不同，则需要做出充分的解释。

④申报制度。成本分摊协议的申报制度包括如下3个方面：所有受控参与方都必须在首次发生无形资产开发成本之日起90日内向美国IRS进行申报；所有需要在美国纳税的受控参与方都必须在成本分摊协议执行期限内的年度纳税申报时，附上成本分摊协议声明（包括各种信息的更新）；对不需要在美国纳税的受控参与方，必须将成本分摊协议声明及其更新情况填报在相关表格

上。

3. 买入支付方法。买入支付是成本分摊协议中非常重要的内容，其金额的确定相对较为困难。美国2009年临时性法规确定了可比非受控交易法、收入法、收购价格法、股票市值法、剩余利润分割法和其他方法等6种买入支付金额的计算方法。

(1) 可比非受控交易法。美国2009年临时性法规允许使用可比非受控交易法或可比非受控服务价格法来计算平台贡献的公平交易价格。使用可比非受控交易法或可比非受控服务价格法，一般首先会得到平台贡献的公平交易总价格，然后再把这一总价格与各平台贡献交易的付款人合理预期收益比例相乘，计算出其各自需要支付的金额。

(2) 收入法。收入法是通过参考其他替代方案决定在平台贡献交易中公平合理的支付价格。通常情况下，对于平台贡献交易付款人而言，最现实的替代方案是以支付特许权使用费的方式而不以成本分摊协议方式从非受控方获得无形资产的使用权；而对于平台贡献交易收款人而言，最现实的替代方案是独自承担无形资产研发风险，然后将所开发的无形资产许可给非受控方使用并收取特许权使用费。美国2009年临时性法规指出：在不同的替代方案下，各参与方承担的风险不同，并且平台贡献交易付款人和收款人在成本分摊协议中也可能承担不同的风险，因此，参与方可能要求获得不同的期望回报。

收入法的应用一般包括以下三个步骤：

第一步，计算不考虑平台贡献交易支付款项的情况下，平台贡献交易付款人在成本分摊协议的期限内所能持续获得的合理预期金额的现值，减去其预期的经营成本贡献（cost sharing contribution）和常规贡献（routine contribution）的现值。

第二步，计算平台贡献交易支付人在支付特许权使用费的情况下，所获得收入的现值。其金额应等于平台贡献交易付款人在成本分摊协议的期限内所能持续获得的合理预期的剩余金额的现值，减去其合理预测的经营成本贡献和合理的特许权使用费。合理的特许权使用费可以运用可比非受控交易法和可比利润法中相比较更为可靠的方法进行确定。对于平台贡献交易付款人来说，通过进行许可这种方式的风险较低，在本步骤中计算现值的折扣率很可能比第一步的要低。

第三步，运用第一步骤计算的金额减去第二步骤中计算的金额，所得到差额即是平台贡献交易的现值，也就是平台贡献交易的付款人愿意支付的款项，使得成本分摊协议和特许支付（假设这是最现实的替代方法）这两种方法对其不再具有差异。

（3）收购价格法。收购价格法是按照在非受控交易中为获得一项业务的股票或资产（即“标的物”）所支付的价格来决定在一个或一组平台贡献交易中所应支付的价格。当所有的非常规无形资产通过一个或数个平台贡献交易进入成本分摊交易中时，通常应当适用收购价格法。在该方法下，一个或数个平台贡献交易所应支付的公平交易价格等于根据合理预期收益的比例进行划分调整后标的物价格。经调整后的收购价格等于为标的物所支付的价格，加上标的物的负债，减去标的物资产中不对平台贡献交易产生贡献的资产。

收购价格法要求使用近期所获得无形资产或无形资产开发企业作为成本分摊协议的平台。因此，当标的物拥有大量的运营资产或者通过其长期积累形成可观的商誉和持续经营价值时，收购价格法不是一种可靠的方法。另外，如果是在很久之前获得的无形资产，其获得价格已无法准确反映其现值时，该办法也不是最好的办法。此外，可能仍需要进行其他调整，以反映平台贡献交易中收款人因购买标的物所产生的纳税义务与平台贡献交易中付款人纳税义务的不同。

（4）股票市值法。股票市值法与收购价格法类似，不同的是相关业务的价值通过股票市场而不是获得的价格进行决定。如收购价格法一样，首先需要确定该业务的整体价值，但是该价值是基于一个受控参与者（平台贡献交易的收款人）在公开证券交易市场上的平均价值来决定的。该平台贡献交易收款人的市值按照平台贡献交易前60日中的平均收盘价进行计算。然后通过调整决定该资本化的股票价值，即加上按照平台贡献交易日收款人的负债，同时减去其有形资产和其他没有包括在平台贡献交易中的资源、能力和权利。平台贡献交易的公平交易价格等于经调整后的市值，再根据各自的合理预期收益的份额，将其在受控参与者之间进行划分。有时，可能仍需要进行其他调整，因为平台贡献交易支付可能加重收款人的税收成本而降低付款人的税收成本。

美国2009年临时性法规指出，以下情况有可能会降低股票市值法的可靠性：平台贡献交易收款人的大部分非常规贡献未包括在平台贡献交易中；平台贡献交易收款人的大部分资产所包括的无形资产无法进行可靠的估值；实际情况显示平台贡献交易收款人的平均市值与其资源、能力和权利很可能具有实质性差异，同时无法对其进行可靠调整。

由于对股票市值法有相当严格的限制，使得其使用范围非常有限。只有当一家公开上市的公司想要进行国际扩张，同时想要与其一个或数个海外关联方通过成本分摊在未来进行无形资产开发时，股票市值法才可能是最好的方法。如同收购价格法，对成立已久企业，由于不能可靠地对其商誉和持续经营价值进行评估，使得股票市值法也不可靠。

（5）剩余利润分割法。剩余利润分割法将各参与方在成本分摊协议活动中进行的非常规贡献所形成的剩余利润的现值，根据参与方各自的相对贡献在其之间进行划分。这里的非常规贡献指的是平台贡献或者营业贡献（如市场营销、产品或流程中的无形资产等不属于成本分摊活动的平台贡献）。

所预计的剩余利润总额等于在成本分摊协议活动的时限内对各参与者（盈利或亏损）合理预期的利润总额的现值，减去由于常规贡献、运营成本贡献和成本贡献的市场回报。可以通过合理的折扣率来计算现值。由于对常规贡献的公平合理的回报很可能是一个范围而不是确定的数，因此剩余利润的现值也很可能是一个范围。

运用剩余利润分割法最大困难就是使用合适的方法对剩余利润进行分割。临时性法规指出，对剩余利润的分割要根据可靠方法形成符合公平交易原则的结果，以反映各参与者作出的非常规贡献。临时性法规对利润分割提出了两个建议：第一，对各参与者贡献的相对价值可以通过外部市场的基准分析决定；第二，这一价值可以通过对非常规贡献的开发成本资本化来确定，其资本化的成本需要在某一确定日期在一个可比的基础上进行估值。

（6）其他方法。除上述几种方法外，如果使用其他方法可以得到更为可靠的公平交易价格，则可以通过《国内收入法典》的482节下的一般原则和对平台贡献交易估值的原则来评估其他方法的可靠性。因此，使用其他方法时必须考虑成本分摊协议参与方使用其他替代方案时能够获得的利润，并且其需要能够符合最佳方法原则，并得到最可靠的公平交易价格。

三、国外成本分摊协议实践经验和对我国的启示

我国的成本分摊协议目前还处于起步阶段，这不仅表现在理论上的不成熟，还表现在实践上的欠缺。在未来相当长的一段时间内，我们要践行一个引进、消化和吸收的过程。认真分析、归纳国外成本分摊协议成功经验，取长补短，洋为中用，将是我们目前的必修功课。为此，课题组对国外成本分摊协议实践经验进行了深入分析，总结了成本分摊协议的适用业务范围、实际分摊成本、技术分析和避税问题四方面的启示，为我们的实践摸索提供参考。

（一）成本分摊协议适用的业务范围

OECD 认为，企业间可以就开发、生产或取得资产、劳务或权利等业务达成成本分摊协议，虽然适用成本分摊协议最常见的业务是共同研发无形资产，但也允许跨国关联企业间为达到资源共享的目的而相互提供劳务。美国则明确规定，成本分摊协议分摊的是无形资产的开发成本。因此，其成本分摊协议针对的业务是能够产生无形资产的活动（比如，形成制造类无形资产的研发活动和形成市场类无形资产的集团营销活动等），不产生任何无形资产的劳务则不适用成本分摊相关法规。此外，纵观世界范围内成本分摊协议的实践，其适用的业务范围也大都是无形资产。

从我国成本分摊协议的定义来看，其适用范围包括共同开发、受让无形资产，或者共同提供、接受劳务。涉及劳务的成本分摊协议一般适用于集团采购和集团营销策划。因此，我国成本分摊协议适用范围比较宽（包括无形资产和劳务），但如果考虑到目前对劳务类型的限制，其适用范围接近美国的规定。借鉴美国的经验和 OECD 的规定，课题组认为我国成本分摊协议的实践可以首先集中于无形资产，待积累经验和条件成熟后，再考虑向劳务等业务领域拓展。

（二）成本分摊协议实际分摊的成本

成本分摊协议的成本分摊范围是实施成本分摊协议的根本，但是各国在实施成本分摊协议时规定的成本分摊范围存在很大差异，对此我国应当结合国外经验，明确规定我国执行成本分摊协议的成本范围，对利润加成因素不予考虑。作为新兴发展中国家，我国在成本分摊范围上，应更多考虑成本节约问题，合理确定无形资产使用年限，采用灵活方式确定划分标准，确保国家税收利益。

1. 分摊的成本范围。OECD 认为，成本分摊协议中的成本包括所有直接成本和间接成本。而美国临时性法规则认为，可分摊的成本包括与无形资产的研发活动直接相关的、以现金或其他形式（包括员工股票期权）体现的成本，包括按公平交易价格支付的、与无形资产研发活动直接相关的房屋建筑物租金，不包括土地成本、可以计提折旧资产的成本、利息支出和境内外企业所得税支出。也就是说，只要是用于无形资产研发的费用，不论这些费用的投入最终是研发出预期的无形资产，或意外研发出其他的无形资产，或根本没有研发出任何无形资产，均可计入可分摊的成本。

我国目前成本分摊尚没有付诸具体个案的实践，理论探讨仅停留于纸面，企业所得税法、企业所得税法实施条例以及特别纳税调整实施办法对可能分摊的成本范围也没有一个明确、详细的规定。有鉴于此，国家有关部门应当对其进一步明确，便于基层税务部门的执行。同时，鉴于我国目前的成本分摊协议处于探索阶段，具体规定宜粗不宜细，可多作原则性规定，给基层部门实践摸索空间，待积累一定的实践经验以后，再予以规范和细化。

2. 已有无形资产的使用年限。美国1995年成本分摊法规花了大量的笔墨解释成本分摊的范围和标准，但对如何补偿某一参与方业已存在的无形资产（即买入/卖出支付）却未能作详细的阐述。在成本分摊实施过程中，美国IRS发现部分企业与设在低税率国家的关联方签订成本分摊协议时，通过低估美国参与方已有无形资产的价值，即低估买入支付的金额，造成美国的税收流失，因此，2009年临时性法规用“平台贡献交易”这一全新的概念取代了1995年成本分摊法规中的买入/卖出支付，扩大了买入/卖出支付的资产范围，同时改变了美国IRS大中型企业管理司就买入支付发布的协调性声明（CIP）中关于无形资产具有无限经济年限的假设，但仍然倾向无形资产具有很长的经济寿命，以利于提高“平台贡献”的价值，从而维护美国的税收权益。

我国目前基本上属于技术输入国，对于国外无形资产的使用年限问题必须予以积极回应。如果无形资产的使用年限很长甚至无限期，那么我国居民企业在买入支付时势必要付出很高成本，国内企业税基将受到严重侵蚀。我国高新技术企业的认定，要求核心知识产权应是“最近三年”开发或取得的，强调近期开发的无形资产才具有较高的价值。有鉴于此，我国对已有无形资产的经济使用年限应有一个明确的立场，强调无形资产价值应在合理年限内体现，不应具有无限经济年限，同时将上述立场制度化，作为我国成本分摊协议管理的一项重要内容。

3. 协议成果的收益划分标准。美国2009年临时性法规生效以前，只允许成本分摊参与方按地域标准划分共同研发的无形资产带来的经济利益。2009年临时性法规扩展了收益划分标准，除地域标准外，还可采用用途标准以及满足相关要求的其他合理标准。尽管如此，纳税人在实践中仍然希望允许采用更多的其他标准。比如跨国集团可能出于客户关系和全球性合同等商业考虑，根据客户总部所在地划分集团内部成员间的责任和义务，从而出现一个成员公司可能会在不止一个区域销售其产品，此时，纳税人希望采用客户总部所在地作为收益划分标准。

随着全球经济的互相融合与渗透，简单以地域标准划分协议成果的收益权，显然有些牵强。因此，借鉴美国2009年临时性法规的基本精神，考虑国际经济发展的现状和趋势，我国在成本分摊协议的实施过程中，涉及各参与方经济利益划分时，可以采用灵活的方式，实施特定和不特定的划分标准，以保证各参与方成本与收益相匹配，更好地符合独立交易原则。

4. 成本分摊的利润加成。如果成本分摊协议的参与方委托非关联方研究开发，该非关联方除收取实际发生的成本以外，还会要求收取合理的利润（成本加成），因此，成本分摊的总成本就是研发成本加利润。如果成本分摊协议参与方中的一方或几方实施研究开发，成本分摊的总成本是否包括加成利润呢？OECD对此未有明确态度，大多数国家基于如下考虑而持反对态度：一是研发成本和预期收益之间未必有直接联系；二是如果允许利润加成，则关联方可税前列支的成本高于实际发生的成本，从而损害相关国家的税收权益。

我国目前对上述问题未有明确规定，但从成本分摊的法律定义分析，成本分摊属于“共同开发、受让”，强调参与方处于合同平等地位，暗含实际发生的成本概念，因此，实践中可不考虑利润加成因素，仅以实际发生的成本进行分摊，不仅有利于成本分摊协议的稳步开展，还有利于维护我国税收权益。

5. 成本分摊的节约问题。随着越来越多的跨国公司投资于人工成本低廉的国家和地区，因成本节约而产生的利润归属问题也逐步成为转让定价税收管理颇具争议的议题。发达国家认为，因投资于低成本地区而增加的收益应作为剩余利润，全额归投资方所有；而低成本国家则认为，因成本节约而产生的利润应在资本来源国和投入国之间共同分享，合理分配。

我国目前作为发展中国家，同时也属于低成本国家，各种生产要素（比如原材料价格、劳动力成本等）相对于发达国家而言要低，企业由此产生的利润增加不能全部归功于参与成本分摊协议的某项技术、资产或劳务。因此，在评估参与成本分摊的发展中国家企业的预期收益时，我国应积极主张成本节约问题，主张各种生产要素价格较低而对企业产生的成本节约，避免预期收益虚高，导致成本分摊虚增。

（三）成本分摊的技术分析

综观世界各国成本分摊协议的实践，成本分摊协议的合理性、尤其是买入支付的合理性问题，不仅需要非常繁琐的分析，还需要许多专业判断，特别是在预期收益的预测、贴现率的选择和无形资产经济寿命的评估等方面都需要很强的技术分析。

1. 预期收益的预测。在成本分摊协议中，每一参与方根据其预期获得的收益份额来承担一定的成本份额。预期收益的预测是否合理准确，关系到各参与方应分摊的成本及相应税前扣除的成本。由于预期收益容易受到政治经济环境、市场条件变化等客观因素以及预测方的主观判断等主观因素的双重影响，往往难于对预期收益做出准确的预测。

2. 贴现率的选择。在确定买入支付金额时，通常需要选用适当的贴现率来确定预期收益的现值，贴现率应能准确反映各参与方在交易中所应承担的风险。实践中，如何选择适当的贴现率存在许多争议。常用的贴现率包括企业加权平均资本成本、行业加权平均资本成本和项目预期收益率。美国 IRS 在 2005 年成本分摊法规中推荐使用加权平均资本成本，但加权平均资本成本却不能适用于所有的情况（比如企业评估新项目）。虽然美国 IRS 在 2009 年临时性法规中放宽了采用加权平均资本成本的要求，但仍然规定税务当局在做定期调整时需采用加权平均资本成本。

3. 无形资产经济寿命的评估。在涉及已有无形资产的成本分摊协议时，无形资产经济寿命的评估直接影响到新参与方买入支付金额的确定。美国 IRS 坚持认为，美国企业拥有的无形资产的经济寿命应足够长，这必然导致新参与方为此支付更多的买入成本。由于无形资产经济寿命的评估需要很强的专业判断，不同的判断可能存在较大差异，从而给成本分摊的分析带来极大的困难和争议。

上述诸多不确定性的存在以及专业判断的必要性，导致成本分摊协议的谈签和管理势必遇到较多的困难。为确保国家的税基不受侵蚀，我国目前应加强专业人才的培训，建立必要的专家库，同时加强与其他国家税务部门的国际交流，确保与国际惯例实时接轨。

（四）成本分摊的避税问题

引入成本分摊协议的目的是为了降低风险、促进技术创新，但美国的实践却出现了滥用成本分摊协议进行避税的情况——“现金盒安排”，即由位于避税地的、不从事任何制造活动的子公司作为成本分摊的参与方参与无形资产的研发，并分享协议成果的收益，从而使与无形资产相关的高额利润通过成本分摊协议转移到避税地。许多税收评论人士认为“现金盒安排”泛滥的原因主要有以下两个方面：一是美国 2005 年成本分摊法规中删除了 1995 年成本分摊法规中“积极商业行为”的要求，即成本分摊参与方不再被要求必须将无形资产的研发成果应用于自身生产经营。二是美国 1996 年修订的所得税法规第 7701 节允许根据“Check the Box”的规定，从美国税法的角度将部分企业视为“不存在的实体”，使得无形资产的拥有者可以不通过收取特许权使用费而得到补偿。因此，业内人士认为“现金盒安排”的泛滥完全是政府过去的政策所导致的。由此看来，美国 2009 年临时性法规对“现金盒安排”进行重点防范，不仅是必要的，而且也是其他国家应予重视和借鉴的经验。

四、我国成本分摊协议的业务实践

在国际转让定价领域，成本分摊属于技术性极强的业务，特别是涉及无形资产定价的成本分摊业务。其技术难点主要体现在无形资产的加入支付和退出补偿金额的计算与确定需要具备很强的经济分析专业知识。面对这一全新的业务领域和研究课题，我们在实践中遇到了许多问题和难点，比如：我国税法仅对成本分摊协议作了原则性规定而无具体的操作指引、国内尚无实践案例供借鉴和参考、专业经济分析人员严重缺乏、税收成本和税务风险较高等等。针对这些实际问题，课题组认为，在开展成本分摊协议税务管理的初期，应借鉴国外的先进经验，结合我国的实际情况，以尝试、探索、积累和总结经验为主，实行严格的集中管理，合理控制受理审核的数量，着重提高审核和谈签的质量，逐步摸索和总结出一套较成熟的管理办法、技术方法和操作模式，再在国内全面推广。

（一）明确受理主体和审批权限

《特别纳税调整实施办法（试行）》对成本分摊协议的受理主体和审批权限没有明确规定，但要求：成本分摊协议须层报国家税务总局备案；税务机关判定成本分摊协议是否符合独立交易原则须层报国家税务总局审核；企业可按规定采取预约定价安排的方式达成成本分摊协议。由此看来，如果企业采用预约定价安排的方式达成成本分摊协议，实际上就是企业与税务部门就成本分摊协议是否符合独立交易达成一致的预约定价安排。因此，受理主体和审批权限应与预约定价安排的有关规定一致，即采取单边预约定价安排的方式达成成本分摊协议的受理主体是设区的市、自治州以上的税务机关，审批权限在国家税务总局；采取双边或多边预约定价安排的方式达成成本分摊协议的受理主体是国家税务总局，地方税务机关则在总局安排下从事具体的技术分析、经济分析和证据收集等工作。反之，对于企业自行签订并完成备案手续的成本分摊协议，地方税务机关在拟对其进行独立交易原则符合性审核，以及其后的审核结论均需上报国家税务总局审批。

（二）统一成本核算口径和会计基础

统一成本分摊协议各参与方的成本核算口径和会计基础，是正确实施成本分摊协议的前提，也是保证各参与方协议执行一致的基础。成本分摊协议的成本应包括无形资产研发过程中所发生的所有直接成本和间接成本，其中，直接成本包括职工工资、奖金、福利、股票期权费用以及研发材料和设备所需的费用；间接成本包括应归属于研发活动的管理费用和运营费用（如租金及折旧费等）。此外，为了保证成本计算的一致性，成本计算必须基于统一的会计准则和会计制度，但由于各国的会计准则和会计制度不同，强制规定采用某一公司所在国的会计准则和制度显然不切实际。最好的方法是各参与方先按集团所在国的会计准则计算成本，再在此基础上进行分摊，最后再按各参与方所在国的规定进行会计调整与纳税调整，以符合所在国的法规。

（三）成本分摊协议的审核重点

协议审核是成本分摊协议税收管理的难点和重点，它既决定了各参与方风险分担和收益分享的比例，也决定了相关国家在该项国际税源中的分配份额。借鉴有关国家的做法和我们的初步实践，我国应重点从以下四个方面进行审核：

1. 定价方法审核。审核成本分摊协议涉及的各类交易（如买入支付、退出补偿、补偿调整和协议成果分配等）采取的定价方法与计算结果，尤其是买入支付和补偿调整。此外，还需审核因成本分摊项目而发生的设备价款或使用费、材料价款的定价方法等以及协议参与方相互买卖各自基于协议成果所生产产品的定价方法。

2. 可比分析审核。审核可比性分析采用的数据库或其他数据来源、可比企业选择条件、可比交易的可比性及差异调整。可比数据应尽可能是可从公开渠道取得的数据，故首先要排除非公开上市公司、数据不全面或不适用的数据库以及可比性不够的企业的数据。如有可能，可以使用不同的数据库对企业确定的可比数据进行复核和验证。

3. 经济合理性审核。审核成本分摊协议对境内参与方未来年度的经营情况和税收影响。根据境内参与方历史经营情况和协议年度经营情况预测的比较以及参与方采取成本分摊协议方式与采取支付特许权使用费（技术使用费）方式对企业收益与税负的比较，分析加入成本分摊协议可能带来的预期收益，考虑其经济和税收意图，从而在条件上给予限制或否定。

4. 一致性审核。审核协议成果与境内参与方实际使用并获取收益的成果是否一致，境内参与方是否承担了不该承担的成本。如果各参与方生产销售的产品结构不同，而协议成果可用于所有产品，则有必要重点审核成本口径与分摊基数所考虑的产品结构差异，以保证成本与预期收益相匹配。

（四）成本分摊协议的文档要求

文档要求是成本分摊协议税收管理的基础资料，它既是纳税人证明自行签订的成本分摊协议符合独立交易原则的有力证据，也是税务部门对其独立交易原则符合性审核的重点资料。借鉴有关国家的文档准备要求，我国的成本分摊协议税务管理应要求准备如下文档：

1. 形成或修改成本分摊安排的文件；可以使成本分摊安排获得现有无形资产的有关文件，包括以无形资产开发为目的而收购或授权现有无形资产的有关文件。

2. 各参与方无形资产开发成本的具体说明。比如从第三方购买技术的成本；与产品无关的开发成本；与中止项目有关的成本；与产品开发的特定阶段有关的成本；相关的人工、材料和制造费用以及行政费用；特定时期内发生的所有成本明细以及各参与方所承担的成本。

3. 预期收益的衡量基础及预测方法以及支持衡量基础和预测方法的文件资料。

4. 无形资产开发成本分摊的计算方法；支持上述计算方法能够合理反映参与方预期收益份额的证据；外部环境发生变化可予以调整的声明。

5. 无形资产开发成本与收益核算（包括外币换算）的会计方法。

6. 各参与方在成本分摊协议下所涵盖产品的销售收入、销售成本、运营费用、研发费用和营业利润（最近5个完整纳税年度的历史数据和未来2个纳税年度的预测数据）。

7. 非参与方使用成本分摊协议所涵盖无形资产所支付的金额（授权协议下的特许权使用费）以及参与方如何处理这些支付金额的说明。

8. 成本分摊协议的实施资料，如内部工作手册，研发委员会的会议记录、市场研究、经济影响分析、资本支出预算、工程研究、行业趋势和利润的报告和研究，以及财务和现金流状况的财务分析。

9. 买入支付有关资料，如对无形资产先期研究的介绍；支持获得现有无形资产的经济分析；买入或卖出的支付金额；支付形式和支付方法；不同支付形式之间的差异解释。

10. 符合税法要求的成本分摊、买入或卖出支付的处理方法。

11. 证明各参与方严格遵守成本分摊协议的所有文件资料。

（五）强化专业培训及建立外聘专家库

经济分析是成本分摊协议的核心内容和关键所在。因此，成本分摊协议要求审核人员具备很强的经济分析能力和技术水平，必须具备深厚的经济理论素养和较全面的专业研究能力，非一般反避税人员所能胜任。基于实际情况，培养现有反避税调查人员是较为切实可行的选择，有针对性地加强相关人员的经济理论、行业研究和财务分析的培训，逐步培养一支能胜任工作需要的专业队伍。此外，成本分摊协议涉及的往往是某一领域内的先进技术，税务人员因专业所限对所涉及技术含量、先进性、复杂性和作用的了解不可能深入全面，因此，也可考虑充分利用现有的社会资源，建立外聘专家库，借助相关领域的专家、学者的力量加强对成本分摊协议的审核评估。

参考文献

1.《中华人民共和国企业所得税法》。

2.《中华人民共和国企业所得税法实施条例》。

3.《特别纳税调整实施办法（试行）》，国税发〔2009〕2 号。

4.《高新技术企业认定管理办法》，国科发文。

5.《中国转让定价指南》，2005 年，德勤华永会计师事务所有限公司。

6.《德勤税务评论：高新技术企业认定管理办法出台》，2008 年 4 月 23 日。

7.《德勤税务评论：高新技术企业认定管理工作指引解读》，2008 年 7 月 28 日。

8.《德勤税务评论：中国颁布特别纳税调整法规——给您带来什么影响?》，2009 年 1 月 11 日。

9. 王宝杰："完善成本分摊协议税制 加强成本分摊协议管理"，《涉外税务》2009 年第 7 期。

10. OECD , Transfer Pricing Guidelines for Multinational Enterprises and Tax Administration.

11. The US Internal Revenue Code Section 1. 482.

12. Alan Shapiro, Kerwin Chung, and Mark Klitgaar, "The New U. S. Cost Sharing Regulations: Past, Present, and Future", 13 April, 2009, Deloitte Tax LLP.

13. Kerwin Chung, Dick Clark, and Alan Shapiro, "IRS Releases Long - Anticipated Cost Sharing Regulations", 3 January, 2009, Deloitte Tax LLP.

14. Deloitte Global , "2009 Strategy Matrix for Global Transfer Pricing".

15. Molly Moses, "Temporary Cost Sharing Rules Retain Investor Model, Ease Some Technical Aspects of 2005 Proposed Rules", 1 August, 2008, Tax and Accounting Center of the Bureau of National Affairs, Inc.

16. Molly Moses, "Cost Sharing: Changes Sought on Periodic Adjustments, Other Aspects of U. S. Cost Sharing Regime", 8 August, 2009, Tax and Accounting Center of the Bureau of National Affairs, Inc.

17. Chandler, Clark J., "Sharing Intellectual Property with Affiliates in China: Status of Chinese Cost – Sharing Rules and other Observations", Tax Executives Institute, November – December 2006.

18. Patrick Breslin, "China, U. S. Perspectives on Intangible Property Transactions", 18 December 2008, Tax and Accounting Center of the Bureau of National Affairs, Inc.

19. Mori, Nobuo, Starkov, Vladimir and Saito, Yuko (2009), "Cost Sharing Agreements May Allow Multinational Companies To Reap the Benefits of Intangible Asset Investment", March 2009 TP weekly.

课题组组长：徐金强

成　　　员：吴　健　贺思勋　王宪荣　王锐锋　姚　宁
曾立新　曹明君　刘玉琪　杜明霞　马楚进
陈友伦

执　　　笔：陈友伦

中国个人所得税制度发展的回顾与展望*

——纪念《中华人民共和国个人所得税法》公布30周年

刘　佐

一、中国所得税制度的起源

所得税制度1799年始于英国，其目的是筹集战争经费。起初时征时停，1842年以后成为固定税种。继英国之后，其他国家也陆续开征所得税，如印度于1860年开征（1886年以后成为固定税种），美国于1862年开征（1913年以后成为固定税种），意大利于1864年开征，日本于1887年开征（1899年以后成为固定税种），荷兰于1892年开征，奥地利于1893年开征，西班牙于1900年开征，匈牙利于1909年开征，瑞典于1910年开征，法国于1914年开征，澳大利亚于1915年开征，俄国于1916年开征（1922年以后成为苏联的固定税种），加拿大于1917年开征，比利时和希腊于1919年开征，德国、捷克和南非于1920年开征，巴西和丹麦于1922年开征，芬兰于1924年开征，多与战争有关。中国所得税制度的创建受欧美国家和日本建立所得税制度的影

* 本文根据作者在维也纳经济大学税法研究所承办的2010年中欧税收政策国际研讨会上的发言稿扩展写成。

响，始议于20世纪之初的清朝末年。中华民国成立以后，开征所得税的问题日益受到重视，但是立法和开征的过程十分曲折。

（一）清末起草《所得税章程》

1908年（光绪34年）8月27日，清政府颁布《钦定宪法大纲》，其中规定："臣民按照法律所定，有纳税、当兵之义务。"

1910年（宣统2年）10月清政府成立资政院以后，度支部曾经起草《所得税章程》并提交资政院审议，该章程是我迄今所见的中国最早的所得税文献，全文共30条，其中规定：凡有住所和1年以上的居所于各行省（当时中国设有22个行省——笔者注）内应有纳税义务者，都必须照章缴纳所得税。凡无住所居于各行省内，如果在各行省内开有分行、支店，购置产业，有职业者，也可以就其所得范围以内征收所得税。征税项目和税率分为3类：公司的所得，国家债票和公司债票的利息，按照2.0%的税率计税；俸廉公费、各局所薪水、各学堂薪水、从事于行政衙门者的收入、从事于公共机关者的收入，按照8级全额累进税率计税：收入500元以上者适用1.0%的最低税率，收入5万元以上者适用6.0%的最高税率；其他所得，税率同第二类。第二、三类所得不满500元者免税。军营的官弁、兵丁从军队取得的俸饷赏犒，孤嫠（读音为lí，意为寡妇——笔者注）的恤款，旅费、学费和养赡费、家用帮贴费，偶然倖得，在中国各行省以外的所得，已经纳税公司所分的利息，可以免征所得税。

但是，上述章程还没有审议通过，清政府即被孙中山先生领导的辛亥革命推翻。

（二）袁世凯政府公布《所得税条例》

中华民国成立以后，对于开征所得税的问题比较重视，立法也比较早，但是征税步履维艰。

1912年3月11日，中华民国临时大总统孙中山公布《中华民国临时约法》。该法第十三条规定："人民依法律有纳税之义务。"此后，民国时期制定宪法的其他宪法类文件中都有此类条款，如1914年5月1日公布的《中华民国约法》、1923年10月10日公布的《中华民国宪法》、1931年6月1日公布的《中华民国训政时期约法》和1947年1月1日公布的《中华民国宪法》。

1914年1月11日，中华民国大总统袁世凯公布仿照日本所得税制度制定的《所得税条例》，该条例是中国第一部所得税法规，全文共27条，其中规定：在民国内地有住所或者1年以上居所者，按照本条例负有缴纳所得税的义务。在民国内地没有住所或者1年以上居所而有财产所得、营业所得和公债、社债利息等所得者，仅就其所得负有纳税义务。征税项目和税率分为2类：法人所得，按照2.0%的税率计税；公债、社债利息，按照1.5%的税率计税。其他所得，按照超额累进税率计税：不超过500元的部分免税，超过500元至2000元的部分，适用0.5%的最低税率，超过20万元至50万元的部分适用税率为5.0%；超过50万元的部分，所得额每增加10万元，适用税率提高0.5%。军官从军队取得的俸给，美术和著作所得，教员的薪给，旅费、学费和法定养赡费，不属于营利事业的一时所得，可以免征所得税。

1915年和1921年，北京政府财政部先后根据上述条例制定施行细则。但是，由于政局混乱，经济落后，在上述条例公布以后的20多年间，上述条例及其施行细则并没有施行。只有1921年在北京征收官俸所得税10310.67元，成为中国所得税历史上的一桩笑话。

（三）国民政府先后制定《所得税暂行条例》和《所得税法》

中国国民党和国民政府对于开征所得税的认识和实践比较曲折：

1924年8月3日，中国国民党的创始人和领袖孙中山先生在《民生主义》一文中提出：直接征税，“就是累进税率，征资本家的所得税和遗产税。行这种税法，就可令国家的财源多是直接由资本家而来。资本家的入息极多，国家直接征税，所谓多取之不为虐。从前的旧税法，只是钱粮（指田赋——笔者注）和关税两种，行那种税法，就是国家的财源完全取之于一般贫民，资本家对于国家只享权利，毫不尽义务，那是很不公平的。”

但是，1926年1月中国国民党第二次全国代表大会通过的《关于财政案及决议案》中提出：“在现在国家之税收情况之下，国民党以直接税项为最公平之征收。然国民党仍请国民政府尽力推广间接税项（如货物税等），因间接税项之征收方法实简单而易为，且又容易管理，而人民亦鲜知有此负担。”

1927年3月17日，国民党第二届中央委员会第三次全体会议通过《关于统一财政的决议案》，其中提出了开征所得税的主张。

同年6月24日，国民党第二届中央第一百零一次常务会议通过《所得捐征收条例》，自1928年4月起对各级政府机关工作人员和国民党各级党部人员的薪俸所得征收所得捐。此捐实际上是对工资、薪金征收的个人所得税，1936年所得税开征以后停征。

1929年6月中旬，国民党第三届中央第二次全体会议通过《训政时期国民政府施政纲领案及决议案》，其中包括推行所得税的内容。同年9月4日，以美国专家甘末尔为首的财政部甘末尔设计委员会提出目前中国不具备开征所得税的条件，此说对于当局影响很大，与开征所得税的意见一度搁置不无关系。

1936 年 6 月 24 日，国民党中央政治会议第十六次会议议决《创办所得税原则》8 项，其主要内容是：所得税为中央税，所得税就营利事业所得、薪给报酬所得和证券存款所得 3 类所得先行举办，免税的范围应当列举规定，课税方法以采累进税课为主，应纳税额的决定采取申报、调查和审查 3 种程序，企业和个人资本 2000 元以上的所得应当以所得额与资本额为比例课税，薪给报酬所得应当以所得额为课税标准，证券存款所得应当以息金所得额为课税标准。

同年 7 月 21 日，国民政府公布《所得税暂行条例》，分为《总则》、《税率》、《所得额之计算及报告》、《调查及审查》、《罚则》和《附则》6 章，共 22 条，其中规定：所得税的纳税人为取得营利事业所得、薪给报酬所得和证券存款所得者。征税项目和税率分为 3 类：第一，营利事业所得，企业和个人资本 2000 元以上营利的所得，官商合办营利事业的所得，根据所得与实有资本的比例确定税率，按照 5 级全额累进税率计税，该比例达到 5% 不足 10% 的，适用 3% 的最低税率；该比例达到 25% 的，适用 10% 的最高税率。一时营利事业的所得，能够按照上述方法计税的，按照上述方法计税，否则按照所得额征税，所得额达到 100 元不足 1000 元的，适用 3% 的最低税率；所得额达到 2500 元不足 5000 元的，适用 6% 的税率；所得额达到 5000 元的，所得每增加 1000 元，适用税率提高 1 个百分点，最高适用税率为 20%。第二，薪给报酬所得，按照超额累进税率计税：每月平均所得 30 元至 60 元的部分，每 10 元征税 5 分；每月平均所得超过 700 元至 800 元的部分，每 10 元征税 1 元 2 角；每月平均所得超过 800 元的部分，每超过 100 元，每 10 元增加税额 2 角，以每 10 元征税 2 元为上限。第三，证券存款所得，按照 5% 的税率计税。不以营利为目的的法人所得；薪给报酬每月平均不足 30 元者，军警官佐、士兵和公务员因公伤亡的恤金，小学教职员的薪给，残废者、劳工、无力生活者的抚恤金、养老金和赡养费；各级政府机关存款，公务员和劳工的法定储蓄金，教育、慈善机关、团体的基金存款，教育储金每年息金不足 100 元者，可以免征所得税。

1936 年 8 月 22 日，行政院公布《所得税暂行条例施行细则》。同年 9 月 2 日，国民政府规定：公务人员的薪给报酬所得和公债、存款利息所得自同年

10月1日起征税，其他各项所得自1937年1月1日起征税。从此，中国历史上第一次全面开征所得税。

1943年1月28日，国民政府公布《财产租赁出卖所得税法》，共21条，即日起施行。财产租赁出卖所得税的征税对象为土地、房屋、堆栈、码头、森林、矿场、舟车和机械的租赁所得和出卖所得。财产租赁所得按照所得额和10%至80%的超额累进税率计税。农业用地出卖所得超过1万元至5万元者，其他财产出卖所得超过5000元至5万元者，按照超过的金额和10%的税率计税；超过5万元的部分，按照14%至50%的10级超额累进税率计税。财产租赁所得不超过3000元的，财产出卖所得不超过5000元的，农业用地出卖所得不超过1万元的，各级政府的财产租赁所得和财产出卖所得，教育、文化和公益事业的财产租赁所得和财产出卖所得全部用于各该事业的，可以免征所得税。

同年2月17日，国民政府公布在1936年《所得税暂行条例》基础上制定的《所得税法》，即日施行，《所得税暂行条例》同时废止。该法仍然分为《总则》、《税率》、《所得额之计算及报告》、《调查及审查》、《罚则》和《附则》6章，共22条。该法与《所得税暂行条例》的主要不同是全面调整了税率：第一，营利事业所得。企业和个人资本2000元以上营利的所得，官商合办营利事业的所得，根据所得与实有资本的比例确定税率，按照9级全额累进税率计税，该比例达到10%不足15%的，适用4%的最低税率；该比例达到70%以上的，适用20%的最高税率。一时营利事业的所得，能够按照上述方法计税的，按照上述方法计税，否则按照所得额和14级全额累进税率计税，所得额达到200元不足2000元的，适用4%的最低税率；所得额达到20万元以上的，适用30%的最高税率。第二，薪给报酬所得，包括公务员、自由职业者和其他从事各业者的薪给报酬所得，按照17级超额累进税率计税：每月平均所得100元者征税1角；每月平均所得超过100元至200元的部分，每10元征税2角；每月平均所得超过10000元的部分，每10元征税3元。第三，证券存款所得中政府发行的证券和国家金融机关的存款储蓄所得，按照5%的税率计税；其他证券和存款储蓄所得，按照10%（税法公布不久即改为5%——笔者注）的税率计税。

1943年6月23日，经行政院核准，财政部公布《所得税法施行细则》。此后，国民政府先后于1946年、1948年和1949年3次修改《所得税法》。

1946年4月16日《所得税法》修改的主要内容是：第一，征税项目增加财产租赁所得和一时所得2项，前者中的房地产、矿场等租赁所得按照3%至25%的12级超额累进税率计税，舟车、机械等租赁所得按照上述规定加征10%；后者按照6%至30%的9级超额累进税率计税。第二，调整营利事业所得的计税依据和税率，将最高适用税率提高到30%。第三，调整薪给报酬所得的税率，薪给报酬所得按照0.7%至10%的10级超额累进税率计税，业务和技艺报酬所得按照3%至20%的10级超额累进税率计税。第四，将证券存款所得的适用税率提高到10%。第五，个人的分项所得之和超过60万元者，按照超过部分的金额和5%至50%的12级超额累税率加征综合所得税。

1948年4月1日《所得税法》修改的主要内容是：第一，将营利事业所得额的计税依据统一为所得额，并将最低适用税率提高到5%。第二，规定定额薪资所得按照1%至4%的超额累进税率计税，业务和技艺报酬所得按照3%的税率计税，利息所得、财产租赁所得和一时所得分别按照5%、4%和6%的税率计税，将综合所得税的最高适用税率降低到40%。

1949年9月7日《所得税法》修改的主要内容是：将定额薪资所得的最高适用税率提高到6%，将一时所得的适用税率提高到10%。

此外，国民政府先后于1938年10月28日、1943年2月17日和1947年1月1日公布《非常时期过分利得税条例》、《非常时期过分利得税法》和《特种过分利得税法》，这些名目不同的过分利得税实质上都是所得税的延伸。

《非常时期过分利得税条例》中规定：自1938年7月1日起，营利事业利得超过资本额15%的，财产租赁利得超过财产价值12%的，均按照超过部分的金额和10%至50%的6级超额累进税率加征非常时期过分利得税。

《非常时期过分利得税法》中规定：自1943年2月17日起，营利事业利得超过资本额20%的，按照超过部分的金额和12%至60%的11级超额累进税率加征非常时期过分利得税。《非常时期过分利得税条例》同时废止。

《特种过分利得税法》中规定：自1947年1月1日起，营利事业利得超过资本额60%的，按照超过部分的金额和10%至60%的13级超额累进税率加征特种过分利得税。《非常时期过分利得税法》同时废止。1948年4月1日，国民政府废止《特种过分利得税法》。

在国民政府征收所得税的13年间，由于政治腐败，经济落后，富人大量逃税，穷人无力纳税，中国的所得税制度只是徒有虚名，不可能很好地实施。1937年，国民政府的所得税收入为1874万元，分别占中央政府税收总额和财政收入总额的4.2%和0.9%。1946年，国民政府的所得税和过分利得税收入合计 811.9 亿元，分别占中央政府税收总额和财政收入总额的 6.2% 和 1.1%，其中个人缴纳的部分及其所占的比重就更加微不足道了。

二、新中国成立初期建立个人所得税制度的探索

中国共产党很早就提出了开征所得税的主张，在其领导下的革命根据地也有征收所得税的实践。例如，1922 年 6 月 15 日，中共中央发表的《中国共产党对于时局的主张》中提出："废除厘金及其他额外的征税"，"征收累进率的所得税。"同年 7 月通过的《中国共产党第二次全国代表大会宣言》中重申了上述主张。1931 年 11 月 28 日，中华苏维埃共和国中央执行委员会毛泽东主席等人签署的《中华苏维埃共和国暂行税则》中规定：按照商业资本的金额和 2% 至 18.5% 以上的税率征收资本营利的所得税。

但是，自 1949 年中华人民共和国成立到 1978 年中国实行改革开放政策以前的 30 年期间，中国没有完整、统一的个人所得税制度，只有少量涉及个人所得的税收。曾经准备开征个人所得税，但是最终没有实现。

（一）对个人所得征税制度的初步建立

新中国成立前后，在全国统一的新的税收制度建立以前，为了保证财政收入和稳定经济，根据中共中央的指示，老解放区的人民政府暂时可以继续按照自己制定的税法征税，来不及制定新税法的新解放区则可以暂时沿用旧中国实行过的一些可以利用的税法征税，其中包括对某些个人所得（包括经营所得，工资、薪金所得和利息所得等）的征税。

1949 年 9 月 29 日，中国人民政治协商会议第一届全体会议通过《中国人民政治协商会议共同纲领》。纲领第八条规定："中华人民共和国国民均有保卫祖国、遵守法律、遵守劳动纪律、爱护公共财产、应征公役兵役和缴纳赋税的义务。"

同年 11 月 24 日至 12 月 9 日，中央人民政府政务院（以下简称政务院）财政经济委员会和财政部在北京召开首届全国税务会议，确定了统一全国税收制度、税收政策的大政方针和拟出台的主要税法的基本方案，其中包括对个人某些所得（包括经营所得，工资、薪金所得和利息所得等）征税的方案。

1950 年 1 月 6 日，中共中央书记处候补书记（中国共产党第七次全国代表大会产生的中央书记处书记相当于后来的中央政治局常委，下同——笔者注）、中央政治局委员、政务院副总理兼财政经济委员会主任陈云，政务院财政经济委员会副主任兼财政部部长薄一波致电中共中央主席、中央人民政府主

席毛泽东和中共中央，报告首届全国税务会议的情况，其中提出整理利息所得税和薪给报酬所得税等税种。报告中说：薪给报酬所得税“数目不大，但涉及工人、职员负担，可能引起叫喊。经政务院讨论，……有些高级薪俸生活者应该征，工人、职员也应对国家负些责，全年收入不过1亿千克（折合粮食，下同，会议提出的1950年税收计划为121.15亿千克——笔者注），数目很小，但对回笼货币有很大作用。为照顾工人，每月收入在250斤以下者免征。以上已在政务院会议通过”。

同年1月30日，政务院发布新中国税制建设的纲领性文件——《关于统一全国税政的决定》，附发《全国税政实施要则》。要则中规定：暂定全国设置14种税收，其中涉及对个人所得征税的有工商业税（包括营业税和所得税两个部分）、存款利息所得税和薪给报酬所得税等3种税收。

1. 工商业税。1950年1月30日，政务院发布《工商业税暂行条例》，即日施行。工商业税的纳税人为在中国境内以营利为目的的工商事业，征税对象为纳税人的营业收入和所得；所得税的计税依据为所得额，即每个营业年度或者经营期间的收入总额减除成本、费用和损失以后的余额；按照14级全额累进税率计税，所得额不足100万元（1955年3月1日新人民币发行以前发布的文件中所列的货币均为旧人民币，旧人民币10000元等于新人民币1元——笔者注）者适用5%的最低税率，所得额3000万元以上者适用30%的最高税率。国家专卖、专制事业，贫苦艺匠和家庭副业，非以营利为目的的事业经中央人民政府批准的，其他经中央人民政府批准的，可以免征工商业税。国家鼓励发展的行业，可以按照规定减征所得税。同年12月19日，政务院修改上述条例，将所得税的税率级次增加到21级，同时降低了税负；将免税的批准权下放给财政部。1953年修正税制以后，所得税附加并入正税，所以最低适用税率和最高适用税率分别提高到5.75%和34.5%。

为了限制个体、私营经济的发展，1958年6月5日全国人民代表大会常务委员会原则批准、同年6月9日由国务院公布试行的《关于改进税收管理体制的规定》中规定：对于少数收入较多的个体手工业者和小商小贩，可以按照他们应纳的所得税加征一成至五成；对于残存的资本主义工商业者和行商，可以按照他们应纳的所得税加征一成至十成；个别获利特别多的，可以超过上述限度。

同年9月11日，第一届全国人民代表大会常务委员会第一零一次会议审议并原则通过《中华人民共和国工商统一税条例（草案）》，同年9月13日由国务院公布试行，从此工商业税中的营业税部分并入工商统一税，《工商业税暂行条例》中的营业税部分同时废止，工商业税中的所得税部分遂成为一个独立的税种，称为工商所得税，沿用过去的征税制度，没有单独制定新的法规。

1963 年 4 月 13 日，为了改变个体经济的所得税负担轻于集体企业的所得税负担，合作商业的所得税负担轻于其他集体企业的所得税负担的状况，国务院全体会议通过《关于调整工商所得税负担和改进征收办法的试行规定》，自当月起试行。根据这项规定，对个体经济继续按照全额累进税率征收工商所得税，税率级次从原来的 21 级简并为 14 级，最低适用税率提高到 7%（适用于全年应纳税所得额不足 120 元者），最高适用税率提高到 62%（适用于全年应纳税所得额 1320 元以上者），并可以对高收入者加征一成至四成（实际最高适用税率为 86.8%）。为了使个体手工业者和个体运输业者的所得税负担低于商贩的所得税负担，可以对其给予减税照顾，减征税额以应纳税额的 10% 为限。同期合作商店所得税的最高适用税率为 60%（加成征税以后实际最高适用税率为 84%），手工业合作社和交通运输合作社所得税的最高适用税率为 55%；供销合作社的所得税税率为 39%。

2. 存款利息所得税。1950 年 12 月 19 日，政务院发布《利息所得税暂行条例》，即日施行。利息所得税的纳税人为利息所得者，征税对象为存款利息、证券利息等利息所得，计税依据为利息所得额，税率为 5%。教育、文化、公益、救济机关和团体的事业基金，其存款利息所得全部用于本事业者；银钱业的放款及其总分机构和同业往来款项的利息所得；投资于企业的股息所得；工人、农民个人相互借贷的利息所得；每次所得利息不满 5000 元者，可以免征所得税。

1958 年 12 月 30 日，财政部向国务院报送《关于拟从 1959 年起停止征收利息所得税的报告》。报告中提出：鉴于公债利息所得已经规定免税；资本主义工商业实行公私合营以后资本家所得的定息收入也规定免税（我迄今没有查到关于定息征税和免税的文件——笔者注）；其他公司债、证券和股东、职工对企业垫款的利息所得，随着对资本主义改造的深入，征收对象也已经消失；现在只有银行存款利息所得征收所得税，每年收入不过 1000 万元左右（1958 年全国税收收入为 187.4 亿元——笔者注），而银行办理扣缴税款的工作量则很大，已经没有必要保留利息所得税。特别是在国务院最近已经确定降低企业、人民公社存款和储蓄存款的利率，就更没有必要再继续对存款利息所得征税了。因此，拟从 1959 年起停止征收利息所得税。1959 年 1 月 6 日，国务院同意上述报告，发出《关于从 1959 年起停止征收存款利息所得税的批复》。

3. 薪给报酬所得税。相比之下，对于薪给报酬所得税的开征比较慎重。1950 年 6 月 4 日，中共中央书记处书记、中央政治局委员、政务院总理周恩来在向中共中央政治局委员、西北局第一书记、西北军政委员会主席、西北军区司令员彭德怀了解西北地区征税情况的时候告之：在城市应当停止征收工资所得税。

在同年 5 月 27 日至 6 月 18 日财政部召开的二届全国税务会议上，根据毛泽东主席在中国共产党第七届中央委员会第三次全体会议上提出的关于调整税收，酌量减轻民负的建议和陈云副总理的具体部署，专门研究了调整税收问题，决定暂不开征薪给报酬所得税。

（二）开征个人所得税的探索

随着中国经济情况的逐步好转，自 1952 年起，财政部及其税务总局再次开始研究开征个人所得税的问题。

在 1952 年 9 月下旬政务院财政经济委员会召开的全国财经会议上，提出了开征个人所得税的建议。在同年 11 月 2 日至 12 日财政部召开的四届全国税务会议上，提出了自 1953 年起开征个人所得税的意见，并草拟了具体的方案。

同年 12 月 26 日，政务院总理周恩来主持召开政务会议，听取并批准了财政部副部长吴波所作的关于税制若干改革的方案的报告，其中包括于 1953 年开征个人所得税的内容。但是，出于慎重考虑，为了把准备工作做得更加充分一些，个人所得税没有从 1953 年起开征。

1953 年 2 月 13 日，毛泽东主席在修改财政部部长薄一波关于 1952 年国家预算执行情况及 1953 年国家预算的报告时曾经加写过这样一段话："个人所得税是一切财政制度上了轨道的国家都实行的，这不但是为了国家的收入，而且是为了养成国民对于国家事业的关心的一种物质的表现。"但是，不知出于何种考虑，毛主席最终删去了这段话。此后，再未见他谈及个人所得税问题。

同年 5 月 30 日，财政部向毛泽东主席和中共中央报送的《关于修正税制的执行情况及今后税制修订的意见的报告》中提出：个人所得税拟推迟至 1954 年开征，并在 1953 年做好准备工作。

同年 8 月 11 日，周恩来总理在中共中央召开的全国财经工作会议上所作的结论（此文件经过毛泽东主席多次修改）中提出应当准备个人所得税。

1954 年 9 月 20 日，第一届全国人民代表大会第一次会议通过《中华人民共和国宪法》，同日会议主席团公布。该法第一百零二条规定："中华人民共和国公民有依照法律纳税的义务。"

1955 年 8 月 4 日至 29 日，财政部召开的五届全国税务会议期间提出了 1956 年开征个人所得税的建议，并讨论了开征个人所得税的方案，包括对每月工资所得 60 元以上者按照 1% 至 11% 的超额累进税率征税，对每月劳务报酬所得 60 元以上者按照 1% 至 25% 的超额累进税率征税，对每月财产租赁所得 50 元以上者和每月股息、红利所得 300 元以上者按照 3% 至 35% 的超额累进税率征税。

同年 11 月 16 日，中共中央书记处书记、中央政治局委员、国务院副总理陈云在中共中央召开的关于资本主义工商业社会主义改造问题会议上所作的报告中讲到定息问题时说："大资本家得的利息很多，怎么办呢？我们手里头的法宝很多，比如征收个人所得税和遗产税等。个人所得税和遗产税，过去我们都没有收，要收的话可以收得很重，把他们限制住，超过一定限度的为国家所得。这样一些办法，都可以成为政府手里的一种约束资本家收入过多和对他们实行社会主义改造的手段。"同年 11 月 24 日，陈云副总理在上述会议上的总结讲话中提出："财政部要立即草拟个人所得税和遗产税这两种新的税收章程。个人所得税是防资本家个人分得过多，遗产税是防止资本家分散财产。争取明年一二月内草拟出章程。"

同年 12 月 30 日，中共财政部党组向毛泽东主席和中共中央报送了《关于工商税制建设和对国营企业推行周转税等问题的请示报告》。报告中提出：城市居民收入在国民经济发展的基础上逐年有所增加，必须考虑征税。个人所得税应当在 1956 年内开征。报告得到了中共中央政治局的原则批准，于 1956 年 1 月 19 日由国务院第五办公室转发，征求中央和地方有关方面的意见。

1956 年 2 月 7 日，财政部副部长吴波在财政部召开的全国财政厅（局）长、税务局长会议上的讲话中说：关于个人所得税问题，已经在专业会议和这次会议上反复讨论，并征求了各地党委负责同志和中央有关部门的意见，根据各方面的意见修改了方案，一方面将方案报中央审查，一方面要迅速搞好条例、细则草案，在本月下旬召开专业会议讨论，以便再报国务院审查，争取早日完成立法程序，公布实施。个人所得税收入拟由中央与地方分享。

同年 5 月 26 日，财政部就税务总局报送的经过进一步修改的个人所得税条例及其实施细则草案作出批复：关于准备开征个人所得税的问题，中央决定此税推迟到第二个五年计划时期再考虑开征。因此，准备开征的工作可以停止。

但是，后来开征个人所得税的计划被无限期地推迟了。

新中国成立以后长期没有全面开征个人所得税，可能有以下几个方面的主要原因：

第一，由于当时中国实行高度集中的计划经济，经济发展的水平一直比较低，个人就业和收入分配制度简单，个人从业和收入来源几乎是单一的（党政军干部和企业职工的收入基本为其所在单位支付的工资，农民的收入基本为所在生产单位支付的农业产品和少量现金），收入水平普遍较低，人们（特别是工资、薪金收入者）之间的收入差距不大，一般干部、职工每个月的工资只有几十元，高级干部的月工资也不过一百几十元到几百元不等。以1956年国务院规定的工资标准和北京地区为例：2级工一般为每月40元左右，8级工（最高级别的工人）一般为每月100元左右；22级干部（北京市政府最低级别的科员）每月56元，13级干部（北京市政府最低级别的副局长）每月155.5元，1级干部（党和国家最高领导人）每月644元（后来1级至3级中共党员领导干部的工资标准一律降至每月404.8元）。据国家统计局统计，1956年、1965年和1980年，全国职工每月平均工资分别为50.08元、49.17元和63.50元。此外，个人收入分配中依然存在一定的供给制成分，如住房、医疗、教育和养老等等。即便在这种平均主义加供给制式的分配制度下，人们取得的收入也有一定的差别，但是这种差别是难以通过税收加以调节的。

第二，中国长期实行生产资料公有制为主体的经济制度，严格限制非公有制经济的存在和发展，私营企业、个体工商户、个人经营活动和个人资产都很少。特别是20世纪50年代中期对农业、手工业和资本主义工商业的社会主义改造完成以后，非公有制经济在经济总量中所占的比重已经不足1%。由于没有证券、房地产等市场，个人也没有股票、债券、房地产之类投资渠道，储蓄存款及其利息收入也很少（1956年、1965年和1980年，全国人均储蓄存款分别为4.25元、8.99元和40.48元），甚至连国债也一度停止发行。所以，个人的生产、经营收入和投资收入收到很大的限制。

第三，基于当时中国的所有制结构、财政分配体制和税制结构，国家的经济以国有经济为主体；国家财政收入最主要的来源是国营企业上缴的利润，税收收入占财政收入的比重比较小，一般只有50%左右；在税收收入中，又以在国内销售环节征收的货物和劳务税（起初为工商业税中的营业税部分、货物税、商品流通税，后来逐步改为工商统一税、工商税）收入为主体，此类税收收入占税收总额的比重一般在70%以上，所得税（主要是工商所得税）收入占税收总额的比重很小。例如1956年、1965年和1980年，中国的税收收入分别为140.9亿元、204.3亿元和571.7亿元，占全国财政收入的比重分别为50.3%、43.2%和49.3%；工商所得税收入分别为11.3亿元、14.5亿元和45.0亿元，占全国税收总额的比重分别为8.0%、7.1%和7.9%；个体经济缴纳的工商税收分别为3.4亿元、4.0亿元和4.1亿元，占全国税收总额比重分别为2.4%、2.0%和0.7%，其中所得税所占的比重更是微乎其微。因此，所得税对于中国经济和社会的影响是微不足道的。

第四，基于当时的国际环境，中国的对外政治、经济、文化和科技交往十分有限，外国人来源于中国的所得和中国人从境外取得的所得都非常少，国际所得税关系问题几乎可以忽略。

第五，当时中国在政治上、理论上对于个人所得的认识都有一些偏面性。例如曾经有人认为，个人所得税只是资产阶级剥削劳动人民的一种手段，甚至把中国不征收个人所得税作为社会主义的优越性宣传。

1975年1月17日，第四届全国人民代表大会第一次会议通过《中华人民共和国宪法》，其中删除了1954年宪法中关于公民纳税义务的条款，1978年3月5日第五届全国人民代表大会第一次会议通过的《中华人民共和国宪法》中也没有恢复上述条款。

1978年出版的《现代汉语词典》中没有“个人所得税”条目，直到2005年才收入这个条目。1979年出版的《辞海》中也没有“个人所得税”条目，直到1989年才收入这个条目。

三、中国改革开放后个人所得税制度的初步建立

1978年12月，中国共产党第十一届中央委员会第三次全体会议召开以后，中国开始实行改革开放政策，税制建设进入一个新的发展阶段。在这一时期的税制改革当中，开征个人所得税是作为对外开放的一项重要措施先行出台的。

为了解决对来华工作的外国人的所得征税的问题，有利于引进人才和维护国家权益，财政部税务总局从1978年年底开始研究建立个人所得税制度的问题。在1979年召开的全国税务工作会议上，财政部税务总局局长刘志城提出：为了适应对外开放的需要，要抓紧研究开征个人所得税的问题。经过反复研究

论证，根据维护国家权益，遵从国际惯例，税负从低，优惠从宽，手续从简的原则，拟定了开征个人所得税的方案。

1980 年 9 月 10 日，第五届全国人民代表大会第三次会议通过《中华人民共和国个人所得税法》，即日公布施行。这是新中国成立以后制定的第一部个人所得税法，也是中国改革开放以后制定的第一批税法之一。同年 12 月 14 日，经国务院批准，财政部根据该法公布《中华人民共和国个人所得税法施行细则》。

个人所得税法共 15 条，其中规定：个人所得税的纳税人为在中国境内居住满 1 年，从中国境内、境外取得所得的个人和不在中国境内居住或者在中国境内居住不满 1 年，从中国境内取得所得的个人；征税对象为纳税人的所得，包括工资、薪金所得，劳务报酬所得，特许权使用费所得，利息、股息和红利所得，财产租赁所得和经中国财政部确定征税的其他所得 6 类；计税依据为应纳税所得额。工资、薪金所得，以每月收入减除费用 800 元之后的余额为应纳税所得额。劳务报酬所得、特许权使用费所得和财产租赁所得，每次收入不足 4000 元的，减除费用 800 元；4000 元以上的，减除 20% 的费用，以其余额为应纳税所得额。利息、股息、红利所得和其他所得，以每次收入为应纳税所得额。工资、薪金所得按照 7 级超额累进税率计税，最低适用税率为 5%（适用于全月收入额 801 元至 1500 元的部分），最高适用税率为 45%（适用于全月收入额 12001 元以上的部分）；其他 5 类所得按照 20% 的税率计税。科学、技术和文化成果奖金，在中国国家银行和信用合作社储蓄存款的利息，福利费、抚恤金和救济金，保险赔款，军队干部、战士的转业费、复员费，干部、职工的退职费、退休费，外国驻华使馆、领事馆的外交官员的薪金所得，中国政府参加的国际公约、签订的协议中规定免税的所得，经中国财政部批准免税的其他所得，可以免征所得税。

1980 年 10 月 9 日，根据国家鼓励发展集体经济，允许个体经济适当发展，以利于搞活经济，繁荣市场，安置城镇待业青年就业的政策，经国务院批准，财政部发出《关于改进合作商店和个体经济交纳工商所得税问题的通知》。通知中规定：对于个体经济，可以暂时不执行 14 级全额累进税率和加成征税办法。其所得税的负担水平，可以在相当于手工业所得税 8 级超额累进税率负担的原则下，由省、自治区和直辖市结合具体情况自行确定。据此，个体经济的所得税负担大幅度减轻。

1982 年 12 月 4 日，第五届全国人民代表大会第五次会议通过《中华人民共和国宪法》，同日全国人民代表大会公布施行。该法第五十六条规定："中华人民共和国公民有依照法律纳税的义务。"此后历次修改宪法，此条内容都没有改变。

20 世纪 80 年代中期，随着中国经济体制改革的全面展开，人民的收入水平普遍提高，其中一部分人率先走上了富裕的道路，个人收入差距明显加大，需要通过税收手段加以适当调节。从此，通过税收调节收入分配的提法逐渐见诸中共中央、全国人民代表大会、国务院、财税部门的许多重要文件与等党和国家领导人的有关重要指示。例如，1985 年 3 月 7 日，中共中央政治局常委、中央顾问委员会主任邓小平同志在全国科技工作会议上的讲话中提出："对一部分先富裕起来的个人，也要有一些限制，例如，征收所得税。"江泽民同志担任中共中央总书记和国家主席期间，多次强调要完善个人所得税制度，加强个人所得税的征收管理，调节高收入者的收入。例如，1997 年 9 月 12 日，他在中国共产党第十五次全国代表大会上所作的题为《高举邓小平理论伟大旗帜，把建设有中国特色社会主义事业全面推向 21 世纪》的报告中提出："调节过高收入，完善个人所得税制"。胡锦涛同志担任中共中央总书记和国家主席以后，也多次强调要通过税收调节收入分配。例如，2007 年 10 月 15 日，他在中国共产党第十七次全国代表大会上所作的题为《高举中国特色社会主义伟大旗帜，为夺取全面建设小康社会新胜利而奋斗》的报告中提出："扩大转移支付，强化税收调节，打破经营垄断，创造机会公平，整顿分配秩序，逐步扭转收入分配差距扩大趋势。"

为了适应个体工商业户迅速发展的情况，并对其中的高收入户加以适当的税收调节，1986 年 1 月 7 日，国务院发布《中华人民共和国城乡个体工商业户所得税暂行条例》，自 1986 年度起施行。

城乡个体工商业户所得税暂行条例共 17 条，其中规定：城乡个体工商业户所得税的纳税人为从事工业、商业、服务业、建筑安装业、交通运输业和其他行业，经工商行政管理部门批准开业的城乡个体工商业户；征税对象为纳税人的所得；计税依据为应纳税所得额，即纳税人每个纳税年度的收入减除成本、费用、工资、损失和国家允许在所得税前列支的税金以后的余额；采用 10 级超额累进税率，最低适用税率为 7%（适用于全年应纳税所得额不超过 1000 元的部分），最高适用税率为 60%（适用于全年应纳税所得额超过 3 万元的部分）；纳税人全年应纳税所得额超过 5 万元的，按照超过部分的应纳所得税税额加征 10% 到 40% 的所得税。孤寡老人、残疾人员和烈士家属从事个体生产、经营的；某些社会急需、劳动强度大，而收入低于一定标准的，可以由省级人民政府确定，定期减征、免征所得税。

为了进一步调节个人收入，防止社会成员收入差距悬殊，1986 年 9 月 25 日，国务院发布《中华人民共和国个人收入调节税暂行条例》，自 1987 年 1 月 1 日起施行。1986 年 12 月 10 日，财政部据此发布《中华人民共和国个人收入调节税暂行条例施行细则》。

个人收入调节税暂行条例共 18 条，其中规定：个人收入调节税的纳税人为在中国境内有住所、取得个人收入的中国公民。征税对象为纳税人的收入，包括工资、薪金收入，承包、转包收入，劳务报酬收入，财产租赁收入，专利权转让、专利实施许可和非专利技术提供、转让取得的收入，投稿、翻译取得的收入，利息、股息和红利收入，经财政部确定征税的其他收入 8 类。上述第一类至第四类类收入，合并为综合收入，扣除一定数额以后按月征税（如包括北京市在内的 1 至 4 工资区为 400 元），适用 20% 至 60% 的 5 级超倍累进税率。上述第五类和第六类收入，每次收入不足 4000 元的，减除费用 800 元；每次收入 4000 元以上的，减除 20% 的费用，按照其余额和 20% 的税率计税。上述第七类收入按照每次收入和 20% 的税率计税，第八类收入的税率由财政部确定。省级人民政府、国务院部委以上单位颁发的科学、技术和文化成果等奖金，国库券利息、国家发行的金融债券利息，在国家银行、信用合作社和邮政储蓄存款利息，按照国家统一规定发给的补贴、津贴，福利费、抚恤金和救济金，保险赔款，军队干部、战士的转业费、复员费，按照国家统一规定发给干部、职工的安家费、退职费、退休金、离休工资和离休干部生活补助费，经财政部批准免税的其他收入，可以免征个人收入调节税。

为了调节私营企业投资者的收入，鼓励私营企业投资者发展生产，1988 年 6 月 25 日，国务院发布《关于征收私营企业投资者个人收入调节税的规定》，自 1988 年度起施行，其中规定：私营企业投资者将私营企业税后利润用于个人消费的部分，要按照 40% 的税率缴纳个人收入调节税。私营企业投资者撤回生产发展基金或者转让企业资产用于个人消费的，要补缴个人收入调节税。

从立法方面来看，国务院发布的个人收入调节税暂行条例与全国人民代表大会公布的个人所得税法存在一定的矛盾，各方面对此也有一些不同的看法，这个问题直到 1994 年个人所得税制度改革的时候才得以解决。

随着经济发展、分配制度改革、个人收入水平提高、税制完善和税收管理加强，中国对个人所得征收的税收逐年快速增长，从1981年的0.05亿元增加到1993年的46.73亿元，12年间增长934倍，平均每年增长76.8%；这部分税收占全国税收总额的比重也从1981年的0.01%逐步上升到1993年的1.10%，12年间提高1.09个百分点。

四、1994年后中国个人所得税制度的改革

根据1992年10月召开的中国共产党第十四次全国代表大会提出的建立社会主义市场经济体制的要求，中国于1994年实行了个人所得税制度的全面改革，将原来按照不同的纳税人分别设立的个人所得税、个人收入调节税和城乡个体工商业户所得税合并为统一的个人所得税，并从纳税人、征税项目、免税项目、税率、费用扣除等方面加以完善，从而形成了新中国成立以后第一套比较完整、统一的，适应经济发展需要的，符合本国国情的个人所得税制度。这一改革标志着中国的个人所得税制度朝着法制化、科学化和规范化的方向迈出了重要的一步，对于促进中国的改革、开放、经济发展、调节收入分配和维护国家权益具有重大的意义，并为以后的个人所得税制度改革奠定了重要的基础。

1993年10月31日，第八届全国人民代表大会常务委员会第四次会议通过《中华人民共和国个人所得税法》修正案，即日公布，自1994年1月1日起施行，《中华人民共和国城乡个体工商业户所得税暂行条例》和《中华人民共和国个人收入调节税暂行条例》同时废止。1994年1月28日，国务院发布《中华人民共和国个人所得税法实施条例》。

1993年12月25日国务院批转的国家税务总局报送的《工商税制改革实施方案》中说明：个人所得税改革的基本原则是调节个人收入差距，缓解社会分配不公的矛盾。为此，个人所得税主要对收入较高者征收，对中低收入者少征或者不征。

新的个人所得税共14条（1999年修改以后增至15条），其中规定：个人所得税的纳税人为在中国境内有住所，或者无住所而在中国境内居住满1年，从中国境内、境外取得所得的个人和在中国境内无住所又不居住或者无住所而在中国境内居住不满1年，从中国境内取得所得的个人；征税对象为纳税人的所得，包括工资、薪金所得，个体工商户的生产、经营所得，对企业、事业单位的承包经营、承租经营所得，劳务报酬所得，稿酬所得，特许权使用费所得，利息、股息和红利所得，财产租赁所得，财产转让所得，偶然所得和其他

所得 11 类。工资、薪金所得，以每月收入减除费用 800 元（国家统计局公布的 1993 年全国职工每月平均工资为 281 元——笔者注）之后的余额为应纳税所得额。个体工商户的生产、经营所得，以每个纳税年度的收入减除成本、费用和损失之后的余额为应纳税所得额。对企业、事业单位的承包经营、承租经营所得，以每个纳税年度的收入减除必要费用之后的余额为应纳税所得额。劳务报酬所得、稿酬所得、特许权使用费所得、财产租赁所得，每次收入不超过 4000 元的，减除费用 800 元；超过 4000 元的，减除 20% 的费用，以其余额为应纳税所得额。财产转让所得，以转让财产收入减除财产原值和合理费用之后的余额为应纳税所得额。利息、股息、红利所得，偶然所得和其他所得，以每次收入为应纳税所得额。工资、薪金所得按照 9 级超额累进税率计税，最低适用税率为 5%（适用于全月应纳税所得额不超过 500 元的部分），最高适用税率为 45%（适用于全月应纳税所得额超过 10 万元的部分）；个体工商户的生产、经营所得和对企业、事业单位的承包经营、承租经营所得按照 5 级超额累进税率计税，最低适用税率为 5%（适用于全年应纳税所得额不超过 5000 元的部分），最高适用税率为 35%（适用于全年应纳税所得额超过 5 万元的部分）；其他 8 类所得均按照 20% 的税率计税。省、部、军级以上单位和外国组织、国际组织颁发的科技、教育、文化、卫生、体育和环境保护等方面的奖金，储蓄存款利息、国债和国家发行的金融债券的利息，按照国家统一规定发给的补贴、津贴，福利费、抚恤金和救济金，保险赔款，军人的转业费、复员费，按照国家统一规定发给干部、职工的安家费、退职费、退休费、离休工资和离休生活补助费，按照中国有关法律应当免税的外国驻华使馆、领事馆的外交代表、领事官员和其他人员的所得，中国政府参加的国际公约、签订的协议中规定免税的所得，经国务院财政部门批准免税的所得，可以免征所得税。残疾、孤老人员和烈属的所得，因严重自然灾害造成重大损失的，其他经国务院财政部门批准减税的，经过批准，可以减征所得税。

1994 年个人所得税制度改革以后，根据经济发展和完善税制的需要，中国先后于 1999 年、2005 年和 2007 年 4 次修改个人所得税法：

（一）储蓄存款利息征税

1999 年 8 月 30 日，第九届全国人民代表大会常务委员会第十一次会议通过《全国人民代表大会常务委员会关于修改〈中华人民共和国个人所得税法〉的决定》，即日公布生效，其主要内容是：取消个人所得税法中关于储蓄存款利息免税的规定，规定对储蓄存款利息征收个人所得税的时间和征收办法由国务院规定。

同年9月30日，国务院发布《对储蓄存款利息所得征收个人所得税的实施办法》，其中规定：自同年11月1日起，对于从中国境内的储蓄机构取得的人民币、外币储蓄存款利息征收20%的个人所得税。教育储蓄存款的利息和国务院财政部门确定的其他专项储蓄存款或者储蓄性专项基金存款的利息，可以免征个人所得税。

（二）提高工资、薪金所得费用扣除额和修改纳税申报规定

2005年10月27日，第十届全国人民代表大会常务委员会第十八次会议通过《关于修改〈中华人民共和国个人所得税法〉的决定》，即日公布，自2006年1月1日起施行，其主要内容是：第一，将工资、薪金所得的费用扣除额从每月800元提高到每月1600元（国家统计局公布的2005年全国职工每月平均工资为1530元——笔者注）。第二，修改关于纳税申报的规定，规定个人所得超过国务院规定数额的，在两处以上取得工资、薪金所得或者没有扣缴义务人的，具有国务院规定的其他情形的，纳税人应当按照国家规定办理纳税申报；扣缴义务人应当按照国家规定办理全员全额扣缴申报。

同年12月19日，根据修改以后的个人所得税法，国务院公布《关于修改〈中华人民共和国个人所得税法实施条例〉的决定》，其主要内容是：第一，将对企业、事业单位的承包经营、承租经营所得的必要费用减除额，在中国境内无住所而在中国境内取得工资、薪金所得的纳税人和在中国境内有住所而在中国境外取得工资、薪金所得的纳税人的费用减除额，从每月800元提高到每月1600元。第二，增加规定：按照国家规定，单位为个人缴付和个人缴付的基本养老保险费、基本医疗保险费、失业保险费和住房公积金，从纳税人的应纳税所得额中扣除。第三，规定纳税人有下列情形之一的，应当按照规定到税务机关办理纳税申报：年所得12万元以上的，从中国境内两处以上取得工资、薪金所得的，从中国境外取得所得的，取得应纳税所得而没有扣缴义务人的，国务院规定的其他情形。

（三）授权国务院处理储蓄存款利息征税事宜

2007年6月29日，第十届全国人民代表大会常务委员会第二十八次会议通过《关于修改〈中华人民共和国个人所得税法〉的决定》，即日公布施行，其主要内容是：规定对储蓄存款利息所得开征、减征和停征个人所得税及其具体办法，由国务院规定。

同年7月20日，根据修改以后的个人所得税法，国务院公布《关于修改

〈对储蓄存款利息所得征收个人所得税的实施办法〉的决定》，其主要内容是：对储蓄存款利息所得减按 5% 的税率征收个人所得税，自同年 8 月 15 日起施行。

2008 年 10 月 9 日，经国务院批准，财政部、国家税务总局规定：即日起储蓄存款利息所得暂免征收个人所得税。

（四）再次提高工资、薪金所得费用扣除额

2007 年 12 月 29 日，第十届全国人民代表大会常务委员会第三十一次会议通过《关于修改〈中华人民共和国个人所得税法〉的决定》，即日公布，自 2008 年 3 月 1 日起施行，其主要内容是：将个人所得税法中的工资、薪金扣除额从每月 1600 元提高到每月 2000 元（国家统计局公布的 2007 年全国职工每月平均工资为 2078 元——笔者注）。

2008 年 2 月 18 日，根据修改以后的个人所得税法，国务院公布《关于修改〈中华人民共和国个人所得税法实施条例〉的决定》，自同年 3 月 1 日起施行，其主要内容是：将对企业、事业单位的承包经营、承租经营所得的必要费用减除额，在中国境内无住所而在中国境内取得工资、薪金所得的纳税人和在中国境内有住所而在中国境外取得工资、薪金所得的纳税人的费用减除额，从每月 1600 元提高到每月 2000 元；同时将在中国境内无住所而在中国境内取得工资、薪金所得的纳税人和在中国境内有住所而在中国境外取得工资、薪金所得的纳税人的附加减除费用标准从每月 3200 元降低到每月 2800 元。

由于各级党政领导的重视，有关部门、单位的支持，广大纳税人的配合，税务部门的努力工作，中国新的个人所得税制度实施 16 年以来运行平稳，收入逐年快速增长，从 1993 年的 46.7 亿元增加到 2009 年的 3943.6 亿元，16 年间增长 83.4 倍，平均每年增长 32.0%；个人所得税收入占全国税收总额的比重也从 1993 年的 1.10% 上升到 2009 年的 6.63%，16 年间提高 5.53 个百分点。

五、中国个人所得税制度改革的初步展望

中国是一个经济不发达的发展中国家，受经济发展水平和管理水平的制约，开征个人所得税的历史比较短，现行个人所得税制度还很不完善，管理上也不够严格，个人所得税收入比较少，个人所得税收入占全国税收总额的比重也比较低（自 2001 年以来一直徘徊在 7% 左右），不仅与经济发达国家相比差距较大，与部分发展中国家相比也有不小的差距，从而影响了其财政职能和调

节作用的充分发挥。

笔者认为，要完善中国的个人所得税制度，目前首先需要进一步明确中国个人所得税的政策取向。一般地说，个人所得税既是政府取得财政收入的方式，也是调节社会成员收入差距的手段，还是人才竞争的因素之一。在实际操作中，应当侧重于哪一个方面，理论上认识不尽一致，不同国家和各国不同时期的做法也不尽相同。一般来说，发达国家通常会侧重财政收入和调节分配；发展中国家通常会侧重调节分配和人才竞争。从中国的实践来看，虽然30年来个人所得税收入在全国税收总额中所占的比重一直很小，但是其增长速度是很快的，其占全国税收总额中比重呈逐步上升趋势，在各税种收入中的排位已经从1994年的第八位上升到近年来的第四位或者第五位。在许多地区，个人所得税收入仅次于营业税收入，已经成为当地政府税收收入的第二大税源。可以预计，随着中国经济的持续、快速发展和经济结构的变化，个人收入的增加，个人所得税制度的完善和征收管理工作的加强，中国的个人所得税收入也将保持持续、快速增长的势头，个人所得税收入占全国税收总额的比重也将继续逐步上升。因此，这是一个极有发展潜力的税种。

同时，对于中国来说，个人所得税对于个人收入差距的调节作用也是很重要的。因为中国是一个地域辽阔，人口众多，各个地区、行业和企业发展很不平衡的国家，个人收入存在差距甚至很大的差距的原因是很复杂的，有国家政策等方面的因素，也有个人能力、机遇等方面的原因。为了促进经济的发展，保持社会的稳定，国家必须对此加强管理：对于违法收入，应当坚决取缔，严厉打击；对于合法收入，应当坚决保护，依法征税；对于低收入，应当适当照顾，保障民生；对于高收入，应当通过税收等措施适当而不是过度的调节。因此，中国的个人所得税应当具有比较明显的累进性，纳税人应当为中等以上收入者，其中高收入者的税负应当更高一些。

在中国对外开放不断扩大的形势下，为了有利于保留国内人才，引进国外人才，促进中国的对外经济、科技、教育、文化等领域的交流，中国的个人所得税政策既要遵从国际惯例，也不能脱离本国的实际情况。

完善中国个人所得税制度的具体措施可以考虑扩大征税范围、改变征税模式、调整税基和税率、加强个人所得税与企业所得税的协调、清理优惠措施等内容。

（一）扩大征税范围

调整征税范围主要应当考虑国家主权、税收职能、税源状况、税收征管能力和国际惯例等因素，主要涉及居民纳税人的范围和征税所得的范围。

1. 扩大居民纳税人的范围。参照当今世界多数国家的做法，将认定居民纳税人的时候“在中国境内没有住所而在中国境内居住满 1 年”的期限改为 183 天，以更好地维护中国的税收权益。

2. 扩大征税所得的范围。根据经济发展的情况和税收征管能力，逐步将各类应当纳税的个人所得纳入个人所得税的征税范围。但是，考虑中国个人所得税税制模式的改革方向是综合征收与分项征收相结合，以及此税征收管理的复杂性，也不宜急于实行反列举法。

（二）改变征税模式

征税模式的选择主要应当考虑经济发展水平、纳税人和税源状况、税收征管能力等因素。目前各国的个人所得税制度大多采用综合征收与分项征收相结合，以综合征收为主的征税模式，只有少数国家采用分项征收的征税模式。中国 1980 年制定个人所得税法的时候采用分项征收的征税模式，主要是因为当时纳税人数量比较少而且比较集中，收入比较零散而且来源比较简单，分项征收便于税源管理，操作也比较容易。但是，在今天纳税人众多而且比较分散，收入来源比较复杂的情况下，这种征收模式就很不适应了，容易造成不同纳税人、不同所得项目和不同支付方式之间的税负不公平（如工资、薪金收入者与个体工商户，工资、薪金所得与劳务报酬，分次支付与一次性支付等税负差别很大）。因此，应当尽快将目前按照不同所得分项征收的征税模式改为综合征收与分项征收相结合，以综合征收为主的征税模式，以平衡税负和加大对高收入的调节力度。此项改革 1996 年即被全国人民代表大会列入中国国民经济和社会发展第九个五年计划，迄今已经准备了 15 年，在中国国民经济和社会发展第十二个五年规划（2011 年至 2015 年）期间应当付诸实施。

有些人认为综合征收近期难以推行，主要是担心纳税人能否如实申报纳税，税务机构的管理能否跟上。笔者认为这些担心不无道理，但是不必过虑：其他国家，包括发达国家，在开始实行个人所得税综合征收制度的时候，各方面的条件也不是很完备，甚至至今也有不少问题，但是上述制度可以在执行中逐步完善，外国的经验和教训可以借鉴。近年来中国实行年收入 12 万元以上者按年申报个人所得税的制度已经取得了一定的效果，也为下一步实行综合征收制度积累了的经验，可以坚定我们改革的信心。据国家税务总局统计，全国申报缴纳 2009 年个人所得税的年收入 12 万元以上者已经达到 269 万人，他们缴纳的个人所得税为 1400 亿元，占全国个人所得税收入的 35.5%，人均所得额近35万元，人均纳税5万多元。但是，在现行的个人所得税由地方税务局征收管理、个人所得税收入由中央与地方共享的税务机构管理体制和财政管理体制下，综合征收难以操作。

（三）合理确定税基

税基的确定应当考虑经济、社会发展的水平和保障人民基本生活的需要，也要考虑税收征管能力。应当合理确定纳税人及其赡养人口生活的基本费用，保险、住房、医疗和教育（培训）等专门费用，儿童、老人和残疾人的特殊费用等费用的扣除标准，并适时根据工资、物价和汇率等因素适当调整。为了提高工作效率，可以请全国人民代表大会授权国务院按照税法规定的原则定期调整上述费用扣除标准。

如果不考虑具体扣除项目及其标准，只是大幅度地提高统一的扣除额，不仅对生活负担沉重的低收入者帮助不大，甚至无助于那些收入低于扣除额的人，而且会使不应当减税的高收入者获益更多：按照现行税法设计的税基和工资、薪金所得适用的5%至45%的累进税率计算，提高100元扣除额，达不到征税标准的低收入者无税可减；到达征税标准的最低收入者只能减税5元，而最高收入者却可以减税45元。由此可见，这种做法会明显减少政府本来可以“劫富济贫”的税收，这是不公平的。

笔者也不赞成有些人关于按照不同地区的收入和物价水平设计个人所得税扣除额的主张，一是因为各地的工资水平通常是在现行税制和当地现实物价水平下设计的，物价水平比较高的地区工资水平也比较高，外国也是如此；二是各国中央政府征收的个人所得税的基本扣除额都是全国统一的，但是并没有因此带来多少负面作用，中国的一些高收入、高物价地区也没有由于个人所得税实行全国统一的费用扣除标准而导致人才的流失。

（四）适当调整税率

税率水平的设计，既要考虑财政收入，又要考虑纳税人的负担能力和税收的调节作用，还要考虑与本国的企业所得税税率和其他国家（特别是经济发展水平相当的国家、周边国家）的个人所得税的税率水平相适应，不宜过低或者过高。根据我收集的171个开征个人所得税的国家和地区的资料，2010年，在上述国家和地区中，有142个国家和地区中央、地区政府个人所得税的最高税率不超过40%（如日本、法国、南非和智利为40%，泰国和新西兰为37%，美国、韩国、赞比亚和哥伦比亚为35%，阿根廷为33%，芬兰、匈牙利和菲律宾为32%，白俄罗斯、印度、肯尼亚和墨西哥为30%，马来西亚为

27%，孟加拉国、加纳和牙买加为 25%，新加坡、埃及和格鲁吉亚为 20%），占 83.0%。相比之下，中国个人所得税 45% 的最高税率明显偏高。同时应当注意到，越来越多的国家和地区正在准备降低或者继续降低个人所得税的最高税率。此外，中国对工资、薪金征收的个人所得税实行 9 级超额累进税率，税率档次与其他国家和地区相比明显偏多。因此，中国的个人所得税改革以后，对综合所得可以考虑采用 10%、20%、30% 和 40% 四级超额累进税率，并合理设计各级税率的级距。

笔者也不赞成有些人关于中国应当效法某些国家实行“单一税”，即按照单一比例税率征收个人所得税的主张。因为无论是中国的实践还是外国、特别是发达国家的经验，都可以证明累进的个人所得税对于适当调节个人收入的差距具有重要的作用。当然，也不能指望依靠个人所得税一个税种解决调节个人收入的差距的所有问题。

（五）加强个人所得税与企业所得税的协调

个人所得税与企业所得税的协调主要应当包括纳税人、税基、税率和税收优惠等方面，核心是公平税负。个体工商户、个人独资企业和合伙企业的税前扣除项目和标准、税率、税收优惠应当与法人企业的税前扣除项目和标准、税率、税收优惠基本一致。为了鼓励个人投资，促进资本市场发展，增加个人的财产性收入，应当以免税法、减税法或者归集抵免法解决企业所得税和个人所得税重叠征收的问题，减少以至消除对于股息、红利的征税。就现实而言，对于企业在缴纳企业所得税以后分配的股息、红利免征个人所得税，比较简便易行。

（六）清理优惠措施

应当及时清理过时的和其他不适当的优惠措施，免税、减税的重点应当是鼓励为社会作出突出贡献的人才和照顾生活困难的低收入人员。

此外，应当妥善处理中央与地方的收入分配问题。从近期看，个人所得税收入可以继续作为中央政府与地方政府共享收入，可以考虑用税率分享的方式划分中央与地方的收入，或者将个人所得税划分为中央政府和地方政府分别征收的个人所得税。从长远看，应当根据个人所得税纳税人众多、税基广泛、人员和收入流动性强等特点以及外国的经验，考虑未来财政管理体制、税制和税务机构管理体制改革以后此税的征收管理权划分和收入分配问题。

参考文献

1. 已经公开发表的1949年以来中共中央、全国人民代表大会、国务院（政务院）和财政、税务部门的有关文件、领导讲话。

2. 1949年以来中国财政、税务部门编辑、出版的税收法规汇编、公告、公报和税史资料、税收研究资料。

3. 刘志城主编：《中华人民共和国工商税收史长编》，中国财政经济出版社1988年版。

4. 江苏省中华民国工商税收史编写组、中国第二历史档案馆编：《中华民国工商税收史料选编（第四辑）》，南京大学出版社1994年版。

5. 金鑫主编：《中华民国工商税收史——直接税卷》，中国财政经济出版1996年版。

6. 高秉坊著：《中国直接税史实》，中华民国财政部直接税处经济研究室发行。

7. 国家税务总局税收科学研究所编译：《外国税制概览》，中国税务出版社2009年版。

8. 《人民日报》、《经济日报》、《中国财经报》、《中国税务报》、《中国税务》、《财政研究》、《税务研究》、《涉外税务》、《财贸经济》、《中国统计年鉴》、《中国财政年鉴》、《中国税务年鉴》、《国际货币基金组织政府财政统计》和《经济合作与发展组织》等报刊。

9. 全国人民代表大会常务委员会、国务院、财政部、国家税务总局、国家统计局、新华通讯社和当代中国研究所网站。

（作者工作单位：国家税务总局税收科学研究所）

试论市场经济条件下中国个人所得税制的完善与发展

丁淑芬

一、现代意义上的中国个人所得税的历史沿革与现状

伴随着中华人民共和国的发展历史，新中国的个人所得税制也经历了一个从不规范到比较规范，从不成熟到比较成熟的过程。

(一) 不断完善的个人所得税制

追溯中国对个人所得的征税历史，较早的法律文件是1909年清政府草拟的《所得税章程》。比西方国家个人所得税的征税历史，整整落后了100多年。中华民国时期，虽然曾开征薪给报酬所得税、证券存款利息所得税，但实际上对个人所得征税基本陷于停滞状态。1949年中华人民共和国成立后，中央人民政府于1949年11月在北京召开了首届全国税务会议，制定了《全国税政实施要则》，决定对个人所得课征薪给报酬所得税、对银行利息征收利息所得税和对个体工商业户征收工商业税。鉴于当时实行低工资制，人均收入水平低，虽然设立了薪给报酬所得税税种，但直到20世纪70年代末都没有开征；虽然决定对银行利息征收利息所得税并且付诸实施，但也由于1958年银行降低存款利率，从1959年起国务院决定停止征收该税；关于对个体工商业户征收的工商业税，1958年国家对税制进行了重大改革，将工商业税中的营业税和其他税种合并为工商统一税，工商业税中的所得税独立为一个税种，形成工

商所得税，继续对个体工商业户和集体企业的生产经营所得和其他所得征税，由此实际上中国对个人所得的征税，是限于对个体工商业户的生产经营所得和其他所得征收。1980 年为适应改革开放的需要，第五届全国人民代表大会第三次会议通过并公布了《中华人民共和国个人所得税法》，决定对在华外籍工作人员征收个人所得税，并将个人所得税起征点定为 800 元。至此中国独立针对个人所得征收的个人所得税制度方始建立。

为加强对个体工商业户和国内公民个人所得的征管，1986 年 1 月 7 日，国务院发布了《中华人民共和国城乡个体工商业户所得税暂行条例》，自 1986 年 1 月 1 日起施行；同年 9 月 25 日，国务院又发布了《中华人民共和国个人收入调节税暂行条例》，从 1987 年 1 月 1 日起对中国大陆公民的个人收入，开征个人收入调节税。这样中国在 20 世纪 80 年代，就形成了对个人所得三税并征、互不交叉的制度：即对在华外籍工作人员征收个人所得税，对个体工商业户征收个体工商业户所得税和对中国大陆公民个人征收的个人收入调节税。上述三个税收法规对于调节个人收入水平、增加国家财政收入、促进对外经济技术合作与交流起到了积极作用，但也暴露出一些问题，主要是按内、外个人分设两套税制，政策不统一，税负不够合理。

为了统一税政、公平税负、规范税制，1993 年 10 月 31 日，八届全国人民代表大会常委会四次会议通过并发布了新修改的《中华人民共和国个人所得税法》（简称税法）。1994 年 1 月 28 日，国务院配套发布了《中华人民共和国个人所得税法实施条例》（简称实施条例）。新税法和实施条例规定不分内、外，所有中国居民和有来源于中国所得的非居民，均应依法缴纳个人所得税。个人所得税的起征点（即减除费用标准）为 800 元。1999 年 8 月 30 日，九届全国人民代表大会常委会第十一次会议通过了《关于修改〈中华人民共和国个人所得税法〉的决定》，把个人所得税法中“储蓄存款利息”免税项目删去，并授权国务院恢复开征储蓄存款利息个人所得税。2000 年 9 月，财政部、国家税务总局根据国务院有关通知精神，制定了《关于个人独资企业和合伙企业投资者征收个人所得税的规定》（财税〔2000〕91 号），明确从 2000 年 1 月 1 日起，对个人独资企业和合伙企业停征企业所得税，对其投资者的生产经营所得征收个人所得税，从而解决了个人独资企业和合伙企业投资者的双重征税问题。2005 年 7 月 26 日，国务院总理温家宝主持召开国务院常务会议，讨论并原则通过了《中华人民共和国个人所得税法修正案（草案）》。2005 年 10 月 27 日，第十届全国人民代表大会常委会第十八次会议通过“全国人民代表大会常委会关于修改个人所得税法的决定。”修正案（草案）决定个人所得税起征点为 1600 元，并于 2006 年 1 月 1 日起施行。2007 年 12 月 29 日，十届全国人民代表大会常委会第三十一次会议表决通过了“关于修改个人所得税法的决定。”个人所得税起征点自 2008 年 3 月 1 日起，由 1600 元提高到 2000 元。2008 年 10 月又分别对储蓄存款利息所得、证券市场个人投资者取得的证券交易结算资金利息所得，暂免征收个人所得税。至此中国基本确立了比较规范成熟的个人所得税制度。

（二）个人所得税的地位、现状及特点

1. 收入逐年递增，已经成为四大主要税种之一。个人所得税作为新中国的独立税种，征收始于 1980 年。在征收之初，由于国人的收入水平较低，个人所得税的收入十分有限。然而，自从 1994 年税制改革以来，个人所得税收入表现出了强劲的增长势头。个人所得税在募集财政收入以及调节收入分配方面的作用，也日益为人们所重视。1980 年个人所得税开始征收的当年，全国的收入总额不足 20 万元。仅仅 5 年，在 1985 年突破了 1 亿元。1990 年超过了 20 亿元，2009 年则达到了 3949 亿元（图 1）。中国的个人所得税收入突飞猛进的增长，已经成为我国现有征税税种中收入增长最为强劲的税种之一。据有关部门统计，从 2001 年开始，中国的个人所得税收入已经开始超过消费税，成为中国第四大税种。特别是近几年，随着社会主义市场经济的不断发展，居民收入水平的逐步提高，个税收入更是呈现了大幅度增长的趋势，以至于在中国相当多省、市的地方税收收入中，个人所得税收入已经成为仅次于营业税的第二大地方税收收入来源，成为地方财政的重要支柱之一。个人所得税组织财政收入的职能得到了充分体现。个人所得税收入能够保持持续、稳定的增长，是多方面合力的结果：一方面，市场经济实行以来，我国 GDP 以及人均收入增长较快，为个人所得税提供了丰富的税源，为收入持续、稳定和快速增长，奠定了良好基础；另一方面，这也是各级税务机关加强个人所得税的征收管理，整顿和规范个人所得税秩序的成果。

2. 工薪所得项目依然是个人所得税的主要征收对象。2009 年 6 月 17 日财政部公布的“我国目前个人所得税基本情况报告”指出：“近年来，工薪所得项目缴纳的个人所得税，占全部个人所得税的比重，约为 50% 左右”。由此可见，中国的个人所得税收入的主要来源，仍然属于工薪所得。从中国居民收入的实际情况分析，来源于工薪所得的个人所得税占全部个人所得税的比重为 50% 左右，这一比例应当属于正常。主要原因：一是我国个人所得税主要来自

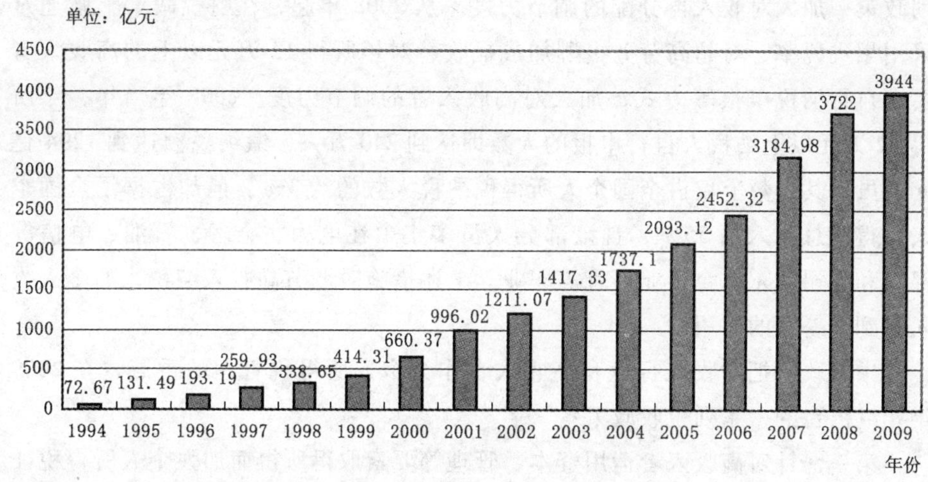

图 1　1994—2009 年个人所得税收入图

资料来源：财政部个人所得税课题研究组。

城镇居民，而城镇居民收入的主要来源是工资性收入；二是近年来职工工资收入增长较快，工薪阶层纳税人数不断增加，个人所得税收入自然水涨船高。据统计，2004 年工薪所得的纳税人数已达 2.6 亿人次，而 1994 年仅为 956.5 万人次。特别是东部沿海经济较发达地区，由于职工工薪所得项目收入比重较高，近年工资薪金增长较快，对提高全国工薪所得个人所得税收入比例的提高，起到了一定的作用；三是高薪阶层对工薪所得税贡献较大。随着高收入行业和高收入者的增多，个人所得税收入增长较快。

3. 对收入再分配的调节力度逐步加大，高收入者成为个人所得税征收管理的重点对象。改革开放以来，党和国家实行了允许一部分人先富起来、先富带动后富、最终实现共同富裕的政策。特别是随着中国市场经济的逐步发展，非公有制经济成为我国市场经济的重要组成部分，许多人或者依靠自己的能力和技术，或者依靠资本等要素，参与分配而逐渐成为社会中的高收入者（该比例逐年迅速增大）。中国政府在鼓励人们走向富裕的同时，日益认识到必须重视贫富差距日益加大的程度，采取了多种措施缓解这种现象，以促进社会和谐发展。温家宝总理 2010 年 3 月指出："在增加居民收入上，运用财税的杠杆，调节收入差距，促进社会公平"。从中国现行的个人所得税政策看，其在立法精神上始终贯彻"高收入者多缴税，低收入者少缴税或不缴税"的原则。目前，国家税务总局已经出台了一系列相关文件，充分利用个人所得税的一系列政策，加大对收入再分配的调节力度。从2008年起，在财税政策上就通过采用累进税率、对超高劳务报酬加成征收、对年所得12万元以上的高收入者要求自行纳税申报等方式，加大对高收入者的调节力度。2008年当年，年所得12万元以上纳税人自行申报的人数即达到240万人，缴纳税额达到1294亿元。虽然其人数上仅占全国个人所得税纳税人数的约3%，但却占据了全国个人所得税总收入的35%，且该部分人员多集中在电力、金融、石油、电信等部门和公司股东、企事业高管等职业。上述措施对调节高收入纳税人的个人收入起到了一定的作用。

中国政府把高收入行业和高收入者作为个人所得税管理的重点，在2009年相继出台的一系列税收政策：

第一，针对高收入者运用资本、管理等要素取得所得而加强个人所得税征管的规定。一是《国家税务总局关于加强股权转让所得征收个人所得税管理的通知》（国税函〔2009〕285号），明确规定个人股东在进行股权交易时，应及时到税务机关办理纳税（扣缴）申报，并规定了配套的管理、服务措施；二是《财政部、国家税务总局关于股票增值权所得和限制性股票所得征收个人所得税有关问题的通知》（财税〔2009〕5号），明确规定个人取得股票增值权和限制性股票的所得属于个人因任职和受雇而取得的所得，按"工资、薪金所得"项目征收个人所得税；三是《国家税务总局关于股权激励有关个人所得税问题的通知》（国税函〔2009〕461号），对股票增值权和限制性股票计征个人所得税的具体计算方法和征管措施作了明确规定；四是《财政部国家税务总局证监会关于个人转让上市公司限售股所得征收个人所得税有关问题的通知》（财税〔2009〕167号），就个人"大小非"减持，按20%税率缴纳个税。规定自2010年1月1日起，对个人转让限售股取得的所得，适用20%的比例税率征收个人所得税。个人转让限售股，以每次限售股转让收入减除股票原值和合理税费后的余额为应纳税所得额。对个人在上海证券交易所、深圳证券交易所转让从上市公司公开发行和转让市场取得的上市公司股票所得，继续免征个人所得税。上述四个文件都是针对高收入者运用资本、管理等要素取得所得而加强个人所得税征管的规定。这对于调节社会收入分配，稳定资本市场，增加国家税收，具有积极意义。

第二，企业年金单独征收个税。针对电力、铁路、金融、保险、通讯、煤炭、有色金属、交通、石油天然气等高收入行业或垄断行业建立年金制度的问题，2009年国家税务总局及时作出了《关于企业年金个人所得税征收管理有关问题的通知》（国税函〔2009〕694 号），明确了企业年金个人所得税征收管理的相关问题，并规定：根据个人所得税法及其实施条例和相关规定，除符合国家有关规定实际缴付（包括单位、个人）的基本养老保险费、基本医疗保险费、失业保险费和住房公积金外，其他补充保险和商业保险以及超标准的基本保险均应征收个人所得税。即个人缴费不得在个人当月工资、薪金所得税前扣除，企业缴费计入个人账户的部分与个人当月的工资、薪金分开，单独视为一个月的工资、薪金不扣除任何费用计算应缴税款。

第三，专门针对高收入者个人所得税征收管理的规定。一是 2009 年国家税务总局专门下发了进一步加强对高收入者个人所得税征收管理的通知，通知中列举了将对 9 类高收入行业（单位）和 9 类高收入个人作为征收管理的重点，以加强对高收入者的税收管理；二是超标福利费纳入工资缴税。《财政部关于企业加强职工福利费财务管理的通知》（财企〔2009〕242 号）规定：对实行货币化改革的企业，将原纳入职工福利费管理的交通补贴或车改补贴、住房补贴、通信补贴调整入工资总额进行财务核算。企业以本企业产品和服务作为职工福利的行为，应按商业化原则进行公平交易。该文件对规范职工福利费的核算范围，维护正常的收入分配秩序，防止部分企业巧立名目，发放现金及实物，造成社会工资统计失实和行业收入差距过大，起到了一定作用。

第四，中低收入者减税的规定。在调节高收入纳税人的同时，政府对于中低收入者则相继出台了一系列税收政策减轻其税收负担。如 2008 年，我国将个人所得税工薪所得费用税前扣除标准提高到了 2000 元/月，相当一部分低收入者由此可以少缴税或者根本不需缴税；同时，国家对于个人按照国家规定缴纳的基本养老保险、基本医疗保险、失业保险、住房公积金等“三险一金”（一般应占职工月工薪收入的 20% 左右），均允许在个人所得税税前扣除，此外，对个人取得的独生子女补贴、托儿补助费、离退休工资，也都给予了免征个人所得税的优惠政策。

二、中国个人所得税制度存在的问题及分析

随着中国经济的发展、居民个人收入水平的提高，个人所得税已成为我国地方财政收入的主要来源。但是，现行个人所得税在税制模式、税率结构及征收管理等方面存在一些问题，影响了税收公平原则的充分发挥和税收收入的更快增长。中国个人所得税制存在的主要问题有：

（一）对国家税收的贡献偏小，收入不容乐观

过去的20年，是中国经济总量和国民财富增长最快的时期。在这20年中，中国经济发展的各项指标均处在世界前列，但中国个人所得税占税收收入总额的比重，却低于发展中国家水平。据统计2007年、2008年和2009年三年中，中国个人所得税年收入总额分别为3185亿元、3722亿元和3944亿元，中国的税收收入总额分别为49449亿元、54219亿元和63104亿元。个人所得税占税收收入总额比重分别为6.4%、6.8%和6.25%（见表1）。根据国际货币基金组织发布的《各国政府财政统计年鉴》（2006年）所示，一些发达国家个人所得税占税收总收入的比重均在30%以上。如加拿大为50.60%，澳大利亚为37.40%，日本为51.00%，英国为46.80%，而美国在2008年，其个人所得税占联邦税的税收比重则高达59%（见表2）是名副其实的第一大税种。在该年鉴列举的一些发展中国家中，韩国为13.97%，菲律宾为10.5%，泰国、印度、印度尼西亚的比重也在10%以上。总之，93个发展中国家，个人所得税占税收总收入的比重平均值为10.92%，21个工业化国家平均值为29.04%。由此可见，我国个人所得税收入占税收总收入的比重，大大低于发达国家，也低于绝大多数发展中国家。虽然个人所得税收入增长迅速，但是，其占我国税收收入总额的比重，相对却是增长缓慢的。个人所得税在全国各税种中，仍只是一个小税种，其税收份额远远小于增值税、营业税、企业所得税。这种状况与我国经济发展的实际水平和市场化程度是不相称的。这说明，个人所得税在中国的收入地位仍很薄弱，有待于进一步提高。造成个人所得税收入比重较小的原因是多方面：

第一，我国人均收入水平不高，税基相对较窄。就纳税人来说，目前中国个人所得税的纳税人主要来自城镇居民，纳税人占全国人口的百分比较少；就纳税人的收入来源来说，主要是工资性收入，而中国长期以来一直实行低工资制度，高收入人群出现不久，高收入人群在所有纳税人中比例较低，工薪收入仍然在个人所得税的所有征税项目中居主角地位，这些，必然导致个人所得税总体收入水平较低。随着市场经济的深入发展，这种情况开始逐步好转，但是在短时期内根本改善上述情况难度很大。

第二，个人所得收入难以做到充分有效的监控，个人所得税款流失较为严重。一是由于个人所得税属于个人自身支付的税种，税负不能转嫁，纳税人缴纳税款直接导致其收入减少，个人主动纳税的积极性不高。二是现行税收法规

对偷税处罚的力度较小。与个人利益相比，偷税、漏税的成本相对较低，导致一些人不惜以身试法。三是税收宣传的深度不够，依法诚信纳税的意识在许多人心中并没有真正树立起来。依法纳税光荣、偷税可耻的内在含义，并没有被纳税人真正理解。四是随着市场经济的进一步发展，居民收入水平不断提高，个人收入来源渠道增多，收入结构日趋复杂，纳税人的一些隐形收入、灰色收入，税务机关难以监控，造成个人所得税实际税源不实。五是我国商品劳务交换中存在大量的现金交易，个人所得的渠道和方式不规范，为偷漏税提供了一定的便利条件。六是对一些个人所得税代扣代缴单位没有依法履行代扣代缴职责者，尚无根治之法。

表 1　　1994 年至 2009 年个人所得税税收收入占年税收总收入的比重

收入单位：亿元

年份	个人所得税收入	税收总收入	个人所得税收入占税收总收入的比重（%）
1994	72.67	5070.79	1.4
1995	131.49	5973.75	2.2
1996	193.19	7050.61	2.7
1997	259.93	8225.51	3.2
1998	338.65	9092.99	3.7
1999	414.31	10314.98	4.0
2000	660.37	12661.41	5.2
2001	996.02	14910.67	6.6
2002	1211.07	16633.02	7.3
2003	1417.33	19991.79	7.1
2004	1737.10	25718.00	6.8
2005	2093.12	30865.83	6.8
2006	2452.32	37636.27	6.5
2007	3184.98	49449.29	6.4
2008	3722.00	54219.00	6.8
2009	3944.00	63104.00	6.3

资料来源：国家税务总局计划统计司。

表 2　**2009 年主要发达国家个人所得税占税收收入的比重**

国别（或地区）	个人所得税收入占税收总收入的比重（%）	社会保险税收入占税收总收入的比重（%）	广义个人所得税收入占税收总收入的比重（%）
英　国	29.0	17.8	46.8
美　国	36.5	22.5	59.0
德　国	24.5	25.3	49.8
加拿大	36.3	14.3	50.6
日　本	18.5	32.5	51.0
澳大利亚	37.4	0.0	37.4
意大利	25.6	25.8	51.4
瑞　士	35.6	21.4	57.0
西班牙	18.9	29.5	48.4
新西兰	40.7	0.0	40.7
葡萄牙	15.4	30.4	45.8
挪　威	20.7	18.7	39.4
法　国	17.5	34.3	51.8
欧盟平均	25.1	25.4	50.5

注：广义个人所得税收入是指个人所得税收入和社会保险税收入之和。

资料来源：OECD，2009 年税收指南。

（二）个人所得税对个人收入分配的调节力度仍需加强

在现代税制体系中，对个人收入起调节作用的税种，主要有个人所得税、消费税、财产税以及遗产与赠与税等。个人所得税作为收入分配中的最终环节——个人所得环节，针对个人征收。其采用累进税率，最能体现对高收入者多征税、对低收入者少征税的税收普遍、公平的原则，从而也使其成为各国政府公平收入分配的主要工具。在西方发达国家，个人所得税已经被认为是最重要的公平收入分配的主体税种之一，并且个人所得税的收入来源也主要是面向富裕家庭征收。以美国为例，其 5% 的高收入纳税人，贡献了将近 50% 的联邦所得税，从而形成了比较完美的“倒金字塔”的税收负担结构。而中国由于市场经济尚不成熟、税制建设相对滞后和税收征管手段相对落后等诸多因素的影响，目前个人所得税应具有的调节收入分配的功能，远未能得到充分的发挥。据统计，在中国目前情况下，国民的储蓄存款中工薪阶层的储蓄存款只占13%，其中87%的存款属于富裕阶层。但是在个人所得税中，中低收入阶层缴纳个人所得税的税额，却占税收总额的65%以上，高收入者的纳税额只占税收总额的30%左右。按照正常情况讲，掌握社会较多财富的人，理所当然应当成为个人所得税的主要纳税人。但是中国缴纳个人所得税的主力，却是依靠工资薪金生活的工薪阶层，这不得不引起各相关部门的高度重视。另据人力资源和社会保障部2008年的最新数据显示，目前中国10%的最高收入户与10%的最低收入户人均收入相差20多倍。少数金融国有企业高管的年薪水平是社会平均工资的100多倍。更有甚者，个别企业高管的天价薪酬，竟然达到社会平均工资的2000多倍。中国2001年至2007年的基尼系数，分别为0.49、0.454、0.458、0.47、0.46和0.48[①]。可见，社会贫富差距进一步拉大，中国已经跨入“很不平等”的国家行列，由此引起的社会问题日益凸显。为此，温家宝总理在2010年4月发表的文章中明确指出，我国收入分配严重失衡是多种原因造成的，但值得注意的是，虽然不能过分夸大个人所得税对个人收入的调节功能，但是个人所得税作为再分配制度的重要组成部分，在现实社会收入差距日益扩大的情况下，其应有的调节社会分配的作用并未得到充分发挥。分析我国收入分配差距不断扩大的现状，从税收政策和税收征管上来讲，应当与以下原因有一定的关联：

一是现在采用的个人所得税分类税制模式尚需完善。现阶段中国所得税制，将个人的全部所得按应税项目分类，对不同性质的所得设计不同的税率和费用扣除标准，用以分项确定适用税率，分项计算税款。这种模式虽然有利于控制税源，减少汇算清缴，节省征收成本，但在发挥调节个人高收入的作用上却有待商榷。特别是随着市场经济的发展，个人收入构成已发生巨大变化的情况下。继续实行分类税制必然出现取得多种收入的人，多次扣除费用、分别适用较低税率的情况，使个人所得税对高收入者的调节作用不能充分发挥出来。造成所得来源多、综合收入高的纳税人少纳税，所得来源少的、收入相对集中的纳税人却要多纳税的现象，难以体现公平合理。

二是税率结构和费用扣除方式需要进一步加以研究。我国现阶段对工薪所得实行5%—45%的九级超额累进税制。这种税率结构设计对工资薪金所得来

① 安体富、任强：“税收在收入分配中的功能与机制研究”，《税务研究》2007年第1期。

说，级距过多，达到九级，边际税率过高。同时由于每个纳税人家庭的总收入，抚养亲属的人数以及用于住房、教育、医疗、保险等方面的支出存在着较大的差异，规定所有纳税人均从所得中扣除相同数额或相同比率的费用，不能真正体现量能负担原则，其纵向公平性难以充分体现，实质上也可能造成税负不公。目前，中国个人收入差距日益拉大、贫富分化差距日益严重、社会矛盾加剧的情况下，充分运用税收政策来调节社会收入的再分配、缩小贫富差距，缓解社会矛盾，就显得更加重要。

（三）个人所得税征管存在的问题

1. 税源隐蔽，申报不实，难以监控。美国联邦税法规定，任何美国公民、合法居民、拥有社会安全保障卡号的暂住居民，都要申报纳税。暂时的旅行者、学生也要向美国移民局领取临时报税卡号进行申报，不考虑个人所得的多寡和所得取得的渠道，均统一自行申报。纳税申报已经成为其公民的神圣义务。而我国现阶段的个人所得税是以代扣代缴义务人的纳税申报为主，只有年收入在12万元以上的个人，才需要自行申报。在个人所得税缴纳过程中，申报不真实、甚至瞒报和不报等现象时有发生。特别是对所得来源渠道较多的个人，对每项收入都能做到代扣代缴难以实行，存在着一些逃税和避税的漏洞，造成税收流失。从目前征收实践看，只有工薪所得的代扣代缴情况较好，管理也较到位。

2. 税务机关对高收入行业的个人所得税征管信息掌握不全。虽然各个行业包括税务机关的管理，都日趋标准化、电子化。各个行业间的信息传递，也大多通过网络传输。但是这种信息传递，大部分都是行业内部纵向的，而各个行业之间横向的信息传递，还很不够，许多人多渠道取得的个人收入，税务机关难以掌握。

三、部分发达国家完善个人所得税政策的借鉴

20世纪90年代以来，经济全球化迅速发展，各国经济交流日益密切，世界主要国家为提高本国经济竞争力、吸引外来人才，采取了不断降低税率和鼓励引进人才的一系列税收优惠措施，以提高本国对人才的吸引力。但是，在近期欧洲债务危机爆发后，欧洲五国为了化解财政收入减少的危机，缓和本国社会矛盾，推动经济尽快复苏，纷纷改变以往为吸引人才而采取以减税为主的税收措施，一方面提高高收入者的税收负担，另一方面减轻低收入者的税收负担，以增加税收收入，充分发挥个人所得税在调节个人收入差异方面的作用。

英国、法国、德国也相应推出了税收改革措施，下面将一些国家在个人所得税上的增税措施及征管经验作一介绍。

（一）增税措施

1. 希腊。希腊是爆发债务危机较早的国家。为了有效解决危机，缓解本国日益增长的矛盾，在税收政策上，希腊采取了一系列的个人所得税改革措施。主要包括：一是提高高收入者的个人所得税税率。对年收入在10万欧元以上的最高边际税率，由40%提高到45%。二是减轻低收入者的税收负担。对年收入少于1.2万欧元的纳税人，给予免税的税收优惠。对年收入在1.2万欧元至1.6万欧元部分的个人所得税税率，由24%降为18%。

2. 爱尔兰。爱尔兰在税收政策上，主要采取提高高收入者的税收负担、增加税收收入的政策。主要包括：一是提高每周所得的个人所得税税率。对纳税人取得的每周所得小于1925欧元部分，所得税税率提高1个百分点。对纳税人取得的每周所得超过1925欧元部分，则提高2个百分点。二是提高资本利得税税率。将资本利得税税率，从现在的20%提高到22%。三是准备开征住所税。对于既非爱尔兰税收居民又非常住居民、但拥有爱尔兰国籍或在爱尔兰拥有住所、且其世界范围内所得超过100万欧元、同时位于爱尔兰的资产超过500万欧元的个人，每年征收20万欧元的住所税。

3. 西班牙。在税收政策方面，西班牙将重点放在了高收入者高税收负担的税收政策，主要是向富人征税。纳税人仅限于亿万富翁，绝大多数的西班牙人排除在外。

4. 葡萄牙。2010年5月，葡萄牙宣布提高个人所得税税率：对个人薪金在一定数额之内的，额外征收1%的个人所得税，超过这一数额的，则征收1.5%的所得税。

5. 德国。德国政府在个人所得税政策上采取了逐步对所有的金融交易征税，并取消一些税收优惠的政策措施。

6. 法国。为了应对国际金融危机，法国采取了有力的经济刺激措施，提高富人的税负，将对富人征收的个人所得税和资本利得税，提高1个百分点。

7. 日本。近年来日本经济持续低迷，为了促使经济走出低谷，日本实施了经济刺激政策。其税收改革方案是提高消费税税率和个人所得税税率。

（二）征管措施

在执行增税政策的同时，许多国家开始把“加强征管、防止逃税”作为增加财政收入的重要措施。比如，希腊、西班牙在提高税率、开征新税的同时，还有针对性地出台一些加强税收征管的措施；意大利由于顾虑增税对经济的负面影响，甚至把政策调整的重点放在了堵塞征管漏洞上。这说明，尽管西方发达国家的税收制度比较健全，征管措施比较完备，但是作为征税对立面的逃税漏税，各国仍然是通过各种手段来加强税收征管，提高征管效率，以减少税收流失。纵观各国加强税收征管的措施手段，主要包括几个方面：一是加强政府与纳税人之间的沟通。通过沟通增进政府与纳税人之间的互信与合作，提高纳税遵从度，从而提高税收征管的效率。二是注重运用信息化手段。充分利用计算机网络技术，推广实行网上办税。三是注重限制现金交易。现金交易容易导致税款流失，不少国家对达到一定金额以上的交易，强调必须通过支票、信用卡等银行转账手段，以实现对交易过程的控制。

1. 希腊。希腊针对偷逃税严重的现象，加大税收征管力度：一是要求雇员和领取养老金的退休人员，提供取得的货物和劳务清单，防止偷逃税款；二是加大处罚措施，对偷逃税款的纳税人，处以从关闭商店到没收财产不等的处罚；三是对交易额超过 1500 欧元者，不允许用现金，而必须通过银行支票或信用卡支付。鼓励举报偷逃税款行为，对举报获得的奖金免税。

2. 西班牙。在税收政策方面，西班牙将重点放在了加强税收征管以增加税收收入。在完善税收管理制度方面，开始着手建立一套完备的现代税收管理制度。其进一步增强网络安全，扩大网上办税范围，以加强政府和纳税人之间的互信与合作。

3. 意大利。其加强税收征管的主要措施包括：一是遏制地下经济的发展。对超过 5000 欧元的交易，必须使用信用卡、支票和其他可追踪的工具作为支付手段；二是加大对虚假申报的打击力度，重点打击骗取残疾人税收优惠的行为（意大利每年给 270 万残疾人申报者提供的补贴达 160 亿欧元）；三是注重密切国家和公民之间的关系，通过信息交换、计算机化等措施，使地方税务机关与纳税人的关系更简化和透明；四是加强税务机构建设，增加税务所的数量，实现每 25 千米范围内有 1 个税务所的目标。

四、完善个人所得税制改革的建议

党的十七届五中全会审议通过的《中共中央关于制定国民经济和社会发展第十二个五年规划的建议》，从全局和战略的高度，对“十二五”时期加快财税体制改革提出了明确要求。在个人所得税上，要求充分发挥税收调节收入分配的作用，实施个人所得税改革，逐步建立健全综合和分类相结合的个人所得税制度，加大对高收入者的调节力度。为此，借鉴发达国家的先进经验，建议从以下几方面完善我国个人所得税制，使其顺应市场经济的发展。

（一）充分发挥个人所得税组织财政收入的职能，使其成为我国的主体税种

个人所得税之所以日益受到政府与民众的广泛关注，主要是因为随着市场经济的逐步发展，个人所得税收入规模增长之快，超过了其他任何税种，个人所得税的增收能力已经使其成为许多地方政府期望最高的税种，个人所得税只有发挥好积聚财政收入的职能，才能较好地发挥其调节分配的作用。在挖掘个人所得税的潜在收入能力，更多地筹集财政收入方面的措施：首先，必须在税收制度上下手，调整并完善现有税制结构。国家税务总局在《2010 年全国税收工作要点》中提出："在完善个人所得税的税收制度上，要研究实行综合与分类相结合的个人所得税制"。借鉴各国的成功经验，在个人所得税管理上，就应当实行综合与分类相结合的个人所得税制；其次，扩大税基，扩大个人所得税征税范围，将个人取得的各项所得全部涵盖进个人所得税的征税范围。

（二）进一步加强对高收入者重点管理，充分发挥税收调节作用

在加强个人所得税组织财政收入功能的同时，进一步重视其对个人收入差距的调节功能。19 世纪下半叶，作为西方财税理论集大成者的瓦格纳，在其所著的《财政学》一书中指出："国家税收不应以满足财政需要为唯一目的，而应运用政府权力，解决社会问题。"在其提出的税收原则中，他主张国家通过征税矫正社会财富分配不均、贫富分化两级化的流弊，从而缓和阶级矛盾，达到以税收政策实现社会改革的目的。我国在充分发挥个人所得税的调节作用时，应当重视加强对高收入人群的个税征管。一是在重视对高收入者代扣代缴工薪收入的同时，进一步重视高收入者其他收入来源项目如财产转让所得、利息、股息、红利所得；二是重视对规模较大的个人独资企业、合伙企业和个体工商户的生产、经营所得管理；三是对一些收入来源渠道较多的社会知名人士，演员等，要重视摸清其主要所得来源渠道等，重点检查其劳务报酬所得；四是在加强对年所得 12 万元以上纳税人自行纳税申报管理同时，加强与工商、银行、资产管理部门的合作，防止避税和逃税。同时，进一步提高税前扣除额，减少税收级差，降低第一至第三级的税率。为避免个人收入的过分悬殊，缩小贫富差距，缓和社会矛盾，做出努力。

（三）进一步加强征管

1. 进一步健全个人收入申报制度。可参照美国和澳大利亚等国家的做法，

建立有效的个人收入监控机制，实行“个人经济身份证”制度，即达到法定年龄的公民必须到政府机关领取身份证，此身份证件也是每个人的纳税身份号码，终身不变。并且，通过和银行在全国范围内联网存储，使每个人的收入及支出信息均在此号码下，将该个人的每一笔收入都置于税务部门的直接监控之下。

2. 完善个税征管的配套制度。健全和完善征管配套措施。一是建立个人财产实名制和个人财产登记制度。个人财产实名制包括个人银行存款实名制、个人证券资金实名制、个人保险资金账户实名制、个人车辆产权实名制、个人房地产实名制等，根据个人财产的积累水平确定其是否有偷逃税款的行为。二是加强现金管理。大力推进居民信用卡或支票结算制度。三是落实与社会各部门配合的协税制度，构建协税护税网络。重点加强与工商、银行、海关、公安文化、建设、外汇管理等部门的联系和合作，实现信息资源共享。

3. 大力强化代扣代缴工作。对一些应当由扣缴义务人代扣代缴的个人所得税，扣缴义务人没有及时履行的，不仅要对纳税人进行处罚，也要对扣缴义务人进行处罚，在社会上形成自觉纳税的良好氛围。

4. 加大对偷漏个人所得税行为的处罚力度。一是从经济上和法律上，加大对偷漏个人所得税打击力度，加大其逃税成本和风险。对一些情节严重、数额巨大的偷税漏税行为，除经济上给予处罚外，还应给予相应的刑事制裁。二是增加逃税者的精神代价。在依法查处的同时对一些重大的事件公开曝光，使其不仅在经济上倾家荡产，在社会上也应身败名裂。三是加大税务检查力度，对一些重点行业、高收入者，特别是那些曾经有纳税不良记录者，加大检查力度。四是对渎职的税务机关的工作人员，要进行责任追究。

5. 加大税法的宣传、辅导和培训的力度。一是加大税法宣传力度，注重税法宣传效果，逐步提高全民纳税意识。二是在对纳税人加大税法的宣传、辅导和培训力度的同时，还应重视加大对扣缴义务人的培训力度，特别是重视高收入重点行业扣缴义务人的培训工作，使纳税意识深入人心。

参考文献

1. 项怀诚：《个人所得税调节谁》，经济科学出版社1998年版。

2. 杨宜勇：《公平与效率——当代中国的收入分配问题》，今日中国出版社1997年版。

3. 沈玉平：《所得税调节作用与政策选择》，中国税务出版社1999年版。

4. 董树奎：“对我国个人所得税现状的分析”，《税务研究》2002年第11期。

5. 刘丽坚："税收调节个人收入分配的现状"，《税务研究》2002 年第 3 期。

6. 张正军：《个人所得税实务全书》，北京大学出版社 2005 年版。

7. 郭洪荣等：《个人所得税法规指南》，中国税务出版社 2005 年版。

8. 黄立新、张旋："欧洲债务危机对世界税制改革趋势的影响"，国家税务总局税收科学研究所：《研究报告》2010 年第 25 期。

9. 吴云飞：《我国个人收入分配税收调控研究》，复旦大学出版社 2009 年版。

10. 李政等：《最新税收政策与辅导》，中国税务出版社 2008 年版。

11. 福州市国家税务局：《台湾税收概览》，福建人民出版社 2009 年版。

（作者单位：国家税务总局税收科学研究所）

黑龙江省大项目投资税收经济效益分析报告

梁 平 曹洪臣

一、2001 年至 2008 年黑龙江大项目建设的基本情况

（一）投资总量调查情况

随着我国改革开放和经济市场化程度的提高，企业自主投资审批权下放和取消，政府投资管理部门很难具体掌握经营性投资的变动和效益实现情况，给政府宏观决策增加了难度。为此，黑龙江省国税部门利用税源日常监控的信息资源优势，与各级政府发改委协调，在取得投资计划资料的基础上，对企业逐户进行了调查、核对，取得了全省经营性投资的第一手资料。

这次调查的范围是全省“十五”期间及“十一五”前三年建成投产（包括单项投产的）的总投资在 1000 万元以上的企业投资项目。大项目包括两大类：一类是基础设施投资和社会公益类投资，一般以政府为主导或由政府协调有关单位进行的投资；另一类是生产、流通、服务等经营性大项目，一般是在政府的规划区内或企业经营区内由企业等有关各方进行的自主投资，具有投资自主性强、投资多元化的特点。纳入调查的企业投资是指由国税部门负责征收管理的纳税企业。投资来源包括国家、省级政府投资和企业投资等。

这次完成调查的大项目投资共 1583 项，总投资 1651. 8 亿元。其中，“十五”期间建成投产的 893 项，总投资 657. 3 亿元。“十一五”期间前三年，大

项目投资 690 项，总投资 994.6 亿元。投资总额比“十五”增加了 51.3%。体现黑龙江省近年来重点项目投资步伐明显加快，投资总量不断扩大。

（二）分地区投资构成情况

纳入本次调查的投资项目中，以市区和所辖县域为调查范围，大庆市 725 项，总投资 563 亿元，居全省之首，占投资总额的 34.08%；哈尔滨市 207 项，总投资 303.6 亿元，居全省第二位，占投资总额的 18.4%；双鸭山市 47 项，以总投资 231.5 亿元居全省第三位，占投资总额的 14%；齐齐哈尔市 76 项，总投资 199 亿元，占投资总额的 12%；牡丹江市 68 项，总投资 23.6 亿元；佳木斯市 31 项，总投资 54.6 亿元；鸡西市 13 项，总投资 29.5 亿元；伊春市 45 项，总投资 53 亿元；七台河市 34 项，总投资 97.6 亿元；鹤岗市 84 项，总投资 31.7 亿元；黑河市 161 项，总投资 36.1 亿元；绥化市 77 项，总投资 19.2 亿元；大兴安岭地区 16 项，总投资 9.6 亿元。

（三）投资来源构成情况

按照投资来源的级次划分，中央投资项目 277.7 亿元，占总投资的 16.8%；地方项目 1374.1 亿元，占总投资的 83.2%。说明黑龙江省近 8 年来的投资增长主要靠地方自筹拉动。按投资来源的经济类型划分：国有投资 939.6 亿元，占投资总额的 56.9%；民间投资 591.1 亿元，占投资总额的 35.8%；外商投资项目 121.1 亿元，占地方自筹的 7.3%。反映出黑龙江省大项目投资主要靠国有企业拉动，但与“十五”初期相比，比重由 2001 年的 71.7%，下降到目前的 57%；民间投资由 2001 年的 26.3%，增加到目前的 35.8%；外商投资比重则由 2001 年的 2% 上升到目前的 7%（表 1）。

表 1　黑龙江省重点项目投资来源情况表　单位：万元

年度	项目数（个）	投资额	按隶属关系		按经济类型		
			中央项目	地方项目	国有	民间	外商
2001	113	813349	58679	754670	583741	213905	15703
2002	107	847234	129344	717890	440650	402882	3702
2003	183	1056228	243850	812378	587535	458500	10193
2004	228	1779966	451833	1328133	868122	775486	136358
2005	262	2076072	417662	1658410	1042353	856056	177663
小计	893	6572849	1301368	5271481	3522401	2706829	343619
2006	255	2929289	1058645	1870644	1974146	724410	230733

续表

年度	项目数（个）	投资额	按隶属关系		按经济类型		
			中央项目	地方项目	国 有	民 间	外 商
2007	265	2702816	172698	2530118	1253308	1169904	279604
2008	170	4313632	244715	4068917	2646616	1309521	357495
小计	690	9945737	1476058	8469679	5874070	3203835	867832
合计	1583	16518586	2777426	13741160	9396471	5910664	1211451

资料来源：全省各市地发改委及各市地国家税务局核实后的调查数据。

二、对 2001 年至 2008 年黑龙江大项目投资的总体评价

（一）大项目投资对我省经济增长的拉动作用明显

2001—2007 年，通过对投产达效的重点项目测算（以 2005 年当年全省重点税源增值税税负率测算），全省大项目投资企业自身实现的收入额为 892 亿元，全省同期第二产业地区生产总值增加额为 1963. 9 亿元，大项目贡献的收入占 45. 4%，占全省同期地区生产总值增加额的 22%。说明黑龙江省在拉动经济增长的“三驾马车”中（投资、消费、出口），大项目投资对拉动经济增长起着主导作用，有效降低了国际金融危机的不利影响，使全省经济继续保持平稳较快发展。由此可见，在目前国际金融危机发展尚不明朗的情况下，经济增长的不确定因素依然存在，全力以赴推进大项目建设仍然是我们应对金融危机、全力保增长促发展的重要手段。

（二）大项目投资符合黑龙江省产业投资方向

在被调查的投资总量中，用于全省主要龙头产业的投资为 1392. 5 亿元，占总投资额的 84. 3%。其中，能源工业投资比重最大，共完成投资 848. 8 亿元，占总投资的 51. 4%；其次是食品工业，共完成投资 214 亿元，占总投资的 13%；石化工业完成投资 170. 9 亿元，占总投资的 10. 3%；装备制造业投资 120. 3 亿元，占被调查总额的 7. 3%；医药工业 17 亿元，占 1%；林木加工业 21. 5 亿元，占 1. 3%。其他产业 259. 4 亿元，占 15. 7%（表 2）。

黑龙江省“十五”计划纲要提出的产业化发展目标，是重点发展装备、石化、食品、医药、建材产业。2007 年，中共黑龙江省委十届二次全会又确定了黑龙江省加快新型工业化进程的战略目标，是发展壮大装备、石化、能源、食品四个支柱产业。调查结果显示，黑龙江省大项目投资去向符合本省经

济发展战略要求。

表 2　　分产业投资情况调查统计表　　单位：万元

年度	项目数（个）	投资额	全省六大龙头产业						其他产业
			装备	石化	能源	食品	医药	林木加工	
2001	113	813349	27476	44337	513201	168253	7919	3000	49163
2002	107	847234	17420	103061	369907	239534	21207	8068	88037
2003	183	1056228	138179	84515	398473	249221	31723	19757	134360
2004	228	1779966	54936	348148	511107	309700	14959	51893	488863
2005	262	2076072	72772	303501	936195	253337	23550	44814	441903
小计	893	6572849	310783	883562	2728883	1220045	99358	127532	1202326
2006	255	2929289	202414	349968	1462788	357265	49612	18273	488969
2007	265	2702816	381468	210120	1302406	334660	16638	41201	416323
2008	170	4313632	310421	265641	2990411	228628	115307	28973	402140
小计	690	9945737	894303	825729	5755605	920553	70668	87847	1498032
合计	1583	16518586	1205086	1709291	8488341	2140597	170026	215379	2593809

资料来源：全省各市地国家税务局调查数据。

（三）大项目投资成为全省国税收入的主要增收因素

2001—2007 年，全省来自大项目投资所形成的“三税”收入总额为 73.7 亿元，同期，全省国税系统“三税”收入增加额（含原涉外税收）为 377.5 亿元，全省国税增加总额为 402.7 亿元。大项目税收占全省“三税”增加额的 19.5%，占全省国税增加总额的 18.3%。可见，大项目投资所增加的税收已成为全省国税增收的主要因素。从部分地区大项目投资实现的税收分析，税收比重呈逐年上升的趋势。如大庆市“十五”期间重点项目实现税收收入 63.5 亿元，占“十五”期间全市国税收入的 4.9%；“十一五”期间重点项目实现税收收入 48.2 亿元，占同期国税收入总额的 3.9%，其中，2007 年占 4.2%。齐齐哈尔市大项目投资企业 2001 年新增增值税 156 万元，占当年实现增值税总额的 4%；2005 年大项目投资新增增值税达到 2428 万元，占当年实现增值税总额的比重上升到 17%；2007 年新增增值税 14051 万元，所占实现增值税比重达到 26%（表 3）。

表 3　　全省大项目投资税收经济效益分析样本统计表　　单位：万元

样本城市	投资额	实现税金			
		增值税	消费税	所得税	合　计
哈尔滨	1193609	53379	3431	44192	101002
齐齐哈尔	1990482	24560		11131	35691
牡丹江	254179	13346	240	748	14334
佳木斯	299594	15645		4301	19946
大庆	171815	210093	18672	131636	360401
双鸭山	339123	32524		482	33006
伊春	309491	69131	65	1906	71102
鹤岗	87655	15262	5928	1256	22446
黑河	172697	13401	25	7778	21204
大兴安岭	48761	928		93	1021
鸡西	249571	25095			25095
绥化	191535	29000	1400	1600	32000
合　计	5308512	502364	29761	205123	737248

资料来源：全省各市地国家税务局调查统计数据。

（四）通过大项目投资提高了企业的竞争力

近年来，全省已竣工投产的重点项目产销量、效益、税收稳步增长，进一步增强了企业市场竞争能力和占有率。如哈尔滨九洲电气股份有限公司在“十五”及“十一五”期间承担了两个重点工程项目：一个项目是电力电子器件的专用功率模块（ASIPM）产业化项目。实际完成投资 6783 万元。项目投产以来，该企业先后为“三峡”输变电工程、“武广”电气化铁路、“天津轻轨”工程、北京首钢、上海宝钢、辽宁鞍钢、大庆油田、吉林油田、大唐公司、天津大港电厂、哈尔滨热电厂、七台河电厂等多项国家重点工程提供配套产品。为企业创造了较好的经济效益，2006 年该项目实现销售收入 3456 万元，实现利润 404 万元，上缴税金 114. 92 万元。2007 年该项目实现销售收入 4145 万元，实现利润 589 万元，上缴税金 254. 17 万元。另一个项目是新型电力电子器件功率产品产业化项目。完成投资 7353 万元。该项目于 2008 年 8 月竣工投产以来，销售前景十分广阔，预计 2008—2010 年该产品可实现销售收入7200万元，预计实现利润1200万元，上缴税金780万元。其中，电力电子器件专用功率模块（ASIPM）的研制成功和应用，不仅在于使用方便，缩小整机体积，更重要的是取消传统连线，提高了系统的可靠性，对节能供电、高质量供电、高性能供电技术的发展，推动我国传统用电设备的更新换代具有划时代意义，增强了我国这一领域在国际市场上的竞争力。

齐齐哈尔一重集团的“大型铸锻钢项目”，计划总投资23.2亿元，项目投产后，一重集团的钢水生产能力将由改造前的年产25万吨增加到50万吨，锻件产量由12万吨增加到24万吨，铸钢件由3万吨增加到6万吨。其生产能力等级将达到“7654”的极端制造目标，一次提供钢水700吨、最大钢锭600吨、最大铸件500吨、最大锻件400吨，核心铸锻造技术20年不落后，产能及等级居世界前列。一重集团铸锻件产量将占世界总量的25%，将扭转我国高端大型铸锻件产品长期依赖进的局面。目前，项目已经基本完成。

大庆石化工业相继建成120万吨加氢裂化、80万吨乙烯、30万吨复合肥、20万吨高压聚乙烯等一批大项目。形成了石化和农产品加工、纺织、新材料、机械制造、电子信息“1+5”的接续产业发展格局。提高了油城整体竞争实力。

伊春西林钢铁集团有限公司转制后始终把“大投入大发展”作为增强企业活力和市场竞争能力的一条重要经营理念，“十五”规划以来共建成投产新建、扩建、改建项目10个，累计投资11.39亿元，全部为自筹资金，投产后，实现利润4.36亿元，实现税收7.73亿元。通过新建、改建、扩建等项目建设投产，企业产能已达到200万吨，比技改前增加了162万吨，钢材在黑龙江市场占有率由原来的40%上升到60%。

（五）全球性金融危机对大项目投资产生一定影响

受国际金融危机的影响，全国经济面临的形势比较严峻，对黑龙江省经济发展也带来不利影响。原油、煤炭价格下跌后直接危及黑龙江省资源产业。原油价格由2008年最高点的147美元/桶，一路跌至50美元/桶。如果原油价格保持在40—50美元/桶，2009年将减少大庆石油工业增加值500亿—600亿元。2008年10月份，全国钢材平均销售价格比6月份下降了2600元/吨，降幅超过30%。由此波及全国煤炭价格下降，10份华东精煤下降300元/吨，黑龙江地方精煤下降400元/吨，每月降低20.66万吨，使全省煤炭产业由供不应求到供大于求。焦化企业每产出一吨焦炭亏损约400—500元，致使黑龙江省东部地区煤焦产业处于全线亏损的局面。另外，其他矿产品国际价格下降对黑龙江省其他矿产企业也带来不利影响。如黑河市总投资4.8亿元的工业硅生产项目。因硅价由年初的18000元/吨下降到目前13500元/吨，接近成本价，企业八台生产炉已被迫停产六台，80%的工人已经放假。

在国际市场不稳定的严峻形势面前，企业投资信心受挫，很多大项目被迫缓建。企业入驻工业园区需要大量资金进行基础厂房及生产线的建设中，资金相对紧张，企业经营发展面临重重困难。

（六）重点项目建设运行质量有待提高

由企业自筹资金投资的大项目，因与企业发展命运攸关，事先均进行了缜密论证，从整体上看，都能基本达到预期效益。但由于市场的不确定性，对当地经营场地、资源供应、产业链条、劳动资料及生产力等情况考虑不周，部分大项目投资也存在盲目上马问题。如佳木斯市引资的乌苏里药业于2003年10月投产，2004年生产双黄连水针14000万支，由于市场需求减少，销量急剧下滑，当年库存产品积压5210万支，日产量也由原来的120万支下降为30万支，没有实现税金。这与立项时所预计的每年实现税金1000万元税金相比，有着极大的差距。大兴安岭呼玛县东宝硅镁冶炼有限公司2003年开始建厂，用硅矿石生产金属硅，2004年5月投产后因原料供应不上，只生产一个月即停产，2004年8月恢复生产后又因国内工业硅价格下滑而严重亏损，目前已停产。孙吴桦顺渊侧木制品有限公司茶条槭茶开发项目，因企业上项目时没认真进行市场购买情况调查，产品无销路，结果导致投产即停产。

三、主要经济区投资情况调查

在2008年年底召开的黑龙江省委经济工作会议上，省委提出了着力建设“八大经济区”的目标。“八大经济区”主要是指哈大齐工业走廊建设区、东部煤电化基地建设区、东北亚经济贸易开发区、大小兴安岭生态功能保护区、松嫩和三江平原农业综合开发试验区、北国风光特色旅游开发区、哈牡绥东对俄贸易加工区、高新科技产业集中开发区。近年来，黑龙江省八大经济区项目投资力度明显加大，有效地促进了黑龙江省区域经济的协调发展。为此，我们选择与国税收入影响较大的四个经济区进行了重点调查。

（一）“哈（尔滨）大（庆）齐（齐哈尔）工业走廊”建设区情况的调查

建设“哈大齐工业走廊”是黑龙江省较早确定的目标。2005年3月，省政府在国务院新闻办举行的新闻发布会上向媒体宣布：黑龙江将倾力打造“哈大齐工业走廊”，同时对外公布了《哈大齐工业走廊建设规划》。“哈大齐工业走廊”是以哈尔滨为龙头，以大庆和齐齐哈尔为区域骨干，包括肇东、安达等市县在内的经济区域。哈尔滨突出高新技术，大庆以石油、天然气和化工产业为主，齐齐哈尔以装备制造为主，而肇东和安达则以农业副产品加工、轻工业等为主。2006 年 2 月，国家科技部批准哈大齐高新技术产业带，为国家级高新技术产业开发带，这是全国第五个国家级高新技术产业开发带（表 4）。

表 4　　哈大齐工业走廊投资情况表　　单位：万元

年度	哈尔滨		大庆		齐齐哈尔		肇东		安达		哈大齐走廊	
	项目数（个）	投资额	项目数（个）	投资额	项目数（个）	投资额	项目数（个）	投资额	项目数（个）	投资额	项目数（个）	投资额
2001	7	22512	56	505959	6	19558	0	0	0	0	69	548029
2002	10	116594	47	230845	2	134442	1	4150	2	20000	62	506031
2003	27	116135	87	313586	4	131269	0	0	5	28000	123	588990
2004	23	418864	120	662480	4	120000	0	0	7	30000	154	1231344
2005	32	458903	115	569220	8	134700	2	11550	8	50000	165	1224373
小计	99	1133008	425	2282090	24	539969	3	15700	22	128000	573	4098767
2006	22	479982	106	517619	9	115728	3	5568	0	0	140	1118897
2007	24	254136	124	674266	14	50672	3	46564	5	32000	170	1057638
2008	37	489575	70	2157448	7	12512	0	0	3	30000	117	2689535
小计	83	1223693	300	3349333	30	178912	6	52194	8	62000	427	4866132
合计	182	2356701	725	5631423	54	718881	9	67894	30	190000	1000	8964837

资料来源：全省各市地国家税务局调查数据。

本次调查取得的数据表明，“哈大齐工业走廊”是全省四大区域板块中投资最多的地区，“十五”期间和“十一五”前 3 年，完成投资项目 1000 个，占全省调查项目总数的 63.17%；投资额 896.5 亿元，占全省调查投资总额的 54.3%。“哈大齐工业走廊”从 2005 年开工建设到 2008 年 9 月份，投产项目 592 项，投资额 609 亿元，占全省同期调查投资总额的 36.9%。2001 年以来，哈、大、齐三市大项目实现的税金 49.7 亿元，占全省大项目实现税金总额的 67.4%。

1. 哈尔滨市投资情况调查。在哈、大、齐工业建设规划中，哈尔滨段的规划方案是建设江北工业新区、平房工业新区、群力新区、太平空港经济区和香坊工业新区五大新区。规划总面积为 251.68 千米，重点发展以高新技术产业为主导的汽车、航空航天、机电、绿色食品、现代医药工业、环保产业、信息产业和现代物流业。自 2005 年 9 月启动建设以来，"工业走廊"哈尔滨段各园区已完成面积 40 平方千米的项目区建设，入区企业达到 313 个，协议投资总额 666.9 亿元，已完成投资 223.8 亿元。从 2008 年起，"哈大齐工业走廊"建设实施重点突破计划，哈尔滨段江北工业新区的呼兰河新型工业园区，被确定为核心示范园区。该园区是哈尔滨主城区外缘最具活力和开发潜力的区域。同时，"哈大齐工业走廊"哈尔滨段利用哈尔滨市获批为生物产业和民用航空两个国家高技术产业基地的契机，在区内重点将生物产业和民用航空产业培育成具有绝对竞争优势、在国际分工中具有重要地位的产业，打造以技术研发和创新为领航的高新技术产业增长极。本次调查五个新区及关联产业投资项目 182 项，总投资 235.7 亿元，占走廊建设总投资的 26.3%。其中装备行业投资 37.2 亿元，能源行业投资 65.9 亿元，食品行业投资 35.7 亿元，医药行业投资 8.5 亿元。木材加工行业投资 7.2 亿元。其他行业投资 81.2 亿元。从投资项目和投资总量看，能源、装备、食品行业排在前三位。哈飞工业集团年产 50 架某型直升机生产线，已于 2007 年开工建设，计划投资 18.6 亿元，预计 2012 年完工，现已完成投资 12.8 亿元；东北轻合金有限责任公司超大规格特种铝合金板项目，从 2003 年开始建设，计划总投资 50.9 亿元，预计 2011 年投产，现已完成投资 7.6 亿元；哈尔滨九洲电气股份有限公司电力电子器件专用功率模块产业化项目，是国家高技术产业项目，2003 年 6 月开工，2005 年年底竣工，总投资 7835 万元。2006 年该项目实现销售收入 3456 万元，实现利润 404 万元，上缴税金 115 万元；2007 年实现销售收入 4145 万元，实现利润 589 万元，上缴税金 254 万元，作为多项国家重点工程的配套产品，发展前景十分广阔。该公司模块产业化项目于 2005 年 9 月开工至 2008 年 8 月竣工，完成投资 7353 万元。项目投产后预计每年可实现利润 400 万元，上缴税金 260 万元。

2. 大庆市投资情况调查。在工业走廊规划中，大庆市规划面积达 340.9 平方千米，摆放项目区 14 个，居各市之首。"十五"时期以来，大庆市是全省重点投资项目最多、投资增速最快地区，投资项目数725个，投资额563.1亿元，分别占经济区总量的72.5%和62.8%。该市作为因油而兴城市，自2001年以来，能源、石化工业投资499.5亿元，占总投资的88.7%。石化工业相继建成120万吨加氢裂化、80万吨乙烯、30万吨复合肥、20万吨高压聚乙烯等一批大项目。其中，大庆石化公司年产48万吨化肥装置扩能改造工程，自2003年开工建设，2005年底投产，完成投资4.5亿元，2006年当年新增“两税”1.2亿元，2007年累计增加“两税”4.1亿元，入库企业所得税1.5亿元；大庆炼化分公司30万吨聚丙烯工程于2005年8月竣工，完成投资10.8亿元，2006年和2007年，已分别实现利润3.16亿元和2.87亿元，2008年1—9月实现利润2.55亿元，累计上缴税金2.24亿元；蓝星石油有限公司2005年8月新上年产50万吨催化裂解（DCC）联合装置，于2006年10月投料运行，总投资6.5亿元，累计上缴增值税3029万元，按照先征后返政策，由政府全面返还给企业；属于能源项目的新华发电有限公司330 MW凝式亚临界燃煤机组扩建项目，于2005年年底正式投产，当年实现利润2000万元，以后年度因电力市场供大于求、煤炭价格飙升，2006年以来累计亏损1亿元，截至2008年9月底累计上缴税金3067万元。

3. 齐齐哈尔市投资情况调查。该市位于“哈大齐工业走廊”西北末端，在规划面积为30平方千米的重点园区，建立装备制造工业园、现代农业绿色食品产业园、物流与服务外包园、科技教育园、综合服务园等五个重点产业园区。纳入本次调查的重点项目是2001年以来的建设项目，项目总数为54项，投资总额71.9亿元，约占走廊投资总额的8%。在投资总量构成中，装备工业投资66.8亿元，占该市走廊建设总投资的92.9%，是黑龙江省名副其实的装备制造业基地。2005年以来，围绕装备制造业提升项目集聚能力，一批装备产业大项目相继投产，装备工业投资增长最快，增幅为261%。其主要特点是投资项目集中、规模大。中国第一重型机械（集团）有限责任公司，是全省乃至全国最大的重型装备制造业产业基地。2001年开始实施扩建工程，项目总投资7.2亿元，其中银行贷款0.9亿元，企业自筹资金63700万元。该项目自2003年底形成生产能力，2004年开始投产。其大型水电设备铸锻件年产能由50万千瓦提高到200万千瓦，实现年新增销售收入43185万元，新增利润4736万元。项目投产以来实现增值税3550万元，企业所得税7200万元，其他各税480万元。中国北车集团齐齐哈尔铁路车辆（集团）有限责任公司，被列入2003年东北老工业基地改造国债项目计划（第一批），项目计划总投资2.7亿元，2008年下半年全面投入使用，2009年一季度全面竣工验收。2009年新增收入可实现6500万元，实现新增增值税及所得税收入600万元。齐重数控装备股份有限公司新一代数控高速重型产业化项目，总投资2317万元，其中建筑及安装工程投入2182万元，设备工具购置投入135万元。该项目在2006年完工，2006年11月开始投产。2006年11—12月，实现销售收入2500万元，实现利润185.5万元，实现增值税109.8万元、企业所得税16.5万元和其他各税19万元。该项目在2007年全年，实现销售收入15200万元，实现利润927.7万元，实现增值税648.9万元、企业所得税100.4万元和其他各税69.3万元。

（二）东部煤电化基地建设区投资情况调查

2008年3月，黑龙江省政府出台《黑龙江省东部煤电化基地发展规划》，将牡丹江、佳木斯、鸡西、七台河、双鸭山、鹤岗六市，纳入煤电化基地建设区域，重点发展煤炭、电力、煤化工、新材料工业和其他资源替代产业。在东部六市中，各市既有共同的资源优势，也有明显的产业结构特点。如佳木斯产业结构发展比较均衡，工业发展较快，是粮食高产区、又毗邻俄罗斯，被誉为“四福”宝地，即：全球生态佳地、中国粮食宝地、国际口岸高地、东方旅游度假胜地；双鸭山市矿产资源丰富，是全省唯一兼有大煤田、大森林、大湿地、大界江、大粮仓等“五大”特色资源区；七台河是全国保护性开采的三个稀有煤田之一，也是东北地区唯一的炼焦煤生产基地和全省最大的无烟煤生产基地；鸡西煤田开采历史已逾百年，煤田赋存的炼焦煤大部分具有低内在水分、特低硫和特低磷，是我国特别是东北地区稀缺的炼焦煤资源；牡丹江市有着较为完备的工业基础，而且水资源、风力资源丰富，又处于对俄贸易主通道和桥头堡的位置，发展能源工业和煤化工业的资源优势及区位优势非常突出。东部六市的上述特点决定了在今后经济发展中必将成为全省重要的经济增长区域（表5）。

2001年以来，在东部六市煤电化基地产业项目中，此次调查重点项目投资共212项，投资总额456亿元，分别占全省调查项目总数的13.4%和总量的27.6%。其中“十五”期间，投放重点项目数为92项，总投资为165.8亿元。“十一五”前三年，重点项目增加到120项，投资总额290.2亿元，比“十五”期间增加了75%。反映出黑龙江省煤电化基地建设步伐明显加快。

表5　　省东部煤电化经济区投资情况表　　单位：万元

年度	鸡西		鹤岗		七台河		佳木斯		牡丹江		双鸭山		合 计	
	项目数	投资额	项目数	投资额	项目数	投资额	项目数	投资额	项目数	投资额	项目数	投资额	项目数	投资额
2001		0					1	1856			6	175000	7	176856
2002		0	1	50			1	2000			8	260000	10	262050
2003		0	5	7636			4	12635			8	280000	17	300271
2004		0	10	27028			5	25185	1	1000	5	330000	21	383213
2005	4	53332	21	74893			4	17316	1	20018	7	370000	37	535559
小计	4	53332	37	109607			15	58992	2	20018	34	1415000	92	1657949
2006	6	141116	28	143422	17	658296	4	19020		10770	4	260000	59	1232624
2007		50956	19	63979	9	126000	11	221582	1	81680	5	360000	45	904197
2008	1	45384			8	191967	2	246650	1	1000	4	280000	16	765001
小计	7	237456	47	207401	34	976263	17	487252	2	93450	13	900000	120	2901822
合计	11	290788	84	317008	34	976263	32	546244	4	113468	47	2315000	212	4559771

资料来源：全省各市地国家税务局调查数据。

从投资总量构成上看，双鸭山市2001年以来完成投资额231.5亿元，占全省煤电化基地总投资额的50.8%；七台河市完成投资97.6亿元，占煤电化基地投资总额的21.4%；佳木斯完成投资54.6亿元，鹤岗完成投资31.8亿元，鸡西完成投资29.1亿元，牡丹江市完成投资11.4亿元。分别占总投资额的12%、6.9%、6.3%、2.5%。

从东部六市产业布局分析，电力行业投资96亿元，占投资总额的21%。其煤炭产业投资力度大，该产业投资回报率较高，循环经济有了较快的发展。如在电厂投资中，投资40亿元的双鸭山发电厂三期、投资17亿元的大唐热电联产项目、总投资40亿元（2001年投资10.7亿元）的大唐七台河电厂扩建项目、总投资17.1亿元的华能鹤岗电厂二期、投资7亿元的牡丹江代马沟风力发电项目及其他电厂投资项目等，占煤电化基地总投资的20%。在煤炭产业投资中，焦炭产业投资增幅较大，而且主要集中在2005年以后。2006年至2008年，七台河市焦炭产业投资55亿元，该市焦炭企业由“十五”时期的3家，增加到2008年的13家；产能由2001年的25万吨，发展到2008年的近

450万吨；税收总额由8年前的1000万元，增长到2008年的10亿元。双鸭山市投资7亿元兴建的年产160万吨焦化项目于2004年12月投产，到2007年年底，实现利润9245万元，入库增值税9036万元。东部六市注重循环经济建设，积极发展能源替代产业。七台河市作为国家循环经济试点市，重点推进的煤炭循环经济项目五个，总投资5.2亿元，将煤炭加工成精煤，利用煤矸石和煤泥发电，并从煤气中分离出粗苯和煤焦油，利用电厂粉煤灰发电，基本实现对煤炭资源"吃干榨净"。不仅延伸了煤焦化产业链，而且增加税金2040万元。

（三）对俄贸易加工区及沿边开放带投资情况的调查

2008年12月30日，黑龙江省政府出台了《黑龙江沿边开放带发展规划》，提出了以沿边区域经济发展的龙头，形成"三区"、"三带"、"一岛"互动耦合、相融相联、功能完整的沿边区域经济发展新格局。"三区"是指以绥芬河（东宁）为节点的牡丹江（鸡西）沿边开放区、以同江（抚远）为节点的三江沿边开放区和以黑河（漠河）为节点的兴安沿边开放区。"三带"是指以牡丹江市为中心的哈牡绥东先进制造产业带、以佳木斯市为中心的嫩爱逊重化工载能产业带和以黑河市爱辉区为中心的佳双同抚新兴产业带。"一岛"是指黑瞎子岛。本次调查按照省委经济工作会议上提出的经济区建设目标，分别选取牡丹江、黑河沿边经济区作为样本进行调查分析。

1. 哈牡绥东对俄贸易加工区投资情况调查。在2008年12月召开的黑龙江省委经济工作会议上，将哈、牡、绥东对俄贸易加工区作为全省着力建设的八大经济区之一。目前，该经济区牡丹江区段已全线启动，着力打造以牡丹江市区为中心，以绥芬河、东宁口岸为前沿，以穆棱、林口和宁安、海林为两翼的全省沿边开放先导区。2007年，牡丹江市实现外贸进出口总额76.4亿美元，占全省的44.2%。其中对俄贸易额58.7亿美元，占全省54.7%、全国12.2%，外贸综合竞争力列全国第13位，是东北地区唯一进入前20强的城市。

绥芬河口岸是黑龙江省对俄开放的重要"桥头堡"。三大主要进口商品是原木、化工产品、铁矿砂，其中原木的进口量在整个进口额中占有绝对的比重，2007年进口俄罗斯原木780万立方米，占黑龙江省进口原木总量的78%，占全国进口原木总量的21%。进出口贸易额从1998年的3.4亿美元，发展到2007年的46.3亿美元。国税税收总额也从1998年的4784万元，发展到2007年的5.86亿元。2004年3月，引入战略投资者世茂集团，投资建设中俄绥—

波互市贸易区，一期工程中俄双方投资14亿元，已经投入使用。2010年8月底，黑龙江绥芬河综合保税区已通过国务院联合验收组验收，正式步入封关运营阶段。

2001年以来，东宁县口岸建设加快。共完成木制品家具制造、万吨水产品加工扩建项目、高密度人造板项目、集成材生产线项目、百叶窗生产线建设项目、野生冰红葡萄酒项目、建筑构造用集成材生产线项目、华富风力发电项目、高蛋白生产线建设9个重点项目，投资总额9.2亿元。其中，总投资1000万元的万吨水产品加工扩建项目于2001年投资建设，投资方为东宁宁海水产品有限公司，2003—2007年实现利润727万元，上缴税金145万元。东宁吉信集团与浙江康奈集团联手打造的、总投资20亿元的俄乌苏里斯克经贸合作区已累计完成投资4.25亿元。入驻工业和贸易型企业72户，完成投资8.04亿元。在俄创办了2个工业园区，累计完成投资6.65亿元，入驻企业19个。

位于牡丹江与绥芬河铁路沿线的穆棱市，正全力打造进口木材加工基地。现有木材加工企业300户，2007年，全市林木加工企业实现产值13.6亿元，销售收入11.8亿元，实现税金6700万元。通过国家发展和改革委员会审核批准的省级开发区——穆棱经济开发区现已承载木材加工企业47户。其中投资超亿元以上企业10户，超千万元以上企业22户，已实际到位资金7.23亿元，现年可实现产值11亿元、销售收入10亿元、税金4000多万元，实现进出口总值1300多万美元。

2. 黑河沿边经济开发区。黑河市地处中俄界江黑龙江南岸，与俄罗斯布拉格维申斯克市隔江相望，是国家一类口岸。该市依托丰富的资源优势和便利的对俄贸易通道，积极引导煤矿、金矿、电力、边贸大项目投资。2001年以来，共完成大项目161项、完成总投资36亿元。

在煤炭产业投资上，黑河市逐步加大重点项目投资力度，2001年后投资新建煤矿27家，原有的5家老矿也不同程度的进行了技术改造，完成项目总投资10.8亿元，占全市投资总额的30%。矿业经济的发展，不仅促进了当地经济的繁荣，而且促进了税收收入的稳定增长。2001年征收煤炭行业增值税566万元，煤炭增值税占该市年增值税收入的份额仅为3.32%。2005年煤炭行业增值税累计征收2810万元，煤炭增值税占该市年增值税收入的份额提高到10.95%。2008年1—10月份煤炭行业增值税占该税种年收入的4.9%。

在金矿建设项目中，重点投资了 3 个金矿。2007 年 8 月三道湾子岩金矿正式投产，由省地质矿产勘查开发局与福建天宝矿业集团共同出资组建，探明金矿石保守储量 48 万吨，黄金 4320 千克；年处理矿石能力 10 万吨，开采后发现遇到富矿段，矿石含金量比原勘测时提高 50 倍，当年实现利润 2.24 亿元，2008 年 1 月份交纳企业所得税 6670 万元。

该市电力项目共有 2 项，完成投资 6.5 亿元。投资 1.7 亿元的黑河市热电厂"热电联产"扩建项目于 2005 年年底投产，现运行平稳，2006 年增加税收 491 万元，2007 年增加税收 280 万元。

总投资 1.2 亿的黑河市恒基水泥有限公司"新型干法水泥制造"项目 2005 年底试投产后运行平稳。2008 年 1—3 季度已间接销往俄罗斯的水泥达 5.8 万吨，占企业同期销量的两成，板块拉动效应明显。预计 2008 年实现企业所得税 1180 万元。总投资 6.6 亿元的关鸟河水泥厂新建项目，是国家振兴东北老工业基地的重点项目，2008 年 9 月 20 日投产，属国家免税项目。

大黑河岛中俄自由贸易城招商引资项目总投资 2 亿元，2008 年 8 份已投入使用。引进了"长三角"等地名优企业入驻，采取前店后厂方式，集名优产品的生产与销售、集散批发与出口、国内外经贸洽谈与商品展示为一体，成为中俄边境线上规模较大、功能完善、辐射面广泛的一座进出口贸易及商品集散的大平台，使黑河真正成为开拓俄罗斯和东欧市场的桥头堡。现已有 697 家七大类商品经营者开始营业，预计年增加增值税收入 130 万元。

（四）大小兴安岭生态功能保护区

大小兴安岭作为我国最大的林区，具有极为重要的涵养水源、保持水土、调蓄洪水、维持生物多样性等重要生态功能，是我国重要商品粮、畜牧业生产基地的生态屏障和水源涵养区，对调节东北平原、华北平原气候，缓解全球气候变暖，都具有不可或缺的生态功能。2008 年 9 月，黑龙江省政府下发了《关于加快大小兴安岭生态功能区建设的意见》，2008 年 12 月召开的全省经济工作会议上，黑龙江省委、省政府将大小兴安岭生态功能区列入全省"八大经济区"建设规划目标。该区域包括大兴安岭地区、黑河市和伊春市行政区及通河、巴彦、绥棱县、汤原县、萝北县山区部分（含区域内林区、垦区），区域面积 18.8 万平方千米，总人口 370.5 万人。该区域投资的指导方针是：继续深入实施天然林保护工程，加强对珍贵树种和草原、湿地的保护，加快推进生物多样化建设。大力发展特色优势产业，推进林下种植业、特色养殖业，培育龙头企业，积极打造全省乃至全国林工产品精深加工基地。

本次调查以大兴安岭地区、伊春市行政辖区为样本，共调查61项，总投资62.6亿元。其中，“十五”期间完成投资23.4亿元，“十一五”前三年完成投资39.2亿元，投资总额比“十五”期间增加了67.5%（表6）。

表6　大小兴安岭生态林区大项目投资情况统计　单位：万元

年度	项目总数（个）	总投资额	伊春		大兴安岭	
			项目数（个）	总投资额	项目数（个）	总投资额
2001	1	6650	1	6650		
2002	3	52538	3	52538		
2003	2	10399	2	10399		
2004	6	55906	5	54136	1	1770
2005	15	108558	12	79478	3	29080
小计	27	234051	23	203201	4	30850
2006	8	63781	6	58137	2	5644
2007	12	68717	7	48153	5	20564
2008	14	259662	9	220689	5	38973
小计	34	392160	22	326979	12	65181
合计	61	626211	45	530180	16	96031

资料来源：全省各市地国家税务局调查数据。

1. 伊春市投资调查情况。伊春市位于黑龙江省东北部，小兴安岭纵贯全境，是典型的林业资源型城市。1948年开发建设，1958年建市，现行管理体制为政企合一，辖1市（县级）、1县、15个区、17个林业局，总人口132万人。随着封山育林、“严管林”政策和“天保”工程的实施，该市的木材产量逐年递减，林产品初级加工行业逐渐萎缩。目前，全市经济以西林钢铁集团有限公司为代表的冶金业为支柱产业，以木材精深加工、森林生态旅游、生态畜牧、绿色食品、北药等为优势特色产业，木材精深加工业已初具规模，能源水电和化工建材产业在逐渐壮大。

2001—2008年，全市重点项目建设分属28家企业，项目数量累计为45个，其中竣工投产37个，竣工投产率为82.22%，重点项目投资额累计53.02亿元，新增销售收入累计129.01亿元，新增利润累计5.34亿元，新增税收7.68亿元，其中，增值税6.92亿元、消费税0.01亿元、城建税0.35亿元、教育附加 0.21 亿元、企业所得税 0.19 亿元。分产业看，“二产”重点项目建设 44 个，投资额累计 52.38 亿元，占重点项目投资总额的 98.79%；“三产”重点项目建设 1 个，投资额 0.64 亿元，占重点项目投资总额的 1.21%。分行业看，装备类重点项目建设 1 个，投资额 0.10 亿元，占重点项目投资总额的 0.19%；石化类重点项目建设 3 个，投资额 11.07 亿元，占重点项目投资总额的 20.88%；能源类重点项目建设 11 个，投资额累计 24.02 亿元，占重点项目投资总额的 45.30%；医药类重点项目建设 1 个，投资额 0.22 亿元，占重点项目投资总额的 0.41%；木材加工类重点项目建设 13 个，投资额累计 2.39 亿元，占重点项目投资总额的 4.51%；以冶金为主的其他类重点项目建设 18 个，投资额累计 15.22 亿元，占重点项目投资总额的 28.70%。

2. 大兴安岭地区大项目投资调查情况。大兴安岭地区位于黑龙江省最北端，辖区跨黑龙江、内蒙古两个省（区），面积 8.3 万平方千米，有林地 730 万公顷，森林覆盖率达 74.1%，是黑龙江省及至我国重要的生态屏障和水源涵养区。近年来，随着“天保工程”的实施，生态环境得到明显改善，过去单一的林业经济已不能再适应现代经济社会的发展。近年来，为了实现“生态立区、工业强区”的经济发展目标，该区全面加大了招商引资力度，特别是近 3 年来的大项目投资是大兴安岭开发建设 40 多年来项目最多、规模最大、速度最快的时期。从投资规模上看，列入本次调研范围的 17 个重点投资项目企业总投资 13.6 亿元，占 2007 年全地区招商引资总额（14.2 亿元）的 95.77%，实际到位资金 9.8 亿元。所投资项目均在 2000 万元以上，最高 2 家企业投资达到 2 亿元以上。从投资来源看，主要来源于外地大企业集团、7 个林业局、林管局、国债信用贷款和本地私营企业 5 个投资渠道，其中外地企业集团直接投资兴办项目企业 3 家，企业集团与林业局股份制形式投资 8 家，林业局自行投资 2 家，林管局配比投入 4 家，企业自投加各类金融贷款 3 家。投资的主要产业是林木产品精深加工，共 12 家，占 70%；铅、锌、铜、硅镁等矿产品开发 3 家；热力能源供应 1 家，酒类酿造 1 家。17 个项目总计实现增值税 1449 万元、消费税 6.6 万元、企业所得税 76 万元。初步预测，2009 年重点投资项目将实现销售额 55770 万元，实现增值税 1790 万元，企业所得税 140 万元，消费税 50 万元，占 2008 年预计完成数的 7% 左右。

四、结论与建议

在当前形势下，投资已成为推动黑龙江省经济增长的主要动力。近几年，全省投资实现了历史性的增长，全社会固定资产投资年均增幅保持在20%以上，对经济增长的贡献率也在40%以上，据测算，黑龙江省每增加100元投资，在经历了投资迟延期后，可相应增加GDP值347.91元，税收的预期回报额为42.05元。在投资规模上看，大项目投资可以刺激一系列中小项目投资的增长。对经济增长的“乘数效应”更为明显。为此，要继续实施大项目牵动战略，强化项目前期工作，创新项目生成机制，谋划、建设一大批立省、强市、富民的大项目、好项目；要通过国有大中型企业战略重组，引进国内外战略投资者和大力发展非公有制经济，尽快形成一批龙头企业，培育壮大投资主体；要调整投资重点，突出更新改造，引导企业投向高新技术产业、现代服务业、先进制造业等行业领域；要不断优化投资环境，加大对大项目投资企业的服务力度，为争取国家资金和国内外投资创造条件。

作为国税机关，应从以下几个方面为大项目投资提供配套管理与服务：

（一）加强部门合作，改进纳税服务，强化大项目投资管理与服务力度

进入2009年，围绕降低金融危机的影响和风险，国家投入巨资拉动内需，黑龙江省财政投放5000亿元用于固定资产投资。保投资的关键是要保项目、保规模、保质量、保效益。国税机关应主动投入保投资工作中，发挥自身在税收业务方面的权威优势，主动与地方政府取得联系，与政府有关部门建立固定的信息联系制度。对省重大产业项目、区县重点投资项目进行全程服务和跟踪分析，在项目评估时参与其中，开展地方税收贡献度分析评价，从税收角度考虑项目投产后可能带来的预期地方财政收入，对项目税源贡献度进行预评价，为政府提供决策支持。改变项目评估中没有税务部门参与，税收评估结果粗放，甚至与实际情况发生很大差距的问题，为项目单位提供方便、快捷、高效的服务。

（二）做好重大项目的税收评估工作

重大项目税收评估是指对在建的重大项目以及省政府每年新推出的重大项目，进行税源预测和地方税收贡献度评估，同时对已投资投产的重大项目税收征管情况进行评价。重大项目税收评估工作由各项目市县国税部门进行，由省局进行汇总。通过税收评估工作，不仅可以及时掌握全省税源增长变化情况，强化对重大项目税收的监控和管理，丰富税源管理办法，而且可以根据重大项目税收贡献情况，向政府提出招商引资和财源经济建设的建议，为政府招商引资提供决策参考，提升税务部门的服务层次和水平。

（三）跟踪了解大项目投产后运行情况

大项目投资具有投入大、产出高的特点，项目投产后新增税收占当地税收增收的比重较高。因此，国税机关应将大项目投资运行情况列入税源调查的重点，建立日常税源监管的长效机制。加强大项目投产运营后的税收调研，了解企业生产经营状况、产品销售收入、成本结构、销售利润以及行业竞争力水平，及时分析其对税收收入的有利和不利影响。通过对建设、生产进行监督和服务，尽快体现大项目对区域财政收入的增收贡献。对一些只拉动经济不增加地方财力的大项目，应加大管控力度，防止新的偷逃税行为发生。

（四）进一步落实相关的税收优惠政策

由于许多重大项目是关系国家产业命脉的重大项目，属于新材料、新能源、高科技领域，按照税法的相关规定，应该享受相应税收优惠政策。有些项目单位可能对国家的税收优惠政策不了解，作为税务部门，应针对每一个项目进行分类指导，帮助企业落实好相关的税收优惠政策。同时，认真落实加速折旧、提高费用扣除比例等税收优惠政策，高效率做好高新技术企业认定工作，使更多符合条件的高新技术企业通过资格认定，及时享受到15%企业所得税优惠税率。

（五）对大项目投资实行个性化服务

针对大项目投资的特点和需求，主动提供更加周到细致的个性化服务，及时解决纳税人的合理要求。一是帮助企业搞好税收筹划。企业在投资初期，可能对税收政策不甚了解，影响企业的投资决心和投资进程。国税部门要有针对性地为企业搞好服务，解决企业的困惑，使企业尽快做大做强；二是尽可能减少企业负担。在涉税项目审批、纳税申报管理、发票供应等方面提高办税效率，提供便捷的服务，为企业创造和谐的纳税环境。

（作者工作单位：黑龙江省国家税务局）

促进广西经济社会发展的税收政策研究

广西壮族自治区地方税务局
国家税务总局税收科学研究所 联合课题组

为了进一步促进广西经济社会又好又快发展，2009 年 12 月 7 日，国务院发布了《关于进一步促进广西经济社会发展的若干意见》（国发〔2009〕42 号，以下简称《意见》），这是在全面建设小康社会的重要时期，国家从实施区域发展总体战略的高度出发，为促进民族团结、经济繁荣、社会进步而制定实施的一个十分重要的文件，对于促进广西经济社会加快发展，培育我国沿海经济发展新的增长极，促进西部大开发和区域经济协调发展，深化我国与东盟战略伙伴关系，巩固民族团结和西南边疆稳定，具有重大的战略意义和深远的历史意义。

税收政策作为国家宏观经济政策的重要组成部分，在支持区域经济社会发展中发挥着重要作用。全面贯彻落实《意见》精神，充分发挥税收调控经济、促进经济社会发展的职能作用，是当前和今后一个时期税务部门的一项重要任务。

一、广西经济社会发展现状

实施西部大开发以来，广西工业化、城镇化迈出可喜步伐，国民经济持续稳定发展，综合经济实力明显提升，社会各项事业不断进步。尤其是 2008 年以来，在国际金融危机对我国经济不利影响不断加剧的形势下，广西深入贯彻落实科学发展观，坚定不移地贯彻落实中央各项决策部署，全力保增长、保民生、保稳定，全区经济发展逆势而上，保持了平稳较快发展的良好势头。

（一）广西经济社会发展取得的成绩

1. 综合实力大幅提升。近年来，随着改革开放的不断深入，广西经济持续快速增长，经济总量快速扩张。据统计，“十一五”期间，广西国内生产总值从 2006 年的 4828.5 亿元增加到 2009 年的 7700.4 亿元，4 年累计实现 25656.2 亿元，年增长率分别为 13.6%、15.1%、12.8%、13.9%，均在 10% 以上，表现出了良好的发展势头；广西的财政收入从 2006 年的 568.8 亿元增加到 2009 年的 966.9 亿元，累计实现收入 3082.9 亿元，年增长率分别为 19.6%、23.9%、19.8%、14.7%，财政状况明显改善，财政实力明显增强。

2. 产业结构不断优化。“十一五”期间，广西积极推进工业化、城镇化战略，三次产业结构由 2006 年的 21.4：38.9：39.7 调整为 2009 年的 18.9：43.9：37.2，第一和第三产业的比重均下降了 2.5 个百分点，第一产业比重首次降到 20% 以下，第二产业比重提高了 5 个百分点并创历史最高水平①。

3. 发展潜力明显增强。2009 年，广西全社会固定资产投资额 5706.7 亿元，超过“十五”时期 5 年总和，比 2008 年增长 50.8%，增速提高 23.4 个百分点，从占 GDP 比重来看，也明显好转，首次超过全国比重，达到 74.1%。一大批交通、能源、水利、通信、城市公共设施等基础设施项目相继建成，重大产业项目取得实质性进展，进一步夯实了经济发展的基础。

4. 改革开放深入推进。随着中国—东盟自由贸易区的如期建成，一年一度的中国—东盟博览会、商务与投资峰会和泛北部湾合作论坛的成功举办，泛珠合作、西南协作的扎实推进，以及与长江三角洲、港澳台和大湄公河次区域等合作的深化拓展，广西的对外开放合作不断扩大。特别是随着广西北部湾经济区的开放开发上升为国家战略，基础设施和产业布局不断完善，承接产业转移和招商引资成效显著。

5. 人民生活明显改善。“十一五”期间，广西城乡居民人均收入水平大幅提高，生活质量明显改善，基本实现了由温饱到总体小康的历史性跨越。2009 年，城镇居民人均可支配收入和农民人均纯收入分别为 15451 元、3980 元，

---

① 数据来源：根据《2009 年广西国民经济和社会发展统计公报》相关数据计算得出。

剔除价格因素，同比分别增长10.6%、12.0%①。社会保障体系初步建立，农村未解决温饱的贫困人口和低收入贫困人口逐年减少。

6. 社会事业蓬勃发展。科技进步贡献率、科技活动产出水平、科技环境改善指标以及科技创新能力进一步提高，教育“两基”攻坚目标提前实现，文体基础设施和公共文体服务体系建设进一步完善，公共卫生体系进一步健全，“村村通”阶段性目标全面实现，资源合理开发、环境保护和生态建设得到加强，群众性精神文明创建活动深入开展，社会治安综合治理取得明显成效。

（二）广西经济社会发展面临的主要困难

1. 经济发展水平偏低，欠发达的基本区情短时间内难以改变。虽然自2001年以来，广西GDP增速普遍高于全国平均水平，人均GDP在全国排名略有上升，但与发达地区相比，差距仍不断加大。2009年，广西人均GDP为16576元，还不到全国平均水平的三分之二，仅是排名第一的上海的近五分之一，在31个省市中排第26位，在西部省份中也处于中下水平。

2. 经济总量偏小，地方财力不足。受经济总量较小的制约，广西的财政收入规模偏小，人均财力偏低。2008年，广西全年财政收入在全国31个省市中排名第22位，处于中下水平。2009年，广西全年财政收入只占到全国的1.4%，而人口却占全国的3.6%，全区人均财力还不到全国平均水平的70%②。财力的不足导致了广西地方政府行政能力和社会公共服务能力的不足，严重影响了社会公共事业的发展，特别是导致地方政府对边境地区、民族地区发展的支持十分有限。

3. 工业化水平偏低，第三产业发展滞后。广西产业结构高度处于不断上升趋势，第一产业增加值比重逐年下降，尤其是2009年，第一产业增加值比重首次降到20%以下。但相对全国来说，广西第一产业的比重仍高于全国平均水平8.3个百分点；第二产业在2006年以前低于全国平均水平10个百分点，近两年大幅上升，但仍低于全国平均水平3个百分点；第三产业比重自2006年以来也逐渐低于全国平均水平。这表明广西产业高度化不足，工业化水平偏低，第三产业发展滞后。

---

① 数据来源：《2009年广西国民经济和社会发展统计公报》，http://www.gxtj.gov.cn/show.asp?typid=91&id=6447。

② 数据来源：根据《2009年中华人民共和国国民经济和社会发展统计公报》、《2009年广西国民经济和社会发展统计公报》相关数据计算得出。

4. 投资规模偏小，人均投资水平较低。投资在我国经济发展中扮演着极其重要的角色，可以说，改革开放以来，我国经济的高速增长主要靠投资驱动。但多年来，广西投资规模偏小。从人均投资量来看，2005 年以前，广西人均投资量仅为全国人均水平的一半；2006 年以后虽然有好转，但仍低于全国人均水平 30—40 个百分点；2007 年，全国人均投资早已过万元，广西直到 2009 年才首次突破万元，晚于全国两年，差距极其明显。近年来，广西人口占全国总人口 3.6%，而全社会固定资产投资占全国的比重仅为 2% 左右，人口比重与资产投资比重失衡。

5. 工业基础薄弱，工业效益不高。广西工业增加值从 2005 年的 795 亿元增加到 2009 年的 2869 亿元，占 GDP 比重由 19.5% 提高到 37.2%，提高 17.7 个百分点，但仍低于全国 40% 的比重①。广西规模以上工业企业主要指标在全国所占比重大约仅为 1% 左右，说明广西工业化基础薄弱，工业化水平很低。而且，工业总产值、工业增加值和固定资产投资总值所占比重均高于利润总额所占比重，表明规模以上工业企业经济效益低于全国平均指标。

6. 公共服务水平偏低。与广西经济发展水平较低相对应的是，广西公共服务水平也明显低于全国平均水平。根据《中国公共服务发展报告 2006》评估结果显示，近年来，随着财政支出的快速增长，广西的公共服务水平也有了较大的提高，但与其他省份相比，仍处于相对落后的地位。据测算，广西 2000—2004 年基本公共服务综合绩效评估（即八大类基本公共服务）在全国 31 个省市中名列倒数第三，仅排在贵州和甘肃之前②。近年来，虽然有所改善，但短时间内广西难以还清历史欠账，难以从根本上改变公共服务相对匮乏的基本区情。截止到 2009 年年底，广西高中阶段和高等教育毛入学率分别为 61% 和 17%③，低于全国平均水平 18 个和 7 个百分点④，广西每十万人中大学生人数为 1352 人，名列全国倒数第 6 位⑤。社区卫生服务机构 53.4% 靠租房运营，72.6% 达不到国家最低基本医疗设备配置标准；每百万人口公共文化设

---

① 数据来源：根据 2006 年《中国统计年鉴》、《2009 年中华人民共和国国民经济和社会发展统计公报》和《2009 年广西国民经济和社会发展统计公报》相关数据计算得出。

② 数据来源：根据《中国公共服务发展报告》相关数据计算得出。陈昌盛：《中国公共服务发展报告 2006》，中国人民大学出版社 2007 年版。

③ 根据广西壮族自治区教育厅提供的数据。

④ 根据《2009 年全国教育事业发展统计公报》，全国高中阶段毛入学率为 79%，高等教育为 24%。

⑤ 数据来源：中华人民共和国统计局：《中国统计年鉴 2009》，中国统计出版社 2009 年版。

施数仅为全国平均的 83%，居全国第 26 位；基本社会保险覆盖率居全国后列①。

二、积极运用税收政策促进广西经济社会发展的必要性与可行性

（一）积极运用税收政策大力促进广西经济社会发展的必要性

1. 促进广西经济社会加快发展是实现国家区域发展战略的需要。广西是我国少数民族人口最多的自治区，也是革命老区、边疆地区，地处华南、西南和中国与东盟结合部，拥有 1020 公里的陆地边境线和 1595 公里的海岸线，是我国面向东盟的重要门户。在国内外经济环境发生深刻变化的新形势下，进一步加快广西经济社会发展，有利于形成我国沿海经济发展新的增长极，促进西部大开发和东中西互动。

2. 促进广西经济社会加快发展是国家全面开放合作的需要。《意见》明确广西发展的战略任务，是打造区域性现代商贸物流基地、先进制造业基地、特色农业基地和信息交流中心；构筑国际区域经济合作新高地；培育我国沿海经济发展新的增长极；建设富裕、文明、和谐的民族地区。实现这一战略任务，需要大量吸引集聚现代产业发展必需的技术、资本、人力资源等生产要素，全方位推进广西改革开放，深化国际国内区域经济合作，以大开放大合作促进大开发。然而，广西作为欠发达的少数民族自治区，经济基础、产业结构和各类软、硬件因素决定了广西难以依靠现有条件大量吸引生产要素，在区域经济发展中赢得主动。通过制定和实施合理可行的税收政策可以引导生产要素的流动，增强广西集聚和吸引生产要素的能力，为广西实现《意见》所确定的战略目标提供必要的政策支持。

3. 促进广西经济社会加快发展是推进产业结构优化升级的需要。广西基础设施建设相对落后，经济总量较小，工业化水平落后，缺乏重大产业项目的支撑和带动。要尽快改变这一状况，必须紧紧依托广西的区位优势、资源优势，充分发挥广西北部湾经济区和西江经济带集聚辐射带动作用，完善产业布局，加快发展先进制造业、高技术产业和现代服务业，大力发展特色农业，构建特色鲜明、集群发展、协调配套、竞争力强的现代产业体系。税收政策是调控经济的重要手段，差别化的税收优惠政策，直接影响着产业部门的获利能力，最终也影响着各个产业的发展程度和规模大小，对一个地区产业结构有着

① 席鸿建："加快社会事业发展　提高公共服务水平"，《广西日报》，2010 年 5 月 4 日。

重要的引导、调节和激励作用。根据广西的资源、区位优势和在国家区域经济发展中的定位，实行有广西特色的产业政策，研究和制定相关的税收政策，对于广西这类后发达地区优化产业结构、实现跨越式发展具有十分重要的作用。

4. 促进广西经济社会加快发展是构建资源节约型和环境友好型社会的需要。广西自然资源丰富，特别是经济文化欠发达的桂西地区是矿产、水能、旅游等资源富集区。长期以来，由于资源税收制度不合理，资源所在地从资源开采中获得的利益较少，影响了资源富集地区的可持续发展能力。同时，随着市场经济的发展和自然资源开发利用力度的加大，资源的不合理利用和环境的破坏已在一定程度上阻碍或制约着广西经济的发展，影响到《意见》所提出的“八桂大地山青水秀、海碧天蓝、生态优良、环境优美，可持续发展能力显著增强”目标的实现。改革完善资源税制，实行有利于资源节约、环境保护的税收制度，有利于资源的节约利用，增强资源富集地区可持续发展能力，保护广西良好的自然环境，实现经济社会发展的良性循环。

5. 促进广西经济社会加快发展是培养壮大地方财力的需要。由于广西经济总量偏小，经济结构不合理，地方财力总量有限，人均财力也远低于全国平均水平，严重影响了广西经济社会的持续协调发展。充分运用税收政策，扶持广西区域经济快速发展，可以有效培育地方财源，迅速壮大广西财政规模，推动地方基础设施条件的改善和地区性公共服务水平的提高，实现经济社会发展的良性循环。

6. 促进广西经济社会加快发展是深化相关配套改革、优化发展环境的需要。加快广西经济社会发展，需要按照现代市场经济的要求进行行政管理体制、经济管理体制和社会管理方式等方面一系列体制机制上的配套改革，需要财政、金融、土地、贸易等多方面政策齐头并进、共同作用，形成合力。而推进综合配套改革，实施相关政策，提高政策执行效果，离不开税收政策的配合。

（二）积极运用税收政策促进广西经济社会发展的可行性

1. 制定促进广西经济社会发展的税收政策，符合国家的区域发展战略。广西是全国惟一一个既是少数民族区域自治地区，又是沿海、沿边地区的省级行政区，既享受沿海沿边开放地区优惠政策，又享受西部大开发和民族区域自治政策。国家高度重视广西经济社会的发展，2008 年 1 月 16 日，国务院批准实施《广西北部湾经济区发展规划》，这标志着广西北部湾经济区的开放开发正式纳入国家战略；2009 年 12 月 7 日，国务院又出台《关于进一步促进广西经济社会发展的若干意见》，明确提出要把广西培育成我国沿海经济发展新的增长极。产业税收优惠政策和区域税收优惠政策是税收优惠政策不可偏废的两个方面，在积极实施产业税收优惠政策的同时，适应国家区域发展战略需要，出台必要的区域税收优惠政策，有利于促进我国区域经济协调发展。

2. 广西是民族区域自治地区，享有民族区域自治权，为运用税收政策促进广西经济社会发展提供了法律依据。民族区域自治制度是我国的一项基本政治制度，民族自治地方的自治机关除行使宪法规定的一般行政区域的地方国家机关的职权外，还行使宪法、民族区域自治法和有关法律规定的自治权。自治权是宪法赋予民族自治地区的一项政治权力，是国家权力系统中的一个组成部分，具有高度的权威性。《中华人民共和国民族区域自治法》第三十四条规定：民族自治地方的自治机关在执行国家税法的时候，除应由国家统一审批的减免税收项目以外，对属于地方财政收入的某些需要从税收上加以照顾和鼓励的，可以实行减税或者免税。第五十五条规定：上级国家机关应当帮助、指导民族自治地方经济发展战略的研究、制定和实施，从财政、金融、物资、技术和人才等方面，帮助各民族自治地方加速发展经济、教育、科学技术、文化、卫生、体育等事业。第六十三条规定：上级国家机关在投资、金融、税收等方面扶持民族自治地方改善农业、牧业、林业等生产条件和水利、交通、能源、通信等基础设施；扶持民族自治地方合理利用本地资源发展地方工业、乡镇企业、中小企业以及少数民族特需商品和传统手工业品的生产。这一系列规定，从宪法和法律的角度，为制定促进广西经济社会发展的税收政策提供了法律基础。

3.《意见》的出台，为研究和制定促进广西经济社会发展的税收政策提供了政策依据。《意见》是新时期指导广西经济社会发展的纲领性文件，明确了加快广西经济社会发展的指导思想、基本原则、战略定位、发展目标、总体布局、发展重点和各项支持措施。《意见》明确要求广西要“加强与国务院有关部门的沟通衔接，全面落实各项工作任务。国务院有关部门要按照本意见的精神，提出本部门支持广西经济社会发展的具体政策措施，完善相关规划。要加大中央财政转移支付资金、中央预算内投资对广西的投入力度，落实和完善相关税收政策”，“落实有关税收优惠政策，在信贷、工商登记等方面加大对自主创业、自谋职业的支持力度”，“落实鼓励类产业的税收优惠政策，开展城镇建设用地增加与农村建设用地减少挂钩试点”等，这为抓紧研究制定促进广西经济社会发展的税收政策，提供了明确、有力的政策依据。

4. 各项税收政策建议按照积极稳妥，简便易行，符合税制改革发展趋势的原则，参照了现有税收优惠政策，切合广西的实际情况。本课题多数政策建议沿用了国家原有的税收优惠政策引导方向，提出因地制宜的解决办法，适当降低门槛，合理扩大范围。力求以较少的税收优惠，达到较好的税收政策效果。

5. 国家财力日益增强和税制改革的深入推进，为积极运用税收政策促进广西经济社会发展提供了良好机遇。随着我国国民经济持续快速稳定增长，国家财政收入也大幅增加，从 2002 年财政收入不足 2 万亿元，到 2006 年接近 4 万亿元，再到 2009 年接近 7 万亿元①，2010 年预计将突破 8 万亿元。国家财政收入持续大幅增加，为加大转移支付力度，支持中西部欠发达地区发展，提供了财力保障，也为进一步发挥税收调控职能，加强对广西这类后发展地区的扶持提供了现实可能。随着新一轮税制改革的稳步推进，我国的税收政策更加注重调结构、保民生、促增长，更加注重促进经济社会协调发展，东、中、西部协调发展，这也为有针对性地制定支持广西经济社会发展的税收政策提供了良好机遇。

6. 税收减免优惠政策的实施对财力的实际影响不大，为积极运用税收政策促进广西经济社会发展提供了现实可能性。税收优惠政策的作用有两面性，一方面，执行各项税收优惠减免政策，会带来特定时期、特定项目财政收入的减少；另一方面，税收优惠政策的实施，会促进经济快速发展，迅速壮大财政收入规模。经广西地方税务部门测算，如果本课题建议的税收优惠政策能够批准执行，以 2009 年数据为基数，新的税收优惠政策的实施静态影响 2010 年财政收入减收约 8 亿元，其中，中央 3. 66 亿元，地方 4. 34 亿元。这个数字虽然给广西财政收支带来了一定压力，但与 2010 年全国财政收入预计突破 8 万亿元、广西财政收入预计突破 1100 亿元相比，新出台政策带来的减收因素尚属财政可承受范围，而政策实施拉动经济发展，带来的增收效应将来完全可以弥补减收因素的损失。

三、促进广西经济社会发展的税收政策建议

为了全面贯彻落实国务院《意见》精神，进一步促进广西转变经济发展方式、推进新型工业化和产业结构优化、促进城乡和区域协调发展、提高资源

① 数据来源：根据《中国统计年鉴 2009》相关年份数据测算。

综合利用和生态环境保护水平，不断提高广西经济综合实力，在西部地区率先建成全面小康社会，建议根据广西实际情况，加快研究出台必要的税收扶持政策，推进广西经济社会的又好又快发展。

（一）适当扩大广西地方税收政策的调整权

从当前现实看，实施分税制后税收立法权仍高度集中在中央，目前几乎所有的地方税税种的税法、条例及其实施细则都是由中央制定和颁布的，地方只有执行权和制定补充规定的权力。这种过度集中的税权管理模式很难符合我国各地复杂的经济情况和千差万别的税源状况，不利于地方政府事权与财权的统一，也不利于地方政府运用税收杠杆调控地方经济的运行。

广西作为民族区域自治地区，虽然《中华人民共和国民族区域自治法》第三十四条赋予了民族自治地方的自治机关一定的税收减免权，但未能完全执行到位。在实践中，更多的是强调税权集中而不注重民族自治地区的税权适度自治。民族自治地区缺少税收政策调整权，不利于实行民族自治地区的地方政府根据自身的实际制定支持当地经济社会发展的税收政策。因此，在保证国家税法统一的基本原则下，应当适当扩大民族区域自治地区税收政策的调整权。在具体的权限划分上，中央税、共享税和部分在全国范围内普遍征收、涉及全国性经济调控的地方税的税收立法权应集中于中央，以保证中央政府的宏观调控能力和提供全国性公共产品的需要。对全国统一开征、对宏观经济影响较小但对地方经济影响较大的地方税种，由中央制定基本法律法规及实施办法，可将部分政策调整权下放给地方，由地方在中央规定的幅度范围内结合当地经济发展及其他情况自行确定。对一些税源流动性较小，不易引起经济波动，对宏观经济影响较小，适宜地方独立征收的地方税种，中央只负责制定这些税种的基本税法，其实施办法、税目税率调整、税收减免征收管理等权限，可以考虑授权省级人大或民族自治地方政府自主决定。

（二）实施有利于推动广西产业结构优化升级的税收政策

广西的发展要坚持工业化主导方向，大力发展先进制造业，积极推动产业结构优化升级，培育特色优势产业集群，加快发展高新技术产业，优化产业结构和布局，增强产业竞争力，走新型工业化道路。但现行鼓励高新技术发展的税收政策存在一些不足，制约和影响了广西提升企业自主创新能力。因为广西是后发展、欠发达地区，产业结构的高度化相对偏低，企业发展与沿海地区有一个梯度差，高新技术企业数量少，规模小，企业技术先进程度低，广西的很多企业难以享受国家产业类税收优惠政策。根据《意见》对推动广西产业结构优化升级的要求，当前应进一步梳理、完善现行的支持产业结构调整和升级的税收政策，结合深化税制改革，完善税收优惠政策，形成以产业性税收优惠为主，区域性税收优惠为辅，产业性优惠和区域性优惠相互补充的税收优惠新格局。

1. 从广西经济发展实际水平出发，支持有广西特色的重点产业，加快广西新型工业化道路进程，优化产业结构和布局。

（1）实施有利于推动广西重点产业发展的税收政策。广西要走新型工业化道路，核心是全力打造食品、汽车、石化、电力、有色金属、冶金、机械、建材、造纸和木材加工、电子信息、医药制造、纺织服装与皮革、生物、修造船及海洋工程装备等 14 个千亿元产业，积极培育和发展新材料、新能源、节能与环保、海洋等 4 个新兴产业①。这 18 个重点产业，不仅在目前全区工业发展中占据主导，也是从现有基础出发，根据国家产业政策、广西工业化所处阶段、资源优势，统筹把握产业的发展趋势、发展空间、竞争力等因素而确定的全区未来可持续发展的支柱产业。

由于东、西部产业发展的梯度差，广西的一些优势产业和重点发展的产业没有进入国家鼓励类产业目录，这其中的部分产业虽然东部发达地区不再发展，但却又是国计民生所必需的，从满足市场需求、保持国民经济协调发展的角度，应该因地制宜，实行有地区特点的产业政策，允许一些地区将这类产业作为重点产业发展，根据对西部地区鼓励类产业企业税收优惠政策，给予一定的税收优惠。

（2）加大对企业研发的支持力度。根据《广西壮族自治区人民政府关于建立千亿元产业研发中心的意见》（桂政发〔2009〕107 号）要求，广西将以促进千亿元产业技术升级为主攻方向，以重大产业共性技术研究开发与应用示范为重点，以加速科技成果工业化和产业化为目标，在全区范围内建立若干个千亿元产业研发中心，推动广西的支柱产业攀登技术和市场最高点，提升产业的核心竞争力。

根据《国家税务总局关于印发〈企业研究开发费用税前扣除管理办法（试行）〉的通知》（国税发〔2008〕116 号）规定，企业从事《国家重点支持的高新技术领域》与国家发展和改革委员会等部门公布的《当前优先发展的高技术产业化重点领域指南（2007 年度）》规定项目的研究开发活动，在一个

① 资料来源：广西壮族自治区人民政府《2010 年政府工作报告》。

纳税年度内实际发生的研究开发费用，允许在计算应纳税所得额时按照规定实行加计扣除。由于其政策适用面窄，且条件要求高，广西的很多企业根本难以享受到该项优惠政策。

建议将广西千亿元产业研发中心的依托企业和共建企业发生的研究开发费用，列入企业所得税研究开发费用加计扣除试点范围。千亿元产业研发中心的依托企业和共建企业发生的研究开发费用，未形成无形资产计入当期损益的，在按照规定据实扣除的基础上，按照研究开发费用的50%加计扣除；形成无形资产的，按照无形资产成本的150%摊销。

从实际影响看，根据2009年度广西地税系统企业所得税汇算清缴有关数据显示，全广西地税系统征管企业开发新技术、新产品、新工艺发生的研究开发费用加计扣除额为15877万元，按照法定税率25%计算，减免企业所得税3969万元。据2009年数据推算，如果国家对广西千亿元产业研发中心的依托企业和共建企业发生的研究开发费用准予加计扣除，影响企业所得税收入在5500万元左右。因此，该项优惠政策的执行，并不会对广西的财政收入产生太大的影响。

2. 加大对物流企业的政策扶持力度，大力发展物流等现代服务业，提升产业现代化水平。《意见》指出，要“打造区域性现代商贸物流基地”、“优先发展生产性服务业。充分发挥生产性服务业对先进制造业、现代农业的支撑服务功能，重点发展现代物流、金融服务、会展服务、信息服务等。”国务院发布的《广西北部湾经济区发展规划》中提出：“依托区位优势和深水良港优势，大力发展海洋运输，加快构建沿海和城市物流体系。”物流业是广西重点发展的产业。由于广西的物流企业规模小、效益低，目前只有15家企业获批全国试点物流企业，能够享受国家关于物流企业税收优惠政策的受惠面很小，作用不大。为了促进广西尤其是广西北部湾经济区物流业的长足发展，建议国家扩大对西部地区物流企业的试点范围，加大对广西物流企业的扶持力度。

据统计，2009年，广西年缴纳营业税50万元以上的运输企业（含客运和货运，下同）和仓储企业有247户，共缴纳营业税4.91亿元；缴纳营业税80万元以上的运输企业和仓储企业有160户，共缴纳营业税4.37亿元。《国家税务总局关于试点物流企业有关税收政策问题的通知》（国税发〔2005〕208号）规定，试点企业将承揽的运输业务分给其他单位并由其统一收取价款的，应以该企业取得的全部收入减去付给其他运输企业的运费后的余额为营业额计征营业税；试点企业将承揽的仓储业务分给其他单位并由其统一收取价款的，应以该企业取得的全部收入减去付给其他仓储合作方的仓储费后的余额为营业额计征营业税。与非试点企业相比，试点企业的税收优惠主要体现在仓储业务收入差额征收营业税。因此，如果适当降低标准（试点企业的条件之一是年实际缴纳营业税及其附加不低于 100 万元）从而扩大广西物流企业的试点范围，涉及企业面并不广，对广西地方财政收入影响也不会太大。从长远来看，还将增加广西物流企业发展的后劲，拓宽营业税税源范围。

3. 实施鼓励企业自主创新的税收优惠政策，培育壮大创新型企业。2010 年，财政部、国家税务总局出台了《关于支持中关村科技园区建设国家自主创新示范区税收政策问题的函》（财税〔2010〕23 号），规定科技企业转化科技成果，以股份或出资比例等股权形式给予本企业技术人员的奖励，如果一次性缴纳税款存在困难的，可申请享受分期缴纳税款政策，分期纳税最长不超过 5 年。

根据广西实际情况，建议广西可以参照上述文件规定，并对相关税收政策进行适当调整：一是扩大企业适用范围，将科技企业扩大至所有企业；二是扩大政策适用条件，将“转化科技成果”扩大至“重大突出贡献”；三是扩大奖励适用形式，将股权激励扩大至其他非货币性奖励。由此，建议对企业转化科技成果或者因重大突出贡献等，以股份或出资比例等股权形式，或者其他非货币性形式给予企业人员的奖励，如果一次性缴纳税款存在困难的，可申请享受分期缴纳税款政策，分期纳税最长不超过 5 年。

4. 豁免老工业基地城市国有企业的历史欠税。根据《意见》第十四条“对柳州、桂林、南宁、梧州、玉林老工业基地城市的国有企业，在处置不良资产、技术改造升级方面比照实施振兴东北地区等老工业基地政策”的精神，对柳州、桂林、南宁、梧州、玉林老工业基地城市的国有企业在 1997 年 12 月 31 日前形成的，截至文件下发之日尚未清缴入库的欠税，比照《财政部、国家税务总局关于豁免东北老工业基地企业历史欠税有关问题的通知》（财税〔2006〕167 号）的方法予以豁免，以减轻国有企业的历史负担，增强竞争能力。

（三）加大对中小企业、新办企业的税收扶持力度，鼓励企业发展壮大

1. 加大对中小企业信用担保机构的扶持力度，加强对中小企业融资渠道建设的支持。中小企业融资难是一个普遍性的问题。目前，对符合一定条件的中小企业信用担保机构，经国家工信部和国家税务总局审批并下发名单后，免

征营业税三年，减免税期限已满的担保企业，符合条件的可继续申请。由于广西的中小企业信用担保机构规模较小，目前只有4家企业获批。国家关于中小企业信用担保机构的税收优惠政策惠及面很小，中小企业信用担保机构的发育不良，影响了中小企业的融资。为切实帮助中小企业解决融资难问题，建议国家扩大广西中小企业信用担保机构免征营业税范围，扶持中小企业信用担保机构的发展。

目前广西工商注册登记的信用担保机构有100多家，但真正开展业务的不多，业务量也较小，其中4家经国家批准享受免征营业税三年税收优惠政策的企业2008年共获得减免营业税348万元，2009年获得减免营业税623万元。更多信用担保机构享受上述税收优惠政策，实际减免税数额不大，预计对财政收入的影响也不大。

2. 加大对广西新办企业的扶持力度。建议适当扩大西部大开发税收优惠政策中对新办企业给予定期减、免企业所得税的行业范围，对国家鼓励类企业其主营业务收入占企业总收入的60%以上的新办企业给予定期减、免企业所得税。原政策规定西部地区新办交通、电力、水利、邮政、广播电视产业可享受定期减免税，随着经济和社会的发展以及经济发展方式的转变，建议增加对国家引导和鼓励到西部投资新办的一些产业给予享受定期减免税优惠政策。如增加高新技术产业、汽车制造（新能源）、电子、石化、食品、医药、生物、糖业综合利用等行业。同时适当降低国家鼓励类企业享受税收优惠政策的“门槛”，对国家鼓励类企业其主营业务收入必须占企业总收入的70%以上的比例规定，建议参照高新技术企业的认定条件将主营业务收入比例调整为60%以上。

（四）实施有利于促进北部湾经济区发展和深化区域合作的税收优惠政策

虽然新的企业所得税法明确了税收优惠逐步向“产业优惠为主、区域优惠为辅”的方式转变，但是在《国务院关于实施企业所得税过渡优惠政策的通知》和《国务院关于经济特区和上海浦东新区新设立高新技术企业实行过渡性税收优惠的通知》中仍然继续保留了对设在特区内的企业和特区内需要重点扶持的高新技术产业实施一定期限的区域性税收优惠政策规定。这些区域性税收优惠政策目前广西都无法享受，一定程度上将削弱广西吸引外来资源的优势。

1. 对广西北部湾经济区实行特殊的税收优惠政策。广西北部湾经济区是经国务院批准设立的重要国际区域经济合作区，是我国西部大开发和面向东盟开放合作的重要地区，对于国家实施区域发展总体战略和互利共赢的开放战略具有重要意义。根据《财政部、国家税务总局、商务部、科技部、国家发展和改革委员会关于技术先进型服务企业有关税收政策问题的通知》（财税〔2009〕63 号）规定，给予经认定的技术先进型服务企业离岸服务外包业务收入免征营业税的优惠政策。目前，技术先进型服务业政策已推广到全国 20 个城市。建议对广西北部湾经济区内经认定的技术先进型服务企业离岸服务外包业务收入免征营业税。

2. 对钦州保税港区实行特殊的税收优惠政策。钦州保税港区是继上海洋山保税港区、天津东疆保税港区、大连大窑湾保税港区、海南洋浦保税港区、宁波保税港区后，国务院批准设立的中国第六个保税港区，是中国—东盟自由贸易区和泛北部湾区域经济合作的一个重要平台。钦州保税港区的功能定位包括发展国际中转、国际采购与配送、进出口和转口贸易、出口加工等业务。为了助推钦州保税港区的建设，建议国家给予钦州保税港区比照执行上海洋山保税港区营业税优惠政策。《财政部、国家税务总局关于上海建设国际金融和国际航运中心营业税政策的通知》（财税〔2009〕91 号）规定，自 2009 年 5 月 1 日起，注册在洋山保税港区内的纳税人从事海上国际航运业务取得的收入免征营业税；注册在洋山保税港区内的纳税人从事货物运输、仓储装卸搬运业务取得的收入免征营业税；注册在上海的保险企业从事国际航运保险业务取得的收入免征营业税。

目前钦州保税港区刚刚起步，货物运输、仓储装卸搬运等业务量不是很大，随着进驻钦州保税港区的企业增加，货物运输、仓储装卸搬运等业务量将逐步增加。据测算，2010 年、2011 年、2012 年钦州保税港区泊位预计收入分别为 5000 万元、47700 万元、47700 万元，营业税及其他税费预计收入分别为 170 万元、1600 万元、1600 万元；2010 年、2011 年、2012 年钦州保税港区中石油国际原油储备库仓储预计收入分别为 2 亿元、4.5 亿元、10.5 亿元，营业税及其他税费预计收入分别为 1110 万元、2500 万元、5800 万元。

从上述数字看，若国家给予广西钦州保税港区比照执行上海洋山保税港区有关营业税优惠政策，将进一步推进钦州保税港区的建设和发展，对广西地方财政收入影响不大。

（五）对中国—东盟博览会实行的税收优惠政策

中国—东盟博览会是由中国和东盟 10 国经贸部门及东盟秘书处共同举办，广西承办的国家级、国际性经贸交流盛会，每年在广西南宁举办。博览会以

“促进中国—东盟自由贸易区建设，共享合作与发展机遇”为宗旨，涵盖商品贸易、投资合作和服务贸易三大内容，是中国与东盟扩大商贸合作的重要平台，为推动中国与东盟经贸关系的发展发挥了重要作用。到目前为止，中国—东盟博览会已在广西南宁成功举办了六届，对广西经济社会的发展起到了积极地推动作用。因此，建议国家给予中国—东盟博览会比照执行2010年上海世博会有关税收优惠政策。

1. 对企事业单位、社会团体、民办非企业单位捐赠、赞助给中国—东盟博览会的资金、物资支出，在计算应纳税所得额时予以全额扣除。

2. 将原规定2010年到期的东盟博览会留购产品全额免征进口关税的政策延期至2015年或2020年，将《关于2005—2010年中国—东盟博览会留购展品免征进口关税的通知》（财关税〔2006〕35号）规定的免征进口关税扩展到免征进口环节增值税和消费税，将原文件规定的展品种类和具体金额范围进一步扩大。

3. 对中国—东盟博览会的纪念邮票、门票、展位费等宣传、文化服务项目所取得的收入免征应缴纳的营业税。

4. 对财产所有人将财产捐赠给广西国际博览事务局所书立的产权转移书据，免征财产所有人和广西国际博览事务局应缴纳的印花税；对广西国际博览事务局使用的营业账簿和签订的与中国—东盟博览会直接相关的各类合同等应税凭证，免征广西国际博览事务局应缴纳的印花税。

根据广西东盟博览局提供的数据测算，近年来广西东盟博览局每年纪念邮票收入为300万元，门票收入、展位费收入、现场专业观众办证收入共为1350万元，应缴营业税83万元；每年的中国—东盟博览会签订的各类应税合同约9000万元，涉及的印花税近10万元；财产所有人捐赠给广西国际博览事务局的财产近3000万元，所书立的产权转移书据涉及印花税约3万元。每年企业向中国—东盟博览会提供资金捐赠3000万元，按照法定税率25%税率计算，涉及影响企业所得税收入750万元。因此，执行上述税收优惠政策，每年将减少地方税收收入846万元左右，对广西地方财政收入影响不大。

（六）实施有利于加强人才队伍和人力资源素质建设的税收政策

1. 实施有利于引进高层次人才的税收政策。为了落实《自治区党委办公厅、自治区人民政府办公厅关于建设广西人才小高地的意见》，促进广西引进人才工作的开展，考虑到广西的建设需要大量人才的实际情况，结合广西建立人才小高地的战略举措，建议加大对吸引高层次人才的税收支持力度。目前，对引进人才的安家费是按照“工资薪金所得”全额计征个人所得税。考虑到引进人才的价值体现在未来的任职中，综合参考有关年终一次性奖金、企业年金和解除劳动合同补偿费等计征办法，建议将引进人才安家费分摊至任职年限中单独计算个人所得税。这样既通过征税体现了税法的严肃性，也通过平摊、单独计算，降低了一次性征税的税负，有利于引进人才，也便于征管，体现了执法的灵活性。由此，建议对广西区内各单位为引进高层次人才（院士、博士后、博士和副教授以上的专家）以安家费名义发放的费用，作为“工资薪金所得”，按签约期限（不满10年的按实际年限计算，超过10年的按10年计算）平均分摊至每个月单独计算个人所得税，并一次性缴纳。

2. 实施有利于构建高素质人才队伍的税收政策。人才缺乏尤其是高层次、专业人才的缺乏是广西经济社会加快发展的瓶颈之一。建议将广西列入职工教育经费支出改革试点地区，企业实际发生的职工教育经费支出，不超过工资薪金总额8%的部分，准予扣除；超过部分，准予在以后纳税年度结转扣除。

《中华人民共和国企业所得税实施条例》第四十二条规定，除国务院财政、税务主管部门另有规定外，企业发生的职工教育经费支出，不超过工资薪金总额2.5%的部分，准予扣除；超过部分，准予在以后纳税年度结转扣除。由于广西属于后发展地区，工资水平相对于发达地区明显偏低，为了鼓励广西企业加大人才培养力度，建议将广西列入提高职工教育经费支出税前扣除比例政策的试点地区。由于该政策只是对职工教育经费支出的税前扣除比例在税法规定的比例内相应提高5.5个百分点，差别主要是企业所得税先纳税还是后纳税的问题，故对广西的企业所得税收入规模影响很小。

（七）实施有利于推进生态文明建设的税收政策

为了在经济快速发展中继续保持良好的生态环境，走出一条人与自然和谐发展的新路子，《意见》对广西生态建设和环境保护提出了新的要求。我国现行能够调节能源、资源的税种主要是资源税。但现行资源税制已不符合国家节能减排、合理利用资源、保护生态环境的发展战略。存在的主要问题，一是征收范围狭窄，我国主要是对部分主要矿藏资源征税，尚未对森林、水、草场、滩涂等资源征税，导致这类资源破坏严重；二是计税依据不合理、税负明显偏低，资源税以销售量为计税依据，而不是按照开采量征收，容易导致滥采乱伐，采取从量定额征收的计税方式，不能根据资源价格的变化进行调节，税负总体水平较低。这样不利于广西的资源优势转化为经济优势和财政优势，不利于广西资源综合利用和环境保护产业的发展，也不利于广西积极推进资源节约合理利用和增加财政收入。

1. 推进资源税改革，将广西有色金属资源列入从价计征范围。根据中央关于深入实施西部大开发战略的精神，国家将积极推进西部地区资源税改革，对煤炭、原油、天然气等的资源税由从量计征改为从价计征，但未将有色金属列入国家资源税改革从价计征范围。广西属于西部大开发范围，是全国10个重点有色金属产区之一，已探明储量的矿藏有145种（含亚矿种），有9种矿产资源列全国第一位，这些矿多数地处广西的革命老区、边远山区和经济相对落后地区，如河池、百色、来宾、崇左等市。目前开征的资源税应税品目，市场价格变化较大，而税额大多执行20世纪90年代制定的标准，多年未进行调整。如锰矿价格已由2005年的500元/吨上升到2008年的3500元/吨，税额2006年以前为2元/吨，现在为6元/吨，仍然偏低；锡精矿2003年市价为3700元/吨，2009年已达105000元/吨，而税额仅为8元/吨。同时，现行资源税以销售量或自用量为计税依据，即对已开采销售或移送使用的征税，对那些开采后暂未销售或未移送使用及开采过程中被破坏和浪费掉的资源并不纳税，导致了企业和个人对资源的无序开采，致使相当部分企业在开采资源的过程中挑肥拣瘦，采富弃贫，采取“挖菜心”、“挑肥肉”式的掠夺性开采，资源浪费到了惊人的程度。从价计征资源税，可以有效治理环境、促进节能减排、保护资源的合理开发利用，保护资源地的经济利益。如河池市南丹县大厂高峰矿业有限公司采矿年收入为15亿元，纯利润为7亿至8亿元，而每年缴纳的资源税仅为8万元①，资源地所得到的利益极少，却又要承担环境被破坏的后果。建议将在广西开采的铝土矿、锡矿、铟、铅锌矿、锑、稀土金属矿、锰矿、石灰石及粘土列入资源税从价计征的试点范围，具体税率另行确定。

2. 提高设在广西的资源型企业分支机构企业所得税就地预缴比例。《中华人民共和国企业所得税法》实施后，为解决总分机构企业所得税分配问题，财政部、国家税务总局和中国人民银行联合下发了《跨省市总分机构企业所得税分配及预算管理暂行办法》（财预〔2008〕10号），规定对总分机构的企业实行“统一计算、分级管理、就地预缴、汇总清算、财政调库”的企业所

① 根据广西壮族自治区地税局财产行为税处调研数据。

得税分配和征收管理办法，财政部调库、总、分支机构企业所得税分配比例为2.5∶2.5∶5。实行此办法后，对不具法人资格的资源型企业的分支机构所在地的地方财政收入影响很大，削弱了当地政府治理环境、安置库、矿区移民以及维护当地社会治安等社会事务的经济能力。如地跨广西、贵州两省的天生桥水电站（分天一、天二电站）企业所得税汇总在企业法人注册地的广州市缴纳，作为发电地的广西、贵州两省只能分享企业所得税少部分；中铝广西分公司（平果铝）企业所得税的分享也存在此问题。因此，建议对设在广西境内的资源型企业的分支机构，提高其企业所得税就地预缴比例（全额就地预缴或将就地预缴比例提高到75%）。

3. 将糖业副产品纳入资源综合利用目录。糖业是广西的传统支柱产业。将蔗渣、桔水、滤泥等糖业副产品纳入资源综合利用目录，给予利用蔗渣、桔水生产纸、酒精的制糖企业享受企业所得税的税收优惠政策，不仅是发展广西传统产业的需要，更是提高我国资源综合利用率，发展循环经济的需要，也是促进广西经济社会可持续发展的需要。因此，建议将蔗渣、桔水、滤泥列入《资源综合利用企业所得税优惠目录》并给予相关的税收优惠政策。

4. 开征环境保护税，为广西经济社会的可持续发展提供生态环境保障。广西现有的一些重要产业如有色金属采选冶炼、制糖、造纸等多是传统类产业，能耗和污染较高。如制糖工业是广西的支柱产业，涉及面广、影响大。近年来，广西的制糖工业得到了快速发展，其产值已占到广西工业总产值的7%，产糖量占全国总产糖量的60%以上。但是，由于制糖工业排污量大，制糖工业的高速发展也伴随着比较严重的环境污染问题。为此，广西壮族自治区人民政府规定了制糖业污染治理目标，即到2012年，广西制糖企业50%以上的清洁生产水平要达到国家环境保护行业标准《清洁生产标准甘蔗制糖业》二级技术以上要求；到2015年50%以上的制糖企业则要达到一级技术以上要求。现行对排污企业采取的是征收环境保护费的方式，2009年度广西环境保护部门征收了有12278户企业的排污费，征收金额为26825.93万元①。如将排污费改征环境保护税，今后每年可征收环境保护税近3亿元。开征环境保护税既增强环境治理的刚性，又可为环境治理提供更可靠的财力保障。因此，建议将广西列入国家排污费改征环境保护税的试点省

① 根据广西壮族自治区环境保护局统计数据。

份。

（八）建立合理的税收分享制度

为尽快改善广西地方财力有限和增长相对乏力的状况，加大中央对地方财政收入的支持力度，适当调整税收分享制度，有利于进一步促进地方财政收入的持续稳定增长，提高财税扶持政策的效益。

1. 适当提高中央和地方共享税收的地方分享比例。2002 年国家实行所得税分享体制改革，所得税中央与地方 6：4 分享。由于广西属于西部地区，经济落后，地方财政总量小，所得税规模也较小，地方分享到的收入很少，同时还要承担民族自治地区对企业所得税地方分享部分的减免税，地方政府实际所能获得的企业所得税收入很少。建议提高民族自治地区中央和地方共享所得税的地方分享比例，减轻民族自治地区因实施地方企业所得税优惠而带来的财政减收压力。

2. 国家配套减免中央分享部分企业所得税。根据《中华人民共和国企业所得税法》第二十九条规定，民族自治地方的自治机关对本民族自治地方的企业应缴纳的企业所得税中属于地方分享的部分，可以决定减征或者免征。由于广西的企业大多是中小规模的企业，盈利能力比较低，只给予这些企业减征或免征属于地方分享的部分企业所得税，企业实际能得到的优惠很少，难以达到税收优惠政策的预期目的。因此，建议国家按一定比例配套减免这些企业所得税中央分享部分，体现中央对民族自治地区企业的扶持。

3. 国家通过转移支付对因实施国家税收优惠政策减少的地方财政收入给予一定程度的弥补。为了减轻“中央请客地方买单”给落后地区财力造成的负担，建议国家通过转移支付，适当弥补因国家实施统一的税收优惠政策而减少的地方财政收入，缓解广西财政紧张的局面，确保依法治税和国家税收优惠政策的全面贯彻落实，避免一些财力困难地区“盼税收优惠政策，但又用不起税收优惠政策”的窘境，为广西经济社会加快发展提供必要的财力保障。

参考文献

1.《国务院关于进一步促进广西经济社会发展的若干意见》（国发〔2009〕42 号）。

2.《国务院办公厅印发贯彻落实国务院关于进一步促进广西经济社会发展若干意见重点工作分工方案的通知》（国办函〔2010〕94 号）。

3. 广西北部湾经济区发展规划。

4. 广西壮族自治区人民政府2010年度工作报告。

课题组组长：关　礼　刘　佐
副　组　长：蒙启华　靳东升　李　伟
成　　　员：汪星明　高丽峰　马炳寿　王浪花　黄舒爽
石　坚　李　平　周华伟　李明贵

税收支持甘肃经济社会发展研究报告

甘肃省国家税务局课题组

2010年5月2日国务院办公厅下发的《关于进一步支持甘肃经济社会发展的若干意见》（国办〔2010〕29号）（以下简称《意见》）是经国务院同意下发的专门支持甘肃经济社会发展的政策性文件，具有很强的针对性和指导性，这在甘肃发展史上还是第一次，具有里程碑意义。《意见》进一步明确了甘肃省在全国的五大战略定位，提出了要把甘肃建成全国的工业强省、文化大省和生态文明省的宏伟目标，实施“中心带动，两翼齐飞，组团发展，整体推进”的区域发展战略。《意见》10个方面、47条政策措施都是着眼于解决影响和制约甘肃发展的突出问题，给全省经济社会发展指明了方向，体现了党中央、国务院对甘肃工作的巨大支持和对全省人民的亲切关怀。此件的下发给甘肃的发展带来了千载难逢的大好机遇，甘肃省委、省政府要求各地、各部门结合本职工作，以实际行动贯彻落实。

甘肃省国家税务局迅速行动，以实际行动贯彻落实国办文件精神和省委、省政府会议要求，于2010年5月底拟定并下发了《关于开展“税收支持甘肃经济社会发展”课题调研有关事项的通知》（甘国税函发〔2010〕180号），在全系统开展了关于税收支持甘肃经济社会发展的调查研究。经过两个多月的调查研究，各市（州）国税局、开发区国家税务局和省国家税务局各相关处室紧紧围绕税收如何支持甘肃发展这个主题，立足当地实际，在调查研究的基础上形成了子课题报告。在此基础上，课题组在进行实地调研的同时，对各子课题进行深入细致的研究、分析、梳理、归纳和提炼，形成了本研究总报告，现呈送领导和有关部门，供决策时参考。

一、甘肃经济税收发展现状与发展趋势

（一）发展现状

甘肃作为中国西北地区重要的工业基地与资源大省，随着改革开放的不断深入，随着甘肃区域发展战略和工业强省战略的深入实施，2002 年以来，国内生产总值以 10% 以上的速度递增，工业增加值年均递增 25.74%，石油化工、煤炭电力、冶金有色、装备制造、建材等传统优势产业经过技术改造，质量和效益不断提升。财政税收连年大幅增长，综合实力和发展能力不断增强，实现了全省经济的稳定较快发展。

近年来的全省国内生产总值一直呈增长态势，2009 年达到了 3382.35 亿元，比上年增长 10.1%，是 2002 年 1232.03 亿元的 2.75 倍。其中，第一产业增加值为 497.50 亿元，增长 4.9%；第二产业增加值为 1510.98 亿元，增长 10.4%；第三产业增加值为 1373.87 亿元，增长 11.3%。三次产业结构由 2002 年的 18.40：45.70：35.90 调整为 2009 年的 14.71：44.67：40.62。与 2002 年相比，第二产业所占比重下降 1.03 个百分点，第一产业下降 3.69 个百分点，三产业提高 4.72 个百分点（表 1），三次产业结构在调整中日趋合理。

表 1　　2002 年与 2009 年甘肃省国内生产总值产业结构变化表　　单位：%

产业名称	第一产业	第二产业	第三产业
2002 年	18.40	45.70	35.90
2009 年	14.71	44.67	40.62
增减变化	-3.69	-1.03	4.72

作为甘肃主导产业的工业增加值保持了较快的增长速度。2002 年，全省完成工业增加值仅为 389.38 亿元，2009 年工业增加值达到了 1191.25 亿元，是 2002 年的 3 倍。规模以上工业企业完成工业增加值 1136.71 亿元，比 2008 年增长 10.6%，石化、有色、电力、冶金、食品和机械等支柱产业完成工业增加值在规模以上工业增加值中所占比重很大，达到了 84.09%（表 2）。其

中，石化工业为258.86亿元，同比增长13.51%；有色工业为200.55亿元，增长15.03%；电力工业为145.95亿元，增长8.29%；冶金工业为143.24亿元，增长2.61%；食品工业为120.23亿元，增长10.06%；机械工业为87.09亿元，增长13.69%。全省规模以上装备制造业为92.10亿元，增长13.86%。

表2　　2009年甘肃省支柱产业工业增加值所占比重表　　单位:%

行业名称	石化	有色	电力	冶金	食品	机械	其他
比重	22.77	17.64	12.83	12.60	10.58	7.67	15.91

重工业完成增加值967.09亿元，占规模以上工业增加值的85.08%；轻工业完成增加值169.62亿元，占规模以上工业增加值的14.82%，重工业在规模以上工业企业完成工业增加值中的所占比重远大于轻工业；重工业的增长速度为10.9%，大于轻工业的9.0%（表3）。

表3　　2002—2009年甘肃省轻工业、重工业增加值比较表　　单位：亿元

年　份	2002	2003	2004	2005	2006	2007	2008	2009
轻工业	62.62	67.95	78.35	82.28	114.59	119.97	149.93	169.62
重工业	277.99	321.86	426.77	518.52	659.62	837.00	985.23	967.09

社会固定资产投资保持了强劲的增长态势，使甘肃的主导优势产业发展后劲更加增强。全省社会固定资产投资2002年为575.83亿元，2008年增长到1735.79亿元，2009年，在国家宏观政策的鼓励下，全社会固定资产投资大幅增长，总额达到了2479.60亿元，比上年增长了42.85%，8年增长了4倍多。这些投资按照产业来看，第一产业投资129.09亿元，占5.21%；第二产业投资1206.31亿元，占48.65%；第三产业投资1144.20亿元，占46.14%。城镇固定资产投资2076.38亿元，主要集中在采矿业，制造业，电力、燃气及水的生产和供应业。其中，采矿业投资100.88亿元，制造业投资397.40亿元，电力、燃气及水的生产和供应业投资407.80亿元。

全社会消费品零售总额也连年攀升，由2002年的453.50亿元上升为2009年的1183.01亿元，增长了1.5倍。

甘肃的外贸进出口由于受国际金融危机的影响，2009年全省外贸进出口总值大幅下降，为38.21亿元。其中，出口总值为7.35亿美元，下降

54.10%；进口总值为30.86亿美元，下降31.30%。

在经济稳定、较快发展的基础上，全省财政收入近年来一直保持较快增长态势。2009年全省大口径财政收入为604.01亿元，比上年增长36.63%，是2002年的4倍多。其中，国税收入为334.7亿元，增长45.8%；地税收入为165.4，增长12.9%；财政部门组织收入104亿元，增长51.9%。

经济决定税收，税收来源于经济，同时，经济结构决定税收结构，税收又是经济结构的反映。2000年以来，随着甘肃宏观经济的稳定增长，主导行业强势走高，能源原材料产品价格上扬，新建和改造项目陆续上马投产以及国家政策大力扶持等因素的助推，甘肃税收总体运行情况良好，实现了与经济的同步较快增长。2001年至2009年，全省共实现税收收入2390.97亿元，年均递增20.67%。

国税收入是甘肃财政收入的主要来源，占全省财政收入的55%左右。近年来，全省各级国税机关以强化税源管理为重点，建立健全规范的指标考核体系、严密的税收分析和征收管理体系，积极推行科学化、专业化、精细化管理，大力推进信息管税，保持了国税收入稳定、较快增长的态势。从2001年的75.2亿元增长到了2009年的334.7亿元，年均增长20.59%（表4）。尤其是2009年，面对全球金融危机的冲击，全省国税系统在国家税务总局和省委、省政府的正确领导下，认真落实结构性减税政策，克服种种不利因素，积极应对金融危机，共组织入库各项国税收入334.7亿元，整体增长45.8%。

表4　　2001—2009年甘肃省国税收入总额及增长速度

年　份	2001	2002	2003	2004	2005	2006	2007	2008	2009
国税收入（亿元）	75.2	88.4	104.4	129.9	150.2	177.1	227.8	229.5	334.7
同比增长（%）	16.6	17.6	18.1	24.4	15.6	17.9	28.6	0.7	45.8

分税种看，2009年增值税完成163.8亿元，增长6.1%；消费税完成132.4亿元，增长225%；企业所得税完成24.3亿元，增长9.3%；车辆购置税完成12.2亿元，增长48.9%；储蓄利息个人所得税完成2亿元，同比下降50.77%。增值税、消费税分别占税收总额的48.9%和39.6%，企业所得税只占税收总额的7.3%。

分所有制结构看，2009年，甘肃省国税收入主要来自于国有企业和股份公司，缴纳税款分别为79.95亿元、209.42亿元，分别占年度国税收入的

23.89%和62.58%。私营企业入库税款13.68亿元，占年度国税收入的4.09%；外商投资企业入库税款10.24亿元，占年度国税收入的3.06%；个体经营者入库税款14.47亿元，占年度国税收入的4.32%。

分区域看，2009年，兰白经济圈的省直属分局、兰州市、兰州市经济技术开发区、兰州市高新技术开发区、白银市五个征收单位共组织国税收入198.89亿元，占全省国税收入的59.43%；酒泉、嘉峪关共组织国税收入43.87亿元，占全省国税收入的13.11%；平凉、庆阳共组织国税收入35.21亿元，占全省国税收入的10.52%；甘南、临夏共组织国税收入4.99亿元，占全省国税收入的1.49%；其他地区共组织国税收入51.7亿元，占全省国税收入的15.45%。

分行业看，国税收入中来自于石化、卷烟、商流、冶金、煤炭、电力6大支柱产业的占到总额的85.17%，税收收入分产业看：石化为144亿元、卷烟为37.8亿元、商流为36.5亿元、冶金为26.22亿元、煤炭为15.6亿元、电力为24.9亿元，所占比例分别为43.03%、11.3%、10.91%、7.83%、4.66%和7.44%（见表5）。

表5　甘肃省国税收入中6大支柱产业所占比重　单位：%

产　业	石化	卷烟	商流	冶金	煤炭	电力	其他
比重	43.03	11.30	10.91	7.83	4.66	7.44	14.83

支柱企业对甘肃税收的贡献巨大。甘肃省国税系统共有纳税人27.4万户，其中企业5.8万户，个体工商业户21.6万户，亿元以上重点企业只有24户。兰州石化分公司、兰州卷烟厂、玉门油田分公司、兰州卷烟厂天水分厂、庆阳石化分公司5家企业2009年缴纳国税163.89亿元，占到了全省国税收入的48.97%。

从以上经济结构分析和税收结构分析可以看出，近年来甘肃生产总值、财政收入和税收收入、投资等主要经济指标增长一直保持在两位数以上，经济整体运行状况较好。同时也可以看出，甘肃是一个典型的能源原材料省份，税收主要来源于能源原材料行业企业，经济税收的发展仍然受限于“重重轻轻、大大小小”（重工业太重，轻工业太轻；大企业很大，小企业很小）的结构局面，而且这种状况在未来若干年内不可能有大的改变。

（二）发展趋势

近年来，甘肃一直致力于经济结构调整、产业优化升级、发展循环经济和外向型经济，但由于受自然、历史、环境、资源、区位条件和政策因素等方面的影响和制约，仍然存在着经济发展落后，经济结构上偏重于能源原材料，产业链条短、精深加工不够、增值空间小，外向型经济发展落后，吸引外来投资能力不强，转变发展方式难度大等诸多问题。主要表现在：产业结构性问题突出，石油、石化、有色、电力等传统产业比重高，对能源、资源依赖性强；高耗能、高污染、资源性企业比重大，节能降耗和资源保障压力大；产业链条短，深加工产品少，产品附加值不高；企业自主创新能力弱、非公经济和中小企业因受资金、技术、人才、市场、政策等因素制约，发展活力不足等。这样的现状和特征，严重制约着甘肃经济的协调、快速、稳定发展。

在国务院办公厅下发的《意见》中，在肯定甘肃的战略地位的基础上，明确了甘肃未来发展的战略定位和目标。对甘肃的战略定位是：连接欧亚大陆桥的战略通道和沟通西南、西北的交通枢纽，西北乃至全国的重要生态安全屏障，全国重要的新能源基地、有色冶金新材料基地和特色农产品生产与加工基地，中华民族重要的文化资源宝库，促进各民族共同团结奋斗、共同繁荣发展的示范区。目标是：努力建设成工业强省、文化大省和生态文明省。

国办文件肯定了甘肃省委、省政府“中心带动、两翼齐飞、组团发展、整体推进”的区域发展战略，又进一步明确了甘肃经济发展的战略布局，指出：要优化空间布局，促进区域协调发展：一是大力支持兰（州）白（银）核心经济区率先发展。建设兰（州）白（银）都市经济圈，积极推进兰州新区、白银工业集中区发展，做大做强石油化工、有色冶金、装备制造、新材料、生物制药等主导产业，把兰白经济区建设成为西陇海兰新经济带重要支点，西北交通枢纽和物流中心。二是着力推动平（凉）庆（阳）、酒（泉）嘉（峪关）经济区加快发展。加快陇东煤炭、油气资源开发步伐，积极推进煤电一体化发展，构建以平凉、庆阳为中心，辐射天水、陇南的传统能源综合利用示范区。加快酒泉、嘉峪关一体化进程，积极发展风能、太阳能等新能源及装备制造产业，构建新能源开发利用示范区，形成甘肃东西两翼齐飞的经济增长新格局。三是全面促进区域功能组团协调发展。按照“功能定位、合理布局、组团发展、整体推进”的原则，重点打造一批区域功能组团。祁连山生态补偿区，实行强制性保护，建立生态补偿机制。武威张掖河西走廊绿色经济区，着力加强防沙治沙，大力发展新能源和生态农业。“两州两市”（临夏回族自治州、甘南藏族自治州、定西市、陇南市）扶贫攻坚区，加大政策倾斜和资金支持力度，加快脱贫致富步伐。金昌、白银等为重点的循环经济区，大力推行清洁生产，提高能源资源利用效率。加快天水区域中心城市建设，促进关中—天水经济区发展。

5月20日，甘肃省委、省政府召开全省动员会，就贯彻国务院《意见》和省委、省政府“中心带动，两翼齐飞、组团发展、整体推进”的区域发展战略，进行了深入动员和进一步的安排部署，要求全省各地区、各部门立即行动起来，结合实际，制定具体措施，狠抓落实。由此可见，今后十数年，甘肃经济发展将是落实国办文件内容、全面实施“中心带动，两翼齐飞、组团发展、整体推进”的区域发展战略期，加快转变经济方式、调整经济结构、发展新能源新材料、发展特色经济，将是甘肃未来经济发展的总趋势。税收工作将在此大背景、大趋势下，围绕产业发展重点，发挥税收职能作用，支持地方经济发展，国税事业将随着甘肃区域经济发展迎来新的发展阶段。

适应甘肃区域经济发展，全省各级国税机关在深入系统学习、全面深刻领会国务院、省委、省政府相关文件精神的基础上，从税收角度认真贯彻落实，并创造性地开展工作，着力加强税收征管，为甘肃发展提供财力保障；努力提高纳税服务水平，为广大纳税人提供公平的税收环境；落实好现有税收优惠政策，并积极研究、向国家有关部门提出税收政策支持甘肃经济发展的建议，创造良好的政策环境。

二、现行税收政策对甘肃经济发展的制约因素分析

税收政策是国家经济政策重要组成部分，对于促进经济稳定、协调、持续发展具有不可替代的重要作用。自1994年分税制改革以来，随着税收政策经过多次调整，中国税制渐趋完善，其对全国包括甘肃经济发展的促进作用也十分明显。尤其是近十年来，西部大开发等税收优惠政策的出台以及包括增值税转型改革及其配套措施、企业所得税改革、进出口税收政策调整、车购税调整、成品油消费税改革等结构性减税政策的实施，对于拉动甘肃的投资和消费、促进经济增长、促进资源综合利用，发展循环经济，以及降低企业生产成本，增加利润，扩大生产规模提供了有力的支持，有效地促进了甘肃经济的发展。但是，从全国范围来看，改革开放三十多年来，中东部经济发展迅速，甘肃发展相对缓慢。甘肃之所以与中东部之间的差距越来越大，除了甘肃的自然、地理、历史、资源禀赋、产业结构等原因之外，政策因素包括税收政策也是制约甘肃发展的重要因素。

国务院办公厅《意见》的出台，从宏观上体现了中央对甘肃的支持，给甘肃经济社会实现快速、协调、可持续发展带来了千载难逢的发展机遇，而发展需要相应税收政策的有力支持。而中国现行税收政策中仍有一些因素制约着甘肃经济的发展。国家税务总局下发的《关于印发〈跨地区经营汇总纳税企业所得税征收管理暂行办法〉的通知》（国税发〔2008〕28号），确定50%的税款在总机构预缴，其余50%在各分机构之间分配，而且分配预缴税款的权力在总机构，汇算清缴也在总机构进行，企业总机构在分配税款方面具有较大话语权，因此往往分机构所在地预缴税款较少，大部分移出省外。与发达省市相比，甘肃的跨省经营的总机构企业非常少，只有17户，仅占全国的0.14%；相比之下，总机构在外省、而分机构在甘肃的企业比较多，达到了282户，且这些企业大多数为甘肃的纳税大户，因总机构在外使得税款大量转移。在甘肃的长庆油田增值税管理就存在税收与税源背离问题。跨区经营统一核算，实施总部、分机构管理的企业日益增多，要求实施增值税汇总缴纳的需求日益强烈。但如果实施增值税汇总缴纳后，生产经营地政府就面临着投入了人力、物力、财力的情况下，无税收入库或分配税额较小的尴尬局面，也在一定程度上反映出税收与税源相背离问题。再如，从西部大开发政策来看，含金量最大的就是对设在西部地区的符合条件的企业减按15%税率缴纳企业所得税，以及新办交通、电力、水利、邮政、广播电视基础产业的企业所得税实行“两免三减半”。但企业享受这些优惠的基本前提是盈利。而甘肃有很大一部分企业由于规模小、竞争力不强，大多处于亏损或微利状态，实际上享受到国家对西部地区企业的税收优惠十分有限。另外，在进出口退税政策中，国家从2008年下半年开始先后七次提高出口货物退税率，但明确规定，对高污染、高耗能及资源型产品即“两高一资”产品出口不退税。甘肃是一个典型的资源型省份，资源开发与初级加工一直是甘肃省工业的主导，也是外贸出口产品的主导，“两高一资”等资源性产品长期占甘肃出口总额的50%以上，享受不到退税支持，使甘肃的企业和外经外贸发展受到制约。目前，甘肃省全部出口产品平均退税率仅为6.86%，远远低于全国平均水平12.4%的出口退税率。

根据国办《意见》文件中关于甘肃经济发展区域布局定位和省委、省政府的区域发展战略规划，从甘肃实施区域发展战略的角度，对存在的税收政策制约因素加以分析：

（一）构建兰（州）白（银）经济圈过程中的税收制约因素分析

国办《意见》指出：“要大力支持兰（州）白（银）核心经济区率先发

展。其重点是积极推进兰州新区、白银工业集中区发展，做大做强石油化工、有色冶金、装备制造、新材料、生物制药等主导产业。”

但是，从税收政策方面看，目前用于这些主导产业的税收优惠政策很少，缺少税收政策方面的扶持。

从长远来看，要推进兰州新区、白银工业集中区发展，发展高新技术产业是必然选择。目前，兰州有兰州高新技术产业开发区（国家级高新区），白银有白银开发区（省级高新区）。其中，兰州高新技术产业开发区截至2009年年底共有高新技术企业123户，占全省高新技术企业77.8%，但国家税收、地方税收总收入只有8.3亿元，仅占整个兰州地区税收收入总额的3.29%。可以说，兰州高新技术产业发展速度十分缓慢，对整个兰白区域经济发展的带动作用非常有限。虽然《中华人民共和国企业所得税法》对高新技术产业方面有优惠政策，但由于兰州、白银开发区起步晚、基础差、底子薄，高新技术产业发展缓慢、总量规模小，与东部发达地区相比，兰州、白银在此方面享受到的所得税优惠仅为发达地区的零头。毋庸置疑，与经济特区、上海浦东新区相比，兰州、白银开发区在吸引高新技术企业落户和追加投资方面处于明显劣势，几家已经在兰（州）白（银）开发区落户的企业也由于以上原因准备撤资或者在外地开设分厂。如兰州中农威特生物科技股份公司是一家生物与新医药技术公司，发展潜力巨大。2009年销售收入为2.7亿元，缴纳增值税0.16亿元、企业所得税0.16亿元，总体税负为11.71%，与甘肃省的整体税负基本持平。目前，该公司已经与天津滨海新区联系，开设了分厂。另一家中德合资企业——耐驰泵业有限公司已经决定在其他地区设立新的生产基地。由此可见，甘肃的高新技术企业在享受与全国大部分地区相同但低于经济特区和浦东新区的税收优惠政策的同时，在企业生存和发展的其他条件均全面落后于其他地区，“引不来、留不住”的问题十分突出。如果这种状况得不到改善，甘肃省的高新技术产业前景很不乐观，高新技术产业对地区经济发展的带动效应无从谈起。

在增值税一般纳税人认定管理方面，现行管理办法规定，对于企业和个体工商户，只要销售额达到新标准就必须认定，否则，不能使用增值税专用发票，不得抵扣进项税额。管理办法虽然降低了准入“门槛”，有利于企业做大做强，但是此种“强行认定”的政策，对一些由于主客观等多种因素无法取得增值税专用发票的企业（如制氧企业、砖瓦砂石企业等）因无法抵扣而使其税收负担加重，反映极为强烈，政策执行难度较大。个体工商户认定难度更大，如兰州东部市场上千户个体工商户销售的商品量大、利薄，事实上多数已超过年销售额 80 万元标准，但要每户都认定资格或按增值税税率征收，税负过重，甚至无利可图，认定困难不小。这种规定一方面客观上增强了这些纳税人对税务机关的抵制情绪，给税收征收管理带来了难度；另一方面，由于没有建立起“准入准出”机制，一般纳税人资格认定后就不得取消，客观上也限制了规模较小企业和个体工商户的发展壮大。

白银面临的发展任务更为艰巨。作为典型的资源枯竭城市，在长期计划经济体制下，形成了大量的历史欠账，部分大中型企业由于地方政府财力所限而承担了本应由政府承担的公共建设和公共服务部分。如白银公司、稀土公司、银光公司、靖远煤业公司等企业，年度支出中企业办社会部分高达 9000 万元。随着主导产品原料的铜、煤资源的枯竭，白银的出路在于改造传统产业，培育接续产业，延伸壮大产业链条。但税收政策在这方面的扶持力度并不大。数据显示，白银能够享受的与资源型城市经济转型有关的税收政策有三项：一是 2008 年 17 户资源综合利用企业享受资源综合利用政策退税 0.48 亿元；二是三线调整搬迁企业 2005 年至 2008 年享受增值税先征后返优惠政策返还税金 4.51 亿元；三是 2001 年至 2009 年，西部大开发税收优惠政策减免企业所得税 2.61 亿元，税收对资源型转型城市“龙头产业链”优惠力度不大，作用有限。

税收政策对于白银这样的转型城市扶持力度不够主要体现在：现行增值税优惠政策在资源循环利用、节能减排方面调整范围过窄。资源综合利用政策中目前享受政策的多数为利用固体废料的建材等初级产品，技术含量相对较低。而对一些技术要求高，投资大的利用废气、废液等部分项目，很难享受到增值税优惠政策。

一是利废如无对应产品或目录中未列举则不能享受。如白银洁能热电公司利用 11 台瓦斯发电机，通过抽采靖远煤业集团魏家地等矿的瓦斯气体发电，年发电量 2500 万度以上，利用瓦斯 1000 万立方米以上，减排二氧化碳 15 万吨，减排二氧化硫 300 吨，节约标准煤 1.6 万吨，余热锅炉每年节约标准煤 0.7 万吨，“十五”期间共缴纳增值税 442.6 万元，而企业该期间固定资产投入资金高达 3000 多万元。瓦斯气体的治理和利用，防范了煤矿事故，利用了清洁能源，改善了环境质量，保障了安全生产，却无法享受利废税收优惠政策。

二是在节能减排环保项目上尤其是白银公司铜冶炼制酸系统污染治理工

程，白银公司重金属离子废水处理回用工程，甘肃稀土公司废水治理工程，甘肃银光公司硫酸雾治理工程均属有利于社会、企业、居民的“绿色工程”，但是由于没有直接对应的产品，无法享受资源综合利用增值税减免政策，就企业而言这部分投入往往无利可图或微利，严重挫伤企业投资这类环境综合治理项目的积极性。此外对于低品位矿、难采矿的开采利用，虽然企业投入大量资金、设备，也无法享受相应的税收优惠，挫伤了企业发展循环经济的积极性。

（二）平（凉）庆（阳）能源经济区发展中的税收制约因素分析

国办《意见》指出，要加快陇东煤炭、油气资源开发步伐，积极推进煤电化一体化发展，构建以平凉、庆阳为中心，辐射天水、陇南的传统能源综合利用示范区。

平凉、庆阳两地矿产资源十分丰富。平凉煤炭储量居全省首位，预测地质储量650亿吨以上，煤炭探明总储量37亿吨，截至2009年年底，平凉共有煤电企业37户，其中煤炭企业32户，发电企业4户。2009年，原煤产量达到2019万吨，占全省产量的近50%，发电量64.89亿千瓦时，占全省的近20%，以煤电产业为支撑的工业主导型经济格局初步形成。另外，已探明石油储量4000万吨，潜在资源量4.3亿吨，远景资源量5.7亿吨，具备良好的勘探开发前景；石灰石储量30多亿吨。

庆阳地区蕴藏着储量丰富的石油、煤炭、天然气等资源，其中油气资源总量近32.47亿吨，煤炭资源预测储量2360亿吨，煤层气预测储量13588亿立方米，已具备建设千万吨级大油田、亿吨级大煤田和千万千瓦装机容量煤电基地条件。

虽然平凉、庆阳两地矿产资源丰富，但由于资源税税负偏低，加上国家尚未对资源开发地建立起生态补偿机制，当地居民承受着资源开发所带来的环境恶化、生态失衡等后果，但真正从资源开发中收益很少。以庆阳油区为例，因油层分布片广面大，自20世纪70年代初至今，长庆油田共在陇东油区打井5000余口，修平井场4000余座，开荒修建通往井场的临时性路面上千条，严重破坏了原有的农田、植被，同时，由于多地层的地下钻探和地表超标废水排放，给当地奇缺的水资源造成严重污染。而国家对资源开发地尚未建立起相应的生态补偿机制，也没有实施差异性减排政策，当地政府由于受政策、资金等方面因素的困扰，也无力开展矿区环境治理和生态恢复。陇东油区最早的开发区现已步入原油产量递减期，油田企业近几年大量搬迁，留给当地的只有萧条的经济和荒凉的景象。2010年7月5日至6日，国务院召开西部大开发工作会议，温家宝总理在讲话中表示，要使西部地区资源优势转变为经济优势，对煤炭、原油、天然气等资源税由从量征收改为从价征收，意味着针对新疆地区的资源税改政策将推广到西部 12 个省份。这对于平凉、庆阳这样的能源型地区无疑是一个福音，仅以长庆油田一家企业测算，按其销售收入的 5% 计征，如果按原油产量 350 万吨、国内原油平均价格 3700 元/吨计算，可收 6.5 亿元税收，是 2009 年实际征收资源税 0.76 亿元的 8.6 倍。问题是，即使税收增加使当地财政相应增加，但面对繁重的环境治理和生态恢复任务，仍显不足。

"总部经济"财税体制致使资源开发地走不出"捧着金饭碗讨饭吃"的困境。2008 年 1 月 1 日实行的新企业所得税法规定，企业在中国境内设立的不具有法人资格的营业机构，如分公司，则需要汇总到总公司计算并缴纳企业所得税。同时规定，某些经过国务院批准的一些大集团公司，要执行汇总缴税。允许汇总缴税的结果对企业发展有利，但使得税收分布和利润分布不对应。目前中石油、中石化所属企业实现的所得税均执行汇总纳税政策，属中央级预算收入，没有实行中央与地方共享，严重影响地方政府的积极性。以庆阳石化公司为例，随着该公司的搬迁改造完成，按照既定发展目标，2011 年炼量将达到 300 万吨，以后还要发展 800 万吨，税收将突破 80 亿元。而该公司 2009 年仅为庆阳增加财力 0.037 亿元，占上缴税收的 0.34%。同时，实行汇总纳税的财税政策也导致大型企业很少在资源开发地延伸产业链，割裂了相关资源的有机整合，割断了产业链和工艺流程，在开发地创造的附加值少，创造的就业机会少，资源开发地将长期走不出卖资源、卖初级产品的困境。

现行财税分配体制，客观上不利于资源富集区。庆阳虽然拥有丰富的石油、煤炭、天然气资源，但现行分税制将增值税的 75% 和消费税的 100% 都归中央，地方仅有营业税和增值税的 25%。石油企业的税收大部分上缴中央，省、市、县、乡得到的不多。庆阳又是贫困地区和革命老区，第三产业发展滞后，营业税收入规模小，地方政府的财力少。

老少边穷地区脆弱的经济基础使现行税收优惠政策难以发挥应有效应。国家对未来 10 年西部大开发的新战略目标进行了再次设定，在西部发展政策方面给予了有力支持。但这些优惠政策对经济基础薄弱、基础设施落后的西部来说，其在吸引资金、发展经济等方面的作用仍然有限。以庆阳为例，属于传统的农业地区，工业企业少、企业赢利水平低、减免的范围窄、享受优惠政策的企业户数少。目前庆阳市国税部门管理的企业能享受到优惠政策的只有 8 户，并且范围较窄，数量少，难以凸现优惠政策的应有效应。

（三）酒（泉）嘉（峪关）新能源基地建设和区域发展中的税收制约因素分析

《意见》指出，要加快酒泉、嘉峪关一体化进程，积极发展风能、太阳能等新能源及装备制造产业，构建新能源开发利用示范区。

近年来，酒泉、嘉峪关风能、太阳能等新能源及装备制造产业发展迅猛：至2009年，酒泉风电装机突破200万千瓦，达到220万千瓦；风电装备销售收入达到64亿元。酒泉市风电及风电装备制造企业实现工业增加值26.4亿元，是酒泉市工业增长的新亮点。目前，“甘肃酒泉新能源装备制造产业园”入驻的21家风电装备制造企业中，有上市公司13家、中央企业8家。嘉峪关装备制造业伴随着酒钢的发展而逐步发展壮大，2009年，完成工业总产值13.2亿元，占全市工业总产值的3.1%规模以上装备制造企业完成工业总产值5.16亿元，同比增长26.8%，已有8家规模以上装备制造业企业，涉及行业涵盖了冶金装备及备件制造、新能源装备制造、专用设备制造、电气设备制造、工程机械制造以及民用核设备制造等众多领域。同时，酒泉、嘉峪关地处新疆、青海、内蒙古三省区交汇要道，与三省区风能资源储备丰富地区运输半径在800千米左右，有发展新能源装备制造业的独特区位优势，前景看好。

现行税收政策既有对酒泉、嘉峪关新能源及装备制造业发展的支持，也有部分政策成为制约因素：

1. 税收优惠政策的调整影响风电企业发展。自2009年1月1日起，国务院决定“进口设备增值税免税政策和外商投资企业采购国产设备增值税退税政策停止执行。”风电企业有着“初始投资成本高，产能低，经营周期长”的特点。2009年以后在建或筹建的需要采购国产设备风电企业，不能享受退税优惠政策，影响企业采购国产设备的积极性。自2008年7月1日起，国家对“利用风力生产的电力”税收由减半征收改为即征即退50%的政策。虽然实质上企业享受到的税收优惠是一样的，但是由于政策调整后退税时间上的滞后性，减少了企业流动资金数量，降低了企业资金利用效率。

2. 网架发展滞后税收优惠政策难以落实。目前酒泉110千伏输变电线路和330千伏输变电线路，均不能满足现有风光电企业满负荷发电电力输出的需要；预计建成的750KV输变电线路的输送能力可以达到500万千瓦，但也只能缓解全市2010年完成的516万千瓦风电装机容量的外送需求。致使企业不能如期将“三免三减半”的企业所得税优惠政策享受到位，依照新《中华人民共和国所得税法》规定，风电企业享受的“三免三减半”所得税优惠政策是自该项目取得第一笔生产经营收入所属纳税年度起。由于风电建设快于网架建设，有电无线，使风电企业享受所得税优惠政策期间盈利能力降低甚至亏损。

3. 风电及装备制造企业一次性投资大，回报期长。增值税转型后，实行固定资产抵扣政策，致使风电企业在近 10 年内无增值税。

4. 风电基地建设中，中广核、中广投、国电及装备制造等投资企业都属国有大型企业，企业所得税汇总缴纳，导致税收与税源背离，地方既得利益很少。

5. 装备制造企业税收优惠政策东西部没有差异。河西装备制造企业由国内风机总装排名前三的华锐科技、金风科技、东汽集团和叶片制造排名前三的中复连众、中航惠腾、中材科技等企业投资，这些企业在东部各省区均享受技术开发区以及高新技术企业税收优惠政策，在西部投资所能享受的税收优惠政策与东部没有差别，再加上西部地方财力薄弱、自然环境恶劣，因此这些企业没有将核心的、附加值高的生产经营项目落户到西部，只是在当地简单组装产品销售，因而制约了酒嘉新能源装备制造业的持续发展。

（四）建设武威、张掖、陇南、定西特色农副产品生产及加工基地的税收制约因素分析

武威、张掖、陇南、定西等地都是农业为主的地区，随着当地政府对于特色农产品生产及加工业的重视，以农产品为主的特色产业发展迅速，农产品购销、加工链条快速延长，精深加工企业向规模化经济发展。武威对外贸易以农产品为主，出口退税主要集中农副产品季节性加工行业；张掖围绕农业产业化的番茄、蔬菜、玉米制种等农产品加工已颇具规模，所生产的番茄酱、脱水蔬菜、玉米淀粉和柠檬酸等产品的出口占据了主导地位，全市认定出口企业已由 2001 年的 8 户发展到 2010 年的 43 户，总户数居全省第二位；陇南的花椒、核桃、苹果、油橄榄、茶叶等农副产品享誉中外，2009 年，陇南以特色农业产品为原料的各类加工企业完成增值税 5.6 亿元，同比增长 71%，规模以上加工企业达 175 户，实现增加值 4.4 亿元，同比增长 52.4%，农业特色产业已经成为陇南发展面积最大、覆盖面积最广、从中受益较高、开发潜力最大的优势产业；定西初步培育起了具有区域比较优势和市场竞争力的马铃薯、中药材、花卉、畜牧、食用菌等特色产业，其中中药材在全国市场上的占有份额已经超过 20%，并远销韩国、新加坡、马来西亚等 20 多个国家和地区。

可以看出，农副产品生产和加工已经成为武威、张掖、陇南、定西经济发

展中颇具潜力的增长点。但现行税收政策对农产品加工业还有一些制约因素，在一定程度上影响着农业产业化的进程，主要体现在以下几个方面：

1. 抵扣率设计不科学，存在着“低扣高征”问题，使农产品深加工企业税负偏高，不利于农产品加工企业的发展壮大。农业产业化存在一条从种（养）植、收购、初加工、深加工直至营销的链条。而现行税收优惠政策主要集中在生产环节，而没有激励从农产品的初加工向深加工转变和传统规模型增收向科技创新型转变的机制，也相应提高了企业的税负。按照税收政策规定，农产品加工企业加工的产成品，如果不是《农业产品征税范围注释》的产品，则视为工业品按17%计提销项税额，由于这些产品的加工原材料属于适用13%税率的农产品，由此造成深加工产品税率与原材料进项抵扣率之间的差异。表面看来，从事农产品深加工的企业享受了初级农产品的抵扣优惠，但实际上却由于“低扣高征”使企业的增值税税负高于其他企业，这种情况下，即使农产品加工企业不增值也要缴纳增值税。而只要企业加工增值，其增值税负就要高于其他工业品的17%的一般水平，且加工增值率越小，增值税税负就越大，不利于农产品精深加工业做强做大和进一步发展，与中央支持农产品精深加工发展的政策相背离，无形中为投资者进入这一领域设置了政策障碍，制约了农产品加工增值产业链条的延长。

2. 农产品加工出口的退税率偏低，不利于农产品加工企业的发展。目前中国农产品出口退税执行的是5%或13%的退税率，不仅低于一般发达国家水平，而且比国内其他出口行业平均15%的出口退税率也要低。与国际上通行的农产品出口零税率做法，形成了鲜明对照。同时，由于税法规定的可抵扣进项税额的农产品范围过窄等因素，客观上造成了出口农产品实际承担税款，降低了农产品在国际市场上的竞争力。

3. 国家对初级农产品实行免税优惠，由于初级农产品进入购销、加工环节后，难以区分农业生产者自产和购销，同时对一般纳税人实行凭票抵扣进项税管理，这样，也形成了一些征管难题。《增值税暂行条例》规定，对农业生产者自产的属增值税农产品免税范围的产品才允许免税，对单位和个人销售的外购农产品，以及外购农产品用于加工后再销售的应当按照规定税率征收增值税。但在税收征管工作中，税务机关难以准确区分农产品加工经营企业收购的农产品是农业生产者自产的还是从事贩运的，再加上对从事农产品贩运的纳税人又有起征点的税收优惠，这些都增加了税收征管难度，形成了税收执法风险，基层税务人员管理责任大，执法风险大，难管理、怕管理。同时，跨地区收购农产品使用发票不便。一般纳税人购销、加工农业产品，实行凭票抵扣进项税。但从调查结果看，由于到外地甚至跨省收购农产品很难取得发票，农产品生产经营企业只有 30% 是正常开具收购发票或开具普通发票，还有 70% 不得不从当地经销企业高价购买，增加了企业收购成本，增加了企业税收负担，客观上限制了农业产业化链条的延伸。

（五）打造金昌、白银等为重点的循环经济区的税收制约因素分析

国办《意见》指出，要打造金昌、白银等为重点的循环经济区，建设七大循环经济基地，努力形成循环经济产业集群。推进石化、有色、化工、建材等传统行业清洁生产，从源头控制污染和保护环境。推动企业向产业园区集中，实现集聚生产、集中治污、集约发展，提高能源、水资源和废弃物的循环利用率。支持和鼓励矿产资源开采加工企业提高采矿回收率、选矿回收率、共伴生矿综合利用率，加强冶炼渣、尾矿等大宗工业固体废弃物综合利用，提升节能降耗和资源综合利用水平。大力实施重点节能工程，通过技术减排、结构减排、管理减排等措施，确保实现节能减排目标。

循环经济是以资源高效利用和循环利用为核心，以“减量化、再利用、资源化”为原则，以低消耗、低排放、高效率为基本特征，符合可持续发展理念的经济发展模式。它要求按照自然生态规律组织生产、消费和废弃物的处理，将传统的高开采、低利用、高排放的“资源——产品——废弃物排放”单向开环式线形经济流程，转变为低投入、高利用和废弃物低排放的“资源——产品——废弃物排放——再资源化”闭环式经济流程。资源在这个不断进行的循环经济中得到持久的利用，从而把经济活动对环境的影响降低到最小的程度，旨在建立一种以物质循环流动为特征的经济，实现可持续发展所要求的环境与经济双赢。

中国现行税收优惠政策，对循环经济发展有一定的推动作用。但是与中国所面临的严峻的环境、资源状况和实现可持续发展的战略目标相比，现行税收政策对发展循环经济的作用是零星的、不系统的，调节范围和力度有限、偏低。

甘肃在发展循环经济方面任务十分艰巨。截至 2009 年年底，全省纳入从事金属矿、非金属矿采选的企业 1066 户，缴纳增值税 27.7 亿元，占全省国税收入的 8.28%。随着多年连续采掘，含量高的“富矿”面临枯竭，含量低的“贫矿”即低品位矿由于提炼成本高、无利可图，企业炼化的积极性不高。如白银公司有色集团股份有限公司矿山经过 50 多年的开采，资源逐步枯竭，低

品位矿储量约2.04万吨。2009年12月24日，国务院正式批复《甘肃省循环经济总体规划》，将甘肃整体列为全国唯一的循环经济示范区，如何支持低品位矿炼化，税收政策应该给予相应的支持。

（六）临夏、甘南少数民族地区经济发展中的税收制约因素分析

临夏、甘南是甘肃省的两个少数民族自治州，自然条件十分艰苦，经济发展非常落后，下属的县绝大多数为国家级扶贫县，需要国家政策包括税收政策的大力扶持。然而，促进民族地区经济发展的最大难点在于，缺乏明显的区域性税收优惠政策：

一是优惠政策的对比优势不够。《中华人民共和国企业所得税法》中规定："民族自治地方的自治机关对本民族自治地方的企业应缴纳的企业所得税属于地方分享的部分，可以决定减征或免征"。这项优惠政策只对企业所得税属于地方分享的部分给予了民资自治地方一定的减免权限。按照所得税分享改革的有关规定，中央与地方所得税收入分享比例为中央分享60%，地方分享40%（其中：省20%、州10%、地县10%），因此，民族自治地方只能对企业缴纳的所得税的40%部分进行减免，减免权限还在省政府。且《中华人民共和国企业所得税法》关于民族自治地方减免税权是为民族自治地方设定的唯一可以长期使用的区域性税收政策。优惠政策的比较优势不明显，对经济落后、基础设施较差的民族地区吸引内外部投资，加快民族自治地方的经济发展起到了限制性作用。对企业而言，在同等投资规模下，为了享受更多的税收优惠政策，必然会将资金投往可以享受税收优惠政策较多、基础设施较好的经济特区、经济技术开发区、沿海开放城市等，而不会选择民族地区。

二是税收产业优惠政策滞后，导向性不明。民族地区迫切需要投资的是交通、能源、高新技术产业及特色产业，但现行税收优惠政策主要针对的是国家鼓励类产业和新办电力、水利、广播电视等企业，基本上都是为吸引投资而设的，而对民族地区那些急需的投资规模大、经营周期长、见效慢的基础设施建设、农业开发、交通能源建设等缺乏支持力度。

三是区域性优惠政策缺乏，使民族地区经济发展更加滞后。民族地区地处边远，自然条件艰苦，以交通为主的基础设施十分落后，融资、服务、人才等软环境条件较差，同时，近年来国家税收政策从支持区域性发展调整为以支持产业优惠为主。这样以来，到任何一个地方投资，可享受的税收优惠政策不再会有大的差别。从而民族自治地方对内外部投资的政策吸引力将大大降低，影响民族地区经济社会的快速发展。由于民族地区属于经济欠发达地区，是典型

的“老、少、边、穷”地区，也是国家应重点扶持的地区，与其他地区的快速发展相比，民族自治地方投资环境相对较差，招商引资难度较大，在吸引内外部投资方面，竞争力明显不足，区域性税收优惠政策的削弱，会使民族地区经济发展与发达地区的差距越来越大。

（七）促进关中—天水经济区发展的税收制约因素分析

天水是甘肃的“东大门”，是甘肃经济基础较好、自然条件优越、人文历史深厚、发展潜力较大地区，经过近几年的发展，初步建立了以机械制造、电工电器、电子信息为主导，产品多样化的工业体系。但整体仍处于工业化、城镇化的初始阶段，农业人口多，扶贫开发任务艰巨。经国务院同意、国家发展和改革委员会于2009 年6 月10 日下发的《关中—天水经济区发展规划》和国务院办公厅5 月2 日下发的《意见》将天水定位为关中—天水经济区的次核心城市。天水抢抓机遇，提出了新形势下的发展目标和任务，其中，发展物流业被确定为重点任务之一。随着天水—宝鸡、天水—定西高速的逐步开通，天水计划分别在麦积区、秦州区高速公路接口周围建设现代物流园区。但是，现行税收政策对于物流企业的发展仍然有制约因素，如物流公司增值税抵扣困难。中国规定货物运输业申请自开票纳税人必须拥有交通运输部门颁发的“道路运输许可证”，但要取得“道路运输许可证”不仅需要拥有自备车辆，而且必须达到一定数量和吨位。由于很多物流公司拥有自备车辆的数量和吨位有限，所以很难取得“道路运输许可证”，也就无法取得运输发票，从而造成物流公司无法抵扣增值税。

另外，从天水近年来主要享受的税收优惠政策——西部大开发税收优惠政策来看，优惠种类单一。目前，西部大开发税收优惠政策主要以减免企业所得税为主，但天水的企业所得税在全年入库税收总额中所占比重很小，以2009 年为例，仅为全年入库税收总额的6.78%，因此，以减免企业所得税为主的优惠政策的覆盖面比较小、纳税人受益有限。2005 年至2009 年享受西部大开发税收优惠政策的企业58 户（次），减免所得税仅为0.69 亿元。同时，国有企业改组改造、传统产业技术改造和升级等得不到政策的有力扶持，使得地方政府在进行产业结构的战略性调整和重组过程中缺乏税收的支持。

三、税收政策改革建议

为了更加充分地发挥税收的职能作用，更加有力地支持甘肃经济又好又快地发展，根据国家对甘肃经济社会的定位和甘肃的发展情况及发展趋势，现提出如下改革建议：

（一）关于改革和完善增值税方面的政策建议

1. 扩大增值税征收范围。建议将与增值税联系紧密的行业纳入管理，主要目的是解决当前税种交叉、运费抵扣难以控管的问题。建议将建筑安装、交通运输业务纳入增值税征收范围。如果不能一步到位，也可以先将建筑安装业纳入增值税征收范围，择机再将交通运输业纳入增值税范围。在交通运输业纳入征收范围之前，可采取降低运费扣除率，对纳税人购货运费实行按3%抵扣或者取消运费抵扣。

2. 清理增值税减免优惠，规范增值税优惠政策。增值税减免优惠原则上应对于那些确需要照顾而又不涉及增加下道环节税负的流通经营环节，可直接减征、免征。对那些需要照顾又影响下道环节税负的，可采取财政返还的形式给予补贴。增值税优惠减免的数量应控制在最小范围。特别是对于粮食企业、民政福利企业，应从财政政策或其他税种优惠政策上去解决其困难，避免用增值税减免这一负面影响较大的优惠政策。从而使增值税减免优惠政策对增值税的抵扣链条的影响减少到最低限度。

3. 推行农产品增值税改革，规范农产品进项税额抵扣。建议取消农业生产者销售的自产农产品免征增值税的规定，依率计征，完善扣税链条。同时为支持农业的发展，对从事农产品加工的企业按法定税率征收增值税后，对其增值税实际税负超过一定标准的部分实行即征即退政策，从而彻底杜绝纳税人虚开虚抵行为，大大降低税收管理难度，提高增值税管理质效。

4. 实施起征点改革，合理增值税负担。针对增值税起征点规定在实际中存在的问题，建议采取改“起征点”为“免征额”，免征额是指从征税对象中扣除的免予征税的数额。征税对象小于免征额时，不征税；超过免征额时，只就超过部分征税。这样做的好处，可以使相当一部分个体户受惠，也可使处于临近点的业户税负相近，不会出现较大的跳跃，税负更趋合理，也能更加体现税法的公平性。

5. 调整增值税优惠，支持地区和产业发展。民贸企业免征增值税政策的实施，对支持少数民族地区发展，活跃民族特需用品市场经济起到了关键作用，而且免税收入占税收收入的比重较小。建议在一定期限内延续民贸企业增值税优惠政策。基于建设环境友好型、资源节约型社会的需要，提高资源的利用率，发展循环经济，增强可持续发展的动力，用税收政策助推低品位矿的炼化，建议将低品位矿的炼化纳入增值税资源综合利用税收优惠的范围。

6. 健全汇总纳税制度，提升增值税管理水平。针对目前汇总缴纳带来的区域间税收转移与税收分配、区域间互争财政利益等问题，同时也在一定程度上存在着税收与税源背离的状况，有悖于税法的本意。建议深入探讨完善增值税汇总纳税后利益分享的办法，以合理解决税收与税源的关系，切实提升增值税管理水平。

（二）关于改革和完善消费税方面的政策建议

1. 有增有减，调整消费税的征收范围。为适应社会主义市场经济发展的趋势，构建消费税与增值税、营业税相配合、双层次调节的流转税模式。建议将现行营业税“娱乐业”税目中的高尔夫球等“贵族型”娱乐项目和“服务业”税目中的桑拿浴、按摩服务及高档餐饮和住宿等项目在继续征收营业税的同时，纳入消费税的征收范围。对公共汽车轮胎、普通摩托车等生产资料和目前已成为人们生活必需品的护理品、化妆品等，建议取消征收消费税。

2. 进一步完善白酒消费税计税价格核定管理办法。建议对高中低档酒采取不同的管理措施。由于中国酒类市场采用的是松散型的管理模式，企业的机构设置、核算办法千差万别，要做到对所有厂家、品牌公平合理的制定最低计税价格，按最低计税价格征收消费税难度很大。建议出台更合理的管理方法，使酒类消费税真正起到既增加国家税收收入，又合理调控市场的作用。

（三）关于完善车购税方面的政策建议

1. 实行分级税率，促进节能减排。建议对低排量低排放车辆实行低税率，对高排量高排放车实行高税率，减少污染和资源耗费，促进节能减排。

2. 对车购税实行定额税率。建议将原先从价定率的征收方式改为定额税率，改变或调整计税依据。即对同厂家、同型号、同排量的车辆确定一个相同的税额，这样，计税依据实际转化成纳税人提供的车辆合格证明中注明的车辆型号，如果纳税人提供虚假的证明，那么在交警部门将无法办理车辆牌照。因此，不论购车发票开具的价格是多少，只要是同一型号的车辆，所纳税额都相同，这样不仅可以一定程度上避免纳税人利用低开发票偷逃税款，而且也实现了公平性，纳税人容易理解和接受，更简化了车购税征收管理。

3. 改革车购税分配制度，充分发挥车购税的税收调节职能，服务地方经济。为了调动地方政府管理好车购税的积极性，建议将汽车车购税归中央，农用运输车、摩托车车购税收入归地方。或是将农用运输车、摩托车的征免权限下放各省，由各省结合各自经济发展的程度、规模、交通状况以及消费需求等因素，确定农用运输车、摩托车车购税的征免幅度，收入归地方政府，用于地方小型公路建设。这样既充分调动地方政府对车购税征收管理的积极性，又能充分发挥车购税的税收调节职能，更好地为地方经济发展服务。

4. 尽快实行车辆税收专业化管理模式。以计算机网络为依托，在做到纳税申报和优化服务的同时，强化车购税管理，把机动车生产企业、销售企业的税收管理、车购税征收管理统一到同一部门，实行车辆税收专业化管理，借助机动车销售发票的发票管理手段，以票控税（包括车购税，增值税，企业所得税），信息共享，协同管理，真正实现车辆税收一条龙管理，通过与其他各税种的衔接和管理监督，完善车购税征收、检查、纳税评估及稽查工作。

（四）关于所得税方面的改革建议

1. 适当增加区域税收优惠政策。企业所得税新税法实施前，“老少边穷”地区新办企业所得税优惠政策是甘肃等落后地区企业享受的主要税收优惠政策之一。随着新税法实施，该政策被停止执行。西部大开发税收优惠政策是目前甘肃省仅有的有别于发达省份的所得税优惠政策。为了解决日益突出的地区发展差距过大问题，建议国家适当增加对欠发达地区企业所得税优惠的政策，出台对在甘肃等欠发达省份鼓励新办企业的优惠政策，如减免税优惠执行时间从企业获利年度算起、给予企业“五免五减半”的税收优惠等，以达到增强经济活力、促进经济发展的目的。

2. 进一步加大西部地区税收优惠力度。中央召开西部大开发工作会议，对今后一段时期内继续推进西部大开发作出了战略部署，明确了深入推进西部大开发的一揽子政策措施，其中在税收扶持政策方面，已经明确将对西部地区属于国家鼓励类产业的企业，减按15%的税率征收企业所得税，对煤炭、原油、天然气等资源税由从量征收改为从价征收。大的政策框架中央已定，细化的政策措施即将出台。建议在细化政策措施时，能够充分考虑甘肃等西部各省（区、市）的经济发展现状和产业特点，对甘肃等西部各省（区、市）的支柱产业、特色产业加大税收优惠力度，如甘肃的石油化工、装备制造、特色农产品加工等行业，在企业所得税方面，增加一些定期减免税（如“三免三减半”或“五免五减半”）优惠措施。同时统一内外资企业的产业结构指导目录，并尽量明确、细化，以方便税务机关和纳税人正确理解和执行。对西部大开发税收优惠的方式建议增加税前扣除、加速折旧、投资抵免等间接优惠方式，使亏损、微利等真正需要鼓励和扶持的企业真正享受到税收优惠政策。

3. 加大对发展循环经济的税收政策支持力度。2009年12月24日，国务院批准了《甘肃省循环经济发展规划》，把甘肃省整体列为全国唯一一个循环经济示范区；国务院在《意见》中明确，有关部门要按照职能分工，明确目标任务，研究支持甘肃经济社会发展的具体措施，指导甘肃进一步破解发展难题。建议有针对性地制定出台一些支持发展循环经济，支持高新技术企业，支持企业技术创新的税收扶持政策，比如给予循环经济区内高新技术企业“三免三减半”或。“五免五减半”的企业所得税优惠，加大对利用“三废”产品进行生产的税收优惠力度，将企业购进的节能、环保性固定资产纳入准予加速折旧固定资产范围，以鼓励、引导企业实施环境保护、节约资源能源。

4. 对于民族自治地方给予税收优惠。根据《中华人民共和国企业所得税法》第二十九条规定，自 2008 年 1 月 1 日起，民族自治地方的自治机关对本民族自治地方的企业应缴纳的企业所得税中属于地方分享的部分，可以决定减征或者免征。自治州、自治县决定减征或者免征的，须报省、自治区、直辖市人民政府批准。《中华人民共和国企业所得税法实施条例》第九十四条进一步规定，企业所得税法第二十九条所称民族自治地方，是指依照《中华人民共和国民族区域自治法》的规定，实行民族区域自治的自治区、自治州、自治县。目前企业所得税中央、地方是按照 60：40 分成的，根据新企业所得税法及其实施条例规定，对甘肃省来说，40% 部分可以由自治州、自治县报省人民政府批准后减征或免征。建议省政府协调民族地区和相关部门给予民族自治州政府减免地方分享部分企业所得税的权限，同时建议将 40% 部分全由民族地区分享，以促进甘肃省民族地区的经济社会发展。

（五）关于资源税方面的改革建议

在中央西部大开发工作会议上，中央已决定在西部地区进行资源税改革，原油、煤炭、天然气由从量计征改为从价计征。甘肃是个资源型省份，为了增强甘肃发展的财力，建议将森林、黑色金属矿产品、有色金属矿产品、非金属类矿产品也列在资源税改革之中，实行从价计征。

（六）研究开征环境保护税

甘肃是一个资源开发省，又是青藏高原生态屏障和黄河水源补给区的重要组成部分，大部分区域属于国家主体功能区划中的“禁止开发区”和“限制开发区”。为了保护环境、保持可持续发展，建立环保和资源补偿机制，为此建议尽快研究出台环保税。

1. 将在“禁止开发区”和“限制开发区”开发及循环产业现行排污收费制度进行费改税，提升其立法层次，将排污收费改为征收环境保护税。

2. 将在“禁止开发区”和“限制开发区”采挖各种中药材缴纳的“草皮

承包费”纳入征税范围征收环境保护税，其税收收入作为专用基金，用于生态环境保护。

3. 将资源开采地地方政府实行的和将要实行的带有环保性收费，或资源补偿性收费或基金都纳入环保税范畴。

（七）关于完善出口退税政策方面的建议

建议进一步调低出口退税超基数部分地方财政负担比例。虽然目前出口退税超基数部分各级地方政府、地方财政负担比例已由最初的75∶25调至92.5∶7.5，但是甘肃地方政府财政困难，经常出现退不出的现象，希望国家能进一步调低甘肃地方政府负担比例。以解决目前不少“小县城、大企业”县（区）财政困难无力负担百分之几的退税资金，而导致出口企业退税不能实现的状况。

（八）关于税收体制方面的改革建议

1. 对新能源基地的地方政府和企业给予税收政策倾斜。由于新能源基地的建设投资大、周期长、回报慢，同时政府又要投入大量的前期费用。因此建议调整西部地区的企业所得税财政分成比例，增加地方分成比例，建议将现行的6∶4改为4∶6分成（即中央4，地方6）；同时继续加大对甘肃的财政转移支付力度，支持甘肃加快发展。

2. 关于改革消费税的建议。现行消费税为中央税，预算级次100%上解中央，地方没有分成。甘肃2009年消费税增长225%，达到132.4亿元，占全年税收的39.6%，可到了和财政算账的时候，由于全是中央收入，致使甘肃省国税系统付出了大量的征收成本后得不到分成，一些地方的公用经费无法得到保障，同时也挫伤了地方管好消费税的积极性。建议将消费税入库预算级次比照增值税或企业所得税的预算级次的办法，按一定比例划归地方一部分。

3. 关于既促进新能源企业发展，又增加地方财政收入的建议。为了使甘肃省新能源基地企业发展又能使地方财政税收增加，建议对甘肃新能源基地比照增值税转型前《财政部　国家税务总局关于印发东北地区扩大增值税抵扣范围若干问题的规定的通知》（财税〔2004〕156号）文件规定，给予酒泉千万千瓦级风电基地风光电及装备制造等新能源企业采购固定资产取得的进项税金，实行东北地区扩大增值税抵扣办法。即“纳税人当年准予抵扣的进项税金不得超过当年新增增值税税额，当年没有新增增值税税额或新增增值税额不足抵扣的，未抵扣的进项税额留待下年抵扣。”

参考文献

1. 国务院办公厅：《关于进一步支持甘肃经济社会发展的若干意见》（国办〔2010〕29 号）。

2. 2009 年甘肃省《政府工作报告》。

3. 2009 年《甘肃省国民经济和社会发展计划执行情况和 2010 年国民经济和社会发展计划草案报告》。

4. 甘肃省统计局、国家统计局甘肃调查总队：《2009 年甘肃省国民经济和社会发展统计公报》。

5. 甘肃年鉴编委会：《甘肃统计年鉴》2002—2009 年，中国统计出版社 2002—2009 年各年版。

6. 甘肃省国家税务局：《甘肃国税统计》2001—2009 年。

课题组组长：朱俊福

副　组　长：贯曼莹　李雪松　刘　虎

成　　　员：张进文　李志远　左伟胜　白兆瑞　张学显

　　　　　　向　宇　张永伟　宫　建　赵俊杰　王应科

　　　　　　张国斌　陈正祥　任　伟　丁子茜

执　　　笔：张国斌　陈正祥　任　伟　丁子茜

促进煤炭经济发展方式转变的税收制度变革研究

——基于陕西省煤炭经济发展的调查

陕西省国家税务局课题组

煤炭经济的发展是整个国民经济持续、健康、绿色发展的重要支柱，以税收制度变革促进煤炭经济转型发展，是目前税收制度变革的重要内容之一。

一、陕西能源经济发展现状

陕西作为西部重要的能源大省，在整个中国经济发展的地位越来越重要。陕西煤炭、石油、天然气资源十分丰富，全省四分之三的地区含有煤矿，97个县（市）中，有67个县（市）拥有煤炭资源，其中47个县（市）具有一定生产规模的煤炭生产能力。现已探明及预测储量3107亿吨，保有储量达1600亿吨，位居全国第三。石油、天然气储量丰富，生产量连年上升，成为国家“西气东输、西电东送、西煤东运”的重要源头。

受能源经济飞速发展的影响，陕西各项经济指标大幅攀升。2010年上半年全省生产总值达到4289.8亿元，比上年同期增长16.8%，比全国平均增速高5.7个百分点。其中，能源化工、装备制造和有色冶金三大产业分别实现了44.5%、35.3%和45.4%的高速增长，三大产业拉动全省规模以上工业增长33.1个百分点。陕西财政收入和税收收入也以超乎寻常的速度连年递增，呈现出难以遏制的高增长势头（表 1）。

表 1　　陕西主要能源在国税收入中的构成　　单位：亿元

年份	国税收入	煤炭增值税	占全省国税收入的比重（%）	石油增值税	占全省国税收入的比重（%）	天然气增值税	占全省国税收入的比重（%）
2005	333.37	25.91	7.78	36.67	11.00	16.18	4.85
2006	448.22	39.75	8.87	78.97	17.62	4.86	1.08
2007	559.42	50.11	8.96	94.98	16.98	5.77	1.03
2008	686.66	80.00	11.65	106.65	15.53	5.26	0.77
2009	791.38	113.29	14.32	98.63	12.46	5.79	0.73
2010 年 1—8 月	725.80	111.51	15.36	86.51	11.92	3.38	0.47

资料来源：陕西省国家税务局收入规划核算处。

陕西的主要能源聚集地在陕北，陕北的主要能源聚集地在榆林。榆林市位于陕西省最北部，是黄土高原与毛乌素沙漠的交界地带，占地面积 4.35 万平方千米，人口 350 万人，下辖 1 区 11 县，是陕西主要能源矿产富集地区。现已发现 8 大类 48 种矿产资源，神府煤田属于世界七大煤田之一，中国大陆探明的最大整装气田就位于榆林。煤炭、石油、天然气、岩盐配置良好，分别占陕西省总量的 86.2%、43.4%、99.9% 和 100%，平均每平方公里地下蕴藏着 622 万吨煤、1.4 万吨石油、1 亿立方米天然气、1.4 亿吨岩盐，是正在建设的国家能源化工基地，榆林市国税收入在全省国税收入中所占的比例也逐年增加，位居全省第二位，2010 年 10 月登上全省国税收入榜首。能源增值税在榆林市国税收入中所占的比例也在逐年大幅度增加，超过 95%（表 2、表 3、表 4）。

表 2　　榆林市国税收入占全省国税收入的比重　　单位：亿元

年份	全省 GDP	榆林市 GDP		全省财政收入	榆林市财政收入		全省国税收入	榆林市国税收入	
		绝对数	占全省比（%）		绝对数	占全省比（%）		绝对数	占全省比（%）
2005	3674.75	463.01	12.6	528.64	67.01	12.69	333.37	52.24	15.67
2006	4383.91	559.79	12.7	669.77	115.00	17.19	448.22	88.50	19.74
2007	5369.85	672.31	12.5	891.60	158.60	17.73	559.42	115.18	20.59

续表

年份	全省 GDP	榆林市 GDP		全省财政收入	榆林市财政收入		全省国税收入	榆林市国税收入	
		绝对数	占全省比（%）		绝对数	占全省比（%）		绝对数	占全省比（%）
2008	7314.58	1010.32	13.8	1104.21	220.00	19.93	686.66	147.17	21.43
2009	8186.65	1302.31	15.9	1389.50	300.00	23.75	791.38	190.50	24.07

资料来源：2005—2009 年榆林国民经济和社会发展统计公报、陕西省国家税务局收入规划核算处。

表 3　榆林市国税收入中煤炭收入所占比重　单位：亿元

年份	榆林市国税收入	增值税收入	煤炭增值税收入	煤炭增值税占税收收入（%）	煤炭增值税收入占增值税收入（%）
2007	115.18	89.46	37.35	32.43	41.75
2008	147.17	118.83	55.63	37.80	46.81
2009	190.50	141.89	81.66	42.86	57.55

表 4　榆林市煤炭产量及税收收入

年份	煤炭产量（万吨）	占全省煤炭产量（%）	同比增加（万元）	同比增幅（%）	煤炭增值税入库（万元）	同比增加（万元）	同比增幅（%）
2007	12000	71.40	1412	13.34	373450	80011	27.27
2008	16680	73.00	4680	39.00	555614	182164	48.78
2009	20500	77.44	3280	22.90	816590	260976	46.97

表 2、表 3、表 4 数据中可以清楚地看出，榆林市作为陕西省这个能源大省的支柱和骨干，其财政收入已经接近全省财政收入的 20%，国税收入占据全省国税收入的四分之一，而煤炭企业增值税已经接近整个榆林市国税收入的 60%。2010 年上半年，由于煤炭、石油、天然气这些能源企业的拉动使榆林市的 GDP 实现 753.37 亿元，同比增长 21%，增速同比加快 10.9 个百分点。工业总产值增加 47.5%，汽车类零售额增加 43.9%，名义 GDP 超过 70%。乐观估计，到 2015 年，榆林市 GDP 将突破 4000 亿元。

二、陕西煤炭经济发展的实证调查（以榆林市为例）①

（一）煤炭经济发展的矛盾

20 世纪 80 年代，国家对榆林煤炭资源开始大规模勘探，在毛乌素沙漠南缘包括神木、府谷、榆阳区、横山县的 15000 平方千米范围内，探明煤炭储量 1500 多亿吨。1982 年，神府第一船原煤装船出海。1998 年 7 月，原国家计划委员会批准榆林能源化工基地建设规划，基地建设进入实质性启动阶段。到 2009 年，榆林市已经建设成 1.55 亿吨原煤、749 万吨原油、87 亿立方米天然气、41 万吨原盐、82 万吨甲醇、786 万吨焦炭、711 万重量箱玻璃、97.5 万吨水泥、20 万吨聚氯乙烯和 180 万千瓦电力装机容量的生产能力。煤炭年产量突破 2 亿吨，天然气、原油、甲醇、兰炭和金属镁产量分别达到 100 亿立方米、850 万吨、130 万吨、800 万吨和 14 万吨，煤炭和油气开发当量均占到全国的 6% 以上，已经成为名副其实的中国第一产能大市②。

与这些辉煌极其不相对称的数字背后，是资源开采和利用过程中难以回避的现实矛盾。

1. 资源开采使用遭遇破坏性打击。一是资源消耗高。2005 年，榆林市规模以上工业每万元 GDP 消耗标准煤 7.4 吨，是全国平均水平的 2.7 倍。之后几年，单位能耗虽呈下降趋势，但总体能耗仍然居高不下。二是煤炭回采率低。在榆林市人民政府组织的一次全市煤炭企业采区回采率调查中，404 户企业中只有 1 户企业达标，其他企业全部不合格。三是超设计生产能力生产现象严重。在资源开采过程中，极度浪费、超生产能力生产现象十分普遍，全市煤炭企业平均超产 70% 以上。四是“三个转化”道路漫长。煤炭向电力转化、煤电向载能工业品转化、煤油盐气向化工产品转化即煤炭经济发展方式转变的目标虽然明确，国内外超亿元投资的大型集团公司虽然落户几家，但与整个能源经济总量比较起来，“原煤外销”的不合理产业结构 20 多年来基本没有改变。2009 年，地方生产的煤炭通过铁路发运量达到 2200 万吨，同比增长 20%，通过公路销售煤炭 1.01 亿吧，同比增长 36.5%，而煤炭转化及其他用煤仅 2226 万吨，同比增长 12.6%，其中煤炭开采和洗选业实现的工业总产值

---

① 榆林市人民政府、发展和改革委员会：《榆林市煤炭资源开发情况的调研报告》；西安交通大学赴榆林实践调研组：《榆林能源化工基地环境保护现状调研报告与政策探讨》。

② 2009 年榆林市人民政府工作报告。

达到658.42亿元，同比增长25%，占规模以上工业总产值的46.5%（表5、表6）。

表5　　榆林市煤层回采率与标准回采率比对表

项　　目	厚煤层	中厚煤层	薄煤层	平均回采率
国家规定采区回采率	≥75%	≥80%	≥85%	≥80%
榆林市采区平均回采率	58.51%	62.79%	68.23%	63.18%

表6　　部分煤炭企业超产情况

煤矿名称	年设计生产能力（万吨/年）	年实际生产煤炭（万吨）	原设计服务年限（年）	实际可使用年限（年）
大柳塔煤矿	600	≥1200	108	37
活鸡兔煤矿	500	≥1000	108	37
榆家梁煤矿	500	≥1500	34	11

2. 生态生存环境遭遇灾难性破坏。与对煤炭资源的掠夺式开发、高耗能生产、高污染排放相对应的是对整个煤炭区域生态环境、生存环境的毁灭性破坏和灾难性打击。

一是采空区塌陷问题十分严重。2009年，榆林市煤炭采空区达499.41平方千米，每年新增70—80平方千米，已经塌陷118.14平方千米，每年新增30—40平方千米①。从理论上推算，整个榆林市1014.5平方千米的煤炭矿区范围终将成为采空区，如果不加治理，若干年后很可能全部塌陷区。由于原煤、原油和天然气开发强度的增大引发了地表下沉、开裂、塌陷等地质灾害问题，仅神木县因煤炭开采造成的采空区面积就达220平方千米，接近西安市未央区的面积。位于大柳塔煤矿活鸡兔井区的鸡镇高家畔村，地面塌陷类似地震，地面四分五裂地布满了几米十几米长、数厘米至几十厘米宽的裂缝，石头山也被拉开，最宽的裂缝有一两米，可以掉进一头牛②。

二是空气污染问题十分突出。神木县大柳塔镇大气中的二氧化氮物、总悬浮颗粒、二氧化硫三项主要污染指标，分别是煤田开发前的4倍、17倍和24

① 全国人大代表、榆林市委书记李金柱。

② “榆林煤矿采空区之患 神木采空面积接近未央区”，《华商报》，2008年11月23日。

倍。总悬浮微粒日均浓度超过国家二级标准的 58 倍。锦界工业园区煤制甲醇企业氨氮超标 8.2 倍、COD 超标 3.5 倍[①]、总悬浮物超标 3.4 倍。煤炭汽车运输主要线路沿线，一氧化碳、二氧化硫、二氧化碳指标超过国家标准 16 倍、12 倍和 8.3 倍。榆林市环境形势空前严峻，环保任务空前繁重，环境压力空前巨大[②]。

三是食用水质污染十分严重。工业废液、废渣的渗漏和直接排放直接影响到群众的生活用水和农业用水。内蒙古境内的补连塔煤矿、马家塔煤矿、上湾煤矿和神木县境内的大柳塔煤矿、榆家梁煤矿等大型煤矿的井下废水，直接排入窟野河，不仅导致下游水质严重污染，而且污染了黄河。神木县城曾因水源污染严重而 2 次停水，10 万人连续断水 10 多天。锦界工业园区的聚氯乙烯企业，生活废水未经任何处理直接排放入河，生产废水经过简单中和后外排，造成食用水 PH 值达 2.16，呈强酸性，悬浮物超标 4.3 倍。

四是水资源遭遇毁灭性破坏。作为人均拥有水量 979 立方米、总实际拥水量 32.29 亿立方米的榆林市，只占全省和全国人均占有水量的 65.9% 和 43%，属联合国教科文卫组织认定的重度缺水地区[③]。地下资源的大量开采，地表水、地下水大面积渗漏，导致不少井泉下漏、淤坝干涸、树林枯死、矿区不少地方发生水荒。榆林市湖泊由煤田开发前的 869 个减少到现在的 79 个。全省最大的内陆湖红碱淖近 6 年水位下降 3 米，水面由 6 年前的 10.5 万亩缩减到不足 7 万亩。神木县已有数十条河流地表径流断流，20 多个泉眼干枯，窟野河全年三分之二时间断流变成季节河。中鸡镇束鸡河村的 3 座大型水库、18 口水井干枯，当地村民被迫到 10 多里外买水吃。大柳塔母河沟村、双沟村当初水流量分别为 $0.5m^3/s$、$0.03m^3/s$，已经断水，200 多亩水地全部弃耕，300 多亩果树枯死，几条大沟里十几年的杨树全部死亡，每户年收入减少 1 万多元。水资源的破坏，仅神木县就有 7 平方公里土地沙化。

五是当地居民健康受到重大威胁。由于空气中有害气体和悬浮物严重超标，导致榆林市煤炭生产区居民以呼吸系统损害为主而引发的全身性疾病大量

---

① 化学需氧量（COD）是在一定的条件下，采用一定的强氧化剂处理水样时，所消耗的氧化剂量。它是表示水中还原性物质多少的一个指标。水中的还原性物质有各种有机物、亚硝酸盐、硫化物、亚铁盐等。但主要的是有机物。因此，化学需氧量（COD）又往往作为衡量水中有机物质含量多少的指标。化学需氧量越大，说明水体受有机物的污染越严重。

② 榆林市环保局局长赵勇。

③ “榆林，强市富民的和谐发展之路”，《陕西日报》，2009 年 6 月 1 日。

增加，嗅觉、味觉减退甚至消失人群时有发生。头痛、乏力，牙齿酸蚀，慢性鼻炎，咽炎，气管炎，支气管炎，肺气肿病人急剧增加，儿童免疫力下降，大人免疫功能减退现象抬头。同时，由于煤炭导致的地下水源破坏，重金属对身体的不断侵蚀，导致癌症发病率呈逐年上升趋势①。

3. 社会各类矛盾遭遇空前性激化。

一是中央与地方收入的矛盾。自20世纪90年代以来，榆林每年为国家贡献的能源价值超过600亿元，并且每年以30%的速度飞速增长。特别是1998年国家能源化工基地建设十年多来，榆林累计向外输出原煤7.3亿吨、原油3362万吨、天然气585亿立方米，外送电力装机容量达653万千瓦，而榆林市2009年度地方财政收入不到100亿元。与此相对应，榆林市因采油和采煤付出的环境代价每年在160亿元以上，大量的财富被集中到了中央，给榆林能源经济带来的直接结果是典型的“贫困性增长”②。

二是企业与政府居民的矛盾。在榆林市从事煤炭石油开采的多数是中央企业，因为与地方政府煤炭开采权、铁路运输权发生的矛盾层出不穷。中央企业与当地百姓因为环境污染、学校建设、学生上学、群众用煤、贫困户生活、居民安置等问题发生的冲突不断恶化，导致群众阻拦，数十个煤矿不能正常生产，累计上万人分别到县政府、市政府、省政府上访。因为神东集团公司榆家梁煤矿的环境污染问题，曾引发300多人进京上访。不少民事案件演变成刑事案件，社会治安形势严峻③。

三是市富与民贫悬殊的矛盾。2009年，榆林市财政收入达300亿元，人均GDP5705美元，规模以上工业增加值824.81亿元，农业增加值增长6.6%，农民人均纯收入同比增长21.3%，五项指标增幅均居陕西省第一④。但与整个榆林市的繁荣比较起来，12个县区中有10个国家扶贫开发工作重点县，2个省级扶贫开发工作重点县。全市35%的行政村尚未脱贫，贫困人口全省最多。全国产煤第一县的神木县，煤炭产量8600万吨，财政收入高达30亿元，县域经济综合实力排名陕西省第一，2009年度入选“全国百强县”西部第5位，全国第44位⑤，仍有贫困人口12万人，占全县总人口的三分之一。同样入选

① 榆林市疾病预防控制中心。

② 全国人民代表大会代表榆林市委书记李金柱。

③ 榆林市人民政府秘书长苗丰。

④ “2009年榆林市人均GDP增速突破5000美元居全省第一”，《榆林日报》，2010年3月1日。

⑤ 《三秦都市报》，2010年8月16日。

“全国百强县”全国91位的府谷县与神木县毗邻，两个县中很多百姓依然上山打柴，解决烧不起炭的问题。“煤挖完了、水漏干了、地塌陷了、草死光了”[①] 导致的又一轮贫穷在产煤区开始显现。不产油煤的南部6县财政收入不足全市财政收入的2%，人均年收入最少的只有几百元。

上述矛盾产生的原因自然与分税制财政管理体制有关，但与整个税收制度在煤炭经济发展中间的乏力作用有更加直接的关系，税收制度在保护资源、调整煤炭结构、指导煤炭经济发展方向、保护环境、维护生态方面没有产生根本性、实质性的作用。

（二）促进煤炭经济发展方式转变的实践

面对全市工业总产值中98.6%来自于能源化工为主体的重工业，而采掘业占到工业总产值70%的局面，如何调整产业结构，加快经济发展方式转变，改变长期以来“大规模开采、大量生产消费、大量排放污染”的典型资源依赖生产方式，是摆在榆林市委、市政府以及陕西省委、省政府案头的重大经济命题[②]。

从2004年开始，榆林市以“减量化、再利用和废物资源化”为原则，以集约化、集聚化和专业化新型工业园区为平台，开始了以循环经济为基础的一系列工作：

2004年，一些工业园区开始试验资源循环利用方式；

2005年，循环经济总体规划大纲出笼；

2006年，建设节约型社会和发展循环经济领导小组成立；

2007年《循环经济试点实施方案》出笼；

2008年11月，国家发展和改革委员会、环保总局、科技部等6部委正式将榆林列为全国循环经济试点市，随后，批复了榆林市《循环经济试点实施方案》，规划项目72个，总投资93.2亿元。其中工业循环经济建设项目44项，农业循环经济建设项目11项，循环园区建设项目2项，废弃物综合利用项目6项，污染控制项目6项，生态修复项目1项。

截至2010年7月，已经形成和正在建设煤矸石、粉煤灰、低温余热、有机废弃物及轮胎综合利用等80多个重点循环经济子项目，以国华煤电一体化、兖矿煤制油、新兴DMTO、沙索煤液化等为代表的项目，分布在榆神、榆横、

① 榆林百姓流传的顺口溜。

② 《经济日报》，2010年7月11日。

府谷、靖边、吴堡等20多个生态型循环经济园区[①]，形成20多家循环经济典型。

如府谷县恒源煤焦电化有限公司、府谷县京府煤化有限责任公司、神木锦界北元化工、靖边能源化工综合利用产业园区等企业，油化工、煤电一体化联动、煤化工以及粉煤灰制水泥等废渣利用的循环经济产业链正日益延伸、壮大。许多循环经济企业在资源利用上都采取了“吃干榨净”、“吃骨头不吐渣”的新理念。

府谷恒源煤焦电化公司是一家生产兰炭、甲醇、凝石水泥等产品的循环经济企业，利用洗煤后的煤矸石、煤气和焦沫建设发电项目，利用炼焦的煤焦油开发建设粗苯化工项目，利用电厂粉煤灰建设免烧粉煤砖，形成了采煤—洗煤—炼焦—发电—建材—煤气—焦油精深加工的产业链条。通过循环经济产业链综合开发利用，同样的原煤在这家公司增值了5.2倍。该公司2008年成功转化165万吨原煤，实现销售收入42亿元，实现了对原煤产品增值5.2倍的成功商业运行[②]。

但是，并不是所有的企业都在走循环经济发展的路线。由于下游煤炭价格的一路飙升，煤炭企业专著采煤、卖煤，实现短期利润最大化的商业目的并没有得到根本改善。循环经济企业发展良好的企业，一般都是有自备煤矿的企业。而将采煤作为使命主动延伸产业链，实行就地转化的煤炭开采企业几乎没有。一些下游企业因为煤炭价格的升高，生产成本的增加，流动资金急剧减少，几年来几乎均处于勉强维持、亏损或者几近倒闭的状况。循环经济发展的道路依然漫长，循环经济对税收政策支持的呼唤正在与日加剧（表7）。

表7　　2006—2009年榆林市部分涉煤企业经营情况表

单位：亿度、万元、万吨

单位名称	2006			2007			2008			2009		
	产量	收入	利润	产量	收入	利润	产量	收入	利润	产量	收入	利润
横山张家洼煤矿	13.4	1469	10	20.5	3710	52.8	24	9495	1560	22.7	1333	821
横山石马洼煤矿	22	3315	6.8	37	7253	2.5	31	13233	611	16.4	5600	323
榆阳区东风煤矿	26.7	4066	1465	30.3	5905	8	25.3	10201	3432	31	11302	2400

① 《陕西工人报》，2010年7月20日；《经济日报》，2010年7月21日。

② 资料来源：榆林市国家税务局。

续表

单位名称	2006			2007			2008			2009		
	产量	收入	利润	产量	收入	利润	产量	收入	利润	产量	收入	利润
陕西中能煤田公司	120	17286	4576	155.2	22983	8657.2	246.95	83939	37994	318.83	89147	40060
神木凉水井煤矿							197.24	55212	22781	305.54	88629	45252
神木大砭窑气化煤公司	25	35	-20	60	9498	3021	83	32331	14605	50	18631	5166
府谷丈八崖联办矿				31	4193	292	59	16957	4246	78	25383	5726
府谷府铁联营煤矿	8	819	190	16	2119.3	302	23	6315	1306	56	17661	3234
府谷芦草畔煤矿	18	2618	75	17	2576	35	44	13998	1088	64	19888	3450
银河榆林发电公司	16	33313	10251	17.5	37955	9669	14.8	33645	-666	11	27392	-1936
汇通热电有限公司							4	9698	-2606	3.2	10402	-4446
国华锦界能源有限公司	9	15199	-14886	53.7	118041	6603.4	113.7	335038	90854	109	458229	160304
恒源发电有限公司	0.86	1665	-167	1.07	1889	30	0.82	1763	-164	0.84	1679	-89
万源镁业公司（兰炭）	2.8	12234	-82	5	20502	574	12	37455	2652	13	29497	-3779
榆林市煤炭科技开发公司（兰炭）	5	1318	-8	5.9	1612	-9	1.3	687	-8	9	6151	-4
神木恒东煤化工公司（兰炭）	5.5	2200	16	5.5	2751	178	2.8	7343	352	18	11077	-122
神木化学工业公司（甲醇）	14	33410	6559	22.5	54698	7191	20.6	50739	-9124	56.8	80841	-31392

注：神木凉水井煤矿、汇通热电有限公司 2008 年投产使用，府谷丈八崖联办矿 2007 年投产使用。

资料来源：榆林市国家税务局计划统计科。

三、煤炭经济发展中税收政策存在的问题

目前，国家对煤炭经济发展实施的税收政策可以归结为六个方面：限制性税收政策、促进节能投资的税收政策、促进节能设备应用的税收政策、促进高新技术产业发展的税收政策、促进资源环境保护的税收政策以及提高资源消耗成本的税收政策。这些税收政策在一定程度上起到了降低能耗、保护环境、节约资源、支持能源经济持续发展的目的。但现行税制对煤炭经济发展方式转变缺乏支持主要表现在：环境税制的缺失是造成煤炭经济发展矛盾产生的重要因素，循环经济税制的缺失是制约煤炭经济发展方式转变的主要原因之一。

（一）资源税没有起到保护资源的作用

我国现行税制在保护资源，限制资源过度开采过程中，实施的税种是以自然资源为课税对象所征收的资源税。而资源税按照吨位征收的定额税率难以遏

制资源开采利益诱惑之下的过度开采，对于保护国家资源的程度甚至不足以用“杯水车薪”来形容。以榆林市2009年度煤炭销售价格330元计算，也就是按照每吨5元的煤炭资源税计算，其资源税税率只占到售价的1.5%，这对于短期内以聚集财富为目的的企业来说，根本不足以引起他们对资源的保护意识。

（二）增值税在环境保护方面的作用发挥有限

在支持煤炭经济发展方式转变即实行循环经济发展中有几项税收优惠政策，主要表现于《关于资源综合利用及其他产品增值税政策的通知》，其中，对掺有不少于30%的煤矸石、石煤、粉煤灰、烧煤锅炉等其他废渣（不包括高炉水渣）为原料生产的建材产品实行免征增值税政策；对以煤炭开采过程中伴生的舍弃物油母页岩为原料生产的页岩油实行即征即退的税收政策；对在生产原料中掺有不少于30%的煤矸石、石煤、粉煤灰、烧煤锅炉的炉底渣（不包括高炉水渣）及其他废渣生产的水泥，实行即征即退的优惠政策；对燃煤发电厂及各类工业企业产生的烟气、高硫天然气进行脱硫生产的副产品实行即征即退50%的优惠政策；对以煤矸石、煤泥、石煤、油母页岩为燃料（不低于60%）生产的电力和热力，实行即征即退50%的优惠政策。

尽管增值税在煤炭经济发展中的税收优惠政策似乎很具有诱惑力，但这种零散分布状态与煤炭开采的暴利比较起来仍然显得异常苍白，整个煤炭经济的发展趋势依然难以扭转，煤炭开采、批发行业所占比重在国税收入中的比重依然居高不下，煤炭经济结构呈现出令人后怕的资源贩卖型发展。

与这种情况形成对比的是进入循环经济体的企业税收优惠政策的明显缺失。比如，循环经济煤炭企业在洗煤和炼焦过程中产生并经过净化后剩余的废煤气、发运过程中产生的焦渣用于发电缺乏增值税优惠政策；炼焦过程中产生的煤气以及中煤、煤泥进入多联供应车间经过高温分离和干馏后产生的煤气经过净化后生产甲醇，以及焦油深加工生产的粗酚、石脑油、轻柴油和改质沥青缺乏增值税优惠政策；过滤后的荒废煤气发电以及在炼焦过程中产生的高温尾气回收利用发电缺乏增值税税收优惠政策支持（表8）。

表8　　榆林市2006—2009年税收收入结构　　单位：万元

项　目	2006年	占税收收入比（%）	2007年	占税收收入比（%）	2008年	占税收收入比（%）	2009年	占税收收入比（%）
煤炭开采和洗选业	383629	43.35	496370	43.01	668204	45.35	945597	49.64

续表

项　　目	2006年	占税收收入比(%)	2007年	占税收收入比(%)	2008年	占税收收入比(%)	2009年	占税收收入比(%)
煤炭批发	29235	3.30	30789	2.67	57630	3.91	40006	2.10
电力生产和供应	32351	3.66	51115	4.44	75464	5.12	124624	6.54
化学原料及制品业	22853	2.58	37616	3.27	49938	3.39	26001	1.36
炼焦	2248	0.25	35790	3.11	74409	5.05	18791	0.99
其他行业	414682	46.87	500119	43.42	547531	37.17	749984	39.37
合计	884998	100.00	1151799	100.00	1473176	100.00	1905003	100.00

资料来源：榆林市国家税务局计划统计科。

从表8中可以清晰地看出，煤炭开采和洗选业以不可遏制的势头迅速增长，到2009年几乎占据榆林市整个税收收入的半壁江山，而以循环经济为代表的电力生产和供应、化学原料及制品业和炼焦行业占据的税收份额很小，2009年度三项合计不到税收总收入的9%，煤炭经济呈现出严重的畸形结构。

（三）所得税优惠力度不够，环境保护意识不浓

煤炭经济的所得税税收优惠主要体现在企业所得税法、资源综合利用所得税税收优惠中，西部省份还适用西部大开发税收优惠政策。但税收优惠政策间断、散乱且针对性不强。

一是企业所得税法中的税收优惠政策环境保护意识不浓。囊括科技创新、民营经济、现代服务业、“三重”企业、农业、再就业、文化教育、大学生就业、残疾人就业等9大方面的企业所得税法税收优惠，缺乏环境保护系统制度，且对循环经济税收政策体系支持不够。其最大的所得税税收优惠是：节能节水所得实行减征、免征所得税优惠；利用废水、废气、废渣等为主要原材料进行生产的减征或免征所得税税收优惠；符合节能节水产品目录购置的机器设备，其投资额10%可从企业当年应纳税所得额中抵免。

二是资源综合利用企业所得税优惠政策力度不够。对企业综合利用资源，生产符合国家产业政策规定的产品取得的收入，在计算应纳税所得额时减按90%计入收入；利用目录规定的资源为主要原料生产的产品所得和企业利用其他企业的大宗煤矸石、炉渣、煤粉为主要原料，生产建材产品的所得给予免征所得税5年的优惠；为处理利用其他企业废弃的、在目录中的资源而新办的企业，减征、免征所得税1年的税收优惠。作为循环经济企业利用焦炉煤气、转

炉煤气、高炉煤气生产的电力等，适用资源综合利用所得税优惠政策，减按90%计入收入总额计征企业所得税的税收优惠政策不足以对企业形成积极刺激。

三是西部大开发税收优惠政策重点错位。其主要着眼点是拉动整个西部的经济发展，对循环经济煤炭企业没有特别的税收优惠，使没有实施持续发展的煤炭企业和循环经济的煤炭企业站在了同等政策的税收优惠层面上，该支持的企业没有得到支持，不该支持的企业却得到了支持，税收政策在西部大开发政策中呈现出严重的错位、不到位问题。按照国家规定，从事的煤炭生产业务在《产业结构调整指导目录（2005年）》中属于煤炭类年产120万吨及以上高产高效煤矿（含矿井、露天）、高效选煤厂建设的项目，减按15%税率征收企业所得税。这一规定使西部几乎所有煤炭企业同时享受了这一优惠，那么，促进煤炭经济持续、循环发展的税收优惠就没有得到充分地鼓励体现。

由此可以看出：现行煤炭经济税收优惠政策只是“头疼医头、脚疼医脚”的“点式”税收优惠，没有形成一个系统的税收优惠体系。增值税税收优惠只注重对“能抓住实物的有形物质利用”的政策优惠，对于排放于大气之中的荒煤气、废热气利用没有给予足够重视，对于环境保护缺乏先见性认识。所得税税收优惠对环境的有效保护力度不够，刺激循环经济发展的目的性和针对性不足。整个税制缺乏对煤炭经济发展方式转变的制度性优惠，缺乏使企业实实在在地从延长产业链和深加工上下工夫的税收政策刺激，煤炭资源损耗、水资源损耗、土地塌陷损耗、煤矸石污染和占地损耗这些开采环节的政策鼓励缺失和煤炭加工环节中节能利用和环境保护激励措施缺失，是形成能源经济资源贩卖型结构、利益型结构的主要原因。

四、促进煤炭经济发展方式转变的税收制度变革建议

（一）刻不容缓加速环境税制体系建立

中国现行实际征收的税种中与环境保护存在联系的主要税种有资源税、消费税、车船税、增值税和企业所得税等。环境税制按照税种的开征目的可分为资源税类、消费税类、污染税类、生态税类和鼓励性税类①。与煤炭经济关联的环境税制在目前情况下包括即可预见的资源税、消费税完善以及二氧化碳税、二氧化硫税等独立税种的呼唤出台。依据目前中国国情，在综合环境税制

① 丁芸：“我国环境税制改革设想”，《税务研究》2010年第1期。

整体出台条件不具备时，加快单个税种的出台和实施脚步，并综合利用单个税种，促进煤炭经济发展方式转变成为可能。

1. 科学实施和运用资源税税收政策。新疆石油、天然气资源税从价计征拉开了资源税改革试点的序幕，随着这一试点的进行，能源省份等待资源税从价计征的企盼正在与日加剧。但资源税的变革要从根本上调整煤炭经济持续发展的结构，解决煤炭经济发展方式转变的根本问题，还需要科学运用税收政策。一是要重点解决税收制度改革配套问题。按照资源税改革的预期分析，作为地方收入的大部分，资源税留在了省级政府，市级政府如果再留存一部分，到煤炭开采地县政府和镇政府手中的收入就相当有限了。这种分配制度不利于资源的有效保护，不利于环境的有效治理，不利于矛盾的有效解决，不利于资源地政府积极性的有效发挥，更不利于煤炭经济的持续发展。因此，解决省以下三级政府的税收分配问题是资源税实施后保证煤炭经济转型发展的关键。二是要明确资源税对循环经济体的税收优惠。资源税从价计征税收政策最大的受益者是地方政府。这部分收入可以部分遏制资源掠夺式开采；部分弥补对生态、生存环境造成的破坏，加速探矿植被的恢复；也可以部分解决社会矛盾，但要想彻底解决还需要时间。仅以树木生长 20 年才可以释放氧气的科学性计算，榆林每年付出 160 亿元的环境代价要恢复到煤炭开采前的生态环境大约需要 100 年以上的时间。那么资源税从价计征后随着煤炭价格的下游转嫁，煤炭开采、贩卖的暴利局面能不能从根本上转变，能不能在支持煤炭经济循环发展上发挥积极的作用还需要实践佐证。原因是对于有自备煤矿的循环经济企业来说，原材料自己供应无疑是企业最大的福音，但缺乏自备煤矿的企业要将煤炭纳入循环经济产业链，资源税征收后煤炭价格的上涨对这些企业来说就是一个沉重的负担。因此，明确资源税对煤炭经济循环体的税收政策优惠是加速煤炭经济发展方式转变的重要环节，只有对循环经济煤炭企业实行资源税减税、免税政策，对传统煤炭企业不给予税收优惠才能提高一般煤炭企业的准入资格，降低煤炭经济循环体的生产成本，增强企业竞争实力，提高煤炭综合利用水平。

2. 加速碳税等环境税制出台步伐。二氧化碳税（碳税）的出台对于有效解决环境污染，降低能耗，减少一氧化碳、二氧化碳排放大有裨益。碳税应该以生产、消费煤炭、天然气、成品油的生产企业和消费者为纳税人，以二氧化碳的排放量为课税对象，在生产和消费环节从量计征，实行定额税率。在碳税实施之初，在二氧化碳排放量不易测定的情况下，应该适从简便征收原则，将煤炭、天然气、成品油等化石燃料的含碳量作为课税对象，按照不同产品含碳量的高低实行分级定额税率。对于煤炭经济发展方式转变而言，碳税实施后应着重做到以下几点：

（1）严格执行碳税政策有效遏制原始企业碳排放。碳税开征后，要以严格的税收政策控制原始煤炭企业的废气、废热排放，遏制原始企业的增长势头。税收政策的严格执行，对于循环经济煤炭的企业来说，等于增强了有效竞争力，即使在不出台鼓励性税收优惠的情况下，也可以遏制原始企业的势头，加速循环经济产业的增长。

（2）用税收优惠政策解决循环经济企业与原始企业的竞争矛盾。按照碳税开征每吨10元的价格计算，煤炭的价格提高后，如果对实施循环经济的煤炭企业实行碳税减免政策，可以有效解决目前循环经济企业和原始企业站在同一起跑线的问题，解除“劣币逐良币”① 的负面影响，等于给循环经济企业降低了原材料价格门槛，刺激了循环经济煤炭企业的积极性。因此，建议对原煤—发电—粉煤灰—建材工业、原煤—兰炭—焦油—化工—煤气和废焦粉回收利用、原煤—甲醇—下游产品—建材—食品级二氧化碳、原煤—甲醇—醋酸—醋酸纤维素、原煤—甲醇—二甲醚—聚烯烃、原煤和天然气—甲醇—甲醛（甲胺、甲酸）等循环经济链条中，实现三个以上循环链条的企业实施碳税免税政策，打压原始煤炭企业的发展势头，使他们无力与循环经济企业抗衡，最大限度地遏制煤炭资源的开发和粗放式经营。

（二）多种手段加速循环经济税收体系建立

1. 综合运用多种手段加速循环经济体制建立。多年的煤炭经济都是以暂时利益、眼前利益和局部利益为出发点的，缺少全局发展、长远发展的目标和远见。各级政府都在追求当前政治利益和经济利益的最大化，导致煤炭经济以让后世子孙心痛的发展方式向前行进。如果不从整个经济发展的总体高度战略角度上解决问题，单靠税收政策显得有些苍白。因此，不要在暂时的 GDP 指标上下工夫，而应该树立经济发展长远目标、科学目标和后代子孙目标，将煤炭经济发展放在千年发展目标中去考量，树立“不吃干、榨净，宁可让其长期留存地下”的发展观念，以资源保护程度、资源浪费程度、资源循环利用程度、生态保护程度、环境治理程度等综合指标考量政府行为，建立大综合、大循环、大利用的循环经济整体格局。

① 陈安平：“从循环经济税收支持框架看煤炭行业发展”，晋中国家税务局信息网。

2. 建立煤炭循环经济“一揽子”税收政策。单个税种对一个复杂的经济发展链条的制约或促进程度都是相对有限的，煤炭经济作为目前我国经济发展的重要组成部分，必须站在经济发展的全局角度来调节和指导，必须综合利用税收政策，使各种政策在不同侧面、不同环节、不同方面发挥其积极作用。

（1）增值税税收优惠应当统揽煤炭经济循环体的整个发展过程。将煤炭勘探、开发、生产、使用、废弃物利用等各环节、各种产品（固体、气体、液体）的综合利用囊括在内，将煤炭产业链条的所有产品囊括其中[①]。

（2）对循环经济煤炭企业实行所得税免税政策。建议原煤—发电—粉煤灰—建材工业、原煤—兰炭—焦油—化工—煤气和废焦粉回收利用、原煤—甲醇—下游产品—建材—食品级二氧化碳、原煤—甲醇—醋酸—醋酸纤维素、原煤—甲醇—二甲醚-聚烯烃、原煤和天然气—甲醇—甲醛（甲胺、甲酸）等循环经济链条中，实现三个以上循环的循环经济煤炭企业实行所得税全部免除政策，实现企业最大限度的发展和煤炭经济产业链条更长的延伸，同时弥补没有自备煤场的循环经济煤炭企业原材料供应造成的亏损局面。

（3）尽早出台西部大开发税收优惠衔接政策。在西部大开发所得税税收优惠政策衔接出台时应考虑取消煤炭企业 120 万吨及以上高产高效煤矿（含矿井、露天）、高效选煤厂建设的项目，减按 15% 税率征收企业所得税的税收优惠政策，应考虑将一般煤炭生产企业和循环经济煤炭企业的所得税优惠政策给予区分，使原始煤炭企业不能享受所得税税收优惠，用实实在在的税收优惠鼓励煤炭经济纳入循环体运作。

（4）发挥各个税种的整体合力。综合利用资源税、碳税、增值税、所得税等税种各自不同的调节功能，建立煤炭经济循环发展的税收制度体系，全方位刺激循环经济发展，遏制一般煤炭企业发展，确保煤炭吃干榨净，绿色、环保地为经济发展服务，切实促进传统煤炭经济发展方式的尽快转变。

参考文献

1. 榆林市人民政府发展和改革委员会：《榆林市煤炭资源开发情况的调研报告》。

2. 西安交通大学公共政策与管理学院赴陕西榆林实践调研组：《榆林能源化工基地环境保护现状调研报告与政策探讨》。

3. 闫锡槐：《资源型城市发展循环经济的税收制度研究》陕西省国家税务局 2007 年度

① 朱晓波：“促进我国新能源产业发展的税收政策思考”，《税务研究》2010 年第 7 期。

工作研究课题。

4. 崔军："关于我国开征碳税的思考"，《税务研究》2010 年第 1 期。

5. 高萍、计金标、张磊："我国环境税税制模式及其立法要素设计"，《税务研究》2010 年第 1 期。

6. 丛树海："转变经济发展方式下的税收制度变革和政策调整"，《税务研究》2010 年第 6 期。

7. 徐利、郑垂勇："我国能源税税制的构想"，《人民黄河》2009 年第 12 期。

8. 徐田江、李继文："经济增长方式转变中的税制改革研究"，《中共长春市委党校学报》2007 年第 10 期。

9. 财政部税收科学研究所课题组："新形势下我国碳税政策设计与构想"，《地方财政研究》2010 年第 1 期。

10. 刘晔："资源税改革的效应分析与政策建议"，《税务研究》2010 年第 5 期。

课题组组长：赵　恒

副　组　长：王谦英

成　　　员：尚志龙　郭清峰　王雪绒　田　亮

执　　　笔：王雪绒

促进经济发展方式转变的税收政策研究
——以浙江地税实践为例

钱巨炎

转变经济发展方式的核心内涵，是指按照科学发展观的要求调整经济发展诸要素的配置方式和利用办法，促进经济增长由主要依靠投资、出口拉动，向依靠消费、投资、出口协调拉动转变，由主要依靠第二产业带动，向依靠第一、第二、第三产业协同带动转变，由主要依靠增加物质资源消耗，向主要依靠科技进步、劳动者素质提高、管理创新协力推动转变。2010 年 3 月，浙江省被国家发展和改革委员会确定为全国首个“转变经济发展方式综合试点省”，本研究报告立足浙江地税工作实践，研究分析了现有的税收政策在支持经济发展方式转变方面存在的问题，在借鉴国际经验以及落实“十二五规划建议”对税收制度的相关要求的基础上，提出了促进投资、消费、出口协调拉动的税收政策，以及促进第一、第二、第三产业协同带动税收政策的具体措施和建议，以促进科技、劳动者、管理协力推进，切实加快浙江省经济发展方式的转变。

一、浙江地税部门促进经济发展方式转变的实践探索

(一) 深刻把握浙江省转变经济发展方式的目标取向

改革开放以来，浙江实现了经济的快速腾飞，现已成为中国经济最具活力、发展水平最高的省份之一。但是也付出了较大代价，长期积累的结构性、

素质性、体制性矛盾尚未根本解决，经济粗放型增长的格局尚未根本改变，产业层次低、布局散、竞争力弱的格局尚未根本改变，企业主要依靠低成本、低价格竞争的格局尚未根本改变，与科学发展的要求还有很大差距。从需求结构看，出口需求和投资需求的贡献率在不断上升，消费需求的贡献率却不断下降，导致了拉动经济增长的总需求结构失衡。2009 年，浙江省外贸依存度和出口依存度分别从“九五”末的 38%、26.6% 提高到 56.16% 和 39.79%，出口需求成为浙江省国民经济增长的主要动力；从产业结构看，1978 年浙江的第一、第二、第三产业比例为 38.1∶43.3∶18.6，到了 2009 年为 5.1∶51.9∶43①，第二产业和第三产业的比例大幅度提高，但第三产业还不够发达，第三产业比例远低于当前世界平均水平（65%），甚至明显落后于低收入国家平均水平（约 45%）；从要素投入看，浙江的经济发展更多的是依靠物质消耗、资本和劳动力的投入，是量的扩张，管理创新、科技进步和劳动者素质提高所起的作用相对还不大。随着生产要素成本上升，以及能源、资源和环境压力进一步加大，使得浙江过去的发展模式受到极大挑战。

“十二五”时期的浙江，一方面，将进入人均生产总值从 7000 美元向 1 万美元跨越的新阶段，新型工业化加快推进，新型城市化快速发展，体制改革进入攻坚阶段，国际化程度进一步提升，经济社会发展面临新的机遇；另一方面，国际市场、资源、人才、技术、标准等竞争日益加剧，国内区域发展形成新的竞争格局，长期存在的问题亟待破解。因此，浙江省经济发展方式加快转变显得更加迫切，其目标取向具体体现为：在需求结构上，消费应成为拉动经济增长的主要动力，并形成稳步上升的势头。以扩大国内需求特别是居民消费需求为重点，增强消费对经济增长的拉动作用，促进经济增长由主要依靠投资、出口拉动向依靠消费、投资、出口协调拉动转变；在产业结构上，进一步提高第三产业的比重，优化三次产业的比例，尤其是引导现代服务业中物流与营销、研发、信息、金融等专业化的生产性服务业大力发展。进一步提升制造业的层次，从发展劳动密集型产业转向发展资本密集型产业，再转向发展知识、技术密集型产业。最终实现促进经济增长由主要依靠第二产业带动向依靠第一、第二、第三产业协同带动转变；在要素结构上，全要素生产率的提高将成为经济增长中的主要贡献率（全要素生产率提高的贡献率，就是除劳动和资本因素之外的“余额”，包括科技进步、管理创新等对经济增长的作用），

① 数据来源：《2009 年浙江省国民经济和社会发展统计公报》。

最终实现促进经济增长由主要依靠增加物质资源消耗向主要依靠科技进步、劳动者素质提高、管理创新协力推动转变。

（二）有效梳理和深入贯彻落实各项税收政策

通过梳理完善，出台了《浙江省地方税务局关于促进我省加快经济发展方式转变的实施意见》，2009 年至 2010 年 10 月底，全省地方税务部门累计减免各类税费 176.64 亿元。

1. 落实需求结构调整的税收政策。落实提高个人所得税工资薪金所得扣除标准和个体户营业税起征点的税收政策；落实浙江省政府相关要求，减征社会保险费，减轻企业和个人负担。2010 年 1—10 月，全省共减征社会保险费 21.49 亿元，惠及企业 36.88 万户；落实涉农贷款、大学生创业等业务的税收优惠；落实对小额贷款公司、各类金融机构中小企业贷款业务的税收优惠措施；落实创投企业、创投基金的税收优惠；落实对重点扶持的出口企业的房产税、水利建设基金等相关税费的减免政策。

2. 落实促进产业结构调整的税收政策。出台《浙江省地方税务局关于贯彻落实浙江省产业集聚区发展总体规划（2011—2020 年）的实施意见》，支持“大平台、大产业、大企业、大项目”等“四大”建设和产业集聚区建设；发布《减免税费基金政策汇编》，梳理罗列了审批类 79 个项目和备案类 87 个项目的优惠政策。做好娱乐业营业税税率调整实施工作，推动全省第三产业的发展。

3. 落实促进要素投入调整的税收政策。认真落实扶持科技进步的各类税费优惠政策，2009 年度全省（不含宁波）企业研发费税前加计扣除 26.87 亿元，比上年增加 5.59 亿元，同比增长 26.27%。落实科研人员在技术成果转化应用和技术服务方面的收入、从事研究开发取得特殊成绩获得的各类奖励津贴以及科研人员以技术入股而获得的股权收益等方面的税收政策，鼓励创新。

（三）优化纳税服务营造良好的税收环境

转变纳税服务方式，不断提高纳税人满意度。2010 年在国家税务总局组织的对全国 34 个省会城市和计划单列市纳税人满意度调查中，杭州市地方税务局再次荣居全国地税系统前三甲。其主要经验有：

1. 夯实服务基础，突出服务效果。突出政策宣传的时效性和互动性，组织开展新办企业办税辅导日、值班分局长接待日、重点税源企业座谈会、最新税收优惠政策宣讲日等“四个日”税收活动。举办“税企共商转型升级”和“同心汇聚优化服务、税企共建生态文明”论坛，营造地税系统与纳税人之间同心汇聚、共促发展的良好氛围。推进办税服务厅标准化建设，合理规范功能区域，优化办税环境。

2. 拓宽服务渠道，方便纳税人员。广泛开展纳税人之家和纳税服务志愿者活动，2010 年全省共成立纳税服务志愿者队伍 305 支，开展主题志愿纳税服务活动 919 场，解决涉税问题 5024 个；组建纳税人之家 159 户，吸收会员 42453 个，解决涉税问题 4125 个。全面启动集财政、国税、地税于一身，融政策咨询、办事指南、投诉举报为一体的浙江财税 12366 语音特服系统建设，截至 2010 年，共受理纳税人咨询电话 153 万话次，推送最新政策通知、提醒等服务短信 432 万条。

3. 采取多项措施，保障纳税权益。积极推广个人所得税纳税信息网上查询或打印，实现纳税人足不出户，随时随地了解自身最新的个人所得税纳税情况，切实保障纳税人的知情权。加强与人民代表大会代表、政协委员的沟通联系，在税收宣传月活动中，由省局领导带队走访人民代表大会代表、政协委员，面商主办建议提案，同时组织各级地税机关领导联动走访，听取意见建议。

（四）发挥税收职能优势引导经济转型升级

1. 坚持依法治税规范税收秩序。认真开展依法行政考核，连续四年被省政府评为依法行政先进单位。制定下发《浙江省地方税务局关于贯彻落实〈税收规范性文件制定管理办法〉的实施意见》，切实加强规范性文件管理。制定《浙江省地税系统规范行政处罚裁量权实施办法》和《浙江省地税系统行政处罚裁量权执行标准（试行）》，进一步规范税务行政处罚裁量权的行使。深入开展执法督察；2008 年至 2009 年连续两年零复议、零诉讼。

2. 深入推进企业分离发展服务业。站在推动区域产业转型升级和经济发展方式转变的战略高度，坚持把推进企业分离发展服务业作为增加企业效益、优化产业结构的一个有效抓手，充分发挥地税部门的职能优势，出台《浙江省地方税务局关于进一步推进企业分离发展服务业工作的实施意见》。2007 年以来至 2010 年 10 月底，浙江省共有 2456 户企业实施分离发展服务业（其中 45 户工业行业龙头企业、39 户年度百强企业），分离出的服务业企业累计注册资金 280.56 亿元（其中注册资金 1000 万元以上的 535 户），累计产生营业收入 971.55 亿元。

二、与经济发展方式转变相关的税收政策存在的问题

（一）现行税收政策难以促进“三大需求”协调拉动

虽然现行税收政策对投资、消费、出口都有一系列的优惠政策，但不利于促进投资、消费、出口三者协调拉动，具体表现为：

1. 现有税收政策对民间投资和再投资的鼓励不足。目前，我国对民间资本投资扶持不足，且存在重复征税现象，影响民间投资和再投资。如企业以未分配利润转增资本金，在已缴纳企业所得税的基础上还要对个人股东征收20%的个人所得税；对个人多处投资取得的收益，合并征税，但盈亏却不能相抵；对个人独资企业和合伙企业的税收优惠少，有悖于税收的公平原则。

2. 现有税收政策不利于消费能力和消费意愿的增长。目前税收政策存在重投资、轻消费的倾向，导致居民可支配收入的增长速度跟不上经济发展速度，从而最终影响了居民消费能力和消费意愿的提升：在个人所得税方面，现有个人所得税工资薪金所得费用扣除标准过低，费用扣除范围过窄，边际税率过高，导致居民当期的可支配收入增长速度低于税收增长和经济增长速度；在消费税方面，现有消费税对部分日用品征税，有悖消费税开征目的，且税率偏高，商品的含税价格偏高，导致居民的当期实际购买力降低；目前我国社会保障体系不够健全，尤其是广大中低收入人群和农民群体的养老、医疗、教育等方面的保障体系很薄弱，居民对未来预期不乐观，为预防意外而进行储蓄的心理压力大，导致居民预防性储蓄倾向提高。

3. 出口退税基数多年不变不利于合理负担。由于目前的出口退税基数仍是2003年年底核定的，在出口退税总量连年大幅增加的情况下，地方政府要负担的超基数部分也越来越多，尤其是浙江省等外贸依存度较高的地区，地方财政出口退税负担沉重。另外，出口货物退（免）税审批权过于集中，退税手续过于复杂，不利于权责对称和提高退税效率，影响了退税政策的实际效果。

（二）现行税收政策难以促进“三大产业”协同带动

由于传统的经济发展方式的运行惯性，再加上现有的税收体系本身的原因，导致现行税收政策不能很好地促进产业结构的优化升级，主要表现在：

1. 政策需求差异化与税收立法权高度集中的矛盾。目前，由于各地经济发展不平衡和差异化，对税收政策的需求也不同。而我国的目前的税收立法权高度集中于中央，地方政府在税收政策实际执行过程中，不能因地制宜地设立

符合当地税收优势及发展优势的税种，对各主体税种税率没有制定权，无法充分发挥地方税在调节产业结构中的积极作用。

2. 产业税收优惠政策体系尚不够完善。现行的产业税收优惠政策，基本上是通过对一些基本税收法规的某些条款进行修订、补充而形成的，分散于各类税收单行法规或税收文件，法规之间的衔接性差，前后规定之间缺乏有效协调，一定程度上制约了优惠作用的发挥。

3. 支农惠农税收政策覆盖面较窄。目前我国对支农惠农的税收政策较少，且主要集中在生产环节，而对种（养）植、收购、初加工、营销等其他环节没有覆盖，没有形成全程的渗透机制。如对农民专业合作组织也没有企业所得税方面的优惠，缺乏激励从农产品的初加工向深加工转变的税收政策体系，不利于促进传统落后的农业产业结构和产品结构向现代化农业产业结构和产品结构转变。

4. 对战略性新兴产业税收支持不足。目前，税收政策对资本密集型和劳动密集型、资源性企业和非资源性企业、环保型企业和污染型企业的税收政策区别不大，缺乏应有的政策导向功能；对战略性新兴产业、生物制药等高新技术产业以及其他重要的现代工业，缺乏足够的激励力度。

5. 对现代服务业缺乏支持力度。目前，我国税收政策尚有碍现代服务业的发展，具体表现在：行业性税收政策导致了不同行业税负差别，例如对邮电通信等国家垄断性行业给予保护性税收优惠，而对金融业等亟需发展的行业实施严厉的税收政策；对教育、文化、卫生等公共类服务业税收优惠较多，而对现代物流、软件研发、信息技术研发、文化创意等创意型、知识型、技术型的生产性服务业税收扶持较少；对大型服务企业税收优惠多，而对中小型服务企业扶持力度不足，且优惠主要集中于企业所得税，而对营业税及其相关税费优惠相对较少。

（三）现行税收政策难以促进“三种要素”协力推动

我国针对科技进步、劳动者素质提高、管理创新等方面的一些税收优惠政策存在力度不足、力度不均等问题，不利于促进“三种要素”协力推动，具体表现为：

1. 对劳动者素质提高的税收优惠政策体系不健全。主要体现在目前我国针对人才的税收优惠政策体系尚不健全，不利于各类人才的培养：在企业层面，允许企业在税前列支的人才培养费用范围狭窄，基本仅限于培训费用，且目前只允许软件企业培训费用税前全额扣除，而其他企业培训费用税前可列支额度较低，影响其他企业人才培养的积极性；在个人层面，对各类人才收入免税范围过窄，没有考虑科技人才等各类重要人才培养投资成本大的情况，个人所得税法仅对省级人民政府、国务院部委和中国人民解放军军级以上单位及外国组织颁发的科学、技术、教育、文化、卫生、体育、环境保护等方面的奖金，院士的政府津贴和特聘教授的奖金免征个人所得税，而对省级以下政府及企业颁发的重大成就奖、科技进步奖仍征收个人所得税，不利于激发人才的创新和成长。

2. 对科技进步的支持力度不够。现行税收优惠政策对促进企业技术创新的力度有限，尤其是对中小高科技企业的扶持滞后，至今尚未形成专门针对中小型高科技企业税收支持体系，例如，现行的税额优惠为主的政策对中小型高科技企业帮助不大，因为许多中小型高科技企业还处于产品开发或市场开拓阶段，基本上是无利或亏损状态，减免税实际意义不大；缺乏鼓励金融机构支持中小型高科技企业政策，不利于中小型高科技企业解决融资难问题；对产、学、研联合技术创新的支持力度不足，影响和限制了科技开发与成果转化；对科技人员取得按股份、出资比例分红或转让股权、出资比例所得时征税，削弱了技术人才技术创新的积极性。

三、国外相关税收政策的借鉴及启示

（一）促进投资、消费、出口协调拉动的税收政策

1. 21世纪美国的减税政策。经过20世纪90年代以来近10年的持续增长，美国经济在刚迈入21世纪之际就显现出经济衰退的迹象，且减速之快大大出乎人们的预期，使投资者和消费者的信心受到挫伤，导致了消费需求和投资需求的全面下降。为此，美国政府再一次实行了扩张性的积极财政政策，并在一定程度上采用了供给学派的大幅减税政策主张。根据2001年布什总统签署的减税法案，最低所得税税率从15%下降到10%，其他税率平均下降约3个百分点。1993年至1997年，美国政府为工薪家庭实施了一系列减税政策：家庭每拥有一个儿童，能扣除500美元的税负，到2001年扣除额增至1000美元；“希望”奖学金减税政策，即有大学生的家庭，头两年可获得1500美元的减税；恢复双收入家庭10%的税收抵免；废除遗产税；对股息和资本所得税进行减免等①。从上述税收政策的实施效果来看，大规模减税鼓励消费和投

① 崔运政：“美国减税政策评析”，价值中国网，http：//www.ChinaValue.net/Article/2088.html。

资，创造更多的就业机会，美国经济也较快地摆脱了从2001年年底开始的低迷状态，走上了比较稳定的复苏道路。

2. 日本优化需求结构的税收政策。在长达10多年的经济衰退期，日本都把降低个人所得税、减少国家税收作为刺激消费，从而优化需求结构，带动经济增长的重要手段。日本政府于1998年实施了总额为4万亿日元的个人所得税临时减税政策；1999年又公布了税制改革纲要，取代此前的临时减税政策，个人所得税的最高税率降低15个百分点，即从65%降到50%。另外，税制改革纲要还加大了对住房消费税等相关税收的减税力度，把土地贷款和住房交易损失等也纳入减税范围。这些措施在一定程度上减轻了国民负担，起到了鼓励消费的作用。

3. 启示。从美国、日本的税收政策运用情况可以看出，需求结构调整在经济发展中具有重要的作用，税收政策是调整需求结构的重要手段。美国、日本都根据本国经济运行的基本态势和税收收入状况，充分运用税种、税率及税收优惠对需求结构进行调整，纠正和避免投资和消费比例失衡，并且取得了良好的成效。

（二）促进第一、第二、第三产业协同带动的税收政策

1. 韩国的税制改革与产业结构调整。作为中国邻国的韩国已经迈入了发达国家的行列，从20世纪60年代起，在将近30年的时间里保持了9%的GDP年增长率，被经济学家们誉为“汉江奇迹”。1991年与1960年相比，一次产业占GDP的比重由37.0%下降为7.7%，二次产业占GDP的比重由20.0%上升为45.1%，三次产业占GDP的比重由43.0%上升为47.2%。韩国经济发展和产业转型升级，税收政策的合理运用功不可没。

韩国的税制改革大致分为发展支持阶段、重工业促进阶段和结构调整与自由化阶段。在不同的产业结构调整阶段，税收优惠的对象和方式也发生变化。20世纪60年代的出口导向阶段，主要是对出口相关部门实行税收优惠；在1973年，韩国出台了海外投资风险准备金和出口风险准备金制度，减少了对出口的税收优惠，这与当时产业结构的调整是相对应的。20世纪70年代初产业政策由重点发展劳动密集型产业转向了重点发展资金密集型重化产业，相应地，其税收政策也就由外向型转为内向型；在此阶段，对重化工业的税收优惠政策得到重新加强，钢铁、化肥、电子、造船等重化工业有权在免税期、特别折旧、投资抵免三项优惠中择其一，韩国对重化工业的优惠政策呈现了一个反“N”型轨迹。到了20世纪80年代的结构调整与自由化时期，其政府强调功

能型税收优惠，政策重点是鼓励企业从事研究开发和促进中小企业发展，主要表现在：其一，对研究与开发支出的优惠程度不断加强，固定资产折旧政策优惠范围逐渐由最初的几个选择的部门扩展到全部行业；其二，对中小企业的优惠政策随着对中小企业的重视程度逐渐增强①。

2. 新加坡重组产业结构的税收政策。第二次世界大战之后，新加坡政府及时利用了西方发达国家战后产业结构调整和转移的有利时机，大力发展外向型经济，并根据不同时期的具体情况进行重组经济结构。在税收制度上实行直接税和间接税并用的复税制，并根据不同时期的经济发展重点，利用税率和征税范围的选择性变化，作为鼓励投资、引导新兴工业发展的主要手段，如 1959 年颁布的“新兴工业法案”和“工业扩展法案”给予新兴工业 2—5 年的所得税减免，1967 年颁布的“经济扩展法案”给予出口工业优惠税率，并放宽免税期。20 世纪 80 年代以后，为优先发展技术和知识密集型工业以及国际服务业提供各种税收奖励②。在一系列宏观调控的指导下，新加坡成功地克服了三次经济危机和衰退，实现了外向型经济结构的转换和升级，经济发展取得了举世瞩目的成就。

3. 启示。韩国和新加坡政府都从长远考虑，为适应经济发展战略特别是产业结构的调整进行税制改革，使激励的对象和内容随着政策重点的转移相应调整，在发挥税收激励机制的同时，还注重实施配套性税制改革，非常值得我国借鉴。

（三）促进科技、劳动者、管理协力推进的税收政策

1. 法国的相关税收优惠政策。欧盟成员国在支持科技进步、管理创新、劳动者素质提高方面，非常重视税收的作用。在税收方面，法国对科技进步型、管理创新型企业给予相当丰厚的免税待遇。如对新建不到 8 年的创新型中小企业，其研发开支如果超过其总开支的 15%，并且至少 75% 的资本直接或间接地为自然人所有，那么在盈利的前 3 年免税，后 2 年减半征收；在 6 年内雇方社会保障分摊额全免，之后 4 年减免 50%；并对固定资产实行加速折旧。而且，当企业出现亏损时，即研发支出在当年列支而不足以抵扣的，可以往后结转 5 年或者往前结转 3 年，5 年后仍未抵免完的部分，可取得现金退税。同时，扩大“研发税收抵扣”的适用范围，将从事研发投资的所有企业都纳入

---

① 徐佳宾、徐佳蓉：“韩国税制改革与产业结构调整”，《税务研究》2002 年第 11 期。

② 李兆珺：“论税收改革与产业结构的调整”，复旦大学博士论文，2007 年。

了享受减免税收待遇的范围；对产学研的联合项目投入，加倍冲抵所得税①。

2. 新加坡的相关税收优惠政策。新加坡的科技水平处于世界领先地位，作为一个资源极度匮乏的小国，在经济发展方式从依靠物质资源消耗向主要依靠科技进步、劳动者素质提高、管理创新转变的过程中，完善的税收政策为其提供了较好的基础，尤其是低税负的优惠措施。一是免税政策。如对高新技术产品制造企业给予5—10年的低税优惠；对拥有先进技术和创新能力、适应经济发展的新兴工业企业给予5—10年的免税期；对生产高附加值产品的企业给予最长20年减免10%的所得税政策；从事研究、开发的高科技公司，当年可按照符合一定标准的固定资产投资额的50%抵免税款，并可无限期后转；高科技风险投资企业最初5—10年完全免税；拥有先进技术的外国公司在新加坡投资设厂，可以在5—10年对其盈利减免33%的税收。二是加速折旧。为鼓励企业进行技术研发与设备更新，新加坡的设备折旧年限通常为3年。对于高新技术产业、新兴工业的机器设备，在1年后可折旧完。同时，对企业和科技开发公司的研发费用，允许在税前加倍扣除；从事研究开发的公司和企业，其研发费用可以享受双倍的税收扣除②。

3. 印度的相关税收优惠政策。印度政府为推进经济方式从粗放型向集约型转变，实行很大力度的税收优惠。例如，政府对通过认证的研发机构为从事研发活动而采购的国内货物免税，进口的设备等免征进口税，从事研发取得的收入如果再用于研发也免税，如果承担国家计划的研究项目，R&D开支可抵扣125%。在研发扣除方面，企业支付的研发费用可全额税前扣除，设备如果采用本国的，其40%实行加速折旧。针对科研成果转让实行税收优惠，企业支付给国家指定的国立实验室、大学或技术研发机构，并指定用于经批准的科研项目的支出，允许按1.25倍超额扣除。此外，印度对长期风险投资者的资本利得和红利收入实行全部免税政策。软件产业是印度的一大支柱产业，印度为了发展该产业，采用了诸多国家实行的税收减免、税收扣除、加速折旧等政策加以鼓励，如在软件园区内的企业免征所得税10年，在自由贸易区内的高科技电子企业出口产品的5年内免征所得税③。

4. 启示。法国、新加坡作为典型的科技较发达、劳动者素质较高、管理

① 匡小平："典型创新型国家自主创新激励的财税政策"，《涉外税务》2007年第11期。

② 胡志坚、冯楚健："国外促进科技进步与创新的有关政策"，《科技进步与对策》2006年第1期。

③ 马惠："激励企业自主创新的财税政策体系研究"，湖南大学硕士论文，2008年。

创新活跃的国家在推进经济发展方式转变方面，不仅起步较早，而且其激励手段较为成熟，已形成一个全方位的税收激励政策体系，对于我国这样一个起步较晚的发展中国家来讲具有重要的借鉴作用。相对于发达国家成熟的创新体制和政策而言，印度作为后起新兴工业化国家，也在积极地摸索和借鉴其他国家的成功经验中探求经济发展方式转变的道路，也是值得我国学习和借鉴的。

四、完善促进经济发展方式转变税收政策的建议

促进经济发展方式加快转变，具体可从如下几方面入手完善相关税收政策：

（一）完善促进投资、消费、出口协调拉动的税收政策

1. 促进民间投资和再投资。对企业和个人用于扩大再生产的投资，给予退还其再投资额已纳企业所得税或者个人所得税的照顾，或者实行再投资额抵免当期企业所得税或者个人所得税应税收入的政策。

2. 促进居民消费需求。一是对个人所得税法进行适当修改，降低工资薪金所得适用的最高边际税率，减少税率档次；适当降低个体工商户和个人独资企业、合伙企业适用的个人所得税税率；取消对股息、红利征收的个人所得税；提高独立提供劳务人员的劳务报酬、稿酬等收入的税前扣除标准。二是建议根据“贡献与受益对等”的原则，稳步推进社会保障费改税，稳定社会保障的资金来源，扩大社会保障的受益范围，从制度上解除居民的后顾之忧，降低居民预防性储蓄倾向。三是充分发挥税收在推动消费热点和消费信贷方面的作用，提高消费倾向，以促进居民在住房、汽车以及文化消费、休闲旅游、养生保健新兴消费行业等方面的消费热点形成。

3. 促进出口。一是建议由中央财政承担全部出口退税，以此解决征税地与退税地不一致的矛盾，缓解地方政府财力不足的困境；二是建议简化退税手续，提高退税效率，为企业减轻资金压力。

（二）完善促进第一、第二、第三产业协同带动的税收政策

1. 促进第一产业稳定发展。一是加大对现代农业投入的税收优惠力度，支持农业产业化龙头企业扩大生产规模，鼓励投资农产品加工和流通业，加大技术改造和技术创新力度，自建研发机构或与高等院校、科研院所开展联合科技攻关，开发具有自主知识产权的新品种、新技术，发展高附加值的农产品生产和加工项目，增强自主创新能力和核心竞争力；二是对农村信用社实施更为优惠的企业所得税税率，对中国农业发展银行、中国农业银行、国家开发银行

等投资农业的收入或支农资金的信贷收入减免营业税，鼓励农村金融机构以及城市金融机构投资于农业；三是加大对现代农业产业化经营的优惠力度，解决好农业产业基地建设与龙头企业加工能力不相适应的矛盾，引导龙头企业采取保护价收购、利润返还等多种形式，与农户建立紧密、合理的利益联结机制，带动基地和农户发展。

2. 促进第二产业内部结构优化。积极利用税收优惠政策，促进产业结构优化升级，走新型工业化道路，形成现代工业结构，重点扶持资源消耗少、环境污染轻、技术含量高、附加值大、产业关联度大的高新技术产业。一是通过增值税、所得税优惠政策的补充和完善，鼓励企业进行技术设备更新改造，并以此带动现代装备制造等行业的发展；二是完善新兴产业的税收政策，尤其是要加大对新能源、新材料、生物医药、节能环保、信息网络等战略性新兴产业的税收优惠力度，加大新兴产业创业初期的优惠力度，对成果转化初期或市场开拓期的高新技术产品，应给予强有力的税收扶持。

3. 促进现代服务业发展。重点支持生产性现代服务业发展：一是认真落实好新企业所得税法，加大对现代物流、软件研发、信息技术、文化创意、知识产权服务等创意型、知识型、技术型的生产性服务业税收扶持力度；二是要加大对从事自主创新、节能减排、资源节约利用、环境保护等配套服务业税收支持；三是加大对中小型服务企业的税收优惠力度，出台营业税及其相关税费的优惠政策。

（三）完善促进科技、劳动者、管理协力推进的税收政策

1. 助推科技进步。充分考虑高新技术产业化发展不同阶段的不同需求，系统规划设计高新技术产业税收优惠政策，将税收优惠政策与国家产业政策密切配合，坚持“有所为，有所不为”的原则，突出政策重点，尽量发挥有限税收政策资源的最大效能，实现税收政策资源的优化配置。例如可推行加速折旧政策和建立技术开发基金，充分利用间接优惠所具有的较好政策引导性，用税收优惠的办法鼓励企业自建技术开发基金，开发基金按企业投资额或销售额的一定比例计提，并允许在计征所得税之前予以扣除，使企业得以降低开发技术的风险，增强企业技术创新的积极性。

2. 助推劳动者素质提高。主要体现在助推人才发展战略的有效实施：一是加大对高等教育、高职教育的税收支持力度，促进高等教育和各类职业技术教育发展，营造人才辈出的局面。二是加大对科技人员的税收优惠力度，具体可采取以下措施：对高科技人员在技术成果和技术服务方面的收入，可比照稿

酬所得，按应纳所得税额减征 30%；对科研人员从事研究开发取得特殊成绩获得的各类奖励津贴，免征个人所得税；对从事科研开发人员以技术入股而获得的股权收益，实行定期免征个人所得税政策。三是加大对现代农业技术研发、推广人才的税收优惠。通过个人所得税优惠、技术入股减税等方式，鼓励更多的技术人才投身于现代农业建设。同时，加大农业技术基础人才培养的支持，重点是对农民的技术培训和技术学习给予足够的税收优惠激励。

参考文献

1. 李俊英：“刺激居民消费需求增长的税收政策研究”，《经济论坛》2010 年第 2 期。

2. 彭友山、王亮、郭平、洪源：“刺激我国居民消费需求有效增长的税收政策研究”，《湖南社会科学》2009 年第 6 期。

3. 梁燕君：“如何完善高新技术产业税收政策”，《中国外资》2008 年第 1 期。

4. 郝志军、韩伟爱：“提高企业自主创新能力的税收政策研究”，《中小企业管理与科技・学术版》2009 年第 9 期。

5. 晁芙蓉：“促进我国中小企业发展的税收政策研究”，《现代经济信息》2008 年第 10 期。

6. 韩京：“激励企业创新税收优惠政策的问题与对策”，《武汉理工大学学报（信息与管理工程版)》，2007 年第 7 期。

7. 李映洲、陈凤丽、房亮：“鼓励高新技术企业发展的税收优惠政策研究”，《财会研究》2009 年第 9 期。

8. 钱巨炎：“为生态文明建设创造良好的税收环境”，《政策瞭望》2010 年第 7 期。

9. 周华伟：“促进技术创新的企业所得税政策体系”，《中国科技投资》2009 年第 5 期。

（作者工作单位：浙江省地方税务局）

增值税转型改革对浙江经济转型升级的影响分析

钱宝荣

2008年以来，受国际金融危机影响，全球经济衰退，外部需求下降，贸易保护主义加剧，国内外宏观经济环境发生了深刻的变化，浙江经济也面临着重重困难和严峻挑战，经济转型升级成为应对国际金融危机的战略选择。经过诸多努力，2009年浙江经济形势出现了积极变化，经济下滑的势头得到初步遏制，总体上出现了企稳回升态势。形势的好转离不开国家一系列“保增长、扩内需、调结构”宏观调控政策措施的实施，其中增值税转型改革作为“结构性减税”政策的主要举措之一，发挥了重要的收入功能和调控功能。

一、增值税转型改革是我国经济社会发展的必然要求

2009年增值税转型改革，从狭义的角度看，是将生产型增值税改为消费型增值税，允许固定资产进项税额抵扣；从广义来说，则是以实行消费型增值税为核心的增值税税收制度的改革完善。其主要内容：一是允许固定资产进项税额抵扣，实行消费型增值税。企业新购进机器设备所含进项税额不再采用试点时的退税办法，而是采用规范的抵扣办法，企业购进的设备和原材料一样，按照正常的办法直接抵扣其进项税额，不受应缴增值税增量的限制，也不再局限于部分地区和部分行业。即自2009年1月1日起，允许增值税一般纳税人抵扣新购进机器设备所含的增值税，同时取消了进口设备免征增值税和外商投

资企业采购国产设备增值税退税政策。二是减轻纳税人负担，调整征收率。将小规模纳税人征收率从 6% 或 4% 统一降为 3%，小规模纳税人销售额标准，由原 100 万元或 180 万元降低为 50 万元或 80 万元，同时对混合销售行为与兼营行为的征税问题进行了补充完善，合理调整纳税义务发生时间，并将纳税申报期适当延长。三是明确产业导向，调整税收优惠政策。将矿产品增值税税率从 13% 恢复为 17%，并调整了再生资源税收优惠政策，将废旧物资回收经营单位免征增值税政策，调整为增值税先征后返政策。同时完善和补充了资源综合利用税收优惠政策，将污水处理劳务和特定建材产品等各种符合国家产业政策导向、促进节能减排的产品项目，明确纳入减免税范围，并进一步规范软件产品退税政策，促进企业软件开发技术创新。

（一）增值税转型改革是我国完善税制、与国际惯例接轨的必然选择

1994 年我国经济体制转轨，启动了新一轮税制改革，在当时财力紧张、投资过热、通货膨胀、短缺经济的宏观背景下，选择了税基相对较宽的生产型增值税，即不允许抵扣固定资产进项税额。生产型增值税运行 15 年来，在一定时期内保证了我国财政收入的需要，较好地发挥了税收对经济的调节作用。随着我国社会进步和经济高速发展，商品贸易等国际交往日益密切，在世界经济中扮演的角色日益重要，生产型增值税逐渐暴露出诸如重复征税、抑制投资、约束消费、阻碍出口等一系列问题和弊端，于是，"简税制、宽税基、低税率、严征管"成为新一轮税制改革的目标与方向。目前世界上 140 多个实行增值税的国家中，大多数国家都实行消费型增值税，仅有少数国家实行生产型增值税。各国实践经验表明，消费型增值税能充分发挥增值税的中性作用，消除传统商品劳务重复征税的弊端，将增值税对投资的不利影响降到最低点，有利于加快设备更新和技术进步、促进出口、提高产品竞争力。经济越发达，资本有机构成越高、资本密集程度越高，消费型增值税的优点就越突出。因此，无论从完善税制本身而言，或是实现与国际惯例接轨的需要而言，我国的增值税税制都亟需完善，增值税转型改革成为必然选择。

（二）增值税转型改革是我国综合财力提升、征管能力加强的可行选择

增值税转型改革，尽管一直被呼吁，我国却由于其对财政收入的重大影响，采取了相对谨慎的态度，进行了多次改革试点，以摸索与积累经验。从 2004 年 7 月起，相继在东北地区"三省一市"和中部六省 26 个城市，对装备制造、石油化工、冶金、船舶制造、汽车制造等行业进行试点。据统计，2004 年至 2007 年间，东北和中部试点地区新增设备进项税额总计 244 亿元，累计

抵减欠缴增值税额和退还增值税额为186亿元。随之，试点扩展到内蒙古东部五市（盟）以及四川汶川地震受灾严重地区。一系列试点改革为全国范围内实行增值税转型改革打下了扎实的基础。近几年来，税务部门以“金税工程”建设为抓手，不断改进税收管理手段，税收征管能力和信息化水平不断提高，为实行消费型增值税提供了征管能力保障。同时，随着国家税收收入占GDP的比重不断提升，国家综合实力不断增强，实行消费型增值税也有了较好的财力保障，增值税全面改革和转型成为可行的选择。

（三）增值税转型改革是我国应对国际金融危机、实行宏观经济调控的历史选择

当国际金融危机在全球蔓延之际，宏观经济环境发生了深刻变化，全球出现了需求萎缩、产能过剩等现象。受其影响，2008年下半年我国经济快速下滑，投资、消费信心严重不足，出口贸易严重受挫，中小企业大量倒闭。为应对经济下滑的风险，国家的宏观调控目标在一年内历经了三次调整，从2008年初的“两防”（防通货膨胀、防经济过热），转为年中的“一防一保”（防通货膨胀、保经济增长），再转为年末的“保增长、扩内需、调结构。”为落实国家扩大内需的宏观政策，增值税转型改革作为一项重大减税政策的推出条件已经成熟。增值税转型改革不仅有利于减轻企业税收负担，更有利于促进企业技术创新，促进经济增长方式转变和产业结构调整，缓解和消除国际金融危机造成的负面影响。因此，宏观经济形势的急剧变化，加快了增值税转型改革的步伐，使增值税转型改革成为应对危机、实施调控的历史选择。

二、增值税转型改革对浙江经济税收的影响

经济决定税收，税收反作用于经济。2009年增值税转型改革是我国宏观经济调控的重要内容，是积极财税政策的重要组成部分。税收政策要发挥其应有的效能，通常受经济增长、经济结构等诸多外部环境因素的影响，因此，有必要结合浙江经济的实际情况来研究改革对浙江经济税收的影响。

（一）浙江经济的现状

改革开放以来，浙江从一个相对封闭的传统农业经济，发展成为开放的、以现代工业为主体的经济体，经济发展基本保持了较高的增长速度，尤其是2001—2007年，全省GDP年均增长13.4%，各年经济增长率保持在10.6%至14.7%的幅度。由于经济持续快速增长，人均GDP在“十五”末期就超过3000美元，成为全国各省区中第一个达到3000美元的省份。2008年，在国际

金融危机影响下，浙江经济增长出现大幅下滑，主要表现在工业生产和效益增幅回落，尤其是进入下半年后回落加速甚至负增长，全年生产总值为 21486.9 亿元，比上年增长 10.1%，增幅比上年回落 4.6 个百分点。2009 年上半年，面对国际金融危机持续蔓延带来的严重冲击，浙江省委、省政府贯彻落实“保稳促调、标本兼治”的一揽子计划和政策措施，全面实施“创业富民、创新强省”总战略，大力推进保增长、抓转型、重民生、促稳定工作，使经济呈现企稳回升、总体向好的发展态势。

纵观浙江经济发展历程，改革开放之后的浙江，经济高速增长，而在国际金融危机快速蔓延之时，浙江经济首当其冲遭遇重击，经济下行速度之快引人深思。尽管当前经济形势开始企稳回升，但浙江经济运行的矛盾与问题依然存在，这主要是国际经济环境变化、国内经济周期性调整与浙江经济产业层次低、企业规模小、自主创新能力弱等素质性、结构性矛盾叠加作用的结果。

1. 经济增长动力依然不足，企稳回升基础尚不稳固。投资、消费、出口是经济增长的重要决定因素，是驱动经济增长的“三驾马车”。然而以“浙江模式”、“浙江经验”等闻名于世，以中小企业为主、加工制造为主、一般贸易为主的浙江经济，在金融危机面前无论是投资、消费和出口均显乏力。同时，由于国内外需求急剧萎缩、企业停工待产、产能下降、消化库存、资金流动性不足，企业对新增设备、扩大生产能力有所顾忌，严重制约了企业投资意愿。2009 年上半年，从投资看，政府性投资项目是拉动投资增长的主体，企业投资意愿不足，民间投资增长乏力，占比超过六成的非国有限额以上投资仅增长 6.4%，低于国有投资增幅 25.2 个百分点。引进外资持续下降，实际利用外资同比下降 13.5%，降幅比一季度扩大 10.2 个百分点。政府性投资项目资金配套困难增加，很难支持更大规模的投资项目来拉动投资需求，投资快速增长的后劲不足。从消费看，在现行分配体制和格局没有根本性变化的情况下，持续提高消费增速的难度很大。从外贸出口看，全省出口累计降幅从 4 月份起逐月扩大，外需严重萎缩的局面仍在持续，预计全年出口较大幅度负增长的格局难以改变。

2. 产业结构不够合理，经济增长方式亟需转变。当前浙江在产业结构上仍不合理，素质性、结构性矛盾依然存在，粗放型的经济增长格局尚未改变，经济增长在很大程度上依赖要素资源的大量投入，高投入、高能耗、高排放、低成本、低技术、低价格的问题十分突出。从三大产业看，第一产业的基础不稳定、第二产业的产业结构层次偏低、第三产业的比重调整幅度较低。工业总体上处于产业链的低端，高新技术产业发展相对滞后，服务业比重偏低，农业规模化、产业化水平较低。浙江省诸多中小企业要素资源结构层次低，通常以快速扩张和多元化经营，低成本、低层次开拓国际市场，充当加工车间、高度依附出口，长期受资源匮乏，市场、资源两头在外的约束。尤其是近年来经济增长的支撑条件发生了很大变化，土地、资金、能源、劳动力和运力等生产要素价格明显上扬，且浙江省的要素价格高于多数省区，土地、矿产等资源和生态环境的约束日益加大，能源资源日趋紧缺，土地供需等矛盾不断凸显，粗放型的增长方式已不再适应发展的经济形势。当前浙江经济发展面临的主要宏观环境是“三叠加”（产业升级转型期、国际经济波动期、宏观调控紧缩期三叠加）、“三上升”（原材料价格上升、人民币升值、劳动力成本上升）、“三加剧”（资金供给、土地供给、环境空间紧张状况三加剧）。长期以来支撑经济发展的传统优势产业和低端产品，已无法适应新形势新环境，出现“被全球化”、“被边缘化”倾向，劳动密集型和资源消耗型的传统发展模式已经难以为继，经济增长方式亟需改变。

3. 科技研发吸收能力较弱，技术创新体系亟待完善。中小企业是浙江经济发展的主体，但当前浙江中小企业的发展不仅受到土地、资金、资源等生产要素的制约，更为其自身固有的技术缺陷所束缚。在当前激烈的动态竞争环境中，技术是企业发展的核心竞争力。然而与其他发达地区相比，浙江拥有自主创新能力的企业相对较少，产品领域大都属于传统产业，缺乏产品的核心技术，研发投入偏低，技术创新体系尚未建立。相当部分企业尚处于技术模仿和引进阶段，存在物质基础薄弱，人才匮乏，消化吸收再创新和自主技术开发能力弱，缺乏自主知识产权，产品层次不高，管理水平和技术水平落后，没有科学有效的人力资源引进机制，高层次创新人才严重短缺。因此许多企业常年难上技术改造项目，产品结构单一，技术含量低，高附加值产品比重小，产品档次低，企业后续竞争力严重不足，制约了企业的持续健康发展。

（二）增值税转型改革对浙江经济发展的积极作用

如前所述，浙江经济面临的一大难题，就是投资、消费和出口的三大需求动力不足，经济增长拉动乏力。此时，实行消费型增值税，有促进投资、刺激消费等作用，最终能够有效增加新税源，从根本上刺激经济增长，促进浙江经济稳步回升。可以说增值税转型改革是浙江经济破解难题、转型升级、持续发展的有力推手。

1. 促进经济结构调整。在生产型增值税下，由于重复征税会导致行业税负结构变化，导致资本密集型的行业税负明显重于劳动密集型的行业，并在一定程度上诱导加工行业的发展，抑制基础产业和资本密集型企业的发展。增值税转型改革，使诸如电力、化工、钢铁、建材、交通运输设备等“重资本装备”行业明显受益。鼓励并刺激资本有机构成高、资本密集程度大的行业、基础产业及技术、资本密集型产业的资金投入，从而发展和提高整个社会的生产力水平，从整体上缓解国民经济结构不合理现象，适应经济发展和产业结构调整的需要。另外，再生资源、资源综合利用产品等税收优惠政策的调整，能够在节能减排等方面引导浙江中小企业，促进新能源、环保与资源综合利用等新兴产业的发展。

2. 促进技术创新与进步。增值税转型改革，对促进技术创新与进步的作用尤为显著。实施消费型增值税，首先体现为企业的直接收益增加，相当于等量增加了企业的现金流入，减轻企业税收负担，缓解企业资金难题，而针对机器设备等固定资产的抵扣政策，更有针对性的刺激企业进行设备更新改造，提升技术含量，实行技术创新。据有关统计，增值税转型改革可为进行设备投资的企业节约 10% 左右的成本。其次，软件产品等税收政策的补充和完善，可进一步促进企业进行软件产品的自行开发，刺激企业进行技术创新和研究开发，从而促进软件、微电子、生物技术、新材料等核心产业的发展，改变核心技术受制于人、仿制贴牌为主的情况，创造浙江新的竞争优势。此外，增值税转型改革，可以引导企业重新审视投资经营决策与行为，促进劳力、资金、资源、技术等要素得以更有效率的配置。尤其是对纺织、化工等传统优势产业，增值税转型改革政策的出台，有助于缓解企业材料、资金等瓶颈问题，促进企业在扩大生产经营规模、提高生产效率等经营决策上，选择技术创新和设备更新来替代扩充土地和基本建设等其他经营行为。如湖州市长兴县轻纺行业在增值税转型改革政策鼓励下，一改购进国内萧山、绍兴等轻纺生产发达地域淘汰设备的传统做法，基本不增加新建设用地或新建厂房，大力增强技改和环保投入，购进国产一流先进的纺织织造设备和环保设备，提高服装面料、出口产品高新技术含量，推进产业转型升级，市场竞争能力和出口能力大大提高。该行业 169 户企业 2009 年 1 月至 9 月期间申报固定资产抵扣 3087 万元，折算设备投资额高达 18159 万元。这体现了增值税转型政策对企业的引导效应，尤其是在技术创新和技术进步方面的明显促进作用。

3. 为企业发展提供动力。实行消费型增值税，在促进投资方面具有较为显著的作用。允许对当期购入固定资产抵扣进项税额，就投资主体而言相当于享受了国家提供的部分无息贷款，理论上会刺激企业的投资意愿，促进投资的扩张，有利于企业扩大资本积累，有利于鼓励设备更新和技术升级，促动企业成为市场长期投资的主体。2009 年第一季度金融危机影响至深，浙江省全社会固定资产投资增幅较低，实施消费型增值税后，对企业的投资拉动效应逐渐显现。尽管当时经济形势仍不景气，市场预期仍较低迷，但由于允许固定资产进项税额抵扣，能直接减少企业资金流出，提高企业利润和投资收益，扩大企业资金规模，使得企业投资能力和意愿增强。2009 年 1—6 月，浙江省固定资产投资规模大大增加，达到 4387 亿元，同期申报抵扣的固定资产按照 17% 税率折算，其金额为 273. 23 亿元，占 1—6 月浙江总固定资产投资金额比重达到 6. 23%。随着政策的落实，申报抵扣固定资产进项税额的企业户数逐月增加，从 2009 年年初的 10351 户次，增加至 9 月的 168699 户次，1—9 月累计投资可抵扣固定资产金额为 456 亿元，占当期浙江全社会固定资产投资金额 7132 亿元的比重也增至 6. 39%。数据的静态和动态变化显示，随着经济的回暖，企业用于购置新机器设备等固定资产的投入也在扩大，增值税转型改革的政策效应逐步凸显出来（表 1）。

表 1　　浙江省增值税转型情况分析表　　单位：亿元

2009 年	1—3 月		1—6 月		1—9 月	
	投资规模	同比增长（%）	投资规模	同比增长（%）	投资规模	同比增长（%）
全社会固定资产投资	1636. 66	10. 70	4387. 43	13. 40	7132	14. 30
申报固定资产进项税额	18. 40	—	46. 45	—	77. 52	—
换算抵扣的固定资产投资金额	108. 24	—	273. 23	—	456	—
抵扣固定资产投资占全社会投资比重（%）	6. 61		6. 23		6. 39	

2009 年	户数（累计户次）	固定资产申报抵扣数	换算固定资产投资金额
1 月份	10351	4. 67	27. 49
2 月份	13497	5. 58	32. 80
3 月份	18798	8. 13	47. 84
4 月份	19390	9. 46	55. 64
5 月份	19534	8. 71	51. 19
6 月份	21497	9. 88	58. 12
7 月份	22591	10. 47	61. 60

续表

2009 年	户数（累计户次）	固定资产申报抵扣数	换算固定资产投资金额
8 月份	21517	10.13	59.59
9 月份	21254	10.47	61.60
合计	168699	77.52	456.00

（三）增值税转型改革对浙江产业优化的实践效果

浙江经济要转型升级，就要产业优化，要大力推进特色产业和支柱产业，改造传统优势产业，加快地区经济结构的合理化进程。而增值税转型改革的实践显示，转型改革对产业优化具有显著的效果。

1. 体现了特色优势产业的规模性效果。增值税转型改革，对企业的经营行为起到了积极的引导作用，有力推进了特色产业龙头企业做大做强，扶持了科技型、高附加值的成长型企业的壮大，促进了规模型企业带动整个产业的健康发展。2009 年 1—9 月，申报抵扣固定资产进项税额在 1000 万元以上的共 64 户企业，占全部申报固定资产抵扣企业户数的比重仅 0.1%，而固定资产进项税额合计 20.19 亿元，占总固定资产进项税额的 30%，也就是说，固定资产进项税额集中在相关产业中的少数重点企业。64 户企业中有 13 户电力生产与供应企业，10 户化学原料及化学制品制造企业，8 户交通运输设备生产企业，7 户金属制品生产企业。固定资产进项税额排行全省前十位的企业，分别是浙江省电力公司、浙江中宁硅业有限公司、浙江浙能乐清发电有限责任公司、浙江正泰太阳能科技有限公司、舟山金海湾船业有限公司、振石集团东方特钢股份有限公司、常石集团（舟山）造船有限公司、浙江省天然气开发有限公司、桐昆集团浙江恒通化纤有限公司、嘉兴电力局。浙江省十强企业中除电力企业外，还有新兴能源产业、新兴船舶生产企业等特色优势产业，增值税转型改革政策对相关产业的龙头企业支持力度越大，企业自我发展和引领产业的成长速度就越快。

2. 体现了行业品目的集中性效果。无论是理论分析，还是实践结果，增值税转型改革对浙江的经济结构调整和产业导向优化均产生了积极影响。2009 年 1—9 月，浙江固定资产税额抵扣的行业主要集中在电力、热力的生产和供应业、纺织业、化学原料及化学制品制造业、交通运输设备制造业、通用设备制造业、金属制品业、电气机械及器材制造业等 21 个行业，这 21 个行业申报抵扣的固定资产进项税额均超过 1 亿元。而该 21 个行业从申报抵扣的企业增值税税负率（同上计算口径）看，均比不允许固定资产进项税额抵扣情况有不同程度的降低，最大降幅达0.89%，最小降幅也有0.03%。再从浙江累计抵扣固定资产进项税额1亿元以上的征收品目看①，固定资产抵扣税额集中在通用设备、交通运输设备、专用设备、电力、纺织品、电气器材、电信产品、化工产品等行业。将2009年1—9月申报抵扣的固定资产进项税额与含免抵调库的增值税入库税额相比，纺织品、化工产品、钢坯钢材、有色金属、交通运输设备、电力、造纸及纸制品、食品饮料、医药制造的比重较高，对于服装皮革、批发、零售等劳动密集型、资本有机构成较低的行业，增值税转型改革的受益范围极小。可见增值税转型改革的调节导向作用明显，增值税转型改革后，投入资金的流向将向资本密集型、资金密集型行业集中，让资金密集程度高、产品附加值低的纺织业、冶炼业、电气器材、设备制造等相当部分的支柱产业和传统优势项目受益，而这些行业对技术改造、转型升级的需求强烈，借增值税转型改革的契机，则可以加大技术改造力度，扩大投资规模，从而提升技术含量，实现转型升级（表2、图1）。

表2　　2009年1—9月主要行业固定资产进项税额抵扣情况表　　单位：亿元

行　　业	固定资产进项税额	应纳税额	按适用税率征税销售额	申报税负率（%）	还原税负率（%）
电力、热力的生产和供应业	9.93	72.36	1902.42	3.80	4.33
纺织业	7.06	26.27	1116.92	2.35	2.98
化学原料及化学制品制造业	5.55	24.63	909.07	2.71	3.32
交通运输设备制造业	5.48	17.33	618.94	2.80	3.69
通用设备制造业	5.13	28.61	867.81	3.30	3.89
金属制品业	3.99	15.85	744.67	2.13	2.66
电气机械及器材制造业	3.69	30.30	1043.66	2.90	3.26
化学纤维制造业	2.30	7.17	632.22	1.13	1.50
造纸及纸制品业	2.15	11.25	347.25	3.24	3.86
非金属矿物制品业	2.12	12.82	330.67	3.88	4.52
塑料制品业	1.76	12.15	433.72	2.80	3.21

① 为与增值税入库信息作比较、联动分析，本文特以增值税入库统计口径上的征收品目替代国民经济行业进行分析。征收品目与国民经济行业有较强的相关性。

续表

行 业	固定资产进项税额	应纳税额	按适用税率征税销售额	申报税负率（%）	还原税负率（%）
通信设备、计算机及其他电子设备制造业	1.61	13.10	318.93	4.11	4.61
批发业	1.45	52.64	4248.65	1.24	1.27
专用设备制造业	1.44	10.98	320.29	3.43	3.88
医药制造业	1.39	15.33	233.99	6.55	7.15
纺织服装、鞋、帽制造业	1.33	14.03	353.16	3.97	4.35
工艺品及其他制造业	1.32	8.86	302.01	2.93	3.37
橡胶制品业	1.13	8.09	173.17	4.67	5.33
有色金属冶炼及压延加工业	1.05	3.62	360.67	1.00	1.29
印刷业和记录媒介的复制印刷	1.02	5.01	125.39	3.99	4.80
黑色金属矿采选业	1.00	9.02	424.22	2.13	2.36

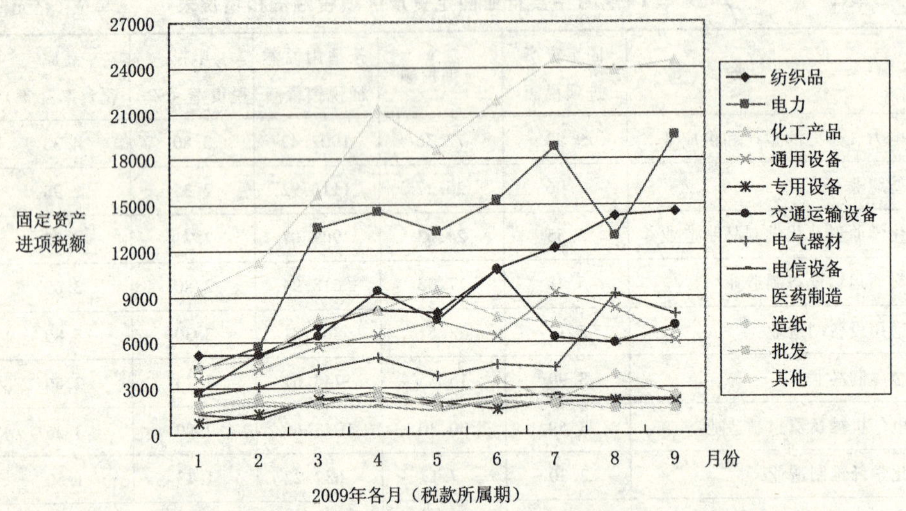

图 1 累计抵扣固定资产进项税额 1 亿元以上的品目抵扣情况

3. 体现了不同经济结构的差异性效果。增值税转型改革实施以来，从总体上发挥了较为明显的减税和调节的功效，但究其地区结构而言，各地区由于经济结构大相径庭，转型效果差别巨大。这也体现了增值税转型改革对不同经济结构发挥效用的程度不一。为统计方便，浙江的经济结构情况仍以增值税征收品目角度入手分析，仍以消费型增值税为主要分析内容。浙江省主要以纺织品、服装皮革、化工产品、通用设备、交通运输设备、电气器材、电力、批发为主。就地区而言，2009 年 1—9 月增值税入库数据显示，各地税源分布不一，重点税源行业集中在经济总量较大、经济相对发达、经济构成品目较为丰富的地区。如浙江纺织、服装皮革类的主要税源，集中在杭州、嘉兴、湖州、绍兴一带，设备器材类的主要税源集中在杭州、台州、温州一带。相应的，这些地区固定资产抵扣税额较大，主要征收品目的抵扣税额规模也相对较大。反之，经济总量相对较小、行业构成相对简单的地区，固定资产抵扣税额则集中在主要税源行业，总体规模视行业类型而定。如衢州以有色金属和化工产品为主，固定资产抵扣税额也集中在该两个品目。再如舟山固定资产抵扣税额总体规模不大，45% 集中在交通运输设备品目，主要是由于该地区造船行业较为发达，而造船行业恰好是浙江沿海地区的新兴产业。实施结果显示，对于经济总量大、经济结构相对合理的地区而言，转型的效果相对突出，对于经济总量小，劳动密集型产业为主的地区，转型效果相对较弱。因此，增值税转型改革对浙江各地加快经济结构的合理化进程，起到一定的经济调控作用（表 3）。

表 3　2009 年 1—9 月全省各地固定资产进项税额抵扣情况　单位：%

单位 / 固定资产抵扣税额	杭州	嘉兴	湖州	绍兴	舟山	温州	丽水	金华	衢州	台州	省局直属
合计	25.20	16.81	4.52	11.31	4.52	7.23	1.84	5.50	5.18	7.08	10.79
纺织品	22.78	25.60	7.82	27.94	0.04	2.04	0.17	9.61	1.81	2.18	0.00
服装皮革	22.08	23.95	4.38	16.13	0.04	16.35	1.25	8.65	1.71	5.46	0.00
化工产品	30.98	20.55	4.96	11.62	0.26	2.20	1.11	1.84	23.82	2.66	0.00
有色金属	12.27	2.15	5.80	35.66	0.00	2.74	0.55	7.30	28.71	4.82	0.00
通用设备	29.27	22.80	3.83	12.47	0.39	9.36	1.77	4.12	1.86	14.13	0.00
交通运输设备	15.59	2.89	1.02	4.59	45.01	7.56	0.60	6.01	0.28	16.45	0.00
电气器材	32.93	13.19	7.89	13.23	0.32	15.12	3.29	3.89	1.62	8.52	0.00
电力	2.21	8.21	0.70	1.73	2.33	11.33	2.79	0.84	1.31	1.70	66.85
批发业	44.80	14.51	2.57	5.56	3.37	8.94	0.23	3.11	3.51	13.74	0.25
其他品目	31.90	18.97	7.33	12.97	0.48	7.19	2.68	7.10	1.93	6.27	3.17

（四）增值税转型改革对浙江财政税收的影响

增值税转型改革，作为结构性减税的主要举措，对增值税收入既有增税影响，也有减税影响。短期内对财政税收必将产生较大的总体减收效应，而就长期而言，增值税转型改革对经济增长将带来显著的刺激和促进作用，必将带来财政收入长期增收效果。

1. 增值税转型改革对财政税收的当前影响。从增值税转型改革各项政策措施实施结果看，2009 年 1—9 月，因新增固定资产进项税额抵扣而减少增值税收入 77. 52 亿元，因小规模纳税人征收率调整后减少增值税收入 8. 42 亿元，因废旧物资回收经营免税政策调整，应纳税额比上年同期增加 25. 45 亿元（不考虑利废企业抵扣税额增加），合计减少增值税额 60. 49 亿元。而相应的城市维护建设税和教育费附加（按两项合计 10% 的税费比例计算）则减少 6. 05 亿元。假定企业抵扣固定资产的平均折旧年限为 10 年，不考虑残值，理论上讲，2009 年 1—9 月，因少提折旧而增加企业利润 7. 52 亿元，因增值税增减带动的城市维护建设税等税费变动而增加企业利润 6. 05 亿元，合计增加企业所得税 3. 39 亿元（按 25% 计算）。从各月固定资产进项抵扣税额占当期财政收入的比重看，虽逐月提高，但总体比例较小，平均比重为 5. 64%。而按照目前的财政分配机制，增值税收入中的 25% 部分和企业所得税收入中的 40% 部分归地方财政收入，城市维护建设税和教育费附加为地方财政收入。因此，按上述测算，2009 年 1—9 月，因增值税转型改革而影响浙江省财政收入合计减少 19. 82 亿元，占同期财政收入 1338. 72 亿元的比重为 1. 48%。

2. 增值税转型改革对财政税收的全年影响。逾半年的转型实践显示，尽管减税效果逐月增加，但受转型初期环境、新增机器设备所处的状态（如在建、待完工等）、增值税纳税人结构等因素的影响，改革减收的预期数与实际值仍有较大的差距。从浙江省经济前三季度运行情况看，浙江省经济企稳回升、积极向好，呈现出“增速持续回升、效益逐步向好、调整积极推进、民生不断改善”的良好发展态势。因此，我们有理由相信，第四季度甚至 2010 年的增值税转型改革实施效果将更为显著。基于财政收入和征管能力等各种考虑，现行的固定资产抵扣范围限制于新购买的机器设备等固定资产。因此需以新增的机器设备为测算依据。通常理论界认为，目前我国固定资产投资中，用于机器设备的投资仅占全部固定资产投资的 1/4。以浙江省 2000 年至 2007 年的购置设备工器具固定资产金额 10267. 51 亿元与同期的固定资产投资总额 42403. 91 亿元相比较，平均占比为 24. 21%。据此，我们推定每年新增机器设备类投资占新增固定资产投资金额比例为25%左右。以此计算2009年上半年新增机器设备的投资金额有1096.75亿元。实际数据显示浙江上半年已申报抵扣的固定资产投资折算规模为273.23亿元，上半年可申报抵扣的固定资产投资金额占新增机器设备投资金额的比重为24.91%，即上半年约有四分之一左右的新增机器设备进入固定资产进项税额抵扣范围。2009年1—9月，全社会固定资产投资7132亿元，比去年同期增长14.3%。按前述的比重测算，约有1783亿元的机器设备投资金额、303亿元的机器设备增值税额和75亿元的申报抵扣进项税额。因此，以此前确认的“两个25%”比例测算，2008年浙江固定资产投资金额为9300亿元，按照2009年浙江固定资产投资增长11%的目标预测，则2009年全年固定资产投资金额实现10323亿元，全年用于机器设备的投资额实现2580.75亿元，按17%测算的增值税额有438.73亿元，而全年至少有109.68亿元的固定资产进项税额，即第四季度预计申报抵扣的固定资产进项税额可达44亿元。

3. 增值税转型改革对财政税收的长期影响。从目前看，由于增值税转型改革时间尚短，对经济税收的影响只是初步的。它虽增加了财政收入的压力，但对地方财政收入影响不大。从长远看增值税转型改革还有诸多方面的间接影响：如对由投资带动消费需求的刺激、物价的调整；由促进技术创新而带动的新兴产业发展、关联产业发展；由提升产品竞争力等而扩大的出口等。在其他经济、行政等各方面政策的相互配合与协调下，间接影响将逐渐转化为直接效果：即增值税转型改革对企业减负、扩大投资、转型升级具有强大的刺激作用，势必推动经济税源的增长，从而带来长期持久的积极效应，最终财政税收必将因企业税负减轻、投资扩大、出口增加等经济增长而增加（表4）。

表4　2009年1—9月份固定资产进项抵扣税额占当期财政收入的比重情况

时　期	2009年度		
	固定资产申报抵扣数（亿元）	占当期增值税收入（不含免抵调）比例（%）	占当期财政收入比例（%）
1月份	4.69	6.45	3.00
2月份	5.58	10.00	4.83
3月份	8.13	11.31	7.32
4月份	9.46	12.69	4.73
5月份	8.71	11.39	6.57

续表

时期	2009 年度		
	固定资产申报抵扣数（亿元）	占当期增值税收入（不含免抵调）比例（%）	占当期财政收入比例（%）
6 月份	9.88	12.68	7.32
7 月份	10.47	12.81	5.68
8 月份	10.13	11.81	8.13
9 月份	10.47	11.61	7.98
合计	75.52	11.00	5.64

三、积极发挥增值税转型改革成效，助推浙江经济转型升级的对策思考

从 2009 年 1—9 月增值税转型改革的实施情况看，全面落实增值税转型改革若干政策，对亟待转型升级的浙江经济起到了较为显著的积极作用。然而目前经济好转的基础尚不牢固，不确定因素仍然较多，税收制度本身依然不够完善。经济全面复苏是个缓慢、曲折和复杂的过程，政策效应的充分发挥有一定的滞后性。要充分发挥增值税政策效应，实现税收促进经济发展的政策目标，税务部门应积极组织收入，落实税收政策，创新税收管理，推进税制改革，进一步发挥增值税转型改革效应，为经济转型升级创造良好的政策环境。

（一）积极组织税收收入，为经济转型升级提供充足的财力保证

浙江经济转型升级需要充足的财力保障，而增值税转型改革等结构性减税在短期内势必造成财政税收收入的减收。经济形势的异常复杂性和摆脱金融危机的渐进性，给税务部门组织收入工作带来了巨大压力和严峻考验，使得保持税收收入稳定增长的任务变得更加困难和艰巨。可以说，税务部门肩负着比以往更加繁重的组织收入和保稳促调的双重压力。为此，各级国税机关要更加坚定不移地坚持发展是硬道理的战略思想，深刻认识当前经济发展现状和面临的困难，正确处理好组织收入与依法治税的关系，组织收入与服务经济发展的关系，努力为经济发展提供强大的财力保障。形势越是严峻，越要把依法组织收入放在第一位，越要旗帜鲜明地坚持“依法征税，应收尽收，坚决不收过头税，坚决防止和制止越权减免税”的组织收入原则不动摇。要加强税收征管保收入，力助浙江经济转危为机，率先突围，确保税收收入与经济发展协调稳定增长，为经济转型升级提供财力保证。

（二）积极落实税收政策，为经济转型升级提供有力的政策支持

作为增值税转型改革政策的实施主体，作为重要的经济管理部门，各级国税机关只有准确把握税收管理的主流方向，积极采取各项有力措施，将税收政策不折不扣的落实到位，才能充分发挥税收服务经济的职能作用。目前浙江增值税在税收收入中占有举足轻重的分量和地位，征税范围涉及经济社会的方方面面，税收政策能否落实到位，执行准确，对优化资源配置，促进经济发展方式的根本转变，推动经济转型升级和社会和谐发展起着十分关键的作用。因此，用足用好增值税优惠政策，为企业发展提供良好的政策环境至关重要。在当前经济回升势头日益明显的背景下，税务部门要继续坚持贯彻积极财税政策方向不变的同时，及时调整政策着力点，将作用重点由“保增长”为主转向“调结构”，为企业转型升级提供税收政策支持。各级国税机关应进一步加大政策落实力度，在坚持依法征税的前提下，本着“公开、公正、透明、高效”的原则，全面、及时、准确地落实好现行增值税优惠政策。牢固树立不落实税收优惠政策就是收“过头税”的理念。要完善增值税优惠政策管理，梳理增值税优惠政策，提高工作效率，落实好增值税转型改革、软件产品、资源综合利用等增值税优惠政策；积极支持企业自主创新，促进资源节约，扶持农民专业合作社的发展，鼓励企业吸收更多残疾人就业，促进社会和谐；积极支持工业企业分离发展服务业，做好政策宣传和辅导服务工作，充分发挥税收优惠政策引导产业结构优化升级、增强可持续发展能力的积极作用。

（三）积极开展管理创新，为经济转型升级提供强大动力

自2006年以来，浙江省国家税务局坚持“总结一批税务管理经验、建立一批管理创新项目库、表彰一批管理创新先进典型、推广一批管理创新项目”的总体思路，税收管理创新直接增收超过110亿元。实践证明，管理创新是破解发展难题的“利剑”，是促进挖潜增收的“法宝”。因此要确保税收收入稳定增长，将增值税转型改革各项政策落实到位，国税机关必须坚持统筹兼顾的工作方法，把加强管理、增强管理效能作为工作重点，充分认识加强税收管理，是促进税收收入增长、实现税收政策调控功能的重要途径和必要保证。各级国税机关必须深入研究增值税转型改革政策衔接过程中的新情况，及时发现管理上的新问题，修正管理缺陷，完善管理制度，更新管理办法。牢固树立创新观念，把管理创新与夯实基础有机结合起来，针对管理中的重点、难点和薄弱环节，大胆探索，勇于突破。在税收征管实践中不断创新工作理念，健全创新机制，激发创新活力，推动管理创新层次不断提升。充分发挥管理创新在加

强征管、堵漏增收方面的乘数效应，为经济转型升级提供强大的动力。

（四）积极推进税制改革，为经济转型升级创造良好的法制环境

增值税转型改革，对浙江经济、税收、企业、行业等方方面面都产生了一定的影响，既有短期效果，又有长期效应；既有直接作用，又有间接影响。然而扩大内需的税收政策不只是为了体现减税规模，更要注重税收制度本身的完善以及税制结构的调整，只有优化的税收制度、合理的税制结构，才能促使转型相关政策的传导机制顺畅，引导和培育新的经济增长点，最终实现增值税转型改革的预期目标。当前实施增值税转型改革中较为突出的税制问题有：一是固定资产抵扣范围相对狭窄。固定资产抵扣仅限于新购进机器设备，建筑物、构筑物等不动产仍被排除在扣除范围外，对于投资难以起到足够的刺激作用，尤其是基建投入比重较高、建设周期较长的行业。二是增值税征收范围过窄。现行的增值税与营业税，在有些领域处于交叉征税的状态，且在诸多环节存在着政策不明确、界限不清晰等问题，尤其在与经济发展关系密切的建筑安装、交通运输、邮电通信等领域，由于多样化经营的需要，混业行为相当普遍，劳务与商品销售相互渗透，这些领域征收营业税，直接导致了增值税销售货物与营业税应税劳务抵扣链条的中断，影响了增值税中性作用的发挥，不仅不利于公平竞争，而且使得税收征管复杂化。三是增值税抵扣链条不完整。我国当前绝大多数的纳税人作为小规模纳税人，按简易办法征收增值税。小规模纳税人没有按照增值税的课税原理征税，无法进入增值税抵扣链条。一般纳税人由于大多数上下游企业均为小规模纳税人，抵扣链条不完整导致税负较高。受征管能力的限制，小规模纳税人管理比一般纳税人管理相对宽松，税负反而相对较轻，加上一般纳税人认定手续复杂，纳税人的逆向选择倾向明显。因此，各级国税机关应围绕着上述问题积极开展调研分析，及时向上级献策献议，不断完善税收制度，推进税制改革，为经济转型升级创造良好的法制环境。

参考文献

1. 吕祖善：《关于上半年浙江经济社会发展情况和下半年政府工作的报告》。

2. 杨蔚琪："关于近期报刊文章中推进浙江经济转型升级的观点综述"，《当代社科视野》2009 年第 5 期。

3. 胡英军："基于规模之上的浙江私营企业技术创新水平研究"，《现代商业》2009 年第 18 期。

4. 厉志海："关于推进浙江省经济转型升级问题的几点思考"，《中国经贸导刊》2009

年第12期。

5. 高培勇："增值税转型改革：分析与前瞻"，《税务研究》2009年第8期。

6. 安体富、孙玉栋：《中国税收负担与税收政策研究》，中国税务出版社2006年版。

（作者工作单位：浙江省国家税务局）

税收征管与纳税服务

中国纳税人权益保护概略*

靳万军

2009年11月6日，国家税务总局发布纳税人权利义务公告，宣布纳税人依法享有14项权利，依法履行10项义务。

虽然我们认为这些权利和义务仅仅是一种归纳、概括，并不完整，也不全面，而且，一些专家批评“公告”将权利义务限定在“纳税过程中”，缺乏整体性，缺乏广泛性，甚至是一种“克扣”行为①，但是，我们也必须指出，国家税务总局以2009年第1号公告这种形式公开宣告“纳税人权利义务”，这是新中国成立以来财税执法领域第一次②，不仅具有重大现实意义，而且具有历史意义，具有里程碑意义。

一、引言：为什么现在发布这个公告

（一）中国正在走向世界

从1215年英国《大宪章》确立“征税必须取得国民同意”以及税收法定原则开始，直到今天，国家征税、纳税人权利和法律救济问题等等，一直是国

* 本文系2010年6月1日中韩纳税服务国际研讨会主题报告之一。

① 盛大林：“纳税人权利公告克扣了纳税人的权利”，《国际财经时报》，2009年12月3日。

② 2005年9月27日，全国人民代表大会法律委员会、财政经济委员会和全国人民代表大会常委会法制工作委员会就个人所得税工资薪金所得“减除费用标准”调整问题举行立法听证会，这也是新中国成立以来第一次在立法领域以听证会形式听取意见、集思广益，体现了公开立法、民意立法、科学立法，体现了社会进步与法律文明。

家宪政发展过程中之焦点问题、核心问题，攸关经济发展、政治稳定、社会公平和人民福祉。

20 世纪 70 年代以来，发达市场经济国家在纳税人权益保护方面又向前迈出了重要一步，多数国家已就纳税人权益保护问题制定专门法律或者管理规范，明确规定纳税人权利。例如 1977 年，澳大利亚颁布《纳税人宪章》；1985 年，加拿大颁布《纳税人权利宣言》；1986 年，英国颁布《纳税人权利宪章》等等。同时，国际组织也有所行动，2003 年，经济合作与发展组织制定了《纳税人宪章范本》；2007 年，欧盟在《财政蓝图》中作出规划，要求各国公布纳税人权利与义务等等。

2001 年，中国加入世界贸易组织（以下简称 WTO）。之后，中国与世界经济、政治以及其他社会事务更加紧密地联系在一起了。在 WTO 争端解决机制安排中，中国已在司法管辖权方面作出了重要让渡。作为世界主要国家之一，中国必须与世界接轨，应当遵循国际惯例和通行做法，发布中国式《纳税人权利宣言》，向世界宣告中国纳税人之权利。

（二）国民权利意识正在觉醒

2009 年 11 月 27 日，中国法学专家张文显表示，随着人们法律意识增强，中国各地诉讼案件急剧增加，甚至形成“井喷”趋势，中国正在进入诉讼时代。他说，2008 年，全国法院受理各类诉讼案件突破 1000 万件，2009 年可达 1200 万件。如果平均以一个案件涉及 4 个当事人计算，全国一年就有近 5000 万人卷入诉讼。

张文显认为，中国已经进入诉讼时代。而且，这种状况与 1986 年开始实施普法教育有关①。

我们赞成这个判断。但我又认为，普法教育仅仅是其中一个因素。国民权利意识如此觉醒，也与许多其他因素有关，例如互联网迅速发展、资讯渠道日益增多、司法案例渐渐公开透明等等。这些因素，促使人们法律意识增强，权利意识增强，并逐步从意识发展到行为，发展到法律行为、权利行为。自然，通过诉讼寻求权利救济、维护自身合法权益，也就成为必然②。

这是一件好事。一方面说明，建设“法治国家”这个宪法目标渐行渐近，国民权利意识觉醒和维权行为与国家利益高度一致。另一方面说明，国家机关

① “中国正进入诉讼时代　诉讼案件形成井喷趋势”，新华网，2009 年 11 月 28 日。

② 傅毅：“纳税人开始习惯用法律途径获得救济”，《中国税务报》，2007 年 5 月 30 日。

作为权力行使主体正在受到监督，受到制衡。公民作为权利主体已经找到了准确定位，正在把自身合法权益摆在重要位置。

在宏观层面，中国逐步从“宪法”走向“宪政”。在微观层面，“权利”与“权力”正在良性互动，“公民社会”、“和谐社会”渐露曙光。

从本质上分析，国家机关行使权力，是因为“受托”，受托于公民，是法定权力，是公权力，是 power，与履行法定职责密不可分，权力就等于职责，任何单位或者个人无权处分，更不允许用来“设租”或者“寻租”。公民（包括法人、其他组织）则有所不同，其权利，是 rights，是自有权利，是利益，是合法权益，当然可以行使，也可以放弃，可以自行处分。

在税收领域，纳税人已在事实上开始运用法律维护其合法权益。除税务行政应诉案件外，有关统计表明，1994 年至 2008 年，全国各级税务机关收到税务行政复议申请 5917 件，受理 4531 件，占比 81%。从时间分布看，2000 年以后收到税务行政复议申请 4892 件，占比 83%。显然，申请件数与时间存在着正相关关系①。

随着税收事业不断发展，随着社会不断进步，纳税人权利保护还将不断得到完善，期待能够像宪法中规定公民基本权利与义务那样，在当前修订税收征管法或者将来制定税收基本法时，明确规定纳税人基本权利、基本义务，以具有普遍适用性。

必须指出，这个问题，一些发达国家已为我们提供了范本和经验，可资借鉴。

（三）法治建设正在逐步完善

1. 立法。中国全国人民代表大会及其常委会和国务院依法行使立法权，积极推进依法治国方略，不仅适应经济社会发展需要、抓紧制定有关法律、法规，而且配合深化改革开放要求、适时清理修改有关法律、法规，国家经济、政治、文化和社会生活各个方面基本上做到了有法可依。2010 年中国特色社会主义法律体系基本形成，将有力地保障和推进中国特色社会主义事业健康发展②。与此同时，税收立法也取得了长足进步，现行税制自 1994 年实施以来，根据经济社会发展和税收实践，不断得到修改和完善，特别是企业所得税“两税合并”立法自 2008 年 1 月 1 日起施行，增值税、消费税、营业税暂行条

① 国家税务总局政策法规司统计，2009 年 12 月 31 日。

② “中国特色社会主义法律体系年内有望形成”，国际在线网站，2010 年 3 月 9 日。

例同时于2008年修订并自2009年1月1日起施行，2009年2月28日第11届全国人民代表大会常委会第7次会议第7次修正刑法对“危害税收征管罪”一节有关条款加以完善等等，税收法律体系逐步完备，对依法治税、促进税收事业健康发展发挥了重要作用。

2. 执法。国务院于1999年11月发布《关于全面推进依法行政的决定》，2004年3月印发《全面推进依法行政纲要》，明确经过10年时间基本实现法治政府目标。目前，全国人民代表大会已将行政程序法列入立法规划，希望运用法定正当程序控制行政权力，防止腐败和官僚主义，为市场经济提供公正、秩序和效率。同时，约束公权滥用，减少执法偏差，实现执法公正，从而保护公众利益和国家利益①。在税收领域，自1988年提出依法治税指导思想及2001年全国税务系统依法治税工作会议以来，虽然税收执法仍然存在许多瑕疵和问题，但税务人员违法乃至税收犯罪已经初步得到遏制，税收执法秩序已经明显好转。

3. 司法。2002年以来，中央司法体制改革小组稳步推进司法体制改革，在充分调研论证基础上，于2004年提出了10个方面35项改革任务。目前，各项司法改革平稳推进，绝大多数已经取得实质性进展，社会效果良好，赢得了社会各界广泛理解和人民群众大力支持，在维护社会公平正义上发挥了重要作用②。与此同时，由于司法体制改革整体性推进，各项司法活动也在改革过程中积极因应社会主义和谐社会建设要求，逐步回归本源，实现了与时俱进、规范有效。在税收领域，税收违法甚至税收犯罪行为尚未得到根本遏制，一些案件触目惊心③。而且，纳税人和其他税务当事人利益意识和权利意识不断增强，他们越来越多地开始通过法律途径寻求权益救济④，税务行政复议和税收诉讼逐渐成为解决税收纠纷、裁决税收争议之主要手段，征纳双方均在法治轨道上享有权利（权力），履行义务（职责），新型税收司法工作机制正在逐步建立。

4. 监督。除了原有传统监督手段和渠道外，网络监督在推进法治建设、

① 沈峰：“程序治国是法治国家的必然”，《法制日报》，2010年5月14日。

② “35项司法改革全面推进 显现八大方面社会效果”、“中国司法体制和工作机制改革已经显现8大成效”，新华网，2007年1月9日；“以攻坚克难精神推进司法体制改革不断取得人民满意的改革成效”，《法制日报》，2010年4月29日。

③ 张京民等著：《国家使命——共和国第一税案调查》，作家出版社2006年5月第1版，第1页、第446—447页。

④ 傅毅：“纳税人开始习惯用法律途径获得救济”，《中国税务报》，2007年5月30日。

实现权力制衡、维护人民利益、构建和谐社会方面发挥了重要作用。例如，周久耕案件。周久耕是南京市江宁区房产局局长，因为口出狂言（开发商低于成本销售将受惩罚）惹恼了网民，经过“人肉搜索”，发现他抽“天价香烟”，又发现其他违法行为，2009 年 10 月 10 日，被判 11 年徒刑。其他还有很多，举不胜举，例如林嘉祥事件。林嘉祥是深圳海事局党组书记，2008 年 10 月 29 日在深圳一家酒楼与陈姓女孩发生肢体接触，并与女孩父母发生推搡和争吵，口出狂言，引起网民强烈反弹。同年 11 月 3 日，交通部党组以其酒后言语不当造成恶劣影响免去其党内外一切职务。在税收领域，也有类似例子，2007 年 7 月 9 日，河北省晋州市国家税务局局长马玉津上班时间在机关办公区后院为其女儿置办婚宴，工作人员可不上班。网络披露曝光后舆论大哗。随后，上级机关查处了马玉津。

以上，我们从 3 个方面探讨了一个问题，就是国家税务总局为什么现在发布纳税人权利义务公告。那么，中国纳税人权益保护到底如何呢？以下，我们就现状、问题和展望作一简要描述。

二、现状

在中国，纳税人权益保护并非新生事物，只是由于纳税服务在近期提上议事日程变得更加令人关注。因为在 1992 年，《中华人民共和国税收征收管理法》及其实施细则就开宗明义地规定了依法保护纳税人合法权益。之后，1995 年和 2001 年两次修订，权利条款逐渐增加，权益范围逐渐扩大，保护力度逐渐强化。例如与以往不同，现行《中华人民共和国税收征收管理法》第三十八条规定，“个人及其所扶养家属维持生活必需的住房和用品，不在税收保全措施范围之内。”

这种变化，既与世界步伐和发展趋势遥相呼应，也与中国发展进步息息相关，更与国家税务总局强调纳税服务、推进纳税人权益保护工作紧密相连。2008 年 7 月，国家税务总局组建纳税服务司，专门负责纳税服务工作，专设纳税人权益保护处，以维护纳税人权益、实施法律救济为己任。2009 年 7 月，国家税务总局专门召开全国税务系统纳税服务工作会议，统一思想，提高认识，并具体部署纳税服务工作，强调各级税务机关必须采取有效措施保护纳税人合法权益。与过去相比，纳税服务和纳税人权益保护由于有了组织机构保障，有了全国性部署和纳税服务工作规划，效率和质量都发生了重大变化，可谓翻天覆地。

回顾起来，中国纳税人权益保护工作经历了一个漫长发展历程，已有17年时间。而且，中国纳税人权益保护与纳税服务紧密联系，已经成为纳税服务工作一个重要组成部分。

（1）1990年9月，全国税收征管工作会议，金鑫局长在讲话中第一次提出“为纳税人服务”概念，意味着观念开始改变。

（2）1996年7月，全国税收征管改革工作会议，提出“纳税服务”概念，表明税收工作观念进一步发生转变。

（3）1997年1月，国务院办公厅转发国家税务总局《关于深化税收征管改革的方案》，确立30字税收征管模式，明确“优化服务”在税收征管活动中具有基础性地位。

（4）2001年4月，《中华人民共和国税收征收管理法》修订，第一次以法律形式对“纳税服务”作出规定，确立了其法律规范地位。

（5）2002年8月，国家税务总局税收征收管理司成立纳税服务处，开始从组织机构上提供保障。

（6）2003年4月，国家税务总局印发《关于加强纳税服务工作的通知》，强调转变服务理念，规范税收征收和缴纳行为，依法保护纳税人合法权益。

（7）2005年10月，国家税务总局印发《纳税服务工作规范（试行）》，以税收规章形式制订工作规范，要求全国税务系统一体遵照执行。

（8）2008年7月，国家税务总局组建纳税服务司，纳税服务机构从处级建制上升、扩大到司级建制，实现了高层组织机构保障。

（9）2009年7月，国家税务总局召开全国税务系统纳税服务工作会议，全面部署纳税服务工作，确保通过纳税服务有效保护纳税人合法权益。

（10）2009年9月，国家税务总局印发《全国税务系统2010—2012年纳税服务工作规划》，第一次就纳税服务作出3年规划，明确提出了阶段性目标。

（11）2009年11月，国家税务总局发布《关于纳税人权利与义务的公告》，宣布纳税人依法享有14项权利，依法履行10项义务，正式、公开启动了纳税人权利保护制度建设。

（12）2010年1月，国家税务总局发布《纳税服务投诉管理办法（试行）》，开始引入外部监督机制，实施纳税服务监督，认可纳税人享有纳税服务工作监督权利。

上述历程，不仅是时间过程和发展脉络，而且体现了实质性变革，从一般观念、理念，发展到征管模式，再进展到法律规范地位、组织机构保障、工作规范、全面工作部署、阶段性目标，直至权利保护制度和投诉监督制度建设，已经从根本上改变了工作格局，改变了工作性质，纳税服务已经成为核心业务，成为主业，成为制度，将与税收征管一样，经常化，日常化，法定化，纳税人权益保护也就地位突显，日益重要。

当前，纳税人权益保护工作正在有条不紊地开展，并已取得阶段性成果。

（一）服务和权利意识日益增强

以2001年《中华人民共和国税收征收管理法》修订作为契机，税务机关及其工作人员围绕规范税收执法、建立和谐征纳关系，逐步增强了纳税服务意识，逐步认识到征纳双方法律地位平等，纳税人不仅应当依法履行义务，而且应当依法享有权利。当纳税人合法权益受到损害时，税务机关应当为其寻求法律救济，依法保护其合法权益。

在中国，一提到“服务”，人们总是想到第三产业，想到宾馆、饭店、美容美发、电影院与卡拉OK歌厅等等，似乎只有这些行业才应当提供服务，这些从业人员才是服务人员，税务机关工作人员属于行政执法人员，怎么变成服务人员了呢？但是，时代变迁了，经济社会发展阶段向我们提出了要求：税务机关应当提供纳税服务，税务人员应当为纳税人提供服务，应当把纳税人作为“客户”对待，纳税人合理需求已经成为工作导向①，满足这种需求也就意味着提供优质服务，就能促进税收遵从，降低纳税成本，尊重纳税人权利，依法维护纳税人合法权益。而且，这种工作要求，与建设法治型政府、服务型政府紧密相连，是一种具体化政府实践。目前，这种认识已经逐步确立起来了，管理与服务已经逐步融为一体，在服务过程中强化管理，在管理过程中优化服务，逐步实现义务与权利高度一致。当纳税人合法权益受到损害时，税务机关应当查明情况，根据具体情形实施法律救济，给予平等保护。

（二）组织机构提供了保障

2008年7月国家税务总局组建纳税服务司以来，各地省级税务机关也陆续建立了纳税服务机构，专门负责纳税服务和纳税人权益保护工作。

由于成立了专门机构，配置了专门人员，落实具体服务职能就有了组织保障，纳税人权益保护工作也就提上了议事日程，特别是纳税人税收知情权、参

---

① 宋兰：“优化纳税服务　构建和谐税收”，在全国税务系统纳税服务工作会议上的讲话，2009年7月9日。

与权、表达权、监督权和其他有关权利及其保护，也就能够逐步在法治轨道上开展起来。

不仅如此，与组建纳税服务机构及其启动纳税人权益保护工作遥相呼应，许多地方自发成立或者由税务机关主导成立纳税人权益保护组织，或者采取其他措施具体落实纳税人权益保护事项。例如，2004 年至 2010 年 5 月，广东省地方税务局系统受理纳税人咨询、举报、投诉、建议事项累计 1072 万件，办理 1051 万件，办结率达到 98%，有效地化解了税收争议，维护了纳税人合法权益；广东省国家税务局举办纳税人高层培训班，宣讲纳税人权利与义务公告，听取全省大型企业、重点企业税收权利保护意见与建议①；山西省大同市成立纳税人协会，向全市纳税人发出倡议，主动依法纳税，维护税收秩序，强化税法遵从，积极依法维权②；江苏省镇江市地方税务局不仅成立了镇江市地方税收纳税人权益维护协会，而且倡议并与 9 个城市兄弟单位发表了倡议书，召开了第一届全国 10 城市纳税人权益维护协作会议，就深化纳税服务、切实维护纳税人合法权益、履行义务更加方便快捷、享受权利更有尊严、征纳关系更加和谐有关主题进行交流和探讨③。

（三）服务内容不断拓展

在中国，税收宣传已经开展了 19 个年头，形式多种多样，从税法宣传到纳税咨询、办税服务、12366 服务热线、在线访谈，一直到纳税人学校、“一窗式”、“一站式”、流动办税服务车、税务行政复议、税务行政诉讼、税务行政赔偿，工作重心不断调整，新兴内容不断增加。这一切，不仅是为了促进纳税人依法纳税，推进税收遵从，而且是为了给纳税人提供一个良好环境，降低纳税人税收缴纳成本，确保纳税人在办理税收事项过程中能够依法享受公共服务，享受税收权利，体现税收“取之于民　用之于民”，以提供纳税服务形式具体落实纳税人合法权益。

以往，从税收宣传开始，许多服务内容主要是为了税收中心工作，主要是为了筹集收入，确保做到应收尽收。但是，在当前纳税服务工作中，纳税人合法权益保护已经成为一项主要内容，与纳税服务密不可分。做好纳税服务工作，不仅是为了应收尽收，而且是为了确保纳税人合法权益得到有效保护，税

① “广东举办纳税人高层培训”，《中国税务报》，2010 年 5 月 14 日。

② “大同市成立纳税人协会让纳税人权利与义务对等”，《中国税务报》，2010 年 5 月 14 日。

③ “城际联动　携手维权”，《中国税务报》，2010 年 5 月 12 日。10 城市：广东湛江、吉林延边、江西抚州、四川乐山、重庆万州、浙江湖州、河北衡水、安徽马鞍山、江苏连云港和镇江。

务机关不仅应当关注税收义务是否得到履行，而且应当关注纳税人是否享受了税收权利，以及是否获得了法律救济，合法权益是否得到了有效保护。

（四）服务监督和权利救济显著强化

以国家税务总局发布《纳税服务投诉管理办法（试行）》为契机，税务机关广泛开展服务质量监督，努力提高办税效率，努力降低纳税成本。

在依法行政这一宏观背景下，政务公开已经成为一项制度，“公开为常态，不公开为例外”也已成为政策制定和税收执法一项基本原则①，纳税人有权知悉税务机关法定职责、执法程序、办事结果以及具体监督渠道和监督方式，可以通过税务网站、民主听证、监督评议、行政复议、行政诉讼、国家赔偿等等方式实施有效监督，依法维护其合法权益，并追究税务机关及其工作人员法律责任。与以往相比，监督力度显著强化，特别是网络监督更是推动税收执法人员谨言慎行、严格遵守法律约束，以免行差踏错、身败名裂。许多专家认为，行政执法机关已经成为“高危”行业，国家机关工作人员已经成为“高危”人群②，原因在于权力不够公开、透明，缺乏有效监督。如果监督机制建立健全了，责任追究落实到位了，“高危”或许就不再适用于国家机关及其工作人员了。

以上，我们仅仅列举了4项工作，表明纳税人权益保护工作取得了阶段性成果。其实，阶段性成果还表现在其他许多方面，我们只是抓住了其中主要部分，很多具体工作尚在进行之中。因为，中国正式开展纳税服务与纳税人权益保护工作时间不长，目前仍然处于摸索、探索阶段，意在边实践、边总结，边扬弃、边前进。

三、问题

虽然纳税服务和纳税人权益保护工作已经取得了一些阶段性成果，值得肯定，值得重视。但是，不可否认，问题和瑕疵依然存在。与发达国家相比，与依法行政、依法治税要求对照，与纳税人需求、纳税人期望呼应，仍然存在很大距离。

归纳起来，我们认为，纳税人权益保护工作目前仍然处于整体部署和逐步

---

① 宋兰：“优化纳税服务　构建和谐税收”，在全国税务系统纳税服务工作会议上的讲话，2009年7月9日。

② “广州纪委调查：45岁以下年轻干部成高危人群”，《人民日报》，2009年5月18日。

推进阶段，法制体系不够完善、制度性侵权普遍存在、个性案例时有发生、制约因素较多等等，需要我们在具体实践中逐步排除障碍，循序渐进。

（一）税务人员与纳税人在意识和理念上存在巨大差距

当前，与中国经济社会发展阶段相适应，纳税服务工作已经摆在了重要工作日程，但人们的服务意识却不会日新月异，更不会发生颠覆性变革。随着经济发展，经济活动纷繁复杂，新兴业态层出不穷，纳税人需求不断增加，内容丰富，有些属于纳税事宜，有些则是税收咨询，甚至有些还是税收筹划等等，要求税务机关提供纳税服务和其他便捷服务，以满足其履行税收义务之需要。

然而，在具体税收管理中，税务机关却难以全面满足纳税人实际需要，难以全面配合纳税人依法履行税收义务。原因虽然很多，但其中一条重要原因，就是观念问题。尽管法律规定和法律原则表明，征纳双方法律地位平等，相互之间应当尊重，但是，社会生活和税收实践告诉我们，法律地位平等并不意味着实际地位平等，原因在于中国“官本位”思想根深蒂固①，并非一朝一夕可以改变。例如，本来当天可以办妥一件纳税事项，有时却无缘无故让纳税人跑了两趟，甚至三趟，因为有些税务人员在观念和思想上并没有换位思考，并没有设身处地为纳税人着想，并没有把纳税人置于同等地位，更未意识到这样做是漠视纳税人权利，是在增加纳税人成本，已经在事实上严重损害了纳税人合法权益②。

（二）纳税人权益保护法律体系尚待健全

纳税人权益保护作为一项制度，仅有现行税收征管法作出一般规定显然不够，必须推进立法、执法、司法、监督各个子体系建设，才能形成一个健全法律体系。否则，可能造成有名无实，纳税人权益保护有关工作可能难以落实到位。我们可以相信，人人都是“天使”，但制度安排却必须设置各种措施预防“天使”演变为“魔鬼”。例如，2003 年 7 月 23 日，深圳市罗湖区国家税务局原副局长黄富强、原副主任科员王玉敏、原科员李小红、原助征员吕胜海 4 人，违反规定为犯罪嫌疑人谢建明办理增值税一般纳税人资格认定，收受当事人礼金，玩忽职守，致使国家利益遭受损失。如果监督机制健全，在认定程序和环节上做到了严格制衡，黄富强就无机可乘，他只能依法履行职责，事情或

---

① 赵旭东：“挑战学者与官员之间的樊篱”，《法制日报》，2010 年 5 月 5 日。

② 2010 年 5 月 5 日，北京马先生在税务机关办税大厅办理“经济适用房转商品房”，本来可以当场、当天一次办妥，结果办税大厅税务人员却让马先生第二天再来，马先生感到十分不快。事后，根据马先生投诉，确认可以当场、当天一次办妥。

许不会发展到这般地步。又如，在一些发达国家，为纳税人开具个人所得税完税证明早已成为制度，顺理成章，毋庸讨论。但在中国，此事至今尚未得到彻底解决。近日，国家税务总局已对纳税人反映作出了积极回应，拟尽快完善为纳税人开具个人所得税完税证明制度①，以确保纳税人依法履行纳税义务之后获得有关凭证，其实就是一项税收权利。试想，如果没有纳税人对税务机关以反映问题形式实施监督，如果国家税务总局没有依法履行职责，……，那么，这项制度仍将处于散乱状态，纳税人合法权利就无法得到有效保障，税收事业也就难以获得有序发展。

（三）税务人员素质与业务培训亟待强化

长期以来，一些税务人员习惯于按照自我思维猜测、揣摩纳税人心理和行为，以为纳税人总是在盘算着如何逃税，总在思考防范措施，有意无意之间就会忽略服务工作，不能把纳税服务和纳税人权益保护放在重要地位，更不会认为是税收“核心业务”。也有一些税务人员缺乏培训，业务不熟，心中无数，难以胜任本职工作，难以为纳税人提供税收咨询，甚至互相推诿，造成纳税人金钱、时间、精力、心理损失②，从根本上忘记了“便捷、快速、经济、优质”是纳税服务和纳税人权益保护之基本要求。

（四）制度性侵权普遍存在与个性案例时有发生并存

个性案例较多，经常发生，不再赘述。

“制度性侵权普遍存在”③ 是一个事实判断，指侵权行为或者案件并非主观、人为造成，而是因为制度安排。这种说法，听起来非常可怕，但却是事实。例如，从1994年“金税工程”一期到1998年“金税工程”二期，再到2000年4个子系统全面运行，一个实际问题始终没有得到彻底解决，就是防伪税控专用设备与通用设备购买、付费以及售后服务高额收费问题，纳税人反映强烈，怨声载道④。原因就在于，为了保证增值税专用发票开票、认证、稽

① “国税总局将完善为纳税人开完税证明制度”，《法制日报》，2010年5月20日。

② “‘税收公平’入宪　弥补基本权利空缺”，《上海法制报》，2009年12月8日。

③ 韩国荣：“积极稳步推进纳税人权益保护工作”，《中国税务报》，2010年5月12日。

④ 2009年6月20日，国家税务总局印发《关于转发〈国家发展改革委关于降低增值税专用发票和防伪税控系统技术维护价格的通知〉的通知》（国税函〔2009〕343号），要求各地税务机关成立专门机构全面治理在防伪税控技术服务工作中强行销售通用设备和违规收费问题，妥善处理纳税人投诉，严肃追究有关人员法律责任。目前，有关投诉显著减少，纳税人权益得到有效保护。

核和抵扣等等一系列法律行为正常进行，遏制发票犯罪①，防范税收风险，制度设计和安排上已经作出了明确规定，纳税人无权自主选择。又如，对纳税人经营地点发生变更需要迁出管辖区域时，一些税务机关出于税收任务考虑，设置种种障碍阻挠纳税人正常迁册②等等。

对“制度性侵权”问题，必须从制度修改和完善上着手，确保税收管理依据“良法”得到“善治”，从根子上杜绝“恶法”，确保纳税人合法权益得到保护。

以上，简要梳理了一些主要情况，没有拘泥具体、实际问题。我们认为，只要主要问题解决了，纳税人权益保护工作就会向前迈出崭新步伐，就会获得渐进式发展。

四、展望

与许多发达国家不同，中国纳税人权益保护工作正式开展起来时间不长，属于起步阶段，目前正在“摸着石头过河”。因为中国 1978 年实施改革开放，1992 年才开始发展社会主义市场经济，1999 年才将“依法治国”写入宪法，2009 年国家税务总局才发布纳税人权利与义务公告等等。

必须指出，税收是国家经济、政治生活重要组成部分，不可能孤立变革。在税收领域，每一项发展和进步，都与中国经济社会发展以及中国文明进步整体推进息息相关，密不可分。中国国情，中国特色，已经深深地烙下了印记，深深地植入了人们工作和生活之中，深深地流淌在中国人民血液之中。当然，也深深地以自己特有方式传递给了国际社会，传递给了世界人民。

回顾过去，我们充满惊叹；展望未来，我们充满信心。

（一）建立健全制度体系是当务之急

2010 年，中国特色社会主义法律体系基本形成。与此同时，税收法律体系也在逐步完善。我们期待，税收立法能够就纳税服务和纳税人权益保护工作迈出更大步伐，真正体现征纳双方不仅法律地位平等，而且实际地位平等，其合法权益能够依法得到有效保护。当纳税服务和纳税人权益保护工作有法可依

---

① “2000 年黑色档案”，《中国税务报》，2001 年 1 月 3 日。报道指出，根据不完全统计，从 1994 年到 2000 年年底，全国因盗窃、虚开增值税专用发票被判处死刑者已有 76 人，其中 46 人已被执行死刑。在 2000 年，共有 9 人被判处死刑，7 人已被执行死刑，2 人被判死缓。2000 年以后，尚未进一步统计。

② 韩国荣：“积极稳步推进纳税人权益保护工作”，《中国税务报》，2010 年 5 月 12 日。

时，当损害纳税人合法权益案件受到监督并得到依法追究时，我们才可以说，中国纳税人权益保护工作已经走上了法治轨道。事实上，我们已经开始了，例如，2005 年 10 月国家税务总局印发《纳税服务工作规范（试行）》，2010 年 1 月发布《纳税服务投诉管理办法（试行）》等等，都是旨在制订规则，建立实体性和程序性制度体系，确保全国税务系统统一标准、一体遵循。

当然，仅由行政执法机关（国家税务总局）制订部门税收规章或者发布税收规范性文件显然不够，未来，应将纳税人权益保护工作上升到国家立法层面，增强其严肃性和权威性。

（二）服务与权利意识需要渐进性培养

思想是先导，意识决定行为。

中国封建社会绵延两千多年，中华文化博大精深，传统思想和意识已经深深地融化在国民血液之中。这，既有好事，也有坏事。好在，其精华部分作为主流价值观指导我们勤劳勇敢、坚强不屈，促进中华民族屹立于世界民族之林，灿烂辉煌；坏在，其糟粕部分也在时时刻刻熏染、影响着我们冥顽不化、固执己见，使我们在世界文明进步道路上严重落后了。例如，“官本位”主义，恶劣地影响了人们择业倾向和价值趋向①，2009 年中央国家机关及直属机构公务员招考报名达到 105 万人（上次是 80 万人），计划招录 13566 名，比例约为 78：1。中国残疾人联合会招录“基层组织建设岗”一职，由于学历等等限制条件相对较少，即有 4723 人参加竞争②。

因此，税务人员必须首先从思想和意识上矫正自己，转变观念，懂得纳税人与我们一样，都是法律主体，纳税与征税都是法定义务、法定职责，都在法律规范约束下进行，双方是合作关系，地位平等，都需要得到尊重和礼遇。在这个问题上，国家税务总局已经走出了第一步，例如发布了权利义务公告，举办了权利义务论坛，许多地方已经自发成立或者由税务机关主导成立纳税人权益保护组织，大张旗鼓地宣讲纳税人权利，为纳税人权利鼓与呼等等。我们相信，将来还会走出第二步，第三步，……。

（三）方便纳税人办税是关键和目标

无论是发达国家还是发展中国家，都十分注重以纳税人为导向重塑纳税流程，以使纳税人办理税收事项更为方便、快速、经济，既节约纳税成本，也节

---

① 赵旭东：“挑战学者与官员之间的樊篱”，《法制日报》，2010 年 5 月 5 日。

② “2009 国家公务员招考 10 组数字最抢眼，竞争比例 78：1”，新浪教育，2008 年 11 月 30 日。

约征税成本；既协助纳税人履行了纳税义务，也帮助纳税人享受了税收权利。税务机关一方面提供了优质纳税服务，另一方面依法维护了纳税人合法权益。这是一种双赢，甚至会是一种多赢，因为纳税人和税务机关都在追求同一目标①。

事实上，基层税务机关已在推进便捷办税、降低纳税成本方面进行了大胆探索和有益尝试。例如，2009年3月以来，内蒙古自治区乌海市税务机关先后在全市3个区建立国家税务局、地方税务局联合办税服务大厅，实施“资源整合，集约办公，信息共享，源头治理，证出一门”办税新模式，从办税空间联合开始，再到业务联合、流程融合、审批整合，最终推进办税管辖合作，纳税人只要进入办税服务大厅，不管是国税业务还是地税业务，均可实现“一窗受理，分别办结”，工作绩效显著提升，社会各界给予高度认可，公众满意度达到98.88%。中国人民大学教授毛寿龙评论认为，方便公众是政府制度创新之主要目标，乌海市这种做法实现了国家税务局与地方税务局之间信息共享、资源优化配置以及工作机制创新，也融洽了税务机关与纳税人之间合作关系，推进了和谐税收与纳税人权益保护，代表了办税服务方向，值得肯定和推广②。

应当指出，在“金税工程”三期设计和建设过程中，程序梳理，流程再造，便捷办税，和谐共赢，应当成为基本理念和最佳目标。事实上，当前，全国税务系统正在按照2009年7月纳税服务工作会议部署，积极优化办税流程，简化办税手续，完善网络申报，努力切实减轻办税负担，以实际行动维护纳税人合法权益，并已取得了阶段性成效③。

以上，我们从国家税务总局发布纳税人权利义务公告开始谈起，回顾了中国纳税人权益保护工作，梳理了现状，指出了问题，展望了未来，从总体上对中国纳税服务和纳税人权益保护工作进行了阶段性总结和概括，虽然比较全面，但也确实远远不够，挂一漏万。例如，我们就没有讨论中国纳税人法律救济这一重大问题，因为其中必然涉及中国司法制度，中国司法体制改革，中国税收司法体制建设等等。我想，这些内容，可以在未来适当时候专题讨论，也

---

① 国家统计局城市社会经济调查司，《2008年纳税人满意度调查报告》，国家统计局国统函〔2009〕10号，2009年2月4日。

② “联合办税是建设廉价和服务型政府的有益尝试”，《中国税务报》，2010年5月14日；毛寿龙：“方便公众是政府部门制度创新的目标”，《中国税务报》，2010年5月14日。

③ “湖北国税地税试点联合涉税管理”，《中国税务报》，2010年5月31日。

可以留给有关专家，他们比我更有发言权，更有权威性。

参考文献

1. 国家税务总局编:《中国改革开放 30 年税收大事记（1978—2008 年)》，中国税务出版社 2009 年版。

2. 刘佐著:《中国税制概览》第 14 版，经济科学出版社 2010 年版。

3. 国家税务总局编:《中华人民共和国税收基本法规》，中国税务出版社 2010 年版。

4. 国家统计局城市社会经济调查司:《2008 年纳税人满意度调查报告》，2009 年 2 月 4 日，国家统计局国统函〔2009〕10 号。

5. 宋兰:“优化纳税服务　构建和谐税收”，在全国税务系统纳税服务工作会议上的讲话，2009 年 7 月 9 日。

6. 傅毅:“纳税人开始习惯用法律途径获得救济”，《中国税务报》，2007 年 5 月 30 日。

7. 张京民等著:《国家使命——共和国第一税案调查》，作家出版社 2006 年版。

8. 赵旭东:“挑战学者与官员之间的樊篱”，《法制日报》，2010 年 5 月 5 日。

9. 韩国荣:“积极稳步推进纳税人权益保护工作”，《中国税务报》，2010 年 5 月 12 日。

10. 毛寿龙:“方便公众是政府部门制度创新的目标”，《中国税务报》，2010 年 5 月 14 日。

11. 盛大林:“纳税人权利公告克扣了纳税人的权利”，《国际财经时报》，2009 年 12 月 3 日。

12. 沈峰:“程序治国是法治国家的必然”，《法制日报》，2010 年 5 月 14 日。

13. 陈晓光:“湖北国税地税试点联合涉税管理”，《中国税务报》，2010 年 5 月 31 日。

（作者单位：国家税务总局税收科学研究所）

中国改革开放以来税收征收管理经验研究

伦玉君

改革开放30年来，适应国家经济社会发展需要，中国税收征收管理与时俱进，快速发展，有力促进了税收职能作用的发挥，税收征收管理成效显著，积累了宝贵的经验，为进一步推进税收征管改革，完善税收征收管理提供了有力指导和借鉴。

一、改革开放30年税收征收管理的突出变化和重大进展

改革开放以来，税收征管各个方面都取得了巨大成就，尤其是在新税制实施以后，国家税务总局提出了“两个转移”的工作思路，即把工作重点转移到征管、转移到基层，税收征管工作不断得到加强和完善，税收征管日益步入法制化、规范化、信息化和科学化轨道。

（一）税收征管法律制度初步建立，税收综合征管日益规范化和制度化

1. 税收征管法律制度不断修订完善。适应形势和任务的要求，从设立和修订完善《中华人民共和国税收征收管理法》（以下简称《税收征管法》）着手，积极加强税收征管相关制度建设，不断推进税收征管制度体系的创新和完善。

改革开放以来，中国税收征收管理法制建设大体经历了四个阶段：

第一阶段从1978年到1986年。这一阶段中国没有独立的税收征收管理法

律法规，有关规定仅见于各个税种的单项法律法规中。

第二阶段从1986年到1992年。1986年4月21日国务院发布了《中华人民共和国税收征收管理暂行条例》，自1986年7月1日起施行，这是中国第一部独立的税收征管行政法规，成为是中国税收程序法建设的里程碑，为税收征管提供了比较系统规范的标准和方法，对于统一征管制度，加强税收监督管理，防止涉税违法行为，保障国家税收收入增长具有重要意义。

第三阶段从1993年至2001年。1992年9月4日第七届全国人民代表大会常委会第27次通过了原税收征管法，并于1993年1月1日正式实施，同年8月4日，国务院发布了该法的实施细则。这是中国第一部税收征管方面的法律，也是中国第一部统一的税收程序法，意义重大，自此，中国税收征管工作全面进入法制化和规范化轨道。

第四阶段从2001年5月1日至今，新税收征管法经第九届全国人民代表大会常委会第21次会议审议通过，并于2001年5月1日起正式施行。2002年9月7日，新征管法实施细则经国务院审议通过，于2002年10月15日实行，这是对中国税收征收管理法制的进一步完善，推动税收征管迈上了新台阶。随着经济社会进一步发展和征管实际的变化，国家税务总局从2008年开始，组织全国税务系统对现行税收征管法存在的问题和不足进行了全面梳理，全面启动了对税收征管法的修订工作，必将进一步提高税收征管法律制度建设质量。

2. 税收综合征管规范化程度日益提高。适应征管工作需要，1993年以来，相继发布实施了《中华人民共和国发票管理办法》及其实施细则、《税务登记管理办法》、《个体工商户税收定期定额征收管理办法》、《增值税专用发票使用规定》等税收征管行政法规、国家税务总局综合与单项征管制度、办法等部门规章，围绕税务登记、发票管理、个体工商户管理以及税收综合征管制度研究制定了一系列税收规范性文件，整个征管制度体系相对配套完善。制定下发了《税收征管业务规程》、《税务稽查工作规程》等业务规程，不断规范税收征管程序，强化税收征管中各环节的协调、制约与监督，初步形成了税收征管良好的运行机制，税收征管操作规程趋向规范，有力促进了新税制的实施。

（二）税收征管模式不断创新，税收征管方式实现根本性转变

30年来，税收征管模式不断进行制度创新，税收征管方式实现以下四个转变，即由专管员管户的保姆式、包办式管理向管事的专业化管理转变；由专管员上门收税向纳税人自行申报纳税转变；由传统的手工操作向以计算机为主的现代化科学管理转变；由全职能的分散型、粗放型管理向集约型、规范型管

理转变。

1. 税务专管员专责管理模式。1978—1987年，中国税收征管方式实行的是“一员进厂，各税统管，集征管查于一身”的征管模式，这是一种全能型的管理模式。该模式的征管组织形式极为简单，按经济情况、行业等因素设置税务工作岗位，根据纳税户规模和税收工作繁简配置人员，对纳税户进行专责管理，税款征收方式为税务人员上门征税。其特点是：税务专管员固定到户，凡涉及所辖纳税人的纳税事宜均由税务专管员一人负责办理，征、管、查三权高度集于税务专管员一身。虽然有利于发挥征收、管理、检查三大环节的衔接、联动、协调优势，但税收征管效率低下，缺乏监督制约机制，征纳双方权责不清。

2. “征、管、查两分离或三分离”的税收征管模式改革。1988年税务总局开始选择部分地区试行“征、管、查两分离或三分离”管理模式，1991年全面推开，初步实现税收管理权分离、制约与制衡，税务机关与纳税人的权责界限初步划分。征管查分离模式分别形成了征收系列、管理系列、检查系列，将传统征管模式中由税务人员上门收税、包办纳税事宜逐步改为由纳税人依法主动上门申报纳税。然而，这种模式仍只是局限于税务机关的内部分工的调整，没有改变对纳税人的“保姆”式管理，没有从制度上保证和纳税人自觉发行纳税义务，但它打破了传统体制下长期实行的“征管查于税务专管员一身”的专责管理模式，由传统全能型管理制度逐步向按税收征管业务职能分工的专业化管理制度转变，税收管理模式开始与国际税收征管体制接轨。

3. “以申报纳税和优化服务为基础，以计算机网络为依托，集中征收，重点稽查”（以下简称“30字”征管模式）的现代税收征管改革。1993年国务院批转的《国家税务总局工商税制改革方案》（即1994年税制改革方案），提出“建立申报、代理、稽查三位一体的税收征管新格局”。1997年国务院批转了国家税务总局深化税收征管改革方案，确立了“30字”征管模式。1999年在广泛听取各地对深化税收征管改革工作意见和建议的基础上，国家税务总局把深化改革的突破口定位在解决基层征管机构的设置和岗责划分上。2000—2001年提出税收工作“科技加管理”工作思路，税收征管要实现“信息化加专业化”的指导思想，启动了以信息建设为基础，以征管改革为龙头的机构和人事制度综合改革。

4. 强化管理，不断创新征管模式。2003年国家税务总局针对税收征管工作中存在的“淡化责任、疏于管理”问题对原“30字”征管模式加以完善，突出了“强化管理”，形成了“以申报纳税和优化服务为基础，以计算机网络为依托，集中征收，重点稽查，强化管理”的“34 字”新征管模式，“强化管理”既是对税收征管的总要求，贯穿于税收征管模式规定的各个管理环节，也是对应于征管查分工强调要加强税源管理。税收征管水平的提高要靠强化管理来实现，税收征管各个环节都要体现强化管理的要求。税收管理要实现科学化、精细化的战略思路逐步形成。

按照新征管模式，全国税务机关进一步加强征管基础工作，规范机构设置，优化征管流程，整合信息资源，大力推行申报征收“一窗式”、征管信息“一户式”，纳税服务“一站式”、车辆税收管理“一条龙”、房地产税收管理“一体化”，建立健全税收管理员制度，依托税收信息化建设，推动建立以税收分析为核心的税收分析、税源监控、纳税评估、税务稽查“四位一体”的税源管理机制，税收征管质量和效率大为提高。税收管理员工作初步实现了“管户”与“管事”相结合，属地管理与按纳税人规模、行业、区域分类管理相结合税源管理方式。普通发票管理逐步由纸质发票手工开具向推广税控机具和网络开票转变。加强涉税数据采集、管理和应用工作，初步实现与海关、公安、银行、财政、社会保障等部门以及国家税务局、地方税务局之间的信息共享。不断强化信息管理，提高数据质量。利用信息集中的优势，健全税收风险预警等指标体系。加强对税源与征管状况的监控分析，及时发现和堵塞征管漏洞，信息管税稳步实施。

（三）税收征管体制调整完善，征管组织机构改革不断推进

适应国家经济社会发展要求，中国的税收征管体制和征管机构随着税收管理体制改革不断调整完善，有力保障并促进了税收职能作用的发挥。

1. 调整完善税收征管体制。从税收征管体制的改革看，1978 年之前实行的是“统一领导、分级管理”体制。1980 年起，为了改革集中的财政管理体制，开始实行“划分收支，分级包干”体制，将全部税种划分为中央固定收入、地方固定收入、中央和地方调剂收入。为适应国营企业“利改税”的需要，1985 年起，对广东、福建以外的其他各省、自治区、直辖市实行“划分税种、核定收支、分级包干”财政管理体制，将税种划分为中央固定收入、地方固定收入、中央与地方共享收入。1988 年后，为进一步调动地方的积极性，对全国 37 个省、自治区、直辖市和计划单列市分别实行“收入递增包干”、“总额分成”、“总额分成加增长分成”、“上解额递增包干”、“定额上解”和“定额补助”法共 6 种不同形式的包干办法。改进进程明显体现出

“摸着石头过河”的历史特征。

从1992年10月起，中国正式进入社会主义市场经济体制的建设时期。与社会主义市场经济体制的框架确立与完善相适应，进行了分税制财政管理体制改革1993年12月15日，国务院发布《关于实行分税制财政管理体制的决定》，从1994年1月1日起，在全国实行分税制财政管理体制。这是改革开放30年来规模最大，为市场经济改革配套导向最明确，相对比较规范的一次改革，这一体制一直持续到当前。这次改革将税收立法权高度集中于中央。划分了中央与地方政府间的事权和支出范围，将税种统一划分为中央税、地方税和中央与地方共享税，按税种划分了中央与地方政府间收入，建立起中央税收和地方税收体系，建立了新的税收管理体制，分设以中央、地方两套税务机构，确定了各自的征管权。此外，还进行了一系列配套改革。有力扭转了20世纪90年代初开始出现的“两个比重”下滑趋势，保证了各级政府尤其是中央政府组织收入的能力，税收收入规模和质量不断提高。

2. 不断探索税收征管组织机构改革。“文革”结束后，税务机构开始恢复。1977年，财政部恢复设立税务总局。从1978年起，全国各省和自治区从上到下恢复了税务机构，增加了税务干部编制。但税务机构只是财政部门的一个职能部门，税务总局是财政部下属副部级单位，各省和自治区税务局为财政厅下属副厅级单位，没有独立的经费和人事权。随着中国两步“利改税”的顺利进行，税收在国民经济中的地位和作用日益重要，财政部下辖型的税务机构设置方式影响税收独立发挥职能作用的矛盾日益突出。1982年，国务院要求税务机构要进一步健全和加强，实行地方政府和上级税务部门双重领导，业务上以上级税务部门领导为主，恢复了税务机构和税务干部管理的双重领导体制。1988年财政部税务总局升格为国家税务局，并于1993年更名为国家税务总局，同年，国家税务总局由副部级升格为正部级，为国务院直属机构，从组织上强化了对税收工作的领导。

1994年适应分税制财政管理体制改革要求，省级及其以下的税务机构分设为国家税务局、地方税务局两套税务机构，并对两个税务机构的征收管理范围、机构设置、领导体制，人员管理、经费开支等作了具体规定。组建后的国家税务局系统在机构、编制、经费、领导干部管理等方面按照下管一级的原则，实行垂直管理的领导体制；组建后的地方税务局为各级地方政府的组成部门，实行地方人民政府和国家税务总局双重领导，以地方政府领导为主的管理体制，其机构设置、管理体制等按地方各级人民政府组织法的规定办理。垂直管理体制在一定程度上排除了地方政府对税务机关依法行政的干预，基本上保证了税法执行的畅通。税务系统机构改组后，改变了原有税务机构的征管手段落后、效率低下、税收执法易受地方政府行政干预等问题，增强了对纳税人的管理力度，加强了对一些收入规模小、征收难度大的税种管理，强化了税收执法监督，确保了分税制财政体制下的税制改革的顺利进行。

经过1994年国地税机构分设和2001年机构改革两次较大的调整，中国税务系统建立起了面向职能的征管组织机构。为了适应新的税收征管形势需要，2004年国家税务总局遵循“依法设置、规范统一，明确职责、强化管理，因地制宜、实事求是”的原则，进一步规范了机构设置，明确了职责分工。此次机构调整以统一、规范为主，形成了纵向按属地管理、横向按职能设置的机构格局。各省、市税务机关基本上按上级机关对应模式设置，对口指导，垂直管理。2008年，贯彻党的十七大和十七届二中全会关于深化行政管理体制改革和政府机构改革的重要部署，国家实施了大部制改革，加快推进公共服务型政府建设，全国税务系统遵循精简、统一、效能的原则，按照决策权、执行权、监督权既相互制约又相互协调的要求，实施了以职能转换为核心的新一轮改革。探索实施机构专业设置，强化纳税和重点税源管理，理顺税收管理信息化建设职能配置，整合并强化执法监督和内部审计资源，规范部分机构名称和职能配置，建立服务型、责任型、法治型、廉洁型税务和科学化、专业化、精细化的管理机制。省级及以下税务机关的机构设置也基本遵循了这一模式。

通过2008年以来的新一轮机构改革，中国征管组织架构呈现出按照税种、职能和纳税人为导向设置的三种模式并存的状态，信息技术与税务组织互构程度日益加深。随着经济税源专业化管理的发展，税收征管机构以纳税人为导向的趋势更趋明显。

（四）税收信息化建设突飞猛进，税收征管信息化水平整体提升

20世纪80年代以来，伴随着税收管理发展的需要，中国税务部门开始将计算机广泛运用于税收征管工作之中，特别是1994年实施以增值税为核心的税制改革以来，信息技术在税务系统应用的深度与广度都得到了前所未有的拓展，极大地提升了税收管理效能，推动着税收管理的深刻变革。30年来，中国税收管理信息化建设经历了从无到有，从单机应用到网络运行，从分散管理到统一整合的艰辛历程，取得了巨大的成就。回顾中国税收信息化建设发展历程，总体上可分为以下四个阶段。

1. 起步发展阶段（1982—1990年）。从1982年税务系统引入第一台计算

机到 1990 年召开全国税务系统第一次计算机应用工作会议，税收业务领域的计算机应用还处于摸索和起步阶段，主要是配备微机作为硬件设备、以税收会计业务电算化为应用重点，主要处理一些单项业务管理应用问题。

2. 加速发展阶段（1991—1994 年）。税务系统开始引入中型、小型计算机系统，税收管理信息化应用重心开始向征管领域转移，在局域网条件下进行了初步尝试。适应“征、管、查两分离或三分离”管理模式，逐步开展了各类单项软件的研制开发和应用，国家税务总局重点开展了税收征管系统应用的试点工作，税收信息化建设标准化与规范性问题开始受到重视。

3. 快速发展阶段（1994—2001 年）。1994 年新税制改革，为利用信息技术加强对增值税运行的监控，国家税务总局在国务院领导的密切关注下实施了“金税”一期工程试点。1996 年国家税务总局确立的“30 字”税收征管模式明确提出要以计算机网络为依托，在全国各地税务机关迅速掀起了信息化建设的高潮，税务人员信息化意识不断提高，以较快的速度实现了基层征管的计算机网络化。

1999 年 3 月，经国务院批准，“金税”二期工程正式启动，包括网络建设和应用系统建设。网络建设就是建立全国从国家税务总局到各省、地市、县四级统一的计算机主干网；应用系统建设就是建立起全国一般增值税纳税人的增值税防伪税控开票子系统、覆盖全国国税系统的防伪税控认证子系统、增值税专用发票交叉稽核子系统和发票协查信息管理子系统。

组织开发并推广了全国统一的税收征管软件 CTAIS 系统。该系统涵盖了税务登记、纳税申报、缴款入库、发票管理、稽查管理、会计统计等业务环节，是税务机关最重要的业务应用系统。依托 CTAIS 有效贯彻落实了全国统一的税收征管改革要求，加强了税源监控，强化了执法监督。

4. 整合发展阶段（2002 年至今）。2002 年，为了解决税务系统信息化建设中的问题和不足，加强和相关部门（财政、工商、民政等）必要的信息共享和业务联动，促进税收信息化整合，在组织实施完成“金税”二期工程建设的基础上，国家税务总局全面启动了“金税”三期工程建设立项与总体设计工作，税务管理信息系统一体化建设提上日程。2005 年 9 月，“金税”三期工程获得国务院批准立项，将税务信息化建设带入新的发展阶段。“金税”三期工程建设原则是“统筹规划、统一标准，突出重点、分步实施，整合资源、讲究实效，加强管理、保证安全”。“金税”三期建设目标进一步明确为：在现有资源基础上，通过制度、业务和技术创新，完成“一个平台、两级处理、三个覆盖、四个系统”的建设，进一步强化纳税服务和税收管理，提高税法遵从度和税收征收率，降低征纳成本，为税收法律法规的执行提供有力保障。

可见，中国税收信息化建设从最初模拟手工操作的单机业务电算化到基于广域网和数据库系统的大型税收信息系统的实施与推广，再到一体化税收管理信息系统建设，对税收征管工作影响至深，成为推动税收征管变革的第一生产力。

（五）治税思路与时俱进，税收征管工作思路不断创新

改革开放30年来，各级税务部门在抓好税收各项工作的同时，不断更新税收理念，积极探索与社会主义市场经济体制相适应的治税思路。1995年全国税务工作会议提出了法治、公平、文明、效率的新时期治税思想“八字方针”；1997年全国税务工作会议提出适应新形势要求，全面加强税收管理，努力实现税收管理的法制化、规范化、科学化、制度化，使税收管理基本适应现代税制和社会主义市场经济发展的要求。1998年以后，随着税收收入的持续较快增长，在实践中逐渐形成了“一个观点、三篇文章”的税收工作思路。适应中国进入全面建设小康社会构建、构建社会主义和谐社会的新发展阶段的要求，2003年全国税务工作会议提出牢固树立聚财为国、执法为民的税收工作宗旨，强调大力推进依法治税、深化税收改革、强化科学管理、加强队伍建设。2004年全国税务工作会议进一步概括提炼出“一二三四五六”的税收工作思路；全面贯彻党的十七大精神，深入贯彻落实，2007年提出用科学发展观统领税收工作全局。2008年以来，结合开展学习实践科学发展观活动，进一步明确了税收工作发展思路。在指导思想上，确定要用科学发展观统领税收工作全局，做到“五个坚持、五个努力”，服务科学发展、共建和谐税收。在工作宗旨上，强调要坚持聚财为国、执法为民，努力实现好、维护好、发展好最广大人民的根本利益。在工作目标上，明确要积极发挥税收职能作用，更加自觉主动地服从服务于党和国家工作大局，为实现全面建设小康社会奋斗目标做出税务部门应有的贡献。在工作重点上，提出要着力做好依法治税、税制改革、纳税服务、税收管理、队伍建设、反腐倡廉建设等工作，不断开创税收事业新局面。这些工作思路，为新时期税收事业实现科学发展提供了有力指导。

在税收管理方面，全系统普遍树立了科学化、专业化、精细化以及征纳双方法律地位平等等现代税收管理理念，提高了法治、创新和服务意识，税收征管工作思路不断发展创新，现代税收管理理念初步确立。2009年全国税收征管科技工作会议进一步明确了“信息管税”的工作思路，税收征管走上运用

信息化带动征管现代化的新道路，这是国家税务总局总结近年来各地加强税收管理的普遍经验，针对各项税收管理工作的特点提出的管理工作新思路，体现了税务管理思想的与时俱进。

在纳税服务方面，坚持管理与服务并举，纳税服务工作积极开展并逐步优化。从 20 世纪 80 年代以来，税务机关就通过组织开展促产增收、涵养税源等工作积极为纳税人服务。2001 年修订的税收征管法，从法律上首次明确纳税服务是税务机关的法定职责。全国税务系统积极转变观念，增强服务意识，健全税收征收、管理、检查、税收法律救济的各项服务规范，坚持把纳税服务作为增强纳税人依法诚信纳税意识的重要举措，不断更新服务理念，强调征纳双方法律地位平等，纳税服务与税收征管是税务部门核心业务，不断丰富纳税服务内容，优化纳税服务手段，积极拓展纳税服务范畴，加强权益保护，纳税服务工作机制逐步健全，促进了纳税人自觉主动依法纳税。

二、改革开放 30 年税收征收管理基本经验：六个“必须坚持”

（一）必须坚持以科学的理论为指导，实施科学化征收管理

只有科学的理论才能指导科学的实践，只有坚持开展税收征管理论研究，才能不断为税收征管实践提供新的思想和思路。30 年来，税收征管改革从“摸着石头过河”到以科学的理论为指导，思路日益清晰，手段更加科学，成果更加显著。实践证明，税收征管必须坚持按照科学的管理方法，实施科学化、制度化管理和规范化管理，才能取得积极成果。改革开放以来，税收征管坚持以中国特色社会主义理论为指导，坚持服务科学发展、共建和谐税收的主题，努力做好各项税收征管工作。坚持立足国情，在总结征管实践的基础上，更加注重借鉴和吸收国内外先进的税收征管理论为我所用，如信息化理论、流程再造理论、扁平化管理理论、风险管理理论等，探索实施了税收信息化管理、税收征管流程管理、税收征管机构扁平化改革，税收风险管理等新的征管实践。坚持科学理论指导，坚持学习借鉴、洋为中用，是中国征管改革获得成功的重要途径。

（二）必须坚持依法治税，实施法制化征收管理

税收征管要始终围绕税收工作主题，严格执行各项税收法律、法规和政策，确保税收执法的公平、公正、透明和统一，努力做到法治公平、规范高效、文明和谐、勤政廉洁。从税收征管模式的保姆式“税收专管员专责管理”，到分权制约式的“征、管、查两分离或三分离”再到法治型、规范型的

"30字"和"34字"税收征管模式的实践，税收征管的规范化水平和法制化程度日益提高。实践证明，税收征管必须始终坚持依法实施，严格按照法定权限和程序行使权力，履行职责，才能使税法得到有效执行和普遍遵从。要把法治的要求融入税收管理各个环节，坚持合法行政、合理行政、程序正当、高效便民、诚实守信、权责统一，促进税务干部规范、公正、文明执法。要把依法治税作为税收工作的灵魂贯彻始终，建立健全科学高效的税收征管机制，以执法责任制为核心的考核管理机制，严密的内部执法监督机制，才能保证税收征管质量和效率的提高。

（三）必须坚持税收管理理念创新，实施现代化征收管理

税收征管要始终坚持适应经济社会发展需要，立足国情和实践，充分借鉴和吸收国内外先进的税收征管理念，推动传统征管理念向税收征管信息系统一体化管理理念、纳税遵从风险管理理念、现代纳税服务理念、征管专业化管理理念、科学的征管考核理念等现代税收征管理念转变。实践证明，只有坚持税收管理理念创新，才能确保税收征管工作与时俱进。

（四）必须坚持改革创新，实施创新化征收管理

改革创新是中国改革开放30年来时代精神的本质特征，也是税收事业发展的不竭动力。必须适应经济发展阶段变化的要求，不断调整和完善税收征管方式，实施创新性征管。改革开放以前，中国的经济主体基本上是国有企业独领风骚，改革开放以来，中国经济保持持续快速增长，社会经济结构变化很大，经济活动和利益分配主体日益多元化，纳税人数量飞速增长，税收征管方式方法也必须适应经济社会的变化而及时调整完善。改革开放30年的税收征管改革的实践表明，解放思想，实事求是是征管改革始终适应新形势、新任务，解决新问题的思想保障，必须坚持解放思想、实事求是、与时俱进，以科学的态度学习借鉴国际先进的税收管理经验，以改革的精神探索税收征管发展中的难题，以创新的思路建立服务科学发展、共建和谐税收的征管长效机制，才能不断开创税收征管工作新局面。

（五）必须坚持科技兴税，实施信息化征收管理

信息技术是先进生产力的代表。税收信息化是利用信息技术这一先进生产力改造税收工作，实现税收管理的现代化。税收信息化作为税收执法手段的应用已成为推动税收管理革命性变革的动力和支撑。实践证明，在税收征管改革的过程中，税收信息化发挥了越来越重要的作用，保证了业务流程、岗责体系的规范、统一和完整，推动着税收征管各环节的公开、透明，成为依法治税、

从严治队的基础，是税收工作的生命线。税收信息化建设要坚持做到科技加管理，统一规划，克服各自为政、条块分割的“信息孤岛”，坚定不移地走信息一体化道路，才能发挥信息技术的整体优势。要始终坚持征管业务与信息技术的协调发展，既强调税收信息化的支持保障作用，又要注重管理业务的创新的，实现信息技术与税收征管的良性互动，才能不断提升税收征管效能。

（六）必须坚持统筹兼顾，实施系统化征收管理

税收征管改革从来都不是孤立实施的，只有以科学发展观为指导，协调推进税收征管、与税制、机构和干部人事制度的系统性改革，才能建立起科学高效的新型税收征管模式和管理体制，发挥出改革的整体合力。

从理论上看，税收征管改革与税制建设、队伍建设既相互制约又相互促进。一方面，税制的选择必须适应税收征管能力和水平，如受征管水平限制，发展中国家大部分选择以货物和劳务税为主体税种，其中一个重要因素就是所得税等直接税对税收征管水平的要求更高；另一方面，税收管理必须要适应税制改革的需要。世界银行在总结发展中国家税制改革经验时明确指出，“在进行税制结构改革的同时对税收征管进行改进通常更有效率，税收征管的改进是任何税制改革的必要补充”，说明没有税收征管改革的发展和配合，税制改革也难以取得理想成效。

从实践中看，每次大的税收征管改革都伴随着税制、机构和人事方面的改革和调整。如在计划经济条件下，与中国经济成分单一，税制简单的状况相匹配，税收征管采用的是税务专管员管户的“保姆式”征管模式；党的十一届三中全会后，随着中国经济体制由计划经济向有计划的商品经济转变，税收制度由简单税制转变为复合税制，税收征管方式也开始由传统的税务专管员征管查三权集于一身的模式向“征、管、查两分离或三分离”转变；1994 年新税制改革，同时伴生了税务机构和人事管理两方面的重大改革，分设了国家税务局和地方税务局，成立了中央、地方两套税务机构，建立了崭新的税收管理体制；1998 年“30 字”税收征管模式实施后，国家税务总局大幅度调整了机构设置和职能，减少机关行政编制。2000 年，按照税收工作重心向“征管倾斜，向基层倾斜”的要求，又对各省、自治区、直辖市国税系统进行了较大规模的机构改革，各省、市、县级国税局人员大幅精减 35%—15%。2004 年，配合“34 字”税收征管模式“强化管理”的要求，国家税务总局发布了一系列规范国家税务局系统机构设置明确职责分工的意见，进一步规范了征管机构设置。2008 年，为实现行政运行机制和管理方式向专业化、精细化转变，进一

步理顺职责关系，调整和优化组织结构，组建设立了纳税服务和大企业税收管理机构，整合强化了征管和科技发展机构、督察内审机构等。征管改革与税制、机构、人事改革实现了协调并进。

总的来看，改革开放30年来，中国税收征管取得了巨大成绩，积累了宝贵经验。然而，从促进税收科学发展和税收征管战略转型的要求相比，还存在一定差距和不足，主要是：随着经济社会进一步发展和征管实际的变化，现行税收征管法存在的不足以及与其他法律不协调等问题逐步凸显，税收征管法律体系还不够完善；传统的税收征管理念有待于进一步强化；现行税收征管模式发展滞后，难以有效指导税收征管工作实践；税源分类管理、专业化管理、信息管税等有待于进一步深化；税收征管制度体系和征管程序有待于进一步优化调整；税收征管组织体系面临挑战；缺乏高素质税务人才，征管队伍素质不能完全适应专业化、信息化管理要求等。

三、税收征收管理改革展望

（一）加强税收征管法制建设

首先，最为紧迫的是尽快修改完善《税收征管法》并建立健全相关法律法规。重点在以下方面有所突破：要进一步明晰税务机关和纳税人的权利和义务，确立税收征纳双方法律地位的平等，使遵从税法既是对纳税人义务履行的要求，也是对税务机关义务履行的要求；要配合刑法修改，加强税收行政执法和刑事司法的对接，推动税收征管制度向有利于促进征纲和谐的方向改进；要适应主要税种法律的修订，相应修订税收征管法有相关程序设计和法律责任条款；要适应《中华人民共和国电子签名法》的出台，制定相关条款，推动电子信息合法保存、利用，认可征管电子信息载体的法律效力；要强化税收管辖权设置的规范性，避免因税收制度或政策调整引发不同级别的税务机关之间、不同行政区域的同级税务机关之间、国地税之间税收管辖权的争议；要强化行政协助的执行力等。

其次，尽快制定和颁布税收基本法，作为国家税收工作的根本大法，税收基本法应对税收立法与管理权划分、税收权利与义务、税务机构、征税程序规则、具体行政行为、法律责任、税务行政复议与税务行政诉讼以及各单行税法要素组合的协调关系等作出明确的法律规定，以规范税收行为①。

① 汤贡亮："对制定我国税法通则的思考"，《中央财经大学学报》2003年第3期。

最后，要修订完善宪法的相关涉税条款。宪法中关于税收的条款除了“中华人民共和国公民有依照法律纳税的义务”的规定外，还应就中央和地方的税收立法权、立法程序、立法原则；纳税人范围；纳税人的权利和义务等问题作出相应规定。

此外，还要制定完善税务机关组织法、税收救济法、税务代理法等税收相关法律体系，进一步强化税收征管法律基础。

（二）制定适合中国国情的税收征管战略

税收征管战略，事关一国税务系统的长远发展方向，要加大税收征管战略的研究和实施力度。按照科学合理的税收征管目标，准确分析税收征管面临的内外部环境，研究制定针对性强的科学发展战略，并采取有效措施贯彻执行，既能集中力量整合税收征管资源，发挥征管合力，又能有效激发税务干部工作责任感、使命感和工作热情，还能获得系统外部利益相关部门的认可和支持，形成良好的社会支持度和影响力，历来为各国税务当局所推崇。

2001年，在联合国开发计划署（UNDP）的资助下，根据“十一五”税收发展战略规划纲要，按照战略管理理念和战略规划方法，国家税务总局首次制定并下发了中国第一个税收征管工作中长期规划《2002—2006年税收征管发展战略规划纲要》（国税函〔2003〕267号），在该征管战略的指导下，中国税收执法环境在过去几年逐渐优化，征管绩效大幅提升。然而，由于首次探索制定的税收征管战略规划纲要的内容实际操作性不是很强，各级税务机关对税收征管战略的重要性认识不足等原因，该征管战略的落实程度不是很理想，战略期望与征管实践存在一定差距，值得我们进一步研究和深思。当前，我们正面临着实施“国民经济和社会发展十二五规划”的良好环境，应该结合“十二五”时期税收发展规划纲要，集中精力，认真研究并制定好下一个税收征管中长期规划，以进一步明确税收征管的方向性、全局性、长期性等发展战略问题，更好地指导改革创新税收征管体制、机制和方式，推进税收征管全面、协调、可持续发展，努力构建为税制有效实施提供保障，符合科学发展要求，促进和谐征纳关系的税收征管体系。

（三）研究构建现代税收征管模式

在信息技术迅猛发展和数据应用深入开展的背景下，风险管理、纳税遵从管理等探索推陈出新，传统的税收征管模式正在逐步解构，亟需探索建立符合税收信息化建设条件下税收征管新模式。要积极推进以税源专业化管理为重点的征管制度创新，深化税收风险管理和信息管税，进一步规范税收征管程序，健全征管运行机制，强化征管基础管理。结合中国税收征管实际，当前和未来一段时期税收征管模式应以加强税收风险管理为导向，以实施信息管税为依托，以实行分类分级管理为基础，以核查申报纳税真实性、合法性为重点，以规范税收征管程序和完善运行机制为保障，大力推进税源专业化管理，有效促进税法遵从，不断提高征管质量和效率。

（四）持续改进纳税服务

遵循征纳双方法律地位平等的服务理念，以法律法规为依据，以纳税人正当需求为导向，以信息化建设为依托，以提高税法遵从度为目的，丰富纳税服务内容，创新纳税服务手段，完善纳税服务机制，提升纳税服务质量，积极构建和谐的税收征纳关系。要实施标准化模式下的细分服务策略，加快纳税服务平台建设，完善纳税信用评价机制，探索建立切实保护纳税人合法权益的体制机制，建立健全现代纳税服务体系。

（五）优化税收征管组织体系

在巩固现行税收征管组织机构按税种、职能、纳税人三种类型混合设置的基础上，逐步强化以纳税人为导向的机构设置模式，这既是适应征管工作分类管理和专业化管理的需要，也符合国际上税收组织体系的发展趋势。要适应信息技术的特点，加强信息技术与征管业务的互动，推动税务组织体系及其运作方式的转变，建立以信息技术为支撑的征管组织体系。加快机构扁平化、管控集中化改革，推进纳税服务和管理职能的专业化。鉴于中国幅员辽阔，地域差异较大，发展不平衡的特点，在各地征管组织机构的设置上，应根据各地经济发展程度，给予一定的灵活处理，在共性中适当体现个性差异。

（六）培养税收征管专业化人才

要注重税收征管专业化人才的培养和使用，加强教育、培训，健全人才激励机制，建立健全税收征管人才能级管理制度，加强税收征管文化建设，为税收征管的可持续发展提供人才保障。

参考文献

1. 钱冠林、王力主编：《中国税收30年（1978—2008）》，中国税务出版社2009年版。

2. 刘军主编：《税收管理战略转型：国际经验与中国选择》，中国税务出版社2009年版。

3. 高培勇等主编：《中国财税改革 30 年：回顾与展望》，中国财政经济出版社 2009 年版。

4. 霍军："新中国 60 年税收管理体制的变迁"，《当代中国史研究》2010 年第 5 期。

5. 杨辉主编：《中国税收专业化管理研究报告》，中国市场出版社 2009 年版。

（作者工作单位：国家税务总局税收科学研究所）

流程再造理论视角下的我国税务稽查模式创新研究

湖北省税务学会课题组

随着市场主体与国家、社会公众利益博弈的日趋复杂，国家利用税收杠杆调控经济发展、调节利益分配的取向日益强化，在税收领域实行重点稽查、强化监管职能的治税理念和呼声日益受到重视。与此同时，我国现行税务稽查模式是近代西方分权制衡理论在税收征管制度上的具体应用，自1997年国家税务总局成立主管税务稽查工作的职能部门稽查局以来，稽查体制改革虽然取得了突破性进展，但是稽查模式本身存在的种种弊端和问题日益凸显，如稽查职权配置不明确、机构设置较混乱、执法程序欠规范、管理手段较落后、人员素质不适应等等。这些弊端和问题在一定程度上制约了税务稽查职能作用的充分发挥。为此，探索我国税务稽查模式的改革与创新，成了摆在我们面前的一个重要课题。本文以科学发展观为指导，从流程再造理论的视角，深入分析了流程再造理论运用于税务稽查模式创新的可行性，并就如何在扬弃中寻求发展，从而因地制宜地探索运用于我国税务稽查模式创新进行了研讨，在此基础上提出了一套基于“流程再造”理论的40字税务稽查新模式。同时，就其具体实施提出了相应的配套措施建议。

一、流程再造理论概述

20世纪90年代，美国麻省理工学院迈克·哈默（Michael Hammer）教授和 CSC 管理顾问公司的董事长詹姆斯·钱皮（James Champy）共同提出了“流程再造”理论（Business Process Reengineering），将其定义为：“针对企业业务流程的基本问题进行反思，并对它进行彻底的重新设计，以便在衡量绩效的重要指标上，如成本、质量、服务和效率等方面，取得显著的进展。”其核心思想就是打破传统的分工理论，建立“以流程为导向”的新模式。具体而言，就是要把被割裂得支离破碎的业务流程进行整合，以形成一个完整和高效的新流程。流程再造的主要意义在于：通过对企业原有业务流程的重新塑造，借助信息技术，使企业由以职能为中心的传统形态转变为以流程为中心的流程导向型企业，实现企业经营方式和管理方式的根本转变，最终提高企业整体竞争力。由于流程再造给企业带来的巨大影响，因此也被称为第三次管理革命。

“流程再造”理论的核心主张可以概括为以下五点：

一是组织结构扁平化。压缩组织中的管理层级，缩短高层管理者与基层工作人员和顾客的距离，更好地获取意见和需求，及时调整经营决策，改变职能导向下科层过多、效率低下的问题。

二是信息系统集约化。注重信息技术和人的有机集合，在设计和优化业务流程时，充分利用网络信息技术协调分散与集中的矛盾，实现信息的一次处理和共享使用机制。

三是管理机制过程化。管理面向流程，以顾客为导向，按照整体最优化的目标重新设计业务流程，注重实现全局最优而不是局部最优。

四是部门活动平行化。将原来的串行工作流程改造为并行工作流程，同时加强信息横向沟通，突出水平方向，戒除垂直方向的沟通，从而最大限度缩短工作时间，提高工作效率。

五是生产管理团队化。流程再造提倡团队合作精神，重视发挥个体在整个流程中的作用，人员按照流程进行安排，不是按照职能进行安排，使得每一环节上的活动尽可能实现效率最大化。

二、流程再造理论对我国税务稽查模式创新的启示作用

运用流程再造理论创新税务征管模式在国内外都有过成功案例，如美国的旧金山地区税务局通过流程再造，每位职员工作效率提高 22%，康州哈特福德县税务局处理事件周期从 14.7 天减少到 1.4 天。在国内，江苏省淮安市国家税务局于 2001 年在全国率先试行“流程再造”改革，使具体的办税环节由原来的近 200 个减少到 90 个，精简了 55%，平均办税时间减少了 60%，行政

管理人员与一线征管人员的比例由过去的1：15变为1：83，总计减少了40余种纳税资料，税务人员进户调查、检查次数减少40%以上，大大提高了税务征管工作的质量和效率。

通过总结国内外税务部门运用“流程再造”理论取得的成果，对我国税务稽查模式创新有以下几点启示作用：

启示之一：流程再造预设的目标与我国稽查改革创新的目标一致，都是追求绩效最大化，成本最小化。国家税务总局根据我国经济发展态势以及当前税收违法行为的新动向和新趋势，于2008年提出了税务稽查工作要实现“六个转变”的工作思路，即：稽查目标由以查补税收收入为主向以整顿和规范税收秩序为主转变；稽查重点由一般性税收违法行为查处为主向以税收违法大案要案查处、税收专项检查和区域专项整治为主转变；稽查方式由以传统的经验式检查为主向以现代化创新型检查为主转变；稽查执法由以注重办案数量为主向以提高办案质效和优化执法服务为主转变；稽查管理由以单项基础性管理为主向系统全局性管理为主转变；稽查队伍由以增加人员数量为主向以提高人员综合素质和专业技能为主转变。这“六个转变”的核心就是规范管理、提高质效、提升服务、减少成本。而流程再造的目标也是成本最小化和绩效最大化，与我们税务稽查改革的目标相一致。

启示之二：流程再造产生的背景与我国税务稽查模式创新的背景一致，都是基于信息化的深刻发展。信息化具有打破行政层次和部门界限的功能，不仅带来流程的改变，也为流程的再造提供了支撑。随着近年来全国税务系统信息化程度的不断提升，逐步实现了税务稽查信息交换、业务组合、考核监督、时间控制、电子选案等稽查管理环节的计算机化，这是实现流程再造的物质条件。在此基础上，我们应当运用流程再造理论，按照信息化的内在规律，对现有建立在计算机模拟手工操作、依靠纸质传递基础之上的稽查流程进行再设计，并建立以流程为导向的扁平化的稽查组织机构，使之与信息化的要求相适应，充分发挥信息化的效用。

启示之三：流程再造以顾客为导向的原则与我国“服务型税务稽查”的要求一致，都是着眼于满意度的提高。与企业“流程再造”类似，在税务稽查工作中引入“顾客”概念，并以“顾客”为导向，将给我们带来新的管理理念和服务理念，不仅可以建立起从“基本不相信纳税人”到“基本相信纳税人”的服务机制，让纳税人在改革中得到实实在在的好处，而且将内部上下工作环节作为顾客对待，有助于解决征、管、查等协调衔接不畅问题。

启示之四：流程再造重在重组，但并不局限于业务重组，而是一种全新的思维方式。流程再造本身是一套比较完整的理论体系，再造的不仅是流程，同时还有人员观念、思维方式、管理习惯、组织结构、组织文化的转变。我们用流程再造思想指导改革实践，从流程着手，以流程为导向，着眼于流程和实现方式在更大范围内、更高层次上的调整，不仅可以达到重组目标，而且带来更深远的影响，实现税收管理质的飞跃。

启示之五：税务稽查流程再造要与企业流程再造区别对待，避免生搬硬套。税务部门作为行政机关，在诸多方面与企业有很大区别，因此在进行流程再造时也应另辟蹊径：一是流程的易变程度不同。企业的业务流程一旦确定，从节约成本、提高效率的视角，一般较长时间内不会太大变动，而税务稽查流程要随着国家税收政策、经济环境的变化而变化。二是流程控制过程的主观因素程度不同。企业为了在每个环节上都能规范、高效，会利用计算机、机器等对流程进行操作和控制，减少人为因素，而税务稽查很大一部分流程还是由干部主观操作，易受个人因素影响。三是对操作流程的人员素质要求不同。企业流程线上的大多数操作岗只需熟练工即可，而税务稽查部门每个岗位对人员的要求都较高，既要有相关业务能力，还要能熟练操作电脑，更要熟悉税收、会计、法律等知识。四是流程面对的对象不同。企业流程面对的是机械的、无意识的产品，而税务稽查流程面对的是有思想、有意识的纳税人，因此在具体流程操作中也应有所不同。

三、流程再造视角下我国税务稽查模式创新中的几个重要问题辨析

（一）稽查组织结构：是大集中好还是小集中好？

当前的税务稽查组织结构是一种相对而言的“小集中”，即大部分地区税务稽查机构设置到了县（区）一级，那些试行一级稽查的地方税务机构大多也只是把城区稽查机构集中到了地（市）局一级。这种组织结构下，稽查机构、稽查权力、稽查人员得到相对集中，一定程度上消除了多头检查、重复检查，执法不严等现象。但其弊端也逐渐显现：一是内设机构求全，领导职数增加。一级稽查模式下稽查局的内部机构设置不仅有选案、举报、检查、审理、执行等业务部门，形成稽查内部的相互制约机制，而且还有办公室、人事教育等行政部门，内设机构可谓门类齐全，增加了领导职数。以武汉市国税局的一级稽查模式为例，由 15 个区稽查局合并成立 5 个稽查局后，副科以上领导干部 97 人，增加 45 人。二是内设机构的行政科室都有纳入目标考核的工作内

容，增加了一线稽查人员的工作量，影响了稽查中心工作。三是人员配置不合理。由于机构增加、行政人员增多，稽查一线人员减少、工作负担加重。以武汉市国税系统的一级稽查模式为例，由15个区稽查局合并成立5个稽查局后，5个稽查局的总人数为527人，比原来增加19人，而一线稽查人员比原来减少约70人。同时，不必要的工作分配环节多，无实际意义的核批多，横向联系协作不够。上级、下级单位职能部门配置基本相同，工作分配层层下达。许多常规事务都必须层层报批审核，影响工作效率，不仅纳税人不满意，税务干部也不满意。

而在西方一些发达国家，与流程再造理念相适应，稽查局（或称税收审计局、税收遵循局、税务监督局等）大多为两级设置，个别为一级多层设置或三级设置。美国、加拿大、巴西等为一级多层设置；瑞典、日本、澳大利亚、阿根廷等国为总部和大区两级设置；法国为总部、大区和地方三级设置。在两级设置中，稽查业务一般由中央垂直管理，并在稽查机构内部设置专业化的分支机构。鉴于此，笔者认为，税务稽查改革创新的大势所趋应该是逐步实现“大集中”，即：在近期内推广一级稽查，把税务稽查定位于地（市）一级，然后用5—10年的时间，逐步集中到省一级，实现人员、信息、职能等全省统一调配、统一管理，也即逐步实现两级设置。同时，要适当增加一线稽查人员，力争一线稽查人员的比例达到稽查人员总数的30%—40%。

（二）稽查力量配置：占税务人员的百分比达到多少才算合理?

当前制约稽查职能进一步发挥的一个重要原因就是稽查力量的不足。从全国大多数省市稽查力量的配置来看，稽查人员一般只占税务人员的10%—15%，离国家税务总局关于稽查人员占税务人员40%的设想和要求尚有很大的差距。以湖北省国税系统为例，稽查人员的配置比例为11%，有些县市甚至还达不到这个水平。根据武汉市国税稽查局的统计数据，2009年底该市总户管量为17.96万户，其中已办税务登记企业7.59万户，仅增值税一般纳税人就有29571户，而全市共有稽查人员573人。如果按照这个静态数据，和2010年安排6000户增值税一般纳税人的检查规模，需要5年才能对增值税纳税人轮查一遍。更何况新的增值税条例及其实施细则实行后，因一般纳税人起征点降低，将会有更多的小规模纳税人变为一般纳税人，稽查的户管对象更多，稽查工作量更大，稽查力量更显不足。

我们再环顾一下世界主要大国的税务稽查人员配置情况。在美国，由于广泛使用了电子计算机进行税务管理，税务机关的主要作用一是为纳税人服务，二是税务稽查工作。税务稽查在整个国家税务机关中占有特别重要的地位，稽查部门业务处室也最多。据相关数据，美国联邦税务局现有税务人员 11.5 万人，其中，税务稽查人员就有 4 万人，占总人数的比例达到 35%。

就湖北省国税系统的稽查实践而言，由于稽查人员的编制严重不足，而全省稽查业务工作量又非常繁重，已经极大地影响了税务稽查的广度和深度。加之税务稽查人员中，大多局限于会查账，至于运用电子计算机查案的技术、参与稽查调研、查案的能力水平、办案应具备的法律知识等方面都离要求差距较大。借鉴美国的经验，笔者认为，近期各级税务稽查人员的比例至少应保证在 20%—25% 之间。同时，通过不断转变职能，中长期税务稽查改革的目标应该是争取使税务稽查人员的比例达到 30%—40%，以适应日益繁重的税务稽查工作的需要。同时，应逐步建立统一的全国税务稽查人员从业标准，并实行严格的考核聘任制、稽查执法等级制和主副查责任制等，完善用人制度，促进稽查队伍素质优化（表 1）。

表 1　　当前全国以及湖北省稽查力量配置表

全国税务系统干部总数（人）	全国税务稽查人员总数（人）	全国税务系统稽查人员配置比例（%）	湖北省国税系统干部总数（人）	湖北省国税稽查人员总数（人）	湖北省国税稽查人员配置比例（%）
726570	86845	12	24362	2629	11

（三）信息化建设：如何提高信息的利用率？

税务稽查离不开纳税人生产经营信息。但是，当前稽查部门在应用纳税人信息上普遍存在以下问题：一是掌握信息不全。现阶段，由于多方信息不能实现共享，稽查部门对纳税人信息只掌握了部分登记信息、申报信息和财务报表信息，现金流量等信息无从掌握，再加上纳税人组织形式、经营方式不断变化，如网上交易、电视购物等新型销售模式给国税机关带来了新的挑战。同时不法分子偷骗税手法不断翻新，导致税务机关获取纳税人信息的难度明显增加。二是数据采集标准没有统一。标准不统一，口径不一致，采集的数据就显得纷乱，参差不齐，该采集的，没采集，不应采集的，却采集上来，既浪费时间，又浪费人力。三是国税机关与纳税人及外部相关部门之间存在信息壁垒。国税部门与地税、工商、公安等外部相关单位之间存在“信息壁垒”，各部门之间的信息系统没有接口，信息资源不能有效共享。四是缺乏有效的综合性信息分析应用平台。目前评估分析、稽查选案、纳税分析等环节仍主要是以手工为主。五是数据利用率低、分析水平不高。由于数据库的容量和保管问题，目前 CTAIS2.0 数据库的信息资料只能保存 3 年左右，而纸质数据档案由于各种原因而保管不全，导致纳税人的历史资料信息丢失。而通过稽查实践，笔者认为对纳税人的申报及财务会计核算档案数据资料的使用，至少应向前追溯 3—5 个会计年度，有的甚至要在 8 年以上。

究其原因，首先是信息采集渠道不畅通，与其他相关业务部门的信息共享不够。其次是没有一支专业的税收分析队伍。再次是对现有数据的分析利用不多，仅就某些数据进行简单的对比，还没有完全发挥数据信息的作用。最后是税务稽查和技术没有完全融合，还是“两张皮”，懂查账的不懂计算机，不懂数据分析；懂计算机的又不熟悉查账，无法适应稽查工作新形势。

纵观一些发达国家税务机关的稽查信息来源，大多是建立在可与其他经济部门互通共享的计算机网络基础之上，税务机关能够通过多种渠道方便地获取纳税人的相关信息。同时，在税务稽查机构内部，大都相应地设立信息处理或信息技术支持的专业部门，畅通了稽查机构的信息来源，为稽查决策及选案提供了充分可靠的依据。

借鉴西方的成功经验，我们建议在各级稽查局设立数字稽查组，专事稽查信息收集、管理工作，并拓宽与相关部门的信息共享渠道。同时，要充分依托现有的 CTAISV2.0、税收监控分析、纳税申报分析预警和纳税评估系统，开发出一套科学的稽查选案、决策、管理于一体的稽查分析助手软件，实现稽查各环节的信息化管理。

（四）一级稽查：为何要逐步实现由地（市）一级稽查向省一级稽查转变？

我国当前的税务一级稽查体制都是各地因地制宜的选择，因而各具特色。以湖北省为例，2009 年开始在武汉市国税局实现一级稽查的试点，对稽查机构实行重组，实行征管、稽查彻底分离和系统内的垂直管理，使稽查执法权由分级行使变为统一行使，稽查人员由分散管理变为集中管理，确立了“统一平台、集中管理，两级联动，独立稽查、规范执法、提高效能”的一级稽查模式。

在实践中，一级稽查模式表现了明显的优势。一是稽查人员由分级管理变为集中管理，检查权由分散行使变为集中行使，便于统一调配力量，减少行政干预，加大对涉税违法行为的打击力度。二是便于统一政策标准，有利于规范税务机关的执法行为。三是可以避免由于执法不规范、政策不统一而导致的税务纠纷。四是内设机构规范统一、职责明确，体现了权力制约机制。

但是，在实践中，当前试行的一级稽查模式也有其自身的弊端。从机构设置和管理体制看，一级稽查模式下税务稽查局，从原县（市、区）级税务局、甚至地（市）级税务局分离出来，打破了原行政区划的界限，由省或地（市）一级甚至更高级别的稽查局实行直接的垂直管理，在这种机构设置和管理体制下，按现行征管法的规定，稽查局行使税收保全措施、税收强制措施、调账检查权等税收执法权时，须经地市或省级甚至总局税务局长批准，这样的规定和要求对于一级稽查模式明显是一种掣肘。很显然，行使上述五种税收执法权需经须经县或县以上税务局长批准，这是针对稽查局隶属省、地（市）、县（市、区）各级税务局的多级稽查模式或管查职责不分的背景而设定的条款。同时，由于国税与地税部门还没有完成完全的信息链接，国税稽查局与地税稽查局之间、国税稽查局与地税征管之间、地税稽查与国税征管之间不能实现数据资料信息的共享，对同一纳税人的涉税事项分别由两个稽查机构在不同的时间实施稽查，增加了稽查成本，加重了纳税人负担，降低了税收效率。

综上所述，笔者认为，要因地制宜循序渐进地推进“一级稽查”，应在5年内把县（市）稽查局收缩到地（市）一级，15年内把地（市）级稽查局收缩到省。

（五）优化工作流程：为何要重新整合税务稽查的四个环节？

按照现行《税务稽查工作规程》要求，市、县两级稽查局都设立了选案、检查、审理、执行部门，初步形成了“四个环节”分权制约的运行机制。但是，由于受稽查内部力量相对不足、部门之间利益相互交叉等诸多因素影响，在具体工作实践中暴露出一些体制性的矛盾和问题，主要表现在以下几个方面：一是“多元化”的选案缺乏针对性。在稽查对象的确定上，主要有上级交办、外地协查、社会举报、征管移送、自行筛选等。由于来自上级和外部转办的案件数量多而杂，使基层稽查部门往往疲于应付，一定程度上丧失了自行选案的主动性和积极性，大多满足于检查面的提高，“拍脑袋”选案的现象比较严重，针对性不强，随意性较大。二是“属地化”的检查缺乏责任性。无论是专项检查、还是日常检查，一律按照属地管理的原则实施，谁管辖谁检查。这种属地检查的方式，一方面容易受到地方行政干预，另一方面碍于纳税人或征管人员情面，往往造成检查人员责任意识缺失和淡化，导致检查流于形式、浮于表面。三是“同级化”的审理缺乏约束性。检查实施结束后，审理人员对程序是否合法、事实是否清楚、证据是否充分、处理是否适当、依据是否正确等进行书面式、案卷式审查，由于素质参差不齐，加之都是“自己人”，往往把关不严、原则放宽。即使出现错案、败案，也没有实施相应的责任追究，无法起到相互制约的实际作用。四是“孤立化”的执行缺乏权威性。《中华人民共和国税收征收管理法》虽然赋予了税务部门查封、扣押、拍卖财产或商品，查封、冻结、扣缴银行账户或存款等税收保全和强制执行措施，但是大多设定的门槛较高、限制较多，有的须报经上级税务局长批准，有的须有关部门协助配合，相反对于那些不作为或消极作为的协作部门，法律制裁却显得“羞羞答答”，导致有些部门在利益驱动下，不给好处不办事，使税收执行陷入孤立无援的尴尬局面，一些稽查案件成了久拖不决的积案、沉案、尾巴案。比如，湖北省某市国税局2003年前未执行完毕的几个案件就属此类情况，这些关停企业拥有的可执行财产不足或根本没有可执行财产，使执行机关无从下手，巧妇难为无“米”之炊，几家企业的近80万元执行款项至今仍无法到位。而且这些企业大多是下岗职工多、离退休职工多，一旦强制执行，很有可能引发暴力抗法、上访闹事，造成社会不良影响。

要从根本上解决上述矛盾和问题，必须从优化工作流程入手，按照一级稽查的新模式，实行业务重组和流程再造。

（六）相关法律程序：如何健全与税务稽查改革趋势相适应的法律法规？

现行税收征管法及其实施细则规定了税务稽查打击偷、逃、骗、抗税等各种涉税违法行为的职责和执法权，但随着偷骗税与反偷骗税斗争的日趋激烈，现行法律法规赋予的税务稽查执法权与履行稽查职责的需要，存在诸多不足甚至缺失，成为制约税务稽查职能发挥的瓶颈，在一级稽查模式下显得更加突出：一是法律法规的不足。现行税收征管法规定，税务机关在行使税收保全措施、税收强制措施、调账检查权、银行账户或存款查询权等五种税收执法权时，须经县或县以上税务局长批准，这与征管查职权的明确划分和一级稽查模式不匹配，降低了稽查执法效率。二是法律法规的缺失。首先是税务稽查搜查或侦查权的缺失，使大案要案难以取得有效证据，涉税违法犯罪分子难以受到应有惩罚。其次是税务司法裁决权的缺失，使确无履行能力的稽查案件久拖不决，形成长期挂案。其三是有些法律法规条款操作性不强。如征管法及其实施细则规定，税务机关可对纳税人的债权行使代位权和撤销权，但只能申请人民法院行使，且手续繁琐，程序复杂，税收成本增大。以武汉市国税稽查局为例，由于稽查机构设置打破了行政区划界限，每个稽查局的管辖范围要对应3—4个区，但公安、检察机关查办涉税违法案件要受到地域管辖的限制。一般而言，公安、检察机关的案件管辖权与行政区划一致，这对一级稽查模式下稽查与公安、检察机关联合办案提出了新课题。如果稽查局与辖区内所有公安、检察机关联络，必然增加稽查成本；如果有选择性地与某个公安、检察机关联络，必然出现公安、检察机关接办涉税案件受理难；即使由上级公安、检察机关指定管辖稽查局辖区内的涉税违法案件，但毕竟不是常态和长远机制。

针对上述矛盾和瓶颈问题，建议赋予稽查执法除限制人身自由外的执法权：一是可以借鉴国外的成熟做法和经验，适度赋予税务稽查搜查权等一定的刑事侦查权，解决疑难稽查案件取证难的问题；二是赋予税务稽查行使税收保全措施、税收强制措施、调账检查权、银行账户或存款查询权等执法权，解决稽查权责不适应的问题；三是优化税务机关对纳税人的债权行使代位权和撤销权的相关流程，解决税务稽查案件执行难问题；四是提升稽查部门的独立执法权，将现有的必须经有关税务局长批准才能使用的税收执法权，改由同级稽查局长批准，否则稽查的独立执法权就难以保证。

四、流程再造视角下的我国税务稽查模式创新

税务稽查体制改革作为税收征管改革的重要组成部分，必须高瞻远瞩，长远规划，循序渐进，逐步实施。当前，应在现有税务稽查体制的基础上，以实现“六个转变”为基本目标，牢牢把握科学化、精细化、专业化原则，逐步探索出一套符合当前实际的税务稽查模式。笔者概括为 40 字稽查模式：“以集中管理为依托，以信息应用为基础，推行一级稽查，优化工作流程，强化内外互动，促进税收遵从。”基本模式解析如下：

（一）“集中管理”是新模式的依托

所谓集中管理，就是由省级稽查局对一级稽查实行垂直领导、集中管理，通过统一组织机构、优化岗位设置、理顺岗位职责、充实稽查力量，以实现税务稽查的信息集中、业务集中和职权集中，以利于对涉税违法行为的高效查处，进一步提高税务稽查工作质效。

1. 统一机构名称。按照隶属垂直关系，在名称上应与总局稽查局保持一致性，即：省级稽查局应统称为“××省国税局稽查局”；地（市）、县（市）级稽查机构，应统称为“××省国税局××（市或县）稽查局。

2. 优化内设机构。地（市）、县（市）一级设立稽查局，区一级不再下设稽查局。地（市）、县（市）级稽查局为纯业务型机关，内设机构主要设置为：地（市）设立检查科（内设案源管理岗）、审理科、执行科、综合科；县

（市）设立检查股、执行股、综合股，撤销其他行政科室。

3. 调整管理权限。省级稽查局统一对全省稽查工作进行业务领导；地（市）、县（市）级稽查局在管理权限内具体办案，行使检查权和处理权。检查范围包括，除本级主管税务机关实施的日常检查工作外的所有涉税检查项目；各地（市）、县（市）级主管税务局不再管理本级税务稽查业务。

4. 明确管理职责。省级稽查局负责对下级稽查局的业务领导，指导、协调、管理、监督、检查下级稽查工作；负责案源的归集、分类和分析；负责案件的计划和分配；负责选案、审理及其他稽查业务管理工作；负责大要案的查处工作。地（市）、县（市）级稽查局在省稽查局的领导下，按照管理权限，负责案源的归集、分类和分析；负责案件的计划和上报；负责选案、审理及其他稽查业务管理工作；负责监督查处案件在本级税务机关的执行等。地（市）级稽查局还负责对县（市）级稽查局的业务领导。各地（市）、县（市）级主管税务局应按照管理权限，负责对查处案件的执行工作。

5. 调配稽查力量。按照近期税务改革的目标，因地制宜，科学调配稽查力量，使从事税务稽查人员占所有税务干部的比例达到30%—40%。因各地经济发展状况、税收征管情况、纳税遵从度情况不一，省级稽查局在对各地（市）、县（市）级稽查局的人员调配上，可充分发挥灵活性和适用性，多少相宜，以保持全省的人数基本满足当前稽查办案的实际需要。

此外，在稽查局人事管理及内设机构上还有三点创新设想：

一是建议在检查机构设立大企业稽查组。大企业理当承担更多的社会责任，模范遵守国法律法规，依法纳税。鉴于税务机关设立了大企业税收管理和服务职能部门，承担对大型企业提供纳税服务工作，实施税源监控和管理，开展纳税评估，稽查部门要抽出业务骨干，组成大企业稽查组，对大企业实施专门稽查，即可增加国税收入，又能够提高大的法律遵从度，为中小企业做出表率。

二是建议在检查机构设立数字稽查组。鉴于目前企业电算化程度越来越高，实行电算化企业纳税占全部税款的额度越来越大，由稽查骨干和计算机操作骨干组成数字稽查组，专门负责对电算化企业实施税务稽查，提高稽查的精准度和针对性，打击和防范企业利用电算化逃避纳税责任和义务，实现税务稽查的与时俱进。

三是在稽查机构人事管理上予以更大的自主权。建议省以下各级稽查局长的任命应按人事管理权限报经上一级稽查局批准、备案，并实行对省以下各级稽查局局长实行异地交流制。

（二）“信息应用”是新模式的基础

1. 拓宽信息渠道。一方面在税务系统内部收集货劳税、所得税、征管、法规、出口退税、发票等部门和征管互动平台、日常数据报表等环节收集整理纳税人信息。另一方面将采集的触角向税务系统外的工商、地税、财政、海关、商务、医保、房管、国土、供水、供电、行业协会、统计乃至互联网等第三方信息延伸，全面获取稽查办案所需的信息。对所获取的海量信息，还要进行分类、甄别、汇总和及时增补、修正，确保信息的全、准、精、新。

2. 建立稽查选案分析模型。充分借助现有的 CTAISV2.0、税收监控分析、纳税申报分析预警和纳税评估系统的分析、预警、评估功能，科学设置稽查选案方法和指标参数，建立由数据准备、选案决策和系统管理三个主要模块组成的稽查选案分析助手软件，并通过常态化、系统化的分析，盘活数据资源，把死数据变成活情报，实现稽查选案的信息化，提高稽查选案准确率。

3. 建立信息应用工作机制。一方面建立一套信息采集、提取、汇总、分析、反馈等环节的工作操作流程。另一方面，开发具有兼容税务系统内部各工作应用系统的软件，构建稽查电子信息库，通过自设的指标从现有税收信息管理和应用系统中，有针对性地提取为稽查办案所需的纳税人数据信息形成电子信息档案。开发和完善稽查监控系统软件，实现对稽查选案、检查、审理、执行等过程的全程监控和办公自动化。

（三）“一级稽查”是新模式的核心

按照流程再造下税务稽查新模式的渐进设计，一级稽查要分三步走：

第一步：夯实当前的一级稽查基础。当前所推行的一级稽查，在地（市）的全部城区、直辖市的区和县（市）的全域集中设置一个稽查局，或在大城市跨城区设置若干稽查局，地（市）的区级税务局（分局）不再保留稽查局，以实现地（市）、县（市）统一稽查的稽查模式。这种模式将稽查业务管理权和执法权集中在地（市）稽查局，有利于集中全市的稽查力量查办大案要案，形成稽查合力，提高稽查管理的统一性和组织性。而且，稽查执法以地（市）稽查局的名义进行，有助于规范稽查执法行为，减少稽查阻力。同时，在经济较为发达、税收规模较大、辖区面积较广、企业类型多、软硬件设施齐备的大城市，除在地（市）税务局设一个稽查局（处）外，另设若干与之平行的稽查分局，按专业或者区域分工进行稽查，同样具有执法主体资格。在这种模式下，由于地（市）稽查局（处）和稽查分局都具有执法主体资格，下放了相应的行政执法权限，可以减轻因城市规模大、纳税人数量多带来的工作压力，大大降低执法成本，提高稽查效率和执法力度。

第二步：我们设想，在夯实现有一级稽查基础的前提下，要在5年内把县（市）稽查局收缩到地（市）一级。

第三步：在第二步的设想实现以后，要在15年内把地（市）级稽查局收缩到省，真正实现“大集中”的稽查模式。另外，等到条件成熟的时候，我们可以设想国税、地税稽查局合并，设立单一的，与国税、地税局平行的垂直管理的税务稽查机构，这样将更有利于税务稽查职能作用的发挥。

总之，我们所设想的一级稽查新模式，就是要有利于对稽查力量统一调配，可以集中有限的稽查力量办大案，对大案要案查深查透，有利于在更大层面上发挥稽查打击涉税违法行为的作用。

（四）“优化流程”是新模式的根本

1. 上收选案权，实行省级集中管理。省一级稽查局设立专门的选案机构，该机构负责受理全省范围内的举报、外地的协查等，同时应用计算机系统对征管数据实施监控，通过监控筛选稽查对象。市、县两级稽查局不再担负选案职责，按照省级稽查局安排下达的对象实施稽查。为提高选案准确性和针对性，可在市级稽查局的检查机构设立案源管理部门，对市县收集案源，向省局报送案源。

2. 交叉检查权，实行区域统筹管理。省以下稽查局实行上级稽查局和本级税务局双重领导，不再担任本地日常检查任务，将日常检查纳入税收征管范畴。县级稽查人员受市级稽查局统一调配，在本市范围内实施检查；市级稽查人员受省级稽查局统一调配，在全省范围内实施检查，打破属地检查限制，实行跨区域交叉检查。

3. 平衡审理权，实行案件分类管理。对所有检查案件，按照案件查处税款额度，实行分类审理。如规定50万元以下的案件，经省稽查局授权后，由地（市）级稽查局异地审理，报省级备案；50万元以上的案件，由省级稽查局审理；同时明确审理的时限要求，以提高办案效率。对稽查争议案件，实行一级复议，即县级案件由地（市）级稽查局受理，地（市）级案件由省级稽查局受理。

4. 外扩执行权，实行部门协作管理。对一般性违法案件，实行属地执行原则，即交由案件所属地稽查局的执行部门执行。其中，市级稽查局执行部门主要承担对市内城区案件的执行。在此基础上，应进一步修订和完善相关法律法规，赋予稽查部门相对独立的侦查权、强制执行权等。在目前条件不成熟的情况下，也可以先建立与公安、法院、银行等部门的协作执行机制，将需要采取侦查手段、强制执行措施的案件，直接移交相关部门实施，明确法律义务和责任，加大对不作为的处罚力度，以解决执行难的问题。

（五）“内外互动”是新模式的保障

1. 强化四环互动。坚持四环成果转化原则，使环节成果运用最大化。充分运用税收分析、纳税评估、税源监控的数据、信息，为税务稽查选案提供全面、真实、可靠的依据，提高税务稽查选案的准确性，提升税务稽查的针对性和有效性，进而提升税务稽查的整体办案质效。实施税务稽查成果的有效转化，总结行业经营特点，分析偷逃税规律，查找管理中容易出现的薄弱环节，为税收分析、纳税评估提供切入点，提供借鉴经验，将税务稽查成果转化为堵塞管理漏洞，强化税源控管的有效措施。

2. 强化征纳互动。坚持以顾客为导向原则，在税务稽查中践行服务。在实施税务稽查过程中，积极开展纳税辅导，站在纳税人的角度，从纳税人的利益出发，根据纳税人自身实际情况，结合稽查发现的问题，立足于纳税人税收风险控制，对纳税人进行政策释疑，提出防范税收风险建议，提高纳税人自我遵从能力。了解纳税人需求，将纳税人的需求反馈给相关部门，完善制度办法，优化办税流程，提高办税效率，减轻纳税人负担。

3. 强化部门互动。坚持社会综合管税原则，实现税源控管社会化。加强与公安经侦部门的配合，严格案件移送制度，借助经侦部门的力量和手段，查处大案、要案、难案，打击重大税收违法行为，规范税收秩序，维护税收公正。加强与地税部门的协作，积极实施联合稽查，发挥各自优势，共享双方信息，形成合力，提升质效。坚强与社会各界的联络，拓宽税务稽查信息来源渠道，建立信息采集机制，利用社会各界各部门的信息，为税务稽查提供丰富的案源信息和查案线索，形成社会综合管税的良好氛围。

（六）“税收遵从”是新模式的目标

提高征纳双方的税收遵从度是以流程再造理论为依据的税务稽查模式创新的终极目标。其主要包括两个方面的内容，即提高稽查人员的法律遵从度和提高纳税人的税收遵从度。

1. 提高稽查人员的法律遵从度。依法治税是税收的灵魂，也是稽查的根本。税务稽查执法人员必须牢固树立税收法制理念，在执法过程中严格坚持有法必依、执法必严、违法必究的法制原则，做到公正文明执法，维护社会公平正义。对稽查机关而言，必须建立涵盖稽查执法全过程的各项管理制度，构建完善的内部制约和社会各方监督相结合机制，确保每个稽查案件事实清楚、证据确凿、数据准确、程序合法、依据正确、处理得当，确保把每个稽查案件办成经得起时间检验、经得起上级复查、经得起社会质询的铁案。

2. 提高纳税人的税收遵从度。税务稽查部门一方面要严格执法，对那些偷、逃、骗、抗税者，要坚决亮剑，严厉打击，震慑不法分子，教育广大纳税人。另一方面，税务稽查部门必须牢固树立征纳双方法律地位平等和公平公正执法是对纳税人最好服务的理念，在严格执法、规范执法、文明执法的同时，大力推行分级分类式、调研式、自查和重点检查结合式、系统审计式等多种税务检查方式，提高稽查执法的针对性、质效性和公平公正性；探索推行查前告知、约谈，查中宣传税收政策、开展纳税辅导，查后提出整改建议、跟踪回访等稽查服务形式，畅通纳税人合理诉求的反映渠道，维护纳税人的合法权益，提高纳税人税收遵从意识和遵从水平，降低纳税人违法概率和违法成本，促使纳税人自觉依法纳税。

3. 提高全社会的税收遵从度。全社会协税、护税意识的普及是我们顺利执行税务稽查新模式的必要外部环境。新《中华人民共和国税收征收管理法》及其实施细则也从法律的高度对各级政府和有关部门支持协助税收工作作出了明确的规定。对此，各级政府必须旗帜鲜明地支持税务部门的工作，做到依法管税，在制定政策时，不能出台与税收法规相抵触的文件。公安机关要支持税务机关依法执行公务，维护正常的税收秩序，对构成偷税、抗税、骗税及暴力犯罪案件要及时查处，司法机关要按照要求及时起诉、及时审判，切实打击涉税犯罪，震慑不法分子。银行等金融部门要依法要求纳税人在开户时提供税务登记证件、登录证件号码和开户账号，协助税务机关扣缴税款、冻结账户、查核存款。工商部门要协助税务机关加强税务登记管理和漏管户的清理，支持税务部门搞好户籍管理。通过社会各界的税收遵从度的提高，共同营造一个政府部门依法管税、国税机关依法征税、纳税人依法缴税、有关部门依法协税、广大群众积极护税的良好社会氛围（图1、图2）。

五、流程再造视角下我国税务稽查模式创新需要把握的要点

（一）稽查模式创新要坚持“五项原则”

1. 适应征管的原则。稽查体制改革必须以税收征管改革为依托，与征管改革相配套进行。按照新税收征管模式的特点，稽查体制改革应重点把“科

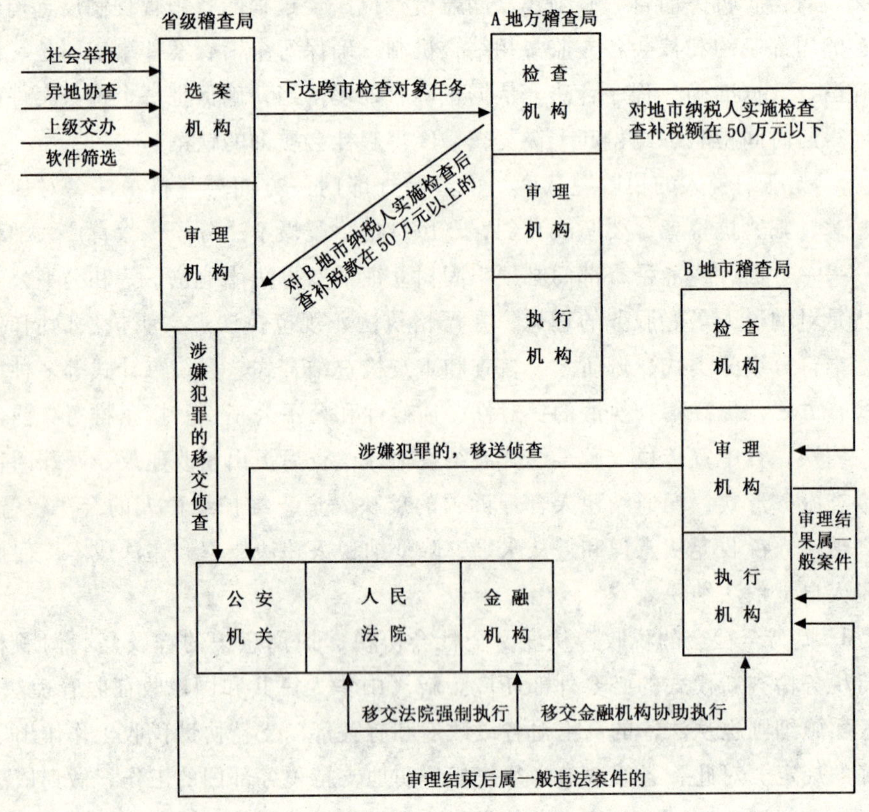

图 1 新模式下的稽查业务流程图之一（省对市）

学分权、相互制衡、优化手段、重点稽查”作为适应税收征管的基本要求，以达到“以查促管”的作用。

2. 依法治税的原则。税务稽查是税收征管的最后一道环节，是税收立法精神、立法目的实现的重要保证。这就要求稽查不仅自身要统一规范、有法可依；同时要着重于“内外并举”强化执法监督职能，以达到推进依法治税的根本目的。

3. 效率最大的原则。稽查效率最大化就是要求稽查职能发挥所产生的社会效益和经济效益与耗费的稽查资源之比力求最大。因此，必须推广先进科学的稽查方式，并要努力培养和造就一批高效廉洁的稽查队伍。

4. 适度超前的原则。稽查作为税收征管的一种重要方式，不能朝令夕改，更要具有一定的超前性，以不断适应当前经济全球化，国际避税活动增加，涉税违法犯罪日益智能化以及电子商务不断兴起的需要。同时，适度超前可以防

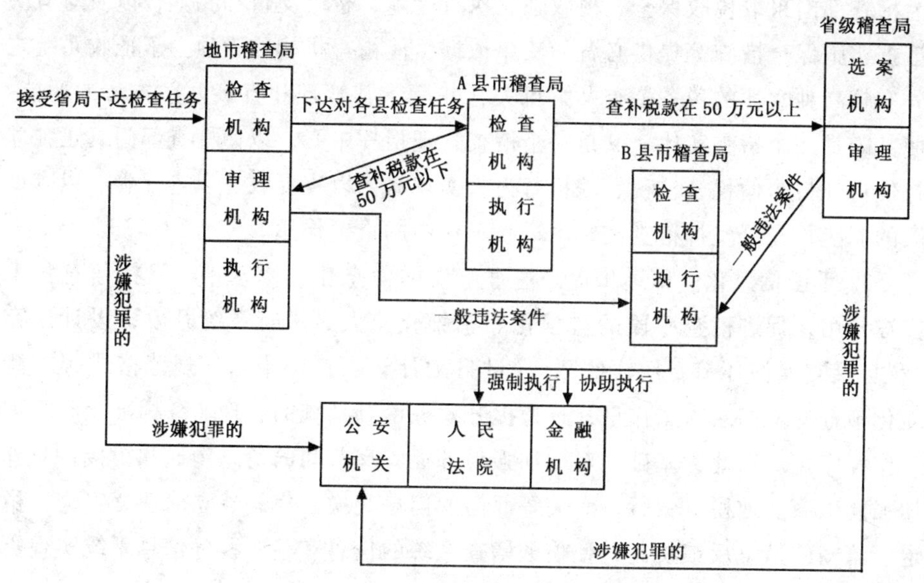

图2　新模式下的稽查业务流程图之二（市对县）

止连年的更新调整，减少人力、财力资源的浪费，但要注意超前不是超脱，要有现实的可行性和可操作性。

5. 因地制宜的原则。从稽查体制改革的实践来看，尽管我国当前推行的一级稽查体制是一种比较理想的稽查管理体制，但仍有一定的局限性。一级稽查主要适应于经济基础好、交通便利、税收征管现代化水平高的地区。但我国是一个经济发展极不平衡的国家、纳税人税法意识参差不齐，同时税收征管水平也有较大的差异。如果不讲客观实际，片面地强调步调统一的话，势必造成税收管理的混乱，影响稽查工作质量和经济效率的提高。

（二）稽查模式创新要力求"四化目标"

即职能专业化、执法独立化、手段信息化、监督社会化。

1. 职能专业化。即要从法律上强化税务稽查的执法权限，从法律上赋予税务稽查一定的刑事侦查权，为建立税务警察提供法律依据，即在被查对象具有重大偷骗税嫌疑及其他紧急情况下，无须中断稽查移交公安机关，有权继续办案，从而提高办案效率，降低办案成本。要建立专业的税务审计和税务刑事调查机构，检查权由分散行使变为集中行使。

2. 执法独立化。即依法确认税务稽查部门为有较高独立性的办案机关。从法律上确认稽查执法主体资格的基础上，赋予税务稽查部门较大的执法权，为稽查部门采取税收保全、税收强制执行措施、暂停支付和扣款，以及对有关证据实施保全措施等提供必备的法律依据，使稽查机构成为独立于征收系统之外有较高独立性的税务稽查办案机关，并赋予其管理和直接办案执法的职能，使其既是一个稽查实体，又是一个稽查管理指挥中心，以使稽查部门真正独立行使对外打击偷税、抗税、骗税行为，实现对内以查促收、以查促管、以查促廉的职能，充分发挥稽查在整个税收工作中的重要作用。

3. 手段信息化。即逐步提升稽查工作的信息化技术水平，发挥信息技术支撑作用，促进稽查手段的科学化和精细化。大力进行系统开发，设计研究“税务稽查实施环节专用软件”，通过自动计算、自动带出、规范格式等功能简化稽查的文书录入工作量，迅速提升税务稽查系统的管理业务标准化和管理工作程序化。以此为基础，对内加强与各征管环节间的信息沟通和衔接，对外加强同工商、地税、银行、海关等部门的信息交换合作，建立简便、安全、稳定、流畅的信息反馈机制，使税务稽查系统的信息和整个税务信息系统实现资源共享。

4. 监督社会化。即以案件复查强化内部执法监督，已经稽查终结的案件，各级国税机关和税务稽查机关对大案要案要重点复查，对一般案件随机抽出后再派员复查，看办案是否做到了事实清楚，证据确凿，定性准确，处理恰当，手续完备，程序合法，适时开展办案评比活动，考核办案质量，促进税务稽查人员执铁法、办铁案。以案件回访强化纳税主体监督。税务机关要组织有办案经验的人员，组成案件回访小组，深入被检查的企业开展稽查回访，摸清被查企业对案件处理的态度，及时发现和纠正办案中存在的不足，请被回访人加强对税务稽查的监督，促进稽查人员依法办案、文明办案和廉洁办案，赢得纳税人的理解、谅解，提升群众的满意度、税企业之间的和谐度和执法办案的廉洁度。以案件公示强化社会公众监督。按照《税务违法案件公告办法》和《大案要案报告制度》，采取在办公场所设立专栏公告、在税务网站公告、在新闻媒体公告等形式，将已经生效的税务违法案件行政处理决定，以及案件来源、纳税人基本情况、违法手段、违法数额数量及情节、税务处理情况等内容公告，接受社会监督，促进执法公正。以案件联查强化查案过程监督。按照国家税务总局全面推进国税局与地税局联合办税，加快实施服务资源整合和信息资源共享的要求，实行国税地税联合办案，强化相互监督，保障纳税人的合法权益，促进社会的公平正义。

参考文献

1. 许善达:《国家税收》(修订版),中国税务出版社2007年版。

2. 高培勇、崔军编著:《公共部门经济学》(修订版),中国人民大学出版社2004年版。

3. 刘剑文:“中国税务稽查的法律定位与改革探析”,《安徽大学法律评论》2007年第2辑。

4. 国家税务总局《关于进一步加强税收征管基础工作若干问题的意见》(国税发〔2003〕124号)。

5. 刘次邦、李鹏:“美国税务稽查法律制度及其启示”,《涉外税务》2006年第12期。

6. 张跃建、陈友福:“德国的税务管理模式、税务稽查体系及借鉴意义”,《税收与企业》2003年第1期。

7. 张运增:“中国税务稽查模式改革研究”,东北财经大学研究生论文。

课题组组长:刘楚汉　何良玉

成　　　员:李斯成　李向阳　李小波

执　　　笔:李小波

关于创新税务稽查体制的思考

杨道先

税务稽查体制是国家税收征管体制的一个重要组成部分，它受经济体制、税制以及征管模式的制约和影响。税务稽查是税收征收管理工作的重要步骤和环节，是税务机关代表国家依法对纳税人的纳税情况进行检查监督的一种形式。税务稽查的依据是具有各种法律效力的各种税收法律、法规及各种政策规定。具体包括日常稽查、专项稽查和专案稽查。由于税务稽查被称为税收征管上的最后一道防线，可有效促进税收征管，堵塞税收征管漏洞，而得到国家的大力支持，从而使税务稽查工作得到了飞速的发展。按照国家税务总局提出的征管改革模式和新时期税收法治建设的要求，如何构建科学合理的税务稽查体制，既要有利于规范税务机关的税收执法行为，防止征管权力的滥用，打击偷骗税违法犯罪行为；又要有利于税务机关快速有效地实现税款征收，提高征管效率，实现“公正与效率”目标的相对平衡。本文根据宁夏回族自治区国家税务系统近年来稽查工作的现状，分析现行税务稽查体制的优、缺点，并针对存在的主要问题，提出改进和完善税务稽查体制的对策建议。

一、宁夏回族自治区国家税务系统税务稽查工作的现状

根据国家税务总局关于规范稽查机构设置明确职责分工有关要求，2008年7月，全系统实施了稽查机构改革。目前，全自治区国税系统稽查机构共28个，其中，省级1个、地市级6个（副处级）、县（区）级21个（副科级）。具体来说，除宁东能源化工基地国税局和银川市国税局所辖的兴庆南

局、兴庆北局、金凤区局、西夏区局以及吴忠市太阳山国税局外，均设有稽查局。全系统稽查人员为456人，占全自治区国税人员的比例为15%。近年来，全自治区国税各级稽查部门认真贯彻落实自治区局党组和总局稽查局对稽查工作的各项部署，围绕中心，服务大局，充分发挥稽查部门职能作用，实现了全自治区国税稽查工作的跨越式发展。

（一）稽查体制改革不断完善

近年来，根据国家税务总局《关于改进和规范税务稽查工作的实施意见》的要求，结合宁夏具体情况，选择银川市进行了一级稽查体制改革试点单位。经过几年的运行，一级稽查体制改革进展顺利，并取得了可喜的成果。同时，根据其他四市和银川经济技术开发区税源分散的特点，除保留市局稽查局外，还相继设立或恢复设立了县（区）稽查局，加强了稽查力量，增强了稽查工作的覆盖面。各级稽查局在探索完善稽查体制的过程中，通过抓制度规范，做到以制度管人，用制度管事；通过抓责任规范，明确职责，实现权责统一；通过抓文书规范，力求格式统一，内容完整；通过抓处罚规范，坚持程序和证据并重，严格依法行政。初步实现了从收入型、任务型、松散型稽查向执法型、打击型和集约型稽查的转变，较好地发挥了稽查职能。通过开展一系列稽查创新活动，稽查观念有了新的变化，稽查方式、办案形式、稽查手段和公告形式更加科学合理，逐步纠正了过去那种地毯式、撒网式稽查和就账查账的弊端，重点稽查的力度进一步加大，稽查工作质量与效率均有很大提高。

（二）查补收入大幅增长

全自治区国税各级稽查部门认真履行职责，加强稽查监管，狠抓查疏堵漏，强化以查促收。尤其是面对近年来税收工作的特殊形势，各级把稽查工作的成果切实体现在查补收入的不断增加上。2006年实现查补收入1.03亿元，2007年实现查补收入0.92亿元，2008年实现查补收入1.11亿元，2009年实现查补收入3.65亿元，同比增长2.44亿元，查补收入跨上了3亿元的新台阶，增幅名列全国第一，受到国家税务总局的通报表扬。2007到2009年，实现查补收入5.68亿元，为确保完成全自治区国税收入任务作出了重要贡献。2010年，全区各级国税稽查部门共检查纳税人1353户，查补收入3.38亿元，入库3.31亿元，完成年度计划任务1.89亿元的175.13%。

（三）稽查职能作用得以发挥

近年来，面对国际金融危机对全区经济的冲击日益加深、保持财税收入持续增长的压力不断加大的严峻形势，全自治区国税稽查部门认真贯彻落实自治区党委、政府关于“保增长、调结构、扩内需、惠民生”的一系列决策部署，始终坚持把查大案、办要案、整秩序、促管理作为稽查工作的目标，先后组织开展了对建筑安装、烟草、电力、房地产、药品经销、金融保险、煤炭经销等27 个行业的税收专项检查，查前强化培训，查中抓住重点，查后及时总结，查补收入 2.24 亿元。深入查处涉税违法案件，创新稽查手段，加大督办力度，总结发案规律，成功查处了蓝泉工贸、红梁煤业等一批重大涉税违法案件，查处 10 万元以上案件 850 多起，个案查补收入屡创历史新高，共向公安机关移送涉税案件 241 起，有力打击和震慑了涉税违法行为。大力开展整顿和规范税收秩序工作，建立“五长”（公安、检察、法院、国税、地税）联席会议机制，联合 14 个部门开展打击发票违法犯罪专项整治，成功侦破“6.23”、“7.26”、“鑫远”和“1.21”等一批制售假发票案件。组织查处举报案件 450 起，查补收入 3900 多万元，有力打击了各类涉税违法活动，全区税收环境得到不断优化。

（四）稽查管理机制日趋完善

全自治区国税稽查部门大力推进稽查管理，按照稽查部门五项职责，制定了《进一步加强重大税收违法案件管理工作实施意见》、《稽查局系统管理工作规程》等管理制度，进一步完善了稽查管理制度体系。积极规范稽查业务管理，科学设置查补任务和选案准确率、入库率等 9 项稽查工作考核指标，促进了各级稽查工作的协调发展。实行系统管理分项负责协调联系机制，理顺了稽查业务系统管理。强化对金税协查系统、举报案件、稽查工作信息、报表等考核，有效促进了有关工作的开展。按照下查一级的原则，坚持开展查结案件抽复查工作，及时纠正了稽查执法中程序错误、审理超期、税款追缴不力等问题，促进了稽查执法行为的规范。着力构建“四位一体”（税收分析、税源监控、税务稽查、纳税评估）税收征管良性互动机制，完善稽查分析机制，积极向管理部门提出管理建议 200 多条，编写《税务稽查案例选编》，充分发挥了以查促管的积极作用。

（五）稽查队伍建设不断加强

全自治区各级稽查部门不断加强技术装备、工作制度、文化建设和党风廉政建设，大力开展业务技能培训，稽查办案科技手段、干部业务素质、稽查工作效率得到提升。2007 年，制定了《全区税务稽查人员三年培训规划》，结合在全区国税系统开展的“135”教育培训工程，采取中长期培训与短期培训相结合、专门培训与提高技能相结合、理论知识与实践相结合等方式，开展集中培训、以查代训、岗位练兵、模拟查账等方式，举办稽查各类业务培训班15期，参加培训人员1410多人（次）。采取“请进来”和“走出去”两种培训方式，积极参加区内外各类培训班和中共中央党校研究生学历培训，系统培训经济学等相关知识。搜集自治区稽查局和其他兄弟省市稽查业务培训班的资料，将其放到内网上供大家下载。

（六）稽查工作创新亮点纷呈

全自治区国税各级稽查部门大力推进工作创新，为稽查工作发展提供了强大动力。加快税务稽查软件等新技术的开发、推广、应用，实现了由手工查账向利用高科技手段查账的转变；突出工作重点，实行重大案件和重点行业集中分析、集体研究，实现了由普遍稽查向重点稽查的转变；寓管理于教育引导，不断提高纳税人纳税遵从度，实现了由治标向治本的转变。在地市级稽查局推行“以能定级、以绩定酬、动态管理”的工作激励机制和能级考评体系，有效激发了稽查干部干事创业的热情，人均查补税款同比增长3倍多。积极创新企业税收自查组织方法，组织银行等五大行业大型企业集团146户企业开展税收自查，入库税款1.69亿元，占当年查补入库总收入的49%，自查成效尤为明显。积极应用查账软件辅助稽查，检查纳税人49户次、查补收入2074万元，有效增强了应对利用信息化手段逃避缴纳税款的能力，提高了工作效率，多项工作得到国家税务总局的表扬。

二、现行税务稽查体制的优点

现行稽查体制以科学发展观为指导，进一步明确了集中征收、重点稽查的根本方向，进一步突出了税务稽查在整个税收工作中的重要地位，对于在新的历史条件下强化税收征管，推进依法治税，保证税收收入，维护税收秩序，促进公平竞争起到了十分重要的作用。

（一）强化了对稽查工作的领导

根据国家税务总局关于稽查体制改革的总体要求，省（自治区、直辖市）以下各级稽查部门受所在地国局、地税局和上级稽查局的双重领导，以同级国税局、地税局领导为主。这样，不仅确保了上级税务部门部署的稽查工作任务的完成和稽查工作要求的落实，而且能有效地结合本地税收征管工作实际，开展各项稽查工作，有效地发挥了以查促管、以查促收职能作用，确保了依法治税、依法行政要求的落实，稽查工作“重中之重”的地位得以充分体现。

（二）强化了稽查部门内部的相互监督制约

征管、稽查机构的分设，使稽查部门职责明晰，责任明确。稽查部门在对纳税人的纳税情况检查的同时，也对征管部门的勤、廉及征管工作的广度和深度实施监督。这样，就更加有效地促进了依法治税、依法行政和廉政建设。同样，征管部门在实际工作中，在对纳税人实施服务、监督的同时，也对稽查部门的稽查深度、稽查质量、稽查人员的勤廉实施了有效监督。通过征管、稽查部门的互相监督、互相促进，就形成了税务机关内部的相互监督制约机制和对纳税人的"双向"监控机制，必将有效地推进税收环境的根本好转，形成良好的税收秩序。同时，稽查局内部选案、检查、审理、执行四环节实行分离，使各部门能够各尽其职且互相配合，进一步规范了稽查执法程序，减少人为随意执法现象，确保了税收执法的公平、准确和高效。

（三）稽查工作真正实现了"专司其职"，反偷堵漏的职能作用得到了充分发挥

在部分市县实施一级稽查后，稽查人员由分级管理变为集中管理；稽查执法权、检查权、定案权由分散行使统一集中到市局稽查局，实现了稽查业务归口，稽查管理归口，从根本上克服了原有稽查模式下稽查职能错位、越位、不到位的弊端，减少了以往干扰多、定性难、处罚难以及"各自为政"的现象，做到了制度统一、标准统一、处罚统一，确保了查结的每一起案件事实清楚、证据确凿、程序合法、数据准确、适用法律法规正确、处罚适当，促进了稽查职能作用的充分发挥。

（四）强化了打击涉税违法犯罪的力度

在查办涉税案件中，一级稽查体现了人员优势、力量优势和打击优势。从20 世纪 80 年代征收、管理、稽查机构分设后，稽查部门"专司逃避缴纳税款、逃避追缴欠税、骗税、抗税案件的查处"，一级稽查又集中了有限的稽查资源，便于组织较大规模的行业性稽查，便于统一部署、整体联动、重拳出击，查大户、查大案，形成打击涉税违法行为的合力，提高了稽查工作的质量和效率，增强了稽查打击涉税违法犯罪的威慑力。

（五）强化了稽查执法的刚性

税务稽查体制改革后，市级稽查局由原来的正科级升格为副处级，县级稽查局由原来的股级升格为副科级，并相对独立，专司稽查权，使税务稽查执法权得以统一和规范，能够独立开展稽查执法活动，在一定程度上减少了行政干预和地方保护主义的干扰层面，从而保证了稽查部门相对独立地行使稽查权，稽查力度、处罚力度、执法力度得到加强，增强了执法的刚性和严肃性，提高

了打击涉税违法犯罪的社会效果，维护了税法的尊严，净化了税收环境。

（六）提高了稽查工作的质量

推行集中稽查体制改革以来，已初步显现了集中稽查的优势：一是利用CTAIS信息平台，开展选案工作，选案准确率保持在80%以上，提高了稽查工作的针对性和目的性；二是转变观念，变“查账”为“查案”。将检查工作的重点向隐瞒收入和账外经营方面转移，实施“关联稽查”和“延伸稽查”，克服了“就账查账”的局限性；三是严把审理关。在审理环节，确立了以证据为核心，以程序为保证，以提高审理效率为目标的案件审理机制，使审理工作真正成为找问题、堵漏洞、保质量的“铁门关”；四是执行环节“前移”。采取预缴税款、税收保全等措施，保证查补收入及时入库。

（七）提升了稽查管理的信息化水平

充分运用综合征管软件系统，着力拓展网络应用功能。通过设备更新、维护和升级，对资源进行重新整合，重点突出了稽查业务和行政管理的需求。同时，开发和应用网络考试系统、档案管理系统、人事工资管理系统等应用软件，使稽查工作的信息化程度得到加强。各级根据工作需要建立的“稽查星网”，以及自行设计的制度汇编、稽查案例、税收法规、税务论坛等栏目，涵盖了稽查工作的方方面面。通过广泛的应用计算机管理，全面提升了稽查信息化管理水平。

三、现行税务稽查体制存在的问题

稽查体制的完善引发了税收工作一系列的深刻变革，取得了明显的成效，促进了依法治税，对实现税收管理规范化、专业化、精细化，充分发挥税务稽查职能作用提供了保证。同时，我们应该清醒地看到，随着税收实践的发展和征管改革的深入，企业偷骗税手段的不断翻新变化，税务稽查管理体制的某些不完善也暴露得越来越明显。同时，由于机构改革后，一级稽查体制尚处于磨合期，一些管理理念、管理制度还没有完全跟上，在一些环节和方面还存在问题，影响了稽查工作的顺利开展。为了深化改革和在改革中完善，有必要对现行稽查体制存在的主要问题进行思考。

（一）税务稽查机制法律体系不够健全

目前，我国尚没有一部比较系统、权威的、全面规范税务稽查职能定位、组织机构、运行机制等内容的税务稽查法律法规，导致税收工作中对税务稽查体制的定位缺乏稳定性和连续性。有些基层税务局的稽查局设了撤、撤了又设。现行税收征管法及其实施细则中对税务稽查体制没有作出明确规定。目前，我国还缺少一部税收征管法与省级税务稽查机关制定的税务稽查办法之间的具体税务稽查法，直接影响税收法制的等级效力，使得税务稽查工作缺乏一个牢固的执法基础。而目前指导各级税务稽查部门的具体规范只有国家税务总局制定的《税务稽查工作规程》，但它仅仅是一个税务部门的内部规章，不具有法律约束力。如何规范税务稽查行为，如何约束被查对象以及有关部门如何配合税务稽查等，还无法可依。

（二）稽查局与各方面的关系尚未理顺

征收、稽查机构的分设，最根本的是要体现分权和制约，体现行政执法的刚性和力度，体现税法的严肃性。税务征收机构和稽查机构分设十多年的实践证明，这一理念是完全正确的。但是，尚缺乏国家税务总局对稽查局个管理局职责划分的具体界定，各地国、地税稽查机构和征管机构的职责界定还存在不尽明细甚至违法之处，从而导致稽查机关和征收机关没有从根本上形成相互制约、互相监督的机制。我国法律赋予特定机关特定管理权，不能由其他部门代为行使，这就是专属管理权。税务机关的专属管理权，具体可分为专属征管权和专属检查权。专属征管权与专属检查权，是不可互相代为行使的，否则就不成为专属权。如果征收机关同样可以履行检查权，那么，稽查部门就失去了检查专属权，也就失去了存在的必然。若赋予征管系列检查权和处罚权，就与原先制定的工作规程相矛盾。而且，征收系列作出的处罚决定与稽查系列的意见相矛盾时，常常会影响两系列之间的协作与配合。加上现行的税收任务考核办法的不合理、不完善，征收系列与稽查系列出于自身业绩的考虑，各自为了完成规定的任务，对税源大户抢着查，零散小户都不管，形成税收征管的漏洞。

（三）对税务稽查的地位和作用认识不清

根据国家税务总局科学化、专业化、精细化管理的要求，税务稽查作为税收征管的最后一道“关卡”和“屏障”，担负着保障国家税款安全的重要职责。但是，在实践中，一些人对税务稽查的地位和作用认识不清，把稽查工作当做可有可无的工作。对于税务稽查维护法律的刚性、权威和规范，打击涉税违法行为，营造依法诚信纳税环境的重要作用认识不够。

（四）稽查队伍素质不适应新形势的需要

从宁夏国税系统来讲，尽管稽查队伍的整体素质有了较大提高，但仍不能满足新形势下稽查工作的需要。主要体现在：稽查人员不足，队伍老化，能独立办案的人员明显偏少，且知识结构单一，业务水平还不能完全适应稽查工作现实和未来需要。熟悉政策法规、稽查业务、财会核算及电子查账的复合型稽查人才匮乏，在很大程度上影响税务稽查作用的持续、高效发挥。由于稽查工作任务繁重，对干部素质要求比较高，客观上造成了稽查部门的考试多、工作检查多、考核考评多、监督措施多，与其他岗位的人员相比，工作任务中，思想压力大，而工资、奖金与其他岗位的人员没有区别，甚至还低。特别是实行稽查人员等级制度后，有些等级较低的稽查人员收入相对降低了，造成了稽查人员不安心工作的状况。在干部轮岗交流时，一些从事稽查工作时间较长的干部都要求调整到其他工作岗位，而这些人，绝大多数都是稽查队伍中的“尖子”或主查人员。他们的调出，使得部分稽查部门出现了断层现象。

（五）税务稽查的职能不够明确

由于多年来形成的观念和工作方式，目前基层稽查局除了承担打击偷骗税的职责外，仍然要承担增值税一般纳税人年检、一般纳税人撤户清缴、所得税汇算清缴、增值税日常申报稽核等税收管理工作，造成征管、稽查职责不清，淡化了征管部门的责任，加重了稽查部门的负担，影响了稽查职能的发挥，导致稽查重点、稽查时间、检查质量难以保障，稽查部门经常忙于应付，工作干了不少，成绩没有多少。部分税务机关把税务稽查只当作组织收入的一种辅助手段，对其打击涉税犯罪、规范税收秩序、促进依法纳税的职能重视不够。长期以来，完成组织收入任务，在税务部门的工作中占有绝对地位，而且根深蒂固，一直是考核税务机关的中心指标，也是税务部门的中心工作。不管有无税源，必须完成甚至超额完成收入计划，税务工作必须要围绕这一“中心”转。在这种情况下，税务稽查也必须受这一指导思想的影响，片面强调稽查追补收入功能也就不足为怪了。有的单位把税务稽查当做调控税收收入的“蓄水池”，当收入形势宽松时，就放松税务稽查。当收入任务吃紧时，就关注税务稽查，要求稽查局“挖地三尺”，查补税款。有些单位甚至给稽查局下达追补收入指标。而单纯追求追补收入的指导思想，必然导致稽查局“抓大放小”，影响稽查选案的准确率，削弱查处的力度，直接降低涉税违法犯罪的成本，使一部分纳税人存在侥幸心理，以致出现屡查屡犯。

四、对创新税务稽查体制的建议

稽查体制改革必须以科学发展观为指导，以社会主义市场经济体制和现行税制为背景，遵循税收改革和发展的基本规律，立足现实，面向未来，认真把握税务稽查体制改革的新趋势。

（一）必须建立和健全税务稽查法律体系

随着偷骗税与反偷骗税形势的日趋严峻，税务稽查手段软弱的问题愈显突出。虽然新税收征管法及其实施细则颁布实施近 10 年，但因受到立法层次和容量的局限，许多具体问题的处理，尚需通过国家税务主管部门制定具体制度、规程加以配套、完善，方可操作。因此，当前乃至今后一段时间，国家税务主管部门应在总结长期税务稽查实践经验的基础上，按税务稽查法规的内容，适应被稽查对象客观条件和税务稽查客观要求，进一步建立和补充一些新的税务稽查制度，完善原有的行之有效的制度，制定操作性强的税务稽查工作规程，形成全国基本统一的严密完备的税务稽查制度、规程体系。主要应完善以下几个方面：一是对原已缺失的税务行政执法权予以充实、明确，如赋予税务稽查的侦查权，增强税务稽查打击偷、骗税违法犯罪行为的力度。二是对法律法规已作明确，但可操作性不强的法律条款进行必要的修订完善，如新税收征管法赋予了税务机关在一定条件下可行使代位权、撤销权。而事实上，税务机关行使代位权、撤销权，必须依法申请人民法院行使。为使税务机关真正享有这两项权力，相关的法律应予以修订完善，增强税务机关行政执法力度和法律条款的可操作性。三是依据新《中华人民共和国税收征收管理法》及其实施细则，修订《稽查工作规程》，提升其法律级次，使之上升为行政法规，具体明确税务稽查的法律地位、组织形式、工作任务、责权范围、稽查程序、稽查内容、稽查手段以及案件的定性原则，使税务稽查有章可循。

（二）正确处理好稽查与征收的关系

做好税务稽查工作不能靠稽查部门唱“独角戏”，要加强与各方面的协作与配合。各级稽查部门必须主动协调处理好与征收部门的关系，建立经常联系制度，理顺征、查关系，同时强化查后监督、跟踪管理，发挥稽查结论的作用。要树立正确的查管关系观，坚决破除查管对立、相互制约甚至相互矛盾的思想误区，客观辩证地认识稽查与征管的关系，把握稽查执法与征管执法目标相同而方式有别、执法依据相同而内容有异、执法基础相同而重点不同、执法对象相同而手段不同、执法原则相同而程序有别等异同之处，在同处求协作，在异处求互补，在依法治税的共同目标下实现长效协作和协调发展。在实践中，为了避免稽查局与其征收局之间出现双重执法的问题，凡是税务违法行为构成了逃避缴纳税款、逃避追缴欠税、骗税、避税和抗税的，一律移交稽查局处理，由稽查局独立作出决定，征收局不予干涉；凡是税务违法行为没有构成逃避缴纳税款、逃避追缴欠税、骗税、避税和抗税的，也就是说属于一般税务违法案件的，一律由征收局处理，稽查局不予干涉。

（三）进一步认识稽查工作的地位和作用

加强税务稽查是推进依法治税、维护良好税收秩序的必然要求。一方面，我国目前正处在从计划经济体制向市场经济体制转变的转型阶段，加上我们还是发展中国家，还处在社会主义初级阶段，公民的法制观念、依法纳税意识还远远达不到发达国家的水平。如果希望纳税人都像国外发达国家那样，具有很强的纳税意识，自觉主动去申报缴税，显然不太现实。而另一方面，由于税务机关的征管水平总体不高，还不能完全建立起有效的监控机制，因而导致漏征漏管、偷骗税行为仍然比较普遍，当然发达国家也有偷骗税行为，但相对来讲，他们的公民纳税意识比我们高，钻空子的避税行为比较多，明目张胆的偷骗税行为则比较少。在目前这个阶段，我们靠什么来保证纳税人如实申报、堵塞征管漏洞，这就要靠稽查的强制力和震慑力作保证。税务稽查通过打击偷、逃、骗、抗税行为，不仅能直接挽回税款损失，而且能起到警示和震慑不法分子、从反面诫导纳税人提高依法自觉纳税意识、提高纳税遵从的效果，同时还可以发现税收政策的漏洞、税收征管的薄弱环节以及税务机关和税务人员执法的情况，以便及时采取措施加以纠正，堵塞漏洞。从宁夏情况来看，自2006年以来，全自治区国税系统查补各项收入9亿多元，平均每年近2个亿元，对宁夏来说不是一个小数目。这也说明，现阶段公民的法制观念、依法纳税意识还没有达到诚信纳税的要求。同时，随着新技术的不断运用，纳税人更多通过网上、电子等多种方式报税，也对我们的征管工作提出了新的要求。怎样保证纳税人如实申报、如何堵塞征管漏洞？起码在相当长的一段时间内，还需要借助税务稽查的强制力和威慑力来保证。

（四）建立高素质的稽查队伍

实施稽查管理体制的创新，除了需要建立先进的组织机构，运用科学的技术手段外，还应当更加注重加强对稽查人员的素质培养，千方百计地提高稽查人员的各项技能。建立高素质的稽查队伍，主要应抓好以下四个方面的工作：一是抓好稽查人才建设。税务稽查部门一定要严格把好人才关，将政治素质高，懂会计、懂法律、懂电脑的人员，特别是要将注册会计师、注册税务师充实到稽查一线。二是抓好教育培训。要制定稽查人员培训教育计划，通过培训、进修、鼓励自学、岗位练兵等多种方式，提高在职税务稽查人员的业务素质。要采取“点面结合”、分级培训的方法，重点抓好税收征管法及其《实施细则》、《税务稽查工作规程》以及各税种查账业务的培训。结合全国税务系统稽查业务考试，检验税务稽查培训工作质量和效果。三是抓好思想政治工作。古人云："心不妄念，身不妄动，口不妄言，君子所以存诚"，"内不欺己，外不欺人，上不欺天，君子所以慎独"。要经常提醒我们的税务稽查干部，做人做事要存诚慎独，为自己的人生道路可持续前进打下坚实基础。要用正确的理论、健康的思想武装稽查干部的头脑，狠抓党风廉政建设，牢固树立"前沿意识"，打牢拒腐防变的政治基础，为干部"穿好防弹衣，系好安全带"，保护好自己的干部。四是建立健全各项竞争激励机制。要继续实行稽查人员等级制，辅之以主查、主审制度，明确岗位职责，做到责权利相结合。要建立考试上岗制度和定期轮岗制度，以增强稽查人员的风险意识，激发工作热情和主观能动性。对于长期在稽查工作岗位上工作的同志，要设法提高他们的奖金、福利待遇，在政策允许的范围内，设立稽查补贴，创造拴心留人的良好氛围。

（五）进一步明确税务稽查的职能

稽查体制改革是落实稽查职能，促进依法治税的客观需要。笔者认为，税务稽查的职能有四个方面：一是打击职能。开展税务稽查的最主要目的，就是严肃查处各种税收违法犯罪行为，严厉打击偷骗税分子，维护税法尊严，保障正常的税收秩序。二是震慑职能。通过对税收违法行为的查处打击，可以对那些心存侥幸、有潜在违法动机的纳税人起到震慑、警示和教育作用。三是促管职能。通过税务稽查，可以发现税收征管中的漏洞和薄弱环节，提出加强和改进征管的措施建议，促进税收征管水平和质量的提高。四是增收职能。税务稽查是堵塞税收漏洞的最后一道防线，把偷骗的税收追补回来，增加税收收入，减少税收流失。上述四个职能之间相互关联、相互依存。每一种职能的发挥，只有在稽查体制良好运作的状态下才能得以实现。依法治税，关键在"治"，是税务稽查的基本职能。税务稽查的基本任务是依据国家税收法律法规，通过查处税收违法行为，捍卫税收法律尊严、维护税收秩序、引导纳税遵从、保障税收收入。各级税务机关和领导干部，都必须认清税务稽查的职能，并使其得以充分发挥。

参考文献

1. 国家税务总局教材编写组：《税务稽查管理》，中国税务出版社 2008 年版。

2. 谢旭人：《中国税收管理》，中国税务出版社 2007 年版。

3. 许善达：《中国税权研究》，中国税务出版社 2003 年版。

4. 曾国祥：《税收管理学》，中国财政经济出版社 2003 年版。

5. 俞光远主编：《中华人民共和国税收征收管理法实用指南》，中国财政经济出版社 2001 年版。

6. 延如庆："税务稽查体制现状及改革建议"，《经济问题》2000 年第 3 期。

7. 杨默如："国外税务稽查经验及借鉴"，《涉外税务》2008 年第 2 期。

8. 黄亨宝："税务警察制度模式的国际比较与借鉴"，《求索》2005 年第 4 期。

9. 宋延康："一级税务稽查体制改革的实践与思考"，《大众科学》2007 年第 12 期。

10. 谢金荣、谢金龙："关于防范和控制税务稽查风险的若干思考"，《扬州大学税务学院学报》2004 年第 9 期。

（作者工作单位：宁夏回族自治区国家税务局）

中国纳税服务渠道建设及其发展

唐学军

一、办税服务场所建设

办税作为税务部门帮助纳税人实现纳税义务的中心环节，历来被中国各级税务机关所关注。为了提高征管质量，各级税务机关围绕办税环节采取了一系列措施。从传统的面对面服务，到网络虚拟服务的实现，花了不到20年时间，既是技术进步的推动，更是各级税务机关不断努力的结果。

（一）办税服务的发展历程

中国办税服务是伴随着改革开放逐步发展成型的。1984年中国财税体制改革，实行税务“驻厂员”、“专管员”制度，税务专管员承担了上门征税、税法辅导的主要任务，形成了办税服务的雏形；1994年分税制改革，取消专管员管户制度，实施纳税人自行申报，税务机关“还责于纳税人”；1997年税收征管改革，建立了“以申报纳税和优化服务为基础，以计算机网络为依托，集中征收，重点稽查”30字征管模式，办税服务被明确为税收征管的基础工作；2005年10月，国家税务总局制定了《纳税服务工作规范（试行)》，对各环节纳税服务工作作出了具体规定，规范了办税服务的主体内容，使开展办税服务有了明确依据；2006年国家税务总局《关于进一步推行办税公开工作意见》的下发，将办税环节、内容、程序以及服务事项、依据、标准、结果等的公开作为办税服务的制式要求，为实行公开、透明的办税服务明确了导向；2008年7月，国家税务总局纳税服务司成立，下设办税服务处，各地也相继成立纳税服务专职机构，使办税服务工作有了专业管理部门；在《全国2010—2012年纳税服务工作规划》中，办税服务被确定为纳税服务六项主要任务之一，并明确了当前及今后一段时期办税服务的主要目标和工作事项，使办税服务实现了由松散型向制度化、体系化的转型。

（二）办税服务厅的变化趋势

自1997年确立30字征管模式后，各地税务机关普遍建立了征收大厅（后更名为办税服务厅），由过去税务人员上门催缴税款，变为纳税人主动申报纳税；经过多年来的发展，办税服务厅已成为税务部门开展服务的主要载体，是税务机关为纳税人、扣缴义务人集中办理涉税事项，提供纳税服务的机构和场所，是征纳双方最直接、最全面、最具体的沟通交互平台。办税厅的主要功能是为纳税人提供税务登记、纳税申报、税款征收及发票管理等服务，随着信息技术的发展和多元化办税方式的发展，各地的办税大厅呈逐步减少的态势（见图1），到2008年年底，全国共有办税服务厅18208个，其中国税7114个、地税11062个。全国从事办税服务的税务官员近12万人。

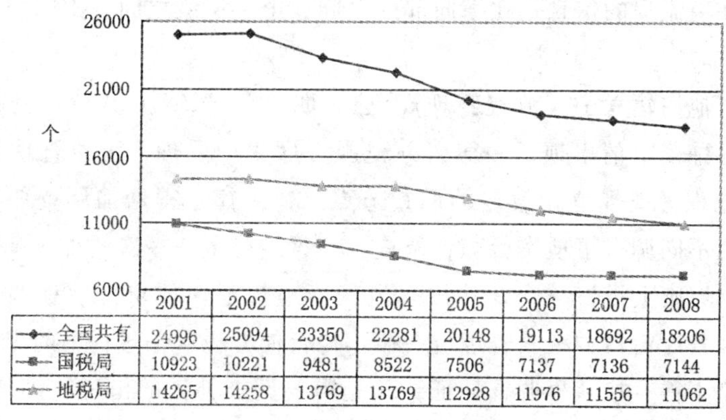

	2001	2002	2003	2004	2005	2006	2007	2008
全国共有	24996	25094	23350	22281	20148	19113	18692	18206
国税局	10923	10221	9481	8522	7506	7137	7136	7144
地税局	14265	14258	13769	13769	12928	11976	11556	11062

图1　全国办税服务厅数量变化情况

（三）办税服务的完善

近年来，随着纳税服务理念的不断深入，各地在办税服务厅建设和管理上都投入了不少精力，并不断创新拓展办税服务的方式方法，以满足纳税人多样化、个性化需求。

1. 统一规范办税服务厅。为规范办税服务厅建设，打造标准化、规范化的办税服务厅，国家税务总局专门下发了文件《办税服务厅管理办法》，对办税服务的外部标示和内部标示都进行了统一，并制定出了《办税服务厅行为规范手册》，在办税服务制度、工作人员行为、涉税事项服务、办税环境建设、文明用语等进行了全方位规范，提出要在为纳税人服务的同时，将办税服务厅建设成为税务局向社会展示文明的窗口。

湖北省国税局以纳税人为中心，通过开展办税服务厅标准化建设，促使税务机关办税服务工作更加准确、简便、快捷、周全、节省。他们将全省办税服务厅定位为独立的办税服务实体，实行人员统一管理，业务统筹协调，并赋予涉税审批事项、跟踪督办的职能，使办税服务厅成为涉税事项的受理中心、流转中心、督办中心和信息采集中心，提升了办税服务的质量与水平。

2. 优化内部流程，提高办税效率。为提高办税效率，在国家税务总局的总体工作要求下，各地在优化流程上下了不少工夫。江苏省国税局建立了覆盖办税服务全过程的新的流程体系。对凡是需要由税务机关向纳税人提供的各类服务事项，进行系统分类梳理，固化为覆盖所有办税事项的 99 条办税服务工作流。所有办税服务事项统一由办税服务厅集中受理，实行“一窗式”受理、“一站式”服务。征纳双方单点交互，税务机关的调查、审批等环节全部内化，通过办税流程的信息化在横向部门之间、上下层级之间、不同岗位之间实行闭环运作。

同时，他们建立了《流程管理规范》，明确了“六个一律”：凡是由纳税人提起的各种依申请事项，一律由办税服务厅集中受理，税收管理员不得受理；除《流程管理规范》设定的调查节点外，一律不得增加调查环节，对同一纳税人的不同调查事项实行综合调查，不得进行多头多次调查；基层税务机关审批节点原则上设置一个，并按《流程管理规范》要求可前移的，一律前移至办税服务厅窗口；税收管理员一律不得行使办税服务过程中的审批权；审批人员一律不得直接从事调查补证，凡是需要调查补证的由税收管理员执行，调查补证不得超过两次；流程办理完毕后，纳税人一律在办税服务厅窗口领取批件。为保证上述规定在全省落实到位，他们将《流程管理规范》的执行情况作为 2009 年度对各地执法检查的一项重要内容，较好地解决了纳税人多头、多次跑以及国税机关重复下户调查等问题，提高了办税效率。

3. 拓展服务方式，满足个性需要。除办税服务厅和网络外，电话申报、邮寄申报、远程电子认证、手机短信催报催缴、提醒通知等也在办税服务领域得到广泛应用，图 2 为 2009 年全国国税系统各种申报方式构成。

同时，各地在实践中根据纳税人的需求，不断探索满足多样化、个性化需要的途径，根据办税事项、流程、环节的不同，开展分类服务、特色服务，推

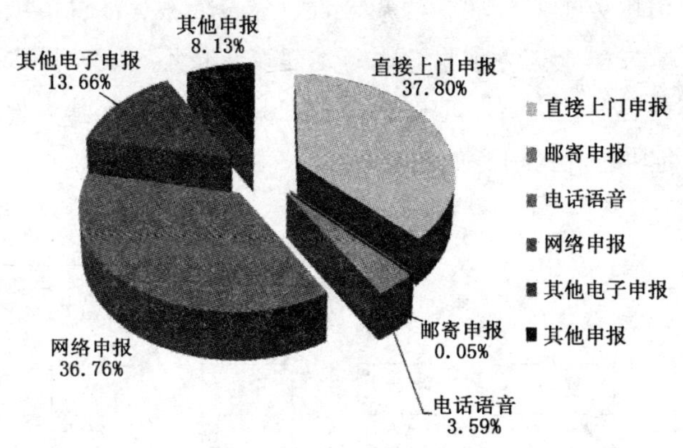

图2 2009年全国国家税务系统各种申报方式构成图

出导税服务、全程服务、限时服务、延时服务、预约服务、提醒服务、绿色通道等服务举措，以极大地方便纳税人，促进纳税遵从。

4. 加强部门合作，延伸办税场所。除了税务局的办税服务厅外，一些地区税务部门依托政府的政务大厅、邮局、银行网点等承担办税服务的部分工作。如在政务大厅设置办税窗口，实行税务登记办理、变更及注销服务，实现与质检、工商等相关部门的"一条龙"服务；在邮局、银行网点设立办税点，进行发票领购、个体纳税申报等服务；在行业或街道设立"纳税人之家"，对纳税人进行税法咨询辅导服务等，仅可能地方便纳税人，满足纳税人的不同需求。

二、纳税服务电话应用

（一）基本功能

2001年9月，国家信息产业部正式批复确定12366为全国税务系统统一的特服电话号码，其后各地税务机关陆续开通了12366纳税服务热线，以"12366，听得见的纳税服务"为口号，为纳税人提供涉税咨询、信息查询、投诉举报和申报纳税等服务。

截至2010年4月底，全国70个省级税务机关中，共有68个单位在省内不同范围，以人工服务、自动语音服务或短信服务等不同形式、不同程度地开通了12366纳税服务热线。人工服务主要开展了纳税咨询、投诉举报、发票查询、受理建议等项日；自动语音服务主要开展了通知公告、机构设置、纳税指南查询、政策法规查询、纳税人信息查询、发票流向查询、发票有奖、纳税申报等项目；短信服务主要开展了通知公告、催报催缴、涉税事项提醒、政策宣传、纳税申报、发票查询等项目。因各地建设步伐不一，发展水平不同，其开展的栏目及其内容有些差异，但在人工咨询服务的流程上基本相同，仅以上海12366 人工咨询功能流程示意如图 3 所示。

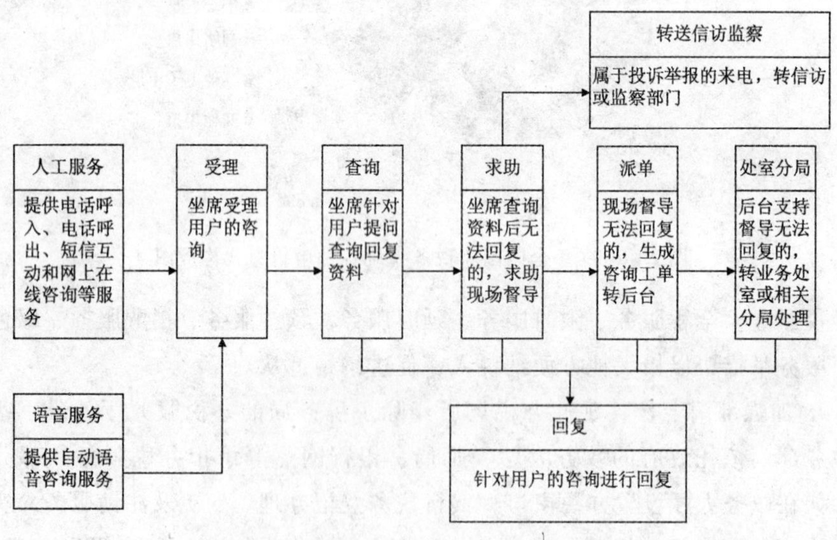

图 3　上海财税 12366 人工咨询流程示意图

（二）运行管理情况

从 2001 年至 2009 年年底，全国税务系统共接受人工电话咨询 3686 万次，自动语音咨询 11624 万次，发送短信 16173 万条，2009 年人工话务量较上年增长 45%，自动语音增长 11%，发送短信量增长 5%，具体情况如图 4 所示。

纳税服务热线电话从无到有，从少到多，经历了初步发展阶段。更为可喜的是，东部一些地区的纳税服务热线，在管理和绩效上都已经取得了可以与其他商业营运服务热线电话同样的经验与成绩。

杭州财税 12366 服务热线中心实行“标准化”管理方式，注重人员、现场和绩效管理，制定服务标准，建立有效的标准体系，并运用标准化形式完善服务举措、提升服务水平，以满足纳税人服务品质一致性的要求。

1. 强调统筹分类的人员管理。在对来电量进行预测的基础上，合理安排现有人力，满足各时段话务接听需要。设置不同技能组，通过按照业务特长设置不同智能路由值的方法，使不同业务的来电优先转接到对应技能的咨询专员，为来电人提供更专业、更优质的服务。

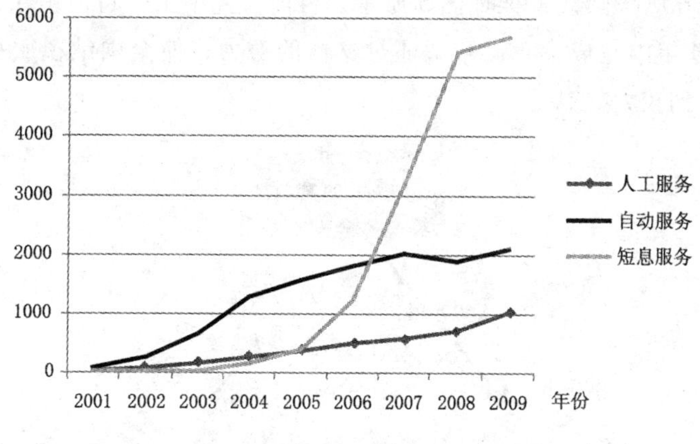

图 4　2001—2009 年纳税服务热线工作量

2. 强调质量监控的现场管理。加强对话量增减变化的实时监控，合理排班，提高快速应急能力，尽可能在话务量突增时，迅速调配人员，保证来电接听率。制定监听打分办法，建立组长、内训师、业务支持岗三级质量监控制度，扩大话务监听打分面。通过对问题电话的沟通反馈，帮助咨询专员提升业务水平，提高话务处理能力。同时通过督促问题电话的回拨，提高来电人的满意度。

3. 强调指标控制的绩效管理。设定关键控制指标（KPI），使每一位咨询专员明确中心的工作目标，自觉规范自己的行为，将质量作为对咨询专员绩效考核的最主要指标，得分的高低直接影响个人奖励，从而调动咨询专员工作积极性，提升服务水平。

各地在这些先行省份的引领下，也在努力向规范化的方向发展。目前 12366 纳税服务热线已经成为税务机关向纳税人提供纳税服务的重要手段和税务机关与纳税人、社会各界相互沟通的重要桥梁。根据我们 2009 年进行的抽查，全国纳税服务热线人工服务的整体接通率为 84.4%。

（三）近期的工作

为统一规范纳税服务热线，提高纳税服务热线质量，建立统一公平的纳税环境。目前，国家税务总局正在集中进行全国国税系统 12366 纳税服务热线建设，国家税务总局将在充分总结各地建设 12366 纳税服务热线呼叫中心经验的基础上，按照整体规划、标准统一、实用高效、信息共享的原则，根据 12366 纳税服务热线业务规范和工作特点，通过配发统一的硬件设备，统一工作平台，统一纳税服务知识库，以达到统一规范管理的目的。按照我们的设计，完成后的 12366 服务热线框架如图 5 所示。目前，此项工作目前正在进行中，预计将在 2010 年内完成。我们希望通过这样的努力，使全国纳税服务咨询的质量和水平得到较大提高。

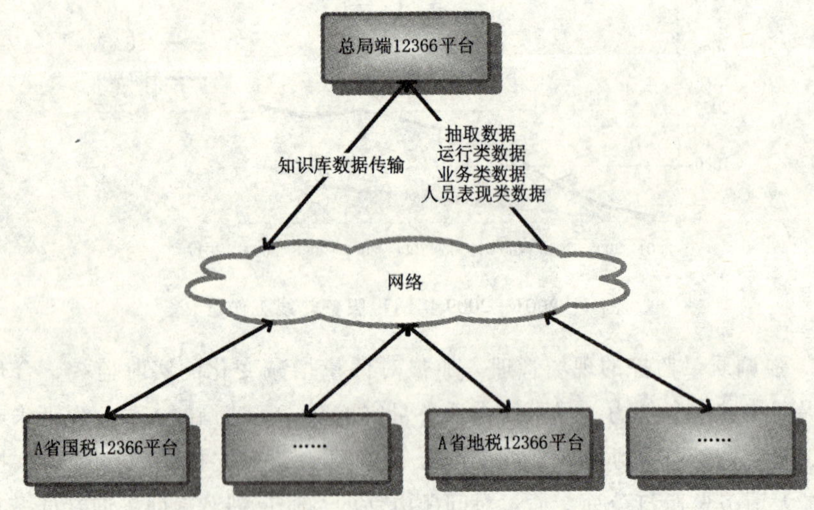

图 5　全国 12366 服务热线架构图

三、网上办税功能现状

随着税收征管改革的不断深入，信息技术在税收领域得到逐步推广，网络作为新兴载体凸显优势作用，建立税务网站和提供网上办税服务，成为纳税服务的潮流趋势。经过近几年的发展，税务网站逐步成为税务部门推行政务公开的重要渠道、开展税法宣传的重要载体、服务纳税人的重要平台、展示税务部门形象的重要窗口，对加强税收宣传、保障公众知情权、参与权和监督权，提高税务部门办税服务的质量和效率，减轻基层税务机关和纳税人办税负担，建设法治、服务、责任、廉洁型税务机关发挥着不可替代的作用，在税收管理信息化建设的进程中得到了较快发展，基本形成了以国家税务总局网站为龙头，以省局网站为主体，辐射地市级，覆盖全国的税务网站群。

（一）国家税务总局网站的宣传服务功能

国家税务总局网站（www. chinatax. gov. cn）作为税务网站的龙头，对推进政府信息公开、加强税法宣传、优化办税服务、增强征纳互动等方面都发挥了积极作用。2009 年，总局网站点击数超过 15. 2 亿次。在 2009 年工信部组织的政府网站评估中，列部委类第 6 名，对推动各地税务网站建设起到了重要的示范和推动作用。在总局网站上的宣传范围功能主要在以下几方面：

1. 税法宣传。国家税务总局按照统一建设、分级维护的模式，建立了全国统一的税收法规库，并建立税收法规更新和定期清理机制，确保税收法规库的及时性、全面性和权威性。同时，通过政策同步解读和在线访谈，及时宣传新出台的税收政策。

2. 纳税咨询。国家税务总局开发了一套适合各级税务网站使用的纳税咨询系统，并在各地税务网站推广应用。建立国家税务总局网站纳税咨询制度，规定了各司局和省市国税局、地税局解答咨询问题工作流程、时限要求、反馈机制和考核办法。2009 年，国家税务总局网站受理和回复纳税咨询问题 4 万条。

3. 场景式办税服务。为了拓展网上纳税服务领域，架起征纳双方的网上桥梁，我们选择税务登记、申报纳税、发票管理 3 个税收核心业务事项，根据单位纳税人、扣缴义务人、个体工商户、个人 4 类纳税人在税务登记、申报纳税、发票管理过程中发生的 134 类涉税事项开展场景式办税服务。按照场景式服务的设计理念，采用 FLASH 动漫技术设计制作各种办税场景，展示纳税人办理涉税业务的具体流程和相关要求，使枯燥的办税程序变得生动活泼，充满趣味。

根据现行税务系统的管理体制和职责分工，涉税事项的办理由属地税务机关承担，国家税务总局不承担具体的办税事宜。为了更好地为纳税人提供网上办税服务，推动和规范各地网上办税，国家税务总局开发了网上办税服务资源整合系统，制定网上办税服务的基本要求，要求各地在系统中按照统一要求及时更新和管理网上办税服务资源，形成全国统一的网上办税服务资源库，并设计多种导航方式，便于纳税人检索和使用，提高了办税服务资源的可管理性和易用性，进一步优化了办税服务。

（二）省局网站的办税功能

1. 基本情况。目前，71 个省级税务机都已经开通网站，各地对网站建设和管理力度不断加大，服务内容快速拓展，服务功能逐渐增强，整体水平明显提高。各地税务网站的网上办税服务功能越来越强大，网上办理的项目也越来越多，包括税务登记、认定业务、发票业务、证明业务、税收优惠、申报征收、行政救济。其中，网上纳税申报在绝大部分地市级税务机关都已开通，采用网上申报的纳税人呈逐年增多趋势（见图 6）。部分地方税务网站大多数涉税事项都可以在网上办理，基本上有了网上税务局的雏形。

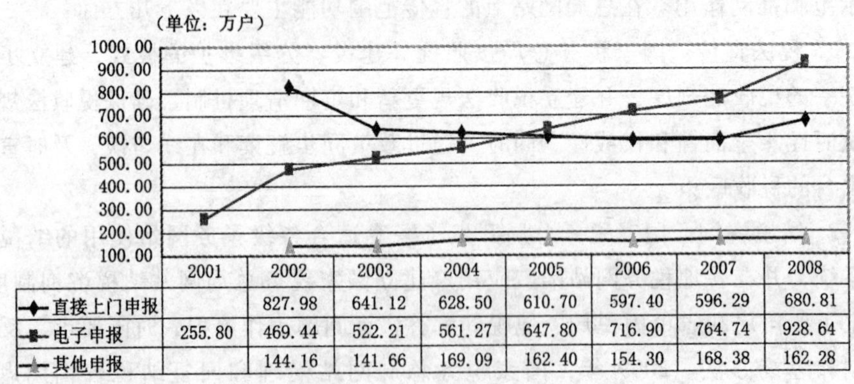

	2001	2002	2003	2004	2005	2006	2007	2008
直接上门申报		827.98	641.12	628.50	610.70	597.40	596.29	680.81
电子申报	255.80	469.44	522.21	561.27	647.80	716.90	764.74	928.64
其他申报		144.16	141.66	169.09	162.40	154.30	168.38	162.28

图 6　2001—2008 年国家税务总局申报方式变化情况

杭州江干地税把发展网上办税作为改进服务的路径选择，通过信息技术在办税领域的全面应用，推动办税服务由实体向虚拟转变。实行“网上申报、银税库联网、一户通扣款”的办税模式，使纳税人不受时间地域限制就能完成申报纳税全过程，网上纳税申报率已超过 98%。同时，推行网上涉税事项受理、网上发票预缴销及真伪查询、网上咨询等，使实体化的办税服务厅逐步成为办税辅助场所，实现了纳税人“足不出户办妥税收事项”的愿望，使网络成为纳税人最方便、最快捷、最实用的办税方式。

在网络支撑下，深圳、济南、南京、杭州、青岛等地方实现了同城通办，极大地方便了纳税人。

2. 省级局网站办税功能的测评结果。2009 年，国家税务总局委托中国软件测评中心北京赛迪信息技术评测有限公司对全国省级税务网站进行测评，从网站提供的各项办税服务指标来看，国税局网站中，申报征收的得分指数①最高为 0. 6560，其他指标分别为税务登记 0. 6033、认定业务 0. 5400、发票业务 0. 6267、证明业务 0. 5100、税收优惠 0. 6533、行政救济 0. 48；地税局网站中，税收优惠的得分指数最高为 0. 7000，其他指标分别为税务登记 0. 6667、认定业务 0. 6000、发票业务 0. 6333、证明业务 0. 5500、申报征收 0. 6750、行政救济 0. 5000（图 7、图 8）。

辅助办税是税务网站在线办事的重要内容。省级税务局网站的办税服务人性化程度和办税服务厅导航实现情况较好，得分指数分别为 0. 5650 和

① 得分指数 = 指标得分/该指标满分。

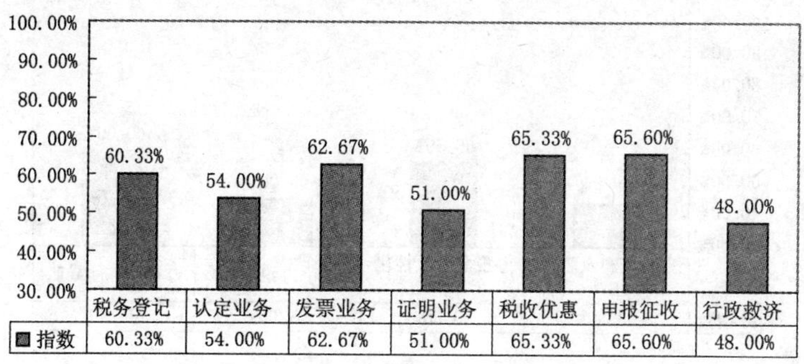

图 7 国家税务局网站网上办税绩效指数

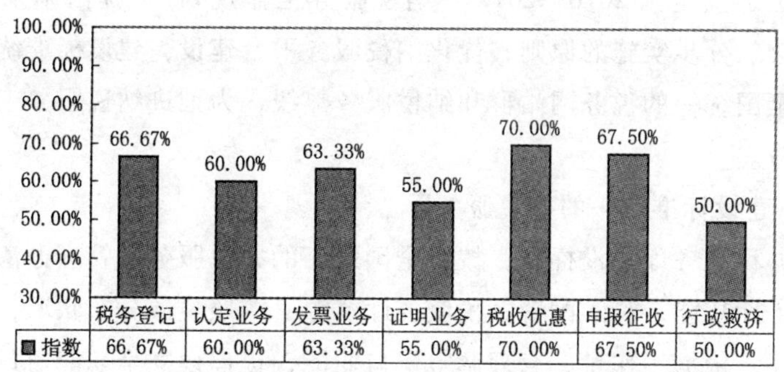

图 8 地方税务局网站网上办税绩效指数

0.6000，得分相对较高。70%以上的网站都能够提供办税表报和相关涉税软件的下载。各税务局网站的查询功能实现也较好，以内容丰富的税收法规库为基础，查询内容准确。发票查询是税务部门网上服务的特色，是用户了解发票真伪信息的重要渠道，测评报告指出，全国有一半以上的网站没有建设该栏目，有待完善（图9）。

四、前景展望

国际货币基金组织（IMF）专家组在对中国纳税服务现状考察之后提出一个优化纳税服务平台建设的建议，他们建议：基于减少面对面接触的网络和电话服务成为国际税务管理的趋势，中国税务部门应建设面向所有纳税人的由国家一级管理和维护的单一网站、由集中管理的少数电话中心支持的单一热线电话和数量大大减少的办税服务厅，即通过实施“渠道管理战略”为纳税人提供更加便捷高效、经济节省的优质服务。

为了解决上述问题，结合中国目前实际情况和IMF专家组意见，国家税

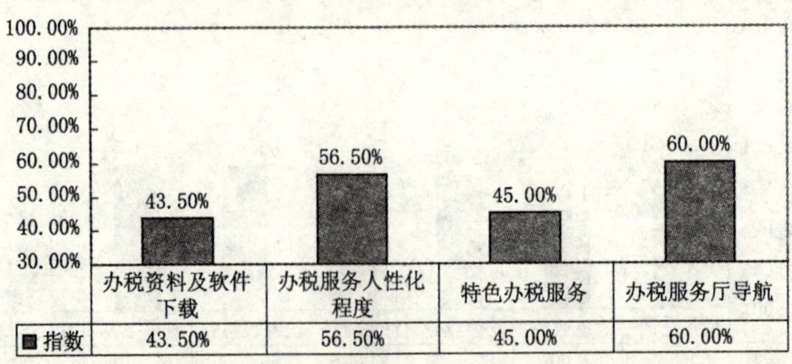

	办税资料及软件下载	办税服务人性化程度	特色办税服务	办税服务厅导航
■指数	43.50%	56.50%	45.00%	60.00%

图9　省级税务机关网站辅助办税绩效指数

务总局制定了《全国2010—2012年纳税服务工作规划》，提出未来三年要按照统分结合、分步实施的原则，优化纳税服务平台建设，建设标准统一的办税服务厅、全国统一的税务网站群和纳税服务热线，为推进纳税服务工作开展提供渠道保障。

（一）建设标准统一的办税服务厅

规范办税服务厅建设标准，按照全国统一的办税服务厅管理办法，继续优化办税服务厅功能。科学配置办税服务厅资源，按照税源分布状况，科学设置办税服务厅，依据工作量，合理调整窗口职能，提倡设立全职能窗口，对纳税人提供综合性的办税服务，优先配备人员和设备，积极推进自助办税，引导纳税人选择网上办税等便捷服务渠道。

（二）建设全国统一的税务网站群

制定全国统一的税务网站建设标准，建成全国统一的以国家税务总局为龙头、省级税务网站为主体的税务网站群。在省级税务网站上搭建功能和界面统一的“网上税务局”，同步整合省以下税务网站。在实现宣传咨询、办税服务和权益保护等基本服务功能基础之上，逐步拓展网上互动功能，增强疑难问题在线咨询、意见建议在线收集、投诉举报在线受理等征纳互动功能。

（三）建设全国统一的国家级纳税服务热线

健全省级集中的12366纳税服务热线，推进国地税共同建设12366纳税服务热线。实现并完善宣传咨询、投诉举报等基本服务功能，逐步开通发票查询、待办事项查询、纳税人信息查询、电话申报、满意度随机调查等功能。依托12366纳税服务热线，同步实现短信服务功能。在完善省级12366纳税服务热线的基础上，按照“全国统一、两级集中、远程坐席”的模式，建设国家级纳税服务热线。

（四）实现纳税服务信息共享

按照“金税三期”建设要求，建立满足多种接口要求的全国统一的总局、省级两级纳税服务信息平台。建立全国统一的纳税指南库，推进纳税服务热线、税务网站和办税服务厅之间的纳税服务功能整合和互动，逐步将各类纳税服务事项整合到统一的平台上管理，逐步实现纳税服务平台与税收征管、办公自动化等系统的信息资源共享。

在此基础上，按照“金税”三期的统一规划，全国将建立统一规范的纳税服务平台。统一规划互联网和办税服务厅等办税渠道，建立互联网和办税服务厅为主，12366、自助终端、短信平台为辅，全国统一的两级纳税服务平台。基于互联网，建立以国家税务总局为主、省局为辅的网站群，为纳税人提供24小时不间断服务，使纳税人足不出户，可以办理大多数涉税事项，并获得安全、便捷的个性化服务，分流办税厅事务处理的压力。办税厅将只处理必须上门办理的业务。

（作者工作单位：国家税务总局纳税服务司）

构建支持企业“走出去”税收服务体系的思考

——对深圳“走出去”企业税收服务现状及需求的调查报告

广东省深圳市国家税务局课题组

经济全球化背景下，无论是开拓市场空间、优化产业结构、获取经济资源、争取技术来源，还是突破贸易保护壁垒、培育具有国际竞争力的大型跨国公司，“走出去”都是一种必然选择，也是一个地区对外开放水平的重要标志。当前，深圳要实现经济进一步腾飞，就必须把发展置于经济全球化格局中，以更高的标准、更大的力度，将对外开放向全方位纵深推进。

实施“走出去”发展战略，离不开政府的有力引导、大力支持和切实保护。在经济全球化大背景下，公共服务已经不仅仅局限于传统意义上的国家内部范畴，势必要随着企业“走出去”的步履向世界延伸。维护本国及其企业经济权益的能力，势必将成为考量一个国家中央及地方政府行政效能的重要标志。近年来，中国积极实施“走出去”战略，国家各有关部门在财税、信贷、保险、外汇等方面制定了一系列政策支持措施，有效促进了企业“走出去”参与国际竞争。2008 年年底至 2009 年 5 月份，《珠江三角洲地区改革发展规划纲要》和《深圳市综合配套改革总体方案》相继发布，深圳对外开放和经济发展进入新的阶段，探索“如何走出去，更好走出去”成为国家在新形势下赋予深圳在对外开放方面的新使命。

税收服务作为政府公共服务的重要组成部分，直接关系企业经济利益的获取，关系国家主权的维护，对于实施“走出去”战略，推动企业国际化经营和中国全面参与经济全球化，具有十分重要的作用。当前，在企业走向海外的过程中，国际涉税问题已经成为影响企业国际化经营成败的关键因素。课题组通过企业问卷调查、网上需求征集、座谈走访等形式，对深圳“走出去”企业税收问题和服务需求进行了调研，了解到“走出去”企业当前迫切需要得到税务部门的支持、帮助和指引。加强对“走出去”企业的税收服务，已经成为影响“走出去”企业跨国经营成败的重要因素。

一、“走出去”企业正日益成为深圳构建开放合作新格局和推动经济发展方式转型的重要力量

（一）深圳“走出去”企业发展水平处于全国前列

改革开放30年来，身处经济体制改革前沿的深圳在推动企业“走出去”方面取得了长足的进步和积极的成效。从1983年开始，深圳企业“走出去”经历了从初试到探索然后快速发展的三个阶段。据统计，截至2008年年底，深圳市共有经批准设立且运作正常的境外企业和机构526家，遍布5大洲140多个国家和地区；2008年度对外直接投资中方实际投资额7.64亿美元，占广东省的61.5%、全国的13%，居全国全省第一；同时，深圳企业海外承包工程业务增长迅速，2008年对外承包工程和劳务合作新签合同额达到73.69亿美元，同比增长41.03%，累计完成营业额65.33亿美元，与全国和全省相比，深圳市对外承包工程完成营业额在全国大中城市中排名第一，占广东省总额的95%以上。经过多年探索和实践，深圳企业“走出去”开展跨国经营已经呈现全方位、高层次、宽领域发展势头。

（二）深圳“走出去”企业的发展特点和趋势

在国家和深圳市政府大力推行“走出去”战略的背景下，深圳企业“走出去”对经济发展的影响和作用越来越大，呈现出四个显著的特点：

1. 深圳高科技研发型企业形成了跨国经营蓬勃发展的局面。深圳“走出去”企业的跨国技术交流，主要集中在电子通信、高端家电、生物制药、集装箱制造等领域，特别是进入21世纪以来，以华为、中兴等为代表的深圳高新技术企业主动走出国门，通过在境外设立研发中心，充分获取发达国家先进技术，利用发展中国家成本低廉的技术人才资源，通过技术和研发工作，追踪

世界前沿科技，极大地提升了企业自身的技术实力和市场占有率。

2. 电子消费类产品日益成为开拓海外市场的主要力量。21世纪以来，深圳企业产品出口发生的一个根本性转变，就是在不断增长的产品出口中，除传统优势产业的产品外，电子消费类产品所占份额不断扩大，并逐渐成为深圳企业“走出去”争取海外市场的主要产品，这是深圳产品出口型企业多年来坚持全球化发展、实施“走出去”战略取得的重要成果。

3. “走出去”企业的跨国经营开始进入资本运作阶段。华为、中兴等“走出去”企业，在全球几十个国家设有企业或机构从事生产、研发、销售和服务，并成立区域总部进行统一管理，站在全球高度、面向境内外，进行资源调配与整合的资本运作，调控和运用资金、技术、市场、人才等各项资源。而其他深圳企业通过跨国并购参股方式“走出去”的也不断增加，项目金额不断扩大。深圳企业以资本输出方式“走出去”的成功案例也越来越多，目前深圳企业已经成功运作多个超过千万美元金额的境外并购项目。

4. 深圳对外工程承包业务不断向规模化、多元化发展。深圳高新技术企业境外工程承包和劳务合作，是深圳劳务输出型企业“走出去”的突出特色。其中，以华为和中兴通讯为代表的高科技对外承包工程企业国际化进程进一步加快，在通信网络建设及终端设备等海外工程承包上屡创佳绩。在龙头企业的带动下，深圳对外工程承包业务不断向规模化、多元化发展，为深圳市外经业务持续、全面发展注入了新的活力。

未来，深圳企业“走出去”的境外投资经营，将向多元化联合方向发展，收购兼合并跨国战略联盟也将成为常见的运营方式。企业更加注重全球一体化和价值链一体化，注重发展企业的核心竞争力。同时，“走出去”企业也面临企业税收风险管理水平较低等艰巨挑战，这对政府支持企业“走出去”发展的税收服务提出了新的更高要求。

（三）“走出去”企业在国际金融危机中为深圳经济平稳较快发展作出了积极贡献

在国际金融危机严重冲击国内经济的时期，以“走出去”企业为主体的深圳大型跨国经营企业逆市上扬，经营规模进一步扩大，市场占有率稳步提升，为深圳经济在逆境中继续保持平稳较快发展势头作出了重要贡献。总体而言，企业“走出去”对深圳经济社会发展的贡献主要表现在以下几个方面：

1. 大型跨国企业对经济平稳较快发展贡献较大。2009年，深圳圆满完成GDP同比增长10%的目标任务，并实现外贸出口1619.8亿美元，位列全国外贸出口城市首位，在全国较早呈现回升向好的发展态势。这其中，以华为和中兴等为代表的大型跨国企业，在国际金融危机期间，经营业绩依然实现稳步增长起到了至关重要的作用。2008 年，在金融危机的严峻形势下，相当一部分深圳企业订单不足、生产经营陷入困境，但华为依然实现了全球销售额 233 亿美元，同比增长 46%；2009 年预计实现销售收入 300 亿美元，其中超过 75% 的销售收入来自海外市场。

2. 传统优势产业的“走出去”企业有效转移了过剩产能。早在国际金融危机真正爆发之前，深圳的纺织服装、电子设备制造、家电生产等饱和产业及传统优势产业已经大步“走出去”，转移了富余生产力。金融危机的冲击使得海外市场需求大幅萎缩，深圳“走出去”企业提前转移的过剩产能，对于规避贸易壁垒，获得海外的新利润点发挥了不可替代的作用。

3. 对外投资促进了经济发展方式的转变。国际金融危机期间，深圳企业抓住世界产业格局调整的契机，通过“走出去”进行对外投资，逐步转移了一些低层次产业和长线产业，带动相关产品、技术设备和劳务的输出。同时，吸收国外先进的技术、管理和人才，有目的、有重点的转向技术密集型和资金密集型产业，有效促进了产业结构的优化升级。

4. 跨国经营企业创造了可观的经济和社会效益。2007 年，深圳企业通过境外企业完成的进出口额 23.92 亿美元，其中出口额 18.82 亿美元，进口额 5.1 亿美元，深圳市境外企业共在东道国创造 4724 个就业岗位，纳税总额 3.1346 亿美元。

（四）深圳要构建开放合作新格局和推动经济发展方式转型就必须进一步加大对“走出去”企业的服务和扶持力度

改革开放以来，深圳经济建设虽然已经取得了举世瞩目的成就，但是也日益受到能源、资源、环境、市场等瓶颈的制约。深圳经济要实现又好又快的发展，就必须充分理解新时期中央对深圳对外开放合作的要求，牢牢把握“走出去”扩大境外投资对于推动深圳经济发展方式转型的重要促进作用，积极应对经济全球化的各种挑战，为深圳经济的再次腾飞提供持续的动力。

1. 深圳要在构建开放合作新格局中发挥应有的作用就必须大力支持企业“走出去”。目前，中国面临着经济全球化进程中跨越式发展的历史机遇，要在日趋激烈的国际竞争中形成特色、确立优势、实现与世界经济的双向融合，中国就必须主动出击，坚定地“走出去”，积极参与竞争。2008 年年底，国家正式发布《珠江三角洲地区改革发展规划纲要》，其中提出珠江三角洲地区要加快实施“走出去”战略，到 2020 年，形成 10 个年销售收入超 200 亿美元的本土跨国公司。2009 年 5 月正式公布的《深圳市综合配套改革总体方案》要求深圳积极推进区域合作，大力实施“走出去”战略，支持企业到境外设立研发、生产基地，开展跨国并购。这充分体现了中央对深圳在新时期走什么样对外开放发展道路的战略规划，标志着深圳对外开放和经济发展进入新的阶段。大力支持企业“走出去”，正是深圳积极响应党中央、国务院对外开放工作的重大战略部署，主动担负中国融入世界试验田和排头兵的使命，充分发挥深圳经济高度外向型的独特优势，在更深程度、更广范围内主动参与世界经济竞争，推动深圳在更高层次实现更好更快的发展，完成中央赋予深圳在对外开放方面新使命的必然选择。

2. 支持企业“走出去”是推动深圳经济发展方式转型的重要手段。当前，深圳经济发展已进入一个新的阶段，相对其他省市而言，较早的遇到了经济进一步腾飞的瓶颈，面临着四个“难以为继”和四个“严峻挑战”所形成的“倒逼之势”。要实现深圳国民经济的可持续发展，就必须大力开拓国际市场，加强境外资源开发合作与综合利用，以全球化的眼光来配置资源和市场，为经济发展拓展新的空间。2007 年，深圳市委、市政府作出了《关于大力实施“走出去”战略的决定》（深发〔2007〕11 号），把走出去纳入城市发展重大战略，鼓励有条件的深圳企业“走出去”积极参与国际竞争。因此，深圳只有支持企业“走出去”进行跨国经营，推动经济结构的优化调整，拓展城市发展空间，才可以转变能源、资源高耗低效的传统经济发展模式，缓解资源瓶颈制约，实现经济发展方式的转型。

在企业走向海外的过程中，国际涉税问题已经成为影响企业国际化经营成败的关键因素。课题组通过企业问卷调查、网上需求征集、座谈走访等形式，对深圳“走出去”企业税收问题和服务需求进行了调研，了解到“走出去”企业当前迫切需要得到税务部门的支持、帮助和指引。

二、境外涉税问题和税收服务不足已经成为影响“走出去”企业成长发展的重要因素

（一）“走出去”企业面临的主要国外税收问题

企业到海外投资就意味着进入了全新的税收环境，不仅要应对自身经营上的各种挑战，还要面对许多国际税务方面的难题。从深圳企业进行境外投资生产经营的实际情况来看，遇到的税收问题主要体现在以下方面：

1. 企业往往难以及时、全面、准确掌握海外税收环境信息。由于部分发展中国家政府信息公开度不高，获取法律信息难度较大，加之法律和行政规章之间统一性和协调性不足，不同层级、不同区域税务机关的执法标准不一致，投资者往往很难准确把握东道国的相关法律法规和政策，给投资决策造成了潜在风险。如越南、巴西等国税收立法缺乏透明度，许多法律法规没有及时公布；税务机关在税收监管中，又经常采用行政手段，使用非公开的内部文件、行政指示、内部通知、批文较多，投资者难以全面和准确了解。

2. 部分东道国税务管理不规范、不透明。有些东道国在税收征管制度体制上存在缺陷，而且随意执法的现象比较普遍。比如，在中东和非洲的一些国家，税务机关为企业开具的完税凭证，只有税务局长本人的签字；在哈萨克斯坦、委内瑞拉等国，对石油征税由能矿部负责，但能矿部无法开具税票；卡塔尔对外资在法人资格注册上加以限制，一概不允许外商独资，只能与当地企业组成合资公司，使得企业无法获得完税凭证；俄罗斯、越南等国存在较多的税收执法“灰色”地带。

3. 部分东道国税务机关税收检查和反避税调查的不合理、不合法情况较为突出。深圳“走出去”企业大部分集中在发展中国家和经济转型国家。这其中，有些东道国针对中国企业的税务检查和反避税调查较多，存在选择性执法的现象。而且，执法尺度较为严厉和苛刻，甚至是不按程序执法，随意性较大。例如，印度、俄罗斯等国存在选择性执法现象，对中国企业关联交易的反避税调查十分严厉，补税动辄达数千万美元，税收风险非常高；在一些非洲国家，税务机关会进行连续突击检查，税务检查往往缺乏法律依据，程序不够规范。

4. 企业难以真正享受税收协定规定的各项权益。有些发展中国家没有关于国际税收协定优于国内法的明确规定，一些无视税收协定的现象经常发生。例如，巴西利用税收手段限制外资撤出；卡塔尔利用高关税手段或特殊税收要求，限制外资企业的国外采购等。在许多国家的司法实践中，往往根据禁止滥用税法、实质优于形式等一般法律原则，在涉及跨国纳税人不当利用协定避税的案件中，否认纳税人优先适用协定的主张。比如，在执行税收协定常设机构条款时，部分东道国执行难或执行走样，为多征税款，对常设机构设定过低的认定门槛，使得中国“走出去”企业承担了不合理税负。这导致了国际税收协定功能的降低和国家间税收利益的冲突与争端。此外，关于税收非歧视待遇的专门条款，由于受到东道国税收管辖权的影响，“走出去”企业仍然难以全面享受东道国税收非歧视待遇。

（二）当前支持企业“走出去”税收服务存在的问题

综合分析税收服务在促进企业“走出去”方面的现状，可以发现中国目前的财税制度发展水平以及税务机关的服务和管理能力，与现实要求相比仍然存在许多需要改进和完善的地方，尚有很大的提升空间，这主要体现在以下方面：

1. 税收制度偏重“引进来”，对“走出去”支持力度不够。

一是在国际税收协定方面。华为和中兴通讯对外投资的国家分别达到120多个和140多个，但截至2009年年底，中国仅与93个国家签订了税收协定。税收协定的谈签滞后于企业“走出去”的需要，比如，在非洲仅与56个国家中的9个签订了税收协定，使企业在大部分国家进行投资经营时的税收不确定性增加。而且，现有部分协定内容还不能完全满足企业的实际需要，特别是早期谈签的部分税收协定中没有关于税收饶让和税收征管互助的规定，其中的非歧视待遇条款通常也缺少税种无差别的规定，因此许多税收协定需要重谈。

二是在企业所得税方面。新的企业所得税法关于境外所得确认问题的规定过于复杂，比如，国外成本费用所得按照国内法重新调整的可操作性不强；境外所得的概念不够全面，比如，国内母公司在境外的直销收入没有明确是否为境外所得，容易导致重复征税；分国不分项计算抵免限额等做法，加大了征纳双方的成本；间接抵免缺乏具体操作方法，这增加了企业履行纳税义务的不确定性；关于境外所得纳税申报时间的规定，限制了企业拓展海外业务的积极性。

三是在货物和劳务税方面。新营业税条例及其细则的实施，使纳税人在海外购买服务产品时遇到营业税重复征收的问题，增加了“走出去”企业的税收负担；出口退税政策对服务产品出口不退营业税的规定，对国际补偿贸易、海外融资租赁等特殊投资方式的退税缺乏明确规定，不利于对外服务贸易发展和企业境外经营。

四是在征管制度方面。目前，税收法律法规对境外所得申报范围、内容、方式、未按规定申报的处罚等没有明确规定，比如，没有专门的境外所得申报表。这一方面使纳税人面临不确定的税收风险，另一方面税务机关也难以掌握“走出去”企业境外所得的基本情况，无法核实企业申报境外所得的真实性、准确性。

五是在税收优惠方面。与发达国家促进企业境外投资的措施相比，中国既不实行免税，也没有海外投资风险准备金扣除制度，更没有直接规定饶让抵免等政策，无法有力促进和支持企业“走出去”。比如，高新技术企业15%优惠税率仅适用于境内所得，不适用于境外所得，明显不利于促进企业进行境外投资。

2. “走出去”企业难以充分有效获得境外投资所需税收信息指引服务。

一是中国税务机关尚未全面建立完善的海外税收信息搜集和指引机制，同时，也缺乏与相关国家税务机关、国际组织的深度合作，难以为企业提供针对性、时效性、综合性较强的信息服务。

二是对境外投资相关税收案例缺乏深度分析、总结及经验分享，大部分税务机关不能有效的指导企业办理境外涉税事务。

三是税收机关对税收协定的宣传仍然不够，同时，由于缺少必要的通俗化解读，使得有些企业对税收协定重要性的认识不足，企业往往难以准确理解和把握协定的具体内容。

3. 现有税收征管体系不能为“走出去”企业提供高效办税服务。当前，为“走出去”企业提供办税服务尚未成为基层税务机关日常征管工作的重点。基层税务机关普遍缺乏收集企业境外投资信息的渠道，也没有针对性地开展相关工作，特别是涉税凭证开具和认定、申报管理规范化等工作滞后。这些在一定程度上加大了“走出去”企业境外涉税凭证法律效力不足、纳税申报信息披露不充分、遭遇反避税调查等风险。

4. “走出去”企业的正当税收权益难以得到充分有效保障。

（1）现行外事管理体制中，没有纳入税收服务的内容，驻外机构和派驻国外的外事人员往往不能有效协助中国企业伸张税收权益。

（2）中国税务机关缺乏专门机构和专职团队提供税收维权服务，国际税收合作的层次和水平仍有待提高，以致境外维权工作不能满足“走出去”企业解决国际税收争端的实际需要。

（3）税务机关对争端协商程序的宣传、辅导不足，导致企业境外经营遇到税务纠纷或者不公平税收待遇时，缺乏主动寻求中国税务机关支持和帮助的意识，税务机关难以及时帮助企业解决境外税收问题。

5. 深港税收合作有待进一步深化。在我们进行问卷调查的248家深圳“走出去”企业当中，有155家企业在香港有投资，占接受调查企业的63.5%，其中，大部分企业都是利用香港的自由港、税负轻的优势，设立窗口企业，作为进一步拓展海外市场跳板和中介。这一方面说明，香港以其独特的税收环境已经成为深圳企业“走出去”的主要目的地；另一方面也体现了香港作为深圳“走出去”企业对外投资重要平台的作用。但是，目前深港税收合作内容仍然较为单一，“走出去”企业仍然难以通过香港税务部门，便利地了解世界各国税制情况以及税收环境；深圳与香港税务部门之间，避免双重征税日常信息交换渠道还不畅通；深港税收情报的交换还未形成有效的机制；许多涉及具体税务事项的协商还无法正常的开展。

此外，目前税收服务支持企业“走出去”的基础性工作还不够有力、有效。一是税务人员服务意识较为薄弱，管理和服务人才缺乏；二是专业人才储备不够；三是信息管理和利用技术不够先进；四是国内中介机构整体发展滞后，其境外税收信息服务能力较国际知名的税务中介机构有很大差距；五是政府部门间的信息共享、服务协同机制还不完善等。

三、国外政府加强税收服务支持企业跨国经营的启示与经验借鉴

企业对外直接投资受母国政策鼓励和导向作用的影响甚为明显。欧美的发达国家和新加坡、韩国等新兴经济体纷纷建立了税收服务支持体系，为本国企业“走出去”营造良好的国内税收环境，提供了许多有益的启示和可供借鉴的经验。

（一）税收制度和外事体制充分考虑企业跨国经营的需要

发达国家普遍推行全面的境外税收抵免制度，消除国际重复征税；实施激励企业跨国投资的税收优惠政策，鼓励对外投资；通过加强和完善防范国际避税的制度建设，最大限度地维护母国的税收利益。同时，发达国家致力于满足企业跨国经营的税收服务需求，按照本国企业对外投资的发展路线，不断对外签订双边或多边国际税收协定，维护本国企业的税收利益。例如，美国截至1998 年，便签订了 154 个协定；美国、英国、日本、韩国还向本国企业投资比较集中的国家和地区派驻专门的税务参赞，为“走出去”企业提供全面的跟踪服务。

（二）依托先进服务体系提供优质办税服务和促进纳税遵从

发达国家普遍关注企业的境外投资经营业务，采用先进的技术和管理手段，准确定位和满足企业服务需求。通过优质服务推动跨国纳税人自愿遵从。例如，美国设计专门用于申报境外所得的 1118 表，在申报前为企业提供相应的解决方案，在重点涉税事项上为企业提供充分的指导培训，在国际业务申报前强化与税务中介的合作等方式，增强了企业办理国际涉税事项的便利性。此

外，许多发达国家还采用了电子化涉税处理手段，建立精细化的办税报表管理体系，并在国外税款抵免方面采取务实灵活的做法，有效减轻了企业的办税负担。

（三）建立完备高效的税收信息收集机制和发布渠道

许多发达国家税务机关积极通过不同渠道，为企业境外投资提供信息咨询服务。发达国家税务机关网站功能较为强大，相当于一个提供全天候服务的网上税务局。比如，美国联邦税务局网站就对境外投资者提供了境外投资经营办税和税收信息咨询的一揽子服务，并通过其他多种渠道、多种形式为境外投资者提供便利的服务，如美国设立了“纳税人援助服务”中心，协助纳税人处理正常程序无法解决的问题，并且在联邦和各州开办了税务专业论坛，发布各种相关信息。此外，发达国家税务部门还通过专门的大型企业税收服务部门，对跨国公司纳税人进行针对性的纳税辅导，为他们提供所需要东道国分类化、个性化的税收信息以及就解决境外税收问题进行相关培训等。

（四）及时、高效开展境外税收维权

从 20 世纪 90 年代起，OECD 就提倡采用国际税收争端仲裁这一法律途径解决国际税收争议。荷兰、奥地利等国已开始在税收协定中订立仲裁条款。2008 年 OECD 范本修订首次将强制性仲裁列入了税收协定范本，这是发达国家解决国际税收争端的新途径。另外，国际货币基金组织，OECD 和世界银行共同发起的国际税收对话，也有助于达成两国税务机关在涉税事项方面的理解共识，有利于增强跨国纳税人涉税事项的操作预见性和确定性，减少本国企业在国外遭遇的因税收理解差异导致的不公待遇。

（五）强化专业化的管理和服务

在很多发达国家，如美国、澳大利亚、新西兰、荷兰等，税务机关都针对跨国公司的独特性和差异性进行分类管理。例如，美国联邦税务局（IRS）就设立了大中型企业管理局（LMSB），管理包括跨国公司在内的最大规模纳税人的涉税问题。发达国家税务部门还集中高素质的人才，为跨国企业提供有针对性的纳税服务。例如，美国就设立了基层专家处对五个行业组提供技术支持。新西兰则安排资深职员负责管理跨国企业事项。此外，在发达国家，跨国公司税务咨询和筹划是中介机构的主营业务之一，能够为跨国公司纳税人提供一对一的个性化咨询服务，其经常公布的调查分析报告和发布的境外投资经营涉税事项动态信息，都是跨国企业对外投资决策的重要参考依据。

四、构建支持企业“走出去”税收服务体系的思路和工作建议

构建“走出去”税收服务体系（如图 1 所示）的核心是要做到“一个完善、四个加强”，具体包括完善税收制度机制、加强税收政策信息服务、加强税收程序服务、加强跨国税收维权服务、加强基础保障工作。

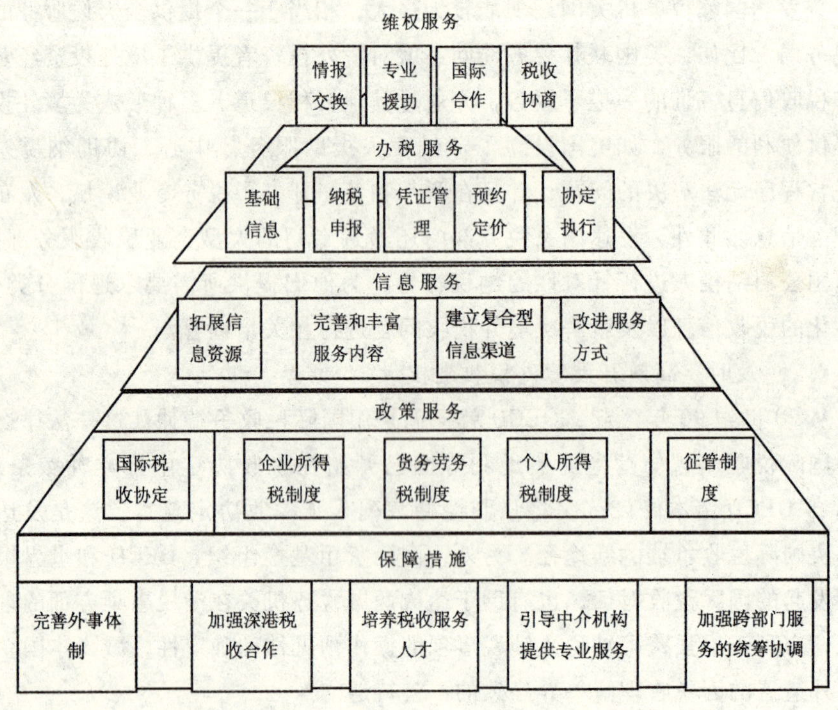

图 1　支持企业“走出去”的税收服务体系示意图

（一）适应参与经济全球化的需要，构建能够有力促进企业“走出去”的税收制度体系

为适应中国参与经济全球化程度不断加深的需要，国家应根据“走出去”企业的需求，借鉴国际经验，强化政策激励，加快推动税收制度建设，从过去注重“引进来”向更加关注“走出去”转变。

1. 加强税收协定的谈签和修订，为企业境外投资争取更多的税收利益。适应企业“走出去”的步伐，进一步扩大协定谈签范围；对签订时间较早的双边税收协定，尽快补充税收饶让与税种无差别的规定，完善非歧视待遇和关联企业条款的内容，完善转让定价条款。

2. 完善企业所得税、货物劳务税、个人所得税等制度，建立健全支持企业"走出去"的税收政策体系。在所得税制度方面：简化境外所得的确认标准，完善纳税期限差异的处理，实行综合限额抵免制度，明确间接抵免规定，建立海外投资风险准备金制度，增加税收优惠政策规定；推动个人所得税由分项所得向综合所得转变。在货物与劳务税制度方面：完善出口退税制度，解决营业税重复征税等问题。

3. 加强征管制度建设，完善企业境外所得申报管理，减少税收不确定性，降低企业税收风险。在征管制度方面：税务机关应根据"走出去"企业办税业务的特点，有针对性地加强服务需求分析，明确相关标准和要求，细化管理制度。在境外所得申报管理方面：应尽快出台全面的企业境外所得管理办法，制订并推广使用专门的境外所得申报表。

（二）着力解决"走出去"企业涉税信息不对称问题，努力降低企业境外投资税收风险

境外投资税收风险的发生，很大程度上是因为信息不对称所致。通过加强税收政策辅导和咨询，可以有效地增强企业防范税收风险的意识和能力，避免税收利益损失。

1. 拓展涉税信息服务资源，完善和丰富信息服务内容。要加强税务机关与相关国家（地区）税务机关、中介机构等合作，努力拓展涉税信息服务的资源。加强东道国税收制度信息的收集、整理机制建设，确保能够及时、准确、全面地掌握相关国家的税收信息。要撰写入门级的境外投资经营税收分类指南，加强对国际税收协定的通俗化解读工作，制作简明易懂的宣传文本或解读文本，帮助"走出去"企业更好地理解把握税收协定的内容。要高度重视案例的收集整理和经验教训的总结与分享，建立"走出去"企业的涉税处理案例库。

2. 构建复合型的信息服务渠道，保障各项税收服务的及时和有效。要加强境外投资税收信息供给和咨询辅导工作，加快建立一站式的综合性信息服务渠道，进一步强化网站的主渠道作用，注重发挥呼叫中心的功能，逐步增加办税服务厅对境外投资经营方面的咨询辅导，帮助"走出去"企业正确评估税收风险和税收利益，正确作出经营决策。

3. 改进信息服务提供方式，帮助企业正确评估"走出去"的税收风险。应定期组织开展年度境外投资经营调研，加强对境外投资税收环境等相关情况的更新，成立由各类型专家组成的团队，专门为"走出去"企业中的大企业

提供咨询和信息服务，定期或不定期举办“走出去”企业税收论坛。

（三）明晰职责、强化基础、健全机制、简化流程，为“走出去”企业提供便捷、高效的办税服务

1. 强化服务和管理基础，完善企业申报基础信息管理。要与贸工、外汇、发展和改革委员会等部门建立境外投资信息共享机制；做好企业境外投资信息收集，为税务机关优化“走出去”企业税收服务创造条件；做好企业境外投资信息收集，确保纳税人合理利益得到有效保障；积极参与“一体化”政府建设，加强基础信息管理，建立境外投资信息共享机制。

2. 优化境外投资经营所得申报操作，完善境外投资涉税凭证的管理，提高企业境外投资涉税事项的办税效率。借鉴国外经验，规范境外所得申报制度，完善申报管理流程，避免服务缺位，管理不到位。以实质重于形式为原则，进一步做好企业境外投资信息的分析利用，完善涉税凭证管理；以加强双边预约定价谈签为突破口，提高企业境外经营中转让定价的确定性，以较低的成本规避遭受境外反避税调查的风险。

3. 加大税收协定执行力度，保证境外投资企业享受应有税收利益。在对国际税收协定法律文本进行通俗化解释的基础上，结合日常征管实践，做好境外所得办税业务指引的编纂工作，同时，进一步做好享受协定待遇的服务工作，完善涉及税收协定的征管业务规程，帮助纳税人便利快捷地申请获得相关资格待遇。

此外，税务机关还应寓管理于服务，通过加大税收服务力度，增强纳税人自愿遵从意识，确保税务机关及时、充分地掌握“走出去”企业涉税信息，有的放矢开展税收分析、纳税评估和税源监控，防止税收流失。

（四）增强税务机关的维权服务意识，加大国际税收协调力度，更好地保障国家和企业税收利益

“走出去”企业在东道国遭遇税收纠纷和不公平的税收待遇时，国家是唯一具有对等协商资格、维护“走出去”企业税收利益的主体，税务机关是国家这一维权职能的具体承担者。一方面，税务机关必须主动增强维权服务意识，积极为纳税人提供税收专业援助；加强与东道国的税收情报交换，尽量避免双重征税；逐步规范境外税收专业援助，提高响应速度，建立健全境外税收争端的专业援助体系，帮助企业维护海外税收合法利益；充分利用各种交流平台，增进国际税收合作。另一方面，税务机关要积极引导和鼓励纳税人增强维权意识，及时向税务机关反映东道国税收管理中存在的不规范、不透明，不执

行税收协定，不合理、不合法的税收检查等侵害企业正当税收权益的问题，以便税务机关更及时、更高效的通过国际税收协商维护国家税收权益和企业税收利益。

（五）强化为“走出去”企业提供税收服务的基础

1. 强化驻外机构税收服务职能。国家应向境外贸易和境外投资比较大的东道国大使馆和领事馆派驻税务参赞，或者对已有的商务参赞进行国际税收业务的专门培训，要求其必须能熟练帮助“走出去”企业协调解决海外税收问题。

2. 加强深港税收合作。针对深圳与香港毗邻的独特区位优势，充分发挥香港作为对外投资平台的作用，促进深圳企业“走出去”。认真贯彻执行内地和香港税收的规定，增强把握深港税收合作主动权的能力，充分发挥香港高水平国际化的优势，拓展和深化深港税收合作领域，注重建立日常交流和管理协作机制。

3. 更多地培养“走出去”企业税收服务人才。要切实增强国际税务管理人员的维权意识和服务意识；打造数量充足、结构合理、相对稳定的专业人员队伍；加强专门业务培训，构建多层级、多元化、立体化的专业技能培训体系；及时更新知识结构，提高外语、财会、法律等方面的专业技能；建立科学的能级管理和绩效考核机制。同时，要加强国际税收业务纳税辅导，促进企业境外税务管理人员的培养。

4. 加大对“走出去”企业跨部门服务的统筹协调力度。建立服务“走出去”企业的工作协调机制，形成跨部门服务协作体系。税收信息服务要积极融入“整体政府”建设，密切与贸工、外管、海关等部门的联系和沟通。要促进相关政府部门的信息资源共享，形成政府信息资源开发利用的新机制，提高税收服务工作能力和水平。

5. 更有效地引导中介机构提供有针对性的专业服务。加强与执业行业管理机构的合作，厘清税务机关与中介机构的税收服务分工，积极引导中介机构正确参与“走出去”企业税收服务工作，促进执业人员和机构提高支持企业“走出去”的专业能力。

参考文献

1. 凯瑟琳·贝尔（Katherine Baer）等著，姜跃生、陈新译：《改善大企业纳税遵从——各国经验分析》（*Improving Large Taxpayers' Compliance a Review of Country Experience*），

中国金融出版社 2007 年版。

2. 刘耘：《中国支持企业海外直接投资的财税政策研究》，中山大学硕士学位论文，2005 年 5 月。

3. 中国国际税收研究会：《促进中国企业对外投资合作税收问题研究》，国家社会科学基金重点项目，2009 年 4 月。

4. 深圳市贸易工业局课题组：《鼓励有条件的深圳企业实施“走出去”战略研究报告》，深圳市贸工局，2006 年 12 月。

5. 刘耘：“境外投资财税激励政策的国际比较及借鉴”，《经济问题》2008 年第 8 期。

6. 储敏伟：“国际投资税收优惠政策调整及中国对策”，《财经研究》2000 年第 1 期。

7. 王逸：“鼓励海外直接投资税收政策的研究述评”，《扬州大学税务学院学报》2009 年第 1 期。

8. 尹音频、高瑜：“‘走出去’：税收激励与制度优化”，《涉外税务》2009 年第 3 期。

9. OECD taxpayer service survey, OECD, 2006.

10. Tax Administration in OECD and Selected Non – OECD Countries Comparative Information Series 2006.

11. Tax Administration Guidance & Information Series 2009/2.

12. 中华人民共和国国家税务总局网站、中国商务部网站、OECD 官方网站、美国国内收入局网站。

13. 德勤、毕马威会计师事务所提供的各国税收制度的分析资料。

课题组组长：刘　军

副　组　长：段光林　陈　捷

策　　　划：徐志忠　王铭远

统　　　筹：刘　军（办）陈新宇　任寿根

成　　　员：胡焰锋　姚　恒　杨　庆　熊勇立　马文华

邹闻苡　杨雄文　张　敏　黄黎明　谭飞燕

谢红燕　张　霞

统　　　稿：杨　庆　姚　恒　邹闻苡

实施制度创新
构建纳税服务标准化体系

江苏省地方税务局课题组

在构建和谐社会的时代背景下，随着我国政府职能转变，服务型政府格局逐步形成，税收工作进入了一个全新的发展时期。纳税服务已经成为税收征管战略的首要环节和基础性组成部分，税务部门从“管制型”模式不断向“服务型”模式转变，各级税务机关为纳税人提供服务的意识日渐增强，纳税服务水平有了很大提高。新制度经济学认为，制度是完善工作的根本保障，在纳税服务标准化体系建设中，如何进一步通过制度创新，完善纳税服务举措，规范纳税服务的职责、内容、程序和体系，是摆在税务部门面前的一个新课题。建立一套结构完整、目标明确、易于操作和科学合理的纳税服务标准化体系，无疑将顺应时代发展的需要，促使纳税人税法遵从度提高到一个新的高度。

一、纳税服务标准化体系的内涵和意义

（一）构建纳税服务标准化体系的背景

20 世纪 90 年代以来，西方各国的政府在新公共管理和新公共服务理论的影响下，以重塑服务型政府为主要目标，兴起了政府再造之风。例如，英国政府进行了“政府信息服务”的实验，提出新形态的公共服务以符合未来社会的需求。美国政府颁布了“顾客至上，服务美国公众的标准”。还有新西兰的“公共服务部门之改造”以及日本的“实现对国民提供高品质服务的行政”，

都体现了如何构建服务型政府。

中共十七大报告在政府职能建设上提出建设公共服务型政府，形成完善的公共服务职能体系的思路。公共服务是政府机关及其工作人员满足社会公共需要、提供公共产品时的行为总称。作为税务机关来说，履行政府公共服务职能的途径之一就是创造良好的条件，设计科学的制度，建立完善的体系为纳税人提供纳税服务。这就要求税务机关必须对工作性质重新定位，根本性地变革管理理念和工作方式，打破管理与被管理的旧观念，建立服务与被服务的新理念。构建纳税服务标准化体系，符合法律法规的要求，体现现代社会发展的需要，有利于协调新时期税务机关和纳税人的关系。诸多因素表明，引进先进的管理制度，进行流程再造理论，形成一整套规范科学的纳税服务标准化体系，是降低税收成本，提高征管效率的有效途径。

（二）纳税服务标准化体系的内涵

1. 标准化的概念。在社会生活中，标准是对重复性事物和概念所作的统一规定，它以科学、技术和实践经验的综合成果为基础，经有关方面协商一致，由主管机构批准，以特定形式发布，作为共同遵守的准则和依据。所谓标准化，是指在经济、技术、科学及管理等社会实践中，对重复性事物和概念通过制定、发布和实施标准，达到统一，以获得最佳秩序，对实际的或潜在的问题制定共同的和重复使用规则的活动。它包括制定、发布和实施标准的过程。

2. 纳税服务体系的概念。纳税服务体系是按照科学合理的原则搭建起来的一个分层次、全方位的纳税服务系统架构。现代的纳税服务体系内涵包括征收体制、管理体制和服务意识的协调融合以及干部的服务观念和业务素质的提高。

3. 纳税服务标准化体系概念。所谓纳税服务标准化体系，是指税务机关制定，体现税务机关纳税服务思想、指导纳税服务工作、约束纳税服务行为，保障纳税服务质量，衡量纳税服务绩效的各种标准、规则和制度条款。它从不同层次细化了纳税服务职责、内容，精简规范了纳税服务流程和标准，实现了纳税服务全过程透明化和制度化，其实质在于形成统一规范，目的在于促进征纳和谐，重点在于维护纳税人权益。

（三）构建纳税服务标准化体系的必要性

近年来，各级税务机关在提高纳税服务方面下了很大的工夫，形成了相应的办税服务体系，促进了纳税服务质量的提高。但从总体上看，当前的纳税服务工作仍存在着一些问题和不足，税务系统内部还未能完全建立协调高效的运行机制。纳税服务标准化体系是深化税收征管改革的必然选择。

1. 纳税服务标准化体系是纳税服务可持续发展的客观需要。科学发展观的核心和基本要求引领了纳税服务标准化体系的建设。科学发展观的核心理念是“以人为本”，其基本要求是全面、协调、可持续发展，构建纳税服务体系的基本理念是“以纳税人为中心”，该理念是“以人为本”理念的延伸，它体现全心全意为人民服务的宗旨，是科学发展观的核心理念在纳税服务工作中的反映。做好纳税服务工作，体现了科学发展观的要求，有助于推动税收工作的可持续发展。

2. 纳税服务标准化体系是维护纳税人需求和权益的有效途径。一直以来，税务干部偏重于管理执法，没有切实树立起纳税服务的理念，在具体工作安排上更多考虑的是便于税务机关管理而不是便于纳税人办税，服务的内容、标准和流程不统一、不规范。随着社会经济的不断发展，纳税人的服务需求和维权意识不断提高，纳税人的权利希望得到尊重。因此制定和落实纳税服务标准化体系，了解纳税人需求显得尤为重要。纳税服务标准化体系应“以纳税人为中心”，从纳税人的需求角度出发，实施税收业务工作的流程再造，规范具体的服务承诺和维权途径，满足纳税人的实际需求。

3. 纳税服务标准化体系是规范纳税服务体系建设的机制保障。纳税服务标准化建设，对于税务机关树立“以纳税人为中心”的理念，坚持“聚财为国、执法为民”的宗旨，创新纳税服务手段，完善纳税服务措施，促进税收管理的科学化、精细化，实现纳税服务规范建设起到了基础性的保障作用。纳税服务标准化体系是以标准、制度的形式对各种纳税服务行为的定义和约束。纳税服务实践中若缺少了必要的规范会导致税务机关与纳税人之间的关系无法妥善处理，甚至导致税务机关内部不同部门之间的涉税事项相互推诿的问题。制定一套标准化体系，使纳税服务工作“有法可依”，用规范约束行为，为纳税服务工作的有序开展和有效进行提供了保障机制。

4. 纳税服务标准化体系是提高纳税服务工作绩效的重要手段。纳税服务流程的标准化有利于纳税服务工作绩效的提高，它本身是形成一套比较完整的理论体系，其方法是优化流程，目的是提高工作绩效，追求的目标是绩效最大化，成本最小化。因此，提高纳税服务绩效，必须优化组合税收业务流程，简化管理环节，减少不必要的流程环节，减少纳税人办税时间，降低纳税人办税成本，切实提高办税效率。

二、构建纳税服务标准化体系的具体实践

通过对江苏省无锡市惠山地税局的调研，本报告认为，可在坚持税源管理与纳税服务“两手抓”，以“纳税人之家”、“纳税人参事团”为基础的平台上，完善构建一个“目标明确、制度完善、服务规范、征纳双赢”的纳税服务体系，实现纳税服务由便捷型向权益型的转型。

（一）明确目标、分类指导，制定纳税服务标准化体系框架（图 1）

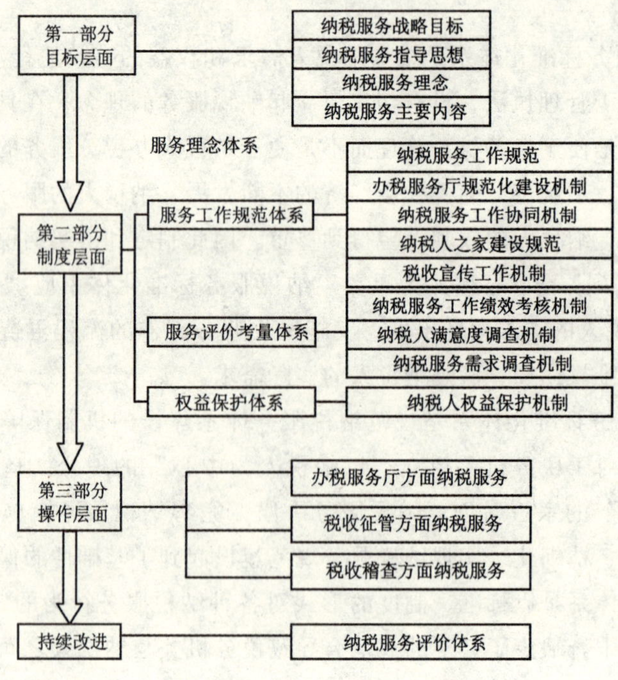

图 1　纳税服务标准化体系框架图

纳税服务标准化体系的创建是涉及税法宣传、纳税咨询、办税服务、权益保护、纳税服务评价各个环节的一项系统工程，只有细化创建理念、创建目标、职能定位、创建内容等搭建出框架体系，才能进一步推动制度的创新。

1. 纳税服务战略目标。以纳税人为中心，以提高税法遵从度为目标，不断强化税务机关服务意识，促进纳税人主动依法纳税，自觉提高税法遵从度，确保税收收入的稳定增长，构建和谐征纳关系。

2. 纳税服务指导思想。以税收法律、法规为依据，以纳税人合法、合理需求为导向，以信息化手段为依托，以完善纳税服务制度为重点，努力为纳税

人提供便捷、经济、文明、高效服务，维护纳税人合法权益。

3. 纳税服务理念。按照“始于纳税人需求，基于纳税人满意，终于纳税人遵从”的总体要求，树立“以纳税人为中心”的基本理念，构建纳税服务标准化体系。

4. 纳税服务主要内容。紧紧围绕“税法宣传、纳税咨询、办税服务、权益保护”的职能定位开展工作，重点围绕实施纳税服务工作评估、制定纳税服务工作规划，规范纳税服务内容标准和评价体系，科学整合各种纳税服务资源等方面，不断完善纳税服务体系，实现纳税服务工作的“规范化、制度化、信息化”。

（二）务实创新、完善制度，构建科学高效的纳税服务体系

纳税服务标准化体系的创建是一个制度化的过程，它是与税收征管各个环节相交融渗透，涉及纳税服务方方面面，是各项制度的大融合。因此，构建标准化的纳税服务体系需要多元的支撑与配合，确保该体系的完整性、科学性、可行性和实效性。

1. 建立“以纳税人为中心”的服务理念。观念转变是构建科学高效纳税服务体系的首要内容。总的来说，要进一步更新观念，提高对纳税服务的认识，实现服务意识由“管理本位”向“服务本位”的根本性转变。观念转变，最基本的是要树立“以纳税人为中心”的服务理念。具体阐述五个方面：树立征纳双方法律地位平等的理念，树立公正执法是最佳服务的理念，树立纳税人正当需求应予满足的理念，树立执法、服务、遵从辩证统一的理念，树立全员、全程、全方位大服务的理念。

2. 构建纳税服务工作的规范体系。

（1）建立健全纳税服务总体工作规范。根据纳税服务的新定位和纳税人的需求，审时度势地制定一个纳税服务的总纲性文件——纳税服务工作规范，明确纳税服务工作目标和实现途径，规范全局纳税服务工作，更好地指导今后一个时期的纳税服务工作。

（2）建立健全办税服务厅规范化建设机制。按照《办税服务厅规范化管理办法》，结合辖区征管实际及办税服务厅现状，制定符合实际的规范化管理制度，进一步统一大厅的窗口设置和服务设施、资料以及应该公告、公示的纳税服务内容，统一办税工作人员的着装、礼仪、用语、服务时限，统一服务标识，进一步改进“一窗式”服务流程设计，全面打造环境舒适，规范执法，便捷高效，服务优良的办税服务厅。

（3）建立健全纳税服务工作协同机制。纳税服务中心作为纳税服务工作的统一领导部门，制定出相关的工作协作机制，促进各个基层单位加强合作，加大联系，实现统一管理，通过制定例会制、台账制、反馈制等协作机制，进一步提高纳税服务工作的工作效率，使纳税服务工作更加有章可循，促进纳税服务工作的不断进步。

（4）建立健全纳税人之家建设规范。纳税人之家成立以来已初具规模，获得国家税务总局、省局和市局的一致认可，但纳税人之家的品牌化管理缺乏更为系统的制度保障。制定《纳税人之家建设规范》，在统一目标、统一章程、统一机构的基础上将活动策划、活动开展、活动台账实现标准化管理，进一步挖掘创建的成功经验，拓展维权的方式和深度，通过制定纳税人之家的标准化操作流程，推进纳税人之家规范化建设。

3. 建立纳税服务的评价考量体系。

（1）建立健全纳税服务工作绩效考核机制。为科学规范和有效监督税务干部纳税服务质量和效果，必须建立纳税服务绩效考核指标，完善纳税服务考核机制。制定包括行为规范、服务效率、服务效果及权益保护等各类纳税服务工作考核指标，并进行分解落实，采取多种措施对纳税服务工作开展监督检查，以确保制度的严肃性和执行力，从而保障为纳税人提供最优质的服务。完善的考核监控体系既规范税收执法行为，对纳税服务观的进一步树立和纳税服务体系的构建也提供了标准化的支撑。

（2）建立健全纳税服务需求调查机制。采用科学的调查手段，全面分析掌握纳税人的真实需求和意愿，查找纳税服务中存在的突出问题，通过服务需求汇集、服务质量评价、服务效果反馈等多种手段实现事前、事中、事后监督，确保纳税人服务需求尽快得到满足。将纳税人的需求转化为制度建设的着眼点，有的放矢开展纳税服务工作，不断创新和完善服务制度。

（3）建立健全纳税人满意度调查机制。采用第三方评价方法，一方面可以发挥专业咨询机构的专业优势，从客观公正、科学合理的第三方的角度保证评价结果的客观性、科学性；另一方面，可以减轻税务组织业绩评价部门的工作负担，而且可以从专业咨询机构那里得到科学归纳整理、加工后的信息。其中，关键是要科学设计指标体系、调查样板面选择科学合理以及反馈后的信息处理机制。

4. 建立完善纳税人权益保护体系。纳税人权益保护工作是今后纳税服务工作的一项重点内容，当把纳税人有权享受的、有权要求税务机关提供的服务纳人维权服务体系，做好纳税人权益保护的载体建设，特别是加强“纳税人之家”纳税人维权平台建设。同时以积极开展部门联动，通过行政行为的法制化、规范化、民主化不断提高纳税人的税法遵从率和纳税满意度。在重视纳税人维权服务各项制度完善的基础上，建立制度的执行、督促、检查与评价体系，通过上下、内外联动打造纳税人维权的全方位立体模式，为纳税服务标准化体系建设提供制度保障。

（三）优化流程、规范服务，完善纳税服务工作规程

纳税服务流程是税务机关全部税收业务工作流程的重要组成部分，优化纳税服务流程是税务机关纳税服务工作质量、体现纳税服务战略目标和纳税服务具体工作的要求。要切实把纳税服务作为税收管理的基本指导思想和重要内容，通过对传统征收、管理、稽查等业务流程的优化和再造，实现纳税服务工作的规范化、标准化，大幅提升税收征管效率，优化纳税服务质量。

1. 以流程为导向，建立“一站式”办税服务大厅。办税服务厅按照“统一受理、内部流转、限时办结、窗口出件”的一站式服务要求，遵循功能合理和办事便民的原则，将办税服务厅工作以窗口为导向转变为以流程为导向，简化审批环节，集中所有涉税审批事项在前台操作，杜绝纳税人“多头跑、多次找”现象，将办税服务厅建成一个办税事宜集中、征收管理规范、行政服务到位、程序便捷高效的办税场所。

（1）涉税事项在前台集中，实现“一站式”服务模式。以方便纳税人为原则，整合窗口职责，将所有涉税事项集中到办税服务厅办理，由前台统一受理后转入内部流程，强化后续管理，确保全部涉税业务在一个办税服务厅完成，真正实行“一站式”服务。

（2）服务方式在外部拓展，创新多元化服务手段。设立咨询台、导税员和办税资料台，方便纳税人自助辅助办税；设立分局长值班台、大厅值班长、意见箱、涉税举报等功能，畅通异体监督渠道；免费提供税收宣传资料和表证单书；为A级信用纳税人和弱势群体开辟绿色服务通道，提供人性化、个性化的税收服务；承诺上门服务、延时服务、预约服务、零距离服务等。

（3）办税业务在内部流转，拓展纳税服务深度。根据税务行政审批制度改革要求，将纳税人所有涉税审批、备案事项的申请、申报，梳理划分即办件和流转件两大类，统一由办税服务厅窗口受理，即办件资料齐全，窗口做到即收即办，申报资料不齐全的，一次性告知纳税人补正；纳税人提出的申请事项需流转审批的，视业务内容承诺办结时限；不符合税收法律法规及有关政策

的，或不具备批准条件的，做好政策解释工作；受理窗口负责全过程办理，在法定或承诺的时限内，将办理结果转交给纳税人。

(4) 服务质量在后台监控，建立涉税事项过程控制。以 ISO 质量管理体系和税收执法服务标准化建设要求为基础，实行以岗定责、责任到人；严格责任的考核和认定，把责任量化定性，将各岗位的工作进度、完成质量纳入全员目标管理考核体系。每个窗口安装办税服务质量评价器，实现“一事一评”、“即办即评”，强化考评的即时性和可量性，实现了监控后台对服务质量的即时监控。

2. 以岗责为标准，建立“齿轮传动式”征管服务机制。纳税服务与税收征管密不可分，贯穿于税收管理的每个环节，两者是一种“紧密配合，有序运转，相互推进”的关系。通过建立科学有序的征管机制，细致量化齿轮传动式的作业标准，等同于齿轮的有效运转，环环相扣，轴线向心，形成有效的运行合作机制，在强化管理中提高服务水平，在优化服务中加强管理。促使纳税人及时足额纳税，进一步提高税收征管的质量和效率。

(1) 建立征管工作流程全面化机制。横向划分税收业务种类，将地方税收业务科学分为税务登记、发票管理、认定管理、证明管理、申报征收、税源管理、各税种减免备案类管理、所得税管理、纳税评估管理等类别，明确各项征管业务流程，确立标准化操作规范，确保每项业务都具备明确的可衡量性，将标准化体系建设涵盖税收业务方方面面。

(2) 建立征管工作流程一体化机制。根据《江苏省地方税收业务管理规程》，结合省征管信息系统和行政审批系统运用，纵向分解税收业务，梳理 220 项涉税工作流程，将每个事项涉及的流程节点、岗位设置和办理时限量化表述，细化各事项的业务传递环节、程序和时限，注重岗位之间的业务衔接，在强化分工下进行协作配合，将全部工作纳入过程控制之中，形成环环相扣、快捷高效、衔接紧密的一体化“流水线”操作，实现工作流程的无缝衔接。

(3) 建立办税事项操作规范化机制。从业务概述、政策依据、纳税人应提供的表证单书和份数、纳税人应提供的资料、纳税人办理业务的时限要求、税务机关承诺时限、税务机关工作标准和要求、资料管理等八个方面进行规范的描述，最终形成科学、规范、实用的《办税事项操作规程》标准范本，指导实际征管工作。

(4) 建立办税事项流转责任化机制。对各项工作流转实行齿轮滚动式考核，要求人人参与，对税收执法事项实行全过程控制。每个岗位完成事项后首先进行自查，确认无误后提交下一环节。下一环节在接受上一环节工作事项时，首先对照“操作规程”对上环节的工作进行检查，对不符合要求的注明原因退回上道环节，如果未能发现上一环节问题而被再下一环节发现或集中考核发现的，追究加倍责任，月末考核部门统一收集发现问题，登记执法责任过错明细台账，使工作标准中规定的岗位之间的衔接从制度上得到保障。对考核实行环环相扣，较好实现了各岗位全过程控制。同时人人都是考核人，人人又都在被考核，有效地推动了工作质量和纳税服务水平的提升。

3. 以公正为根本，建立“执法服务型”稽查管理模式。税务稽查工作是纳税服务的有机组成部分。要以打击偷逃税案件为重点，以提高纳税服务质量为主线，以减轻纳税人负担为落脚点，将纳税服务贯穿于查前、查中、查后整个稽查工作之中。

查前服务环节包括：

（1）宣传辅导。利用“稽查参事团”平台，联合相关部门和企业代表召开查前政策辅导会，全面讲解相关税收政策法规，主动将有关涉税风险指标提示给纳税人，帮助纳税人提升自查的针对性，做好政策宣传解释工作。

（2）科学选案。人机结合进行科学选案，既利用涉税风险系统进行科学分析，又加强外围信息调查，同时充分考虑纳税人自查自纠表现，以选案的精准度做到公平、公正、公开。原则上一年内对纳税人的税务检查不超过一次（举报案件除外），A 级信用户两年内免予税务检查，避免对纳税人的多头重复检查。

（3）查前预告。坚持“不预告、不稽查”原则，在确定被查对象提前书面告知自查对象开展自查，杜绝向纳税人大范围、无根据地发放自查表。召集纳税人自查要启动稽查参事团民主选案流程，以自查专题辅导会等形式，当场公开选案依据和过程，并积极宣传税收政策，鼓励、帮助纳税人有针对性地开展自查自纠。

查中服务环节包括：

（1）约谈服务。惠山地税局实施检查前，应约见法人代表或财务负责人，详细解释本次检查的目的和要求，并送达《稽查人员执法行为监督建议表》，结合查案过程，调查稽查人员执法与服务情况，并在案件结案后收集汇总意见。

（2）说理执法。对税务行政处罚事项告知书、税务行政处罚决定书、税务行政处理决定书等部分税收执法文书推行“说理式”，从稽查报告的制作抓起，侧重对案件当事人违法行为具体情节、主观态度、悔过表现、侵害结果、从轻或减轻、从重处罚等进行表述，并充分说明理由，确保“稽查文书标准化、取证资料规范化、系统审计性检查、稽查标准化服务”的有机结合。

（3）民主审理。对符合稽查参事团民主审理活动标准的案件，审理人员在初审结束后7天内应启动民主审理流程，充分接受参事团理事和会员、社会中介机构、相关行业纳税人代表对违法案件的定性和处理处罚意见进行公开评议，确保案件处理合法公正。

查后服务环节包括：

（1）纳税辅导。稽查结束后，执行文书书面送达被查对象，对文书内容充分解释，同时，对查后账务处理辅导到位，并对企业生产经营情况、财务核算情况、税务管理等情况进行建议，避免纳税人今后出现类似问题。

（2）案例点评。专项检查、专项整治和分级分类等重点检查项目结束后，稽查参事团及时开展典型案例讲评活动，通过以案说法加强宣传辅导，提高纳税人依法纳税意识和水平，提高防范涉税风险的能力。

（3）查后回访。在惠山地税局，稽查执行结束后一个月内组织稽查回访，查补税款在20万元以下的企业由执行股股长组织，20万—50万元的由综合股长组织，50万元以上的由局长室组织。稽查回访时认真听取被查人对稽查人员在案件检查中的执法行为、服务质量、廉洁自律等方面的意见，由纳税人填写《走访纳税人情况表》进行汇总。同时根据《稽查人员执法行为监督建议表》和《走访纳税人情况表》中反馈的信息和意见，定期组织参事团理事和会员进行民主评议，认真听取纳税人对稽查局在执法、服务、廉政和作风等方面的建议。

（四）绩效评价、持续改进，完善纳税服务评价体系

要建立科学、客观、易操作的纳税服务评价体系，确保考核、评价的准确和客观。在每一项较大的纳税服务举措采取时，要遵循从可行性分析、决策、实施到效果评价、信息反馈、服务监督、业绩考评和责任追究的工作机制，以此促进纳税服务工作可持续发展。

1. 建立纳税服务内部评价体系。将纳税服务纳入全员考核的目标范围，围绕纳税服务标准化体系内容，通过综合分析和细化标准来构建独立的纳税服务考核体系，从服务态度、公正执法、廉政水平、维护纳税人权益、税法宣传等各个方面进行评价，进一步扩展绩效管理范围，拓展绩效管理的深度，提升绩效管理成效。

（1）实行纳税服务的日常化评价。以日常工作为评价对象，重点对纳税服务工作的主动性、规范性、及时性和落实力度等各项指标进行评价，建立定期督查制度，并实行考核通报，督促税务干部相互学习、相互激励，不断提高。

（2）实行纳税服务的抽查式评价。纳税服务部门作为监督小组，采取不预告不定期的抽查式评价方法，对纳税服务各项规范制度进行专项检查或者通过明察暗访来无距离感受税务干部的工作水平、服务态度等综合素质，促进税务干部时刻牢记纳税服务体系规范，时刻提醒自己遵照执行，进一步保障纳税服务标准化体系的落实到位。

（3）实行纳税服务的年度性评价。对纳税服务工作纳入年度绩效考核，制定详尽的纳税服务工作评价指标体系，通过现场查看及年度纳税工作的资料审阅等方式对基层年度纳税服务工作业绩进行评定，促进各基层部门扬长避短，不断提升自身纳税服务水平。

2. 建立纳税服务的外部评价体系。纳税人和社会各界作为考评主体，从实用性、简便性、主动性、及时性、规范性、公正性等方面评价地税机关纳税服务工作的满意度，做到纳税人和社会各界的广泛参与，建立一个全方位360度外部评价体系。

（1）建立应用服务评价系统。在办税服务厅安装纳税服务评价系统，对纳税服务进行实时监控；利用信息化技术进一步拓展网上纳税服务评价平台，推广无记名纳税服务评价系统，进一步提高纳税服务的质量。

（2）开展问卷调查。调查项目由多个指标组成，力求能够比较全面地反映税务机关服务的各个方面。被调查者除了可以对各项纳税服务指标进行评价外，还可以根据自身要求，在留言板中提出自己的意见和建议。这种定量的问卷调查，既有利于了解纳税人对税务机关纳税服务工作的认可度，也有利于税务机关了解被调查者对每一项服务的重要性（权重）的评价。

（3）建立纳税人回访制。建立完善的调查底稿、资料传递、问题反馈、责任追究等纳税服务回访工作机制，每月由监察室牵头，选择不同行业、不同类型、不同规模的纳税户进行上门回访，从公平执法、办税流程、纳税环境、服务质效、服务态度、廉政建设等方面征询意见和建议，对纳税服务好的做法继续保持，对问题根源认真分析加强整改，进一步加强纳税服务标准化体系的执行力度。

（4）建立第三方评价机制。委托独立于征纳之外的第三方专业评价机构，按照地税部门要求，重点评价服务制度建设、服务规范执行度、工作状态指数、员工业务熟练程度、服务硬件完善程度等，受托方的调查测评工具、方法、流程以及抽取样本的数量、范围等，按业务需求独立确定，调查测评报告由受托方出具，供地税部门借鉴利用。地税部门通过第三方评价的客观性和全面性对纳税服务工作进一步整改落实。

三、构建纳税服务标准化体系需要继续深入研究的问题

（一）处理好服务与执法关系，在柔性服务中保持税法刚性

在实际工作中，有些干部认为执法与服务是相互矛盾的，要严格执法就难以体现热情服务，要热情服务就难以严格执法。于是，在行动上出现强调严格执法就忽视热情服务，强调热情服务就不敢严格执法的两个极端。事实上，服务与执法是相辅相成、相互促进的有机统一体。为纳税人提供优质高效的税务咨询和办税服务，可以有效降低纳税人的办税成本，提高纳税人对税法的遵从度，这是做好整个税收工作的前提，也是税收执法的基础，而严格执法本身也是一种为纳税人创造公平、公正、公开税收环境的服务。优化纳税服务，要坚持服务与执法并重，努力做到在服务中执法，在执法中服务。我国现在仍处在社会主义市场经济的初级阶段，纳税环境的优化、纳税意识的提高仍需要一个漫长的过程。因此，如何把执法管理与纳税服务统一起来，以管理和服务并重的理念来指导纳税服务的定位，构建起以公正执法为基础，以优质服务为中心的服务管理型现代纳税服务体系，是有待进一步研究的问题。

（二）把握好纳税服务的限度，承担纳税服务有限责任

当前，随着我国政府公共管理职能的转变，纳税服务成为政府的一种重要的公共服务。但在税收征管工作中，纳税服务并非无限度的。在市场经济和社会民主政治引导下，一个法治的政府只承担法律规定的有限责任。同样，税务机关对纳税人开展纳税服务的范围和作用也是有限度的。首先，纳税服务范围是在法律规定的框架内实施，发挥应有的作用。其次，纳税服务的对象应该是依法纳税的公民。纳税服务是税务机关的法定义务，税务机关不向纳税人提供服务在行政上即是一种“不作为”行为。而对纳税人来说，享受纳税服务则是一种与履行纳税义务相对应的权利。最后，纳税服务的内涵和手段都是有界的，不是无限度扩展的。在纳税服务中应避免无限地扩大服务范围，强调优化服务而淡化了管理，造成无限责任，损害政府的信誉。因此，要进一步探索研究如何衡量纳税服务的尺度，为依法诚信纳税的纳税人提供更好的服务。

(三)实现纳税服务标准化和个性化互动,提高纳税服务水平

纳税服务首先要实现标准化要求,在服务的内容、程序、形式、时限方面都要达到高效、规范的标准,提高服务效能,实现服务标准化。同时,也要根据纳税人实际需求的不同,尽可能地在服务形式、服务内容、服务手段上区别对待,实现服务个性化。标准化是基础,个性化服务也必须达到一定的标准;个性化是在标准化基础上的提高和深化,是为了更好地体现服务水平。目前,办税服务厅都建立了明确的标准化服务制度,如预约延时服务、提醒服务、首问责任制等服务形式已经标准化。雨伞、茶杯、眼镜、打气筒、资料台等便民服务设施也一应俱全。但税务机关未深入考虑纳税人的实际需求,多方位、多层次的个性化服务较少,针对性不强,亮点不多。因此,应深入研究如何在实现标准化服务的基础上进一步深化个性化服务,切实提高纳税服务水平。

(四)拓展纳税服务渠道,提升信息化服务程度

我国税收信息化建设尽管取得了一些阶段性成果,但目前仍暴露出发展中的一些问题,如观念不适应,信息化基础设施、应用、人才、信息资源、硬软件、应用系统等各要素之间还不够协调,"信息孤岛"现象在税务系统中还较为普遍等,纳税服务较多的停留在纳税申报、税法咨询、税法宣传、短信提醒等方面,现代信息化服务的程度还比较低,纳税服务渠道较少。大部分服务需要纳税人到税务机关办理涉税事项时才能实现。这种服务往往只是程序上和形式上的。而大部分企业真正需要的政策信息咨询、优惠政策落实、便捷的纳税服务等无法实现。受信息技术、交通等因素的限制,乡镇的纳税人购买发票、办理涉税业务等较为不便,且由于管理的需要,日常收集资料、税收分析、税源调查等工作开展频繁,许多数字额外的报表需要企业上门报送,税务人员受人数限制,管户较多,不能深入每户企业主动采集,现行的纳税服务手段对信息化技术的利用率不高,不能为纳税人提供足够的便利和高效服务。我们应正视这些问题并采取相应措施予以完善。如何提高信息化服务水平,依托网上电子服务办税厅实现涉税事宜电子化办理,是有待进一步探索的问题。

(五)扩大纳税服务外延,促进第三方服务的健康发展

随着市场经济的发展,纳税人对税收筹划、代办涉税事宜、纳税权益维护等方面的服务需求将越来越多。社会中介税务代理机构、民间组织协会、纳税服务志愿者等是社会不断发展中税收服务体系的有机组成部分。当服务需求超过自身条件或可能时,税务机关应引导被服务者走向社会,培育独立第三方应有的发展空间,使纳税人在税务部门无偿服务与社会中介有偿服务以及社会其

他服务的共同发展、相互补充中，得到更加优质高效的税收服务。纳税服务必须走税务机关专门服务与社会服务相结合的税收服务的发展方向。

四、关于进一步完善纳税服务标准化体系的设想和建议

（一）进一步推进纳税服务标准化体系多元化建设

大力推进纳税服务信息化网络具有实时在线、没有距离、信息互通和资源共享的特点，为税务机关提升纳税服务水平提供了充分条件。利用税收信息化建设已取得的成果，积极推进纳税服务信息化。针对集中征收管理、推行征管信息系统后纳税人申报纳税不便的状况，实行多元化电子申报和电子缴税、银税联网的纳税方式，向纳税人提供网站、语音电话咨询等服务，既可以使税务机关从过去简单重复的劳动中解脱出来，也可以使纳税人在现代税收管理中享受到方便、经济、高效的税收服务。我们要按照税收业务流程为主线来设计搭建电子税务的网络平台，为纳税人提供无缝隙、全天候的“一站服务”，使纳税人只需跑一个地方就能把涉及众多部门的复杂事务快速办理完毕，甚至足不出户就能获得纳税服务。另外，还要加强税务机关与各级政府部门之间、重点税源之间的信息共享和交流，使那些跨地区和跨部门的涉税业务处理能够一体化、系统化，从而在整体上帮助税务部门更快、更好、更有效的对社会公众、纳税人开展纳税服务，形成纳税服务多元化体系。

（二）进一步完善纳税服务标准化评价体系

始终坚持以纳税人满意为出发点和落脚点，建立健全科学、规范、公平和可操作性的纳税服务监督、评价机制，从投诉、受理、调查、核实、处理等环节加以规范，量化细化评价体系考核标准，对纳税服务工作进行日常督促检查和定期考核。积极开展各种纳税服务评比和技能竞赛，总结好的经验做法，不断提高纳税服务质量。一是对内依托信息化完善纳税服务考核评价机制。通过量化、细化各项纳税服务工作，明确各岗位纳税服务工作职责，实行标准化管理，引入信息化手段实施考核评价，与税收征管岗责体系相融合，与税收征管软件应用相结合，使为纳税人服务的工作机制成为现代税收征管体系的有机组成部分。通过制定依托计算机管理、面向社会公众和纳税人的纳税服务目标责任考核管理办法，完善纳税服务考核监督机制。二是对外引入第三方评价机制。为加强考核的客观、科学、公正性，应当聘请与税务机关无直接利害关系的专家、学者等组成第三方调查小组，按照纳税服务的要求和内容，预先设计科学的评价模型进行测评，保证测评结果的客观、真实和公正。三是组织多方

面的纳税人满意度测评。发放意见表征求纳税人对税务机关纳税服务工作等方面的意见。从征纳双方沟通渠道、税收政策法规宣传、办税程序、税收优惠政策、纳税信用等级评定、税收知识培训和辅导、纳税人权益维护、纳税服务等多个方面进行满意度的测评。

（三）进一步完善纳税服务标准化预警体系

实施涉税事宜提醒和预警制度，税务机关在纳税人诚信纳税的基础上，通过事前介入、善意提醒的方式，强化对纳税人的宣传、指导和监督，促使纳税人按照国家税收法律法规的有关规定自觉办理各类涉税事宜，从而减少纳税人不必要的损失，有效维护纳税人的合法权益。一是针对容易发生的税收违法行为，向纳税人做事前提醒，增强税收法律法规的透明度，使纳税人在办理涉税事项时做到心中有数。二是与纳税人密切相关的涉税事宜做到事前提醒。如定额调整、政策变化等。充分体现税务机关对纳税人合法权益的尊重，有效维护纳税人的社会形象，有效密切税企关系，减少征纳双方矛盾，使纳税人更愿意积极配合税务机关开展工作，减轻税务机关的工作阻力。

（四）进一步完善纳税服务标准化维权体系

在新的征纳关系中，充分保护好纳税人的权益，将是纳税服务职能的重要体现，是构建和谐征纳关系的必要保障。保护纳税人的合法权益，建立和谐征纳关系，就必须以提高税法遵从度和优化纳税环境为目标，进一步规范权益维护的方式和手段。一是完善税收立法。当前我国税收立法在纳税人权益保障方面存在较多不足，而税收立法是构建纳税人权益保障制度的基础，因此加强权益保护的当务之急是进一步完善纳税人权益保护税收立法。二是丰富纳税人权益保护的载体建设。建设以办税服务厅为阵地的即时维权服务平台、以“两个中心”为主体的专职维权服务平台、以“纳税人之家”为载体的综合维权服务平台、以中介组织为辅助的第三方维权服务平台、以信息技术为依托的便捷式维权服务平台、以部门联动为特征的集合式维权服务平台等，切实形成网络与实体、部门与部门的综合维权服务体系，畅通纳税人申诉渠道。三是加强税收司法援助。通过进一步完善司法救济的手段和方式，纠正税务行政机关及税务干部个人违法行为，保障税务行政相对人的合法权益。

（五）进一步完善纳税服务标准化外延体系

借鉴国外经验，重视发挥纳税人之家、税务中介、税收志愿者联系税企、协调关系、倾听企业呼声的作用，建立与企业的密切联系，广泛使用税务中介代理申报纳税。在纳税人和税务机关之间建立一个客观公正，而且精通税法的中介机构，减少全社会的税款征纳成本，进一步推进纳税人之家建设，帮助纳税人维护权益，把纳税人和国家税务机关的税务人员，从纷繁复杂的涉税事务中解脱出来。这样，既有利于纳税人把更多的精力投入到生产经营上，也可以使税务人员不再直接受理纳税事宜，从而能够把更多的精力投入到税源调查、税制建设等工作中，积极借鉴国外成熟的服务经验，不断完善纳税服务外延体系。

当前，实施制度创新，构建纳税服务标准化体系还处于探索性阶段。随着社会经济的不断发展，地税事业的不断进步，纳税人服务需求的不断上升，纳税服务标准化体系及创建终究会不断完善而成为一种制度和规范。税务机关将坚定信心并不断努力不断探索，结合税收征管实际，着力推进纳税服务标准化体系的创建，进一步促进征管效能提升，促进征纳和谐。

课题组组长：倪静石

成　　　员：马　伟　杨国良　杨建中

执　　　笔：马　伟　杨国良

建立纳税安全服务制度的探索与实践

山东省青岛市国家税务局课题组

纳税服务是基于“以纳税人为中心”的理念，促进税务机关职能向服务型、责任型、法治型、廉洁型转变的重要内容和基础环节。这种转变是现代市场经济的要求，也是税收工作进入现代文明税收阶段的必然路径。纳税服务历经数年的发展，在理论建设、机构建设、制度建设、信息化建设、队伍建设以及硬件完善等方面都取得了较大的进步。但总的来看，纳税服务工作的总体层次和水平与当前的形势发展需要还有一定的差距。主要表现在工作中缺乏创新，在服务意识、服务体制机制、服务内容和手段等方面，还存在亟待深化拓展的问题。针对这些问题，我们围绕贯彻落实国家税务总局领导要求拓宽纳税服务内容的指示精神，对如何构建和谐税收征纳关系，拓展和提升纳税服务的内涵进行了深入研究和反复探索，将保障广大纳税人的合法权益，为其提供专业化、集约化、个性化的纳税服务作为落脚点，把满足纳税人“不惹事，不出事”的潜在纳税需求作为拓宽纳税服务内容的突破点，进行了建立纳税安全服务制度的积极探索。所谓纳税安全服务，形象的比喻，就是为企业纳税“亮起红绿灯，划上斑马线，系上安全带”，帮助和引导纳税人防范纳税风险。本文将对此进行具体的解读和阐述，敬请大家商榷指正，以期使纳税安全服务制度得到不断完善和提升。

一、当前纳税服务的现状与成因分析

开展纳税服务是构建和谐税收征纳关系内在要求，是加强税收法制建设迫切需要，是完善税收征管体制的重要举措。从根本上讲，税务机关应该是执法与公共服务职能并存的服务型机关，纳税服务是税务机关的基本职责。税务机关应以纳税人为中心，以纳税人的合理需求为导向，以纳税人的满意度为衡量标准，通过提高服务水平，尽可能地降低纳税人的税收成本，提高征管效率。但现实中，纵观税务机关近年来的纳税服务工作，尚有许多不足，主要表现在四个方面：

其一，在纳税服务的理念上，大多停留在浅层次的形式性服务，工作中缺少突破和创新。目前，税务机关关注最多的仍是礼貌办税和程序性服务需求，将精力更多地投放于态度尊重、简化流程以及办税厅等硬件设施的改造上，纳税人的真实需求并未得到满足，纳税服务工作中出现“一头热、一头冷”的现象。这边税务机关搭台唱戏自己叫好，那边纳税人的反应平淡态度冷漠，实质性的问题并没有解决，纳税服务工作流于表面化、形式化、概念化甚至庸俗化。

其二，在纳税服务内容上，我们更多地出现一厢情愿的现象，主观地认为纳税人最需要的是态度上的尊重、过程上的简单以及程序上的明白，没有对纳税人的真实需求进行深入分析。在纳税服务的策略与方式上，缺乏针对性和渗透力。多数纳税人认为税务机关搞纳税服务不过是税收征、管、查的形式翻新、硬件升级、改头换面而已，因此消极应对，使税务方面“出力不讨好”。

其三，作为税务机关的两大核心工作，税收征管和纳税服务各自为“政”的现象较为严重。由于工作中出现的重管理轻服务、重权力轻义务、重形式轻内容的“三重三轻”现象，使得管理与服务无法有效地融合和对接。仍有很多人还认为，纳税服务仅仅是表面上的文章，管理依旧是工作的核心。更有甚者认为，纳税服务仅仅是办税服务厅的工作，与税收征管无关。故而，纳税服务的核心业务没有得到真正落实，征管“实”、服务“虚”的现象依然存在。加之纳税服务本身也乏善可陈，缺少一种有效的举措实现两者的真正融合。

其四，部分税务人员服务意识依旧不到位，或仅仅停留在表面。实际工作中“钓鱼执法”、“神秘执法”的现象依旧存在，“权力本位”意识没有得到彻底改变，“查办性”管理依旧是税务机关工作的主流。

基于上述问题的分析，我们认为其最根本的原因是对纳税服务理论的认识肤浅，对以纳税人需求为导向的服务理念的认识欠缺，对管理与服务两大核心工作如何深入开展的认识不足，对纳税服务工作的工作定位认识有偏差。可以说，在当前的纳税服务体系中，税务机关是纳税服务的主体和主导，服务举措是更多地倾向于便于管理的角度建立的。这实际上是一种管理而不是真正意义上的纳税服务。由于我们在理念认识、制度建设、服务方式等方面存在很多的“误区”，纳税服务工作实际上已经进入了“瓶颈”状态。如何找准工作定位，实现纳税服务工作质的突破，是摆在我们面前亟需解决的问题。因此，改进和优化纳税服务，拓宽纳税服务内容，必须要实现三个转变：

首先，由单向服务向互动双赢转变。要进一步转变税务机关的官本位思想，树立征纳双方法律地位平等的理念，向尊重和保护纳税人权益倾斜。站在纳税人的角度想问题，帮助引导纳税人做好纳税风险管理工作，不仅有助于税务机关堵塞征管漏洞，防止税收流失，节约用于事后检查和强制执行的大量税收征管资源，而且纳税人也不用担心正常的生产经营活动被“侵扰”。这样，既涵养了税源，又实现了管理与服务的良性互动，从而实现征纳双方和谐共赢的目的。

其次，由被动服务向主动服务转变。通过建立安全纳税的风险点控制系统，及时识别、提醒纳税人纠正潜在的和正在发生的纳税风险，做到关口前移，开展引导纳税人防范规避纳税风险的主动性服务，及时预警纠错，将纳税人目前大量存在的非主观性错误及问题，及时处理在未发或萌芽状态，有效地避免和防范征纳双方的税收风险。

再次，由一般普适化服务向专业个性化服务转变。由于纳税人的纳税风险千差万别、对税法遵从度也各不相同，如果纳税服务仅限于按照统一服务规范提供的普适化服务，没有抓住纳税人迫切需要的服务重点，既不利于税务机关合理配置征管资源和进行税源监控分析，也不能满足不同纳税人的个性需求，所以对不同纳税群体应有针对性的相应服务措施，保障纳税人公平合法地领受税收负担，努力实现“要我纳税”向“我要纳税”转变。

通过上述三个转变的思考，纳税服务的理念和领域得到明晰的廓清和拓展，为纳税安全服务这一创新性实践，在认识论上扩大了视野，在方法论上找到了途径，使纳税安全服务进入系统规划和框架设计的轨道。

二、确立纳税安全服务理念的背景与国际借鉴

为纳税人提供优质、高效、便捷的纳税服务，是时代发展的要求，也是税务部门的重要职责。纳税服务是转变政府职能、建设服务型政府的应有之义，是服务科学发展、共建和谐税收的重要内容。

确立“防范纳税风险，共享安全纳税”的纳税安全服务理念，是按照科

学发展观的要求，以纳税人为中心，将“始于纳税人需求，终于纳税人满意”为愿景，致力于满足纳税人的高层次纳税需求，着力解决“为了谁”、“为什么”和“怎么为”的问题，逐步提升纳税遵从度和纳税满意度。确立这一理念的背景，既有遵循国家税务总局纳税服务工作的指导原则，提升纳税服务水平的现实意义，也有借鉴国际经验，延伸和深化风险管理和公共服务领域的理论意义。

（一）遵循国家税务总局关于纳税服务工作的指导原则

回顾我国纳税服务工作的历程，大致经历了三个阶段和三个定位：即由最初的“税收中心工作的重要保障”，到“税收征管工作的基础”，再到“核心业务理念的提出”。每一阶段的职能定位，都体现了我们对纳税服务工作认识的提高和纳税服务工作的进步。在 2009 年 7 月召开的全国纳税服务工作会议上，国家税务总局着眼于税收工作面临的新形势、新特点、新要求，提出了纳税服务与税收征管是税务部门的核心业务的新理念，把纳税服务正式纳入了税收工作的核心，其中一项重要原则就是“以纳税人的合理需求为导向”。同年年底，国家税务总局又发布了《纳税人权利和义务》的公告，在制度上改变了以往税务机关片面强调纳税义务的官本位思想，体现了征纳双方法律地位的平等。2010 年 5 月，肖捷局长又强调，税务机关要切实采取措施改进和优化纳税服务，积极拓展纳税服务内容，为促进企业做大做强、更好地履行社会责任提供帮助；要牢固树立主动服务的意识，随时了解企业的合理涉税诉求；要积极开展税收政策宣传、辅导工作，使企业全面、及时地了解和用好各项税收政策，同时要协助企业有效防范涉税风险。全国纳税服务工作会议和肖捷局长的指示精神，为我们进一步深化纳税服务工作理清了思路、指明了方向，是建立纳税安全服务制度的出发点和立足点，是这一创新性实践的动力源头。

（二）基于纳税人规避纳税风险的真实需求

纳税人最迫切、最真实的合理需求到底是什么，这应该是纳税服务深入推进的风向标。近几年来，青岛市国家税务局在邀请社会专家学者进行纳税服务第三方评价、征求意见信、问卷调查等方式进行服务需求调研时发现，随着服务型政府的建立和市场经济的逐步完善，纳税人的服务需求已不仅仅满足于笑脸相迎、态度热情和减负增效等服务举措，纳税人更多关注的是如何规避纳税风险，减少不必要的麻烦。德勤会计师事务所也曾经对超过 800 名以上的高级财务、税务人员进行调查时发现，税务法规的变化、税务合规性要求的日益复杂、税务机关监管的尺度以及如何实现对纳税风险的有效管理，是企业面临的主要税务难题，纳税风险已成为阻碍企业发展的高危风险之一。据统计，我国自1993年以来设立以流转税和所得税为主体的税种共计28个，而且税收制度、会计制度更改修订十分频繁，国家、省、地方税务部门以及相关政府部门，如海关、商务部、国家发展委等，每年会发布大量公告、政策、规定等，政出多门的文件，加上企业财会人员的素质参差不齐，一般企业办税人员要想实现对税法的全面精通，做到办税业务万无一失更是困难。因此，企业的纳税安全与生产安全、消防安全、交通安全一样，如果处置不当，将会制约企业正常运转，甚至带来灭顶之灾。如何科学合理地规避纳税风险，实现安全纳税是广大纳税人非常关心的问题，也是当前亟待满足的基本服务需求。

（三）税收工作实践给我们的启示

我们在日常税收工作中常常遇到企业的投诉求助。例如在进出口税收业务中，企业会由于非主观故意未将出口退税有关单证及时送税务机关进行申报，并且超过申报期限日期大都是1—2天。按现行税收政策，不管纳税人有多么充分的理由，税务机关也只能按照规定执行。几十万元、上百万元的出口退税不能办理，而且必须视同内销征税，企业的风险损失可想而知。这是税企双方都不愿看到的结果，却又是一个事实，也是我们在实际工作中的困惑。再如，企业由于对税收政策存在模糊认识，将职工福利费处理不当而多缴税款、企业对运输费与装卸费划分不清导致进项税额不能抵扣、企业开错了发票不仅不能享受税收减免，而且还要全额缴税等等，按现行税收政策，纳税人一旦违反税收政策规定，税务机关只能依法处理，企业经常被认定为偷税，面临补税并加收滞纳金、罚款的风险。近两年来，全国发生了诸多由于陷入纳税风险直接导致企业破产的案例。分析企业产生纳税风险的原因，大多数人是因为纳税人对税收政策不了解或理解有误，而出于偷逃税款的主观故意只是少数人。

纳税人规避纳税风险的需求主要是防范纳税风险，避免税务行政处罚，保证企业纳税不出事，实现安全纳税，通俗的说法就是“不惹事，不出事”。一般来说，企业都有节税的想法，但是，除一些知法犯法、故意偷逃税的不法分子外，绝大多数企业主观上都不愿因违反税收法律法规而受到税务行政处罚，大都希望税务机关帮助它们把好“税收风险关”。规避纳税风险，渴望安全纳税，就如同自然人对自身“安全需求”一样，是纳税人在税收方面的“安全类”服务需求。而分析税务机关目前的征管状况，一方面企业在办税前期，有可能由于纳税服务宣传辅导不到位，造成纳税人对税收政策的了解和掌握不够，办税技能不熟练；另一方面税务检查稽查作为当前税务机关组织收入的重要组成部分，相当多的企业要面临税务检查和稽查。它们经常由于非主观故意造成税收政策执行错误，而遭受补税、罚款和滞纳金的税收损失。

税收工作实践给我们的启示是，纳税人的最真实的合理需求是防范涉税风险，实现安全纳税，做到“不惹事，不出事”，这应是纳税服务深入推进的有效切入点。税务机关应当利用自身占有的税收资源和业务技术等优势，通过不断优化纳税服务手段为纳税人提供足够的信息服务，满足纳税人规避纳税风险的需求，帮助纳税人实现安全纳税。

（四）税收风险管理的延伸与深化

随着经济全球化以及企业间竞争的加剧，风险管理已经成为一种国际化的发展趋势。风险管理决定着企业的生死存亡，对企业具有十分重要的意义。20 世纪 90 年代，发达国家率先把企业的风险管理引入税收管理领域，形成了税收风险管理理念和方法。OECD 国家实施税收风险管理，主要关注的是纳税人的遵从风险，所以也叫纳税遵从风险。税务风险管理以服务和管理并重的理念为基础，核心有两点：第一点是要针对不同的纳税人制定不同风险管理的战略和对策；第二点是要把有限的征管资源用于风险大的纳税人和领域，并据此建立了一套依托信息化支撑的应对措施，包括风险评估、风险识别、风险排序、风险处置、风险绩效评价等。税收风险管理在我国起步较晚，但发展速度很快。特别是近几年来，不管是税务机关或企业纳税人，都对树立风险意识理念、建立风险管理机制进行了大量的尝试，取得了明显进步。2009 年 5 月，国家税务总局正式下发了《大企业税务风险管理指引（试行）》，要求税务机关积极引导企业建立税务风险内控机制。

从我国税收征管实践看，税收流失的风险主要来自内部和外部两个方面，即执法风险和纳税风险。执法风险是指税务机关或人员对税法不遵从的风险，其中有对税法不熟悉的，也有渎职的，甚至有明知故犯、以权谋私的。这种不遵从，既会造成税收流失的风险，还会使税务机关和税务人员承受政纪国法处理的执法风险。纳税风险是指纳税人对税法不遵从的风险，指企业的涉税行为因未能正确有效遵守税收法规而导致企业未来利益的可能损失，具体表现为企业涉税行为中影响纳税准确性的不确定因素，其最终结果表现为企业多缴了税或者少缴了税。纳税风险存在于企业涉税活动的每个环节，无时不有，无处不在，有着极大的危害性，一旦涉案，可能会造成重大经济和声誉损失。执法风险和纳税风险是税务风险的两个方面，两者之间存在着内在的统一性。依法办税是征纳双方应共同遵守的原则标准，也是税收风险管理的主线。提高税法遵从是征纳双方的共同管理目标。

从当前税收风险管理的实际运用看，税务机关较多的是站在税收管理或内部管理的角度，研究执法风险以及廉政风险。而很少有人站在纳税人角度讨论纳税风险的问题，即便有学者在著述中有所涉猎，那也仅仅是从企业内部管理的角度讨论税收风险问题，很少有从税务部门纳税服务的角度讨论如何帮助纳税人消除纳税风险、实现安全纳税的研究成果。因此，在当前税务系统强调既要强化管理，又要优化服务的大背景下，在纳税服务工作中引入税收风险管理理念，不断提高管理和服务的针对性和有效性，有着极高的实践价值和理论意义。

（五）公共服务理论的融入与国际经验借鉴

从西方经济学、管理学以及社会学等角度看，支撑和指导纳税服务的理论很多。"效率公平"的税收基本原则、"主权在民"的社会契约理论、税收遵从理论、公共财政理论以及新公共管理运动理论等，对纳税服务理论的形成和发展都有着深远的影响。税收遵从理论强调的是构建和谐的税企关系，认为税务机关可以通过提高纳税服务水平、减少纳税人的税收遵从成本，提高税收遵从率，降低征税成本，提高征管效率，从而建立一种和谐的税收体系。新公共管理运动理论强调的是以人为本，即以纳税人为中心，将纳税人视作税务机关的"客户"，以纳税人的需求为导向，以纳税人的满意程度作为衡量纳税服务优劣的重要标准。这些理论对于深入推进纳税服务有着重要的指导意义。

西方国家现已建立起一套比较成熟的纳税服务体系，以纳税人为中心的纳税服务理念被广为运用。美国提出 1 份纳税服务的努力可以相当于 50 份税务稽查的收获。美国将其联邦税务局的使命定位于"给美国纳税人提供最优质的服务"，强调应该多从纳税人的角度来考虑并处理征纳关系，要使纳税人更容易自觉遵从；同时要加强执法，以确保每个人都履行其纳税义务，要让纳税人尽早地了解税法规定，尽快纠正可能的不遵从行为，降低被处罚的风险。澳大利亚近年来也在围绕"让纳税遵从更容易"的理念，采取了一系列卓有成效的纳税服务措施。澳大利亚税务局的遵从模型改变了以前的管理方法：即从等到纳税人犯错后，再动用资源确定、追查和更正，转变为从开始就帮助纳税人做正确的事，教育纳税人做正确的事是转变做法的关键。税务管理的目标是通过采取各项措施，以制造向下的压力，增加纳税人的遵从意愿，使金字塔底部纳税人的数量最大化。

基于对上述背景的理性分析和深刻认识，建立一切以纳税人为中心，以纳税人规避税收风险需求为导向的纳税安全服务制度势在必行，而且可行。通过践行纳税安全服务制度，可以利用税务机关自身占有的税收信息和资源优势拓展个性化服务，帮助和引导企业自我纠正，避免因非主观故意没有遵循税收法律法规可能遭受的法律制裁、财产损失或声誉损害。实现安全纳税，也有助于建立覆盖纳税人履行纳税义务全程的专业化、集约化、个性化纳税服务体系，提高税务人员的服务意识和服务能力和纳税人的满意度和安全纳税能力，促进纳税服务效能大幅提升、纳税服务需求及时响应，从而不断提升纳税人的纳税遵从度，实现税收收入与经济发展的协调增长。

三、建立纳税安全服务制度的探索与推进

自 2009 年以来，青岛市国家税务局为深入落实全国纳税服务工作会议和肖捷局长的指示精神，积极拓展纳税服务内容，为促进企业做大做强、更好地履行社会责任提供帮助，将风险管理和公共服务的理论运用到纳税服务工作中，以纳税人最关心的纳税安全需求为切入点，利用自身的信息资源和专业技术优势，实施了纳税安全服务制度的框架设计和系统构建，并在机关内部自上而下地进行了理论灌输和思想动员，最大限度地获得了广大税务人员的积极响应和价值认同，同时也激发和集中了各个方面业务精英的群体智慧，建立和实施了纳税安全服务体系，从制度设计到技术操作，从业务流程和纳税过程的全程覆盖，主动帮助纳税人实现安全纳税、远离风险，取得了较好的成效。国家税务总局有关领导评价其具有“创新性、融合性和转型性”三个特点，其实质是对“以征管手段优化服务，以服务理念强化征管”的最佳诠释。

（一）纳税安全服务制度的基本特征

1. 征纳双方地位平等。《中华人民共和国税收征收管理法》明确了征纳双方平等的法律地位，规定了征纳双方享有的权利和义务。在税收法律关系中，征税主体和纳税主体密不可分、相辅相成。纳税人权利的实现，需要征税机关履行义务作保障；而纳税人履行义务，则是征税机关行使权力、充分发挥税收职能作用的必然要求。因此，税务机关和工作人员应实现由执法 + 管理的强势角色，向执法 + 服务的平等角色转变，实现执法与服务的良性互动，营造平等和谐的征纳关系。

2. 动态服务需求导向型。在当前整个税收环境和秩序逐步改善的新形势下，纳税人的服务需求呈现出多样化和不断提升的特点。纳税人需求的初级层次是一种尊重需求，即要求税务人员服务态度好，行为礼貌，文明用语等；中

级需求是效率需求，即要求税务机关帮助纳税人方便快捷的办理涉税事宜，提高效率，降低成本；纳税人的最高需求是安全需求，即要求税务机关通过友情提示、风险预警等主动服务措施，帮助纳税人有效防范纳税风险，避免因没有遵循税收法律法规可能遭受的法律制裁、财务损失或声誉损害，从而实现安全纳税，促进征纳和谐。这就要求我们税务机关以纳税人的动态纳税需求为服务导向，由简单的税法宣传，向能给企业提供可持续性发展的税务信息上转化，最大限度地维护纳税人的合法权益。

3. 以风险防范为主线。以纳税人的“安全纳税”需求为导向，以维护纳税人的合法权益为宗旨，将现代管理学中的风险管理理论应用到纳税服务工作中，纳入日常征管工作中，以信息化为依托，全面深入地查找纳税风险点，有针对性地制定风险防范管理措施并进行有效实施，构筑“前期预防、中期监控、后期援助”三道防线，帮助和引导纳税人科学合理地防范纳税风险，促进纳税安全的目标。

4. 体现执法的人性关怀。从税收管理的角度看，过去税收执法偏重硬性手段，强化管理而忽视税收预警，使得许多纳税人违规后没有任何弥补机会而被查处惩戒，由此而产生抵触心理。同时，也给少数不良税务人员“寻租”提供了机会。纳税安全服务管理体系，借鉴刑事司法预防犯罪制度，建立风险预警管控机制，以纳税人为关注焦点，以帮助引导为主线，树立“纳税人至上”的服务理念，把尊重纳税人、相信纳税人、贴近纳税人、方便纳税人，提高纳税人税法遵从度，作为现代税收管理服务的重要内容，在“刚性”和“硬化”的执法大框架下，体现“柔性”和“感化”，努力将纳税人长期以来所形成的消极、被动纳税心态，逐步转变为积极主动、自觉、诚信的纳税心态，不断拉近税务机关与纳税人的心理距离，努力构建以纳税人为中心的新型征纳关系。同时公开透明的风险点控制，也最大限度地减少了不良税务人员“寻租”的机会，从某种意义上讲，也是对税务人员的廉政保护，标志着税务机关的管理理念从“管理监督型”向“管理服务型”的转变迈出实质性的一步，体现了执法的人性关怀，是转变政府职能的崭新尝试。

5. 以信息化手段为支撑。纳税安全服务制度不是某一个人的“恩施”和“善政”，而是在信息化运行下的阳光行为和全员行动。在纳税安全服务体系的制度设计和系统构建上，按照便捷、高效、安全的原则，借助先进的信息技术，改进纳税服务手段和方式，提高纳税服务的科技含量，使之实现“模板化”和“痕迹化”的内控机制，通过服务手段和方式的创新，努力在拓展广度、增加深度、提高精度上下工夫，降低纳税成本，为纳税人提供高效能的服务。

（二）纳税安全服务制度的基本措施

纳税安全需求是企业生存最重要的需求，也是纳税人对税务机关纳税服务的最高需求。对此，纳税服务安全制度的基本措施要以纳税人的“安全纳税”为导向，以维护纳税人的合法权益为宗旨，将现代管理学中的风险管理理论应用到纳税服务工作中，构筑“前期预防、中期监控、后期援助”三道防线，帮助和引导纳税人科学合理地防范纳税风险。即要求税务机关通过友情提示、风险预警等主动服务措施，帮助纳税人有效防范纳税风险，避免因没有遵循税收法律法规可能遭受的法律制裁、财务损失或声誉损害，从而实现安全纳税，促进征纳和谐。

1. 事前预防，防患于未然。纳税人如果在涉税活动中尽早了解税法和纳税程序，有助于尽快纠正税收不遵从行为，从而减少被处罚的风险，降低纳税成本；税务机关可以因此花更少的成本收到更多的税款。因此，纳税人在纳税义务尚未发生前，税务机关要充分利用各种手段和途径，向纳税人宣传、辅导和提醒，使纳税人少走弯路，避免发生不应有的财物损失和违反税收法律法规及规章的行为，并利用咨询沟通平台开展税前政策宣传、咨询、辅导服务。建立渠道多样高效的咨询沟通平台，提供高质量的咨询服务，向纳税人做好最新税收政策的宣传、辅导服务，及时准确应答、解决纳税人提出的涉税问题，分析其中的纳税风险点，帮助纳税人及时准确了解税法和税收业务规则，切实提高防范纳税风险能力和依法诚信纳税意识。针对不同纳税群体的需要，提供共性和个性化相结合的办税辅导服务，让纳税人可以根据自己的需求有针对性地选择服务类型，提高服务实效。

2. 事中监控，全程防范。利用税收征管软件等信息化手段，建立纳税风险日常监控和预警。通过建立纳税安全服务一体化联动机制，明确纳税风险相关信息的识别、确认、控制、评价和传递程序，通过纳税安全服务预警软件系统就发现的问题风险，及时给予提示预警，指导纳税人针对可能出现的风险及早采取应对措施，使纳税人的各类违法违规问题能够得以及时发现和纠正，使纳税风险损失降低到最低程度，确保税务人员与企业相关人员保持良好的沟通和反馈，并根据实际情况对不同企业的纳税风险，采取书面建议、口头告知、短信提醒、公告提醒、专题会议和网站提醒等。更为重要的是，税务部门必须优化税收业务流程，更快速地处理涉税信息，通过数据分析手段尽快识别并处理税收不遵从行为。税务机关集中力量梳理和整合优势资源防范纳税风险，为纳税人提供统一、权威、准确和实用的纳税安全公共产品和服务，也是专业化税收征管模式下，淡化管理员职能、改变纳税人“有事就找管理员”路径依赖、克服单一管理员个性化服务的缺陷和固有风险、实现纳税安全最大化的客观要求。因此由税务机关集中力量进行的纳税安全管理应最大可能涵盖所管理的各个行业，集中于当前的问题，按照行业、风险大小对企业分类、分级，通过风险分析来优化人力等资源配置，建立税收风险管理系统，包括明确的目标、严密的进程控制和健全的分析管理方法。建立与税收风险管理相关的数据库和应用系统，根据风险管理经验积累和趋势研究，建立税收风险分析与管理的数据库和“智库”，强化专业力量的建设并发挥其指导作用，并且从风险分析管理的典型案例中提炼预警分析指标、开发风险分析预警软件。既发挥信息化的作用，又发挥专业人员的智慧，这是纳税安全管理的一个发展方向。

3. 事后援助，权益保护。积极帮助和引导纳税人防范纳税风险，执法坚持以人为本，宽严相济，建立有效的纳税人诉求和反馈机制，保证全体纳税人的合法权益在相关法律和税收业务中得到充分体现和落实。

一是丰富税收执法方式和手段，在传统的税收执法程序外，引入并推广替代性征纳纠纷解决方法，更方便快捷地解决纳税人的税法遵从问题。例如，若纳税人在纳税申报时弄错信息而未申请减免，税务部门应主动电话通知其纠正错误。提倡使用“软通知”（即给纳税人短信提醒、税企邮箱通知、税务网信息公开等）、纳税评估和其他非税务检查的方式与纳税人接触，积极开展税法宣传，鼓励纳税人自我纠错，最大限度地降低征纳双方的风险和成本。

二是畅通投诉举报渠道，统一由纳税服务部门（承担纳税人权益保护职责的机构）负责受理、反馈和督办纳税人的投诉和举报，完善12366热线、税务网站的功能，规范办税服务场所意见箱（簿）的设置，进一步简化投诉举报程序，畅通纳税人投诉举报渠道；完善和落实纳税服务应急处理机制。

三是积极探索完善税收争议调解机制，对纳税人提起对税务机关作出的具体行政行为不服的，根据自愿、合法的原则，依法进行调解，化解税收争议。构建科学、合理的调解、申诉程序，保障对争议事项的公正处理，减少诉讼争议风险。

四是健全税法援助制度，规范征纳争议处理操作程序，扩大税法援助项目范围。在征收、管理、评估和稽查过程中，纳税人对税务机关行政决定的争议，都要纳入税法援助范围之内；建立援助网络传递制度，在外部网站启动援助专栏，纳税人可通过网络实名提出援助项目。

五是坚持“无过错推定”，并在符合法律规定的前提下，按适当性和最小损害性要求进行处罚，突出以人为本、宽严相济，对部分轻微违法行为依照有关规定实施“首违不罚”。

（三）编印《纳税安全服务手册》

根据纳税安全服务制度编写的企业纳税风险防范指导用书《纳税安全服务手册》（由中国税务出版社正式出版），发放给辖区内的广大纳税人，用于风险教育和问题警示，已经成为企业自我防范税收风险的教科书。该书以一种全新的视角，以纳税风险为研究对象，从税收工作实践中观察、审视和发掘企业在纳税实践中经常遇到而又模糊不清的纳税风险问题，归纳整理了企业容易出现的110个风险案例，通过情景回放、风险点评、税官建议以及政策链接四个方面加以介绍，每个风险点按难易程度分为三个级别进行风险提示。从细节入手，用案例说话，力求帮助广大的纳税人方便快捷地运用好现有税收政策，掌握纳税风险防范的基本技能，保障自身的合法权益，增强企业发展动力。同时，也为了促进税务部门站在纳税人的角度想问题，将帮助和引导纳税人防范纳税风险、促进纳税安全作为纳税服务的首善之举，增强执法本领，深化和拓展纳税服务工作，努力实现税企双赢。

（四）开发运行《税收风险预警系统》和纳税服务网

税收预警服务作为纳税服务体系中一个组成部分，具有警示性和灵活性，它通过税务机关的提前告知，引导纳税人自行规范财务核算，自行纠正各种违规行为，提高申报核算准确率，促进征管质量的提高，两者的终极目的是一致的。《税收风险预警系统》旨在建立税收分析预警平台，以现有的税收征管软件为技术后台，根据税收法律法规和制度的规定，对一定时期内纳税人纳税情况的真实性、准确性进行科学评定，综合运用各类信息资料及其预警值查找异常，提出日常风险监控管理目标和征管措施，由税收管理员统一向不同的服务对象进行提醒发布，以达到对纳税人实行整体性控管的目的。

秉承安全纳税的服务理念，依托信息化优势，加快建设包含网上办税、咨询服务、发布公告、政务公开、风险预警、案例警示等功能在内的纳税服务互联网络平台，推行网上远程抄报税和多元化申报，实行一窗通办和同城通办，使纳税人便捷办税。提供查询、预约、提醒服务等功能模块，纳税人运用纳税服务网可以享受到全天候、无地域、全过程、高品位的服务。

四、建立纳税服务安全体系制度的几点启示

（一）纳税服务安全体系是学习实践科学发展观，建设服务型政府机关的内在要求

围绕"服务科学发展、共建和谐税收"的新时期税收工作主题，需要我们将科学发展与和谐社会的理念创造性地应用到税收工作实践中。纳税安全服务工作是政府部门对"以人为本"服务理念的传递和展现，是对为人民服务根本宗旨的诠释和具体化，也是建设服务型政府机关和构建和谐社会的内在要求和实际行动。纳税安全服务作为创新性的服务举措，本着公开负责的态度与纳税人交流潜在的纳税风险并指导其主动纠正，而不是利用信息不对称保持手中权力的神秘感，切实做到资源共有、信息共享、风险共担、征纳共赢、和谐共建。过去无论是制定制度、工作流程、防范风险，都是从维护税务机关的利益、方便税务机关的管理角度出发的，但现在从构建服务型政府的角度来看，纳税人的利益高于一切。不仅要平等地尊重纳税人，更要真正从维护纳税人合法利益的角度去开展工作。纳税安全服务坚持"纳税人至上"的服务理念，要求税务机关站在纳税人的角度来想问题，以纳税人最关心、最直接、最现实的合理需求为导向，主动帮助纳税人有效防范涉税风险实际上是构建服务型政府的有力举措。

（二）纳税安全服务是新形势下"以纳税人为中心"服务理念发展的有效载体

多年来，税务机关在纳税服务工作中进行了不断的探索与完善，经历了一个不断发展的过程。总结税务系统纳税服务理念的发展历程，大致经历了监督管制型、态度尊重型、地位平等型和纳税人至上型四个阶段。目前"以纳税人为中心"的服务理念将纳税服务工作提升到了一个较高的层次，也实现了由强制性管理的"堵"，到管理与服务相融的"疏"的方式转变，实现了标本兼治。纳税安全服务可以初步将纳税人长期以来所形成的消极、被动的纳税心态，逐步转变为积极主动、自觉、诚信的纳税心态，提高纳税人的遵从度。

（三）纳税安全服务是实现管理与服务有效融合的有效切入点

纳税服务与税收征管是税务部门的核心业务，这是国家税务总局对纳税服务工作的新界定。但在实际工作中重征管、轻服务，征管"实"、服务"虚"的现象依然存在。帮助纳税人规避风险是从服务的角度切入，但这种服务又是通过融合征管手段来实现的，实际上服务和征管是相辅相成的。比如报税期满

最后一天的短信提醒，在有效提醒纳税人降低涉税风险的同时，也是充分运用信息技术加强征管的有效手段。所以说，纳税安全服务实际上也是对纳税人进行管理的最佳切入点。纳税安全服务既防范了纳税人的涉税风险，又有效降低了税务干部的执法风险，以实际行动诠释了执法与服务、管理与服务在实际工作中的有机统一。

从专业化税收征管体系改革的角度看，坚持风险管理也是一项重要原则，即以税法遵从最大化为目标，科学规划设计税收风险管理机制，科学实施风险目标分析、识别排序、应对处理和绩效考评，力求最具效率地运用有限征管资源，不断降低纳税人税法遵从风险，并通过强化监督制约降低内部执法风险，减少税收流失。例如，对纳税人、税收业务风险等级进行分析、识别和评价，将征管资源优先配置到风险层级高的管理事项中，缩小税收遵从缺口规模，有效应对风险，获得较高水平的纳税遵从度。将一般纳税人认定和减免税审批等风险较高的业务集中到税政科室管理；将风险度较低的，不需要实地审核的事项如简易注销等由办税服务厅办理，是风险管理的一种体现。

（四）纳税安全服务制度是实现征纳双赢的有效途径

纳税安全服务在实践中得到了纳税人的广泛认可，大家普遍反映：税务机关开展的纳税安全服务让纳税人纳税如同“亮起红绿灯、划上斑马线、系上安全带”，心中有了安全感、踏实感和方向感。短信提醒、风险预警和税法援助等系列措施，让纳税人受益匪浅，切实解决了纳税人的许多风险、隐患和问题，纳税人对税收风险管理越来越重视，税收遵从度也明显提升。与此同时，也带动了税务干部的服务意识和能力显著提高，工作动力明显释放。通过建立健全纳税安全服务制度、完善服务考核评价体系等措施使外部监管的过程，变成了自我约束、自我提升的过程，税务干部综合素质明显提高，为纳税人服务的意识和本领明显增强，税收征管质量和效率也明显提升。

（五）纳税服务任重道远，尚需继续探索前行

目前，在优化纳税服务、完善服务机制、提高服务水平的过程中，纳税服务内容逐步丰富、服务手段不断创新，纳税服务的目标、要求和内容日益庞杂。我们需要科学的确定纳税安全服务工作还存在哪些不足，哪些方面急需改进。特别是在纳税人需求日趋多元化、税务机关的纳税服务日益多样化形势下，如何通过科学化的理念和信息化的技术手段选取纳税人亟需解决的问题上，提供准确、即时的纳税服务，实现科学化、专业化、精细化的管理目标，并实现与税收执法权和行政管理权内控机制的有机结合，是我们今后长期探索

和研究的重点内容，也是税收理论工作者义不容辞的责任和担当。随着对纳税安全服务研究的逐步深入，在理论和实践上尚有许多空间和空白需要我们付出更多的努力来加以拓展和充实，纳税服务任重道远，尚需继续探索前行。

课 题 指 导：刘崇俊

课题组组长：刘新建

成　　　员：郭洪源　王　磊　柳祖岩

执　　　笔：郭洪源　王　磊　柳祖岩

资源行业真实涉税信息视频集成管税模式的创建

——广西壮族自治区崇左市国家税务局资源行业税收专业化管理道路的探索

广西壮族自治区崇左市国家税务局
广西壮族自治区国家税务局税收科学研究所 联合课题组

一、资源行业真实涉税信息视频集成管税模式创建的背景、思路及条件

（一）资源行业真实涉税信息视频集成管税模式创建的背景

资源行业真实涉税信息视频集成管税模式的创建基于以下客观的经济、社会、税收背景。

1. 单一经济结构决定的税源行业集中度和区域集中度双偏高。崇左市属于广西经济后发展地区，经济基础薄弱，经济结构单一，支柱产业集中于糖业、锰业、水泥业、林产品加工业等资源行业，并且呈现地域上的高度集中性。

2. 税源行业高度集中隐含的税收高风险。模式创建前（即 2007 年以前），上述支柱行业的国税收入占据着该行政区域国税收入约 90%，糖业税收甚至占据该行政区域国税税收约 70%。而糖产品价格受制于国际市场和政策性等因素，波动性大，糖业税基极不稳定，税收风险极高。

3. 重点税源的资源特性与管理的难中之难。资源型行业不仅产品附加值低，而且是“两小票”（农产品收购发票和运输发票）集中使用的行业，从而成为税源监控最难以企及的行业。

4. 弱质征管基础下，区域行业税负偏低于广西同业平均水平。模式实施以前，崇左市年度税收征管质量考核指标在广西国税系统居于中下位水平，税收征管基础相对薄弱，区域行业税负偏低于广西同业平均水平。

5. 部分制糖企业和蔗贩违规跨区收购糖料蔗引发的区域间甘蔗大战，成为长期困扰地方政府的社会难题。糖料蔗生产是政府定价管制的产业，政府根据“谁投资、谁扶持、谁受益”的原则，划分制糖企业的蔗区及蔗农边界，保证制糖企业的蔗原料供应，维护辖区的财税利益。但是，每当榨季期间，一些不法蔗贩高价跨区收购糖料蔗进行贩卖，甚至控制了收购市场，用“断槽”（生产线停工）威胁制糖企业抬高糖料蔗入厂价格，导致区域税收转移。基于蔗——糖——税——地方财政的特殊利益链，为了维护辖区的财政利益，每当榨季，地方政府“一把手”亲自带队围、追、堵、截蔗贩子，甚至引发更激烈的区域间甘蔗大战，地方政府的糖业财政管理成本极高。

（二）资源行业真实涉税信息视频集成管税模式创建的思路

2006 年 9 月下旬，崇左市国家税务局新一届党组成立以后，深入调研，认清辖区经济社会税收背景，廓清了税收管理的思路。

1. 战略思想。

（1）采取循序渐进的战略，集中管理资源，以创新制糖行业税源管理方式作为突破口，取得成功后逐步向其他支柱行业扩散，探索一条资源行业税收专业化管理的新路。

（2）把解决行业税收管理难题和困扰行业发展的经济社会难题结合起来，争取税收、经济、社会发展的共赢。

2. 战术思路。遵循行业税收管理规范，建构资源行业真实涉税信息视频集成管税模式。

（1）组建糖业税收专业化管理团队，架构糖业税收专业化管理组织机构，整合行业税收法律、法规和规章，借助科技手段，构建糖业行业真实涉税信息视频集成管税子系统。

（2）从“蔗——糖——税”管理链条上寻找管理的难点和关键点作为电子工具的监控点，确保自主采集的涉税信息真实，实现“蔗——糖——税”整个流程的监管。

（3）以自主采集的真实涉税信息为依据，监管农产品收购统一发票和增值税销项发票的填开，核实运输发票的真实性。

（4）把计算机网络系统建成一个与互联网、企业网、税务网、政府网相连接的，开放式的网络体系，以便内网采集的产品销售价格等信息与互联网的市场价格等信息实时比对。

（三）资源行业真实涉税信息视频集成管税模式创建的保障条件

1. 集中配置最优质的税收管理人力资源。在全市国税系统抽调精锐的税收业务骨干，组成29个驻企业税务管理组，派驻61户重点企业，专职负责对重点企业涉税业务的控管。

2. 开展行业专业管理知识的培训。按照税收专业化管理要求，有针对性的邀请区内外的著名专家、学者对行业税收管理人员进行专业培训。

3. 配备专用设备。调配质量最好、配置最高的电脑近100台和公务用车5辆给行业税收专业管理人员，确保行业税收专业化管理高效、快捷推进。

4. 安排专项经费。将行业真实涉税信息视频集成管税子系统软件升级、网络运行维护、设备购置和更新、人员经费等列入年度预算，确保专项经费及时到位。

二、资源行业真实涉税信息视频集成管税模式的主要内容

资源行业真实涉税信息视频集成管税模式，是由重点资源行业税务管理组织构架、重点资源行业税收管理制度系统、多媒体网络远程指挥办公系统、重点行业税务计算机网络管理系统和行业税源真实生产数据远程自动采集系统（企业电子控税仪端）等集成的综合管税体系。

（一）重点资源行业税务管理组织构架

1. 专业化的税务管理决策指挥中心。从管理组织创新为切入点，组建了制糖企业税收监管指挥中心，统一制糖行业真实涉税信息视频集成管税子系统的研发和组织实施。随着五大行业真实涉税信息视频集成管税子系统的相继构建，统领专业化的税务管理决策指挥中心构架基本形成。（1）在市国家税务局分别设立五大行业税收监管指挥中心，市局局长担任总指挥长，领导、组织、协调五大重点行业真实涉税信息视频集成管税子系统的建设。（2）在县（市、区）国家税务局分行业设置税收监管分指挥中心，县局局长担任分指挥长，在市局各行业指挥中心的统一领导下，实施本地重点行业税收监管工作。

2. 分行业设置税务管理职能组。在行业指挥中心下设综合组、技术组和

三个业务组。综合组负责协调指挥中心与业务组和技术组以及业务组和技术组之间的工作，业务组负责税收征管、税收政策法律依据等工作，技术组负责技术研究开发、推广应用和技术支持等工作。

3. 分行业设置驻企业纳税服务组，人员实施动态管理，各行业子模式建设初期，基于建设企业税收控管点的需要，实施3人组的驻企业纳税服务组织人员结构，即每个驻企业纳税服务组由一名县（市、区）局领导班子副职、一名股长和一名税收管理员组成。各行业子模式步入正常运转轨道后，驻企业纳税服务组人员开始消减为1人，负责驻企业纳税服务组的常规工作。

4. 重点行业税收管理组织机构的优化配置。2009年下半年，借助于市、县国税系统税务机构改革的机遇，崇左市国税局借鉴国际税收专业化管理的经验，将新设立的大企业管理科作为市局指挥中心下设的常务机构，三个业务组合为一个，把原来分散管理的五大重点税源行业控管系统归口大企业管理科统一管理，把原来由市局指挥中心直接管理的驻企业纳税服务组划归大企业税务管理科直接管理。理顺了组织机构，进一步整合和优化了人力资源。

（二）重点资源行业税收管理制度系统

1. 重点行业税收征管制度。依据税收征管法①及其实施细则②、增值税暂行条例③及其实施细则④、增值税专用发票使用规定（试行）、糖料管理暂行办法⑤、《广西壮族自治区糖料蔗管理实施细则》（2002年1月1日发布）、自治区人民政府关于进一步加强蔗糖业管理工作的通知⑥、《自治区人民政府印发自治区经贸委〈关于加强糖料蔗购销工作管理的意见〉的通知》⑦、自治区发展计划委、经贸委、农业厅、物价局、工商行政管理局《关于实施〈广西壮族自治区糖料蔗管理实施细则〉的通知》⑧、《广西壮族自治区人民政府办公厅关于加强糖料蔗管理严禁跨蔗区抢购的紧急通知》⑨ 等法律、法规，针对各重点行业的生产经营管理特点，结合本地税收管理实际，崇左市国家税务局制

① 见中华人民共和国主席令〔2001〕49号。

② 见国务院令〔2002〕362号。

③ 见中华人民共和国国务院令第538号。

④ 见财政部、国家税务总局第50号令。

⑤ 见国家发展计划委员会、国家经济贸易委员会、农业部、国家工商行政管理总局第23号令。

⑥ 见桂政发〔2006〕43号。

⑦ 见桂政发〔2001〕80号。

⑧ 见桂计经贸〔2002〕560号。

⑨ 见桂政办发〔2003〕210号。

定了制糖企业税收管理暂行办法①、锰产业税收征管暂行办法②、松香企业税收征管暂行办法③和水泥行业税收专业化管理办法（试行）④ 等行业税收专业化管理办法，并报经崇左市人民政府批转在全市公布执行，确保行业税收专业化管理有法可依、有章可循。

2. 重点行业税收管理工作规程。为了规范驻企业纳税服务组的管理工作，崇左市国家税务局分重点行业分别制定了制糖企业驻厂税收管理员工作规程⑤、锰加工生产企业驻点组管理考核试行办法⑥和水泥行业税收专业化管理工作规程⑦。

（三）重点资源行业税务计算机网络管理系统

依托互联网搭建了一个基于联想网硬件层 SSL 虚拟局域网，将各重点资源行业税收监管指挥中心与企业端口、企业的税收电子工具远程监控端口、驻企业纳税服务组端口、政府端口相联网，架构起以远程监管指挥中心为核心、各端口为支点的涉税信息传递与监控的网络管理体系。

该系统包括：（1）行业税收远程监管中心。这是集中处理、反馈各类涉税信息的数据库、信息库，它集中各端口传输的信息资料，执行数据等信息的比对分析、实时评估等任务。（2）互联网。这是连接重点税源行业税收远程监管中心与各端口的桥梁。（3）企业端口。企业通过互联网，将生产日报表的电子数据信息传送到监管中心的数据库。（4）企业的税收电子工具远程监控端口。安装在企业的“电子税眼”、和电子计量仪采集的涉税信息，通过无线网络技术传输到监管中心数据库。（5）驻企业纳税服务组端口。驻企业税务管理员通过互联网，将企业涉税信息传输到监管中心数据库。（6）政府端

① 见《崇左市人民政府办公室转发市国家税务局关于制糖企业税收管理暂行办法的通知》，崇政办发〔2006〕132 号，崇政办发〔2008〕22 号（修订）。

② 见《崇左市人民政府办公室转发市国家税务局关于锰产业税收征管暂行办法的通知》，崇政办发〔2007〕152 号。

③ 见《崇左市人民政府办公室转发市国家税务局关于松香生产企业税收征管暂行办法的通知》，崇政办发〔2007〕117 号。

④ 见《崇左市国家税务局关于印发水泥行业税收专业化管理办法（试行）的通知》，崇市国税发〔2009〕40 号。

⑤ 见崇市国税函〔2008〕162 号。

⑥ 见崇左市国家税务局关于印发《崇左市国家税务局锰加工生产企业驻点组管理考核试行办法》的通知，崇市国税函〔2007〕122 号。

⑦ 见《崇左市国家税务局关于印发水泥行业税收专业化管理工作规程的通知》，崇市国税函〔2009〕63 号。

口。主要为当地党委、政府领导提供方便的查询窗口，为地方政府部门提供信息交换接口。

（四）重点资源行业真实涉税信息视频集成管税系统

该系统采用自动采集、自动传输、自动比对、自动预警、自动监管等技术手段，实现对企业产、供、销、存全过程的视频监控。它由五大行业子系统构成（详见图 1）。

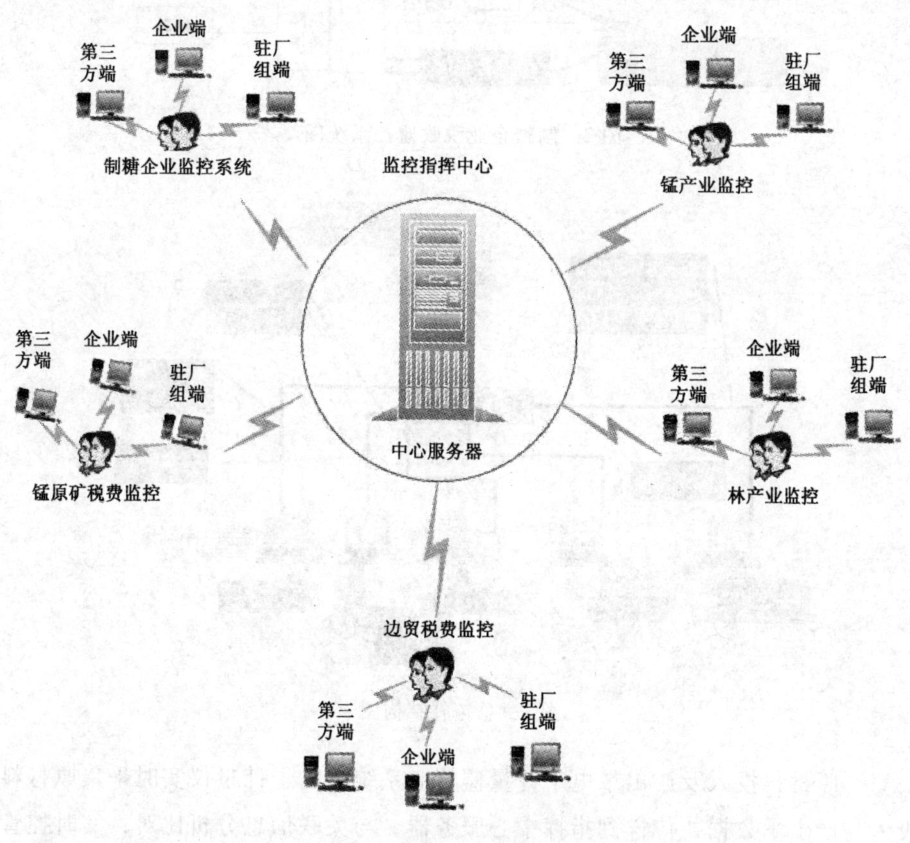

图 1　系统总示意图

1. 制糖行业真实涉税信息视频集成管税子系统。该系统研发于 2006 年年底，适用一般纳税人（图 2、图 3）。

（1）企业供、产、销真实涉税信息视频集成管税亚系统。

①投入、产出“电子税眼”视频监管亚系统。在企业的原材料进入和产品输出通道点安装“电子税眼”，实时拍照和录像进出企业的运货车辆，依托车辆牌照号码自动识别系统，自动记录车辆相关信息。

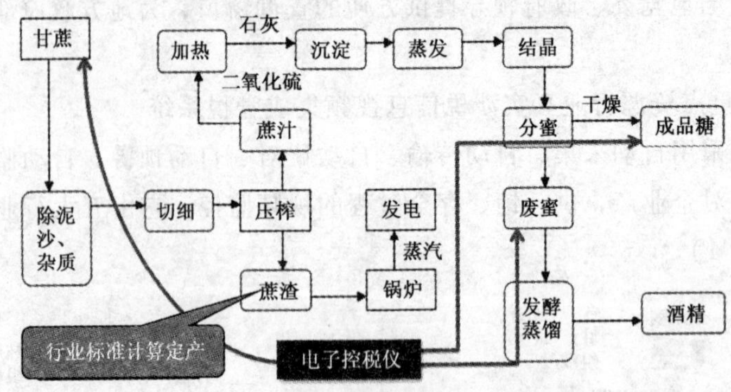

图 2　制糖企业税收监控系统图

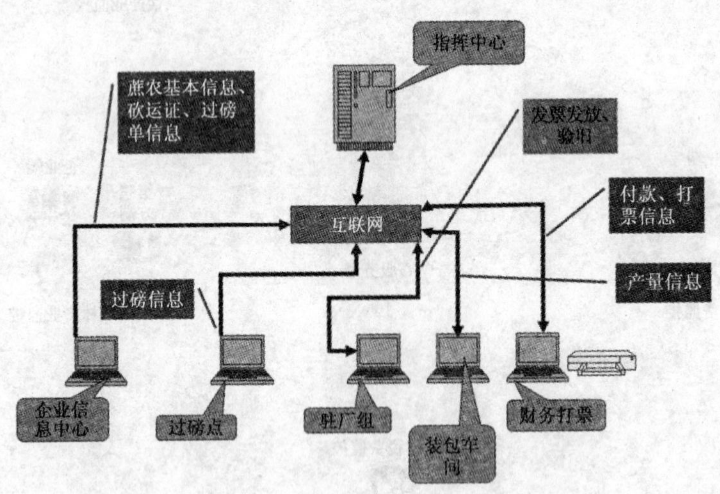

图 3　总拓朴结构图

②原材料投入及产出量电子计量监管亚系统。电子计量仪实时采集原材料投入与产出量数据，传送到指挥中心服务器，与关联信息分析比对，实时控管企业原材料投入与产出量。

③库存产品（副产品）电子管税亚系统。以系统电子采集的原材料投入量和主产品产出量为依据，根据行业标准和经验公式自动计算出副产品产量；电子跟踪主产品和副产品的仓储和物流情况，实时掌握产品库存变化，分析产品销售的实现状态，监控企业申报纳税的真实性。

(2)“两小票、一大票”真实涉税信息视频集成管税亚系统。

①农产品收购发票机控开票亚系统。第一，在“收购发票机控开票系统”

中建立企业涉税农户基础信息数据库。包括农民身份证号码、开户银行账号、蔗主和蔗点代码、种植品种和面积、政府定价、运输距离等65个项目的基础信息，由企业通过“中国糖都网站”导入系统。第二，根据系统监管要求，由企业委托银行转账代支付收购款给农民，监管企业虚增收购额。第三，企业开具农产品收购发票信息自动与系统的农产品收购磅秤单信息及银行支付农民的农产品收购款信息进行比对。若比对信息对称，则企业可借助于计算机开具农产品收购发票；反之，计算机无法生成农产品收购发票。主管税务机关从而实现对制糖企业跨蔗区收购糖料蔗、虚开农产品收购发票行为的监管（详见图4）。

②农产品运输发票真实涉税信息视频集成管税亚系统。第一，运输发票信息与系统相关基础数据库信息电子比对。信息不对称，系统自动发出第一次预警，由企业或驻企业纳税服务组核查。第二，运输发票信息与企业申报增值税抵扣税信息电子比对。信息不对称，系统发出第二次预警，由税务稽查部门处理。

③增值税专用发票真实涉税信息视频集成管税亚系统。第一，根据征管法相关规定，建立企业产品购销合同电子备案制度。没有电子合同备案档案的企业，不予开具增值税专用发票。第二，电子实时比对企业开具增值税专用发票的销售价格信息与合同价格、同期市场价格信息。发票销售价格比当天《广西糖网》或《中国糖网》公布的同类产品可比成交价格每吨低50元以上的，系统自动发出预警，无正当理由者，由主管国税机关按规定进行核定或调整，控管关联企业的避税行为。

（3）税收决策参考电子控管亚系统。

①税收预测电子监管亚系统。依据系统采集的企业供、产、销信息，自动计算出企业当前应缴纳的税额，为税务决策层预测糖业税收提供参考。

②综合分析评估电子监管亚系统。系统自动分析评估采集的全部数据，评估结果提供给决策层作决策参考依据。

（4）中国糖都网站涉税信息沟通亚系统。在互联网上建立“中国糖都网站”，作为联结税收、企业、政府的高速公路。

①联结企业与系统的电子高速公路。企业全部涉税信息通过该网站导入制糖行业真实涉税信息视频集成管税子系统。

②联结驻企业纳税服务组与系统的电子高速公路。系统指挥中心借助网站的“内部消息”平台，向驻企业纳税服务组发布税收工作指令，收集税收工

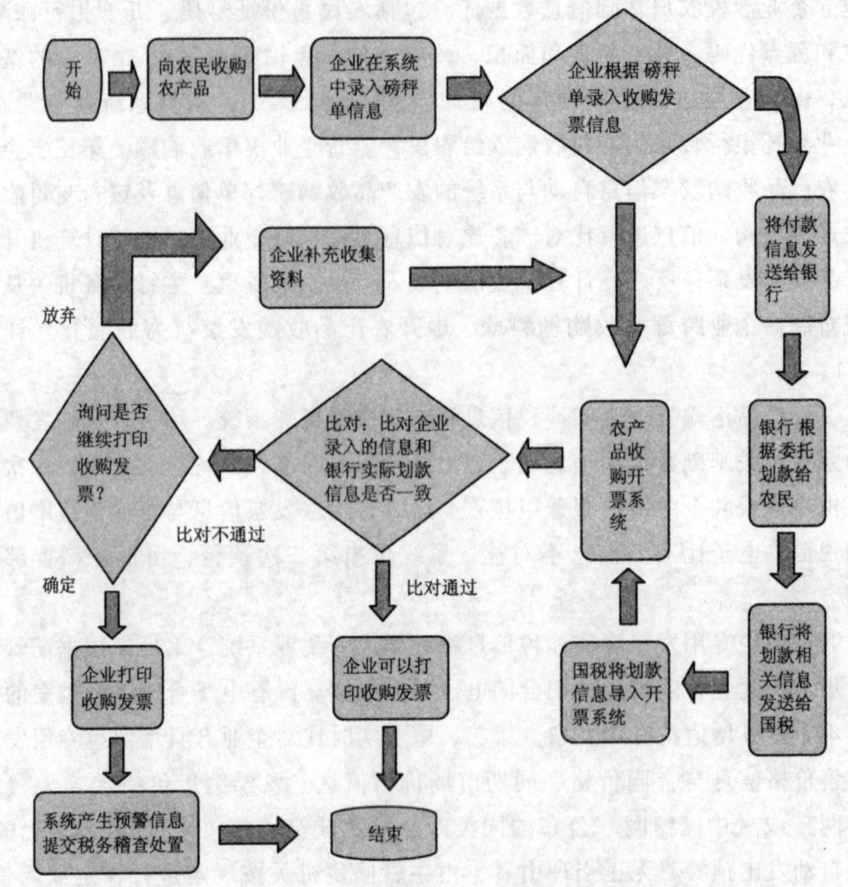

图 4　一般农产品收购发票机控开票亚系统业务流程图

作反馈信息。

③联结企业与税收的电子高速公路。借助网站“涉糖税法”、“糖厂简介”以及与《广西糖网》、《中国糖网》友情链接等平台，为企业提供纳税服务，为税务部门提供涉糖信息服务。

④联结企业、政府、税收的电子高速公路。借助网站“VIP 之窗”平台，给市、县两级党政领导实时提供辖区蔗、糖、税信息（图 5）。

2. 锰业真实涉税信息视频集成管税子系统。该系统研发于 2007 年年初，其中的锰加工业税收监管子系统适用一般纳税人，锰原矿税费征收监管子系统适用小规模纳税人。

（1）锰加工业真实涉税信息视频集成管税亚系统。其行业控管特色：

①在企业不合格产品堆放点、原材料进入和产出通道磅秤点，安装“电

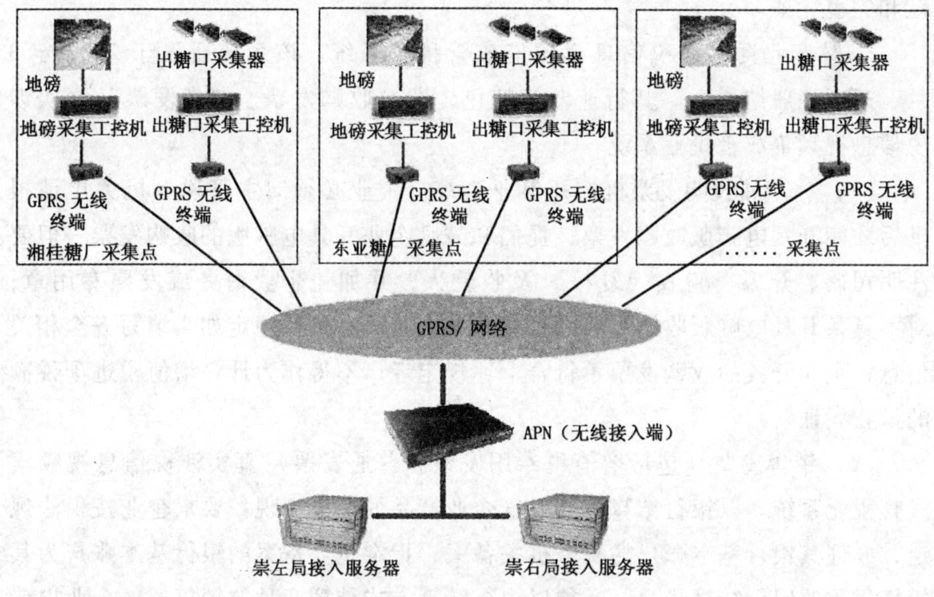

图 5　网络连接拓扑图

子税眼”实施监管。

②能耗与产量真实涉税信息视频集成管税亚系统。一是在企业的炉前（电解槽前）电表安装电子抄表仪，依托远程抄表技术实时采集企业生产耗电量；二是比对远程抄表的能耗读数和行业能耗标准，测算理论产量，与企业报表产量比对，差异超过 10%，系统自动预警，反馈管理员核查。

③系统自动比对企业报送的单位产品物耗与行业物耗标准，出现异常，系统自动预警，反馈驻企业管理员核查。第四，次品回炉信息核实及报告备案制度。包括次品回炉信息税务核实制度和企业报告备案制度。

（2）锰原矿税费征收视频集成监管亚系统。

①锰原矿生产、销售真实涉税信息视频集成管税亚系统。第一，产品产出的 IC 卡监管亚系统。运矿车辆凭借 IC 卡经过锰矿服务站进入矿区装载矿石；在矿区磅秤点，IC 卡读写矿石产量；在矿区矿石磅秤点安装“电子税眼”，实时控管进出矿石磅秤点的运货车辆及磅秤行为；电子计量仪实时计量并采集运货车辆的运货重量的数据。

②比对信息对称监管下的税费征收及凭证机开亚系统。在锰矿服务站的出口，系统自动比对 IC 卡读写的矿石重量与电子计量仪采集的矿石磅称重量，信息对称，则计算机自动计量、征收税费，并自动填开产量凭证、税费征收凭

证和完税凭证。

3. 林产业真实涉税信息视频集成管税子系统。该系统研发于 2007 年 3 月，适用一般纳税人。其行业监管特色，即“收购发票、销售发票”真实涉税信息视频集成管税亚系统。

（1）林产品收购发票机控开票亚系统。企业必须向主管税务机关申请报批后才能开具电脑版收购发票；提倡和鼓励企业开具电脑版的收购发票，但要注明司磅、开票、验收（复核）及收款人，并加盖企业财务或发票专用章；对不具备开具电脑版收购发票的企业，要求其严格按照规定如实填写齐全相关信息；企业开具的收购发票不符合上述规定者，不得作为计算增值税进项税额的抵扣凭证。

（2）销售发票（包括增值税专用发票和普通发票）真实涉税信息视频集成管税亚系统。以银行结算方式监管企业产品的销售实现：要求企业按税法规定，办理其银行基本账户的税务机关备案；指定企业备案的银行基本账户为其销售货款的银行结算账户；必须以银行结算方式结算产品的销售款；企业申请开具销售发票前，必须提供企业产品已售出和已收到货款的凭证（有协议实行赊销的除外），系统自动比对信息对称，确认产品销售实现，企业方能开具销售发票。

4. 水泥行业真实涉税信息视频集成管税子系统。该子系统研发于 2009 年初，适用于一般纳税人。其行业监管特色：

（1）购进原材料取得的具有增值税抵扣功能的发票监管亚系统。鉴于水泥企业购进原材料难以取得增值税专用发票的现实，要求其尽可能提供原材料运输费用发票；借助汉王自动扫描识别仪采集具有增值税抵扣功能的进项发票信息；系统自动比对原材料购进增值税专用发票、普通发票、运输发票信息与企业申报抵扣税款信息，比对信息不对称，系统发出预警。

（2）产量和销售量的真实涉税信息视频集成管税亚系统。采用“熟料球磨机电耗控制法”测算评估水泥的理论产量。根据国家标准水泥单位产品能耗限额标准和系统监控设定的吨水泥电耗标准，测算评估水泥的理论产量；依据测算评估的理论产量，根据经验公式，测算评估水泥的理论销售量；比对企业水泥理论销售量与企业纳税申报的销售量信息，比对信息不对称的，以两者相差数量乘以平均单价用以调整、确认其最终销售额。

5. 边境贸易真实涉税信息视频集成管税子系统。将边境小额贸易和边民互市贸易的进出口流程电脑化、网络化，对边境贸易税费实施真实涉税信息视频集成管税。

三、资源行业真实涉税信息视频集成管税模式的创新与特征

（一）基于真实涉税信息视频集成管税系统的真实涉税信息自主采集的创新

基于真实涉税信息视频集成管税系统的真实涉税信息自主采集，即基于电子视频等电子工具的电子税收监管系统，实现了企业生产经营活动空间与税收监管空间的对接，使税收征管主体“直接参与”了企业的生产经营活动，实现了真实涉税信息可自主直接采集、获取的历史性突破。

税收征管有效运行的一个重要前提是基于纳税信息真实的征纳信息的对称。信息不对称的存在，使税收征纳形成一个持续的博弈过程。纳税信息失真导致的税源监管能力低下是中国现行税源监管领域的难题。

在中国现行税收征管机制下，由税收管理主体自主、直接地采集、获取真实涉税信息几乎不现实，依赖第二方和第三方涉税信息比对获取真实涉税信息的可能性也有限。现代税收征管活动推行的是纳税人自行申报纳税制度，纳税申报即第二方信息是税收征管主体获得纳税信息的重要渠道。由于纳税人具有纳税信息优势，清楚自身某些经济活动信息税务机关不能或难以掌握。而税收征管主体并不参与纳税人的生产经营过程，难以全面了解、掌握和判断纳税信息的真实。信息不对称的直接后果，就会导致纳税人提供虚假纳税信息的“逆向选择”和“道德风险”。随着税收信息共享机制的建立，征税主体掌控的来自第二方、第三方的间接纳税信息越来越充分，但是，由于作为比对核实的基础涉税信息是间接涉税信息而非真实涉税信息，因此，通过间接纳税信息比对核实纳税信息真实性的作用非常有限，成本也很高，纳税信息失真的难题仍难以有效解决。

配置于企业生产经营活动关键点上的电子工具的运用，实现了企业生产经营活动空间与税收监管空间的对接。税收管理主体借助于电子工具“直接参与”了企业的生产经营活动，自主、直接采集、获取第一手真实的涉税信息。电子远程税眼“证明”企业生产经营活动的真实性，“现场记录”企业供、产、销、存的真实信息；电子远程税秤“现场记录”企业原材料投入量及产出量的真实信息；电子远程抄表仪“现场记录”企业电耗、能耗的真实信息；电子远程车牌扫描仪“现场记录”企业供销货物运输的真实信息，因此，它成功地破解了税收征管主体难以自主采集真实涉税信息的难题，使征税主体在

真实纳税信息获取的征纳博弈中掌控了主动权，从而把纳税遵从推向一个新高度（图6）。

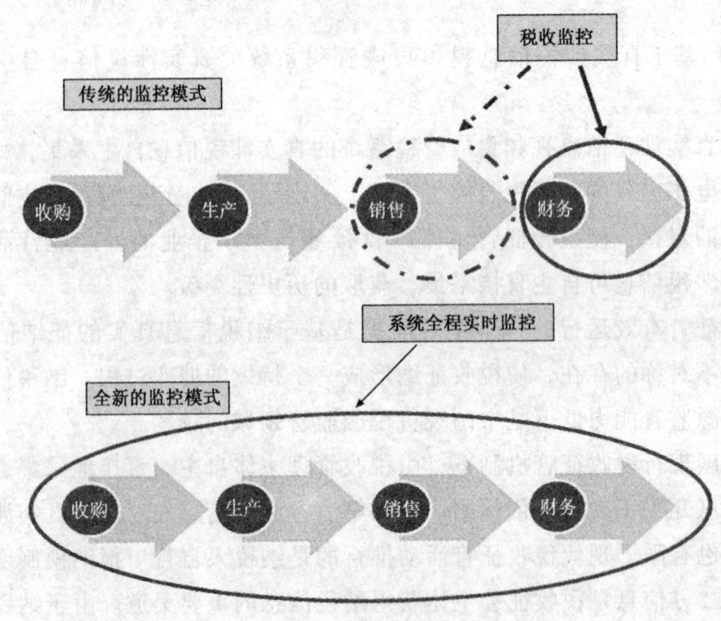

图6 税收监控模式比较图

（二）电子“三流”控电子“三票”信息的真实，实现“票前控税”的创新

电子“三流”控电子“三票”的信息真实，即以电子“物流、价格流、资金流”的真实信息，控电子收购发票和增值税销项发票（或普通发票）以真实信息填开，以及运输发票真实信息核实后的进项抵扣，把“控票”环节由票后信息比对前移至票前信息真实性的监管，在“票前控税”上取得历史性突破，“以票控税”的有效性显著提升。

发票是税收征管主体计税的重要依据。而发票是由纳税人开具的，特别是作为增值税抵扣税凭证的增值税专用发票、农产品收购统一发票和运输发票，其信息失真问题普遍且严重。即便是税控机和金税工程防伪税控系统，通过票后信息比对实现对发票信息真实性的监管，识别发票信息真实性的作用有限。农产品收购统一发票（进项税发票）和增值税销项发票由同一个纳税人自行开具、自行抵扣税的特殊性，使进销项税收信息比对失去意义；运输发票也存在重量、运距等信息难以比对核实的问题。目前实施的“两小票”清单管理也是票后信息比对，仍然难以有效解决发票信息失真问题。

资源型行业是“两小票”集中使用的行业，进项发票信息失真问题很突出。而崇左市国家税务局探索的电子“三流”控电子“三票”的路径，却能够解开“三票”信息失真的“结”。对企业生产过程的电子远程集成管税，使税收征管主体获得企业物流的真实信息；通过电子扫描仪真实采集的企业购销合同信息，与市场价格信息进行比对，使税收征管主体获得企业进、销价格流的真实信息；通过对企业购销交易活动的银行信用结算的监管，使税收征管主体获得企业资金流的真实信息。当税收征管主体通过“三流”之间的信息比对确认“三流”信息真实的前提下，企业才能依据“三流”信息填开电子“二票”（收购发票和增值税销项发票），并据以进行“三票”进销项税额的抵扣。由于把“控票”环节前移至票前信息真实性的监管，“票前控税”成功地解决了长期以来农副产品收购发票和运输发票信息真实性的难题，“以票控税”的有效性得到显著提升。

（三）基于多个电子平台、多种电子工具集合的真实涉税信息视频集成管税载体的创新，连动着数据应用监管前移至数据集成采集、集约监管的技术创新

基于多个电子平台、多种电子工具集合的税收真实涉税信息视频集成管税载体，即以互联网平台为纽带，集合虚拟局域网平台、五大行业税收远程监管指挥中心平台、驻企业税务平台、企业平台、企业税收电子视频监控平台，集合运用电子税眼、电子税秤、电子计量仪、电子抄表仪、电子扫描仪等多种电子工具，架构起多个电子平台集合、多种电子工具集合，立体的、视频的、开放的税收真实涉税信息视频集成管税载体，突破了传统税收局域网单一的、截面的、不可视频的、封闭的电子平台的局限，实现了税源计算机监管载体的创新，连动着数据应用监管前移至数据采集监管的创新，推动行业税收专业化管理在更高的平台上与信息技术深度融合。

崇左市国家税务局在税源真实涉税信息视频集成管税载体上的创新，使税收管理主体通过视频系统和电子工具直接介入到企业生产经营活动的全过程及其关键部位，在税收征管主体直接采集到第一手纳税信息方面取得了历史性的突破，保证了纳税信息的透明、真实、准确和充分。因此，它的技术设计强调的是数据的真实采集，重视的是数据起点的集约监管，收获的是信息技术与行业专业化管理的深度融合。

（四）资源行业税收管理组织循着国际税收管理规律方向优化

资源行业税收管理组织循着国际税收管理规律方向优化，即资源行业税收专业化管理组织的演进是一种探索性的过程，在探索中优化，在优化中实现创新，沿着全能型的税收管理组织——非正式制度安排的行业税收管理组织——置于正式制度安排的大企业税收管理组织下的行业管理子组织的变迁轨迹，体现出与国际税收专业化管理组织演进规律的一致性，与国际税收专业化管理组织变迁实践的趋同性。

崇左市国家税务局在资源行业税收专业化管理起步阶段，自主地按照专业化分工的原则重组非正式制度安排的行业税收管理组织。与行业税收管理职能分工相适应，打破基于属地管理的全能型税收管理组织的传统，构建起分行业的税收管理组织层级结构体系。而后借助于国家税务管理组织重组的契机，设置大企业税收管理机构，积极探索加强大企业管理的模式、路径，以前瞻性的战略思维、超前地把五大重点税源行业统一归并为大企业管理机构下的二级分类机构，实现了大企业税收管理组织与行业税收管理子组织的融合，使之更符合国际通行做法。

（五）资源行业税收管理制度的创新

资源行业税收管理制度的创新，即深入研究行业经营规律的基础上，对相关的税收政策和征管制度进行梳理，把各项税收政策和征管制度的落实要求整合，构建起与五大行业税收专业化管理相匹配的五大具体的行业税收管理制度，规范五大行业税收工作；根据五大行业税收管理工作的特点，建立起与五大行业税收专业化管理相匹配的五大行业税收工作规程，规范五大行业税收管理人员的行政行为，有效地提高了五大行业税收管理的制度效率。

制度指一套行为规则，它对经济行为、经济增长的影响至关重要。为了加强五大资源行业税收管理，崇左市国家税务局依据国家税收实体法和程序法，积极探索不同行业的税收管理方法。以行业税源监管为核心，注意找准行业税源管理的难点、关键点，寻找相应的税收管理办法，建立相应的税收管理制度，逐步建立健全行业税收管理规范和行业税收工作规范。

（六）重点行业企业零距离个性化纳税服务的创新

重点行业企业零距离纳税服务的创新，即再造税务驻厂组的职能，将驻厂组的税务管理职能再造为纳税服务职能，依托驻企业纳税服务组为所在企业直接提供实时的、个性化的纳税服务，实现大企业的零距离纳税服务，深度提升重点税源企业的纳税服务效率与质量。

（七）建立在统一规范的应用系统平台上的资源行业真实涉税信息视频集

成管税子系统，是典型的可全面推广应用的税收专业化管理模型

资源行业真实涉税信息视频集成管税子系统在技术上兼容，在功能上能够优化升级，各行业真实涉税信息视频集成管税核心子系统相融通，逐步形成统一规范的应用系统平台，实现自主研发的各行业单项软件之间的衔接，具有行业税收管理的适应性和向其他行业税收管理拓展和辐射的效应，能覆盖所有行业税收管理。功能强大并能够不断升级优化的系统支持行业真实涉税信息视频集成管税技术向其他行业税收管理扩散。因此，它能够成为典型的可全面推广应用的税收专业化管理模型。

四、资源行业真实涉税信息视频集成管税模式运行的成效

（一）经济社会效应

1. 企业效应。

（1）保障了企业经营资金的安全和银行贷款的取得。购销货款银行结算制度的强制实施，一方面节约了企业现金交易成本，解决了现金支付收购款的安全问题，同时降低银行贷款风险，提高银行放货的积极性。

（2）降低了企业的收购成本和交易风险。2006/2007 榨季，崇左市糖料蔗平均收购价比上榨季每吨减少 19.57 元，糖料蔗运输单价每吨下降 2.2 元。

（3）提高了企业的投入产出率，企业经济效益明显。一是保证了制糖企业实施糖料蔗的优化砍运方案，提高了糖料蔗的出糖率（详见表 1）。二是提高了林产品的产出率。2007 年，崇左市 6 户林产加工企业原料投入产出松香与松节油之比达 1.26：1：0.135，高于监控要求达到 3：1：0.12 的预期要求。

表 1　　2006/2007 榨季崇左市糖业企业产糖率及收入比较　单位：万吨；万元

榨　季	糖料蔗	糖产量			产糖率（%）	收入增加值
		绝对值	增加值	增长		
2006/2007	1464.3	183.7	611.9	41.79	0.18	8759.7

注：2006/2007 榨季，按入厂糖料蔗 1464.32 万吨计算，糖量增加 2.63 万吨，按整个榨季平均价 3882.13 元含税价计算，企业约增加收入 8759.7 万元 [（2.64 ×3882.13） ÷ （1 +17%）]。

2. 农民效应。

（1）制糖企业和地方政府对蔗区扶持力度加大，蔗农实际收入增加。模式运行有效消灭了甘蔗大战，保障了“谁投资、谁扶持、谁受益”原则的落实，激励了制糖企业和政府对蔗区建设投入的积极性。2006/2007 榨季，崇左

市制糖企业对蔗区修路投入增长39.2%，蔗种和化肥投入增长39.4%，蔗农补贴增长38.9%；政府则致力于甘蔗品种的改良及良种的推广，提供种植管理技术服务，加强农田基本建设等，使蔗农受惠。

（2）购销货款银行结算制度的强制实施，保障了农民货款的及时到位。

3. 地方党委、政府效应。

（1）消灭了"甘蔗大战"，节省了政府甘蔗管理成本，维护了地方财政利益。凡系统数据库比对发现企业收购非本企业所属蔗区糖料蔗或以高于政府核定价格收购糖料蔗，则企业不能开出农产品收购电子发票，从而不能抵扣进项税额，也不能在所得税前列支成本，违规跨区收购甘蔗因此无利可图，这就从源头上遏制了"甘蔗大战"，地方财政利益也得到维护。

（2）改善了政企、政农、干群关系，释放了执法风险，促进了社会和谐。

（二）财税效应

1. 税收收入规模扩张明显，财政效应凸显。糖业税收专业化管理模式运行的2006年，崇左市国家税务局税收增长56.2%，其中机糖税收入增长158%。

2. 行业税收负担明显上升，行业税收征管能力显著增强（详见表2、表3、表4）。

表2　2006/2007—2007/2008榨季崇左市糖业增值税负担水平比较　单位：%

榨　季	2006/2007	2007/2008
广西	6.81	5.26
崇左市	8.02	5.96

资料来源：广西国税决策系统。

表3　2008年锰产品加工行业增值税负担率比较　单位：%

指　标	广西	监控县（大新）	非监控县（天等）
平均税负率	5.27	7.27	4.36
硅锰合金	4.99	5.70	4.08
电解金属锰	2.03	8.83	4.69

注：监控县指实施锰产品加工行业税收行业真实涉税信息视频集成管税子系统的大新县；非监控县指运用传统的税收管理手段管理的天等县。

资料来源：平均税负率数据来源广西国税决策系统。

表4　2006—2008年崇左市、宁明县松香增值税负担水平比　单位:%

年　份	2006年	2007年	2008年
广西	2.18	2.42	2.92
崇左市	1.85	3.51	2.99
宁明县	1.75	4.14	2.80

资料来源：崇左市国家税务局；广西国税决策系统。

3. 优化税收收入结构，弱化税收风险。2008年与2006年相比，辖区内糖业税收收入的比重由约70%逐步下降到约40%，税收收入过度依赖于糖业税收的格局被打破，税收风险逐步降低。

4. 整合资源效益和综合管理效益显著，税收征管质量提升明显。实施行业真实涉税信息视频集成管税子系统后，崇左市国家税务局各项税收征管指标在广西国税系统的排序居首，扭转了之前排序相对靠后的被动局面。

5. 纳税遵从度显著提升。一方面，企业真实的纳税信息暴露无遗，企业不得不纳税遵从；另一方面，企业的经济利益也得到有效的维护，企业表现出自愿纳税遵从。

6. 提升了国税部门在地方政府中的地位，地方政府主动加大对资源行业真实涉税信息视频集成管税子系统推广运行的财力支持。正如时任崇左市委书记罗殿龙到制糖行业税收视频监控中心视察时的讲话指出：市国家税务局采取的监管措施很有效，甘蔗管理到位了，税收管理到位了，生产秩序好了，和谐蔗区有了一个重要的基础。他们真正实现了依法管理、科学管理、精细管理的要求。他们创造性地开展工作，做出了一流的成绩。为党委政府分忧解难，解决了一个大问题。全市各个部门应该以市国家税务局为榜样，认真研究工作，做好市委、政府的参谋。

参考文献

1. 〔美〕F. 泰勒著，韩放译：《科学管理原理》，团结出版社1999年版。

2. 赵德芳："重点税源实施专业化管理的思考"，《经济研究导刊》2008年第19期。

3. 王飞："税收专业化管理应注意和解决的几个问题"，《湖南税务高等专科学校学报》2009年第4期。

4. 楼涛：《论税收管理的理论和实践》，华中师范大学博士论文，2008年。

课 题 指 导：杨　辉
课题组组长：梁绍英　霍　军
成　　　员：黄尚志　韦　春　梁少民　严秀成　卢汉国
　　　　　　梁汉武　朱其荣　李振昌　冯　斌　宋　凡
　　　　　　汤宁鸿　赖　英
撰　　　稿：梁绍英　黄尚志　卢汉国
总　撰　稿：霍　军

煤炭税收科学化精细化专业化管理研究

——百里杜鹃风景名胜区煤炭税费管控模式探析

贵州省地方税务局课题组

一、方案介绍

（一）传统的煤炭税费征管状况

“税控系统”研发运用前，由于煤炭税费的征管方式较为粗放，税收征管信息化程度不高，人为核定因素及主观随意性大，从而导致税负不公，征管漏洞多，征收率低，征纳成本高，执法风险大等问题。

1. 煤炭税费征管方式粗放导致大量税源不能转化为税收。税务机关要求做到“应收尽收”，首先必须准确掌握税基。但是，由于传统的粗放管理模式，导致征管信息化水平不高，税务机关难以准确掌握企业的实际生产能力、煤炭价格、销售情况等，使得税务机关在加强煤炭税费征管时出现税源不清、核算不准。这一方面影响了煤炭税收分析的质量，另一方面人为核定因素过大，造成了大量的煤炭税费流失，带来执法风险。

2. 难以实现税负公平。煤炭产业是高利润行业，其煤质的好坏，产量的高低，直接影响其价格和销量。同时，受市场变化的影响，企业的生产、销售及煤炭价格必然产生波动。当前，绝大部分县（市）对煤炭税费的征收均是核定从量征收，这种方式存在产量核不准，监控不得力，执法风险高等弊端，难以实现税负公平。以百里杜鹃风景名胜区 2008 年、2009 年情况为例，辖区内四个乡的大块煤，开采成本相差不大，而吨煤销价在 300—860 元不等。如果按最高销价核定征收标准，煤质好、销价高的企业税负到位了，而煤质差、销价低的企业税负相对太高，难以承受。如果按平均销价核定征收标准，煤质差、销价低的企业税负有所降低，但还是高于实际税负，而煤质好、销价高的企业则低于了实际税负，产生税负不公平现象。

3. “核定从量征收”方式不合理，征管漏洞多。采用“核定从量征收”的方式，不仅税负公平难以实现，而且征管漏洞也很突出，严重影响煤炭税费的征收管理。由于煤炭行业的特殊性，一些企业往往在核定工作上做文章，常以检修、雨季、停产等等理由，送礼、送钱、找关系、找理由，要求少核产量，造成管理机关及管理者有很大的自由裁量权，产生了随意核定现象，致使核定的产销量大大低于实际产销量，既造成税费流失，也给税收执法带来巨大行业风险。由于缺乏必要的技术手段，手工开票、人工验票，就产生了高价低开、高吨位低开甚至不开票、假票过关、人情过关、假冲关等手段逃避缴纳煤炭税费。

另外，“核定从量征收”不符合市场经济发展波动变化的规律，势必会出现煤炭实际销售价格高于核定均价，但税收不变，从而出现价格增长征收率降低的不公平现象。

4. 征纳成本高。受经济利益的驱使，一些企业不惜采用各种手段，在生产、销售、运输等各个环节大做文章，伺机逃避缴纳税费。为了打击逃避缴纳行为，政府部门、税务机关必须花费大量的人力、物力对逃避缴纳者围、追、堵、截，进行打击，导致征管成本一直居高不下。同时，由于缺少技术手段的支撑，办税人员不得不频繁地往返税务机关办理涉税事务，客观上大大增加了征纳成本。

5. 执法风险高。征管方式粗放，煤炭税费的征管就必须依赖大量的人力。但是，由于执法监督机制不健全，人员素质参差不齐，容易成为不法企业逃避缴纳税费的突破口。这些企业采用各种手段拉拢、腐蚀执法人员，从而达到其躲避监控、逃避缴纳税费的目的，导致管理部门的执法风险较高。

针对以上问题，百里杜鹃地方税务分局在准确抓住煤炭产量、管住销售环节、强化过程监管及验票管理方面，依靠信息化推动煤炭税费征管走向精细化与规范化，确保应收尽收。

（二）总体解决方案

1. 总体框架。为了整体提升煤炭税费征管的网络化、信息化程度，确保煤炭税费的相关数据准确上报和实时监控，管住煤炭税收征管薄弱环节，百里杜鹃地方税务分局在税收征管信息化整体规划的基础上，结合煤炭税费征管的自身特点和管理需要，构建了“以税收征管法律为基础、以制度管理为保障、以现代网络科技为支撑、以源头控制和全程监管为抓手、以减少人为因素为目标”的煤炭税费征管解决方案。该方案全面整合煤炭税费征管业务，实现了税费征管与监控的双向互动，消除了煤炭税费征管的“真空”地带，从而提升了煤炭税费征管的透明度和效率（图 1）。

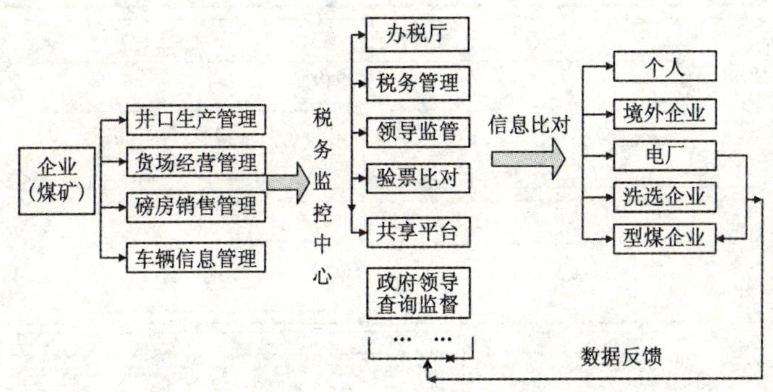

图 1　煤炭税费管理全过程监控示意图

2. 业务框架。在整个税费征收解决方案的基础上，开发了“税控系统”，其总体目标是：“以煤炭税费征管精细化为核心，渗透到征管的每一个环节，以科技化、信息化的手段来实现煤炭税费征管信息的数据全面共享、业务协同互动操作、责任严格分明、控制统一有序，建立起税务征管部门与煤炭企业的大统一信息支撑平台”。该系统包含税务端、企业端、验票端、信息共享与监督端 4 个端口，这 4 个模块有机结合在一起形成一个精密的监控网络，做到数据（煤炭产量及销量、销售台账及计税金额）自动生成、远程控制与信息实时传输、系统自动比对产生预警，实现对煤炭的生产、销量及价格等的全面准确监控（如图 2 所示）。

（1）企业端、验票端与税务端的整体架构。在借鉴大多数成熟的 ERP 软件服务器与客户端架构的基础上，考虑到用户需要在使用 IP 协议互联的网络传输大量文件和信息，该系统在税务端与企业端、验票端的架构上也采用了 C/S 架构，并且要求传输文件和信息的过程中不能发生丢失报文的情况，两台机器间采用 TCP 协议进行传输，数据库服务器和煤炭税费征管服务器均放在

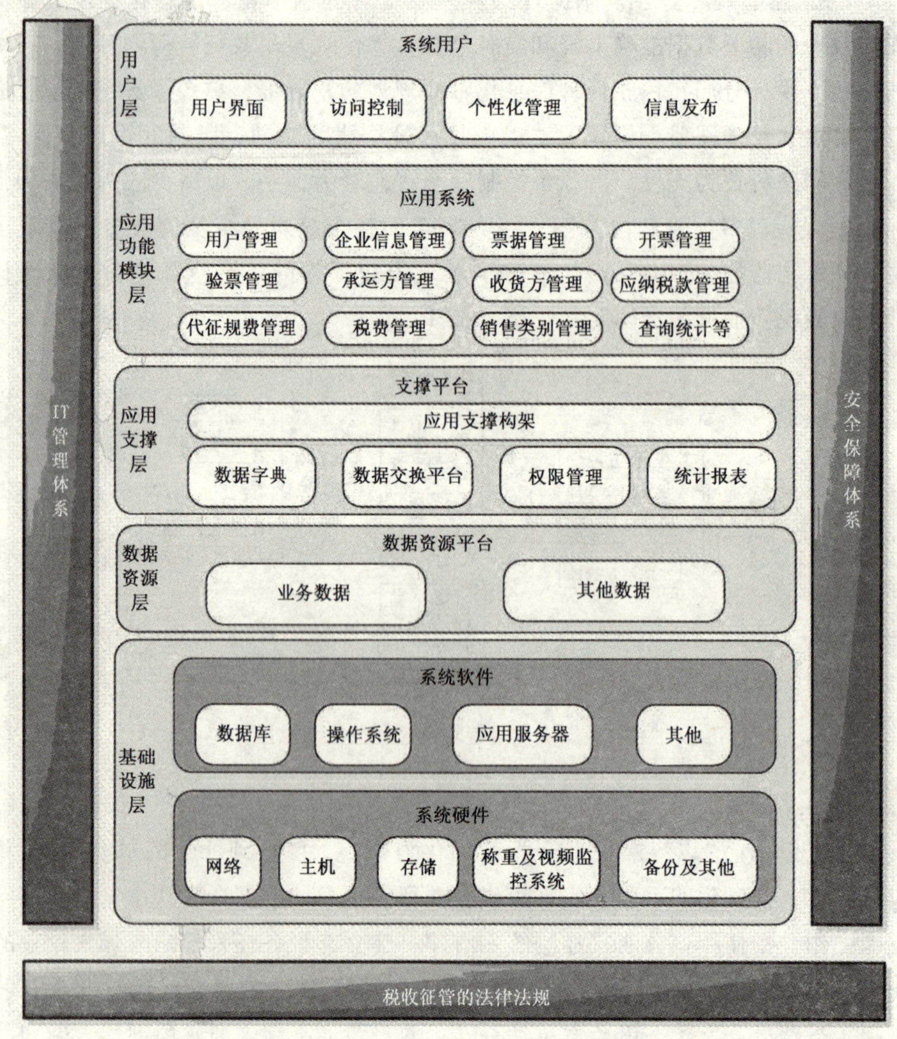

图 2　煤炭税费征收“税控系统”解决方案

地税监控中心，客户端通过网络访问服务器端，并将客户端处理的所有数据全部及时传递到数据库服务器上集中存储。

（2）税务端的功能。税务端是整个系统的中心，对企业端实行远程管理、进行数据交换与比对，实时监控辖区煤炭销售情况和各种税费情况。具体有用户信息管理、企业信息管理、销售税费统计、煤炭销量统计、煤炭库存统计、数据监控查询、煤炭价格平台、税务远程控制等模块。通过这些平台，税务机关能快捷、高效、准确地对企业进行管理（如销售价格、收货方、信息发布等），将系统自动统计、各类监控数据与企业申报缴纳情况进行比对分析，并就比对结果实现自动预警。

（3）企业端的功能。企业管理平台子系统由企业财务人员和磅房开票人员使用，该模块实现对企业销售开票及税费申报的管理。由票据管理（开票、作废、查询），发卡、统计查询、数据录入、税费申报、信息交换等6大子模块组成。通过这些模块，企业不仅实现了计算机自动开票，数据录入与交换（导入导出），能方便、快捷地办理各种涉税事务，而且便于企业管理人员实时查看企业的生产、销售情况，减少手工汇总操作的误差及工作量。

风景区投资对辖区煤炭企业安装了“井口煤炭远程称重及视屏监控系统”、“货场经营360红外视屏监控系统”。皮带（轨道）自动称重数据与“税控系统”接口，将称出煤炭产量转入库存，而煤矿销售开票（销售证明微机打印）时自动减少库存，开一吨票减一吨库存，不开票库存永远在，实现了煤矿源头生产与销售数据相互监督评估，为有关部门全面真实掌握煤矿企业的生产经营状况提供了平台。

在煤炭产品销售运输过程中，辖区煤炭销售运输，实行一车一卡，卡随车行，智能卡记录车牌、车型、驾驶员、自重、收货方、煤炭种类、销售价格以及运输车辆是否缴纳车船使用税等信息。运输车辆入境时空车称重，到煤矿载重开票时减除自重自动计算煤炭数量，开票时销售数量自动填入，企业不可人为改动，确保了煤炭销售数量真实性、提高了企业开票速度，同时加强了运煤车辆车船税完税情况监督。

（4）验票端的功能：境内煤炭实行验票过关，境外煤炭严格登记。验票端由验票站人员使用，通过网络和数据库连接，对煤炭运输车辆进行审验管理的系统。主要功能有：票证审验、综合查询、公告管理、数据交换、系统设置等5部分（图3）。

验票端通过系统以计算机对运煤车辆刷卡验票（矿产品销售证明），检验内容包括销售的煤炭种类、销售数量、车牌号、开票的车辆图片等。刷卡验票无异常则倒阀系统启动，车辆通过；若查验时发现煤炭种类、数量及价格等误差上报税务监控中心及管理部门与企业处理，涉及偷漏税款对煤矿进行追缴和处罚，对过境车辆按规定查补征收。处理结果反馈给税务管理人员。计算机自动验票的好处是最大限度缩减了执法人员的自由裁量权，防止假票过关、人情放行过关、不开票过关等现象（图4）。

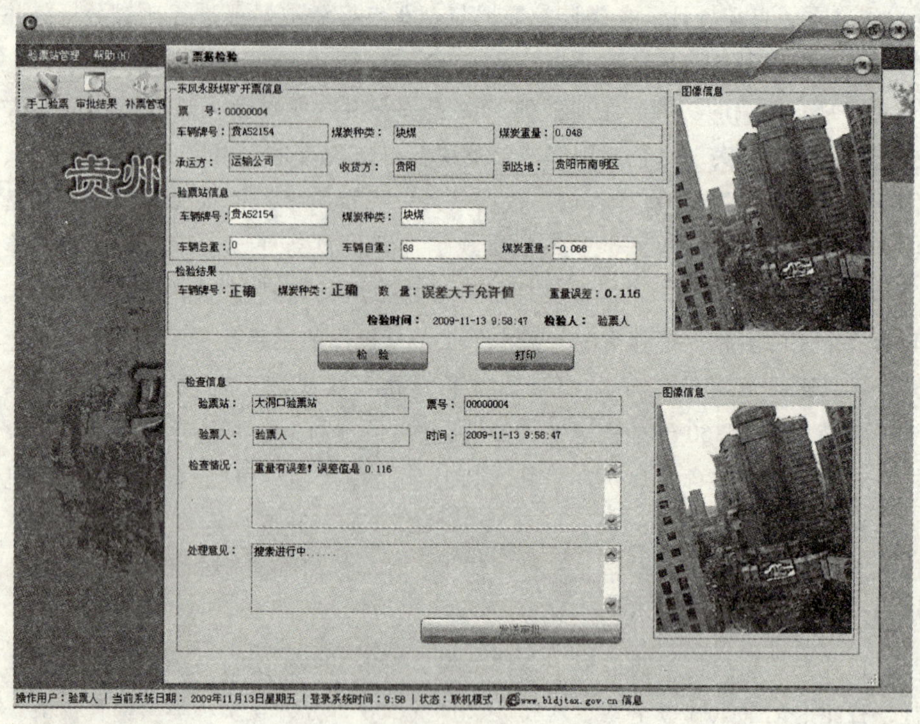

图 3　系统验票审核界面

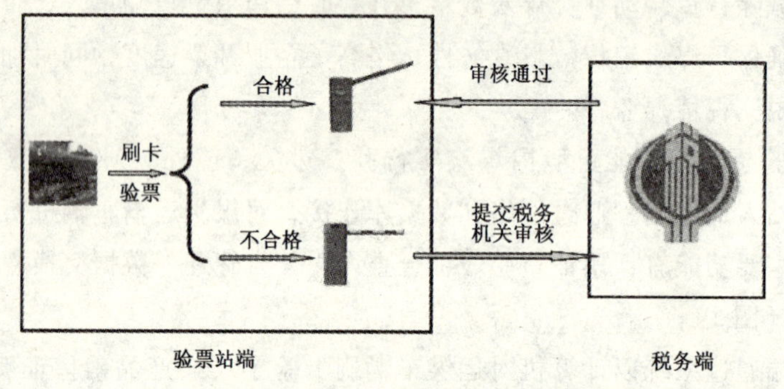

图 4　煤炭销售票据审验处理流程图

二、方案优势

“税控系统”运行以来，实现了区内数据集中，体现了“网络覆盖、源头控制、全程监管”的思路，为实施科学化精细化煤炭地方税收征管提供有力支撑。该解决方案具有如下优势：

（一）有效堵塞征管漏洞

1.“网络监控”强管理。煤炭税费征管工作，掌握产量、库存是关键，管住销售是核心，抓住验票是重点，锁定价格是根本，监控销售走向是保障。百里杜鹃地方税务分局依托“税控系统”系统把“井口监控”，“货场监控”、“销售开票系统”、“自动验票比对系统”以及“流量抓拍监控系统”有机地结合在一起，形成一个庞大、严密的监控网络。对井口称重、货场库存、开票、车辆流量及煤炭销向等环节进行实时监控；全方位掌握生产数据、销售数据、库存数据；用计算机开票代替人工开票，这样煤炭运输车辆的重量、销售价格都不能人为填写，有效防止了高吨位低开、高价低开现象发生，有效堵塞了税收征管漏洞。

2.“两票过关”强监管。验票站是煤炭税费征收管理的高危环节，此环节如管理不到位，则易出现验票人员失职、渎职行为，进而导致国家税收流失。而管好验票站的关键是要抓住“票”这个“喉舌”。当前验票站普遍采用的是一票（矿产品销售证明）过关的单一模式。针对这种验票方式存在的弊病，把开票和验票纳入“税控系统”，开票人员在开票时，开票机会自动记录车重、煤炭净重等数据，同时启动电子监控系统抓拍煤种、车牌号以及车辆类型等信息，并自动导入数据库，车辆在过验票站时，验票系统会自动比对开票数据，数据准确无误时系统会打出一张“煤炭税费征收验票凭证”，这时系统会自动放行。若验票数据超过系统设定的误差值，则需由税务机关审核处理后才可放行。改变“矿产品销售证明”一票过关的单一模式，通过把“矿产品销售证明”和“煤炭税费征收验票凭证”结合在一起，实行“两票过关”，有利于税务机关加强煤炭销向的监督管理，防止不开票过关、假票过关、高吨位低开、人情过关等现象，强化廉政监督，提高预警预防。

（二）性能优化、运转高效

1. 查询方便、简捷。税务端可以实时查询辖区煤炭销售产生的各种表证单书，可以根据不同需求在税费统计、数据监控查询、开票票据监控等模块实时查询销售的煤炭产量和实时产生的各种煤炭税费及开票票据等数据。煤炭税费统计查询由原始的手工操作转为智能化的计算机管理，使统计查询工作更为直观、方便、高效。依托信息化手段加强煤炭税收征管，大大提高税务机关工作效率的同时，提高了数据统计的精确度。

2. 实时掌握辖区煤炭销售数据、相关税费。税务管理、纳税服务和税收分析是税务部门的基本职责，而实时掌握税收数据是抓好税基、税收增长趋势分析工作的核心环节。百里杜鹃地方税务分局依托“税控系统”，企业端的煤炭销售数据、验票端的验票数据通过光纤实时传输到税务端，税收管理员在税费统计、数据监控查询两个模块里能轻松查询所需数据，比如地税、国税、煤炭调节基金及财政规费等数据，还可以实时查看过验票站车辆的各种信息，如验票数据比对及验票人员的处理记录等（图 5）。

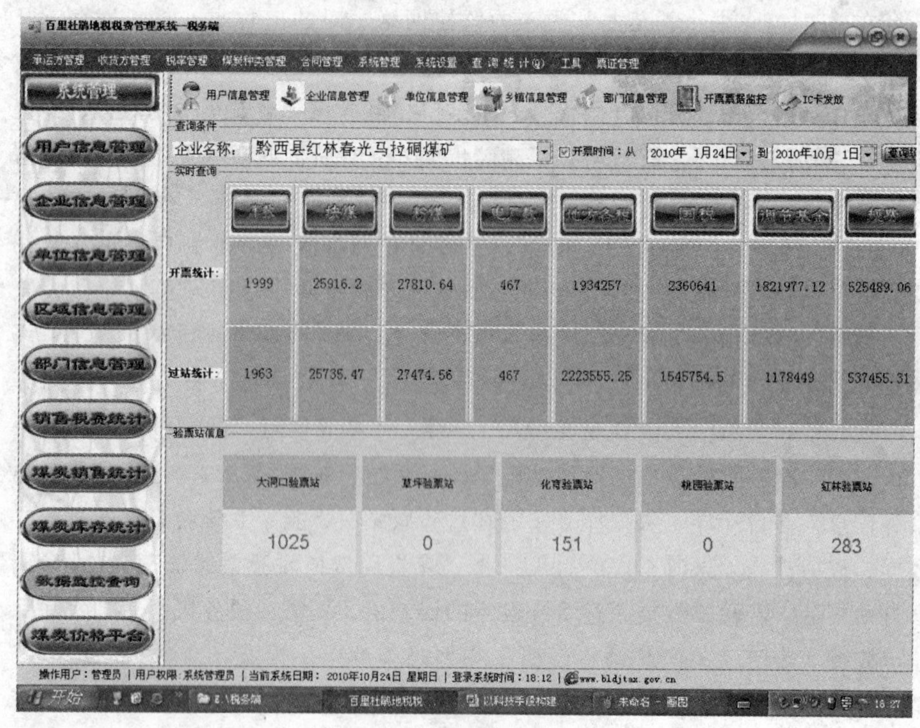

图 5 系统监控数据查询界面

（三）实现远程控管

通过系统里的锁票功能，税务机关可以对企业的开票功能进行锁定，开票机被锁后，企业开票人员不能开票，不能销售煤炭，只有经税务部门对其解锁后，方可重新进行开票。这样做的优点在于：税务机关实现了远程控管，对违规或不按规定申报缴税企业的及时处理，降低征管成本，提升企业遵从度。同时，税收管理员可以通过信息发布模块，及时向企业发布政策信息，企业也可以通过此渠道咨询问题及上报需求，基本实现了“足不出户”管税，有效解决因交通不便带来的征管效率低、征纳成本高以及执法风险高等问题（图 6）。

（四）强化票证管理，杜绝假票产生

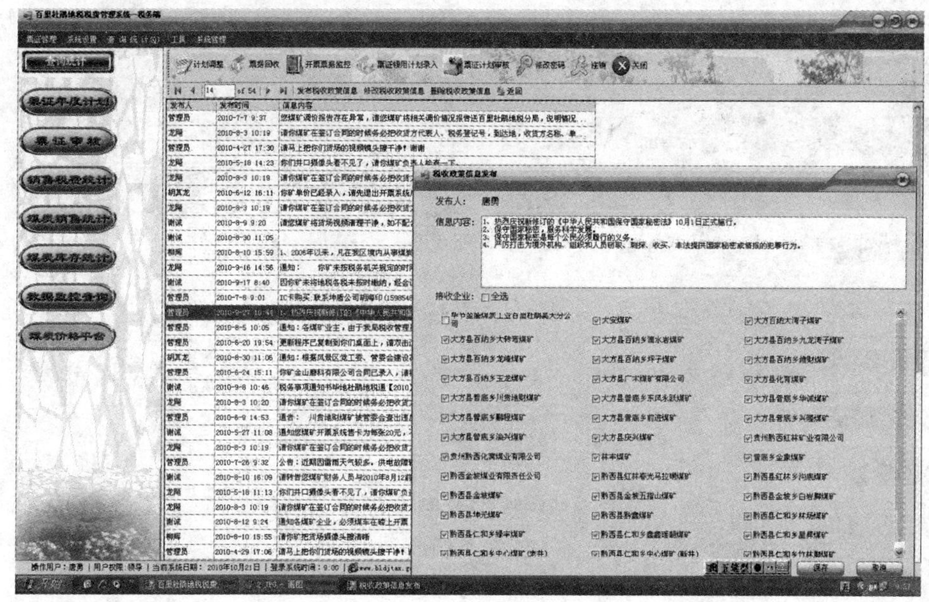

图 6 税务端远程控制及信息发布

税务机关根据上年度每个煤矿企业销售情况及用票情况，结合本年度预计生产及用票情况，把当年所需票据（矿产品销售证明）编号录入系统，制定各煤矿企业的用票计划。每个煤矿企业的票证（矿产品销售证明）号码在系统里一一对应，并且只能用规定的号段进行开票，有效防止了票据滥用、使用假票等现象。

（五）实行煤炭地方税费“定率从价”计征

加强煤炭销售管理，为煤炭税费征管方式的改革提供基础，通过信息共享与监督价格控制，内销电厂，以合同及电煤结算单为比对依据；外销以合同及同区域煤炭价格比对，如与国有煤矿价格比较，另外，加强与国家税务局、煤炭局、物价局信息互通，同时，公安及煤炭局可以通过运输方了解实际价格。

程序自动监控控制价格，煤矿必须向税务局上报合同，税务局录入合同关系，企业联网开票。销售金额自动计算、打印，企业开票时不可人为改动。对零星煤炭销售情况，销售单价不能低于该企业同煤种平均价格，有效防止了高价低开（图 7）。

由于各企业煤炭销售价格不一，且煤炭行业受市场、自然条件等因素的影响比较大，生产、销售存在可变因素，加上以前征管方式的粗放，税负公平难以实现，冲关、买关等逃避缴纳税费违法行为时有发生，税费流失严重。推行

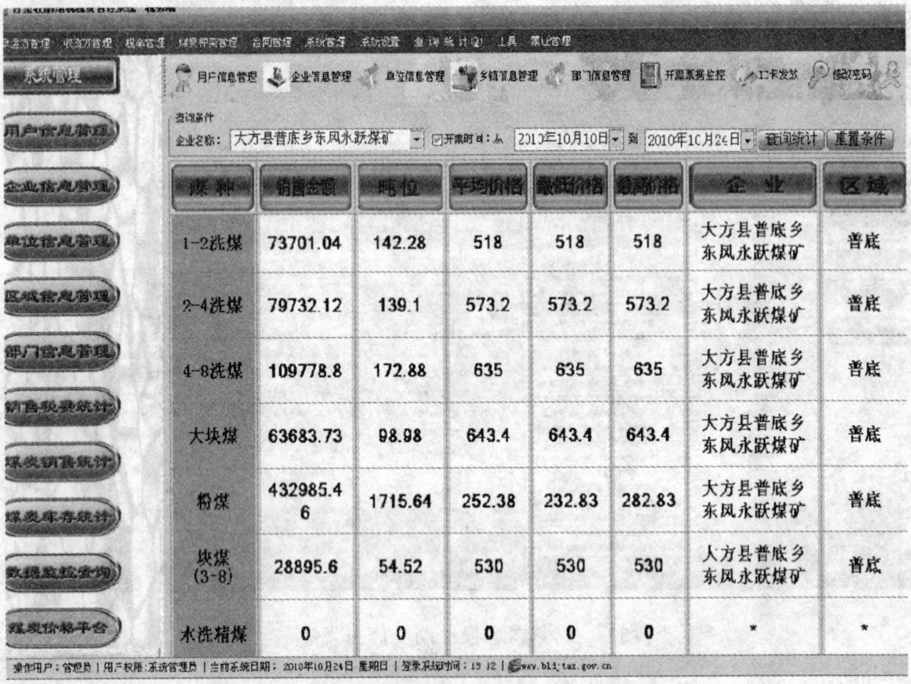

煤种	销售金额	吨位	平均价格	最低价格	最高价格	企业	区域
1-2洗煤	73701.04	142.28	518	518	518	大方县普底乡东风永跃煤矿	普底
2-4洗煤	79732.12	139.1	573.2	573.2	573.2	大方县普底乡东风永跃煤矿	普底
4-8洗煤	109778.8	172.88	635	635	635	大方县普底乡东风永跃煤矿	普底
大块煤	63683.73	98.98	643.4	643.4	643.4	大方县普底乡东风永跃煤矿	普底
粉煤	432985.46	1715.64	252.38	232.83	282.83	大方县普底乡东风永跃煤矿	普底
块煤(3-8)	28895.6	54.52	530	530	530	大方县普底乡东风永跃煤矿	普底
水洗精煤	0	0	0	0	0	*	*

图 7 系统价格管理平台

“定率从价”计征，一是可以有效解决企业超设计能力生产的煤炭产品税收征管问题（相当部分企业实际生产量超过了设计生产能力，核定征收基数远远小于实际生产量）。二是可以解决企业因不可抗力（诸如市场因素、自然灾害、体质变动等）造成停产、减产，实际产量低于核定产量的问题。三是在对企业的实际生产量、销售量纳入监控的基础上，强化煤炭产品销售价格、产值的控管，为煤炭资源税从价计征的推行奠定了基础。

（六）让信息共享成为现实

国税、地税、财政规费、调节基金等应征数据通过“税控系统”自动统计，使政府能及时准确掌握辖区的煤炭销售情况以及税费情况，达到数据信息共享互动，各职能部门的工作效率得到了大幅度提升。与此同时，该系统强大的统计、查询功能也为相关报表信息的生成提供了便利（图 8）。

（七）强化人员管理

有利于加强人员管理，促进勤政廉政。煤炭税费的大量流失，原因之一是执法人员自由裁量权过大，执法不规范，甚至是一些执法人员参与煤炭税费逃避缴纳税。“税控系统”的广泛运用，体现了强大的技术管理优势。一方面，

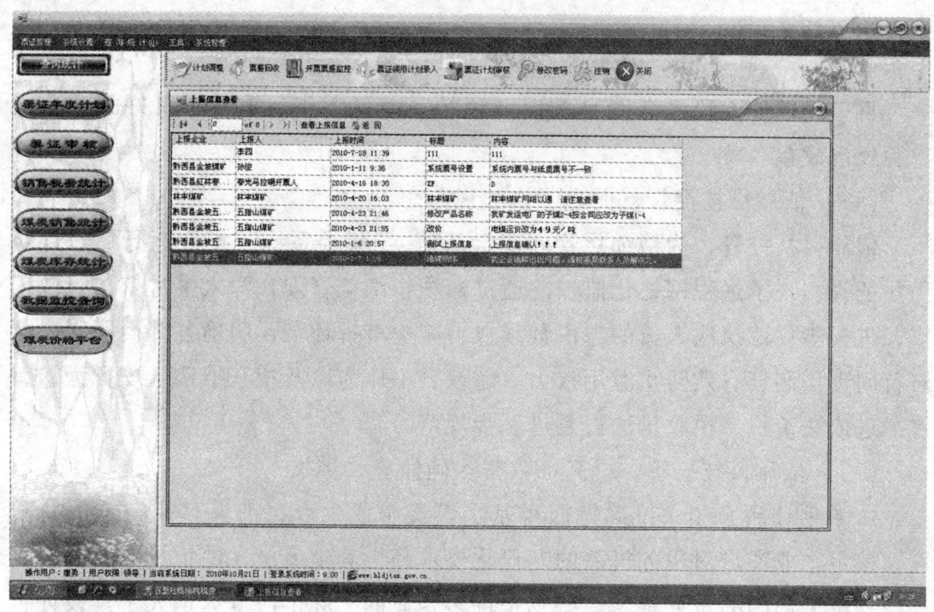

图 8　企业端向税务局提交申请及数据

实现了科技促廉。系统针对不同人员的职责，分别设置权限，杜绝越权审批、滥用权力以及不作为等行为。同时，由于数据信息的实时共享，数据不可更改，一旦销售事实产生，国税、地税、财政、领导等端口均能有效查询相关数据，任何单位和个人无权私自更改，实现了税费征管阳光作业，铲除了执法人员腐败滋生的土壤。另一方面，有利于对税务管理人员实施绩效考核。该系统能如实记录税源管理部门及税收管理人员的每日工作情况，通过系统设置的领导查询平台，部门负责人能查询该部门人员工作的完成情况，局领导能查询全局人员的工作完成情况，从而有效地对相关人员的工作进行绩效考核，实施问责，推动工作开展。

（八）优化纳税服务

通过“税控系统”，使征纳双方的成本大大降低，优化了纳税服务，促进了征纳关系和谐。一是企业所需的申报表及相关销售台账自动生成，提高了数据的准确性，减轻了企业工作负担；二是企业负责人在办公室就能轻松地实时掌握本企业煤炭销售台账以及应缴税费的各种数据；三是企业通过政策信息模块，向税务机关发送请求和咨询等信息，减少了企业往返税务机关的次数，降低了成本。

三、应用成效

百里杜鹃地方税务分局自推广“税控系统”以来，取得了良好的社会效益和经济效益。

（一）依靠科技控管，促进了执法规范

依靠科技控管，为精细化管理奠定基础，“税控系统”推广运行后，煤炭税收征管实现了远程网络化监控。通过实施精细化管理，深入推进依法行政工作，进一步规范执法人员的自由裁量权，减少审批环节，明确各部门职责，严格首问责任制，有效防止滥用权力、越权、不作为以及相互推诿扯皮行为，有效推进依法治税，税收执法得到进一步规范。

（二）依靠科技控管，提高征收率，确保应收尽收

1. 有利于税务机关准确把握税基。煤炭企业生产、销售存在一定的隐蔽性，核定企业产量对税务机关的专业化要求高，其生产量、销售量的监控一直是税务机关面临的重要难题。特别是许多企业的实际生产量远远大于其设计生产能力，风景区以科技强化煤炭地方税费征管后，企业实际完税煤炭数量远大于其设计生产能力（见表 1）。

表 1　百里杜鹃煤矿企业设计生产能力与科学化管理后征收数量比对表

年　份	生产煤矿数（个）	总设计生产能力（万吨）	强化管理后实际生产能力（万吨）	完税数量占设计生产能力比例	备　注
2008	31	117	253	216.24%	
2009	30	141	362	256.74%	
2010	28	135	350	259.25%	10 个月

由此可见，如果不能有效地监测企业的生产量、销售量，参照生产能力核定征收的缺口很大，核定量与其实际生产量严重不符，大量税源将不能转化为税收。

我们通过“税控系统”对煤矿企业源头“产—销—库存”管理，货场视屏巡查、计算机开票控制、IC 卡自动验票比对、流量监控预警等手段，实现对煤矿企业生产、销售的全程精细管理，变被动为主动，让企业的生产、销售各项内容纳入税务机关的控管之下，运用技术手段实施有效监控，全面、准确地掌握了税基。

2. “税控系统”的推广运用，实施煤炭地方税费“从价定率”征收，从

产量、销量、价格等多方面实现了精细化管税，对提高煤炭资源利用率起到了积极的促进作用，2008 年至 2010 年以来百里杜鹃煤炭地方税收占全地区比例均远大于煤炭产量所占比例（见表 2），在确保区辖税负公平的同时实现了征收率大幅提高。

表 2　　2008—2010 年百里杜鹃与全毕节地区煤炭地方税收情况比对表

项　目	2008 年		2009 年		2010 年（截至 10 月）	
	煤炭产量（万吨）	税收收入（万元）	煤炭产量（万吨）	税收收入（万元）	煤炭产量（万吨）	税收收入（万元）
毕节地区（全区）	2633.5	54072	2701.17	58881	4761	103777
百里杜鹃	252.5	9098	324.83	10719	350	11594
百里杜鹃占全区比例	9.59%	16.83%	12.03%	18.20%	7.35%	11.17%

3. 依靠“税控系统”提高科技控税水平，百里杜鹃地税分局强化了税源管理，摸清了企业基本情况，分清了纳税环节，从源头了解了产量，监控了生产过程，控制住了销售走向及价格，有效堵塞了煤炭税收管理中的漏洞。地方税收连年稳步增长（见表 3）。而这一成绩，是在三年来风景区煤矿企业数量、煤炭产量基本不变的情况下的取得。

表 3　　2007—2010 年百里杜鹃地税分局税收完成情况统计表　　单位：万元

年度＼项目	任务数	完成数	完成比例（%）	同比增长（%）	提前完成全年任务（天）
2007 年（接管前）		4800			
2008 年	7040	7936	112.73	65.33	80
2009 年	8500	12390	145.76	56.12	135
2010 年（截至 11 月数据）	14500	18200	125.52	46.89	96

（三）党风廉政建设取得新突破

“税控系统”的成功运用，合理设置了管理权限，形成较为完备的权力运行监督机制，规范了执法人员的自由裁量权，堵住了不法企业与执法人员相互勾结逃避缴纳煤炭税费的口子，有效防止了各种腐败现象的产生。该系统实现了税务网络管理，领导及相关业务部门可以实时对煤炭企业的生产、销售进行密切监控，监控关口前移，有利于建立快速反应的廉政预警机制，发现问题及时处理，既防止地方税费流失，又保护了税务干部。百里杜鹃地税分局成立3年多来，该局干部职工无一例违纪违法行为发生，形成了清正廉洁、执法规范的税收执法氛围，构建了和谐的征纳关系。

（四）“税控系统”的推广运行，达到了“三个满意”、“四个提高”

1. “三个满意”。让纳税人满意，既实现了税负公平，又降低申报纳税成本，体现了煤炭品位好、价格高多缴税的原则；让政府满意，依托系统管理既有效堵塞税收漏洞，又使政府摆脱了每年根据市场变化调整税负定额的困扰，确保税收收入稳步快速增长，为地方经济发展提供有力保障；让税务部门满意，一方面大大提高征管工作效率，另一方面通过缩减自由裁量权，有效防止腐败现象发生，保护了税务干部。

2. “四个提高”。使纳税人纳税遵从度和生产积极性得到提高；使税收征管质量、办税效率和政府监督效能得到提高；使税务工作人员服务意识和业务技能得到提高；使税务干部廉政风险防范能力得到提高。

总之，煤炭税费精细化征管，是一个永恒话题。随着时代的发展，各种逃避缴纳税费的新手段层出不穷，这对煤炭税费的专业化、智能化征管提出了更高要求。因此，作为税收征管主体的税务部门来说，须坚持与时俱进，不断开拓创新，树立科技强税理念，积极探索运用技术遏制煤炭税费逃避缴纳行为的新思路、新方法，消除腐败现象滋生蔓延土壤，促进地税税收科学发展、和谐发展，让地方税收更好地为地方经济社会发展服务。

参考文献

1.《贵州省人民政府办公厅关于构建全省主要产煤区煤炭税收征管协税护税机制的意见》（黔府办发〔2009〕17 号）。

2. 顾智浩：“完善我国煤炭税收制度的几点思考”，《价格理论与实践》2007 年第5 期。

3. 许辉成、徐其河：“浅议加强煤炭企业税收征管的对策”，http://www.xjds.gov.cn/Article_ Show.asp? ArticleID =5891。

4. “关于加强煤炭产业链税收管理的调查与思考”，http://www.sdds.gov.cn/art/2009/12/7/art_5829_400136.html。

课题指导：张　宏　黄家耀　熊灿平
课题组组长：冯立重　唐　勇
成　　员：李汉文　刘　杰　潘　韬　周卫红
冷　录　郭　松　黄　健
执　　笔：潘　韬

税制比较与借鉴研究

欧洲债务危机对世界税制改革趋势的影响

黄立新　张　旋

欧洲债务危机爆发以来，欧盟各国纷纷出台各种削减财政赤字的政策措施，力争重振财政，尽快摆脱危机的影响，稳定欧元和欧元区经济，推动经济复苏。在政策调整过程中，各国出于现实经济发展的需要，研究出台了一系列增加税收收入的措施，从而使得各国的税收政策调整取向发生了重大的转变。这些变化必将对后危机时代世界税收制度改革产生深远的影响。

一、欧洲债务危机发展概况

债务危机最早发端于2008年的冰岛。当时，受金融危机影响，冰岛最大的三家银行宣布破产并被政府接管，冰岛全国的外债总额高达国内生产总值（GDP）的9倍。冰岛国家信用破产，成为倒在债务危机面前的第一个国家。但是，由于冰岛经济规模较小，人口较少，对世界金融体系和经济的影响较小，并没有引起国际社会的重视。

2009年年底，希腊宣布出现巨额财政赤字，国际信用评级机构纷纷调低希腊国债的信用等级至垃圾级，引起人们对希腊可能出现主权债务违约的担心，从而引爆了希腊主权债务危机。进入2010年，债务危机开始在欧洲蔓延，葡萄牙（Portugal）、意大利（Italy）、爱尔兰（Ireland）、西班牙（Spain）纷纷陷入危机的泥潭，它们与希腊（Greece）一起被称为“欧猪五国”

(PIIGS)。

事实上，欧元区国家甚至整个欧盟都普遍存在赤字率过高、债务负担率过重的情况。《马斯特里赫特条约》要求，欧盟国家预算赤字占国内生产总值的比重不得超过3%，累积债务占国内生产总值的比重不得超过60%。但是，根据欧盟统计局的数据，2009年欧元区16国和欧盟27国的财政赤字率分别为6.3%和6.8%，政府债务负担率分别为78.7%和73.6%，都远远超过了《马斯特里赫特条约》规定的警戒线。其中，财政赤字率比较高的国家是：爱尔兰为14.3%，希腊为13.6%，英国为11.5%，西班牙为11.2%，葡萄牙为9.4%，法国为7.5%。累积国债规模较大的国家是：意大利为115.8%，希腊为115.1%，比利时为96.7%，匈牙利为78.3%，法国为77.6%，葡萄牙为76.8%，德国为73.2%，英国为68.1%，奥地利为66.5%，爱尔兰为64%，荷兰为60.9%。债务危机使得欧盟一些国家的信用频遭降级，进而导致了欧洲股市暴跌，欧元屡创新低，欧盟国家经济复苏面临巨大挑战。

为了帮助希腊摆脱债务危机，2010年5月2日，欧元区国家财政部长和国际货币基金组织对希腊的救市请求作出回应。承诺在未来3年内，以5%左右的利率，提供总额为1100亿欧元的贷款，其中欧元区16国承担800亿欧元，国际货币基金组织承担300亿欧元，条件是希腊必须实行严厉的财政紧缩计划，削减赤字，争取尽快达到欧盟要求的3%赤字率标准。

然而，欧盟的这一举措未能消除人们对欧元区其他国家主权债务危机的担心，欧元仍然一路下挫，贬值达20%，迫使欧盟不得不进一步采取救市措施，防止危机蔓延。2010年5月10日，欧盟又推出了7500亿欧元的救助计划，帮助可能陷入债务危机的其他欧元区成员国。其中600亿欧元由欧盟委员会从金融市场上筹集，4400亿欧元由欧元区国家以政府间协议的形式提供，国际货币基金组织也将提供2500亿欧元。同时，欧盟还要求赤字率较高的葡萄牙、西班牙、爱尔兰和意大利等国采取措施削减赤字。

为了化解危机、获得国际社会的援助、重振国家经济，“欧猪五国”不得不实行减支增税的财政紧缩计划。同时，英、德、法等国也因赤字率超标，且负担了大部分的求援资金而不得不采取措施减少财政支出，增加财政收入，以降低赤字，实现经济的可持续增长。另外美国、日本等国也纷纷研究应对债务危机的政策措施，促进经济复苏。

二、西方国家应对欧洲债务危机的主要税收政策调整

随着欧洲主权债务危机从一国波及多国，从经济规模较小的爱尔兰、希腊发展到在欧盟经济中占有较大份额和较重要地位的西班牙、意大利等国，债务危机有愈演愈烈之势。为化解债务危机带来的国家信用破产、经济衰退等问题，危机发生国家对外积极寻求国际社会的资金援助，对内则纷纷出台严厉措施，想方设法开源节流，一方面通过大幅减少预算支出来削减财政赤字，另一方面则通过调整税收政策以增加税收收入。同时，面对来势汹汹的债务危机，德国、法国、英国等欧盟经济强国，甚至美国、日本等西方发达国家的态度也开始由冷眼旁观，渐渐转变为高度重视、积极应对，一方面为债务危机国家提供贷款援助、敦促其削减赤字重建财政；一方面也开始未雨绸缪，研究出台应对自身债务问题的政策措施。

（一）希腊

希腊是爆发债务危机较早的国家。为了解决危机，希腊政府采取了非常严厉的财政紧缩措施。主要包括：在未来三年内削减财政预算300亿欧元，保证到2014年将财政赤字占国内生产总值的比重从目前的13.6%降到欧盟允许的3%上限以内；大幅削减公务员的工资、奖金，提高退休年龄；出售国有企业股份等。在税收政策调整方面，希腊采取了一系列的增收措施。主要有：一是提高增值税税率。2010年3月，将增值税基准税率由19%提高至21%，在此基础上，5月份再次将增值税基准税率提高到23%。增值税优惠税率从4.5%和9%提高到5%和10%。二是提高消费税税率。将汽油、柴油的税率每升分别提高0.08欧元和0.03欧元。将香烟的税率从63%提高到65%。对酒类征收20%的消费税。提高汽车、游艇等奢侈品的税率。开征电消费税，对家庭用户每千度征收5欧元，企业用户每千度征收2.5欧元。三是对大额房地产征收不动产税。实行累进税率，对40万欧元以下的房地产免税，对40万欧元至500万欧元之间的房地产按0.1%—2%的税率征收，500万欧元以上的按2%的税率征收。四是征收资本利得税。从2011年1月1日起，对1年以内的短期股票交易所得征收资本利得税，对3个月以内的按20%税率征收，对3—12个月的按10%征收，对12个月以上的免征资本利得税，但是在终止股票交易时对清算交割的现金征收0.15%的税收。五是提高股息红利所得税率。将税率由原来的单一税率10%最高提到45%。对来自银行等金融机构的红利，征收90%的所得税。六是提高个人所得税税率。增加税率级次，普遍调高了各

级边际税率，对年收入在 10 万欧元以上部分的最高边际税率由 40% 提高到 45%，对年收入在 1.2 万欧元以下的部分免税，对年收入在 1.2 万欧元至 1.6 万欧元部分的税率由 24% 降为 18%。七是加大税收征管力度。针对偷逃税严重的现象，要求雇员和领取养老金的退休人员提供取得的货物和劳务清单，防止偷逃税款。加大处罚措施，对偷逃税款的纳税人处以从关闭商店到没收财产不等的处罚。对交易额超过 1500 欧元的，要求不允许用现金而必须通过银行支票或信用卡支付。鼓励举报偷逃税款行为，对举报获得的奖金免税。

（二）爱尔兰

为了减少预算赤字，爱尔兰从 2009 年就开始实施财政紧缩计划。在削减支出方面，主要采取了降低公务员工资 5%—15%，减少社会福利等。在税收政策方面，采取了一些增税措施。主要有：一是对增值税税率进行微调。2009 年将增值税的标准税率从 21% 提高到 21.5%，2010 年又恢复到 21%，增值税优惠税率保持不变。二是提高消费税税率。将每包香烟的税率提高 50 欧分，汽油税率每升提高 0.08 欧元，低二氧化碳排放的小汽车和货车的税率提高 4%，高二氧化碳排放的大型汽车的税率提高 5%。三是征收航空旅行税。对离开爱尔兰的航班，每人征收 10 欧元的航空旅行税，对境内旅客则征收 2 欧元的航空旅行税。四是提高赌博税税率。将税率从 1% 提高到 2%。五是提高个人所得税税率。对每周所得在 1925 欧元以下的个人，所得税提高 1 个百分点，超过部分提高 2 个百分点。六是提高资本利得税税率。将税率从 20% 提高到 22%。七是准备开征住所税。向既非爱尔兰税收居民、又非常住居民，但是拥有爱尔兰国籍或在爱尔兰拥有住所，且其世界范围内所得超过 100 万欧元，同时位于爱尔兰的资产超过 500 万欧元的个人，每年征收 20 万欧元的住所税。八是从 2010 年 5 月起，对每吨碳排放征收 15 欧元的碳税。

（三）西班牙

为了稳定本国的财政状况，2010 年 5 月，西班牙宣布实施为期两年、总额达 150 亿欧元的财政紧缩计划。在减少财政支出方面，主要是削减公务员工资，从 2011 年起冻结养老金，取消给每个新生儿家庭的 2500 欧元的补贴，2010—2011 年，计划削减 60 亿欧元的投资，同时减少海外援助。在税收政策方面，西班牙将重点放在了加强税收征管来增加税收收入方面。主要有：一是将向富人征税。纳税人仅限于亿万富翁，绝大多数的西班牙人将排除在外。二是完善税收管理制度。建立一套完备的现代税收管理制度，进一步增强网络安全，扩大网上办税范围，加强政府和纳税人之间的互信与合作。

(四) 葡萄牙

2010年5月，葡萄牙也宣布了为期两年的财政紧缩措施，力争在2010年将赤字率减少到占GDP的7.3%，2011年进一步减少到4.6%。葡萄牙的财政紧缩措施包括减支和增税两个方面。在减支方面，政府计划从2010年起把部长和其他最高级别的国家公务员的工资减少5%。在税收政策方面，政府采取了增税措施。主要有：一是提高增值税税率。将增值税标准税率从20%提高到21%，生活必需品的税率从5%提高到6%，餐馆的税率从12%提高到13%。二是提高公司所得税税率。对公司利润超过200万欧元的，额外征收2.5%的公司所得税。三是提高个人所得税税率。对个人薪金在一定数额之内的，额外征收1%的个人所得税，超过这一数额则征收1.5%的所得税。

(五) 意大利

意大利政府在2010年5月25日批准了在未来两年中削减249亿欧元财政支出的计划，准备在两年之内减少赤字率1.5个百分点，争取在2012年达到赤字占国内生产总值比重2.7%的目标。意大利的财政紧缩计划包括减少财政支出和增加税收两个方面。在财政支出方面，政府决定在三年内冻结普通公务人员的工资，2011年削减部长和国会议员的工资10%，削减政府部门经费10个百分点，并减少中央给地方的45亿欧元转移支付等。

在税收政策方面，意大利政府没有出台减税措施，而是通过采取加强税收征管措施来增加收入。主要措施有：一是对违法建筑给予税收特赦，即允许未经批准而修建的建筑物，在缴纳一笔低于税收的罚款后，可予以正式登记。二是加大打击偷税的力度，遏制地下经济的发展。对超过5000欧元的交易，要求必须使用信用卡、支票和其他可追踪的工具作为支付手段。加大虚假申报的打击力度，重点打击骗取残疾税收优惠行为（意大利每年给270万残疾申报者提供的补贴达160亿欧元）。三是注重密切国家和公民之间的关系，通过信息交换、计算机化等措施，使地方税务机关与纳税人的关系更简化和透明。四是加强税务机构建设，增加税务所的数量，实现每25公里范围内有一个税务所的目标。

(六) 英国

英国虽然没有发生债务危机，但是其2009年的财政赤字和国债规模分别为11.5%和68.1%，同样面临着双双远超警戒线的严峻局面。为了缓解债务压力，消除潜在的危机，英国开始实施财政紧缩政策。在减少支出方面，主要措施是冻结公务员薪酬、将政府养老金年龄上调至66岁、改革福利政策及大力削减公共开支等。在税收政策方面，英国政府积极出台了以开征银行税为主要内容的政策措施。一是开征银行税。准备在2011年对大中型银行开征银行税，税基以银行所持资产计算，而非根据银行盈利表现征收，政府每年征收的税额为10亿至30亿英镑。二是提高增值税税率。2009年将增值税标准税率从15%恢复到金融危机前的17.5%，在此基础上，规定从2011年1月4日起将对货物和劳务征收的增值税标准税率再次上调至20%。保持5%的简易税率不变。对食品、儿童服装和书籍等生活必需品依然实行0税率或免税。三是提高保费税（Insurance Premium Tax）税率。从2011年1月4日起，将保费税的标准税率由目前的4%提高到6%，保费税的高税率提高到20%。四是调高资本利得税。将对富人征收的资本利得税税率由18%提高至28%。五是向红利超过2.5万英镑的银行家征收50%的一次性奖金税。另外，为了防止征税引发的企业效益下滑和公众不满，英国政府还出台了一些减税措施。一是将企业所得税税率由28%下降至24%，并承诺至少执行4年以上。二是对近100万低收入群体免征个人所得税。

（七）德国

德国是欧盟国家中经济实力最强的国家，但是在应对国际金融危机的过程中由于实施了经济刺激措施，财政赤字和国债规模也迅速攀升。2009年，德国的财政赤字和国债规模分别达到4.3%和73.2%，双双突破了欧盟规定的警戒线。为防止发生主权债务危机，德国政府也开始实施有史以来规模最大的财政紧缩计划。该计划的重点是减少支出，主要包括从2011年至2014年每年分别削减政府开支112亿欧元、191亿欧元、247亿欧元和266亿欧元等。在调整税收政策增加收入方面，由于担心提高企业的税收负担会影响实体经济复苏，德国并没有出台大规模的增税计划。主要措施有：一是开征银行税。德国同英国、法国等欧盟国家一道主张开征银行税，最迟于2012年1月1日起开征，并计划逐步对所有的金融交易征税。二是对航空旅行和核电业征收新税。三是取消一些税收优惠措施。

（八）法国

为了应对国际金融危机，法国采取了有力的经济刺激措施，通过大量举债和实施巨额开支来促进经济增长，帮助经济走出衰退，使得赤字和债务规模也迅速攀升。2009年法国财政预算赤字占国内生产总值的比例由2008年的3.3%增至7.5%，公共部门债务总额达到1.489万亿欧元，约占GDP的77.6%，比2008年的67.5%提高10个百分点。赤字规模和国债水平也都超过了欧盟的上限标准。为了防范债务危机，法国政府积极出台措施削减财政赤字、增加收入。在减支方面，主要是削减公务员的工资和退休金，并将退休年龄从60岁提高到62岁等。在增收方面采取的主要的税收政策有：一是积极推进开征银行税，弥补财政收入的不足。为防范银行风险，还规定对从事传统业务的银行的税率低于从事高风险业务的银行。二是提高富人的税负，将对富人征收的个人所得税和资本利得税提高一个百分点。

（九）美国

美国是此次国际金融危机的始发地，为了刺激经济，美国政府出台并实施了庞大的经济刺激和金融救助计划，美国的财政赤字也不断攀升。2009年，美国的财政赤字高达1.42万亿美元，赤字率高达10%，政府债务增至6.71万亿美元，占国内生产总值的47.2%。2010年8月，美国国会预算办公室发布预算和经济展望更新报告，预计2010财年美国联邦政府财政赤字为1.34万亿美元，约占国内生产总值的9.1%。长期以来，世界第一经济体美国的外债一直保持着较大规模，但凭借着美元作为国际储备货币的特殊地位，美国对巨额的外债并不重视。但是，随着金融危机的发展和欧洲债务危机的蔓延，特别是快速增长的财政赤字，美国总统奥巴马也开始忧虑美国财政和债务问题。为防范潜在的债务危机，美国提出要研究开征金融危机责任税，即银行税。主要内容是：征税对象是2008年接受政府救助的、资产在500亿美元以上的大型金融机构，税基为银行股本和受保险存款以外的负债，税率为0.15%，期限至少为10年。收入用以弥补政府救助银行业的成本。如果10年内政府征收的银行税仍无法弥补向金融机构援助的资金，还将会继续征收。

（十）日本

近年来日本经济持续低迷，为了促使经济走出低谷，日本实施了经济刺激政策，日本政府的国债规模也长期维持在一个较高的水平。日本财务省发布的数据显示，2009财年日本的国债总额为882.9万亿日元，约为国内生产总值的192%。2010年5月，国际货币基金组织发布财政监测报告，预计2015年日本政府债务将占到国内生产总值的250%。为防止爆发主权债务危机，日本首相菅直人提出了税收改革方案。希望通过增税来扩大国民医疗和社会保险范畴，刺激日本经济尽快恢复发展，并最终减轻政府债务压力。其税收改革方案的主要内容有：一是提高消费税税率。日本自1989年开始征收消费税，至今曾先后两次提高税率，这次准备将现行5%的消费税大幅提升至10%。二是提高个人所得税税率。菅直人认为所得税在收入再分配方面已变得效率低下，需要提高高收入者的税率。

三、欧洲债务危机后世界税制改革的趋势

目前，欧洲债务危机虽然还在继续发展，但是在国际社会的协调配合和积极努力下，债务危机国家的各项政策措施开始显现成效，经济已经开始出现向好的势头，市场信心也在逐渐恢复。希腊、爱尔兰等国纷纷表示已经走出最黑暗的时期。欧盟公布的数据显示，2010年第一季度欧元区区内生产总值同比增长0.6%，是近6个季度以来首次实现同比增长，第二季度欧元区经济同比增长1.7%，整体经济增长创下近四年来最快水平。相信这些国家最终能够走出债务危机的阴影。尽管欧洲债务危机远没有结束，西方国家的许多税收政策调整还处于研究和准备实施的阶段，但是纵观这些税收政策的变化，仍可以感受到当今世界税收制度改革趋势已经悄然出现了一些新的特点。

（一）世界税制改革将进入新一轮增税周期

增税和减税历来是摆在各国政府面前的一道难题。从政府履行职能、改善国民福利、调控经济发展等角度来看，增税往往是政府的一种本能需求，但是从争取民众支持、增强经济活力、提高税制竞争力等角度来讲，减税又往往是政府无奈的选择。因此，各国政府往往在不同的政治经济背景下，在增税和减税之间进行相机抉择。20世纪90年代以来，经济全球化迅速发展，各国经济交流日益密切，世界主要国家为提高本国经济竞争力，不断降低企业税负，减税成为世界税制改革的潮流。特别是2008年国际金融危机以来，为了遏制经济衰退，美国、欧洲、日本等世界主要经济体纷纷采取了一系列宽松的财政政策和货币政策，刺激经济发展。其中非常重要的政策措施一是扩大政府开支以增加市场需求和国民收入，一是大幅度减税以促进企业投资和增强企业竞争力。因此，国际金融危机以后，减税依然是各国税收政策调整的主流方向。

然而，国家和政府的财力并不是用之不竭的，巨额的财政支出必然导致国家财力的枯竭，而减税也将必然导致国家财政收入的减少。虽然可以寄希望于经济的快速增长以及由此带来的经济规模和财政规模的扩大，但是如果经济和财政的增长没有如期而至的话，债务危机往往就成了经济刺激政策的孪生兄弟。随着国际金融危机的发展和各国经济刺激政策的实施，世界各国的财政赤字迅速攀升并引发了“欧猪五国”的债务危机，进而威胁到其他国家。为了化解危机，各国开始调整经济政策，出台了增加税收收入、削减财政赤字的措施。尽管这些政策特别是增税措施遭到了民众以及一些经济学家的反对，一些

国家执政党的支持率下降，希腊、西班牙等国家甚至爆发了民众的暴力冲突和示威游行，诺贝尔经济学奖得主斯蒂格利茨和克鲁格曼也强调在经济复苏以前削减公共开支将引发经济再次步入衰退，但是为了避免债务危机带来的国家财政崩溃和国家信用破产，减支增税也就成了摆在各国政府面前迫不得已的选择。因此，爆发债务危机的欧猪五国以及尚未爆发危机的英国、法国、德国等欧洲国家顶住各方面的压力，实施了一系列增税政策。美国、日本等世界主要经济体也开始研究出台增税的措施。可以预见，增税已经成为各国税收政策调整的主流，当今世界税制改革进入了一个以化解财政风险为目的的新一轮的增税周期。

（二）提高货物劳务税税负成为各国税制改革的重点

尽管世界各国的税收制度不同，但是纵观债务危机以来各国出台的税收政策，增加货物劳务税税负成为许多国家政策调整的主要内容和重要手段。如希腊、英国等国多次提高增值税税率，欧洲各国明确表示要对银行的资产开征银行税、对金融交易征税，美国也提出要开征银行税，日本提出要提高消费税等。其主要原因，一是货物劳务税有较强的收入职能。货物劳务税是针对企业的交易额征收的，受企业经济效益的影响不大，能够迅速增加政府的税收收入，而这次世界各国税制改革的主要目的是增加税收收入改善财政状况，因此，提高货物劳务税税负就成为各国税收政策调整的首选和重点。二是货物劳务税易于推行。货物劳务税是由企业缴纳的，不直接向民众征收，具有一定的隐蔽性，引发的社会矛盾少，容易推行和征收。从各国税收政策调整的这一特点可以看出，收入职能永远都是税收的最基本的职能，当一国财政出现困难的时候，提高税负增加收入是一国政府的必然选择，而无论一国的税制特点怎样，由于货物劳务税在筹集收入方面的先天优势，调高货物劳务税税负就成为各国政府的首要选择。因此，货物劳务税已成为世界税制改革的重点。

（三）开征银行税成为西方主要发达国家税制改革的趋势

早在2009年，为了应付财政困难，瑞典就开始对银行的总资产按照0.036%的税率征收银行税。其收入成立基金，根据公共财政的情况，协助应对金融危机。2010年年初，美国总统奥巴马提出开征银行税，目的是为了补偿国际金融危机爆发以后美国政府对金融机构的财政援助。但是，由于当时欧洲债务问题还不严重，美国的这一建议并没有受到足够的重视。随着欧洲债务危机愈演愈烈，国际社会开始重新审视开征银行税以及金融交易税的建议。2010年4月，国际货币基金组织提议向全球银行和金融机构征收“金融稳定贡献税”（FSC）和“金融活动税”（FAT），税款将主要用于支付未来对银行和金融机构的救助，及设立应对金融危机的基金。不久，欧盟也建议各成员国开征银行税，并积极研究开征金融交易税，成立银行清盘基金，用于支付未来破产银行的清盘费用。然而，开征银行税并没有在全球范围内取得共识，加拿大、澳大利亚、日本和巴西等国以本国金融体系没有出现问题为由强烈反对。2010 年 6 月，在加拿大首都多伦多举行的二十国集团首脑会议也未能就开征全球性的银行税达成一致意见，而提出由各国执行决定是否开征。但是，一些国家已经明确表示要开征银行税。2010 年 6 月，匈牙利政府宣布在年内开征银行税并在 3 年内终止，成为首个宣布开征银行税的欧盟国家。英国、法国、德国等欧盟国家也宣布准备开征银行税。英国政府甚至表示，无论国际社会是否合作，英国都将开征银行税。虽然美国也研究并宣布了开征银行税的计划和方案，但是由于担心选民反对，奥巴马政府作为权宜之计，并没有将开征银行税的议案提交议会。

尽管如此，仍可以看出开征银行税已经成为债务危机背景下世界税制改革的重要内容。其主要原因，一是征收银行税是为了抵御和防范金融危机带来的风险。这次世界经济的动荡都肇源于金融机构过度经营风险业务产生巨额亏损进而使整个国家的金融体系出现系统性风险，并由此产生了国际金融危机，进而在一些国家演变为债务危机。在处理危机时，美欧等国普遍对银行注入大量资金，以维护金融系统的稳定和正常运转。然而这种用纳税人的钱为银行的错误买单的做法是对纳税人的不公平，受到了广泛的质疑和批评。在金融体系的运转和金融企业的经营活动对世界各国经济的影响愈来愈强烈的今天，征收银行税，用银行的钱来弥补财政提供的援助、防范由银行带来的金融危机和债务危机，无论在理论上还是实践上都能得到有力的支持。二是银行税能够有效增加税收收入。银行税和金融交易税有较强的筹集收入职能，银行资产规模和金融交易的金额都非常庞大，征收银行税、金融交易税能够在短时间内筹集大量的税收收入，有利于迅速缓解财政压力。三是银行税有利于抑制银行的投机行为。随着经济全球化深入发展，国际金融业务越来越频繁，规模也越来越庞大，政府对银行从事风险业务的管理难度越来越大。征收银行税增加了银行的交易成本，能够监控和抑制银行从事风险较大的金融业务，有利于防范金融风险。

（四）加强税收征管是各国努力的方向

在应对债务危机的过程中，不少国家认为税收流失严重，并把加强征管防止逃税作为增加财政收入的重要措施。比如，希腊、西班牙在提高税率、开征新税的同时，还有针对性地出台一些加强税收征管的措施。意大利由于顾虑增税对经济的负面影响甚至把政策调整的重点放在了堵塞征管漏洞上面。这说明，尽管西方发达国家的税收制度比较健全，征管措施比较完备，但是作为征税对立面的逃税漏税，依然是一个世界性和永久性的难题。通过各种手段来加强税收征管，提高征管效率，减少税收流失，仍需要世界各国继续努力。纵观这次各国应对债务危机的税收征管措施，各国比较注重从以下几个方面来加强征管。一是加强政府与纳税人之间的沟通。通过沟通增进政府与纳税人之间的互信与合作，提高纳税遵从度，从而提高税收征管的效率。二是注重运用信息化手段。充分利用计算机网络技术，推广实行网上办税。三是注重限制现金交易。现金交易容易导致税款流失，不少国家对达到一定金额以上的交易，强调必须通过支票、信用卡等银行转账手段，以实现对交易过程的控制。

总之，随着欧洲债务危机的发展，严重的财政赤字问题已经成为威胁许多国家主权信用的重要因素。在政府面临破产危机的情况下，严肃财政纪律、重振财政也就自然而然成为世界各国必须关注和解决的首要问题。在这一背景下，世界税制改革也将被迫走上增税的道路。

参考文献

1. 国际货币基金组织网站：http：//www. imf. org，《世界经济展望》，《全球金融稳定报告》。

2. 欧盟网站：http：//ec. europa. eu/eurostat，“Euro area and EU27 government deficit at 6. 3% and 6. 8% of GDP respectively”。

3. 郭田勇、赵世宇：“开征银行税：大势所趋　荆棘满途”，《上海证券报》，2010 年 5 月 18 日。

4. 赵坤、张茉楠：“关于欧洲债务危机影响的判断”，国家信息中心：《经济预测与分析》2010 年第 21 期。

5. Alkman Granitsas, “Greece Hit By Strikes Ahead Of Vote On Tax Reform”, April 14, 2010, Dow Jones Newswires.

6. Jeffrey T. Lewis and Nonathan House, “Portugal Approves Tax Increases, Salary Cuts”, May 13, 2010, *Wall Street Journal*.

7. Daniel Woolls, “Spain Outlines Plan to Cut Deficit”, May 12, 2010, Bloomberg.

8. Jill Lawless and Robert Barr, *Spending Cuts, Tax Hikes in UK Emergency Budget Focused on Cutting Record National Deficit*, June 22nd, 2010, The Associated Press.

9. Lorenzo Totaro, "Italy Adopts $30 Billion of Cuts in Drive to Tame Deficits", May 26, 2010, Bloomberg.

10. Brian Parkin and Tony Czuczka, "Cuts Will Trim German Budget Deficit 40 Percent, Report Shows", July 5, 2010, Bloomberg.

11. Elizabeth Pineau, "France to cut defence budget by 3.5 bln euros - source", July 1, 2010, Ruters.

12. David Cutler, "Austerity measures around the euro zone", July 1, 2010, Reuters.

13. Grace Brennan, "Irland Budget for 2010", 11 December 2009, IBFD.

（作者工作单位：国家税务总局税收科学研究所）

关于国际公约涉税问题的初步研究

龚辉文　刘　佐

随着经济全球化的日益发展，国家之间的政治、经济和文化等不同领域的国际交往日益频繁，引导和规范国际行为的国际法随之快速发展。税收作为影响经济、社会行为的重要政策要素，经常会在不同层面、不同领域的国际法中有所体现，并对国际交往产生重要影响。但是，对于国际法中的涉税问题，似乎鲜见有人专门研究。所以，本报告拟对此问题进行初步探讨。

一、涉税国际法的3个层次

国际法在法学中有其自身的定义和分类，我们主要从国际法的实践出发，根据国际法与税收的相关程度，概略地将与税收有关的国际法（即涉税国际法）分为下列3个层次：

首先，直接以税收作为法律规范对象的国际法，实践中主要表现为日益增加的双边或者多边税收协定（包括税收信息交换[①]协议）。据联合国统计，世界上签署的关于避免对所得双重征税的国际税收协定数量已经从20世纪80年代初的1300多个增加到2008年年底的2805个。国际税收协定是明确税收管辖权的分配和协调原则，消除由于税收管辖权的跨境重叠而产生的重复征税的重要法律规范，是当前国际税收协调的最主要方式，对消除或者减少国际税收障碍，促进货物、劳务、资本、人力、技术等生产要素和消费形态的跨境流

① 税收信息交换，在中国签订的税收协定中通常称为税收情报交换。

动，鼓励国际投资和贸易，维护相关国家的权益，都具有重要的意义。近几年来，跨境税收信息交换日益得到关注，税收协定中的税收信息交换条款不断完善，特别是专门的双边税收信息交换协议的谈签工作异常活跃，大大地促进了各国税制和税收管理的透明度，并为加强跨境税收管理的协调和合作奠定了法律基础。

其次，以投资、贸易等经济活动为法律规范对象，与投资、贸易相关的税收问题构成其重要内容的国际法，实践中主要表现为双边或者多边投资、贸易协议（协定），包括各种自由贸易区协议和世界贸易组织框架下的一系列协议和规定。在这些投资、贸易协议中，涉及的税收问题主要包括两个方面：一是与货物、劳务跨境流动有关的关税政策，从总体看，主要是体现关税总体水平逐步下降的关税减让安排；二是强调鼓励贸易和投资应当遵循的基本税收原则——税收公平原则、税收非歧视原则（包括国民待遇和最惠国待遇）和税收透明度原则等。

再次，内容广泛的，其中涉及零星税收问题的国际法，实践中主要表现为各种国际公约①。

从税收角度看，上述第一层次和第二层次的国际法自然是很重要、很值得研究的。不过，关于税收协定问题，与投资、贸易相关的税收政策问题，一直是税收研究领域的重要课题，已经有不少人研究过。但是，上述第三层次的国际法中的涉税问题似乎一直缺乏关注。所以，本报告主要针对这方面的问题进行初步的梳理和分析，试图抛砖引玉。

二、有关国际公约涉税问题概述

当今世界国际公约的数量比较多，内容也比较繁杂。由于资料来源和精力所限，我们主要检索了中国已经加入的《维也纳外交关系公约》、《维也纳领事关系公约》2 个涉及外交豁免权的国际公约和中国全国人民代表大会常务委员会网站公布的 98 个公约。

（一）有关国际公约中的涉税规定

在上述 100 个公约中，涉及税收问题的公约有下列 14 个：《维也纳外交关系公约》，《维也纳领事关系公约》，《联合实施国际热核聚变实验堆计划国际

---

① 本报告在通常意义上使用“公约”（convention）和“条约”（treaty）的概念，即公约指多边条约。

聚变能组织特权和豁免协定》，《联合国反腐败公约》，《世界卫生组织烟草控制框架公约》，《上海合作组织特权与豁免公约》，《关于从国外调取民事或商事证据的公约》，《关于禁止发展、生产、储存和使用化学武器及销毁此种武器的公约》，《联合国关于在发生严重干旱和/或荒漠化的国家特别是在非洲防治荒漠化的公约》，《联合国海洋法公约》，《关于解决国家和他国国民之间投资争端公约》，《关于向国外送达民事或商事司法文书和司法外文书公约》，《1949 年 8 月 12 日关于战俘待遇之日内瓦公约》和《1949 年 8 月 12 日关于战时保护平民之日内瓦公约》。

1.《维也纳外交关系公约》①。该公约的涉税内容主要包括使馆和外交代表等人员的税收豁免规定，体现在该公约第二十三条、第二十八条、第三十四条、第三十六条、第三十七条和第三十九条中。

第二十三条规定②：

"一、派遣国及使馆馆长对于使馆所有或租赁之馆舍，概免缴纳国家、区域或地方性捐税，但其为对供给特定服务应纳之费者不在此列。

二、本条所称之免税，对于与派遣国或使馆馆长订立承办契约者依接受国法律应纳之捐税不适用之。"

第二十八条规定："使馆办理公务所收之规费及手续费免征一切捐税。"

第三十四条规定："外交代表免纳一切对人或对物课征之国家、区域、或地方性捐税，但下列各项，不在此列：

（甲）通常计入商品或劳务价格内之间接税；

（乙）对于接受国境内私有不动产课征之捐税，但其代表派遣国为使馆用途而置有之不动产，不在此列；

（丙）接受国课征之遗产税、遗产取得税或继承税，但以不抵触第三十九条第四项之规定为限；

（丁）对于自接受国内获致之私人所得课征之捐税，以及对于在接受国内商务事业上所为投资课征之资本税；

（戊）为供给特定服务所收费用；

（己）关于不动产之登记费、法院手续费或记录费、抵押税及印花税；但

---

① 该公约 1963 年 4 月 24 日订于维也纳，中国 1975 年 11 月 25 日加入该公约，同年 12 月 25 日该公约对中国生效。

② 因法律条文之间经常相互引用，也为便于检索，本小节整理的有关公约中的涉税条款按公约的中文本摘录，并保持原有序号。

第二十三条另有规定者，不在此列。”

第三十六条第一款规定：“接受国应依本国制定之法律规章，准许下列物品入境，并免除一切关税及贮存、运送及类似服务费用以外之一切其他课征：

（甲）使馆公务用品；

（乙）外交代表或与其构成同一户口之家属之私人用品，包括供其定居之用之物品在内。“

第三十七条规定：

“一、外交代表之与其构成同一户口之家属，如非接受国国民，应享有第二十九条至三十六条所规定之特权与豁免。

二、使馆行政与技术职员暨与其构成同一户口之家属，如非接受国国民且不在该国永久居留者，均享有第二十九条至第三十五条所规定之特权与豁免，但第三十一条第一项所规定对接受国民事及行政管辖之豁免不适用于执行职务范围以外之行为。关于最初定居时所输入之物品，此等人员亦享有第三十六条第一项所规定之特权。

三、使馆事务职员如非接受国国民且不在该国永久居留者，就其执行公务之行为享有豁免，其受雇所得酬报免纳捐税，并享有第三十三条所载之豁免。

四、使馆人员之私人仆役如非接受国国民且不在该国永久居留者，其受雇所得酬报免纳捐税。在其他方面，此等人员仅得在接受国许可范围内享有特权与豁免。但接受国对此等人员所施之管辖应妥为行使，以免对使馆职务之执行有不当之妨碍。”

第三十九条第四款规定：“遇非为接受国国民且不在该国永久居留之使馆人员或与其构成同一户口之家属死亡，接受国应许可亡故者之动产移送出国，但任何财产如系在接受国内取得而在当事人死亡时禁止出口者，不在此列。动产之在接受国纯系因亡故者为使馆人员或其家属而在接受国境内所致者，应不课征遗产税、遗产取得税及继承税。”

2.《维也纳领事关系公约》①。该公约的涉税内容主要包括领馆和领事官员等人员的税收豁免规定，体现在该公约第二章第一节《关于领馆之便利、特权与豁免》第三十二条、第三十九条，第二节《关于职业领事官员及其他领馆人员之便利、特权与豁免》第四十九条、第五十条和第五十一条中。

① 该公约1963年4月24日订于维也纳，中国1979年7月3日加入该公约，该公约1979年8月1日对中国生效。

“第三十二条　领馆馆舍免税

一、领馆馆舍及职业领馆馆长寓邸之以派遣国或代表派遣国人员为所有权人或承租人者，概免缴纳国家、区域或地方性之一切捐税，但其为对供给特定服务应纳之费者不在此列。

二、本条第一项所称之免税，对于与派遣国或代表派遣国人员订立承办契约之人依接受国法律应纳之捐税不适用之。”

“第三十九条　领馆规费与手续费

一、领馆得在接受国境内征收派遣国法律规章所规定之领馆办事规费与手续费。

二、本条第一项所称规费与手续费之收入款项以及此项规费或手续费之收据，概免缴纳接受国内之一切捐税。”

“第四十九条　免税

一、领事官员及领馆雇员以及与其构成同一户口之家属免纳一切对人或对物课征之国家、区域或地方性捐税，但下列各项不在此列：

（一）通常计入商品或劳务价格内之一类间接税；

（二）对于接受国境内私有不动产课征之捐税，但第三十二条之规定不在此限；

（三）接受国课征之遗产税、遗产取得税或继承税及让与税，但第五十一条第（二）项之规定不在此限；

（四）对于自接受国内获致之私人所得，包括资本收益在内，所课征之捐税以及对于在接受国内商务或金融事业上所为投资课征之资本税；

（五）为供给特定服务所征收之费用；

（六）登记费、法院手续费或记录费、抵押税及印花税，但第三十二条之规定不在此限。

二、领馆服务人员就其服务所得之工资，免纳捐税。

三、领馆人员如其所雇人员之工资薪给不在接受国内免除所得税时，应履行该国关于征收所得税之法律规章对雇用人所规定之义务。

第五十条　免纳关税及免受查验

一、接受国应依本国制定之法律规章，准许下列物品入境并免除一切关税以及贮存、运送及类似服务费用以外之一切其他课征：

（一）领馆公务用品；

（二）领事官员或与其构成同一户口之家属之私人自用品，包括供其初到任定居之用之物品在内。消费用品不得超过关系人员本人直接需用之数量。

二、领馆雇员就其初到任时运入之物品，享有本条第一项所规定之特权与豁免。”

第五十一条中规定：遇领馆人员或与其构成同一户口之家属死亡时，接受国“对于动产之在接受国境内纯系因亡故者为领馆人员或领馆人员之家属而在接受国境内所致者，应不课征国家、区域或地方性遗产税、遗产取得税或继承税及让与税。”

3.《联合实施国际热核聚变实验堆计划国际聚变能组织特权和豁免协定》①。该协定的涉税内容主要包括国际热核聚变实验堆计划国际聚变能组织（简称ITER组织）及其工作人员的有关税收豁免规定，体现在该协定第五条、第六条、第十四条、第十七条和第十九条中。

第五条规定：

“一、ITER组织及其财产和收入在公务活动范围内，免征直接税。

二、在ITER组织采购物品或服务，或此等物品或服务为ITER组织所用或代表ITER组织使用的情况下，如果购买物品或服务的价款中包含税金，缔约方应尽可能采取措施，免除此类赋税，或提供补偿，但以物品或服务系ITER组织从事公务活动绝对必需为限。”

第六条规定：

“一、ITER组织或代表ITER组织，为公务活动进口或出口的物品应免征一切关税和其他税款。ITER组织为公务活动进口或出口的物品免受进出口的禁止和限制，除非上述禁止或限制与《组织协定》第十四条和第二十条所述的法律、法规和政策一致。

二、根据本协定第五条免税的物品或根据本条第一款进口的物品不得出售或转赠，除非符合已经给予豁免的缔约方规定的条件。”

第十四条第（七）项规定：ITER组织职员“有权在相关国家首次任职时进口免税家具和私人物品，并有权在结束驻该国任期时免税运出家具和私人物品，但两种情况下，都必须符合此项特权行使地国认为必要的条件。”

第十七条第一款规定：“为ITER组织的利益，ITER组织支付的薪金报酬在构成应缴税的限度时应当免征所得税。缔约方保留在确定其他来源的收入的

① 中国2006年11月21日签署该协议，2007年8月30日第十届全国人民代表大会常务委员会第二十九次会议批准。

赋税时，考虑这些薪金报酬的权利。”（即 ITER 职员在取得其他应税所得时，应当将其免税薪金纳入税基，确定其应税所得应当适用的税率——笔者注。）

第十九条规定：“如果 ITER 组织建立了自己的社会保障制度，ITER 组织、总干事和职员应根据与各缔约方和（或）东道国订立的协议，免于向国内社会保障机构缴纳强制捐税。”

4.《联合国反腐败公约》[1]。该公约的涉税内容主要包括与税收有关的贿赂、引渡和司法协助规定，体现在该公约第十二条、第四十四条和第四十六条中。

第十二条《私营部门》第四款规定：“鉴于贿赂是依照本公约第十五条和第十六条确立的犯罪构成要素之一，各缔约国均应当拒绝对贿赂构成的费用实行税款扣减，并在适用情况下拒绝对促成腐败行为所支付的其他费用实行税款扣减。”

第四十四条《引渡》第十六款规定：“缔约国不得仅以犯罪也被视为涉及财税事项为由而拒绝引渡。”

第四十六条《司法协助》第二十二款规定：“缔约国不得仅以犯罪也被视为涉及财税事项为理由而拒绝司法协助请求。”

5.《世界卫生组织烟草控制框架公约》[2]。该公约的涉税内容主要包括减少烟草需求和烟草制品非法贸易的税收措施，体现在该公约第六条和第十五条中。

第六条《减少烟草需求的价格和税收措施》规定：

“1. 各缔约方承认价格和税收措施是减少各阶层人群特别是青少年烟草消费的有效和重要手段。

2. 在不损害各缔约方决定和制定其税收政策的主权时，每一缔约方宜考虑其有关烟草控制的国家卫生目标，并酌情采取或维持可包括以下方面的措施：

（a）对烟草制品实施税收政策并在适宜时实施价格政策，以促进旨在减

---

① 该公约 2003 年 10 月 31 日在第五十八届联合国大会上通过，2005 年 12 月 14 日生效。中国于 2003 年 12 月 10 日签署该公约。2005 年 10 月 27 日，第十届全国人民代表大会常务委员会第十八次会议批准该公约，同时声明中国不受该公约个别条款约束。

② 该公约 2003 年 5 月 21 日在第五十六届世界卫生大会上通过，2005 年 2 月 27 日生效。中国 2003 年 11 月 10 日签署该公约。2005 年 8 月 28 日，第十届全国人民代表大会常务委员会第十七次会议批准该公约。

少烟草消费的卫生目标；和

（b）酌情禁止或限制向国际旅行者销售和/或由其进口免除国内税和关税的烟草制品。

3. 各缔约方应根据第二十一条在向缔约方会议提交的定期报告中提供烟草制品税率及烟草消费趋势。”

第十五条[①]《烟草制品非法贸易》第四项规定：“为消除烟草制品非法贸易，每一缔约方应：

（a）监测和收集关于烟草制品跨国界贸易，包括非法贸易的数据，并根据国家法律和适用的有关双边或多边协定在海关、税务和其他有关部门之间交换信息；

（b）制定或加强立法，通过适当的处罚和补救措施，打击包括假冒和走私卷烟在内的烟草制品非法贸易；

（c）采取适当措施，确保在可行的情况下采用有益于环境的方法，销毁或根据国家法律处理没收的所有生产设备、假冒和走私卷烟及其他烟草制品；

（d）采取和实施措施，以监测、记录和控制在其管辖范围内持有或运送的免除国内税或关税的烟草制品的存放和销售；以及

（e）酌情采取措施，使之能没收烟草制品非法贸易所得。”

6.《上海合作组织特权与豁免公约》[②]。该公约的涉税内容主要包括与上海合作组织及其人员有关的税收规定，体现在该公约第四条、第十一条和第十八条中。

第四条规定：“本组织及其资产、收入和其他财产：

（一）免缴成员国境内征收的一切直接税、增值税（包括按有关成员国的法律法规以返还的形式免除），具体项目的服务费除外。

（二）组织为公务目的运入和运出的物品，免除关税和其他税收、进出口禁止和限制。但此项免税运入成员国的物品，非依照与该成员国政府商定的条件，不得在该国出售。

（三）运入和运出的本组织出版物免除关税和其他税收、进出口禁止和限制。”

---

① 该条属于该公约的第Ⅳ部分：《减少烟草供应的措施》。

② 该公约于 2004 年 6 月 17 日由中国等五个成员国元首在塔什干共同签署，并于 2005 年 2 月 28 日经第十届全国人民代表大会常务委员会第十四次会议批准。

第十一条第（二）项和第（七）项分别规定：官员在成员国境内“得自组织的薪金和其他报酬免纳税”；“到东道国初次就任和合同终止后离开东道国时，有权根据东道国的法律法规免税运入、运出包括交通工具在内的个人财产”。

第十八条第一款第（七）项规定：成员国代表在履行公务期间和往返本组织在成员国举行的活动地点途中，享有“为外交代表享有而与上述各项不相冲突的其他特权、豁免和便利，但对运入物品（为其私人行李的一部分除外），他们无权要求免除关税或消费税或销售税。”第三款规定：“如某项税收是以居留为条件，成员国代表因履行其职责而来到某一成员国开会的期间，不应视为居留期间。”

7.《关于从国外调取民事或商事证据的公约》①。该公约第十四条中规定：“请求书的执行不产生任何性质的税费补偿。”

8.《关于禁止发展、生产、储存和使用化学武器及销毁此种武器的公约》②。该公约《关于执行和核查的附件》第二部分《一般核查规则》B条《特权和豁免》第十一款规定：“为有效执行其职务，视察员和视察助理应享有（a）至（i）项所列的特权和豁免。视察组成员特权和豁免的授予，应是为了本公约，而不是为了其个人私利。视察组成员应在从抵达被视察缔约国或所在国领土算起到离开此一领土为止这整段期间内享有此种特权和豁免，并在此后针对其先前执行公务的行为享有此种特权和豁免。”其中（d）、（f）和（g）项涉及税收豁免的规定：

“（d）视察组携带的样品和核准的设备在不违反本公约条款的前提下应不受侵犯，并免缴一切关税。运输有害样品应遵守有关规章。

（f）根据本公约进行规定活动的视察组成员应免纳外交代表根据《维也纳外交关系公约》第三十四条所免纳的一切捐税。

（g）视察组成员携带个人用品进入被视察缔约国或所在缔约国领土，应免缴一切关税或有关费用，但法律禁止或检疫条例管制进口或出口的物品除外。”

9.《联合国关于在发生严重干旱和/或荒漠化的国家特别是在非洲防治荒

---

① 该公约1990年3月18日订于海牙，1997年7月3日第八届全国人民代表大会常务委员会第二十六次会议决定中国加入该公约，同时作出一些相应的决定。

② 1996年12月30日，第八届全国人民代表大会常务委员会第二十三次会议批准中国加入该公约。

漠化的公约》[1]。该公约第八条《国家行动方案的内容》第三款中规定：改善农村经济的远景，"拟订有利于增长的价格政策、税收政策和商业惯例"。

10.《联合国海洋法公约》[2]。该公约的涉税内容主要包括与相关国家、机构及其人员有关的税收规定，体现在该公约第十部分、第十一部分、附件四和附件六中。

第十部分《内陆国出入海洋的权利和过境自由》第一百二十七条《关税、税捐和其他费用》中作出了关于过境运输和过境运输工具等方面的税收规定：

"（1）过境运输应无须缴纳任何关税、税捐或其他费用，但为此类运输提供特定服务而征收的费用除外。

（2）对于过境运输工具和其他为内陆国提供并由其使用的便利，不应征收高于使用过境国运输工具所缴纳的税捐或费用。"

第十一部分《区域》第四节《管理局》G 分节《法律地位、特权和豁免》第一百八十三条《税捐和关税的免除》中作出了关于国际海底管理局（简称管理局）及其人员的税收豁免规定：

"（1）在其公务活动范围内，管理局及其资产、财产和收入以及本公约许可的管理局的业务和交易，应免除一切直接税捐，对其因公务用途而进口或出口的货物也应免除一切关税。管理局不应要求免除仅因提供服务而收取的费用的税款。

（2）为管理局的公务活动需要，由管理局或以管理局的名义采购价值巨大的货物或服务时，以及当这种货物或服务的价款包括税捐或关税在内时，各缔约国应在可行范围内采取适当措施，准许免除这种税捐或关税或设法将其退还。在本条规定的免除下进口或采购的货物，除非根据与该缔约国协议的条件，不应在给予免除的缔约国领土内出售或作其他处理。

（3）各缔约国对于管理局付给非该国公民、国民或管辖下人员的管理局秘书长和工作人员以及为管理局执行任务的专家的薪给和酬金或其他形式的费用，不应课税。"

附件四《企业部章程》第十三条《法律地位、特权和豁免》中规定：管理局下属的企业部在国家管辖范围以外的海床和洋底及其底土的区域内直接从

---

① 该公约 1994 年 10 月 14 日订于巴黎，中国是签署国之一，1996 年 12 月 30 日第八届全国人民代表大会常务委员会第二十三次会议批准。

② 该公约 1982 年 12 月 10 日在第三次联合国海洋法会议最后会议上通过，1994 年 11 月 16 日生效。1996 年 5 月 15 日，第八届全国人民代表大会常务委员会第十九次会议批准中国加入该公约。

事资源的勘探和开发活动的，“应与其办事处和设施所在的东道国谈判关于直接税和间接税的免除。”

附件六《国际海洋法法庭规约》第十条《特权和豁免》和第十八条《法官的报酬》分别规定：国际海洋法法庭“法官于执行法庭职务时，应享有外交特权和豁免”；其“薪给、津贴和酬金，应免除一切税捐。”

11.《关于解决国家和他国国民之间投资争端公约》①。该公约的涉税规定主要是投资争端国际中心（简称中心）的税收豁免，即该公约第六节《地位、豁免和特权》第二十四条中的规定：

“（1）中心及其资产、财产和收入，以及本公约许可的业务活动的交易，应免除一切税捐和关税。中心还应免除征缴任何税捐或关税的义务。

（2）除当地国民外，对中心付给行政理事会主席或成员的津贴或其他报酬，均不得征税。

（3）对担任调解员或仲裁员，或按照第五十二条第三款任命的委员会成员，在本公约规定的诉讼中取得的报酬或津贴，均不得征税，倘若此项征税是以中心所在地、进行上述诉讼的地点或付给报酬或津贴的地点为唯一管辖依据的话。”

12.《关于向国外送达民事或商事司法文书和司法外文书公约》②。该公约第一章《司法文书》第十二条第一款规定：“发自缔约一国的司法文书的送达不应产生因文书发往国提供服务所引起的税款或费用的支付或补偿。”

13.《1949年8月12日关于战俘待遇之日内瓦公约》③。该公约第三部第五编《战俘对外间之关系》第七十四条第一款规定：“所有寄交战俘之救济装运物资，应豁免进口，海关及其他税捐。”

14.《1949年8月12日关于战时保护平民之日内瓦公约》④。该公约的涉税内容主要包括国际上对占领地的救济装运物资和寄交被拘禁人的救济装运物

① 该公约1965年3月18日由国际复兴开发银行提交各国政府，在华盛顿开放签署，1966年10月14日生效。中国1990年2月9日签署该公约，1992年7月1日第七届全国人民代表大会常务委员会第二十六次会议批准。

② 该公约1965年11月15日订于海牙。1991年3月2日，第七届全国人民代表大会常务委员会第十八次会议批准中国加入该公约，自1992年1月1日起对中国生效。

③ 中国1956年12月28日以交存批准书的形式承认和批准该公约，1957年5月28日该公约对中国生效。中国对该公约的部分条文作了保留。

④ 中国1956年12月28日以交存批准书的形式承认和批准该公约，1957年5月28日该公约对中国生效。中国对该公约的部分条文作了保留。

资的税收豁免规定，体现在该公约第三部第三编《占领地》第六十一条和第四编《被拘禁人待遇规则》第八章《与外界之关系》第一百一十条中。

第六十一条第二款规定："上项装运物资在占领地内应豁免一切捐、税、或关税，除非此项捐、税为该地经济利益所必需。"

第一百一十第一款规定："所有寄交被拘禁人之救济装运物资应豁免进口、海关及其他捐税。"

（二）有关国际公约涉税规定的分析

从上述 14 个国际公约的涉税规定看，国际公约的涉税内容主要包括外交机构和相关人员的税收豁免、国际组织（机构）和相关人员的税收豁免、人道主义方面的税收豁免或者要求、特定目的的税收措施或者要求 4 个方面。

1. 外交机构和相关人员的税收豁免。外交机构和相关人员的税收豁免，集中反映在《维也纳外交关系公约》和《维也纳领事关系公约》中。

（1）外交机构的税收豁免主要包括三个方面：一是使馆、领事馆等外交机构拥有或者承租的馆舍免税，二是使馆、领事馆等外交机构办理公务所取得的收入（如办理公务收取的规费、手续费等）免税，三是使馆、领事馆等外交机构进口公务用品免征关税和其他税收。

（2）外交机构相关人员的税收豁免，包括不构成接受国国民或者永久居民的外交代表和外交机构的工作人员（如行政管理人员和技术人员），外交机构雇佣的服务人员，与他们构成同一户口的家属，以及使馆人员的私人雇佣人员等的税收豁免：

外交代表、外交机构的工作人员和与其构成同一户口的家属，原则上在接受国免纳一切对人和对物征收的各种税收，但是不包括下列情况：通常计入货物和劳务价格以内的间接税；对接受国境内私有的不动产征收的不动产税；对接受国境内不动产征收的遗产和赠与税；来自接受国境内的非公务所得缴纳的个人所得税，从事投资缴纳的资本税；与不动产转让有关的税收，如印花税等。上述人员进口的私人用品，包括供其定居之用的物品（外交机构的工作人员及其家属限于最初定居时进口的物品），免征一切关税和其他税收。

外交机构雇佣的服务人员，就其执行的公务行为享有豁免，其受雇所得免税；使馆人员的私人雇佣人员就其受雇所得免税。

2. 国际组织（机构）和相关人员的税收豁免。在上述 14 个国际公约中，《联合实施国际热核聚变实验堆计划国际聚变能组织特权和豁免协定》、《上海合作组织特权与豁免公约》、《关于禁止发展、生产、储存和使用化学武器及销毁此种武器的公约》、《联合国海洋法公约》,《关于解决国家和他国国民之间投资争端公约》5个公约规定了相关国际组织及其人员的税收豁免，分别涉及国际热核聚变实验堆计划国际聚变能组织，上海合作组织，禁止和销毁化学武器工作视察组，国际海底管理局及其下属的企业部、国际海洋法法庭，解决投资争端国际中心等国际组织（机构）及其人员。虽然上述公约的税收豁免规定存在一些细微的差别，但是从总体看主要涉及两个层次的税收豁免：

（1）国际组织的税收豁免，包括国际组织及其财产、收入免征直接税（财产税、企业所得税）；国际组织公务采购或者使用的货物、劳务免征间接税，或者提供补偿；国际组织因公务进出口的物品免征关税和其他税收，但是免税物品不能转赠或者出售；国际组织的出版物免征关税和其他税收。

（2）国际组织职员的税收豁免，包括职员首次任职进口的用品免税，离职出境时也不征税；职员取得的国际组织支付的薪金免税，但是可以作为其他所得适用税率的依据（个人所得税）；国际组织代表因职责到某国开会期间，在判定个人所得税居民纳税人身份时不视为“居留期间”；国际组织为职员建立社会保险制度的，可以根据协议免征社会保险税。

3. 人道主义方面的税收豁免或者要求。人道主义方面的税收豁免或者要求主要包括两个方面：一是《1949年8月12日关于战俘待遇之日内瓦公约》和《1949年8月12日关于战时保护平民之日内瓦公约》中规定的战俘和占领地平民的救济物资入境、过境免税；二是《关于从国外调取民事或商事证据的公约》、《关于向国外送达民事或商事司法文书和司法外文书公约》中分别要求不能以财税事项为由拒绝国际引渡、国际司法援助请求，司法文书的国际传递不应当产生纳税义务。

4. 特定目的的税收措施或者要求。特定目的的税收措施或者要求，主要指《联合国反腐败公约》、《世界卫生组织烟草控制框架公约》、《联合国关于在发生严重干旱和/或荒漠化的国家特别是在非洲防治荒漠化的公约》中，出于反腐败、控制烟草制品消费和保护环境等特殊目的，直接或者间接地提出了一些税收要求。在反腐败方面，明确规定贿赂成本不能在税前扣除。在控制烟草制品消费方面，强调运用税收政策减少烟草制品消费；酌情禁止或者限制向国际旅行者销售和/或由其进口免税烟草制品；监测、记录和控制免税烟草制品的存放、销售。在防治荒漠化方面，倡议实施有利于增长的税收政策。

三、有关国际公约涉税规定在中国国内法律、行政法规中的体现

有关国际公约中的涉税规定在中国国内法律、行政法规，特别是税收法律、行政法规中有着不同程度的体现。

（一）关于外交机构和相关人员的税收豁免规定

中国加入《维也纳外交关系公约》、《维也纳领事关系公约》以后，先后公布实施《中华人民共和国外交特权与豁免条例》和《中华人民共和国领事特权与豁免条例》，其中有关税收豁免的内容与《维也纳外交关系公约》、《维也纳领事关系公约》的规定一致。

1.《中华人民共和国外交特权与豁免条例》。该条例1986年9月5日由第六届全国人民代表大会常务委员会第十七次会议通过，同日公布施行。该条例中涉及税收豁免的内容包括第五条、第十六条、第十八条、第二十条、第二十三条、第二十四条、第二十六条、第二十七条，其中第二十四条还涉及国际组织及其人员的税收豁免规定。

第五条规定：“使馆馆舍免纳捐税，但为其提供特定服务所收的费用不在此限。使馆办理公务所收规费和手续费免纳捐税。”

第十六条规定：“外交代表免纳捐税，但下列各项除外：

（一）通常计入商品价格或者服务价格内的捐税；

（二）有关遗产的各种捐税，但外交代表亡故，其在中国境内的动产不在此限；

（三）对来源于中国境内的私人收入所征的捐税；

（四）为其提供特定服务所收的费用。”

第十八条规定：“使馆运进的公务用品、外交代表运进的自用物品，按照中国政府的有关规定免纳关税和其他捐税。”

第二十条规定：“与外交代表共同生活的配偶及未成年子女，如果不是中国公民，享有第十二条至第十八条所规定的特权与豁免。

使馆行政技术人员和与其共同生活的配偶及未成年子女，如果不是中国公民并且不是在中国永久居留的，享有第十二条至第十七条所规定的特权与豁免，但民事管辖豁免和行政管辖豁免，仅限于执行公务的行为。使馆行政技术人员到任后半年内运进的安家物品享有第十八条第一款所规定的免税的特权。

使馆服务人员如果不是中国公民并且不是在中国永久居留的，其执行公务的行为享有豁免，其受雇所得报酬免纳所得税。其到任后半年内运进的安家物

品享有第十八条第一款所规定的免税的特权。

使馆人员的私人服务员如果不是中国公民并且不是在中国永久居留的，其受雇所得的报酬免纳所得税。”

第二十三条规定：“来中国访问的外国国家元首、政府首脑、外交部长及其他具有同等身份的官员，享有本条例所规定的特权与豁免。”

第二十四条规定：“来中国参加联合国及其专门机构召开的国际会议的外国代表、临时来中国的联合国及其专门机构的官员和专家、联合国及其专门机构驻中国的代表机构和人员的待遇，按中国已加入的有关国际公约和中国与有关国际组织签订的协议办理。”

第二十六条规定：“如果外国给予中国驻该国使馆、使馆人员以及临时去该国的有关人员的外交特权与豁免，低于中国按本条例给予该国驻中国使馆、使馆人员以及临时来中国的有关人员的外交特权与豁免，中国政府根据对等原则，可以给予该国驻中国使馆、使馆人员以及临时来中国的有关人员以相应的外交特权与豁免。”

第二十七条规定：“中国缔结或者参加的国际条约另有规定的，按照国际条约的规定办理，但中国声明保留的条款除外。

中国与外国签订的外交特权与豁免协议另有规定的，按照协议的规定执行。”

此外，1986年12月1日，海关总署发布《关于外国驻中国使馆和使馆人员进出境物品的规定》，即日起执行。这个文件中规定：外国驻华使馆申报运进的公务用品和外交代表申报运进的自用物品，经海关审核在直接需用数量范围以内的，予以免税。上述公务用品指使馆执行职务直接需用的物品，包括家具、陈设品、办公用品、招待用品和机动车辆等；自用物品指使馆人员和与其共同生活的配偶及未成年子女在中国居留期间直接需用的生活用品，包括家具、家用电器和机动车辆等。

2.《中华人民共和国领事特权与豁免条例》。该条例1990年10月30日由第七届全国人民代表大会常务委员会第十六次会议通过，同日公布施行。该条例中涉及税收豁免的内容包括第五条、第十七条、第十九条、第二十一条、第二十六条和第二十七条。

第五条规定：“领馆馆舍和馆长寓所免纳捐税，但为其提供特定服务所收的费用不在此限。领馆办理公务所收规费和手续费免纳捐税。”

第十七条规定：“领事官员和领馆行政技术人员免纳捐税，但下列各项除外：

（一）通常计入商品价格或者服务价格内的捐税；

（二）对在中国境内私有不动产所征的捐税，但用作领馆馆舍的不在此限；

（三）有关遗产的各种捐税，但领事官员亡故，其在中国境内的动产的有关遗产的各种捐税免纳；

（四）对来源于中国境内的私人收入所征的捐税；

（五）为其提拱特定服务所收的费用。

领馆服务人员在领馆服务所得工资，免纳捐税。”

第十九条规定：“领馆运进的公务用品，领事官员运进的自用物品和领馆行政技术人员到任后半年内运进的自用物品包括安家物品，按照中国政府的有关规定免纳关税和其他捐税，但保管、运输及类似服务费用除外。

领事官员和领馆行政技术人员运进的前款所述自用物品，不得超过直接需要的数量。”

第二十一条规定：“与领事官员、领馆行政技术人员、领馆服务人员共同生活的配偶及未成年子女，分别享有领事官员、领馆行政技术人员、领馆服务人员根据本条例第七条、第十七条、第十八条、第十九条的规定所享有的特权与豁免，但身为中国公民或者在中国永久居留的外国人除外。”

第二十六条规定：“如果外国给予中国驻该国领馆、领馆成员以及途经或者临时去该国的中国驻第三国领事官员的领事特权与豁免，不同于中国给予该国驻中国领馆、领馆成员以及途经或者临时来中国的该国驻第三国领事官员领事特权与豁免，中国政府根据对等原则，可以给予该国驻中国领馆、领馆成员以及途经或者临时来中国的该国驻第三国领事官员以相应的领事特权与豁免。”

第二十七条规定：“中国缔结或者参加的国际条约对领事特权与豁免另有规定的，按照国际条约的规定办理，但中国声明保留的条款除外。

中国与外国签订的双边条约或者协定对领事特权与豁免另有规定的，按照条约或者协定的规定执行。”

此外，2003年2月12日，根据维也纳外交关系公约、维也纳领事关系公约和中国的外交特权与豁免条例、领事特权与豁免条例、增值税暂行条例，国家税务总局、外交部印发《外国驻华使（领）馆及其人员在华购买物品和劳务退还增值税管理办法》，即日起执行。办法中规定：外国驻华使（领）馆及其外交代表（领事官员）和（在外国驻华使（领）馆工作的）非中国公民且不在中国永久居留的行政技术人员在华购买的物品和劳务，在对等原则的基础上退还增值税。上述享受退税的物品和劳务，指增值税暂行条例规定的属于增值税征收范围，按照现行规定征收增值税，且购买物品和劳务的单张发票金额合计人民币800元以上的物品和劳务。申报退税的自来水、电、煤气、暖气的发票和修理、修配劳务的发票无最低限额要求。

1998年4月16日，财政部、国家税务总局发出《关于国际组织驻华代表机构及其官员购买中国产物品有关退税问题的通知》，即日起执行。通知中规定：根据中国政府已经参加的国际公约和中国政府与有关国际组织签订的协议，国际组织驻华代表机构及其官员与外国驻华使馆及其外交人员享有同等待遇。国际组织驻华代表机构及其官员购买特定的中国产物品可以按照财政部、国家税务总局的有关规定享受退税待遇。

（二）其他有关国际公约的涉税规定

其他有关国际公约的涉税规定散见于相关法律、行政法规和部门规章中，主要包括：

1.《中华人民共和国海关法》。该法1987年1月22日由第六届全国人民代表大会常务委员会第十九次会议通过；2000年7月8日第九届全国人民代表大会常务委员会第十六次会议修正，同日公布，自2001年1月1日起施行。该法第五章《关税》第五十六条中规定："外国政府、国际组织无偿赠送的物资，进出口中国缔结或者参加的国际条约规定减征、免征关税的货物、物品，减征或者免征关税。"

2.《中华人民共和国进出口关税条例》。该条例2003年11月23日由国务院公布，自2004年1月1日起施行。该条例第十条规定："原产于共同适用最惠国待遇条款的世界贸易组织成员的进口货物，原产于与中华人民共和国签订含有相互给予最惠国待遇条款的双边贸易协定的国家或者地区的进口货物，以及原产于中华人民共和国境内的进口货物，适用最惠国税率。

原产于与中华人民共和国签订含有关税优惠条款的区域性贸易协定的国家或者地区的进口货物，适用协定税率。

原产于与中华人民共和国签订含有特殊关税优惠条款的贸易协定的国家或者地区的进口货物，适用特惠税率。

原产于本条第一款、第二款和第三款所列以外国家或者地区的进口货物，以及原产地不明的进口货物，适用普通税率。"

第十四条规定：“任何国家或者地区违反与中华人民共和国签订或者共同参加的贸易协定及相关协定，对中华人民共和国在贸易方面采取禁止、限制、加征关税或者其他影响正常贸易的措施的，对原产于该国家或者地区的进口货物可以征收报复性关税，适用报复性关税税率。

征收报复性关税的货物、适用国别、税率、期限和征收办法，由国务院关税税则委员会决定并公布。”

3.《中华人民共和国税收征收管理法》。该法 1992 年 9 月 4 日由第七届全国人民代表大会常务委员会第二十七次会议通过；2001 年 4 月 28 日第九届全国人民代表大会常务委员会第二十一次会议第二次修改，同日公布，自当年 5 月 1 日起施行。该法第九十一条规定：“中华人民共和国同外国缔结的有关税收的条约、协定同本法有不同规定的，依照条约、协定的规定办理。”

4.《中华人民共和国增值税暂行条例》。该条例 1993 年 12 月 13 日由国务院发布；2008 年 11 月 10 日国务院修订并公布，自 2009 年 1 月 1 日起施行。该条例中没有涉及国际公约的规定，只是在第十五条中涉及国际组织：外国政府、国际组织无偿援助的进口物资和设备，免征增值税。

与国际公约有关的增值税方面的规定，主要体现在前述国家税务总局、外交部制定的《外国驻华使（领）馆及其人员在华购买物品和劳务退还增值税管理办法》和《财政部、国家税务总局关于国际组织驻华代表机构及其官员购买中国产物品有关退税问题的通知》中。此外，与国际组织有关的增值税免税问题，在经国务院批准，财政部、国家税务总局和对外贸易经济合作部 2002 年 1 月 11 日发出的《关于外国政府和国际组织无偿援助项目在华采购物资免征增值税问题的通知》中作了进一步的规定。

5.《中华人民共和国车辆购置税暂行条例》。该条例 2000 年 10 月 22 日由国务院公布，自 2001 年 1 月 1 日起施行。该条例第九条第（一）项规定：“外国驻华使馆、领事馆和国际组织驻华机构及其外交人员自用的车辆，免征车辆购置税。”

6.《中华人民共和国企业所得税法》及其实施条例。《中华人民共和国企业所得税法》2007 年 3 月 16 日由第十届全国人民代表大会第五次会议通过，同日公布，自 2008 年 1 月 1 日起施行。该法的实施条例 2007 年 12 月 6 日由国务院公布，与该法同时实施。

企业所得税法第五十八条规定：“中华人民共和国政府同外国政府订立的有关税收协定与本法有不同规定的，依照协定的规定办理。”

企业所得税法实施条例第九十一条中规定：“外国政府向中国政府提供贷款取得的利息所得，国际金融组织向中国政府和居民企业提供优惠贷款取得的利息所得，可以免征企业所得税。”

7.《中华人民共和国个人所得税法》及其实施条例。《中华人民共和国个人所得税法》1980 年 9 月 10 日由第五届全国人民代表大会第三次会议通过；2007 年 12 月 29 日第十届全国人民代表大会常务委员会第三十一次会议第五次修改，同日公布，自 2008 年 3 月 1 日起施行。该法的实施条例 1994 年 1 月 28 日由国务院发布；2008 年 2 月 18 日国务院第二次修改并公布，自当年 3 月 1 日起施行。

个人所得税法第四条第九项规定：“依照中国有关法律规定应予免税的各国驻华使馆、领事馆的外交代表、领事官员和其他人员的所得；中国政府参加的国际公约、签订的协议中规定免税的所得，免纳个人所得税。”

个人所得税法实施条例第十五条中规定：“个人所得税法第四条中所说的依照中国法律规定应予免税的各国驻华使馆、领事馆的外交代表、领事官员和其他人员的所得，指依照外交特权与豁免条例和领事特权与豁免条例免税的所得。”

此外，1994 年 5 月 13 日财政部、国家税务总局发出的《关于个人所得税若干政策问题的通知》中规定：凡符合下列条件之一的外籍专家取得的工资、薪金所得，可以免征个人所得税：“（1）根据世界银行专项贷款协议由世界银行直接派往中国工作的外国专家；（2）联合国组织直接派往中国工作的专家；（3）为联合国援助项目来华工作的专家；（4）援助国派往中国专为该国无偿援助项目工作的专家；（5）根据两国政府签订文化交流项目来华工作 2 年以内的文教专家，其工资、薪金所得由该国负担的；（6）根据中国大专院校国际交流项目来华工作 2 年以内的文教专家，其工资、薪金所得由该国负担的；（7）通过民间科研协定来华工作的专家，其工资、薪金所得由该国政府机构负担的。”

2004 年 6 月 23 日，国家税务总局发出的《关于国际组织驻华机构、外国政府驻华使领馆和驻华新闻机构雇员个人所得税征收方式的通知》中规定：“根据国际惯例，在国际组织驻华机构、外国政府驻华使领馆工作的非外交官身份的外籍雇员，如是“永久居留”者，也应当在驻在国缴纳个人所得税。”由于中国税法尚未对“永久居留"者作出明确的法律定义和解释，所以，对于仅在国际组织驻华机构和外国政府驻华使领馆工作的外籍雇员暂不征收个人所得税。在中国境内，在国际组织驻华机构、外国政府驻华使领馆中工作的外交人员、外籍雇员在所在机构或者使领馆以外从事非公务活动取得的收入，应当缴纳个人所得税。

8.《中华人民共和国契税暂行条例细则》。该细则 1997 年 10 月 28 日由财政部发布，自当年 10 月 1 日起施行。该细则第十五条第（三）项规定："依照我国有关法律规定以及我国缔结或参加的双边和多边条约或协定的规定应当予以免税的外国驻华使馆、领事馆、联合国驻华机构及其外交代表、领事官员和其他外交人员承受土地、房屋权属的，经外交部确认，可以免征契税。"

9.《中华人民共和国车船税暂行条例》及其实施细则。《中华人民共和国车船税暂行条例》2006 年 12 月 29 日由国务院公布，自 2007 年 1 月 1 日起施行。该条例实施细则 2007 年 2 月 1 日由财政部、国家税务总局公布，即日起实施。

车船税暂行条例第三条第（七）项规定："依照中国有关法律和中国缔结或者参加的国际条约的规定应当免税的外国驻华使馆、领事馆和国际组织驻华机构及其有关人员的车船，免征车船税。"

车船税暂行条例实施细则第十条中规定："车船税暂行条例第三条第（七）项所称的中国有关法律，指外交特权与豁免条例和领事特权与豁免条例。"

10.《船舶吨税暂行办法》。该办法 1952 年 9 月 16 日由政务院财政经济委员会批准，同年 9 月 29 日中央人民政府海关总署公布，即日起施行。该办法第三条中规定："应征吨税船舶的国籍，如属于与中华人民共和国签有条约或协定，规定对船舶的税费相互给予最惠国待遇的国家，该船舶的吨税按优惠税率计征"。第十一条第（一）项规定："与中国建立外交关系国家之大使馆、公使馆、领事馆使用的船舶，免征吨税。"

11.《中华人民共和国印花税暂行条例施行细则》。该细则 1988 年 9 月 29 日由财政部发布，自当年 10 月 1 日起施行。该细则第十三条第（三）项规定："外国政府或者国际金融组织向中国政府和国家金融机构提供优惠贷款所书立的合同，免纳印花税。"

四、关于国际公约涉税问题的几点看法

从上述中国法律、行政法规和部门规章的相关规定可以看出，国际公约涉税规定在中国法律体系中已经有所体现，特别是在外交机构和相关人员的税收

豁免方面有比较详细的规定，这无疑有利于中国有效履行国际公约的义务，维护国际形象，也有助于促进中国加强国际交流与合作。同时，中国税收法规与国际公约涉税规定之间还不够协调，值得我们认真研究和妥善处理。

（一）国际公约涉税规定在中国的适用不够规范

包括国际公约在内的国际条约作为国际法的重要渊源，它的缔结意味着在法律上缔约国或者参加国可以享有条约规定的权利，同时应当承担相应的义务。但是，在法学理论和实践中，国际条约在国内的具体实施还需要明确下列两个层次的问题①：

首先是国际条约在国内的生效方式。从理论上说，国际条约对一国生效包括国际、国内两个层面：在国际层面上生效是指该国对其他国际法主体享有权利和负有义务，违反义务就要承担国际责任；在国内层面上生效则指该国国内法律主体承担具体的权利和义务，以完成国际条约赋予该国的权利和义务。国际条约在国际、国内两个层面应当同时生效。如果一国签订的国际条约国内生效迟于国际生效，则该国将存在违反国际义务的可能。在实践中，国际条约完成所有的缔约程序以后，在规定的日期即可在国际层面生效；在国内层面生效（有的学者称之为“在国内法上的接受”）通常通过两种方式实现：一是转变，即每一个国际条约都需要经过立法机关制定相应的国内法，然后才能在国内适用；二是纳入，即一次性原则地在宪法性法律中规定国际条约是本国法律体系的一部分，一个国际条约在国内公布或者在国际上生效的同时即开始在国内生效。

其次是国际条约在国内的具体适用方式。国际条约对一国生效，并不等于在该国国内直接适用。根据是否需要国内补充立法，国际条约通常分为自执行条约和非自执行条约两类②。国际条约不论是采用转变或者纳入方式在国内生效，都会面临非自执行条约的补充立法问题。因此，国际条约在国内的具体适用，就需要明确自执行条约和非自执行条约的区别。

但是，目前在中国，无论是国际条约在国内的生效方式，还是自执行条约

① 参见陈寒枫、周卫国、蒋豪：“国际条约与国内法的关系及中国的实践”，《政法论坛》2000年第2期。

② 自执行条约（self - executing treaty），指条约经一国批准或接受后，条约中明白表示或按其性质不再须经过国内立法即可自行在国内生效的条约；非自执行条约（non - self - executing treaty），指不能直接为缔约国的公民和法院适用的条约，这种条约须先由缔约国通过专门立法接受为国内法，然后才能在国内适用。

与非自执行条约的区别，都没有明确的规定：既无宪法上的规定，其他法律、行政法规中也没有关于国际条约在中国适用的明确规定。也就是说，目前在中国法律体系中还没有确立国际法在国内的适用规则，因此，国际条约在国内的实施呈现出不同的做法[①]：在对外交往中，通常比较强调国际法的国内效力，如 1990 年 4 月 27 日，中国代表在联合国禁止酷刑委员会上的发言指出："根据中国的法律制度，中国缔结或者参加国际条约，要经过立法机关批准或国务院核准程序，该条约一经对中国生效，即对中国具有法律效力，我国即依公约承担相应的义务"[②]。在国内立法中，有些法律涉及国际条约与国内法律的关系，如《中华人民共和国民法通则》第一百四十二条第二款中规定："中华人民共和国缔结或者参加的国际条约同中华人民共和国的民事法律有不同规定的，适用国际条约的规定，但中华人民共和国声明保留的条款除外"（上述《中华人民共和国税收征收管理法》第九十一条与此同类）；有些法律则是根据中国参加的国际条约制定的，如根据《维也纳外交关系公约》和《维也纳领事关系公约》制定的《中华人民共和国外交特权与豁免条例》和《中华人民共和国领事特权与豁免条例》；有时则根据中国参加的国际条约对有关国内法作出相应的补充和修改，如 1985 年中国加入《保护工业产权巴黎公约》以后，修改了《中华人民共和国专利法》和《中华人民共和国商标法》等等。

总之，目前中国还没有专门的法律对国际条约在中国的生效和适用方式问题加以规范，实践中的做法也不统一，这显然不利于中国履行国际条约义务，维护国际形象。[③]

国际条约在中国的法律地位不明确，导致中国税收法规与国际公约涉税规定的衔接不够明确：目前中国宪法没有对适用国际条约作出一般性规定，国际公约涉税规定的国内适用自然无从谈起。在税收基本法缺位的情况下，也谈不上在基本税法层面对国际公约涉税规定的国内适用作出原则性规定，只是在税收征管法和若干税收实体法规中作出一些类似的规定，这些规定大体上可以分为三类（详见表 1）：

一是明确国际条约与中国法律冲突时适用国际条约的规定，主要包括《中华人民共和国外交特权与豁免条例》第二十七条、《中华人民共和国领事

---

① 李广民等主编：《国际法》，清华大学出版社 2006 年版。

② 陈寒枫、周卫国、蒋豪："国际条约与国内法的关系及中国的实践"，《政法论坛》2000 年第 2 期。

③ 魏明杰："中国与国际条约六十年"，《国际观察》2010 年第 1 期。

特权与豁免条例》第二十七条、《中华人民共和国税收征收管理法》第九十一条和《中华人民共和国企业所得税法》第五十八条；而且上述法律条文的内容也不尽一致，如企业所得税法中的相关规定仅限于税收协定；税收征收管理法和企业所得税法的相关规定中都没有保留条款的例外规定。

二是对应国际条约的减税、免税规定作出的减税、免税规定，主要包括《中华人民共和国海关法》第五十六条中的相关规定、《中华人民共和国个人所得税法》第四条第九项、《中华人民共和国契税暂行条例细则》第十五条第（三）项、《中华人民共和国车船税暂行条例》第三条第（七）项和《船舶吨税暂行办法》第三条中的相关规定。

三是不限于国际条约，而是根据国际惯例，明确对外交机构、国际组织及其相关人员的税收减免规定，主要包括《中华人民共和国车辆购置税暂行条例》第九条第（一）项和《中华人民共和国印花税暂行条例施行细则》第十三条第（三）项。

除此之外，在其他税收法律、行政法规中基本上没有关于国际条约的规定。

由此可见，关于国际公约涉税规定在中国适用的问题，不仅在中国现行税法体系中缺乏原则性规定，而且在有关实体税法中的相关规定也很不完善，有些实体税法中没有相关的规定；有些实体税法中虽然作了相关的规定，但是不够规范。

表1　　中国现行法律、行政法规和部门规章中有关国际条约的规定

法规名称	有关国际条约的规定
中华人民共和国外交特权与豁免条例	第二十七条规定：中国缔结或者参加的国际条约另有规定的，按照国际条约的规定办理，但是中国声明保留的条款除外。中国与外国签订的外交特权与豁免协议另有规定的，按照协议的规定执行。
中华人民共和国领事特权与豁免条例	第二十七条规定：中国缔结或者参加的国际条约对领事特权与豁免另有规定的，按照国际条约的规定办理，但是中国声明保留的条款除外。中国与外国签订的双边条约或者协定对领事特权与豁免另有规定的，按照条约或者协定的规定执行。
中华人民共和国税收征收管理法	第九十一条规定：中国同外国缔结的有关税收的条约、协定同本法有不同规定的，依照条约、协定的规定办理。
中华人民共和国企业所得税法	第五十八条规定：中国政府同外国政府订立的有关税收协定与本法有不同规定的，依照协定的规定办理。

续表

法规名称	有关国际条约的规定
中华人民共和国海关法	第五十六条中规定：进出口中国缔结或者参加的国际条约规定减征、免征关税的货物、物品，减征或者免征关税。
中华人民共和国个人所得税法	第四条第九项规定：中国政府参加的国际公约、签订的协议中规定免税的所得，免纳个人所得税。
中华人民共和国契税暂行条例细则	第十五条第（三）项规定：依照中国有关法律规定、中国缔结或者参加的双边和多边条约或者协定的规定应当免税的外国驻华使馆、领事馆、联合国驻华机构及其外交代表、领事官员和其他外交人员承受土地、房屋权属的，经外交部确认，可以免征契税。
中华人民共和国车船税暂行条例	第三条第（七）项规定：依照中国有关法律和中国缔结或者参加的国际条约的规定应当免税的外国驻华使馆、领事馆和国际组织驻华机构及其有关人员的车船，免征车船税。
船舶吨税暂行办法	第三条中规定：应征吨税船舶的国籍，如属于与中国签有条约或者协定，规定对船舶的税费相互给予最惠国待遇的国家，该船舶的吨税按优惠税率计征。 第十一条第（一）项规定：与中国建立外交关系国家之大使馆、公使馆、领事馆使用的各种外籍船舶，免征吨税。
中华人民共和国车辆购置税暂行条例	第九条第（一）项规定：外国驻华使馆、领事馆和国际组织驻华机构及其外交人员自用的车辆，免征车辆购置税。
中华人民共和国印花税暂行条例施行细则	第十三条第（三）项规定：外国政府或者国际金融组织向中国政府和国家金融机构提供优惠贷款所书立的合同，免纳印花税。

（二）与有关国际公约涉税规定相关的中国税收法规法律级次偏低

中国缔结的国际条约分为全国人民代表大会常务委员会批准的条约、国务院核准的条约、无须全国人民代表大会常务委员会批准或者国务院核准的条约。[①] 不同等级的国际条约在国内的适用，按理需要对应等级的国内法律、行政法规和部门规章作出相应的规定。目前，中国参加的国际公约大多是由全国人民代表大会常务委员会批准的条约和国务院核准的条约。因此，国际公约在国内的实施相应需要较高级次的法规配套。但是从上述与国际公约涉税规定相关的国内税收法规中可以看出，这些法规的法律级次普遍不高，以国务院制定

① 参见陈寒枫、周卫国、蒋豪：“国际条约与国内法的关系及中国的实践”，《政法论坛》2000 年第 2 期。

的行政法规为主，甚至还有不少部门规章。例如，中国参加的不少国际公约中都规定对相关国际组织和相关人员在驻在国消费的货物、劳务在规定范围以内免税，对其进口的物品免征关税和其他进口税收，但是中国国务院制定的增值税暂行条例、营业税暂行条例、消费税暂行条例和关税条例等行政法规都没有对此作出相应的规定，而是在《财政部、国家税务总局关于国际组织驻华代表机构及其官员购买中国产物品有关退税问题的通知》等文件中规定。出现这种情况一方面是由于中国现行税法体系整体法律级次偏低，另一方面反映了中国税收法规与国际条约相关规定的衔接不够紧密。国内配套法律级次偏低，无疑不利于国际条约的有效实施。

（三）与有关国际公约涉税规定相关的中国税收法规衔接和规范不够

与有关国际公约涉税规定相关的中国税收法规衔接和规范不够的问题，不仅表现在上述（一）中提及的国际条约在国内法中的地位不明确和由此引起有关国内法规的相关规定不一致，以及（二）中提及的有关国内法规的法律级次偏低引起的问题，更重要的是有关国内法规的相关内容不够完整。从本报告的第二部分可以看出，国际公约涉税内容主要包括4个方面，而目前中国税收法规的相关内容主要体现在外交机构和相关人员的税收豁免，关于国际机构和相关人员的税收豁免规定不够全面，人道方面的税收豁免则没有涉及。

总之，我们认为，目前在中国税收立法过程中，对国际法中的涉税问题还缺乏足够的重视和关注，更缺乏深入的认识和研究。随着经济全球化和中国对外开放的发展，经济、社会各个层面的国际交往日益频繁，约束和规范国际秩序的国际法的作用将日益凸现。伴随生产要素的国际流动和税源的国际化，国际法中的涉税问题也将日益突出。因此，加强国际法涉税问题的研究很有必要。就本报告关注的国际公约涉税问题而言，有必要通过修改宪法或者其他法律明确国际条约在中国国内法中的地位，加快制定税收基本法的步伐，并在税收基本法中明确国际公约在国内税法中的适用原则。同时，针对国际公约涉税规定的4个主要方面加强中国有关实体税收法规中与国际公约涉税规定相关内容的补充和调整，并提高税收立法级次，增强税法的权威性，促进国际条约在国内税收领域的有效实施。

参考文献

1. 全国人民代表大会常务委员会、国务院、财政部和国家税务总局网站。

2. 联合国网站：www. unctad. org。

3. 李广民等：《国际法》，清华大学出版社2006年版。

4. 陈寒枫、周卫国、蒋豪："国际条约与国内法的关系及中国的实践"，《政法论坛》2000年第2期。

5. 魏明杰："中国与国际条约六十年"，《国际观察》2010年第1期。

6. 沈四宝、谢进："论国际条约在我国的适用"，国际经济法网，http：//ielaw. uibe. edu. cn/html/wenku/guojisifa/20100810/14777. html。

（作者工作单位：国家税务总局税收科学研究所）

后危机时代国际金融税制改革研究*

徐为人

2007年以来，金融危机席卷全球，欧美金融体系濒临崩溃，挽救危局的各项国家干预措施又使得政府债台高筑，难以自拔。人们发现，危机背后反映出的是整个市场经济体制，特别是金融市场运行与政府调控体制存在着的漏洞和制度性缺陷，于是，金融税制改革便成为后金融危机时代各国势在必行的选择。无论是在欧美国内的议会大厅，还是在一次次20国首脑会议的讲台，改革金融税制的呼声此起彼伏，推出的针对金融行业的税种形形色色，由此引发的各种利益集团和不同国家之间的争议声不绝于耳。各国提出的这些金融税种的征收目的和本质是什么？税率设计的理论基础是什么？如何实施？中国是否需要开征银行税？这些都是当前理论界亟需研究和回答的重要问题，而2011年英国新银行税的开征使得金融税制改革继20国集团多伦多峰会以后再度成为社会的关注热点。

一、后危机时代国际金融税制改革大背景

（一）政府救市带来的三重压力推动金融税制改革

这场史无前例的国际金融危机在很大程度上是一场欧美大型金融机构的危机。许多超大型金融机构过度操控风险，他们疯狂追逐利润所产生的负外部性

* 本文为国家税务总局2010年重点课题《后金融危机时代税收政策国际比较研究》的分报告之一。

危及整个金融体系的稳定并将实体经济拖入衰退边缘。为了阻断金融危机的蔓延，欧美各国政府普遍采取了积极地干预政策，前所未有的政府救助使得各国财政开销巨大。

依据 IMF 的统计，截止到 2009 年年底，G－20 国家平均直接财政支出已达 GDP 的 2.8%，累计财政损失高达 GDP 的 26%。如果不计担保，G20 主要发达国家直接财政支出平均达 GDP 的 6.2%。尽管由于后期市场逐步企稳，银行业偿还了部分救助资金（例如资产保全计划的担保金，存款保险等），未回收的总支出也达到 GDP 的 3.5%。受害严重的国家的支出范围在 GDP 的 4%—6%，其中英国为 6.1%，德国为 4.8%，美国为 3.6%。如果算上危机中政府承诺的担保和应急债务，政府干预的财政成本高达到 GDP 的 25%。2008 年到 2015 年 20 国集团发达国家的政府救市成本，包括担保和应急负债预计将高达 GDP 的 40%。

巨额的财政支出，抵挡了金融海啸的浪头，却淹没政府自身。正是这些空前的政府干预支出使得政府面临三重压力：

一是前所未有的财政压力，巨额的赤字损害国家信誉，危及国家经济安全。实际上政府救助计划就是将金融机构的风险、金融市场的风险转变成为国家财政风险，这一点在希腊债务危机以及爱尔兰债务危机中一览无余。

二是国家救市助长了金融业“大而不倒”社会潜规则，扭曲了市场预期，破坏了竞争环境。美、英银行业就曾利用“大而不倒”地位，肆无忌惮地扩大金融杠杆，牟取暴利。金融业的道德风险成为威胁国家整体金融安全的顽症，如何防范政府救市政策对金融业道德风险的助长，平衡政府救助的负面效应，是各国立法者不得不面对的第二个问题。

三是巨额财政资金的救助使得政府面临巨大的社会政治压力。用纳税人的钱去救助贪得无厌的金融寡头，使得社会舆论矛头直指执政党，导致英国、美国政党更替，英国工党、美国共和党双双倒台，史无前例的金融危机创造了史无前例的政治极端状态。新政党在整顿金融业的铮铮承诺中上台，法、德两国政府在严惩金融业危机制造者的高调口号声中保住了位置。

事已至此，出台金融行业的税制改革，收回纳税人的养命钱，惩戒金融肇事者，强化金融监管已是箭在弦上不得不发。这三重压力自然成了新一轮金融税制改革的动因，也是银行税改革所要实现的根本目标。

（二）后危机时代金融税制改革方案

金融危机带来的三重压力使得欧美主要国家社会舆情空前愤怒，普遍认为对危机的策源地——金融行业的调控与管理刻不容缓，银行税制改革的立法环境逐步成熟。对新金融税制改革的两大立法宗旨也已明确：回收纳税人所支付的救助资金，让危机的直接责任人为危机埋单，平息民怨；遏制金融业的道德风险，惩戒金融业的不负责任的经营行为和过度冒险行为，防范未来危机重演。

各国政府和金融界积极探索，在力推行业监管新规——巴塞尔银行监管协议Ⅲ和严格政府监管立法（如奥巴马金融监管改革法案）的同时，先后推出过五种金融危机税改革方案：金融交易税方案（FTT）或金融行为税方案（FAT），银行薪酬税（BPT），临时奖金税（TBT），银行保险税（BIT）以及引发 G－20 各国争议的银行税（TBL）。对于这些方案金融理论界和国际金融组织进行了积极的研究，各国政府也依据各国国内金融体制现状和各自的利益诉求提出了许多不同的主张。这些税种有一些是临时税种，如薪酬税和奖金税，有一些在发达国家内部就遭到反对和难以实现，如英国的银行保险税。引起广泛关注并在部分国家已经付诸实施的是金融交易税和新银行税。

随着全球后金融危机时代的到来，各国金融税制改革的趋势也在正在悄然改变。正如 2010 年 11 月 12 日中国国家主席胡锦涛在二十国集团领导人第五次峰会上的重要讲话所表述的那样，各国政府经济政策正从“短期救市到长效治理”转变，这也准确反映了当前金融税制改革的基本趋势。以英国银行税开征为标志，后危机时代的金融税制改革目标已从危机初期的增加收入与惩戒银行悄然转变为后金融行业风险管理和财政风险防范。英国银行税的开征和法国德国的积极反响使得新银行税成为当前全球金融税制改革的潮流。

（三）目前各国金融税改的实施情况

从各国实践的情况看除了银行保险税还在协调阶段之外，其他几个税种都已在不同国家得到了实质性推进或实施。

首先付诸行动的是英国、法国、巴西、匈牙利。2009 年 12 月 9 日，英国财政大臣阿利斯泰尔·达林在作预算报告时宣布，英国银行业内每笔数额超过 2.5 万英镑的奖金都要缴纳一次性奖金税，税率为 50%。据英国政府计算，这笔奖金税可带来 5.5 亿英镑税收收入。而按独立会计师的计算，这笔税收收入则可能高达 20 亿英镑，甚至更高。法国政府则紧随其后，宣布将对银行业员工 2009 年度超过 2.75 万欧元的奖金征税 50%。

2009 年 11 月巴西央行重新启动了沉寂多年的金融交易税，重新开始对短期外资征收 2% 的金融交易税，此后两次上调税率，2010 年 10 月 18 日上调至现在的6%。

2010年7月13日，对银行寡头们来说的确是个不幸的日子，英国公布了新银行税（The Bank Levy）草案征求意见稿。

随后的2010年7月22日，匈牙利国会顶住了国际金融巨头们的压力通过了匈牙利银行税法案，决定从当年起对银行的资产征收0.5%的匈牙利版银行税（The Bank Tax）①。

2010年10月21日，英国银行税草案征求意见期结束后的半个月，英国关税与国内收入局公布完整的银行税草案，并于2011年1月1日开始实施。此举也使英国成为将这一全新税种付诸实施的第一个国家。

二、金融交易税的理论与实践问题

金融交易税是金融危机以后最受关注的金融流转税种。金融交易税有着近五十年的理论争议和实践探索。

（一）后金融危机时期的全球金融交易税的提出

2009年9月20日在联合国千年发展目标高级别会议上，法国总统萨科齐和西班牙首相萨帕特罗分别提议征收金融交易税，以用于支持实现国际减贫目标。这也是欧洲领导人首次在国际会议上提出开征金融交易税的设想。萨科齐说，发达国家虽然身受国际金融和经济危机影响，但不能把危机当作逃避责任的借口，而应在支持千年发展目标方面做出更大努力，特别是帮助非洲国家。萨科齐认为，鉴于金融危机的原因，国际社会必须寻找新的资金来源，以支持国际减贫目标的实现。他建议征收金融交易税，以用于帮助发展中国家实现千年发展目标。

2009年11月8日，时任英国首相布朗在举行的G20财长会议上正式建议，“向全球银行征收金融交易税，作为日后拯救金融体系危机时的开支储备。”布朗提出的征收方法是“我们可以对跨国金融交易实行收费，按单收取。”布朗提出的开征理由是“不能容许金融业少数人瓜分巨额暴利，但在危机时却将救市成本转嫁到纳税人身上。”他认为，这一做法将鼓励金融机构对自己的行为负责，收取的费用还可以用来支持发展中国家以及对抗全球气候变暖等问题。

---

① 匈牙利的银行税严格来说不是新税种，实际是同中国银行业的营业税相类似，所以匈牙利的银行税应该称为银行营业税。

布朗和萨科奇提出的在全球范围内对金融交易税的建议实际就是开征过去常称的“托宾税”（James Tobin，1981 年诺贝尔经济学奖获得者）。

目前有一些 G－20 国家征收金融交易税：阿根廷，对外汇交易账户双向征收；土耳其，对银行和保险公司的所有收入过程征收交易税；英国对本地股权登记征收 0.5% 的印花税。巴西对境外投资者在巴西固定收益投资的金融交易征收 4% 交易税，并与 2010 年 10 月 18 日上调至 6%。大部分国家在 20 世纪 90 年代后都逐步取消了和替代了金融交易税。

（二）金融交易税的起源

20 世纪 70 年代凯恩斯亲手构建的战后世界经济框架“布雷顿森林体系”崩溃，世界经济陷入滞胀，凯恩斯国家干预理论遭到了全面挑战和怀疑。作为凯恩斯主义的维护者，美国经济学家詹姆士·托宾于 1974 年提出可以用金融交易税来抑制国际金融市场的过度投机活动，他形象地称之为“在过度高效的国际金融市场的车轮下塞入沙子”。从此以后，金融市场的交易税在经济学界又被称为“托宾税”（Tobin Tax）。托宾税的支持者们认为，市场上有一类专门靠小道消息或者其他与基本面无关的信息做短线的投资（或投机）人，他们的行为会增加市场价格波动，降低市场效率。经济学家认为，由于这些投机者乐于做短线，引入交易税可能是降低市场“噪音”的好办法。理论上每一次交易都要被课税，摩擦性税收成本足可让频繁炒卖的人望而却步；开征金融交易税可以遏制金融炒家，或称“噪音交易者”、套利者以及金融大户操盘手们纯粹的短期投机行为，又不至于影响长期投资人。著名经济学家美国前财长萨莫斯也认为，金融交易税会降低股票短期投机的预期收益，减少短期投机和股价波动从而降低股市风险。交易税对长期股权投资影响则有递减效应。

（三）金融交易税的理论分歧与实践经验

但学术界对于金融交易税能否对价格波动起调控作用一直存在争议。首先，反对者认为金融交易税增加了交易成本，降低了本国金融业的国际竞争力。一国对部分类型的有价证券交易课征证券交易税，会导致投资者增加对免税类证券及基金的投资，但是最重要的隐患是在金融全球化的今天，在竞争激烈的国际资本市场上，投资人会减少在国内的交易而增加在国外离岸金融的交易，损害本国金融市场的长期竞争力。比如在 1984 年 1 月瑞典对股票和衍生品开征交易税，股票交易税率 0.5%，期权交易税率 1%，双向征收。1986 年瑞典又将证券交易税税率提高为 2%。此后市场对政府的行为作出了强烈反应，瑞典 11 家最活跃上市公司的 60% 交易量以及全部上市公司的 30% 交易量迅速转移到其他国家。到1988年，瑞典最活跃的上市公司爱立信也只有27%的证券交易是在斯德哥尔摩证券交易所进行。1991年，实施8年的瑞典证券交易税被迫宣布废止。

另一项研究表明，由于金融交易税所导致的交易成本差异，德国股票的交易费用低于英国。德国投资人购买本国股票的成本是1.06%，英国人投资德国股票的成本是1.13%，而英国人购买本国股票的成本却是1.44%。近年来英国社会很多有识之士呼吁政府改革交易税，经过测算发现，如果取消交易税，交易成本可以降为0.94%，英国股价总体还可以上升9%—13%，企业每年的总投资可以增加3%，约为30亿英镑。

最后也是最为关键的是，托宾及其金融交易税的支持者们关于交易税减少市场波动理想化的假设得不到实证支持。“托宾假设”提出以后的30多年来的实证研究发现，金融交易税并不能减少市场的波动，甚至有的学者还认为其会增加市场的波动。金融危机前的欧美市场的实证数据分析表明，金融交易税无助于减少市场的价格波动，但交易税的征收确实会影响市场的交易次数，从而降低市场的活跃程度。市场活跃程度降低是否有利于降低风险？研究显示的答案是否定的。据OECD的研究表明，欧洲一半以上的金融交易都是一般交易人之间（不是对机构交易也不是对个人）的对冲交易，由于大多对冲交易的目的都是为防范和化解金融市场风险，增收交易税会导致交易次数减少，这样反而增加了风险。目前越来越多的实证研究显示不支持金融交易税的征收。大多数的研究结果表明，交易税并没有减小市场波动的作用。有学者对日本、韩国、中国台湾和香港四地区1975—1994年的20年期间14次印花税调整作了实证研究，给出的答案亦是否定的。

2003年11月，国际货币基金组织（IMF）研究大会第三届年会报告明确指出：“考虑市场的微观结构、资产定价、理性预期和国际金融等各种综合因素，我们认为征收证券交易税不是在向金融市场的轮子下面‘扔沙子’，而是在向市场的发动机里面‘倒沙子’。我们的结论是交易税对金融市场的价格发现、市场波动、市场活力都产生了负面影响，导致了市场信息效率的降低。”IMF报告发现，证券交易税没有减低因为“噪音”交易而带来的波动，反而增大了价格发现机制的摩擦力，这一结论无疑是对证券交易税核心作用的明确否定。

总的来看，大部分国外学者对金融交易税功能的基本认识是：对金融工具的价格和成交量有显著影响，但是对市场的波动程度影响不大。也就是说金融交易税没有稳定金融市场、减少投机的调控功能。事实上，这也成为20世纪90年代以后世界各大主要证券市场逐步取消金融证券交易税的理论依据。

（四）后金融危机时代金融交易税新作用

尽管学术界对金融交易税普遍持否定态度，但是在金融危机蔓延的这个特殊时期，迫于危机带来三重压力的欧盟国家政府开始重提金融交易税，但是这一次金融交易税的支持者提出的理由与交易税的初衷并不吻合。托宾金融交易税的主要目的是减少投机，而政治家提出开征全球金融交易税主要是出于两个新目的：一是获取额外的财政收入，二是调控国际资本流动。

支持者认为金融交易税税基广泛，几乎所有的金融交易都可以纳入征税范围，因此可以获得很大的一笔财政收入，征收管理成本极低。据IMF测算，光从股权票、债券、衍生品三项交易所获得的收入每年就可以达到2000亿美元。如果按0.5的基点对四个主要现期和衍生品外汇交易开征托宾金融交易税还可获得200亿美元到400亿美元的收入。

但是，巴西此次重新开征金融交易税，并且不断提高税率的理由确是前所未有，值得关注。金融交易税在巴西被赋予了阻止国际热钱冲击的金融防火墙作用。

从20世纪90年代开始国际资本开始涌入巴西，政府急需资本管制的工具，金融交易税便成为选择。自1993年巴西开始针对短期资本流入征收2%—9%的金融交易税，不过金融交易税对资本流动管制效果并不理想。一方面，短期资本以虚假长期资本、股权投资或贸易融资流入，这是“热钱”规避管制的通用做法；另一方面，巴西拥有西半球发达程度仅次于美国的金融衍生市场，股票市场离岸柜台交易、货币互换、股指期货、远期外汇合约和商品期货期权市场等十分发达。衍生品交易为资本流动提供了场外管道。所以金融交易税这一措施实际上并未达到阻击“热钱”的作用，雷亚尔在1993年至1998年期间年均升值幅度达19%，央行的冲销操作成本急剧上升。直到1997年亚洲金融危机爆发，外资流入急剧下降后，各种资本管制措施才被取消，也包括金融交易税。

但自2009年3月以来，特别是美国奥巴马政府量化宽松的货币救市政策出台后，大量短期资本又开始涌入巴西。2009年7月至9月，证券资本流入规模始终维持在70亿美元左右，10月份更是达到创纪录的171亿美元。与此相对应，美元对雷亚尔汇率也从1：2.48升值到1：1.71，升值幅度达31%。为了控制雷亚尔的升值幅度，巴西央行重新启动了沉寂多年的资本管制措施，并于当年11月份开始对短期外资征收2%的金融交易税。

不过和以前一样，开征金融交易税并没有有效地阻止外资对巴西金融市场的投资热情。自2009年11月至2010年8月，外国证券资本流入规模高达410亿美元，将雷亚尔汇率再次推高至1：1.65水平，接近金融危机前的峰值，2010年9月份外资的流入规模达到了167.16亿美元。为了防止雷亚尔过分升值对巴西出口造成不利影响，巴西必须控制资本流入规模，这促使巴西财政部加大力度，在9月末采取了将金融交易税税率由2%升至4%的调控措施。10月19日，金融交易税率再次从4%上调至6%，同时还将外汇衍生品交易税率由0.38%上调至6%。这也表明，巴西前期用金融交易税来实施资本管制的措施并没有达到预期效果。但是，就全球范围而言，对金融交易的分歧多于认同。金融交易税的反对者们认为，鉴于理论研究和历史经验，许多专家认为金融交易税或托宾税是一种陈旧的想法，在国际上的支持度并不高，美国就一直表示坚决反对。国际货币基金组织也表明了自己的总体否定的态度。认为在实际操作层面，全球“托宾税”的实施主要有三个难题影响其运用效果：第一其真正的课税对象——投机性交易、交易税税率、计税依据均难以确定；第二金融交易税必须全球统一开征，如果各国各怀私利政策不协调同步，则跨国金融机构很容易找到避税办法和避税洼地；第三对于全球跨境金融交易而言，征得的大量税收如何进行合理分配尤其是国际上如何进行分配也是一个难题。因此，全球开征金融交易税的可能性不大。但是，巴西的做法和经验对于普遍面临国际热钱冲击威胁的第三世界国家来说还是值得认真研究和借鉴的。

三、银行税制设计的理论与实践研究

在金融危机这个特殊时期众多税制改革方案中都可找到过去主体税种的影子，金融交易税就是过去的托宾税，并与中国金融业的营业税同源；薪酬税和奖金税是个人所得税的一种特殊形式；银行保险税实际上是一种行业保险费。在后金融危机时代出现的五种金融行业税制改革方案中，唯独新银行税（The Bank Levy）是一个全新的税种，一种对银行及金融企业资产负债表征收的特殊税种。欧美开征银行税的脚步在逐步加快，英国已与2010年10月20日推出了银行税法具体文本，并于2011的1月1日起开始实施，德法也将紧跟其后具体实施本国版本的新银行税。

（一）银行税纳税人范围的外延确定

新银行税的纳税人范围界定有宽窄之分，不同的纳税人范围选择会产生不同的税基结果。

如果选择较为狭义的纳税人定义方法，那实际上就是遴选一些容易引发金融系统风险的特别金融机构（比如仅仅是大银行）作为纳税人。不过有观点认为，如果仅仅选几家大银行集团作为银行税的纳税人反而有可能助长道德风险。普通客户和大银行自己就会因此认为缴纳新银行税的大集团与比那些不缴纳新税的其他金融机构更不容易倒闭，或相信政府不会让他们倒闭，如果制度设计不到位，这些金融机构就可以冒更大的风险，追逐高的利润，而置公共金融安全于不顾。

如果采用从宽的定义方法，也就是将所有金融机构都定为纳税义务人。采用宽泛的方法的好处是税基扩大，灵活性强，可以给予纳税人一定的风险额度和操作范围，保留银行业的金融创新空间，整体税率也可以降低。另外，宽税基也能将导致具有未来潜在系统风险的各种金融机构都纳入管理范围。

再者从理论上讲既然所有金融机构都会从金融监管和政府风险救助中得到好处，因此，所有金融机构也都应为政府提供的金融稳定这种公共产品缴纳税款。这也会使得将来国家对陷入危机的金融机构实施救助的时候更具有道义上的合理性，会赢得更多的公众理解和社会舆论支持。所以 IMF 建议拟开征银行税的国家应当将所有金融机构都纳入征税范围。

但是，作为全球首家开征新银行税的国家，英国出台的银行税的最后文本只将四类金融机构列入征收对象：A 类，本国银行集团；B 类，建筑协会集团[①]；C 类，外国银行集团；D 类，相关非银行集团。对于“涉税非银行金融机构集团”，英国银行税草案最后文本的界定范围是：“该机构的母公司是本国或外国投资集团，或该集团内部至少有一家公司是独立的英国银行或外国银行，该机构与他们之间不是一般贸易关系。”由此可见，作为“第一个吃螃蟹的人”，英国出于操作上的审慎原因采取了较为狭窄的纳税人定义范围，而且新银行税只针对应税负债累计达到或超过 200 亿英镑大型金融机构，估计影响范围在 30 到 40 家大银行，对众多的小型金融机构没有影响。

（二）银行税征税对象与计税依据选择

开征新银行税的宗旨是遏制金融业的高风险行为，提高同业竞争的公平

① 英国建筑协会（Building Society Groups）：英国建筑协会成立于 18 世纪，原先主要从事住房抵押贷款，早期也被称英国房屋抵押贷款协会，是分布于英国各地区的一类重要金融机构。20 世纪 80 年代的英国银行法打开了英国建筑协会从事一般金融业务的大门，从此业务迅速扩大，到 2008 年英国拥有 59 家建筑协会，总资产超过 3900 亿英镑。

性，同时有效地增加财政收入。因此，银行税的税制设计关键是准确地选择计税依据，使得企业所纳税额与各自的风险，包括潜在的社会风险相匹配。鉴于各种不同的金融机构对金融系统风险影响不同，银行业的风险就大于保险业，同一类金融机构内部不同的企业经营方式所带来的风险也不同，需要选择共同的风险承载指标为征税对象。业界普遍认为企业的资产负债表比起其他财务变量信息，比如金融交易量或企业利润，更能够反应企业的风险状况。因此IMF建议新银行税应该以金融企业的资产负债表为征税对象。那么银行税究竟应该以什么为计税依据？是资产、是负债还是全部？

最简单的选择是对资产征收。对风险加权资产征收的好处是可以设立一个全球公认的计税依据，我们可以采用巴塞尔银行监管协议所规定的标准和风险加权方法来确定计税资产数量，例如对二级资本征税。但是，这样做的结果是资本越多税越多，必然会影响企业提高资本金数量的积极性，也就从根本上与巴塞尔协议鼓励加强银行风险承载能力，提高银行资本金比例要求背道而驰。

至此，我们结论不言自明：以宽口径的负债作为税基最为合适。第一，只有宽口径宽税基才有可能低税率，减少扭曲风险。以负债为税基可以使得将来政府干预、保护债权人利益的做法在逻辑上有所对应。但是既然征税的目的是鼓励审慎经营，防范金融风险，那么就因该扣除企业的风险平衡资本，鼓励银行增加资本金积累。另外原则上讲，一些其他低风险负债也应扣除以鼓励审慎经营或避免双重征税，低风险负债主要有：附属债务（subordinated debt）[①]，政府担保债务，内部交易负债。也就是说银行税应该仅仅以对那部分可能引发金融风险的那部分负债为课税依据，例如非存款批发融资（wholesale funding），短期债务融资或外国融资，旗帜鲜明地表达出政府反对过度冒险经营的态度。瑞典确认内部交易负债为低风险负债。虽然税基过窄就会带来套利风险，避税风险及其他意想不到的问题，但是为了避免双重征收，对于已经保险的负债、具有优先清偿权但无需实际偿还的借款等原则上都因该给予扣除。

此外，对于表外业务应当加以关注。既然银行表外业务构成是银行风险的

---

① 附属债务，也称次级债务是指固定期限不低于5年（包括5年），除非银行倒闭或清算，不用于弥补银行日常经营损失，且该项债务的索偿权排在存款和其他负债之后的商业银行长期债务。目前，次级债务在大多数国家已成为银行附属资本的重要来源，对银行提高流动性、降低融资成本、加强市场约束力等具有重要作用。2003年12月，中国银监会发出《关于将次级定期债务计入附属资本的通知》，决定增补中国商业银行的资本构成，将符合规定条件的次级定期债务，计入银行附属资本。这使各商业银行有望通过发行次级定期债务拓宽资本筹措渠道，增加资本实力，有助于缓解中国商业银行资本先天不足、资本补充渠道单一的状况。

不可忽略的组成部分，银行税应将表外业务纳入税基。对于金融衍生品和其他重要的金融合约应该以巴塞尔银行监管新规定为指南依据其杠杆率将它们表内化，并对其征税，同时还要考虑各国会计准则差异，例如欧盟国际财务报告准则（European IFRS）会使得公司资产负债表的规模比使用美国通用会计准则（U. S. GAAP）标准做出的资产规模要大得多，故而，必要时要进行合理的差异调整。由于不同的金融机构的负债结构和面临的风险不同，不同类型的金融机构应该有不同的税基，例如保险机构的税基就应该比银行业要小得多，因为保险业的资金来源的波动性要比银行业小得多。

综上所述，银行税应该对金融企业的广义资产负债表计征，包括一些表外项目，同时对于银行的核心资本（即银行的一级核心资本）和支付过保险的负债项目予以扣除。考虑到现行所得税税制中对利息的税前扣除是诱发高杠杆、高风险的重要原因，新银行税对资本金的扣除也是现行税法对资本金的歧视弊端导致资本弱化问题的一次矫正。

（三）银行税税率设计：一个全新的思路

银行税的税率设计不仅要能够反应特定金融机构给金融系统所带来的风险成本，还要反映政府为维护金融稳定给各企业带来的收益。税率的高低设计既要考虑应对已经过去危机的财政救助成本和经验，又要考虑各机构因救助和政府担保政策而获得的好处，使得金融企业缴纳的税额与他们在政府“大而不倒”政策中获得的潜在经济利益相对应。IMF 的专家认为，可以对财政救助给这些企业带来的好处和隐性收益从正面进行统计分析，量化到的每个金融企业。可行的计算方法是计量政府救助和担保而使得企业的融资成本降低的程度。计算潜在收益的办法目前有两种：一种是通过市场评级机构的回归模型中的变量系数计算出政府支持的价值；另一个就是直接比较计算救助计划实施前后的超大金融机构与普通小银行的融资利差后，找出救助计划所带来的补贴效应数值。依据美国经济政策研究中心（Center for Economic and Policy Research, Washington）发表的 Baker and McArthur（2009）的实证研究报告，美国银行业在政府救助计划出台以后金融机构所获得的融资补贴收益率可以让各大金融机构利润率提高 9 个基点到 49 个基点[①]。2000 年到 2007 年的第四季度，也就是

① 基点：基点（Basis Point bp）是用于金融业计量债券和票据利率改变量的度量单位术语。一个基点等于 1 个百分点的 1%，即 0.01%，因此，100 个基点等于 1%。例如当美联储宣布将利率下调 50 个基点时，也就等于下降了 0.5 个百分点。

贝尔斯登投行倒闭的前一个季度，美国小银行与资产超 1000 万美元的超级金融机构的融资成本差平均值为 0.29 个基点，而 2008 年第四季度到 2009 年的第二季度，金融救助计划及其隐含“大而不倒”政府担保政策出台以后，超大金融机构与小银行的融资成本差的平均值迅速扩大为 0.98。但是融资利差的扩大使得大银行利润率上升，若与 2001 年到 2002 年的利差比较（窄口径），考虑到他们的融资规模，超级大银行获得了 63 亿美元的利润补贴。显而易见，由于银行融资成本差异导致超级金融机构利润的增加不是由于市场竞争的成果，而是政府救助计划带来的收益。新银行税税率的设计就应该纠正这种政府对资源配置的扭曲（表 1）。

表 1　美国超级金融机构（TBTF）所获融资利差补贴及其利润占比表

单位：10 亿美元

美国超级金融机构（TBTF）	2009 利润	TBTF 补贴额（宽口径）		TBTF 补贴额（窄口径）	
		绝对数	占当年利润（%）	绝对数	占当年利润（%）
American Express 美国运通公司	1.92	0.46	23.90	0.08	4.40
Bank of America 美国银行	15.51	7.20	46.50	1.33	8.50
BB&TB B&T 内华达银行	1.36	0.48	35.60	0.09	6.50
BNY Mellon BNY 梅隆集团	2.17	0.51	23.50	0.09	4.30
Capital One 美国第一资本金融公司	0.35	0.58	166.10	0.11	30.60
Citigroup 花旗集团	15.65	4.39	28.10	0.81	5.20
Fifth Third Bancorp 五三银行集团	2.18	0.50	22.80	0.09	4.20
GMAC 通用汽车金融服务公司	(9.15)	0.76	不详	0.14	不详
Goldman Sachs 高盛集团	15.32	1.96	12.80	0.36	2.40
JPMorgan Chase 摩根大通	14.26	5.90	41.40	1.09	7.60
KeyCorp KeyCorp 银行	(2.26)	0.47	不详	0.09	不详

续表

美国超级金融机构（TBTF）	2009 利润	TBTF 补贴额（宽口径）		TBTF 补贴额（窄口径）	
		绝对数	占当年利润（%）	绝对数	占当年利润（%）
MetLife 联泰大都会保险有限公司	(6.67)	1.44	不详	0.26	不详
Morgan Stanley 摩根斯坦利	(3.05)	1.37	不详	0.25	不详
PNC PNC 金融服务集团	1.81	1.11	61.10	0.20	11.20
Regions Bank 美国区域银行	0.56	0.51	91.90	0.09	16.90
SunTrus 太阳信托银行	(2.58)	0.71	不详	0.13	不详
USB 美国合众银行	2.46	1.02	41.30	0.19	7.60
Wells Fargo 威尔士法戈银行	18.73	4.77	25.50	0.88	4.70
平均值	3.81	1.90	47.70	0.35	8.80

注：1. 宽口径补贴：用金融危机前 7 年数据作为比较标准；2. 窄口径补贴：用 2001 第四季度到 2002 第二季度数据作为比较标准，即 2001 上一个经济周期结束以后的后三个季度数据。用当时的千万资产超级银行与小银行的融资利差作为计算基数。

IMF 综合现有的评级机构模型分析结果认为，在目前 20 国集团各国现有的监管框架下面，因政府出手拯救金融机构而给金融企业带来的融资成本收益区间是 10 到 50 个基点（0.1%—0.5%）。对于具有高系统性风险相关性的超级金融企业由于成本节约而得到的收益要远远超过小银行。政府救助给各类金融机构带来的平均收益是 20 个基点。这也被认为是银行税税率选择的基准点。即如果要对大型金融机构资产征新银行税，其税率设计的基本要求是政府通过增加金融机构的风险负债的税收成本而使得金融机构的平均收益降低 20 个基点。

2010 年 12 月 9 日，英国财政部经过两个阶段历时 6 个月的征求意见和协商，最后确定了 2011 年英国银行税税率：2011 年税率为 0.05%（高于最初提出的 0.04%），2012 年的税率将提高到 0.075%，（高于初稿提出的 0.07%）对银行风险负债征收。银行税将作为英国税制体系中的全新税种永久征收。

（四）银行税实施路径：循序渐进

首先，银行税推出之前必须有一个合理的过渡期。2010 年 11 月 12 日，20 国集团（G20）领导人首尔峰会通过了国际银行监管的新巴塞尔银行监管协议Ⅲ（Basel Ⅲ）和有关资本流动性和全球大型金融机构（SIFI）的国际标准和原则。依据该协议，银行必须将自己的自有股权资本以及核心资本从目前的风险资产的 2% 大幅度逐步提高到 7%。因此新金融税的实施应该留有合理的过渡期，让银行有机会提高自己的资本金比例，以满足新的监管要求，同时可以增加扣除，缩减税基。

其次，循序渐进，逐步优化。初始阶段应该对各种金融企业普遍实行单一低税率。单一税率实施简便，可以降低银行税开征时期的操作难度，但是单一税率不能反映各金融机构给金融系统带来的风险成本，所以需要逐步调整完善，使得银行税率能够反映不同金融企业所造成的外部性风险程度。

另外，需要依据国情对税率定期评估。随着监管改革的进一步深入，特别是当国家实行了果断干预机制以后，可以再对税率作重新评估。据 IMF 测算，按照 G－20 主要国家目前的经济状况，开征银行税的税负成本大约为 GDP 的 2% 到 4%。假设平均税率为 10 个基点，并且对金融企业的负债普遍征收，开征年限跨度 10 年以上，那么开征银行税对各国的金融发展和信贷扩张不会形成太大冲击，不会影响开征国的经济发展。

2010 年 12 月 9 日，英国财政部关于银行税最后文本采取的是低税率永久征收方案。英国财政部放弃了设置起征点的想法，转而采用对银行更为优惠的免征额方法，对 200 亿英镑风险负债免征银行税，实际免除了众多中小银行的银行纳税义务。在这样的税制安排下，英国财政每年可以获得 25 亿英镑的税收收入又不至于影响国家金融业的行业竞争力。

四、中国金融税制改革的思考和建议

（一）G20 主要国家金融行业税收贡献状况

金融危机发生之前各国金融业对税收的贡献不尽相同，主要税种为增值税和公司税。不过欧洲主要国家对于金融服务业的间接税都采取免税或者更加优惠的零税率制度，而法国、德国和爱沙尼亚则给予企业流转税的免税选择权，例如金融企业可以对 B2B 公司业务选择纳税进而可以抵扣进项税，而对 B2C 个人业务选择免税。所以金融企业实际税收贡献主要都来自公司税，而且金融行业对于纳税与免税的选择权有扩大的趋势。依据国际货币基金组织对 20 国集团主要国家的金融业主体税种——公司税的调查发现，金融行业对欧洲许多国家税收贡献很大。20国集团金融行业的主体税种公司税在各国公司所得税的未加权平均所占比例为17.5%。其中意大利公司税对金融业的依赖最高，金融行业所得税占该国全部公司税的比例达到26.3%。

然而，从金融业所缴纳的公司税占各国税收总收入的比例来看，金融行业总体贡献率并不高。20国集团各国金融行业的公司税在各国税收总收入中的未加权平均占比仅仅为2.3%，有开征新税的空间。

表2　　G20主要国家金融行业公司税的收入占比　　单位：%

国　别	年份	公司税中的占比	税收总收入中的占比
阿根廷	2006—2008	6.0	1.0
澳大利亚	2007	15.0	2.8
巴西	2006—2008	15.4	1.8
加拿大	2006—2009	23.5	2.6
法国	2006—2010	18.0	1.9
意大利	2006—2011	26.3	1.7
墨西哥	2006—2012	11.2	3.1
南非	2007	13.7	3.5
韩国	2007	17.7	3.0
土耳其	2006—2008	23.6	2.1
英国	2006—2008	20.9	1.9
美国	2006—2008	18.2	1.9
未加权平均	2006—2007	17.5	2.3

资料来源：IMF20国情况调查。

（二）中国金融业的税制改革的空间

目前，在中国作为金融业主体的银行业基本经营活动中有三个主要涉税环节：协议签订、实现收入和实现利润，分别缴纳印花税（行为税）、营业税及附加税（流转税）和企业所得税（所得税）。银行业其他业务还涉及增值税、营业税、房产税、土地使用税、车船税、印花税、个人所得税，全部经营活动涉及诸多税种，总体税负不低。与欧美不同的是中国对金融行业在所得税基础上还开征营业税及其附加。中国在税制改革初期，就曾对银行等金融企业征收过55%的企业所得税和8%的营业税，后来虽经调整，但是总体税负比例仍然偏高，同样以金融危机爆发前后的行业主要税种税负衡量，中国金融业的两大主体税种在全国税收总收入中的比例超过 12% 以上，远高于欧美国家的金融行业的税收分担比例（见表 2），而且有逐年上升的趋势。由此可见中国目前对整个金融行业而言税负已经偏高。为了培养中国金融行业的竞争力和提高国际地位，中国目前不合适开征金融交易税，就整个行业而言目前也无开征新金融税的空间（表 3）。

表 3　　中国金融业两税的全国税收收入占比表　　单位：亿元

年份	税收总收入（万元）	金融业营业税	金融业企业所得税	金融业两税占税收收入（%）
2006	36949.59	703.12	20236.6	7.38
2007	48574.92	1059.88	3900.09	10.21
2008	57861.80	1394.59	5767.22	12.38

资料来源：2007 年、2008 年、2009 年《中国税务年鉴》，中国税务出版社 2007 年版、2008 年版、2009 年版。

（三）关于中国是否开征新金融税的四点思考

1. 从政治角度看，中国目前没有开征新银行税的政治要求。中国既没有欧美等国的收回坏账救助资金的财政压力，也没有谴责金融业的社会舆论压力。金融危机发生前的 2008 年，中国银行金融体系经过三次大规模坏账剥离完成了内部体制改革。通过香港和内地两地上市的股份制改革，大幅度提高了中国银行业总体的安全性和盈利能力。中国工商银行、中国银行、中国建设银行的不良贷款率分别为 2.74%、3.12%、2.60%，不良贷款覆盖率均超过 100%，资本充足率均高于 12%，资本利润率分别为 16.15%、14.22%、19.50%，资本金均达到和超过了巴塞尔Ⅱ规定的 10% 的要求。中国银行资本金的提高和审慎经营的风格使得中国银行业能够在金融危机中完全通过自身盈利消化了金融危机国际市场的亏损。4 万亿元人民币的救市资金全都投入十大实体产业和基础设施建设，而不是金融业。尽管此前社会各界对 1998 年以来花费了接近 3 万亿元坏账剥离成本的银行改制多有非议，但是经过多年的舆论引导和本次金融业战胜金融危机的优异表现，使得中国既无让银行金融业还债的财政压力，也无惩戒银行业的社会舆论要求，目前尚未形成开征金融税的政治环境。

2. 从宏观经济角度看，中国政府财力雄厚，没有为提高政府财力而开征新税的要求。近日发表的中国社会科学院财政与贸易经济研究所报告显示，按全口径计算的中国政府财政收入占 GDP 的比重，在 2009 年达到 32.2%，全年政府收入超过 10 万亿元。报告指出，2008 年中国宏观税负 30.9% 的水平，与 2007 年韩国政府收入占 GDP 的比重 30.8% 相当，但是韩国 2007 年人均国民总收入（GNI）达到 19730 美元，考虑到人均国民收入水平，从国际比较的角度，中国目前 30% 左右的总体宏观税负水平并不低。此外，中国非税收入占 GDP 的比重明显高于发达国家。综合来看，中国全口径财政收入规模与经合组织（OECD）中的低税负国家接近，并不能认为较低。尽管对于中国实际税负高低有不同的观点，但是对照中央“十二五”规划建议“努力提高居民收入在国民收入分配中的比重，提高劳动报酬在初次分配中的比重”的总体目标，目前中国没有以进一步提高政府收入为目的而开征新金融税的要求。

3. 从金融层面看，利用诸如金融交易税之类的金融流转税调控国际资本流动，阻击国际热钱流入，减缓人民币升值压力并无太大实际作用。虽然国际上有国家试图通过金融交易税来实现阻止来至海外的流动性冲击，缓解本币升值压力，但是实际效果并不理想。必须注意的是新兴发展中国家都面临热钱涌入，本币升值，通货膨胀的共同困难，但是中国的特殊国情使得中国和巴西、印度等其他发展中国家经济结构完全不同。巴西拥有开放的资本市场，外资进入国门后主要进入资本市场，这也是巴西瞄准金融市场开征交易税的主要理由。而热钱流入中国后主要进入房地产市场，房地产市场长期受到地方政府担保而成为零风险高收入的国际资本蓄水池，而孱弱多病，反复无常的中国资本市场对热钱并无多大的吸引力。所以我们无法通过开征进入金融市场税来调节国际热钱流动，缓和升值压力。

4. 从发展趋势看，主要发达国家开征新银行税已成为世界税制改革的新潮流。随着中国市场国际化程度的进一步加深，出入中国的国际金融资本流量的进一步扩大，我们自然不能游离于国际金融税制体系之外而被国际避税资本所利用。为顺应欧洲银行税开征的趋势，同时考虑新银行税只对风险负债征收的新特点，我们要积极准备，将银行税作为储备税种加紧做好开征前的基础性工作。加快建立存款保险制度①，尽快实现巴塞尔银行管理Ⅲ补充银行资本金的规定，在推动银行金融业稳健经营的同时，打下良好的资产负债结构基础，

---

① 存款保险制度：美国在 20 世纪 30 年代大萧条以后建立了最早存款保险制度。此后，不少国家纷纷引入这一制度。尤其是在 20 世纪 80 年代至 90 年代世界上许多国家在出现较严重的银行危机或金融危机以后，存款保险制度进入快速发展阶段。到 2006 年 6 月，全球共有 95 个国家和地区建立了这一制度，此外还有 20 多个国家正在研究、计划或准备实施之中。

为将来全球银行税铺开预留下发展空间。

令人鼓舞的是无论从 IMF 报告对开征新银行税的具体要求，还是已经出台的英国银行税方案，我们都可以看到新银行税的显著特点是只对银行风险负债征税，大凡经过存款保险、担保的负债和自有资本金均给予扣除，而中国银行的大部分存款实际都享受了政府担保，我们要做的就是将隐形的政府担保变成明确的存款保险，使中国的金融制度更加符合国际规范。从技术上来说如果我们把目前中国已达历史记录的存款准备金适当调降①，将释放出的银行资金以银行存款保险的形式就地转换，完全可以在不增加银行业负担的情况下完成这一历史性金融体制改革，央行还可以节省一笔可观的准备金利息。如果随着中国银行业国际化程度进一步加深，开征新银行税的国家逐步增多，中国也需要开征新银行税时，我们就可以在避免成为国际金融避税洼地的同时，尽可能的缩小新银行税税基，减轻金融行业税负，保护中国金融企业的生存和发展，提高中国金融行业的国际竞争力，为中国的大国崛起提供有力的金融支持。

参考文献

1. JUDY DEMPSEY, Hungary Passes Bank Tax Plan Despite Criticism, The New York T-times July 22, 2010.

2. TOBIN, J., 1974, The New Economics, One Decade Older, Princeton, N. J.: Princeton University Press; TOBIN, J., 1978, A Proposal for International Monetary Reform, *Eastern Economic Journal*, Vol. 4.

3. Summers, L. and Summers, V. (1989), When financial markets work too well: a cautious case for a securities transaction tax, *Journal of Financial Services Research*, vol. 3, pp. 261 - 86.

4. UMLAUF, S. R., 1993, Transaction Taxes and the Behavior of the Swedish Stock Market, *Journal of Financial Economics*, Vol. 33.

5. CAMPBELL, J. Y. & FROOT, K. A., 1995, Securities Transaction Taxes: What About International Experiences and Migrating Markets, *In*: S. HAMMOND, ed. *Securities Transaction Taxes: False Hopes and Unintended Consequences*, Chicago: Catalyst Institute.

6. CRUICKSHANK, D., 2001, The Increasing Impact of Stamp Duty on the UK Economy, *In*: *Second City London Biennial Meeting*, *13 December 2001*, London Stock Exchange.

① 存款准备金率：目前澳大利亚、加拿大、英国等墨西哥等 G20 国家为零，欧盟为 2%，美国 10%，中国 2010 年底的存款准备金率为 18.5% 达到历史记录，G20 国家所罕见。按目前的存款规模存款准备金每变动 1%，可以释放或锁定约 6000 亿元人民币银行资金。http://zh.wikipedia.org/zh/%E5%AD%98%E6%AC%BE%E6%BA%96%E5%82%99%

7. REISEN, H. , 2002, Tobin Tax: Could It Work? *OECD Observer*, 231/232.

8. HABERER, M. , 2004, *Might a Securities Transactions Tax Mitigate Excess Volatility: Some Evidence.*

9. *From the Literature*, CoFE Discussion Paper 04 – 06, Center of Finance and Econometrics, University of Konstanz.

10. HU, S. Y. , 1998, The Effects of the Stock Transaction Tax on the Stock Market – Experiences from Asian Markets, *Pacific – Basin Finance Journal*, 6.

11. HABERMEIER, K. & KIRILENKO, A. A. , 2003, *Securities Transaction Taxes and Financial Markets*, IMF Staff Papers, International Monetary Fund.

12. 黄志龙:《阻击热钱流入或已成为全球性难题》, 金融时报, 2010 年 11 月 18 日。

13. 吴家明:《巴西阻击热钱　再度上调金融交易税》, 证券时报, 2010 年 10 月 20 日。

14. HMRC, Bank Levy – Technical Note, 21 October 2010.

15. HMT/HMRC, Impact Assessment of Bank Levy, 13 July 2010.

16. Baker, Dean, and Travis McArthur, 2009, "The Value of the "Too Big to Fail" Big Bank Subsidy," Center for Economic and Policy Research (Washington) Issue Brief (September).

17. HM Treasury, Government publishes final legislation on the bank levy, 9 December, 2010.

18. Daniela Monacelli and Maria Grazia Pazienza, VAT exemption of financial services in the EU, An Assessment of the Italian case, August 2007.

19. Rita de la Feria and Ben Lockwood, Opting for Opting In ? An Evaluation of the European Commission's Proposals for Reforming VAT on Financial Services, No 927, University of Warwick, 2010.

20. 高培勇等:《中国财政政策报告 2009/2010》, 中国社科院财政与贸易经济研究, 2010 年 9 月 13 日。

(作者单位: 国家税务总局党校)

后危机时代日本财税政策趋向探析

刘馨颖

2008 年下半年和 2009 年，日本采取前所未有的强有力的经济刺激计划，已促进其渐渐走出金融危机最为艰难的时期，慢慢步入 2010 年失业率有所下降、经济增速较低为特征的经济复苏阶段。在这“后危机时代”，深入分析金融危机以来日本政府的财税政策及其未来趋向，对已率先走出危机的中国加快经济发展方式转变、推动经济又好又快地发展会有一些启示。

一、金融危机前后的经济概况

从主要宏观经济指标的变化看（见表 1），2008 年 9 月以来，由美国次贷危机所引发的国际金融危机，不仅冲击了日本金融系统，而且重创了日本实体经济。

表 1　日本主要宏观经济指标的变化

年份	人均 GDP（美元）[1]	实际 GDP 增长率（%）[2]	进出口贸易总额（T）（亿日元）[3]	（T）与前年比的增加率（%）[4]
2005	35699	1.9	1226059	—
2006	34158	2.0	1425905	16.3
2007	34318	2.4	1570674	10.2

续表

<table>
<tr><th>年份</th><th>人均 GDP（美元）[1]</th><th>实际 GDP 增长率（%）[2]</th><th>进出口贸易总额（T）（亿日元）[3]</th><th>（T）与前年比的增加率（%）[4]</th></tr>
<tr><td>2008</td><td>38559</td><td>-1.2</td><td>1599728</td><td>1.8</td></tr>
<tr><td>2009</td><td>39727</td><td>-6.3</td><td>1056670</td><td>-33.9</td></tr>
<tr><td colspan="2">2009 年失业率状况</td><td colspan="3">• 2009 年平均完全失业率 5.2%，比前年上升 1.1%，上升幅度历史最高。
• 2009 年平均完全失业人数 343 万人，比前年增加 68 万人，增加幅度历史最高。
• 2009 年平均从业人数 6265 万人，比前年减少 108 万人，减少幅度历史最高。</td></tr>
<tr><td colspan="2">2010 年 7—9 月失业率状况</td><td colspan="3">• 2010 年 7—9 月平均完全失业率 5.1%，比前年同期降低 0.3%。
• 2010 年 7—9 月平均完全失业人数 336 万人，比前年同期减少 25 万人。
• 2010 年 7—9 月平均从业人数 6286 万人，比前年同期减少 1 万人。</td></tr>
<tr><td colspan="2">2010 年 11 月失业率状况</td><td colspan="3">• 2010 年 11 月完全失业率 5.1%，与前月相同。
• 2010 年 11 月完全失业人数 318 万人，比前年同月减少 13 万人。
• 2010 年 11 月从业人数 6252 万人，比前年同月减少 8 万人。</td></tr>
<tr><td colspan="2">2010 年 1—11 月对外贸易状况 [5]</td><td colspan="3">• 2010 年 1—11 月各月出口额均比前年同月有较大增长，但是，2010 年 3 月以后各月出口额几乎都比前月有所减少。
• 2010 年 1—11 月各月进口额均比前年同月有较大增长，但是，2010 年 7 月以后各月进口额几乎都比前月有所减少。
• 2010 年下半年以来，进出口贸易增长明显趋缓。</td></tr>
<tr><td colspan="2">2010 年季度的实际 GDP 增长率 [6]</td><td colspan="3">• 2010 年第一季度实际 GDP 增长率为 1.7%。（与前期比）
• 2010 年第二季度实际 GDP 增长率为 0.7%。（与前期比）
• 2010 年第三季度实际 GDP 增长率为 1.1%。（与前期比）</td></tr>
</table>

注：[1] 和 [2] 数据来源日本 ASEAN 中心网站各国基本资料；[3]、[4] 和 [5] 的数据根据日本海关最新统计资料计算；各年失业率状况来源于总务省网站最新劳动力调查资料。[6] 的数据来源于内阁府网站最新国民经济计算资料。

（一）危机使对外贸易受到重创，但 2010 年出现增长势头

日本是出口导向型国家，进出口贸易在国民经济中占有极其重要的地位。金融危机造成日本主要贸易伙伴美国、欧盟等国经济严重停滞，致使日本进出口贸易额锐减，2008 年、2009 年进出口贸易额增长率分别为 1.8% 和

-33.9%，对外贸易受到了第二次世界大战后最为严重的创伤。但是，2010年受外需复苏影响以及政府经济刺激计划的继续实施，日本对外贸易额比2009年有较大增长，不过，受日元持续升值等影响，进出口贸易额增长明显趋缓（见表1）。

（二）危机造成失业率显著上升，但2010年有所下降

受金融危机影响，日本主要出口产品外销受到很大影响，致使一方面国外市场需求下降，另一方面国内私人投资和私人消费呈现出了减少和放慢的状况，造成国内生产出现了下降，众多企业倒闭，对日本就业市场冲击很大。2009年日本平均完全失业率达到5.2%，比上年上升1.1%；平均完全失业人数达到343万人，比上年增加68万人；平均从业人数达到6265万人，比上年减少108万人。这三项指标的增减幅度均创历史新高。2010年7—9月及11月完全失业率达到5.1%，比2009年有所下降，失业率相关指标的增减幅度也有所缓和，但是，与金融危机之前相比，失业水平仍然较高（见表1）。

（三）危机使经济增长急速下滑，但2010年下滑势头有所遏制

日本自20世纪90年代经济泡沫破裂以来，经济景气持续低迷，经济增长比较缓慢。受2008年国际金融危机的影响，日本经济景气急速恶化，导致国内商业、制造业等的销售和生产连续大幅下降，有效需求严重不足，致使2008年和2009年其实际GDP增长率急速下滑，均为负数，分别为-1.2%和-6.3%。日本实体经济遭受到了第二次世界大战后以来最为严重的打击。但是，2010年在政府继续执行和追加经济刺激计划、采取宽松货币政策之下，实际GDP增长率缓慢上升，经济大幅下滑势头有所遏制（见表1）。

（四）危机致使财政赤字进一步激增，财政状况恶化

金融危机所造成的实体经济危机，使日本政府财政收入在之前经济景气低迷所造成减少的情况下继续减少。与此同时，为了刺激消费和扩大国内需求，拉动经济增长，政府所实施的一揽子经济刺激计划又需要投入大规模的资金。这便导致日本财政赤字巨增，政府债务急剧膨胀，2008年、2009年和2010年的公债依存度分别达到39.2%、52.1%和48.0%，财政赤字占GDP比重分别达到-6.7%、-11.3和-9.3%，政府长期债务余额占GDP比重分别高达到122.8%、139.7%和146.5%。2011年财政预算规模虽有缩减，基本与2010年预算持平，但公债依存度和政府债务余额占GDP比重指标仍然很高，分别达到47.9%和184.0%。日本政府财政赤字状况进一步恶化，财政风险不容忽视（见表2）。

表 2　　中央政府财政收支的状况

年份	财政收入（亿日元）	财政支出（亿日元）	财政赤字占GDP比（%）	公债依存度（%）	债务余额占GDP比（%）
2005	542506	855196	-6.2	36.6	117.4
2006	539755	814455	-5.4	33.7	116.4
2007	564606	818426	-4.9	31.0	116.6
2008	515294	846974	-6.7	39.2	122.8
2009	491032	1025582	-11.3	52.1	139.7
2010	479962	922996	-9.3	48.0	146.5
2011 预算	481136	924116	—	47.9	184.0

注：数据来源于日语文献《图说 日本的财政（2010 年版）》第 358—359 页图表资料以及 2011 年预算案。

二、2009 年应对金融危机一揽子经济刺激方案评析

（一）方案概要与特点

为了应对这场突如其来并对日本金融体系和实体经济冲击巨大的国际金融危机，政府自 2008 年 10 月以来，大胆地推出了如下一揽子经济刺激方案（以下简称方案，见表 3），其主要内容和特点是：

第一，从形成过程来看，方案出台及时、规模大、重点内容明确。堪称历史上资金规模最大的刺激方案，由 2009 财年国家预算案及其补充预算案两大部分组成，而其中，预算案由 3 个不同时段的 3 大重点对策——安抚民心紧急综合对策、生活对策、生活防卫紧急对策构成，紧随其后的补充预算案在进一步补充前 3 大重点对策的同时，对未来国家重点发展领域予以大力支持。这种具有及时性、重点性、大规模性和有步骤性的经济刺激方案，有助于应对经济继续恶化造成的“短期危机”和世界经济大调整过程中的“结构性危机”。

第二，从内容上看，方案由紧急应对危机和立足长远发展两大方面内容构成，前者占总额的比重超过 80%。这种以保民生、保就业、防止企业倒闭为核心的紧急应对危机内容，与支持未来发展领域措施并存的经济刺激方案，不仅易于化解眼前危机，加快经济复苏，而且有利于日本抢占未来经济发展的制高点。

表 3　　一揽子经济刺激方案概要

方案	方案构成	方案主要内容	金融与财税措施（万亿日元）
2009财年国家预算案（3月27日国会通过，4月1日执行）	• 第1次补充预算（2008年10月16日成立，实施中）	• 安抚民心紧急综合对策	11.5
		其中：·减轻高龄者医疗费用负担等	0.25
		·信贷担保等	9
		·紧急防灾、灾后恢复等	0.44
	• 第2次补充预算（2008年12月20日决定概算，2009年1月5日提出）	• 生活对策	27
		其中：·对家计定额补贴	2
		·创建自治体就业基金	0.4
		·促进地域振兴交付金	0.6
		·信贷担保、金融机构注资等	40
	• 2009财年预算·税制修改（2008年12月24日决定概算，2009年1月下旬提出）	• 生活防卫紧急对策	37
		其中：财税措施	10
		·减税措施	1.1
		·就业对策	1.1
		·创建就业等交付金增额	1
		·生活对策	6
		金融措施	33
方案	补充预算案主要内容		追加金额（亿日元）
2009财年国家预算的补充预算案（4月27日提交国会审议，5月13日众议院通过）	Ⅰ. 经济危机对策经费		146987
	• 就业对策		12698
	• 金融对策		29659
	• 低碳革命		15775
	• 健康长寿、育子政策		20221
	• 发挥潜力、完善适应21世纪的基础设施		25775
	• 促进地域活性化		1981
	• 确保安全、安心生活		17089
	• 关照地方政府各项事业		23790
	Ⅱ. 转入国债整理基金特别会计		768
	Ⅲ. 经济紧急对应预备费的减额		-8500

注：日本国家的财政年度为4月1日至翌年3月31日。根据日本财务省网站日语文献“麻生首相关于2009年度预算的记者会见”、“平成21年度政府预算案”和“平成21年度补充预算等的说明”编译制作。

第三，从具体政策措施看，方案由扩张性货币政策和扩张性财政政策的具体措施组成，以前者为主，后者为辅。也就是说，占总额60%以上的扩张性货币政策措施金额主要用于对企业信贷担保、向政策性金融机构注资，旨在阻止国际金融危机对日本银行体系的冲击，支持金融业恢复和贷款复苏，从而使信贷市场形成对经济可持续增长的支撑，为企业和个人的需求服务。占总额比重不足40%的扩张性财政政策措施金额所投入和鼓励的是国民生活领域和未来日本国家成长战略项目，这有助于扩大投资和消费，刺激内需，促进危机后的日本经济可持续发展。因此，进一步分析扩张性财政政策很有意义。

（二）2009年扩张性财政政策主要内容及评析

2009年，日本政府采取的扩张性财政政策主要由扩大政府财政支出和实施针对性强的大规模减税组成，也包含了财政健全性措施，以防范财政风险（见表4）。

从财政支出方面看（见表4），扩大财政支出措施一方面由预算案中紧急应对金融危机措施——增加对民生方面的财政补贴和增大未来战略领域财政投资构成。如增加家计、就业保险、医疗与健康保健费用等财政补贴，加大对教育和节能领域等先端技术研发、再就业促进事业以及发挥地方潜力各项事业的重点投入。另一方面，补充预算案中的扩大财政支出，重点放在了日本未来经济和社会发展的三个重要领域，即“低碳革命”领域、充实医疗和护理服务的“健康长寿社会”领域、旅游观光等“发挥日本魅力”领域，旨在通过扩大这些领域的先行投资，为危机过后的未来日本经济和社会的可持续发展提供新动力。

从财政收入方面看（见表4），政府在短期内主要以减免税、降低税率、加速折旧、税收抵免方式，有针对性地实施大规模减税，其主要内容有：

第一，针对作为“日本经济的牵引动力、日本社会的主角”中小企业实施大规模减税，减税额超过2400亿日元。中小企业在日本经济和社会中占有极其重要地位。中小企业数占日本企业总数的比重达99.7%，其就业人数占日本总就业人口的比重为69.4%。中小企业作为日本社会的主角，不仅对各个地方事业的发展、传统技能和文化的继承以及当地居民生活方面贡献很大，而且，采取家族经营方式的众多小企业的存在，也是保持地域社会安定的重要因素。正因为如此，政府针对中小企业所得税实施降低税率的减税措施，即在2009年4月1日至2011年3月31日两年期间，将原22%的税率下调到18%，以及减轻对中小企业交际费的课税措施，即2009年4月以后，允许中小企业

表 4　日本政府扩张性财政政策主要内容

2009 财年国家预算案	预算额（亿日元）
• 国民生活的支援——扩大支出项目	
其中：·就业对策——下调就业保险缴费，扩大支付非就业者保险适用范围。	8100
——对维护中小企业等的就业、非就业人员就业及居住生活的支援。	927
——转移支付的地方交付金增加 1 万亿日元，支持地方增加就业事业。	10000
·高龄化、少子化对策	
——减轻高龄者医疗费用负担等。	2500
——孕妇健康检查 14 次免费，婴儿出生免费。	800
·家计定额补贴——每人 12000 日元，但 65 岁以上和 18 岁以下者每人 20000 日元。	20000
• 对日本经济现在和将来成长的支持——扩大支出项目	
其中：·发挥地方潜力——创建促进地方活力的地方交付金，支援地方基础设施建设等。	9400
——提升粮食生产能力，支援地方各项改造事业等。	750.3
·强化经济成长原动力——教育与科技	
——对最先端、最基础的科学研究给予支援。	2187
——对促进产业结构升级的技术革新事业予以支援。	400
——对太阳能发电等能源技术研发予以支援。	789
——对充实理工教学、大学的国际上联合教学、研究等予以支援。	763
• 大规模减税措施——主要减税项目	
其中：·住宅贷款减税——用贷款购买住宅，最高扣除额为 500 万日元（优良住宅 600 万）。	3400
·环保车减税——在 2009 年 4 月 1 日—2012 年 3 月 31 日间，购买国土交通认定的“新一代乘用车”免征汽车购置税，购买其他环保车减轻汽车购置税。在 2009 年 4 月 1 日至 2012 年 4 月 30 日间，购买国土交通认定的“新一代乘用车”免征汽车重量税，购买其他环保车减轻汽车重量税。	2100
·促进节能设备投资等减税——国家认定的节能设备，在 2009 年 4 月 1 日至 2011 年 3 月 31 日 2 年内，可按购买价格全额加速折旧。	1900
·对中小法人减税——中小法人在 2009 年 4 月 1 日—2011 年 3 月 31 日 2 年内，法人税税率由 22% 下调到 18%。	2400
• 削减主要经费项目	
其中：·削减有关行政费用	-1760
·修改一些持续 3 年以上事业项目而减少的费用	-8800

续表

2009 财年国家预算的补充预算案	追加金额（亿日元）
• 低碳革命	15775
·普及太阳能发电——在学校、家庭、公共建筑、公用设施等加速普及太阳能发电。	6081
·普及节能环保制品——采用“以旧换新”补贴手段，加快公车、私车更换为环保车；采取“5%环保积分”回馈购买节能家电办法，促进节能制品广泛使用。	8665
• 健康长寿、育子政策	20221
·支援地方医疗、医疗新技术研发以及提高护理人员待遇、完善护理设施等。	16568
• 发挥潜力、完善适应21世纪的基础设施	25775
·支援最先端技术研发，强化各地区机场、港湾、高速公路、新干线的有效整合。	12194
• 确保安全、安心生活	17089
·完善防灾体系、交通安全与治安体制费用	14684
• 主要减税项目——赠与税减轻、中小企业交际费扣除限额上调等措施实施。	650

交际费作为费用扣除的额度，从400万日元上调到600万日元，首先在于保障日本社会稳定，其次是使中小企业通过减少税负、增加可支配收入、加大资本投入等拉动经济增长的同时，带动日本经济复苏并走向可持续发展。

第二，为了扩大内需，同时，促进具有国际竞争力且为国家支柱产业汽车业加快绿色发展步伐，对环保车实施减免税，减免额约2100亿日元。如在2009年4月1日至2012年3月31日3年期间，购买国家认定的“新一代乘用车”——电动汽车、混合动力汽车、绿色柴油车、天然气机动车，免征汽车购置税；购买达到国家4星低排放标准且达到国家2010年耗油标准25%以上的乘用车和轻型汽车，可减轻75%的汽车购置税；在2009年4月1日至2012年4月30日3年1个月期间，购买国家认定的“新一代乘用车”免征汽车重量税等。

汽车产业既是日本具有国际竞争力的产业，又是其国内经济的支柱产业。在2009年4月至2012年4月的3年期间，政府给予各类环保车减免汽车购置税和重量税，不仅会促进人们增加对环保车的消费需求，而且会拉动环保车制造商以及相关联上下游众多产业的生产和供给的增加，从而在刺激经济复苏的同时，促进日本汽车业加快绿色发展的步伐。

第三，为促进企业节能环保、加大研究开发的力度而实施的减税措施。如在 2009 年 4 月 1 日至 2011 年 3 月 31 日 2 年期间，允许企业在购买国家认定的节能设备、新能源设备以及节能性能高的家电制品生产设备时，可按购买价格全额在 2 年内全部加速折旧完毕，收回设备投资资本。再如扩充包括中小企业在内的企业研究开发投资措施，即调高 2009 财年和 2010 财年企业试验研究费税收抵免额度，如果此项抵免额在这两年未能抵完，可以继续在 2011 财年和 2012 财年抵免。实施这些措施的目的不仅仅是为了应对金融危机，更重要的是为了加强日本节能环保领域的竞争优势，加快推动日本向低碳经济发展方式转型，从而带动经济增长。

第四，为防止国内产业进一步空洞化、企业不断向海外流出，日本开始调整避免国际上双重征税的制度。从 2009 财年开始，日本引入国外子公司红利作为费用扣除制度，废止一直采用的间接外国税收抵免制度。即对持有日本国内法人 25% 股份、保有期间 6 个月以上的国外子公司，其在日本境外取得红利的 5% 作为日本国内课税所得计算，而其余 95% 作为费用扣除。这意味着，日本政府开始从资本输出中立的角度转向资本输入中立的角度，来调整和解决国际上双重征税的问题。

总之，日本 2009 年应对金融危机而实施的扩张性财政政策，是一项紧急救助与立足长远发展的有远见的“绿色新政”[①]，旨在应对和化解当前危机的同时，通过加大对国民生活的支援，加强对以低碳经济发展模式为核心内容的绿色经济引导和扶持，创造更多的环境项目就业机会，以推动新一轮日本经济和社会的发展——一个绿色经济的成长过程和一个安全、安心且健康长寿社会的发展过程。

三、2010—2011 年后危机时代经济政策新动向分析

（一）国家中长期发展战略动向评析

日本政府抓住此次机遇，全面总结了 20 世纪 90 年代以来出现的经济低迷、财政恶化、老龄化社会进展加速等诸多问题，在 2009 年推出和实施了一揽子经济刺激方案之后，于 2010 年又相继出台了如下国家中长期发展战略（见表 5），其内容有如下鲜明特征：

---

① 绿色新政是由联合国秘书长潘基文提出的概念，呼吁全球领导人在投资方面，转向能够创造更多工作机会的环境项目，以修复支撑全球经济的自然生态系统。来源：新华社“绿色发展抗危机 3400 亿演绎中国式绿色新政”，http://www.cnmn.com.cn/ShowNews.aspx? id = 15059&page = 1，2009 年 4 月 20 日。

表 5　　政府相继出台的中长期发展战略概要

发展战略		主要内容
国家层面	•《新成长战略（基本方针）》 2009 年 12 月 30 日内阁政府通过并公布。 •《新成长战略——日本复兴计划》 2010 年 6 月 18 日内阁政府通过并公布。	• 2020 年目标：实际经济增长率超过 2%，失业率降到 3% 以下。 • 7 大领域发展战略：①环境、能源大国战略；②健康大国战略；③亚洲经济战略；④观光、地域活性化战略；⑤科学、技术、情报通信立国战略；⑥就业、人才战略；⑦金融战略。 • 实现日本成为“强大经济、强大财政、强大社会保障”强国。
	•《地球温暖化对策基本法案》 2010 年 3 月 12 日内阁政府通过，提交 174 次国会。	• 应对气候变暖，中央与地方政府、事业者、公民负有义务。 • 减排目标：2020 年比 1990 年减少 25%； 2050 年比 1990 年减少 80%。 • 基本措施：创建排污交易权制度、探讨环境税和税制全体改革、促进再生能源发展等。
	•《财政运营战略》 2010 年 6 月 22 日内阁政府通过并公布。	• 应对财政破产风险；针对《新成长战略》实施相应的财税政策；实现财政健全化目标；建立财政中期规划等。
	•《地域主权战略大纲》 2010 年 6 月 22 日内阁政府通过并公布。	• 推进地方分权化改革；确保地方财源充实；修改地方补助和转移支付的交付金制度；修改地方自治法等。
重点产业领域	•《下一代汽车发展战略 2010》 报告 2010 年 4 月 12 日经济产业省公布。	• 实现 6 大战略：①全体战略；②电池战略；③资源战略；④基础设施建设战略；⑤体制建设战略；⑥国家标准化战略。
	•《产业结构远景规划 2010》 报告 2010 年 6 月 3 日经济产业省公布。	• 强化 5 大领域产业发展战略：①基础设施产业发展战略；②新能源发展战略；③文化产业发展战略；④医疗、保健服务业发展战略；⑤先端技术领域发展战略。

注：根据日本经济产业省、首相官邸网站相关资料翻译制作。

第一，中长期发展战略是全面性与重点性的结合。日本国家战略是由涉及范围广泛而全面的国家层面的中长期发展战略和日本国家具有竞争优势的重点产业领域的中长期发展战略两大部分组成。

第二，国家层面发展战略具有普遍性和长远性。国家层面的中长期发展战略从国内和国际两大视角，全面规划了日本未来 10 年至 50 年的经济和社会方方面面的发展远景。

第三，重点领域发展战略目标、措施等具体而明确。重点产业领域的《下一代汽车发展战略 2010》和《产业结构远景规划 2010》，对日本支柱产业汽车业和 5 大优势产业如何进一步提升国际竞争力、抢占世界市场的制高点，作了全面细致的中长期发展规划、发展步骤、具体发展方向和实现目标等的战略部署。

第四，国际义务法律化。日本政府已将应对气候变化作为基本国策上升为国家法律，明确了在应对气候变暖方面，中央与地方政府、事业者、公民均负有义务，规定了日本国家将在 2050 年实现比 1990 年减少 80% 的减排目标，同时，创建排污交易权制度、探讨环境税和税制全体改革、促进再生能源发展等。

第五，应对财政风险纳入国家战略。根据国际货币基金组织（IMF）调查结果，在发达国家中，日本财政赤字占 GDP 比重和政府债务余额占 GDP 比重 2 个指标均处于不良状态，并预计到 2015 年日本这 2 个指标都将处于所有发达国家的最高点，财政状况更加恶化①。为防范财政破产风险，日本政府已经公布和开始实施《财政运营战略》，建立财政中期规划等，以实现财政健全化目标。

第六，重视地域主权发展纳入国家战略。随着日本经济社会的变化，尤其是老龄化社会的急速发展，为当地居民提供身边最基本公共服务的地方政府职责显得越来越重要。所以，进一步合理划分中央与地方的事权与财权，推进地方分权化改革，确保地方政府财源充实，进一步完善财政转移支付制度等，成为重视地域主权发展战略的核心内容。

（二）2010 年政府财政税收政策新动态分析

第一，2010 年日本政府继续实施的扩张性财政政策，是应对金融危机与进一步落实立足长远发展的有远见的“绿色新政”。也就是说，与 2009 年相比，2010 年预算规模有所缩减（见表 2），政府也从紧急应对危机的救助状态退出到应对危机状态，同时，已经开始落实国家各项中长期战略相关项目（见表 6）。

---

① 参见日本财务省网站日语资料《日本的财政资料》2010 年 8 月第 15 页 IMF“世界财政调查”(2010 年 5 月版)。

第二，投资重点更加明确，同时进一步减少赤字。在财政支出方面，资金投入更加向上述国家各项中长期战略中的重点发展产业和领域倾斜，同时，严格削减不必要和低效率的行政开支，以控制支出规模，减少财政赤字。

第三，在继续实施减税过程中，增加增税措施。在税收方面，政府已经决定2010年10月1日起再次上调烟税税率，同时，通过修改所得税有关扣除标准等来拓宽税基，以增加税收收入，减少财政赤字。

第四，必要时，继续运用宽松的货币政策，同时，继续加强对中小企业和就业领域的重点扶助。由于2010年下半年以来的通货紧缩局势加剧和日元不断升值，导致了进出口贸易额连连有所下降，影响了日本经济的复苏步伐。为了避免本国经济二次探底，并使经济增长率有所上升，一方面，日本央行于2010年10月重启了实际零利率政策，并推出了总额35万亿日元的“全面宽松计划”，以期摆脱国内通缩、激活金融市场和实体经济；另一方面，2010年11月16日，日本众议院通过了2010财年的补充预算案（见表6）。该案主要包括政府在创造就业机会、帮助失业者找工作以及支援中小企业和地方经济发展等方面的财政支持措施，以期推进经济稳步复苏，社会稳定发展。

表6　　日本政府财政税收政策新动态

2010年财政预算的主要政策动向	
支出方面	• 继续执行经济刺激方案的重点领域投资和对国民生活的支援。 • 在对国民生活支援方面又增加如下一些支援项目： ①国家负担失业救济费用增加到3500亿日元； ②扩大对低收入家庭的支援：对每个儿童补助13000日元/月；免除公立学校高中生学费等； ③给予农户所的补助：财政投入0.1万亿日元。 • 高速公路逐步实行免费制：财政投入0.6万亿日元。
税收方面	■ 继续实施2009年一揽子经济刺激方案中的结构性减税措施 ■ 2010年在以下方面对相关税制进行修改 • 个人所得税：修改抚养扣除标准、实施小额上市股票等交易所得免税措施等； • 法人税：修改与资本相关的交易税制等； • 资产课税：修改小规模住宅用地等继承税课税有关规定等； • 消费课税：修改汽车重量税、汽油税等规定、上调烟税税率等。 • 改善纳税环境：修改国税相关的罚款规定等。

续表

2010年补充预算案的主要政策动向		
支出方面	■追加支出额	58605亿日元
	其中：■应对日元升值、通货紧缩的紧急对策	48513亿日元
	• 就业、人才培育	3198亿日元
	• 加速推进新成长战略	3369亿日元
	• 医疗、社会福祉、育儿补助等	11239亿日元
	• 社会资本投资、中小企业对策等	30706亿日元
税收方面	■追加收入额	58605亿日元
	其中：■税收收入	23900亿日元
	■公债收入	12500亿日元

注：根据日本财务省网站“预算”相关资料翻译制作。

（三）2011财政预算和税制修改主要内容评析

2010年12月16日和24日，日本内阁政府通过了2011财年税制修改大纲和财政预算案（有待2011年国会审议），其特点是：

1. 2011年日本政府继续实施的扩张性财政政策，是多方面刺激经济复苏与再进一步落实立足长远发展的有远见的“绿色新政”。具体而言，首先，2011年预算规模基本与2010年持平，政府也从应对危机状态进一步退出到多方面刺激经济复苏领域。其次，2011财政预算的重点有四大方面：第一，对历年支出领域进行重新分配，强化国家中长期重点领域支出。如扩大社会保障和科学研究费补贴支出，重点强化就业领域、电动汽车领域等的支出。第二，进一步落实《财政运营战略》，彻底削减不必要的行政开支，削减公共事业经费，严格控制国债发行规模等，以减少财政赤字。第三，落实《地域主权战略大纲》，扩大地方自主决定权。如废除附加条件的地方补助，取而代之的是扩充一般转移支付给地方，让地方决定资金用途。第四，继续加大对弱势群体的支援。如加大对新毕业生就业、妇幼保健等领域的财政支出。

2. 继续实施结构性减税，同时，引入环境税，进一步绿化税制。2011税制修改的主要内容是：（1）减轻个人所得税负担。如对上市股票等的红利、转让所得（原税率20%）按减轻税率10%征收优惠再延长2年；扩大特定支出扣除的范围和额度等。（2）减轻法人税负担。把法人税实际税率（国税+地税）下调5%，同时，将中小法人的减轻税率也从18%在下调到15%。

(3) 增加继承税税负。上调继承税最高税率为55%，同时将继承税基础扣除额从（5000万日元+1000万日元×法定继承人数）下调为（3000万日元+600万日元×法定继承人数）。(4) 消费课税的调整。一是，从2011年10月1日起开征地球温暖化对策税即环境税。这是对以化石燃料为课税对象的现行石油煤炭税按照CO_2排放量计税的一种特定消费税，是日本政府执行《地球温暖化对策基本法案》的具体体现。二是，在2011年至2013年期间，下调飞机燃料税的税率，即从26000日元/公升下调到18000日元/公升。

四、对中国的启示

虽然这场全球性的金融危机需要全球共同解决，导致此次危机的根源在于"金融业的重大衰退，以及金融监管措施的重大失误"①，因而，一国一揽子经济刺激方案实施的有效与否，有赖于金融系统的恢复和金融监管的不断完善，也离不开世界各国加强合作。但是，通过对上述日本政府应对金融危机而实施的一揽子经济刺激方案、扩张性财政政策以及后危机时代政府经济、财税政策新动态的分析，我们仍可获得许多有益的启示。

第一，日本的经验表明，应对金融危机而实施的一揽子经济刺激方案是一套政策工具组合，而非单一的扩张性财政政策所能解决；无论在摆脱短期危机和后危机时代，都应更加注重将货币政策与财政政策灵活而有机结合地运用。

第二，应对金融危机，促进经济复苏的同时，应立足长远发展，注重培育新一轮经济增长点——低碳经济为中心的绿色经济发展，不再把环境与经济分开考虑。在具体执行和操作方面，应更加重视当今和今后的财税改革与国家中长期发展战略的方方面面密切结合，以更好地支持新一轮经济的可持续发展。

日本的经验显示，确保绿色增长并不是一个应对短期危机的措施，而是推动生产方式和消费行为转变的动力。这有助于为危机过后的一国绿色经济发展打下坚实基础。

日本的经验还显示，制定全面、长远、重点突出、具体部署详细的国家中长期发展战略至关重要。而重视当今和今后的财税改革与国家中长期发展战略的方方面面密切结合，才能扎扎实实地推进新一轮经济即绿色经济的发展。

第三，无论在危机发生时还是在后危机时代，实施扩张性财政政策的同

① 参见G20伦敦峰会公报——"加强金融监管"，http://finance.sina.com.cn/stock/usstock/c/20090402/23296059953.shtml。

时，必须坚持财政健全性原则，防范财政风险。

扩张性财政政策的本质就是赤字财政政策。包括日本在内的许多国家经验表明，当经济发生衰退、经济中总需求不足或是供给过剩时，政府采取扩张性财政政策来拉动经济增长，确是一个行之有效的手段。不过，利用这种手段是有限度的。无限期的财政扩张不仅可能积累巨大的财政赤字和巨额国债，而且会弱化财政政策调节经济的能力，带来通货膨胀的压力和挤出效应，阻碍民间部门的经济活动，影响货币和财政政策的协同作用，从而给国家经济造成危害。

第四，无论从短期还是从长期看，保民生、促就业、助发展的扩大财政支出措施，既有助于应对短期危机，又能为危机过后的经济可持续发展奠定坚实的基础。

由于政府支出直接构成社会总需求的一部分，所以，其支出规模的扩大必然相应地刺激消费和投资，增加社会总需求，从而拉动经济增长。

日本政府扩大社会保障支出和直接增加对民众尤其是弱势群体——老人、儿童、孕妇、失业者等财政补贴，增大对未来绿色发展的重点领域的投资，一方面，有助于降低居民未来支出的不确定性，改善居民消费预期，减少预防性储蓄，提高居民即期消费能力，以期通过扩大消费来拉伸经济生产规模；另一方面，如政府增大对太阳能发电技术研发和太阳能发电普及项目投资，就会通过溢出效应，拉动相关产业链条上的民间企业生产和投资，从而提升绿色产业市场竞争力，引发更多的就业机会，促进经济可持续发展。

第五，今后一段时期，结构性减税将成为一国税制改革的主要内容。其中，减税主要体现在对个人所得税中勤劳所得的减免上，以及对企业所得税法定税率和中小法人税率的下调上；增税主要放在消费课税领域，既有对特定消费税税率的上调措施，又有引入环境税等增加新税措施。

第六，为了适应经济全球化、老龄化社会的深入发展，日本政府进行以扩大地方税权、完善地方税制和转移支付制度为核心内容的政府间财政制度改革以及对避免国际上双重征税制度的调整等税制改革的新动向，值得我们关注和深思。

参考文献

1. ［日］日本财务省网站中“历年政府预算”各项文献。

2. ［日］日本内阁府网站中“经济危机对策”各项文献。

3. ［日］日本首相官邸网站中“新成长战略”各项文献。

4. ［日］日本经济产业省、环境省相关文献。

（作者工作单位：国家税务总局税收科学研究所）

国外网络化电子报缴税款对金融机构经费补偿问题研究*

国家税务总局税收科学研究所课题组

一、部分国家和地区对金融机构经费补偿的实践

我们通过互联网访问了一些国家和地区税务局网站及相关站点，就我们掌握的资料来看，日本、美国、加拿大、英国、阿根廷、巴西、中国台湾等国家和地区都通过不同形式，在报缴税过程中对金融机构经费进行了适当补偿。

(一) 日本

根据日本《会计法》(第三十四条)、《日本银行法》(第三十五条) 以及财务省《日本银行处理国库事务规程》等法律和省令的规定，履行日本国家中央银行职能的日本银行，担当所有国库收支财务管理事务职责。

除日本银行总行和分行可以处理国库事务外，根据《日本银行处理国库事务规程》和《关于设置代理行基本要求》规定，日本银行经过财务大臣许可，可与全国各地的民间金融机构签订代理国库事务合同，使其作为日本银行的代理行处理国库事务，并向其支付代理国库事务的手续费。

成为代理国库事务的代理行，必须是符合《日本银行法》第三十七条、

* 该课题报告在修改过程中，国家税务总局征管和科技司司长李林军、原副司长任荣发、税收科学研究所所长刘佐等专家提出了宝贵意见，在此表示感谢。

满足《关于设置代理行基本要求》各项条件的金融机构。目前，代理国库电子缴纳事务的金融机构有375家①。

1. 日本银行国库电子化管理基本情况。日本银行于2000年开始启动“国库事务电子化”项目。这是顺应政府推动的电子政府战略，协同和配合中央各部门、金融机构而共同推进的政务电子化项目之一，以实现便民、利民和提高政务效率的目的。根据日本银行的调查研究报告，该项目已经完成了财政收入和支出的电子缴纳、转账的网络化以及财政融资资金收支的电子化体系，并将继续推进国家公务员薪金转账等的网络化建设（见表1）。

表1　国库事务电子化项目的进展情况

年份	国库电子化的进展	电子政府的进展
2000	“关于国库事务电子化”发表	
2001	实现国税退税转账的磁盘（Magnetic Tape）化	推进e－Japan战略 推进e－Japan重点计划
2002		推进e－Japan重点计划－2002
2003	实现财政支出（公共事业费、失业救济金等）转账的网络化	推进e－Japan战略Ⅱ 推进e－Japan重点计划－2003 推进电子政府构筑计划
2004	实现财政收入（税金、退休金）等电子缴纳 实现日本银行总分行和代理行转账、调拨事务的电子化	推进e－Japan战略Ⅱ加速化 一揽子方案 推进e－Japan重点计划－2004 推进电子政府构筑计划（修改）
2005	实现政府保管金、财政融资资金等收支的电子化	推进IT政策一揽子方案－2005
今后预定	推进国税退税转账的网络化 推进国家公务员薪金转账的网络化	

资料来源：根据日本银行《国库电子化现状与问题》（国庫金事務電子化の現状と課題）调查研究报告翻译制作。

总之，目前，日本国库事务主要领域的基础设施建设正在不断充实和完善，日本银行国库事务正在按照“纸质处理——→磁性或光学媒体处理——→计

① 数据来源：日本银行——国库电子收支事务代理金融机构一览（“日本銀行——国庫金電子収納事務取扱金融機関一覧”）网站的相关资料。

算机互联网（网络化）处理”流程，逐步朝着“无纸化、无现金化、网络化”这一电子化方向迈进。2007 年度，国库电子化比率已达到 91.4%（其中，网络化处理比率 12.8%、磁性媒体处理比率 78.6%），电子化缴纳比率已升至 72.8%（其中，电子缴纳比率 0.9%、光学媒体处理比率 19.9%、磁性媒体处理比率 52.0%），而纸质处理比率分别为 8.6% 和 27.2%（见表 2）。国库事务电子化的推进，促进了政务效率的提高，进一步削减了行政成本。

表 2　国库收支电子化比率　　单位：万件

年度	支出			缴纳			
	网络化处理	磁性媒体处理	纸质处理	电子缴纳	窗口缴纳		银行转账（磁性媒体处理）
					光学媒体处理	纸质处理	
2003	2020 (7.7)	20458 (77.5)	3918 (14.8)	0 (0.0)	3401 (17.2)	6995 (35.4)	9359 (47.4)
2004	1912 (7.3)	21085 (80.6)	3180 (12.1)	19 (0.1)	3436 (18.2)	6273 (33.2)	9174 (48.5)
2005	1963 (7.3)	21957 (81.8)	2921 (10.9)	41 (0.2)	3544 (19.3)	5780 (31.4)	9018 (49.1)
2006	2782 (10.1)	22214 (80.4)	2647 (9.6)	71 (0.4)	3565 (20.5)	5264 (30.3)	8453 (48.7)
2007	3649 (12.8)	22393 (78.6)	2459 (8.6)	156 (0.9)	3514 (19.9)	4792 (27.2)	9162 (52.0)

注：括号中为%。

资料来源：根据日本银行《近期国国库事务电子化的状况》（最近の国庫金事務電子化の状況について”）翻译制作。

2. 日本银行支付国库代理行手续费的标准及流程。日本银行根据代理国库事务金融机构运营的实际情况，遵循“应当维持事务运营必要成本”的基本原则，按照国库收支处理方式不同，制定和支付国库代理不同收支处理事务的手续费标准。具体而言，日本银行一般按照国库代理行收支处理“1 件事务成本 = 总经费 - 资金运用收益”设定补偿的手续费标准，比如，采用日本银行 OCR（Optical Character Reader）方式缴纳的，平均每件手续费为 28 日元，采取 MT 处理方式进行银行转账的，平均每件手续费为 8 日元，采用纸质等处理方式的，平均每件手续费为 35 日元①，并依照图 1 流程，支付国库代理行缴纳事务的手续费。

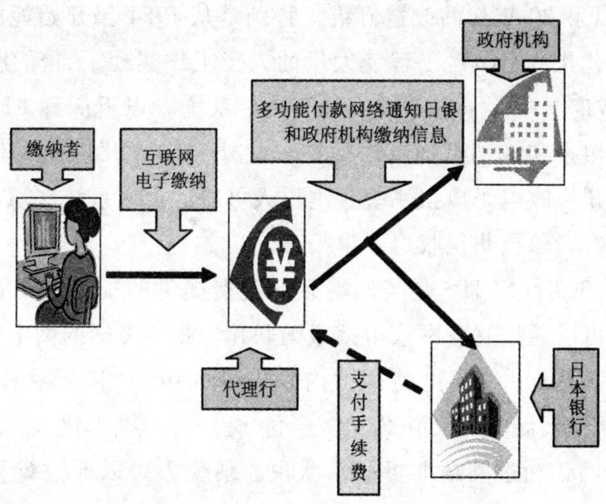

图 1　国库电子缴纳流程

注：根据《日本银行——收入代理行手续费上调（电子缴纳部分）》（日本銀行——歳入代理店手数料（電子納付分）の引上げについて"）网站相关资料翻译制作。

关于电子缴纳，日本银行按照代理结算日集中处理的件数不同，设定了不同的手续费标准，并于 2006 年 4 月 1 日上调了支付国库代理行电子缴纳事务的手续费标准。通过表 3 可以看到，此次上调幅度很大，各类新标准金额都是原标准金额的 1.52 倍。

表 3　　日本银行支付国库代理行电子缴纳事务的手续费标准

按照处理件数区分	原标准	2006 年 4 月 1 日开始的新标准
5 万件以下	1 件 55 日元	1 件 55 × 1.52 = 84 日元
5 万件以上—20 万件以下	1 件 40 日元	1 件 40 × 1.52 = 61 日元
20 万件以上—50 万件以下	1 件 30 日元	1 件 30 × 1.52 = 46 日元
50 万件以上	1 件 18 日元	1 件 18 × 1.52 = 27 日元

资料来源：同图 1。

① 参见《日本银行——收入代理行手续费上调（电子缴纳部分）》（日本銀行——歳入代理店手数料（電子納付分）の引上げについて）网站相关资料。

（二）美国

美国从 20 世纪 60 年代起大规模使用计算机，进行电子税务管理，经过 20 世纪 70 年代和 80 年代的改造升级，特别是从 1984 年开始耗资 210 亿美元的税务系统现代化（TSM）工程使大量的人工工作实现了自动化。到了 20 世纪 90 年代，政府又建立了联邦税收电子支付系统（以下简称 EFTPS）等工程项目，使税款申报和缴纳更加及时便捷。此外，37 个州以及哥伦比亚特区建立了联邦——州税收电子申报系统，纳税人可以通过该系统在填报联邦税收电子申报表的同时，填报州税收电子申报表。

1. EFTPS 介绍。EFTPS 是美国财政部免费提供的税收缴纳系统，使用该系统，纳税人可以通过互联网或电话缴纳联邦税收。美国的网上联邦税收电子支付系统（EFTPS Online）由美国国内收入局（IRS）和金融管理局（FMS）开发，主要用于促进纳税人电子付税，并专门建立了一个网站（www. eftps. gov），通过网站即可登录缴税。纳税人可以通过计算机软件、电话直接与电子支付系统相连，也可以通过金融机构与电子支付系统相连。美国要求年缴纳 20 万美元联邦税收以上的企业纳税人、税务中介机构（有 99 个客户以上的）必须使用这一系统缴税，如果不使用这一系统，则要罚款 10%。目前已有超过 800 万的纳税人注册使用该系统。自 1996 年该系统正式使用以来，已经受理了 8.15 亿次电子申报，征收的税收总额超过了 19 万亿美元[①]。

美国联邦储备银行指定美国银行（Bank of America）、芝加哥第一银行（Bank One Corp. of Chicago）和富士达银行（Firstar Corp. of Milwaukee）为合作伙伴，这些银行又雇佣了分包商来运行其电子系统。其中，美国银行雇佣的是 Govone Solutions LP of Englewood，Colo.，后两家银行都是用的 Anexsys LLC of Chicago。

使用 EFTPS 有两种方式：一是直接使用 EFTPS（EFTPS – Direct），另一种是通过金融机构使用 EFTPS（EFTPS – Through a Financial Institution）。

直接使用 EFTPS 的运作过程是：纳税人注册成为系统的使用者——→纳税人在需要进行纳税申报时登陆 https：//www. eftps. gov，或通过电话，填报相关纳税信息——→根据纳税人指示，系统自动在纳税人指定的日期从纳税人指定的银行账户或信用联盟（credit union）账户中提取纳税人应缴纳的税款，并将其转入美国国库，联邦税务局随后及时更新纳税人的纳税记录。纳税人在完成

---

① 参见 http：//www. irs. gov/efile/article/0，id =98005，00. html。

上述操作后，会得到一个确认号（acknowledge number），表示纳税人的纳税指令已经全部被接受。

通过金融机构使用EFTPS的运作过程是：纳税人注册成为系统的使用者——→通过金融机构填报纳税申报表——→金融机构将纳税人的纳税申报表传送给EFTPS，同时从纳税人的银行账户上划拨应缴纳的税款至国库——→纳税人可以登陆 https：//www. eftps. gov 查询自己的纳税记录，但是不能通过该网站纳税或取消纳税。

2. 收费情况。EFTPS可以为纳税人提供全天候（每周7天×24小时×365天）的免费服务，即纳税人运用EFTPS时，财政部不收费，但如果纳税人通过金融机构使用EFTPS或者银行的同天支付（Same Day Payment）系统或者其他服务（例如，电子申报1040税收申报表的纳税人，可以通过电话付税。使用信用卡的纳税人将有两个电话支付服务提供商可供选择。这些公司还可以通过互联网接受信用卡支付），要向银行支付相应的费用①。每个金融机构收取的费用不等②，该费用由纳税人向银行支付，由纳税人负担。

3. 以美国银行（Bank of American）为例的收费情况介绍。美国银行对于小企业，有两套支付系统供企业选择。分别是直接支付系统（the Direct Payments Service）、快易网上薪水支付系统（Easy Online Payroll）。这两个系统除可以提供其他支付服务外，都可以提供支付税款的服务。银行在提供上述服务时，向纳税人收取相关的费用，且由纳税人负担。

（1）直接支付系统收费标准。对于未在直接支付系统登记注册的企业，要求在3天内支付税款的每项服务收费3美元，要求第2天内支付税款的，收费10美元，要求在当天支付税款的国内纳税人，每项服务收费25美元，每项以外币进行支付税款的国际业务收费35美元，以美元支付税款的国际业务收费45美元。

对于登记注册的用户，在一个日历年度前三个月登记注册的，可以免除直接支付系统的月费10美元。10美元的月费包括在指定的任何一个月内的20次3天内支付款项的费用。另加一套服务：5次3天之内付款每次收费2美元。登记注册的企业，要求第二天支付款项的每笔费用是10美元，国内纳税人当天支付的费用是20美元，以外汇支付税款的国际业务是30美元，美元支

① 目前这两个系统只提供给企业使用。

② 参见 https：//www. baraboonational. com/prodserv/eftps. html。

付税款的国际业务是 40 美元。

（2）快易网上薪水支付系统收费标准。在一个日历年度内前三个月登记注册进入快易网上薪水支付系统可以免月费，但在免费试用期间其他服务可能会收费。如果在开户 60 天之内没有发生业务，银行有权中止该系统服务。3 个月的试用期过后，银行会自动收费，除非客户取消账户。针对小企业的支付系统要求雇员不得超过 50 人。上述收费不包括销售税（Sale Tax），月费从登记注册之月起开始收费，而不管是否使用。第一次运用必须在存款后 5 个工作日后才能使用。其他存款必须在支付日两天前到账。

月费有两种：增强服务型和基本服务型。增强服务型月费为 36 美元，基本服务型月费为 20 美元。基本服务型如果通过美国银行的存款账户支付雇员的工资，每个月可得到 20 美元的折扣。不管是基本服务型还是增强服务型，如果通过该银行存款账户支付工资的雇员数目超过 20 个，对超过 20 个雇员，对超过该数额的每个雇员每月要收费 2 美元。通过在其他银行存款来支付雇员工资的服务，只有增强服务型才能提供。如果雇员在原来的州有工作地址、预提税或者是支付要申报的工资（即使没有预扣税），则每个月每个州的每份州所得税申报表和付税服务要收费 12 美元。多州税收申报和支付服务，只有在增强服务型中才能提供①。

4. 银行的法律责任。由于银行要向纳税人收取费用，因此，美国政府部门对相关银行也有制约。

美国 2008 年公布的《财政部金融手册》（Treasury Financial Manual, TFM）第四卷第一部分第 2200 章《使用 EFTPS 征收联邦税收》（Federal Tax Collections Using EFTPS）是适用于使用 EFTPS 征收联邦税收的金融机构的指南。其中，第 2250 节规定，财政部有权就延迟缴纳的联邦税收对金融机构或受托公司（depositary）征收惩罚性费用。具体而言就是，如果纳税人满足了金融机构或受托公司规定的使用 EFTPS 进行存款（指预存用于纳税的款项）或缴纳联邦税收的条件，而金融机构或受托公司由于内部的错误处理而导致了税款的延迟缴纳，那么财政部就要对这些金融机构或受托公司就延迟缴纳的税款征收惩罚性利息。惩罚性利息的计算方法是：惩罚性利息 = 延迟缴纳的税款金额 × 延迟缴纳的天数 × 日利率，其中，延迟缴纳的天数是纳税人指定税款划

① 参见美国银行网页：http：//www. bankofamerica. com/small_ business/online_ banking_ and_ services/index. cfm？template = tax_ services。

入国库的日期到国库实际收到该笔税款的日期之间的天数；日利率是指 EFTPS 规定的惩罚性的日利率。财政部支持中心（TSC）根据财政部金融管理局（FMS）的指令，从上述金融机构或受托公司的储备账户或其指定的代理行的账户中提取惩罚性利息。金融机构以及受托公司在下列情况下需要缴纳的惩罚性利息是有一定限度的，即如果金融机构、受托公司的部门或其员工或代理人因未经授权的使用、欺诈倾向、陈述假要求、误传或挪用资金而导致税款的延迟缴纳，那么，在自动清算所[①]借记交易（Automated Clearing House Debit Transactions）中，惩罚性利息不超过 7 天的利息；在自动清算所贷记交易（Automated Clearing House Credit Transactions）中，惩罚性利息不超过 45 天的利息。如果金融机构或受托公司使用未经授权的自动清算所分录从国库总账户（Treasury General Account）中提取款项，财政部也要对其征收惩罚性利息，惩罚性利息 = 未经授权提取的款项 × 日利率 × 天数，其中，天数是指未经授权提取款项的日期到向国库归还该笔款项的日期之间的天数。特别需要注意的是，金融机构或受托公司因未经授权从国库总账户中提取款项而需要缴纳的惩罚性利息在数额上是没有限制的，而且不排除要受到其他的制裁。此项惩罚性利息也是财政部支持中心（TSC）根据财政部金融管理局（FMS）的指令，从上述金融机构或受托公司的储备账户或其指定的代理行的账户中提取。

如果遭到处罚的金融机构或受托公司不满财政部支持中心对其征收惩罚性利息，可以最终上诉到财政部金融管理局。金融机构或受托公司必须在缴纳惩罚性利息之日起的 90 天内，或联邦储备银行（FRB）驳回其最初上诉的 90 天内把书面上诉申请递交至金融管理局，书面上诉申请还必须包括能证明取消或降低惩罚性利息合理的所有文件。金融管理局税收征收处处长在收到上诉申请的 45 天内对上诉进行复议。金融管理局可以单方面延长作出决定的最后期限，并书面通知金融机构或受托公司预计的作出最终决定的日期。金融管理局必须把最终决定以书面形式告知金融机构或受托公司，最终决定通常有三种：维持原决定，推翻原决定，采取其他措施。金融管理局税收征收处处长的决定是最终决定。

（三）加拿大

1. 个人。加拿大税务局为个人纳税人申报个人所得税提供了三种电子申报方式：

① 自动清算所是美国进行金融交易的电子网络。

一是通过按键式电话进行纳税申报（TELEFILE），主要适用于填报简化纳税申报表的个人纳税人、获取养老金的老人以及不需要纳税而是需要填报申报表获得退税的个人纳税人。纳税人使用这种申报方式是免费的。

二是通过经授权的电子服务提供商进行申报（EFILE），即经授权的电子服务提供商为其客户——纳税人填报电子化纳税申报表，已经申请破产的个人纳税人、需要在两个或两个以上省或特区缴纳所得税的个人纳税人以及非居民个人纳税人不能使用这种申报方式。纳税人使用这种申报方式是要付费的，且由纳税人负担。

三是纳税人在互联网上使用经认证的纳税软件或网站应用程序填报纳税申报表（NETFILE），纳税申报服务是免费的，但是纳税人必须购买经认证的纳税软件或网站应用程序，该费用由纳税人自己负担。已经申请破产的个人纳税人以及非居民个人纳税人不能使用这种申报方式①。

以前，个人纳税人只能通过前两种方式进行纳税申报，现在个人纳税人可以选择使用第三种申报方式。另外，税收专业人士只能使用 EFILE、不允许使用 NETFILE 为纳税人填报纳税申报表。

2. 企业。加拿大税务局为公司纳税人申报公司所得税提供了两种电子申报方式：

一是经授权的税务专业人士为公司填报电子化纳税申报表。

二是 2002 年以后，符合一定条件的公司也可以选择使用在互联网上使用经认证的纳税软件或网站应用程序，直接向加拿大税务局填报所得税纳税申报表。

符合条件的公司包括加拿大居民公司、符合条件的非居民公司、不涉及科学研究和实验开发活动的公司、非保险公司。税务局为公司提供的在互联网上申报所得税的服务是免费的，但是公司需要购买税务局认定的纳税软件，该费用由纳税人负担。

3. 货物和劳务税。在加拿大，货物和劳务税（GST）的纳税人可以使用互联网直接向税务局填报 GST 纳税申报表，但是，纳税人无需购买特殊的软件，有关申报的一切事项都可以通过互联网完成。货物和劳务税（GST）的纳税人还可以通过按键式电话进行 GST 纳税申报。

企业和个人可以通过金融机构的电话或网上银行服务，或者通过第三方服

① 参见 http：//www. ibls. com/internet_ law_ news_ portal_ view. aspx？ s = latestnews&id = 1665。

务提供者向加拿大税务局缴纳税款。纳税人通过金融机构缴纳税款无需向加拿大税务局支付任何费用，但是，某些金融机构可能要对纳税人的电子申报收取交易费用[①]，该费用由纳税人自己负担。

加拿大新不伦瑞克省1995—1996年颁布、1998年和2006年两次修订的《企业电子申报法案》的第8条“提取补偿费用的权利”中规定，代表政府通过借记卡（debit card）、贷记卡（credit card）或其他方式向机构或个人收取费用、税收、利息、罚款或其他费用的银行、信托或贷款银行、信用联盟或其他金融机构可以从上述款项中提取一定的补偿费用，但是提取的补偿费用必须获得财政部长以及交纳上述款项的机构和个人的同意[②]。

4. 法律责任。加拿大法律规定，获得加拿大税务局授权的、为个人和公司提供电子纳税申报服务的单位和个人，如果在提供服务时发生了未按时报送、漏报或未完成相关表格，泄露EFILE密码，泄露纳税人有关信息，传送质量不高等问题，那么，加拿大税务局首先要向上述单位和个人发出警告信，要求其纠正错误的行为，不按要求纠正错误的单位和个人，将被取消为纳税人进行电子纳税申报的资格。被取消为纳税人进行电子纳税申报资格的单位和个人可以提起上诉。

（四）英国

英国于1997年开始对自核申报（Self Assessment，SA）纳税人实行电子纳税申报，当时的电子纳税申报系统称电子站点服务（Electronic Lodgement Service，ELS）系统[③]，同时也允许纳税人通过互联网申报系统（Internet filing systems）申报纳税。自2002年以后，通过ELS系统申报的纳税人数量逐步萎缩，而通过互联网申报的纳税人数量迅速增加，因此，ELS系统最终于2006年4月停用，而全面推行互联网申报[④]。

1. 计划在2010年全面推行基于互联网平台的电子申报。英国全面推行互联网申报，是采纳了2006年3月由罗德·卡特（Lord Carter）主持的“英国收入和关税局（HM Revenue & Customs，HMRC）电子服务评估”报告的建

① 参见http：//www.cra－arc.gc.ca/esrvc－srvce/pymnts/menu－eng.html。

② 参见http：//www.gov.ns.ca/legislature/legc/statutes/buselect.htm。

③ 孙红梅：“美国和英国的电子纳税申报系统”，http：//www.chinatax.gov.cn/n480462/n7921376/n7921576/n7921766/n7921917/8802407.html。

④ 英国收入和关税局（HM Revenue & Customs，HMRC）：“自核申报纳税人ELS申报系统的停用”，HMRC网站。

议。该报告根据英国税收电子申报的发展环境和纳税人的主体意见，在比较了其他一些发达国家的电子申报经验的基础上，提出对企业和个人纳税人根据企业规模和税种特点在 2012 年年底以前通过互联网平台分阶段全面推行电子申报的建议①，即对于企业和业主纳税人，增值税电子申报推广期限按纳税人的规模分为三种情况：

大中型企业（年经营规模超过 560 万英镑的），建议在 2008 年 3 月 31 日以后的会计年度全面实行电子申报和电子缴税；

年经营规模超过 10 万英镑的小型企业，建议在 2010 年 3 月 1 日以后的会计年度全面实行电子申报和电子缴税；

对于年经营规模不超过 10 万英镑的小企业和业主，可以继续保留纸质申报，但政府也应评估在 2012 年年底以前取消纸质申报的可行性。

对于公司所得税，则建议在 2010 年 3 月 31 日以后对所有公司实行电子申报和电子缴税。对由企业或业主代扣代缴的税款申报和缴纳，报告也按纳税人的规模提出了全面电子申报和缴税的时间表。

对于自核申报（SA）个人所得税的纳税人，也建议在 2012 年全面推行电子申报。

目前，英国电子申报和缴纳的推广工作，基本上就是按照卡特报告的建议实施的，虽然在一些税种的具体实施时间上有所调整②。

2. 电子申报和缴税的方式。纳税人可以使用软件供应商的软件，也可以免费使用 HMRC 的软件，如个人自核申报的软件“网络纳税申报表——自核申报纳税人适用”（Online Tax Return - SA），进行互联网申报。

通过互联网申报的纳税人可以比纸质申报的纳税人有更长的纳税申报期，如 2007—2008 年度及以后纳税年度，纸质申报的个人所得税申报期已提前至 10 月 31 日，而互联网申报的期限为次年的 1 月 31 日。

纳税人可以通过多种方式支付税款：

（1）互联网银行（Internet banking）；

（2）电话银行；

（3）银行自动清算系统（Bankers Automated Clearing System（BACS）direct credit）；

---

① Lord Carter, Review of HMRC Online Services, 2006 年 3 月。

② HMRC 网站。

（4）直接存款（Direct Debit）（仅适用于增值税和消费税）；

（5）票据交换所的自动支付系统（Clearing House Automated Payments System，CHAPS）。

纳税人也可以使用 HMRC 提供的“支付通”（BillPay）系统——在线支付系统，并用借记卡通过互联网缴纳税款（仅适用于 SA、印花税、养老保险和其他杂项缴款）。但支付税款不能使用信用卡[①]。

英国与美国相同，纳税人缴税，税务局不收取额外的费用，由各家银行根据提供的不同服务收取相应的费用，该费用由纳税人负担。以英国最大商业银行之一巴克莱银行（Barclays Bank）为例，通过企业借记卡（Business Debit Card）自动支付的，收费标准为每笔 45 便士；通过自动电话银行（Automated Telephone Banking）向第三方转账，收费标准为每笔 54 便士等等[②]，由银行代付税款与其他转账服务同样收费，费用由纳税人负担。

（五）其他国家和地区

1. 阿根廷金融机构补偿。阿根廷对 100 万个纳税小户全面实行定期定额管理，纳税人无须申报，由银行代收税款；200 万个纳税中户也是由银行负责收缴，所不同的是中户要申报，直接向银行递交即可。税务局对中小户的征收给予指导，但不具体经办。税务局与 57 家商业银行签订了合同，共有多达 4900 个银行网点参与税款征收，纳税人申报缴纳十分方便。从 1999 年 8 月开始，中户也采用磁盘申报，程序与大户类似，但地点在银行而非税务局，税款运行周期也比大户长。大户申报当天即可得到征收结果，而中户通常要 4 天。第一天，纳税人申报（磁盘和互联网方式）和付款；第二天，银行核对转库；第三天，税务局（通过委托的数据公司）核对处理数据；第四天，方能得出最终结果。当然，税务局委托银行代收税款也是要付费的，代收申报表 1 比索/份，代收税款 1 比索/笔，同时，税务局还要向 57 家银行支付 0.1% 的手续费，给设立在 142 个税务署的银行税款经收处 0.05% 的手续费，所有这些手续费约占税款总额的 0.17%[③]。

2. 巴西金融机构经费补偿。巴西一般在企业所在地设有税务所，主要任务是宣传税法、监督辅导纳税人如何纳税，本身一般不负责征收税款。巴西约

① 资料来源：英国 HMRC 网站。

② http://www.business.barclays.co.uk/BBB/A/Content/Files/Barclays_Business_Tariff.pdf。

③ 参见商务部网站：http://fec.mofcom.gov.cn/gbhj/mz/gblb/agt/gjgk/30207.shtml。

有 300 万户小企业，年纳税额只占税收总额的 1.5%。所以，巴西税务局对这些小户采取简易纳税程序，即各税综合申报，每月缴纳一次。巴西的小户要申报，并且与缴款程序是分开的，即小户在向银行支付税款的同时，还要通过互联网向税务局申报。但对街头小商小贩，则完全实行源泉扣缴征收方式。在巴西，除了直接与消费者结算可以现金交易，商贩购进货物必须使用支票，该国因此专设支票税。凡通过银行交易的支票，一律由银行实施税款代扣代缴，商贩摆摊叫卖便不再征税。

收取税款是由批准代征税款的商业银行办理的。各类银行要取得代征税款的资格，必须事先提出申请，税务局共同负责制订。巴西共有 180 家商业银行，巴西负责代征税款的商业银行共有 85 家。在 4194 个市镇代征税款的银行共有 85 家，在 4194 个市镇有代征税款的银行分支机构 17254 个。这些银行与联邦税务局签有授权书，双方权利义务规定明确。银行所收税款次日必须转入中央银行，央行收到款项后立即（征期的每天下午）将数据以磁盘方式送到税务局指定的数据公司，数据公司分类统计后再反馈（次日晨）到央行，由央行对实收税款金额进行核对、核对后的数据送到税务局，税务局再与纳税人的申报数核对销号。税务局按以下标准向签约商业银行付费：税单平均 1 雷亚尔/份，其中纸税单 1.39 雷亚尔/份、磁卡税单 0.6 雷亚尔/份。全国每年需处理 6000 万份税单①。

但是，由于巴西受通货膨胀影响，最近取消了银行代征税款的手续费。在这种情况下，银行愿为政府代征税款，是因为按规定，银行三天向国库交一次款，可无偿占用三天税款。不过，银行代征税款要负一定责任，税务局如发现属于银行的责任而造成税款短缺，要由银行补足。缺款情节严重、数量较大时，税务局有权取消或暂停银行代征税款的资格，这将对银行商誉有很大影响②。

3. 中国台湾金融机构补偿。中国台湾缴税的方式原有利用信用卡、委托或约定转账、ATM 及电子钱包等 4 种。为更方便纳税人缴税，1994 年度开办以芯片金融卡互联网转账纳税的新缴税方式，先行试办供缴纳营利事业所得税互联网结算申报自缴税款及营业税自动报缴税款等采用，其优点是在家或在公司即可完成转账纳税，安全又简便，不必担心提着巨款至银行缴税被抢的风

① 范坚："阿根廷、巴西的税收征管"，《中国税务》2001 年第 5 期。

② 参见：http://www.cnlyjd.com/tax/guowainashuishiwu/nanmeizhou/baxi/200502/37234.html。

险，也不必担心使用信用卡卡号等数据外泄的顾虑。基于纳税服务理念，1995年度起推广至个人综合所得税结算申报自缴税款及核定补征税款，与薪资及各类扣缴税款均可使用此项新式缴税方法。

目前纳税人缴税有6种方式：缴税取款委托书，手续费3.9元；ATM转账，手续费为13.5元；信用卡缴税（各家银行收费标准不一，一般是税款的0.5%左右）；便利超商（即类似内地分散于居民区的小百货店）；电话语音转账和晶片金融卡，手续费10元。前两者手续费都是政府支付；后四者由纳税人自付。其中超商代收税款只是代办性质，金额限定在2万元以内，以收地方税的地价税、房屋税、使用牌照税为主，纳税人每笔缴6元手续费，其中4元进入超商，另外2元给财金资讯公司做资料传输用。

从2010年起，纳税人缴纳综合所得税、营利事业所得税及营业税等国税，除采信用卡缴税的费用由纳税人负担外，其余缴税方式，纳税人免付除税款外的其他费用，由政府负担相关费用。至于纳税义务人在超商缴地价税、房屋税、使用牌照税，都是由地方政府收走，国库不可能编预算代付，否则立法院也不会同意，财政部将和各地方政府协商如何解决财源问题。此外，晶片金融卡和电话语音转账的手续费都是10元，财政部国库署表示，将尽量纳入公库的范围内，也可一并免收手续费。

用信用卡缴税的问题，各个银行有不同的收费标准，未来的改革方向是，如果纳税人在规定期限内缴税相关手续费由政府负担，如果是逾期才缴税，则国库不会承担①。

二、部分国家和地区税务局与银行关系的主要特点

根据我们掌握的资料，部分国家和地区税务局在税款征纳过程中，与银行的关系主要有如下特点：

（一）通过不同形式给予金融机构相应的经费补助

从日本等国家和地区税务局与纳税人的关系分析结果来看，实际上是四类：

一是美国、加拿大、英国等税务局与金融机构的关系，完全是市场经济关系。税务部门提供一套免税的缴税系统，同时也指定相应的银行，并支付指定银行相应的费用，银行委托相应的公司负责电子运行，与税收直接缴纳有关的

① 参见：http：//tw. news. yahoo. com/article/url/d/a/090415/4/1huw0. html。

费用全免，而与银行服务的相关费用（提供信用服务等）由银行收取，由纳税人负担，但是要求银行不得占用税款。纳税人可以自愿选择采取何种方式缴税。这样既保障了纳税人的权益，又兼顾到银行的商业利益，同时又保障了税款的及时上缴。但是，这要求金融机构服务收费理念为社会普遍接受，纳税人相关付费意识较强，同时，要求税务局、金融机构和纳税人之间的法律责任清楚明确，否则，容易引起征纳关系的不和谐。

二是日本、阿根廷的模式。由财政部门直接支付给相关银行手续费，但金融机构不得占用税款。这种方式简便易行，只需要立法对税务局与银行的法律关系进行明确即可，方便了纳税人，有利于和谐征纳关系。从日本的情况来看，还可以降低征收成本（见下文）。

三是中国台湾的模式。税务局提供多种缴税方式，对于“国税”等部分税种和部分缴税方式的手续费由财政部门负担。同时税务局与银行谈判，尽可能使纳税人费用降低。

四是巴西模式。政府部门过去支付银行手续费，后来改为不支付银行费用，但银行可以占压 3 天税款，实际上也是政府变相支付费用。

（二）金融机构通过电子报缴税提供延伸服务

一些国家和地区的金融机构在参与电子报缴税的过程中，也会提供一些延伸服务，如给账户上没有钱的纳税人借款缴税，或者是用信用卡缴税，这些额外服务银行都会向纳税人收取相应的费用。一般各国和地区税务局都会提示纳税人。如中国香港税务局就专门在其电子报税网页中提醒：个别银行亦于网上为所属的客户提供利用信用卡缴款的服务，有关人士可透过此项网上银行服务以信用卡签账形式缴付政府账单及其他指定账单。付款人士须留意各银行就有关此项服务所订下的不同条款及细则，特别是所属银行每日的截数时间及银行会否收取服务费用①。其他如美国、澳大利亚、英国、加拿大等国家税务局都会在其网站上提醒纳税人，银行的一些服务会另外收费②。

（三）参与税款征缴的银行必须经过税务局认定

从我们了解的资料来看，所有参与税务局网络电子税款征缴的银行必须经过税务局认定，无论是美国、加拿大、英国等发达国家，还是巴西、阿根廷等发展中国家，包括中国香港地区在内的几乎所有目前我们查询过的国家和地区

① 参见中国香港税务局网站。

② 参见相应国家的税务局网站。

的税务局，参与税款征缴的银行都必须经过税务局的认定，并与税务局签订相应的法律文书，承担相应的法律责任。如出现税款短缺，应由银行负责赔偿。

（四）税收征纳成本大大降低

通过银行代缴税款后，充分利用银行的网络和提供的服务，遵纪守法的纳税人不用直接与税务部门打交道，直接通过网络在家里、办公室甚至国外，都可以照常纳税。同时，电子报缴税不需要给税务局邮寄税表及任何相关资料，退税及时并减少计算错误，节省邮资，而且减少了邮寄丢失的可能性。电子报缴税大大方便了纳税人，也降低了税务局的征收成本和纳税人纳税成本。如2004年日本银行实现了税金、退休金等财政收入的电子缴纳、日银总分行和代理行转账和调拨事务的电子化，而同年，日本国税厅开启了e－Tax网页，实现了国税电子申报和缴纳。从此，国税纳税人既可通过e－Tax缴税，也可通过日本银行（含代理行）互联网缴税。2004年，日本每征收100日元税收，征收成本仅为1.58日元，比2002年的1.67日元减少了0.9日元①。

（五）不同国家采取不同的措施鼓励纳税人电子报缴税

美国是采取相应的强制措施，要求年纳税20万美元的企业纳税人和部分中介机构必须通过电子报缴税。新加坡则是采用抽奖的方式鼓励纳税人进行电子申报，而且越早进行电子申报者，得到的抽奖机会越多。新加坡的报税期为2月22日到4月15日。奖励措施规定，从2月22日到3月15日申报者，有三次抽奖机会；3月16日至3月31日申报者，有两次抽奖机会；4月1日至最后期限即4月15日午夜12点申报者，只有一次抽奖机会。

（六）电子报缴税是电子政府建设的重要组成部分

许多国家和地区都是将电子报缴税当作电子政府建设的重要组成部分来进行的。例如，日本从1993年开始集中推进电子政府建设，构筑了中央和地方互联的政府内部网络平台，建成了统一的政府门户网站，搭建了多个支撑系统，基础环境比较完善等，这些成果最终表现在日本政府已经具备了向用户提供高质量电子公共服务的能力。到2004年3月，日本中央政府能够向用户提供的在线申请申报手续已经达到了适宜在线进行申请申报全部手续的96%。日本正在研究与所得税、营业税电子申报相关的制度及改善该制度执行力度的方案，设计普及电子化手段缴税或手续费的方案。又如美国，其电子政府建设起源于20世纪90年代初。1993年，克林顿政府就提出要把构建“电子政府”

---

① 参见日语文献《国税厅2008年报告》（国税庁レポート2008）第15—17页和第30—31页。

作为政府改革的一个重要方向。美国推广电子政务的目的是要给纳税人和联邦雇员带来巨大的效益，政府部门和机构要在过去成功的基础上建立并推行新的原则和方法，实现更大程度的节约，更好地改进对客户的服务。由于实施电子政府，美国政府员工就减少了24万人，80%以上的税收收入是通过电子报缴的。

（七）通过立法推进电子报缴税工作

通过立法来推动电子报缴税工作是各个国家和地区通行的做法。

例如，美国国会1998年7月通过《国家税务局重组和改革法案》，美国当年设立了电子税务管理顾问委员会（ETAPC），电子税务管理顾问委员会由各界代表组成，包括税收代理从业人员、代填申报表人员、电子申报表的转送人员、税收软件开发商、大企业和小企业、雇主和工薪服务提供者、个人纳税人、州政府和金融业成员。2000年3月，国家税务局设立了电子税务管理政策委员会（ETAPC），成员包括局长、各业务部门的主管、首席信息官和其他关键的国家税务局行政人员，以制定政策和为电子税务项目提供战略指导。在技术标准上，电子税务管理系统正在按照安全认证方针进行设计和执行，并使用国家标准技术局（NIST）的安全标准开展工作。电子报缴税涉及的核心法律问题是电子签名的使用和电子支付方式，尤其是消除纳税人的疑虑，减少争议、更少地与国家税务局接触和更快速安全的退税，并强调纳税人信息的安全和保密。

日本通过法律（日本银行法、会计法、国税通则法等）、政令（预算决算及会计令等）、财务省令（日本银行处理国库事务规程、关于设置代理店基本要领等）以及其他政府机关的省令等，首先确立了作为央行的日本银行相对独立地处理国库事务的法律地位、权限和责任。其次，在法律上明确了政府、银行（日银及其代理店）和纳税人三者之间的权利、义务和责任（见图2）。

于是，在处理国库事务上，日本银行（含代理行）具有相对的独立性，能够发挥沟通政府与纳税人的桥梁作用。

三、对我国的借鉴意义

近些年来，我国信息基础设施建设发展很快，国家相继完成了多项大型的全国骨干网工程，为电子申报纳税的开展提供了必要的基础。在处理金融机构电子报缴税经费补偿问题时，应按市场化思路处理，具体有如下建议：

（一）以立法的形式确认税务局与金融机构的关系

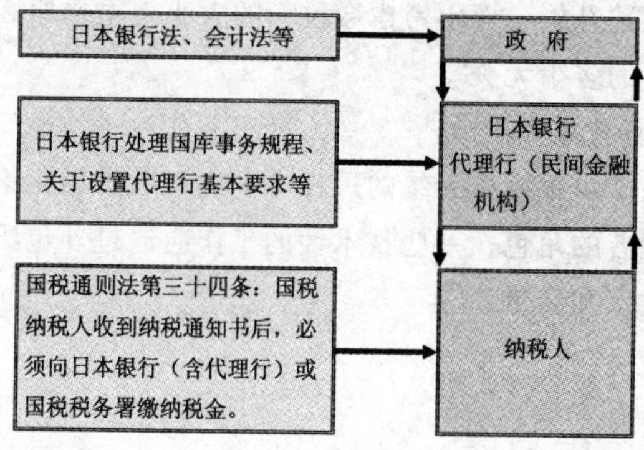

图 2　政府——→银行（日银及其代理行）——→纳税人三者之间法律关系

要通过相关法律，明确电子报缴税过程中，税务局、纳税人、中介机构及金融机构的法律责任和义务，特别是对金融机构相关经费的补偿、电子文件的签名、电子信息的共享、电子信息保密和安全，税款的及时划转等问题，要通过法律形式明确。

（二）税务局指定或者招标确认参与电子报缴税的金融机构

从国外的情况来看，金融机构参与电子报缴税有助于其提高商业信誉，同时，电子报缴税对银行的内部监控管理也有较高的要求，必须制定相应的政策和制度，确保参与金融机构的水平和管理能力达到相关要求。财政税务主管部门应制订一系列相关标准，通过指定和招标的形式来确认参与银行。

（三）对金融机构给予经费补偿

严格区分电子报缴税过程中金融机构服务和政府服务的性质。接受电子报缴税本应是税务局承担的工作，现在由金融机构来承担，而金融机构是市场经营主体，因此，应区分金融机构服务与政府服务，建议参照日本等国家税务局的做法，由财政部门支付银行相应电子报缴税的成本费用，而金融机构提供的其他延伸服务，由金融机构按市场规则收取费用。这样做的好处是严格区分金融机构履行的两种不同职能，有利于税款的安全和及时上缴国库，也有利于金融机构承担相应的法律责任。

考虑我国目前市场经济体制尚不完善，如果不对金融机构进行经费补偿，则金融机构要么会降低服务标准，要么对纳税人额外收费，无论何种情况，都会不利于改善征纳关系，建议参考日本的做法，给予金融机构经费补偿，而不是采取巴西那种允许金融机构占用税款的做法，因为后者会加大管理难度和税收收入损失风险。建议对金融机构相关运行软件按成本进行补偿，对电子申报缴税按申报缴税次数补偿，而不考虑缴税额的大小，主要原因是电子报税，其提供的服务与税额的多少无关。

（四）采取市场化策略

在建设我国电子申报缴税系统的过程中，应采取市场化策略，即政府在过程中应是一个管理者的角色，一些技术性的工作应通过外包给公司进行市场化动作，确保工作效率和质量。

课题组组长：靳万军

副　组　长：赖先云　李本贵

成　　　员：付利平　周华伟　伦玉君　陈　琍　龚辉文　刘馨颖

执　　　笔：李本贵　刘馨颖　陈　琍　龚辉文　周华伟

总　　　纂：李本贵

德国汽车税制研究

魏志梅

德国是世界上汽车密度最高的国家之一，作为传统的汽车大国，汽车工业在德国经济发展战略中具有举足轻重的作用。税收是德国政府财政收入的主要来源，也是政府按照政策目标实行宏观调控的有力手段。在德国，汽车流通体系各环节涉及的税种主要有：购买环节的增值税，保有环节的机动车税，使用环节的能源税（矿物油税）和重型卡车高速公路费等。

一、德国汽车购买环节的增值税及分析评价

德国在汽车购买阶段税费设置的一个重要特点是，把汽车与其他商品同等看待，征收相同的税类，采用相同税率，对汽车销售按普通商品征收增值税。

（一）德国增值税的基本内容

1. 增值税演变。德国于 1967 年 5 月 29 日决定对各种出售商品、提供服务及进口业务采用增值税型的流转税。该税制于 1968 年 1 月 1 日开始实施，取代了以前累积性（道道城府征收）流转税和运输服务特种流转税。1970 年又进行改革，使增值税不再按销售额计征，而是根据价格计征，使税制结构逐步合理完善。为使本国的增值税法与欧洲经济共同体 1977 年 5 月通过的第 6 号和第 8 号指令相一致，德国通过了《1979 年 11 月 26 日法案》修改增值税法，新法从 1980 年 1 月 1 日起生效，使德国增值税符合欧共体增值税惯例。

2. 增值税纳税人。增值税纳税人为独立从事经营活动的所有实体。其征收范围是在德国境内的商品销售和提供劳务等，具体包括境内的商品销售和劳

务提供、从非欧盟成员国进口货物、欧盟成员国之间的货物销售、企业货物用于个人用途以及公司以非股息名义支付给股东或关联人的各种款项、商品和劳务（即隐性利润分配，或称推定股息）。

3. 增值税税率。目前增值税适用税率为两种：一种是 19% 的普通税率，另一种是 7% 的优惠税率。近 20 年来，德国增值税税率经历了 5 次较大的调整，1978 年为 12%；1983 年提高到 14%；1993 年又根据欧洲联盟关于增值税改革的统一框架（增值税税率不得低于 15%），将增值税提高到 15%；1998 年，为了弥补取消财产税带来的缺口，增值税税率提高到 16%；2005 年 11 月 22 日默克尔当选总理，为了填补巨额财政缺口，力争使财政赤字达到欧盟《稳定与增长公约》规定的标准，新政府进一步提高了增值税税率，自 2007 年 1 月 1 日起，德国的增值税税率由 16% 提高到 19%。

（二）德国增值税收入情况及其与汽车业发展的关系

德国自 1968 年开征增值税以来，税收收入保持了持续增长，1970 年为 194.93 亿欧元，1991 年增长到 918.65 亿欧元，增值税占全部税收收入的比重在 20.9% 到 27.1% 之间。1992 年德国增值税收入首次突破 1000 亿欧元，为 1010.88 亿欧元。1994 年，德国增值税收入占全部税收收入的比重上升到 30%，自 1997 年至 2006 年，一直保持在 30% 以上（1970—2008 年德国增值税税收收入情况见附表 1）。

2007 年德国增值税税率提高对汽车业的影响。2007 年增值税税率从 16% 提高到 19%，刺激更多的消费者为了避免承担过多的增值税在 2006 年底提前购车。根据德国汽车工业协会（VDA）统计，2006 年 12 月，德国国内轿车销售量为 30.34 万辆，增长 17.7%。全年的销售量为 346.79 万辆，销售总收入达 1685 亿欧元，大大超过 2005 年的 1255 亿欧元。2006 年德国汽车出口达到 390 万辆，相比 2005 年增加 2.5%。德国国内汽车生产厂商生产了创纪录的 540 万辆，同比增长了 1%。在德国国内（包括德国以外生产的汽车）上牌照的新车总量达 347 万辆，增长 4%，这是自 1999 年以来增长最快的一年，打破了长时间汽车市场低迷状态。11 月和 12 月上牌照的汽车数量突然发力猛涨，同比增速分别达 18% 和 17%。2006 年，德国增值税收入达到 1466.88 亿欧元，创下历史最高值。

据德国汽车联合会（VDA）的统计，2007 年德国汽车业国内销售收入 1306.07 亿欧元，2008 年增长到 1327.14 亿欧元。德国汽车工业及其他支柱产业的发展，再加上 2007 年以后增值税税率提高等因素，德国增值税收入增长较快，2007 年达到 1696.36 亿欧元，占德国全部税收收入的 31.5%；2008 年增值税收入增长到 1759.89 亿欧元，占德国全部税收收入的 31.4%。

二、德国汽车保有环节的机动车税

机动车税是德国州税中最大的税种。1927 年 12 月 21 日首次立法，以后多次修订。最近一次修订是 2007 年 3 月 24 日。此税最初开征目的是淘汰无净化器的汽车，同时增加环境保护的资金来源。

（一）机动车税的基本内容

1. 机动车税纳税人。包括（1）持有德国牌照的机动车所有人；（2）持有非德国牌照但一直在德国境内公共交通道路上行使的机动车所有人（按照 1999 年 6 月 17 日欧洲参议院和众议院 1999/62/EG 条例中第五条规定（ABl. EG Nr. L 187 S. 42）、欧洲共同体内其他成员国家所发放机动车辆执照的、交通法所规定的车辆总体重量不低于 12000 公斤的机动车辆除外）；（3）在德国境内非法使用的非法机动车（没有持有德国交通法允许牌照而使用的机动车）的所有人；（4）持有古董车牌照的机动车所有人以及持有机动车辆执照管理局发放的用于德国境内重复使用机动车红色牌照的机动车所有人（持有红色牌照的用于测试用途的机动车所有人除外）。

所谓机动车，是指机动车及其拖车和挂车。具体包括客车（当机动车的首要用途是为了运输乘客，并且该机动车也因运输乘客为首要目的而制造时，此机动车为载客轿车，特别是当此机动车用于运输乘客的地板面积大于整个机动车辆所使用面积的一半时）、房车（为暂时居住的目的而制造，房车内居室的地板占整个使用面积的大部分，而且内部使用高度为最少 170 厘米、装备厨房和冲水马桶）、救护车和灵车等其他机动车辆。其中客车还包括越野车、除司机外，有 3—8 座机动车、多用途多功能车以及移动办公室和会议车辆。

2. 机动车税计税标准。机动车税的计税标准视车辆种类而不同：对于使用活塞发动机的摩托机动车辆及载客轿车，依据汽缸容积、有害物质排放等级和二氧化碳排放等级缴纳机动车税；对于房车，依据交通法所允许的总重量及有害物质排放等级缴纳机动车税；对于其他机动车辆，依据交通法所允许的总重量缴纳机动车税；交通法所允许的总重量超过 3.5 吨以上的机动车，还要依据有害物质排放等级及噪音排放等级缴纳机动车税。交通法所允许的总重量应该除去在半挂车上面的压载和固定牵引杆式拖车（包括中间轴式拖车）的支撑载荷。机动车税的计税标准随着环保政策的变化而不断调整。例如，20 世纪 80 年代初，规定小轿车要安装净化器，安装了净化器的车辆免征机动车税，后来又改为征收较低的税收。从 1994 年起，对 3.5 吨以上的载重汽车也征收机动车税，征收标准是卡车净吨位，同时考虑汽车的噪音量。1997 年 1 月 1 日，欧盟提高了汽车废气排放量标准，德国机动车税征收标准也随之改变。

3. 机动车税的缴纳时间。机动车税应每次事先按一年的数额缴纳。但当机动车税的年税款数额超过 500 欧元时，可以按半年的数额缴纳；当按半年的数额缴纳时，需多缴纳半年数额的 3%。当机动车税的年税款数额超过 1000 欧元时，可以按一个季度的数额缴纳，当按一个季度的数额缴纳时，需多缴纳一个季度数额的 6%。缴税时间段的变更，须在应缴税款到期之前书面提出申请。对于外国机动车短暂停留于德国境内连续或累计不超过一个月时，可以按照天数缴纳机动车税，前提是此机动车持有欧盟国家合法机动车行驶执照，并且此机动车所属的国家对德国机动车也提供同等待遇。

4. 机动车税税率。主要分为以下四种情况：按年缴纳、电动发动机机动车、外国机动车、古董车及红色牌照机动车，其适用税率各不相同。

（1）按年缴纳。摩托车、载客轿车、其他机动车及机动车的拖车和挂车，分别适用不同税率。具体规定如下：

①摩托车。使用活塞发动机驱动的摩托车，税率为每 25 立方厘米气缸容积 1.84 欧元。

②载客轿车。使用活塞发动机驱动的载客轿车，按每 100 立方厘米气缸容积缴税（税率如附表 2 所示）。

③交通法允许的总重量不超过 3500 公斤的其他机动车。对此，按照车辆自身总重量每 200 公斤或总重量部分在下述规定范围内的，税款分别为：

2000 公斤以下	11.25 欧元
2000 公斤以上 3000 公斤以下	12.02 欧元
3000 公斤以上 3500 公斤以下	12.78 欧元

④交通法允许的总重量超过 3500 公斤的所有其他机动车，按照每 200 公斤的总重量或总重量的一部分，当它们根据机动车执照管理局的规定，分别按照四种情况纳税（税率如附表 3 所示）。

⑤机动车辆的拖车、挂车。按照其自身总重量每 200 公斤或者其中一部分，缴纳 7.46 欧元缴纳机动车辆税，每台总额不超过 894.76 欧元。

（2）电动发动机机动车。按照有关规定，使用电动发动机的机动车（电动机动车）可以享受只缴纳 50% 税款的优惠。

（3）外国机动车。对于外国机动车，当其按照天数缴纳机动车辆税时，若其在德国境内行使整天或半天：

①对于两轮或三轮机动车辆（火车除外）以及载客轿车，0.51 欧元。

②对于所允许的总重量如下的机动车，缴纳税款为：

7500 公斤以下　　1.53 欧元

7500 公斤以上 15000 公斤以下　　4.60 欧元

15000 公斤以上　　6.14 欧元

③对于所允许的总重量如下的机动车的拖车、挂车，税款为：

7500 公斤以下　　1.02 欧元

7500 公斤以上 15000 公斤以下　　2.05 欧元

15000 公斤以上　　3.07 欧元

上述机动车辆所被允许的总重量如果没体现在机动车辆行驶执照中，车主则必须携带一个相关的官方文件。此官方文件必须能够清晰地证明此机动车辆所被允许的自身总重量并且文件语言应为德语。

（4）古董车及红色牌照机动车。对于持有古董车牌照以及持有机动车执照管理局发放的、用于德国境内重复使用的红色牌照的机动车，所需缴纳的机动车辆税为：当此机动车辆只为摩托车时，为 46.02 欧元；其他情况下，为 191.73 欧元。

5. 机动车附加税规定。对于使用内燃发动机（柴油发动机）的机动车，以及机动车拖车、挂车，需缴纳附加税。具体规定如下：

对于使用内燃发动机（柴油发动机）的载客轿车，当其不符合道路交通执照发放规定中关于减颗粒物质排放级别 PM01 及 PM0 至 PM5 其中一种或者减颗粒物质排放级别 PMK01 及 PMK0 至 PMK4 其中一种时，依据机动车税法第九章第一段第二条规定，其机动车辆税于 2007 年 4 月 1 日至 2011 年 3 月 31 日，按照每 100 立方厘米或者其中一部分，提高 1.20 欧元作为附加税（古董车和机动车执照管理局发放的、用于德国境内重复使用的红色牌照的机动车除外）。

对于机动车拖车、挂车的附加税，按年缴纳，并且交通法所允许的最重机动车辆拖车、挂车总重量如下时，所需缴纳的附加税为：

10000 公斤以下　　373.24 欧元

10000 公斤以上 12000 公斤以下　　447.89 欧元

12000 公斤以上 14000 公斤以下　　522.54 欧元

14000 公斤以上 16000 公斤以下　　597.19 欧元

16000 公斤以上 18000 公斤以下　　671.84 欧元

18000 公斤以上　　894.76 欧元

交通法规定的许可总重量应该除去在半挂车上面的压载和固定牵引杆式拖车（包括中间轴式拖车）的支撑载荷。另外，对于专用于机动车（机动摩托车及载客轿车除外）的机动车拖车、挂车，或者属于机动车税法第三章第九条专用于传递或提取用途的机动车拖车、挂车，在由于缴纳机动车拖车、挂车附加税而使机动车税提高的情况下，只要此机动车所有人或持有此机动车拖车、挂车执照的人提出书面申请，除房车的拖车、挂车外，可以免予缴纳所提高的这部分机动车辆税。

6. 机动车税免税规定。机动车税的主要免税规定如下：（1）根据机动车执照管理局执照发放规定条例例外发放执照的机动车。（2）在服役期内的，服役于联邦德国联邦军队、联邦警察、警察或者边境海关检查所的专用机动车。（3）在服役期内的，服役于联邦、联邦地区、联邦乡镇、联邦州或者联邦自治区的机动车，以及专用于联邦德国道路交通建设建筑的机动车。前提为这些机动车辆的外观必须有专用的、易于识别的针对上述用途的标志标识。（4）在服役期内的，服役于道路清扫清洁工作的机动车辆。前提为这些机动车辆的外观必须有专用的、易于识别的针对上述用途的标志标识等等，共16 项。

7. 机动车税的特殊优惠规定。按照德国机动车税法规定，有四类特殊机动车辆可享受税收优惠政策：一是残疾人机动车。对于残疾人士持有的残疾人机动车执照，并印有“H”,“BI”或者“aG”标记（可证明此残疾人士不能自理，眼盲或者具有明显无法行动的残疾），此机动车可免缴机动车税。二是特殊有害物质减排载客轿车。对于载客轿车，依据机动车辆执照管理局规定从第一次发放执照的第一天起至 2005 年 12 月 31 日，当其所被允许的总重量极限值不超过 2500 公斤时，按照有关规定免税（依据 A 类机动车辆等级 M、或者依据 B 类机动车辆等级 M）。三是特殊减排颗粒物体载客轿车。对于特殊减排颗粒物体载客轿车，当其减排手段于 2006 年 1 月 1 日至 2009 年 12 月 31 日期间取得如下进步时，可以享受有期限的免税：对于符合 1988 年 9 月 28 日颁布的道路交通行驶执照规定第 47 章第 3 段 A（BGBl. I S. 1793）中的减少颗粒物体排放级别 PM1 至 PM4。此规定最近一次更改于 2006 年 10 月 31 日（BGBl. I S. 2407）；对于符合减少颗粒物体排放级别 PM 01，PM 0 或减少颗粒物体排放级别 PMK 01，PMK 0 至 PMK 4，只要其符合所颁布的道路交通行驶执照规定的前提条件。四是电动机动车。于 1991 年 7 月 31 日之后第一次得到执照的电动机动车，从第一次得到执照当天开始 5 年之内免税。机动车主的更换对此免税政策没有影响。

（二）机动车税收入情况及分析

20 世纪 70 年代德国机动车税收入一直占德国当年全部税收收入的 2% 以上，如 1970 年机动车税为 19.59 亿欧元，占当年全部税收收入的 2.5%；1979 年机动车税增长到 38.74 亿欧元，占当年全部税收收入的 2.2%。20 世纪 90 年代以来到 2006 年，机动车税的收入虽然增长很快，但其在全部税收收入中所占的比重一直在 1.5% 至 1.9% 之间徘徊，没有超过 2%。其具体税收收入的增长情况是，90 年代初，随着德国汽车工业的蓬勃发展，机动车税收入的增长连续上了几个台阶，如 1986 年为 47.84 亿欧元，1991 年和 1992 年，分别增长到 56.3 亿欧元、68.09 亿欧元，比上一年度分别增长了 32.4% 和 20.9%。2000 年以来，机动税收入仍保持高速增长，虽个别年度有所下降，但近几年增长较快，2004、2005 年和 2006 年分别为 77.39 亿欧元、86.73 亿欧元和 89.37 亿欧元。其中，2006 年机动车税收入达到了历史的最高点（1970—2008 年德国机动车税的收入情况详见附表 4）。

三、汽车使用环节的能源税

（一）从矿物油税到能源税的演变

德国能源税法经历了矿物油税立法及修订、生态税改革等重要历史演变过程。能源税法的演变过程如下：

第一个阶段：矿物油税法。矿物油税于 20 世纪 50 年代开征。最初它是为了公路建设筹集资金而设的税种。谁汽车使用得多，公路使用得就多，就应当为公路建设多付税。1960 年的《德国公路建设融资法》第一款规定：来自公路车辆那部分矿物油税收入将被用于公路。从 1965 年开始，这一比例被明确规定为 50% 的相关收入。直到 20 世纪 70 年代初，该强制联系才开始逐年被认为无效，矿物油税收入被划拨为其他用途的预算①。近些年来，矿物油税被德国政府作为环境保护的政策调控工具，被视为汽车使用者对环境破坏所作出的补偿。通过征收矿物油税，促使人们少开小汽车，多使用公共交通工具，以

① 资料来源：德国 2006 年汽车工业年报。

达到保护环境的目的。然而，从 1991 年以来，矿物油税的收入没有真正用于环境保护的目的，而是为东西德统一提供资金[①]。另据《德国 2006 年汽车工业发展报告》称，"目前，相当比例的矿物油税收入被投资到铁路交通。根据 1994 年的《区域化法案》（Regionalisation Act），区域性公共客运服务提供商每年用于资助亏损企业的 71 亿欧元（2005 年数字）都来自于矿物油税收入。汽车车主为每升汽油支付的油价中，有 12 欧分要用于此项开支。在这项税收收入中，只有 10% 将用于区域公共公路交通，也就是公交巴士服务；而另外 90% 则分配给了区域公共铁路交通。以 2004 年为例，政府从纳税人的口袋里拿走了不少于 187 亿欧元。其中近 60 亿欧元被用于联邦德国铁路资产，25 亿欧元用于偿还旧债，另外 100 多亿欧元用于铁路系统投资和车票补贴"。

矿物油税的纳税人是矿物油生产和进口单位，但是该税的实际负担者是消费者，也就是说，矿物油的生产和进口单位可以通过价格把税负转嫁到汽车使用者等消费者身上。其课税对象是汽车燃料，包括汽油、煤油、柴油。矿物油税的税率，根据油的质量和使用目的有所区别。无铅汽油税率低于含铅汽油，以此引导人们以不含铅汽油取代含铅汽油。取暖和生产用油税率最低。1996 年 10 月，德国政府又规定，所有加油站的含铅汽油储量供应完毕后，停止供应含铅汽油。

第二个阶段：生态税改革。降低能源消耗、优化能源结构是历届德国政府能源政策的核心。为了减少污染，保护自然资源，促进就业和经济可持续发展，德国于 1999 年 3 月 24 日签署生态税改革的法令，该法令于 1999 年 4 月 1 日生效。该法令奠定了所谓"生态税"的基础。主要内容是新增了电力税、提高了矿物油税的征税标准。德国生态税改革，共分 5 步走，每年走一步：

第一步，汽车动力油每升加税 3.07 欧分，用于取暖的燃油每升加税 2.05 欧分，取暖天然气每千瓦时加税 0.164 欧分，取暖液化气每 1000 公斤加税 12.78 欧元，同时电力每千瓦时税率确定为 1.02 欧分。

第二至第五步分别在 2000 年至 2003 年实施，税率每年逐渐递增。2000 年 1 月 1 日至 2001 年，汽车动力油每升加税 3 欧分；2002 年 1 月 1 日至 2003 年，汽车动力油税每升再加税 3.07 欧分；从 2003 年 1 月 1 日起，取暖用天然气的税收每千瓦小时增加至 0.55 欧分；取暖用轻型石油液化气的税收每 1000 公斤增至 60.60 欧元；重型燃料油税每 1000 公斤增至 25 欧元。

① 财政部税收制度国际比较课题组编著：《德国税制》，中国财政经济出版社 2004 年版。

为了照顾工业和农业生产，生态税改革制定了许多减免税规定，减免税的领域包括工业生产、农业和林业，如高能源消耗的工业生产领域只缴纳应缴生态税的3%。对地方公共交通、使用天然气和生态燃料的交通工具也实行较低的税率，对农业生产方面的燃油则免征生态税。其主要目的是为了照顾各方面的利益，保护弱势群体。

生态税改革法案，使汽油、柴油价格中税收的比例大大提高，以1999年3月汽油和柴油价格中的利税与2005年6月的汽油和柴油价格中的利税进行比较如图1所示。

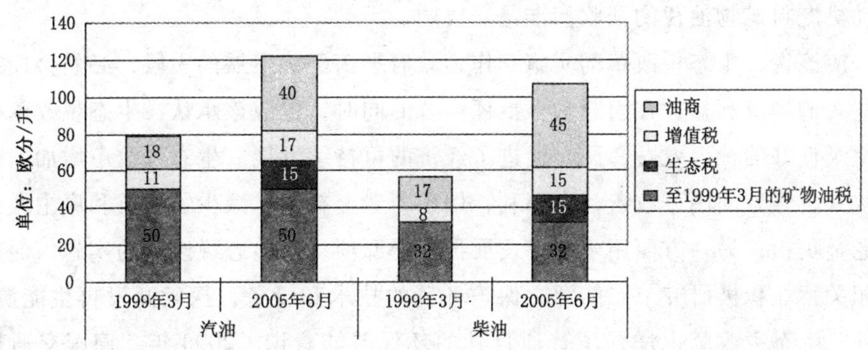

图1　1999年3月汽油和柴油的价格与2005年6月的汽油和柴油的价格

自从20世纪90年代以来，发动机燃料价格中税收份额提高，非税部分份额下降。汽油的矿物油税和增值税占汽油价格百分比的年平均值，一直在60%至76%之间浮动。柴油的矿物油税和增值税占柴油价格百分比的年平均值，一直在56%至68%之间浮动①。

德国生态税改革导致了发动机燃料、电力燃料和取暖燃料价格的上扬。除税收因素外，国际矿物油市场原油价格的上涨和下跌、美元与欧元汇率的变化以及鹿特丹本地市场价格等因素，也导致了德国发动机燃料价格的上涨。德国生态税改革、矿物油税的提高以及欧洲各国矿物油税征收标准的不统一，使得德国汽油及柴油价格与欧洲其他国家相比，显得比较高。由于德国发动机燃料汽油和柴油的矿物油税与其他欧盟国家相比，税负较高，由此产生了所谓跨国“加油站旅行者”。虽然在生态税改革之前，在德国境外加油在德国境内消耗的行为就已经存在。但是生态税改革与其他因素一起，如通过推广欧元引起的

① Bilanz der Okologischen Steuerreform.

价格透明性以及欧盟成员国扩充引起的各成员国边境间猛增的交通行为，使德国境外加油行为增加突出。据统计，2003 年，德国消费的 360 亿升汽油中，只有 340 亿升来自国内市场；而 325 亿升柴油中，只有 300 亿升为国内出售。这种情况致使德国每年损失 31 亿欧元包括增值税在内的矿物油税。联邦德国政府在 2004 年 10 月的生态税改革评估报告中也承认，跨国加油现象或被德国人戏称为“油箱旅游”，是征收生态税的结果，并因此导致德国国库矿物油税收入流失①。这些跨国加油者自己获利，却损害国家的环境保护政策、增加了邻国的财政收入而减少了德国的财政收入。一些舆论认为，在欧盟层面上统一发动机燃料矿物油税的征收标准是必要的。

应该说，生态税改革的实施，作为政府平衡经济发展的手段，必然会损害一些人的经济利益，在引起众多批评声音的同时，也应该承认，生态税改革也取得了良好的社会效益，同时促进了经济的可持续发展。生态税改革增加的财政收入，一方面用于改善社会福利，用于养老金补贴，减少了雇员和雇主缴纳养老金负担；另一方面用于支持发展再生能源项目。生态税改革的实施，促进了相关行业积极研究节约能源、保护环境的技术和设备，探索开发再生能源。另外，生态税改革也增强了普通百姓的环保节能意识。2000 年，德国交通燃油的销售量下降了 2.8%，这是 1950 年以来的第一次，2001 年和 2002 年继续下降，2003 年，交通燃油销量又下降了 3.5%。同时，公共交通乘客量多年来的下滑趋势得到扭转，2000 年公共交通乘客量增加了 1.2%，2001 年增加了 0.8%，2003 年又增加了 1.5%。由于生态税的实施，2003 年，德国二氧化碳排放量减少了 3%，能源消耗也减少了 6%—7%②。尽管德国的矿物油税改革收到了一定的效果，但德国各界人士意识到，燃油矿藏终究是有限的，人们必须开发利用可再生能源。

第三个阶段：能源税法。2006 年 7 月 15 日，德国颁布能源税法，2006 年 8 月 1 日，德国能源税法生效，取代了过去的矿物油税法，同时对电力税法也进行了修正。能源税法所定义的能源产品来自 2002 年 1 月 1 日适用的关于海关税则和统计术语以及海关总税则（AB）的费率规定（EWG）第一款的产品综合术语表（Kombinierte Nomenklatur）。能源税法涉及的能源产品具体有：综

---

① 资料来源：德国 2006 年汽车工业年报。

② 袁炳忠：“德国燃油税改革初见成效”，中国石化新闻网：sinopec. news. com. cn，2005 年 10 月 11 日。

合术语表1507项至1508项所述的植物油（包括葵花籽油、菜籽油或豆油）；综合术语表2701项、2702项和2704项至2715项所述的矿物燃料、煤、天然气、液态气、矿物油或其蒸馏滤制产品、沥青材料、矿物蜡；综合术语表2901项和2902项所述的孤立化合物；综合术语表3403项、3811项和3817项所述的混合的润滑剂、混合的矿物油添加剂、烷基苯类混合物、烷基卤混合物；综合术语表3824 90 99分项所述的生物动力材料和生物燃料等，其他被用于动力燃料或作为动力燃料附加的或延续的材料以及其他被用于热力燃料的材料等等。在德国境内使用上述材料作为动力燃料和热力燃料，应按照能源税法的有关规定征税。能源税属于联邦法调节的消费税，同时它也属于在欧盟范围内被协调的消费税，服从超国家的欧盟统一监督。

（二）能源税的主要内容

1. 能源税的纳税对象。能源税的纳税对象是各种能源载体，包括植物油、矿物燃料、混合的润滑剂、生物动力材料和生物燃料等。

2. 能源税的减税优惠。对于将能源产品用于“优惠设施”的燃气涡轮机和燃气发动机的加热和驱动，可按照减低税率征税。所谓“优惠设施”是指如动力—热力离合器、公共电力传输时的尖端覆盖物、石油和天然气开采中积累下来的剩余气体按照规定用于电力生产、气体运输或者气体储存的管道连接以及电力停止运转时的紧急状态电力供应等。其税率为：

（1）对于《综合术语表》中2710 19 41分项至2710 19 49分项中有牌照的汽油：含硫量在50mg/kg以上的，在2008年12月31日之前，每千升61.35欧元；自2009年1月1日起，每千升76.35欧元。含硫量在50mg/kg以下的，每千升61.35欧元。

（2）对于《综合术语表》中2710 19 61分项至2710 19 69分项中的燃料油，每千升25.00欧元。

（3）对于《综合术语表》中2710 19 81分项至2710 19 99分项中的润滑油和其他油，每千升61.35欧元。

（4）对于天然气和气态碳氢化合物，每兆瓦时（MWh）5.50欧元。

（5）对于液化气，每千公斤60.60欧元。

3. 能源税的免税优惠。对于以下能源产品，按照规定免予征收能源税。如用于维护运转而不是为交通工具提供动力的能源产品；用于提供动力和动力燃料生产、供暖、研究和试验以及用于气体涡轮机运行的能源产品；用于商业航运、领航、农业等类似用途或者用于政府和战争中以及海上救助、为远洋捕捞提供动力和供暖用途的船舶的航行、保养、维护和制造的能源产品（《综合术语表》2710 19 41 分项至 2710 19 99 分项的能源产品）；用于商业航空运输、服役于政府和联邦军队以及空中救援的飞机的航行、保养、维护和制造的能源产品（《综合术语表》2710 11 31 分项的航空汽油，其辛烷值不超过 100 的；《综合术语表》2710 19 21 分项的航空涡轮机燃料），按照规定免予征税。

（三）能源税（矿物油税）收入情况分析

能源税（矿物油税）一直是德国联邦政府的重要税种。自 20 世纪 70 年代初至 2003 年生态税改革之前，德国矿物油税收入一直保持持续稳定的增长。70 年代初及中期，德国矿物油税年收入一直保持在数千万欧元，1978 年首次突破 100 亿欧元，为 104.62 亿欧元，占当年全部税收收入的 6.4%；1991 年首次突破 200 亿欧元，为 241.67 亿欧元，占当年全部税收收入的 7.1%。此后，随着汽车工业的迅速发展，矿物油税收入增长很快，1994 年首次突破 300 亿欧元，为 326.44 亿欧元，占当年全部税收收入的 8.1%。2001 年首次突破 400 亿欧元，2003 年达到历史的最高值 431.88 亿欧元，在全部税收收入中的比重上升到 9.8%。但自 2003 年 1 月 1 日生态税改革最后一步的完成，矿物油税收入的发展，显示了发动机燃料价格的升高并没有导致矿物油税财政收入的增加。高发动机燃料价格极大地刺激了消费的节约，其结果为矿物油税财政收入的下降。从 2004 年至 2007 年，矿物油税收入年均降低 2.55%，2007 年下降到 389.55 亿欧元，在全部税收收入中所占的比重降低到 7.2%。2008 年下降到占全部税收收入的 7%（1970 年至 2008 年德国矿物油税税收收入的情况见附表 6）。

四、德国的重型卡车高速公路通行费

（一）重型卡车高速公路通行费的法律依据及演变过程

德国 1990 年就开征了载重汽车高速公路费。但几个月之后根据欧洲法院的判决被叫停。根据欧洲共同体法，德国把重型卡车高速公路费与降低机动车税相结合的做法是不允许的。德国 20 世纪 90 年代中期进行了高速公路自动收费实地试验，实验场所选在科隆到波恩的 A555 高速公路段。根据试验结果，德国研究了各种高速公路费征收方法，并进行了有效值分析。1998 年联邦政府决定引入一种按行驶里程对载重汽车高速公路的自动收费项目。其主要目的是让排污者较为适当地负担道路成本，改善公路、铁路和水路的竞争条件，通过区分有害物质级次强化环境保护以及为维护和扩建交通通道获得附加的收入。与自动收费实地试验并行的是，德国1994年8月30日通过法律，批准其在1994年2月9日在布鲁塞尔签署的欧盟成员国《关于对重型载重汽车使用某些路段收费的协定》。该法律缩写StrBNÜbkG，全称为《关于1994年2月9日对重型载重汽车使用某些路段收费协定的法律》，即：Gesetz zu dem Übereinkommen vom 9. Februar 1994 über die Erhebung von Gebühren für die Benutzung bestimmter Straβen mit schweren Nutzfahrzeugen。法律从1995年1月1日始适用。同时还颁布了《关于实施1994年2月9日对重型载重汽车使用某些路段收费协定的法律》，即：Gesetz zur Durchführung des Übereinkommens vom 9. Februar 1994 über die Erhebung von Gebühren für die Benutzung bestimmter Straβen mit schweren Nutzfahrzeugen。德文缩写ABBG，简称Autobahnbenutzungsgebührengesetz für schwere Nutzfahrzeuge（重型载重汽车高速公路使用费法）。1995年1月1日，德国与比利时、丹麦、卢森堡、荷兰、瑞典等基于欧盟《关于对重型载重汽车使用某些路段收费的协定》（这一收费体系也即所谓的欧洲道路收费体系，德文名称为Eurovignettensystem），引入了对载重汽车征收高速公路使用费的做法。这些国家对重型卡车征收与时间单元挂钩的高速公路使用费，而德国例外，德国是根据行驶里程缴费。在1995年前，德国汽车基本上是免费使用公路的。从1995年1月1日起，对重型卡车按行驶里程征收高速公路使用费，近些年提高了这种使用费，并与欧洲排放标准等级挂钩。

在德国，目前对重型卡车征收高速公路费适用的国内法律主要有以下四个：一是《关于征收重型载重汽车使用联邦高速公路的里程费的法律高速公路费法》（Gesetz über die Erhebung von streckenbezogenen Gebühren für die Benutzung von Bundesautobahnen mit schweren Nutzfahrzeugen），简称"高速公路费法"（Autobahnmautgesetzes，ABMG）。该法于2002年4月5日颁布，2007年8月17日修订。二是《关于确定重型载重汽车高速公路费率的法令》（Verordnung zur Festsetzung der Höhe der Autobahnmaut für schwere Nutzfahrzeuge），简称"公路费法令"，该法令于2003年6月24日颁布，2007年8月修订。三是《关于计征、证明合规缴纳和退还公路费的法令》（Verordnung zur Erhebung, zum Nachweis der ordnungsgemäβen Entrichtung und zur Erstattung der Maut），简称"载重汽车公路费法令"（LKW – Maut – Verordnung – LKW – MautV），该法令于2003年6月24日颁布。四是《关于把公路费义务扩大到某些联邦公路路段的法令》（Verordnung zur Ausdehnung der Mautpflicht auf bestimmte Abschnitte von Bundesstraβen)，简称“扩大计征公路费路段法令”（Mautstreckenausdehnungsverordnung – MautStrAusdehnV），该法令于 2006 年 12 月 8 日颁布。

联邦政府征收该费的主要目的是：增加资金以改善运输基础设施建设；通过收费措施，促进在公路运输中更经济地使用运输容量；通行依据排放计费可以促进环保。

（二）重型卡车高速公路通行费的主要内容

1. 重型卡车高速公路通行费费率。其费率是根据车辆的车轴数量和排放类别（有关载重汽车对环境的有利程度的尺度）分别确定的。分为两个车轴级别（3 个车轴以下和 4 个车轴以上，在规定车轴级别时，所有事实上存在的各种车轴都算入其内）以及 3 个排放类别（将各种不同的有害物质级别均归类到 A，B，C 三个类别）。根据“公路费率法令”，从 2005 年 1 月 1 日起适用费率见表 1 所示。

表 1　　德国重型卡车公路通行费费率（2005 年 1 月 1 日起适用）

排放类别	3 个车轴以下	4 个车轴以上
A 类	0.09 欧元/行驶公里	0.10 欧元/行驶公里
B 类	0.11 欧元/行驶公里	0.12 欧元/行驶公里
C 类	0.13 欧元/行驶公里	0.14 欧元/行驶公里

随着关于修订机动车税和高速公路法规的法律的生效，自 2007 年 9 月 1 日到 2008 年 9 月 30 日，适用费率见表 2 所示。

表 2　　德国重型卡车公路通行费费率（2007 年 9 月 1 日起适用）

排放类别	3 个车轴以下	4 个车轴以上
A 类	0.10 欧元/行驶公里	0.11 欧元/行驶公里
B 类	0.12 欧元/行驶公里	0.13 欧元/行驶公里
C 类	0.145 欧元/行驶公里	0.155 欧元/行驶公里

提高公路费费率的主要目的是为减轻德国货车运输业的负担而采取的两项措施提供资金：一是降低机动车税，减至欧洲法所许可的最低水准；二是促进购置排放量少的重型载重汽车计划（所谓的创新计划）的实施。从 2006 年 10 月 1 日起，各排放类别所包括的有害物质级别如表 3 所示。

表 3　　德国重型卡车排放类别

类别	有害物质级别
A	S5 有害物质级别的车辆和欧洲排放级别 EEV 级别 1 的车辆（欧 5，EEV）
B	S3 和 S4 有害物质级别的车辆（欧 3，欧 4）
C	S1 和 S2 排放物质级别的车辆，以及不能归入公路交通许可规程附件 XIV 中的有害物质级别的车辆（欧 0，欧 1，欧 2）

2. 重型卡车高速公路通行费的征收管理。自 2005 年 1 月 1 日起，德国开始引进电子重货卡车通行费系统，覆盖整个公路网（约 12000 公里，超过 2200 个交叉点和超过 250 个交换点）。这一系统具有世界先进水平，它使用卫星导航和移动通讯相结合的技术来达到控制自由行走目标的目的。自动收费系统的原理是在各个公路段上建立“虚拟负荷征收站”。各公路段的地理相关坐标用数字地图的形式储存，当一辆卡车沿着公路行驶，可以通过 GPS 确定其当前位置。只要这辆卡车的当前位置与虚拟负荷征收站的坐标相配，通行费系统就会认出这辆卡车是在收费的公路段上行驶，通行费系统就根据其轮轴号和相关的废气排放标准计算出通行费，然后将这个数据传送到准备收费票据的办公室。出发前，司机们只需简单地输入其汽车的轮轴号即可。所有的后续步骤都是自动进行的。使用该系统的优点之一是不再需要设置任何路边设施来征收税款，从而节省了路边设备的维护费用。再者，这一系统十分灵活，不仅可以根据地点，而且可以根据一天中不同时间，变换征收多种税费。今后，这一系统将逐步扩大，逐步覆盖整个联邦大路路段，因为高速公路采用这一系统之后，被征费的卡车有从高速公路转向大路的情况。这一系统投入使用证明卫星技术已形成了大规模应用的基础，可以支持运输部门实现远程增值信息处理服务①。

卡车通行费在德国的征收管理实践证明，效果良好，已经取得成功，至少在技术和财政收入方面是成功的。通过车载缴费装置（OBU，安装率已达 86%），自动登记系统运行良好。在 2006 年年初，OBU 软件升级为 OBU Ⅱ 后，用户可以通过手机查询通行费变化，同样运行良好。联邦德国交通部称有 2% 的人逃避交费。在 2005 年年底，收费收入总计 28.6 亿欧元，与政府预计的征收目标 30 亿欧元非常接近。

---

① 资料来源：中国驻欧盟使团提供。

3. 关于重型卡车高速公路通行费的批评意见。如果该通行费的收取，能够增加公路投资不被挪作他用，公路使用者的经济负担不再增加的话，那么政府的卡车通行费计划是不会遭到批评的。但事实上，据《德国 2006 汽车工业发展报告》称，“最初联邦政府没有指定通行费的用途，下院的压力使得这笔资金被限制于交通线路的全面扩展，但没有特别指明用于公路网络。然而，政府却以法律的形式将部分通行费收入用于对铁路和水路运输系统的交叉补贴”。尽管卡车通行费年收费额高达 30 亿欧元，但并没有使德国公路干线的投资增加，投资于公路的仅有 5 亿欧元；另外，引进卡车通行费时，联邦德国政府承诺要提高德国公路货运行业的国际竞争力，计划用通行费抵消部分矿物油税，减轻公路货运业 6 亿欧元的纳税压力。但是，欧盟委员会以不公平竞争为由拒绝了用通行费抵消矿物油税的提议。“卡车收费给德国工业界带来了一定负担，并已影响到其产品在国际市场的价格竞争力。根据德国材料管理、采购和物流协会于 2005 年 10 月 7 日发布的研究结果，60% 的收费由运输人自己承担。近 39% 的公司承担了全部收费。公司在转移该费用成本时遇到了困难，在被调查的公司中，三分之二的公司在开始收费后不能通过产品提价来转移该负担。运费上的这一额外负担对德国这个生产基地产生了很不利的影响”。卡车通行费制度，不仅没有抵消矿物油税的负担，反而使公路使用者多承担了 25 亿欧元的经济负担，该项收费制度遭到批评也是可以理解的。

五、德国经济刺激计划中的刺激汽车业方案及评价

德国已陆续于 2008 年、2009 年出台了三套经济刺激方案。2008 年出台了金融救市方案和第一套经济刺激方案，2009 年 2 月颁布了第二套经济刺激方案，2009 年年底，德国在一片争议声中出台了旨在进一步刺激经济复苏的《经济增长加速法》。其主要内容如下：

（一）德国第一轮经济刺激计划

2008 年 12 月 4 日，德国上院通过了 310 亿欧元财政刺激方案，主要是通过扩大财政支出，刺激公共和私人投资，确保 100 万个工作岗位。德国政府希望该计划能够刺激工业投资，对整体经济的刺激作用能够达到 500 亿欧元，为经济迅速从低迷中复苏创造条件。按照德国第一轮经济刺激计划的内容，德国大联合政府两党社民党和联盟党就修改机动车税减免方案达成一致。机动车税免税期放宽至两年，其免税优惠主要针对环保节能的新车型，到 2010 年 12 月 31 日前以下机动车可以享受免税优惠：2009 年 6 月 30 日以前上牌照的新车可

免税一年，其中达到欧5和欧6标准的新车可免税两年；如果车辆易主，免税优惠仍然有效。2008年11月5日以前上牌照的机动车如能达到欧5标准也可享受免税优惠。

（二）德国第二轮经济刺激计划

2009年1月13日，德国政府宣布第二个约500亿欧元的财政刺激方案。该方案于1月27日以补充预算草案的方式获得政府内阁同意，2月13日获得联邦议院表决通过。德国政府希望该计划不但能够保护环境也能刺激汽车业，从而振兴德国经济。根据德国政府的第二个经济刺激计划，如果车主主动废弃自己超过9年的老车而购买低排量环保型汽车，德国政府将给予其2500欧元的补贴。该规定对2009年1月14日之后购买的新轿车也全都有效。不过这一补助基金总额的上限为15亿欧元，只能满足大约60万份申请的要求。德国汽车工业协会有关负责人表示，德国轿车平均行驶8年半淘汰，如果老旧轿车平均提前一年报废，那么每年将减少200万吨二氧化碳排放量。而且，随着环保奖励规定的实行，汽车报废产业也将涌现大量的就业岗位。其具体要求是，从2009年1月27日起，人们可以从联邦经济和出口监督局的网页上下载有关获得环保奖金的申请表格，申请者必须购买全新或是车龄不超过一年的车子，但这辆新车不一定得是德国制造的。此外，他们也必须将旧车送到由政府认可的废料场，然后提供购买新车以及废弃旧车的文件证明。之后，经济部将从3月份开始直接把津贴存入申请者的银行账户里。截至2009年4月初，这一申请已经达到87万份。德国政府已经原则上同意继续扩大这一刺激计划。此外，根据第二轮经济刺激计划，自2009年7月起，机动车税改按二氧化碳排放水平征税，而且从2013年起将逐步提高其税率。

（三）德国《经济增长加速法》

2009年年底，德国在一片争议声中出台了旨在进一步刺激经济复苏的《经济增长加速法》，该法案已于2010年1月1日实施，其核心就是实施大规模减税，为企业减负，并提高普通居民收入来刺激居民消费。由于该法将在短期内大幅减少政府的财政收入，扩大政府的财政赤字，所以德国各界目前对这一新刺激方案的批评声浪此起彼伏。这些经济刺激政策大大促进了德国经济自2009年二季度以来的止跌回升和稳步复苏，如在二套经济刺激方案中规定的补贴政策激励下，2009年德国汽车销量大幅增加24%，对德国经济的支柱产业汽车业的快速复苏起到了非常重要的作用。

（四）德国经济刺激计划对德国汽车业的影响

德国汽车工业联合会（VDA）最新发布的数据显示，2009 年德国新车销量比上一年增加了 23%。2009 年全年，德国注册新车 380 万辆。德国国际汽车制造商协会（VDIK）说，这一数字是 1992 年以来的最高水平。德国政府 2009 年推行的新车补贴措施是推动 2009 年新车销量大幅上涨的重要原因。为应对危机、拉动经济，德国政府推出了总额高达 72 亿美元的“以旧换新”计划，鼓励消费者购买新车。但随着这一政策在 2009 年 9 月份结束，德国 12 月份新车销售同比下降了 5%，至 21.5 万辆，为 2009 年 2 月份以来的首次下降。数据还显示，2009 年德国汽车产量下滑了 10%，至 341 万辆，出口下滑 17%。但德国 12 月汽车出口同比上升 23%，至 27.7 万辆。德国汽车工业联合会主席马蒂亚斯·维斯曼说，德国 2009 年生产的汽车中有 68% 用于出口。总之，德国经济刺激计划对德国汽车业的积极作用已经显现。

六、德国汽车工业税制的特点以及对我国完善汽车工业税制的启示

德国独特的经济制度以及与汽车产业发展相关的税收、交通、环境、能源等政策，对德国汽车产业发展以及国际竞争力提高，具有着重要影响。其中，德国汽车税收政策所体现的“鼓励购买、限制使用”、“多用多付费”原则等，为实现“汽车化”、“节能减排”、“改变能源结构”起到了重要作用，对我国汽车产业税制的完善有着重要的启示。

（一）“鼓励购买、限制使用”

德国购车阶段税收负担很低。在购车环节中，德国同其他发达国家通常的做法是采取轻税政策，把汽车与其他商品同等看待，征收相同的税种，采用相同税率标准。如德国、意大利、法国都只按普通商品对汽车征收增值税。德国目前增值税税率是 19%，其他欧洲国家增值税率也不高，如意大利是 20%，英国是 17.5%，法国是 20.6%。据有关资料介绍，德国在汽车购置环节上所征收的税款，在汽车的购买、保有和使用三个环节的税收总额中所占比例很小。相反，德国在使用环节上征收的税款所占比例很高，大约为 60%。而我国的这一比例正好是倒过来的，在车辆购置阶段所交的税款所占比例很大，大约 30%—40%，有时甚至达到 50%。由于购置环节税负高，虽然油价在不断上涨，仍然有很多购车者通常只考虑购车的一次性成本，对汽车的使用成本考虑较少。所以中国目前的汽车税收政策很难起到调解消费和使用的效果。

（二）“多用多付费”

能源税（矿物油税）是在汽车使用阶段的税费，也即车主在使用汽车时

要交纳的费用。能源税（矿物油税）是德国汽车税收中的重头戏。该税的征收一是为了筹集资金来修路；二是为了公平税赋；三是促进环保和节能。能源税（矿物油税）通常占到整个油价的70%—80%。而我国目前汽油的价格大约是欧洲平均水平的1/3，甚至更低。我国汽车税费的构成重点在购买阶段，而非使用阶段，没有体现“多用多付费”原则。我国汽车税费改革的重点，应适当降低购置阶段的税负，将税负重点放在汽车使用阶段，保持合理的税负水平。

（三）实行差别税率

为鼓励节能、环保汽车的普及使用，德国政府对机动车综合考虑有害物质排放等级和二氧化碳排放量等级分别实行差别税率；德国能源税按照矿物油含硫量高低分别适用不同的税率；起重型卡车高速公路通行费也是分别按照排放类别，分别适用不同的税率。而我国除消费税等个别税费按汽车排量登记实行差别税率外，其他各税费大都按车征收，而未推行差别税率。这样的税费设置必然不利于汽车产业的发展。

（四）对节能环保实行优惠

在鼓励节能和环保方面，德国采用税收优惠政策予以支持。如对于特殊减少颗粒物体排放的载客轿车，当其减排手段于2006年1月1日至2009年12月31日期间取得进步时，可以享受有期限的免税等等。这些税收优惠政策对推动汽车产业技术进步，推进小排量汽车的发展、推动汽车进入家庭有着积极的作用。我国在汽车税制优惠政策中，也应考虑列入国家尾气排放标准和低耗能指标等环保优惠措施，推进环保政策的有效实施。

（五）建立规范的汽车税费制度

德国汽车税费主要有购置环节的增值税、保有环节的机动车税、使用环节的能源税，另有重型卡车通行费。所征税费有严格的法律依据。借鉴德国的汽车税费制度，应改革我国汽车税费制度中税少、费多的现状。我国现行汽车税费大致有二十多项，其中税收有六项，另有近二十项名目繁多的收费。六种税包括购置环节的增值税和消费税、车辆购置税以及地方政府征收的城市维护建设税；保有环节的车船税。在财政预算之外，我国存在大量针对汽车征收的地方收费，如工商验证费、载人营运费、年审费、驾驶人员安全教育费、立交桥建设费、交通设施费等等。费多于税，妨碍了汽车产业的发展，侵蚀了现行汽车税的税基，破坏了税收公平原则。应尽快取消各种不合理收费，加快完善汽车税制的步伐。

纵上，借鉴德国等汽车工业大国成功的汽车税费政策和经验，对我国汽车业的发展，解决我国汽车工业发展中的消费市场启动、交通超荷、大气污染严重等问题有着借鉴的意义。政府要鼓励节能和环保，必须依靠多个税种的协调和完善，即对整个的汽车税费政策做出完善和调整，才能发挥其整体效应。

附表 1　　1970—2008 年德国增值税收入及全部税收收入情况　　单位：百万欧元

年份	增值税收入	增长（%）	全部税收收入	增长（%）	增值税占全部税收收入的比重（%）
1970	19493	—	78809	—	24.7
1971	21933	12.5	88153	11.9	24.9
1972	24021	9.5	100725	14.3	23.8
1973	25302	5.3	114940	14.1	22.0
1974	26163	3.4	122495	6.6	21.4
1975	27652	5.7	123767	1.0	22.3
1976	29890	8.1	137066	10.7	21.8
1977	32050	7.2	153103	11.7	20.9
1978	37460	16.9	163153	6.6	23.0
1979	43054	14.9	175282	7.4	24.6
1980	47779	11.0	186617	6.5	25.6
1981	49999	4.6	189343	1.5	26.4
1982	49962	-0.1	193626	2.3	25.8
1983	54131	8.3	202765	4.7	26.7
1984	56489	4.4	212030	4.6	26.6
1985	56153	-0.6	223536	5.4	25.1
1986	56824	1.2	231326	3.5	24.6
1987	60739	6.9	239622	3.6	25.3
1988	63035	3.8	249559	4.1	25.3
1989	67224	6.6	273810	9.7	24.6
1990	75459	12.2	281041	2.6	26.8
1991	91865	21.7	338435	20.4	27.1
1992	101088	10.0	374128	10.5	27.0
1993	110595	9.4	383017	2.4	28.9
1994	120510	9.0	401957	4.9	30.0
1995	119960	-0.5	416337	3.6	28.8

续表

年份	增值税收入	增长（%）	全部税收收入	增长（%）	增值税占全部税收收入的比重（%）
1996	121283	1.1	409047	-1.8	29.7
1997	123170	1.6	407578	-0.4	30.2
1998	127932	3.9	425913	4.5	30.0
1999	137156	7.2	453068	6.4	30.3
2000	140871	2.7	467252	3.1	30.1
2001	138935	-1.4	446247	-4.5	31.1
2002	138195	-0.5	441705	-1.0	31.3
2003	136996	-0.9	442238	0.1	31.0
2004	137366	0.3	442838	0.1	31.0
2005	139712	1.7	452079	2.1	30.9
2006	146688	5.0	488444	8.0	30.0
2007	169636	15.6	538243	10.2	31.5
2008	175989	3.7	561182	4.3	31.4

注：德国增值税收入数字来自德国税务局网站：Steuereinnahmen nach Steuergruppen 1970 - 2008. xis 1970 - 2008 lst + Anteile + vH。

附表 2　　活塞发动机驱动的载客轿车的机动车税率

单位：每 100 立方厘米汽缸容积

序号	汽车类型	使用外燃发动机适用税率	使用内燃发动机适用税率	备注
1	根据最后一次通过欧洲参议院和众议院 1998 年 10 月 13 日关于汽车排放二氧化碳引起空气污染的对策的第 98/69/EG 条例及 70/220/EWG 规定的变更而更改的、依据 1970 年 3 月 20 日参议院 70/220/EWG 规定附件第 5.3.1.4 段表格中 A 行机动车等级 M 以适应成员国关于针对通过使用外燃发动机的机动车发动机排放废气污染空气的法律规定，及所允许的总重量极限值不超过 2500 公斤、或者适应于参议院 88/1268/EWG 关于机动车发动机燃料技术进步条例的、于 1993 年 12 月 17 日委员会 93/115/EG 条例计算的二氧化碳排放量不超过 90 克/公里的， ——在 2003 年 12 月 31 日之前 ——自 2004 年 1 月 1 日起	 5.11 欧元 6.75 欧元	 13.80 欧元 15.44 欧元	根据欧洲有害物质及二氧化碳排放标准计算，有害物质等级为欧Ⅳ、欧Ⅲ和 3 升机动车的机动车适用此规定。

续表

序号	汽车类型	使用外燃发动机适用税率	使用内燃发动机适用税率	备 注
2	作为已知有害物质源，符合 94/12/EG 条例适应于成员国法律关于针对机动车辆排放污染空气气体的方法条例及符合 5.3.1.4 下 94/12/EG 条例关于机动车辆等级 M 有害气体最大值的， ——在 2003 年 12 月 31 日之前 ——自 2004 年 1 月 1 日起	 6.14 欧元 7.36 欧元	 14.83 欧元 16.05 欧元	根据欧洲有害物质及二氧化碳排放标准计算，有害物质等级为欧Ⅱ机动车适用此规定。
3	作为已知有害物质源或有限有害物质源级别 C 并且不符合依据 1990 年 5 月 14 日生效、其第二章最近一次修改于 1997 年 4 月 18 日的联邦环境保护法令 40C，由于使臭氧层浓度提高而导致的交通禁令的， ——在 2000 年 12 月 31 日之前 ——自 2001 年 1 月 1 日起 ——自 2005 年 1 月 1 日起	 6.75 欧元 10.84 欧元 15.13 欧元	 18.97 欧元 23.06 欧元 27.35 欧元	根据欧洲有害物质及二氧化碳排放标准计算，有害物质等级为欧Ⅰ机动车适用此规定。
4	作为未知有害物质源或有限有害物质源并且不符合依据联邦环境保护法令 40C，由于使臭氧层浓度提高而导致的交通禁令的， ——在 2000 年 12 月 31 日之前 ——自 2001 年 1 月 1 日起 ——自 2005 年 1 月 1 日起	 11.04 欧元 15.13 欧元 21.07 欧元	 23.26 欧元 27.35 欧元 33.29 欧元	根据欧洲有害物质及二氧化碳排放标准计算，有害物质等级为非有害物质、允许臭氧警报期上路驾驶的机动车适用此规定。
5	作为已知有害物质源或有限有害物质源级别 C 或有限有害物质源级别 A，只要其符合条件为 1986 年 10 月 1 日之前第一次得到交通许可并且 1988 年 1 月 1 日之前已确定为已知有限有害物质源级别 A，而又依据联邦环境保护法令 40C，由于使臭氧层浓度提高而导致的交通禁令的， ——在 2000 年 12 月 31 日之前 ——自 2001 年 1 月 1 日起 ——自 2005 年 1 月 1 日起	 16.97 欧元 21.07 欧元 25.36 欧元	 29.19 欧元 33.29 欧元 37.58 欧元	根据欧洲有害物质及二氧化碳排放标准计算，有害物质等级为非有害物质、但不允许臭氧警报期上路驾驶的机动车适用此规定。

续表

序号	汽车类型	使用外燃发动机适用税率	使用内燃发动机适用税率	备注
6	其他情况下， ——在2000年12月31日之前 ——自2001年1月1日起	 21.27欧元 25.36欧元	 33.49欧元 37.58欧元	
7	在载客轿车中，对于房车，当其依据机动车辆执照管理局道路交通执照发放规定48条附件9的规定，按照车辆自身总重量每200公斤或者总重量其中一部分， ——最少符合有害物质级别S4，按照其总重量， 2000公斤以下，16欧元； 2000公斤以上，10欧元； 总额不超过800欧元。 ——符合有害物质级别S3，S2或S1，按照其总重量， 2000公斤以下，24欧元； 2000公斤以上，10欧元； 总额不超过1000欧元。 ——其他情况下，按照其总重量， 2000公斤以下，40欧元； 2000公斤以上5000公斤以下，10欧元； 5000公斤以上12000公斤以下，15欧元； 12000公斤以上，25欧元。 自2010年1月1日起，此项规定也适用于有害物质级别S1的情况。			

附表3　**其他机动车税率**

重量	属于机动车辆执照管理局道路交通执照发放规定48条附件9规定为有害物质等级S2时，按照总重量	属于机动车辆执照管理局道路交通执照发放规定48条附件9规定为有害物质等级S1时，按照总重量	属于机动车辆执照管理局道路交通执照发放规定48条附件9规定为噪音等级G级时，按照总重量	其他情况下，按照总重量
2000公斤以下	6.42欧元	6.42欧元	9.64欧元	11.25欧元
2000公斤以上3000公斤以下	6.88欧元	6.88欧元	10.30欧元	12.02欧元
3000公斤以上4000公斤以下	7.31欧元	7.31欧元	10.97欧元	12.78欧元

续表

重量	属于机动车辆执照管理局道路交通执照发放规定 48 条附件 9 规定为有害物质等级 S2 时，按照总重量	属于机动车辆执照管理局道路交通执照发放规定 48 条附件 9 规定为有害物质等级 S1 时，按照总重量	属于机动车辆执照管理局道路交通执照发放规定 48 条附件 9 规定为噪音等级 G 级时，按照总重量	其他情况下，按照总重量
4000 公斤以上 5000 公斤以下	7.75 欧元	7.75 欧元	11.61 欧元	13.55 欧元
5000 公斤以上 6000 公斤以下	8.18 欧元	8.18 欧元	12.27 欧元	14.32 欧元
6000 公斤以上 7000 公斤以下	8.62 欧元	8.62 欧元	12.94 欧元	15.08 欧元
7000 公斤以上 8000 公斤以下	9.36 欧元	9.36 欧元	14.03 欧元	16.36 欧元
8000 公斤以上 9000 公斤以下	10.07 欧元	10.07 欧元	15.11 欧元	17.64 欧元
9000 公斤以上 10000 公斤以下	10.97 欧元	10.97 欧元	16.44 欧元	19.17 欧元
10000 公斤以上 11000 公斤以下	11.84 欧元	11.84 欧元	17.74 欧元	20.71 欧元
11000 公斤以上 12000 公斤以下	13.01 欧元	13.01 欧元	19.51 欧元	22.75 欧元
12000 公斤以上 13000 公斤以下	14.32 欧元	14.32 欧元	21.47 欧元	25.05 欧元
13000 公斤以上 14000 公斤以下	15.77 欧元	15.77 欧元	23.67 欧元	27.61 欧元
14000 公斤以上 15000 公斤以下	15.77 欧元	26.00 欧元	39.01 欧元	45.50 欧元
15000 公斤以上	15.77 欧元	36.23 欧元	54.35 欧元	63.40 欧元
总额不超过	664.68 欧元	1022.58 欧元	1533.88 欧元	1789.52 欧元

附表 4　　1970—2008 年德国机动车税的收入情况　　单位：百万欧元

年份	税收收入	增长（%）	全部税收收入	增长（%）	机动车税收入占全部税收收入的比重（%）
1970	1959	—	78809	—	2.5
1971	2125	8.5	88153	11.9	2.4
1972	2414	13.6	100725	14.3	2.4
1973	2551	5.7	114940	14.1	2.2
1974	2638	3.4	122495	6.6	2.2
1975	2711	2.8	123767	1.0	2.2
1976	2879	6.2	137066	10.7	2.1
1977	3031	5.3	153103	11.7	2.0
1978	3212	6.0	163153	6.6	2.0
1979	3874	20.6	175282	7.4	2.2
1980	3367	-13.1	186617	6.5	1.8
1981	3371	0.1	189343	1.5	1.8
1982	3420	1.5	193626	2.3	1.8
1983	3571	4.4	202765	4.7	1.8
1984	3724	4.3	212030	4.6	1.8
1985	3758	0.9	223536	5.4	1.7
1986	4784	27.3	231326	3.5	2.1
1987	4277	-10.6	239622	3.6	1.8
1988	4177	-2.3	249559	4.1	1.7
1989	4687	12.2	273810	9.7	1.7
1990	4251	-9.3	281041	2.6	1.5
1991	5630	32.4	338435	20.4	1.7
1992	6809	20.9	374128	10.5	1.8
1993	7188	5.6	383017	2.4	1.9
1994	7244	0.8	401957	4.9	1.8
1995	7058	-2.6	416337	3.6	1.7
1996	7027	-0.4	409047	-1.8	1.7
1997	7372	4.9	407578	-0.4	1.8
1998	7757	5.2	425913	4.5	1.8

续表

年份	税收收入	增长（%）	全部税收收入	增长（%）	机动车税收入占全部税收收入的比重（%）
1999	7039	-9.3	453068	6.4	1.6
2000	7015	-0.3	467252	3.1	1.5
2001	8376	19.4	446247	-4.5	1.9
2002	7592	-9.4	441705	-1.0	1.7
2003	7336	-3.4	442238	0.1	1.7
2004	7739	5.5	442838	0.1	1.7
2005	8673	12.1	452079	2.1	1.9
2006	8937	3.0	488444	8.0	1.8
2007	8898	-0.4	538243	10.2	1.7
2008	8842	-0.6	561182	4.3	1.6

注：德国机动车税税收收入数字来自：德国税务局网站，Steuereinnahmen nach Steuergruppen 1970 - 2006. xis 1970 - 2006 lst + Anteile + vH。

附表 5　　能源税的税率

	种　类	税　率
1	《综合术语表》2710 11 41 分项至 2710 11 49 分项中的无铅汽油： 含硫量高于 10mg/kg 含硫量低于 10mg/kg	 每千升 669.8 欧元 每千升 654.5 欧元
2	《综合术语表》2710 11 31 分项、 2710 11 51 分项至 2710 11 59 分项中有铅汽油	每千升 721 欧元
3	《综合术语表》2710 19 21 分项至 2710 19 25 分项中的中度油	每千升 654.5 欧元
4	《综合术语表》2710 19 41 分项至 2710 19 49 分项中的柴油 含硫量高于 10mg/kg 含硫量低于 10mg/kg	 每千升 485.7 欧元 每千升 470.4 欧元
5	《综合术语表》2710 19 61 分项至 2710 19 69 分项中的重油	每千升 130 欧元

续表

	种类	税率
6	《综合术语表》2710 19 81 分项至 2710 19 99 分项中的润滑油	每千升 485.70 欧元
7	天然气和气态碳氢化合物	每兆瓦时（MWh）31.8 欧元 （2018 年 12 月 31 日之前，每兆瓦时 13.90 欧元）
8	液化气： 不同其他能源产品混合	每千升 409 欧元（2018 年 12 月 31 日之前，每千升 180.32 欧元）
	其他	每千升 1217 欧元
9	煤	每吉焦耳（GJ）0.33 欧元
10	石油焦碳	每吉焦耳（GJ）0.33 欧元

注：1 升（L）是指在温度为 15 度状态下的容积；1 兆瓦时（MWh）是指通过标准容积和燃烧值决定的气体能量测量单位。1 吉焦耳（GJ）是反映重量与热值的能源产品的能量计量单位，1 吉焦耳（GJ）=10 亿焦耳。

附表 6　　1970—2008 年德国矿物油税税收收入　　单位：百万欧元

年份	矿物油税收入	增长（%）	全部税收收入	增长（%）	矿物油税占全部税收收入的比重（%）
1970	5886		78809		7.5
1971	6349	7.9	88153	11.9	7.2
1972	7274	14.6	100725	14.3	7.2
1973	8482	16.6	114940	14.1	7.4
1974	8207	-3.2	122495	6.6	6.7
1975	8754	6.7	123767	1.0	7.1
1976	9265	5.8	137066	10.7	6.8
1977	9809	5.9	153103	11.7	6.4
1978	10462	6.7	163153	6.6	6.4
1979	10809	3.3	175282	7.4	6.2
1980	10917	1.0	186617	6.5	5.8
1981	11340	3.9	189343	1.5	6.0

续表

年份	矿物油税收入	增长（%）	全部税收收入	增长（%）	矿物油税占全部税收收入的比重（%）
1982	11675	3.0	193626	2.3	6.0
1983	11933	2.2	202765	4.7	5.9
1984	12288	3.0	212030	4.6	5.8
1985	12537	2.0	223536	5.4	5.6
1986	13112	4.6	231326	3.5	5.7
1987	13363	1.9	239622	3.6	5.6
1988	13821	3.4	249559	4.1	5.5
1989	16855	21.9	273810	9.7	6.2
1990	17701	5.0	281041	2.6	6.3
1991	24167	36.5	338435	20.4	7.1
1992	28206	16.7	374128	10.5	7.5
1993	28786	2.1	383017	2.4	7.5
1994	32644	13.4	401957	4.9	8.1
1995	33177	1.6	416337	3.6	8.0
1996	34896	5.2	409047	-1.8	8.5
1997	33749	-3.3	407578	-0.4	8.3
1998	34091	1.0	425913	4.5	8.0
1999	36444	6.9	453068	6.4	8.0
2000	37826	3.8	467252	3.1	8.1
2001	40690	7.6	446247	-4.5	9.1
2002	42192	3.8	441705	-1.0	9.6
2003	43188	2.4	442238	0.1	9.8
2004	41782	-3.3	442838	0.1	9.4
2005	40101	-4.0	452079	2.1	8.9
2006	39916	-0.5	488444	8.0	8.2
2007	38955	-2.4	538243	10.2	7.2
2008	39248	0.8	561182	4.3	7.0

资料来源：德国能源税（矿物油税）收入数字来自：德国税务局网站，Steuereinnahmen nach Steuergruppen 1970 - 2008. xis 1970 - 2008 lst + Anteile + vH。

参考文献

1. 德国汽车工业协会网址：www. vda. de。

2. 德国财政部网址：www. bundesfinanzministerium. de。

3. 邱现东："调整税收政策是我国汽车产业发展当务之急"，《纵横论税》2006 年第 2 期。

4. 王楠、吴志新、程魁玉："日本汽车税制的研究"，《世界汽车》2002 年第 10、第 11 期。

5. 刘馨颖："完善我国汽车税制　支持公路交通持续发展"，《宏观经济研究》2006 年第 8 期。

6. 李倩："国内汽车税费改革问题探讨与分析"，《财贸经济》1999 年第 2 期。

借鉴国际经验　加强非居民企业所得税管理

魏东方

非居民企业是指依照外国（地区）法律成立且实际管理机构不在中国境内，但在中国境内设立机构、场所的，或者在中国境内未设立机构、场所，但有来源于中国境内所得的企业。所谓来源于中国境内的所得，包括两种类型：一类是非居民企业在中国境内设立机构、场所取得的经营利润，比较常见的是，临时来我国承包工程或提供劳务取得的所得，具有临时性、分散性的特点；另一类是非居民企业未设立机构、场所取得的间接投资收益以及虽设立机构、场所，但取得的与该机构场所无实际联系的间接投资收益。此类收益包括股息（红利）、利息、租金、特许权使用费所得、转让财产所得及其他所得等。

非居民企业税收管理是一国根据地域管辖权，对非居民企业来源于本国的收入和所得行使征税权，并进行相关税收征收和管理的活动[①]。在我国，非居民企业所得税管理的对象主要包括：一是在我国设立的外国企业分公司及常驻代表机构；二是通过提供劳务而收取劳务费的外国企业等；三是通过提供权益而收取利息、股息、租金、特许权使用费的外国企业。

---

① 徐长英、张红东："非居民税收管理中存在的问题和解决办法"，《涉外税务》2007年第3期。

一、非居民企业所得税管理的国际经验

非居民企业因税源分散、业务复杂、隐蔽性强、涉及面广等因素，其税收征管风险较高、管理难度较大。多数国家将非居民企业列入高风险征管领域，并分别研究采取了一系列措施来加强税收征管。

（一）完善管理制度，加强税收征管

构建一个立法层次合理、有效、操作性强的非居民企业税收管理法律法规体系，是完善非居民企业征管的基础。

1. 制定操作性强的征管法规。多数国家的普遍做法是在现行法律法规中，对非居民企业判定标准、纳税义务、应税所得范围、征管程序等做出明确规定。例如，西班牙专门针对非居民企业制定了非居民企业所得税法，用以规范非居民企业纳税人的管理。美国在《国内收入法典》和相关税收协定中，制定了对非居民企业常设机构和无常设机构非居民企业征税的专门规定。美国国内收入局针对非居民企业制定征管办法，详细界定非居民企业的概念，并对非居民企业的收入来源、不同类型非居民企业如何进行纳税申报、非居民企业应填报的申报信息、非居民企业可获得的协定优惠、离境非居民企业的清缴程序等作了具体的规定，使非居民企业纳税申报有章可循①。

在美国和加拿大，还规定严格的法律责任，税务局可以根据偷逃税行为的情节轻重，在追缴税款的同时，追究纳税人的刑事责任。高昂的违法成本也是提高纳税人税收遵从度的必要措施。为了切实保障扣缴制度的实施，美国对扣缴义务人的法律责任有明确的规定，如果其未按规定履行扣缴义务，造成纳税人少缴或未缴税款的，税务机关不仅可以向扣缴义务人追缴税款，还可追加利息和罚款。

2. 完善和加强税收管理措施。非居民企业税收管理工作情况复杂，需要特殊的管理方法，对税务人员的业务知识、技术水平等综合素质要求也比较高。

（1）设置非居民企业管理机制。各国税务当局都十分重视非居民企业的管理工作，并设有专门处理非居民企业事务的部门。美国的非居民企业纳税申报单集中于国际税务部门进行处理和分析，大型企业管理局内也设有非居民企业管理岗位，在对企业进行审计时会派驻专门的非居民企业管理人员参与相关

① 靳东升、付树林：《外国税收管理的理论与实践》，经济科学出版社2009年版，第195页。

调查。加拿大国际税务部有专门的经济学家负责分析审计工作，专业律师负责法律诉讼事宜，遇有重大案例还会聘请外部专家参与评估。

（2）加强源泉扣缴与申报纳税管理。一是关于扣缴义务人方面。美国税法规定，美国居民控制、收到、保管、处置或者支付任何款项给外国非居民企业，都有在进行支付时扣缴税款的义务；二是在填写申报表方面。美国税法规定，对每一个扣缴义务人来说，无论美国人还是外国人，都必须填报1042表（非居民企业来自美国收入的年度预提所得税申报表）和1042—S表（年度收入申报表），申报预提所得税。在第一次延期到期前，再填报一次8809表，则可申请再多30天的延期。

（3）加强税源管理。美国国内收入局提供给不同类型纳税人的不同申报表以及证明文件，形成了一套完整有效的对所有非居民企业纳税人的信息管理系统：一是通过1042表和1042—S表，掌握扣缴义务人和收款人的信息；二是通过W—8IMY表，掌握外国中介和导管公司的信息。收款人需要填写表格W—8BEN，该表格是收款人的预提所得税扣缴的证明。收款人应将此表交给扣缴义务人或者支付人，扣缴义务人或者支付人应该为其保存该表格①。

3. 实行登记备案制度。在实际征管中，大部分非居民企业承包工程和提供劳务的时间短、流动性强、税源隐蔽分散，税务机关监控十分困难。因此，发达国家普遍实行登记备案制度。按照备案方式的不同，可以分为以下两种：一是要求非居民企业纳税人必须在所得来源国指定具有居民身份的个人或法人作为其代理人，配合税务机关处理有关的纳税事宜；二是建立合同备案制度，规定发包人或者出租人应当自发包或者出租之日起一定期限内，将承包人或者承租人的有关情况向主管税务机关报告。不少国家还要求扩大报告范围，要求向外国企业发包工程或接受其劳务的单位，必须向主管税务机关报送有关劳务合同或协议以及纳税人在境内设立机构或委托代理人的情况。

4. 增加反避税的特别限制条款。目前，大多数发达国家尤其是OECD成员国实施了反避税港税制。美国在1962年率先制定《国内收入法典》F分部立法，规定凡是受控外国公司利润，不论是否以股息分配形式汇回美国母公司，都应计入美国母公司的应纳税所得额中征税，不准延期纳税。德国于1972年、新西兰于1976年、日本于1978年、加拿大和法国于1980年、英国于1984年、澳大利亚于1990年、西班牙于1994年，也相继建立起了反避税

① 靳东升、付树林：《外国税收管理的理论与实践》，经济科学出版社2009年版，第198页。

港税制。通过特别限制条款对于避税地等不同类型国家、地区的非居民企业实行控制，不仅可以避免非居民企业利用避税地避税，而且对于完善国内税法和国际税收协定的协调和衔接，也发挥了良好的作用。

5. 发挥民间组织作用。德国在非居民企业税收管理方面有不少创新之处和成熟经验，尤其是其独特的纳税人协会制度大大提高了非居民企业税收征管的效率。德国的纳税人协会是一个民间组织，协会的功能主要包括两部分：一是组成各专业委员会，研究财税问题，发表意见和建议，提交给政府、研究机构等；二是服务纳税人。会员在纳税事宜中遇到麻烦，协会将予以无偿帮助。德国纳税人协会在非居民企业纳税人获取涉税信息，提高非居民企业纳税人的税收遵从以及有效征管方面，也发挥了积极的作用。

6. 重视国际税收协调与合作。发达国家在国际税收合作和情报交换方面有着比较成熟的体系和经验。如果他们在日常税收征管、稽查中发现涉及跨国劳务、投资和经营中的逃避税问题，就会利用情报交换手段进行有效查证，并根据经济形式变化，不断调整税收协定中非居民企业税收管理的内容，使其朝着更科学、简化、明确的方向发展。

（二）强化对非居民企业常设机构的管理

国际上通常以常设机构概念来确定所得来源地国家对所得的征税权和征税范围。避免双重征税协定的两个国际范本《联合国（UN）范本》和《经济合作与发展组织（OECD）范本》，都对常设机构相关问题进行了明确。《联合国（UN）范本》对常设机构所下的定义是："企业进行全部或部分营业的固定场所"。这一定义涉及对一国地域的有形依附联系。这两个范本对常设机构的认定，都采用了列举的方式，指出常设机构特别包括管理场所、分支机构、办事处、工厂、作业场所等等。但在有些情况下，可能难以找到上述有形联系因素。为此引入了第二个判定要素，它是一个法律参考点，即对非居民企业在国内利用代理人从事活动，而该代理人（不论是否具有独立地位）有代表该非居民企业经常签订合同、接受订单的权利，就可以由此认定该非居民企业在该国设有常设机构。

关于常设机构，英国《2003 年财政法案》作出了一系列规定，基本是采用《经济合作与发展组织（OECD）范本》关于常设机构的认定标准。不过，在英国与其他国家有税收协定的情况下，应根据税收协定中约定的认定标准处理。例如，根据其与几个发展中国家的税收协定，建筑工地持续 6 个月以上，就被认定为常设机构[①]。

目前国际上对常设机构的规范，主要集中在对常设机构利润的征税规范。在各国间签订的税收协定中，一般实行利润归属原则，即常设机构所在国对归属于该常设机构的利润有权征税。对常设机构的利润征税问题，国际上通行有两种方法：第一种方法称为“直接法”。从法律上讲，常设机构并不是一个独立的法律实体，但直接法却将其视为独立分设的企业，按正常交易原则，与总机构和其他常设机构进行交易，其特点是常设机构的利润实行独立核算。第二种方法称为“间接法”。认为总机构与常设机构是在全球范围内产生共同利润（或损失）的一个实体，可以按照一定的规则和计算公式，将其经营损益在总机构和国外各常设机构之间分配。这种方法体现的原则称为“总利润原则”[②]。

（三）防止滥用国际税收协定

滥用国际税收协定的行为，违背了税收协定的互惠原则，造成了缔约国的税收损失。20 世纪 70 年代以后，由于国际上签订税收协定的国家愈来愈多，税收协定的网络日益扩大，跨国纳税人滥用国际税收协定的行为日益增多。因此，滥用国际税收协定的问题，引起了世界上许多国家的关注和重视。

为了防止本国与他国签订的税收协定被第三国居民用于避税并防止第三国居民滥用缔约国之间的税收优惠措施，一些国家已开始采取措施防止税收协定被滥用。这些措施主要包括以下内容：一是制定防止税收协定滥用的国内法规；二是在双边税收协定中加进反滥用条款；三是严格对协定受益人资格的审查。

二、我国非居民企业所得税管理现状分析

近年来，国家税务总局非常重视非居民企业所得税管理工作，并下发一系列文件加强税收管理，收到了显著效果。但是现阶段我国非居民企业所得税管理仍然存在一些问题。

（一）非居民企业所得税管理取得的成果

2008 年施行新的企业所得税法以后，我国制定了一系列加强非居民企业所得税管理的规定，对加强我国非居民企业所得税管理，发挥了很好的作用。

① 葛夕良、沈玉平：《英国　西班牙企业征税制度比较研究》，中国财政经济出版社 2009 年版，第 219 页。

② 葛惟熹：《国际税收学》，中国财政经济出版社 2007 年版，第 170 页。

自2008年1月至2010年6月，国家税务总局共发布有关加强非居民企业所得税管理的文件有20多个，简要分析如下：

1. 重视非居民税收管理。2009年3月9日，国家税务总局发布《关于进一步加强非居民税收管理工作的通知》（国税发〔2009〕32号），要求全国各级税务机关进一步加强非居民税收专业化管理，提高非居民税收管理的质量和效率。

2. 规范非居民企业所得税的申报及税款缴纳。2008年9月22日，国家税务总局发布了《关于印发〈中华人民共和国非居民企业所得税申报表〉等报表的通知》（国税函〔2008〕801号），在该文件的附件中公布了一套新的非居民企业所得税季度及年度纳税申报表以及由居民扣缴义务人填报的扣缴企业所得税报告表。2009年4月2日又发布《关于印发〈非居民企业所得税申报表业务需求〉的通知》（国税函〔2009〕178号），以提高非居民企业所得税申报的质量和效率。

2009年1月22日和2月9日，国家税务总局分别发布《关于印发〈非居民企业所得税汇算清缴管理办法〉的通知》（国税发〔2009〕6号）和《关于印发〈非居民企业所得税汇算清缴工作规程〉的通知》（国税发〔2009〕11号）两个文件，规定了在新的企业所得税法下有关非居民企业所得税汇算清缴管理办法和工作规程，规范了非居民企业所得税汇算清缴工作。

3. 加强非居民承包工程和提供劳务税收管理。国家税务总局于2009年1月20日发布《非居民承包工程作业和提供劳务税收管理暂行办法》（国家税务总局令第19号，以下简称19号令），19号令是对非居民企业在中国境内承包工程作业和提供劳务所涉及税收征管程序的综合指南。

4. 加强非居民企业所得税源泉扣缴。我国税法规定，对在境内未设立机构场所的非居民企业取得来源于中国境内的股息、红利等权益性投资收益和利息、租金、特许权使用费所得、转让财产所得以及其他所得，应当缴纳的企业所得税，并实行源泉扣缴。

2009年1月9日，国家税务总局发布《非居民企业所得税源泉扣缴管理暂行办法》（国税发〔2009〕3号，以下简称3号文），规定了非居民企业所得税源泉扣缴的相关程序。与19号令相似，3号文是企业所得税源泉扣缴的综合操作指南，进一步加强了税源管理。

国家税务总局还分别于2008年发布《关于中国居民企业向境外H股非居民企业股东派发股息代扣代缴企业所得税有关问题的通知》（国税函〔2008〕

897 号）和《关于加强非居民企业来源于我国利息所得扣缴企业所得税工作的通知》（国税函〔2008〕955 号），于 2009 年发布《关于非居民企业取得 B 股等股票股息征收企业所得税问题的批复》（国税函〔2009〕394 号）和《关于加强非居民企业股权转让所得征收企业所得税管理的通知》（国税函〔2009〕698 号），于 2010 年发布《关于加强非居民企业取得我国上市公司股票股息企业所得税管理有关问题的通知》（国税函〔2010〕183 号），进一步规范非居民企业取得来源于中国境内股息收益的所得税。

5. 其他有关规定。为了进一步强化对国际税源的监控，2008 年国家税务总局会同国家外汇管理局联合发布《关于服务贸易等项目对外支付提交税务证明有关问题的通知》（汇发〔2008〕64 号），并下发了《国家税务总局关于印发〈服务贸易等项目对外支付出具税务证明管理办法〉的通知》（国税发〔2008〕122 号），以上两个文件均规定：中国境内居民在非贸易项下向非居民支付超过 3 万美元者，办理银行付汇时，必须出具对外支付税务证明。

2009 年国家税务总局发布《关于印发〈非居民享受税收协定待遇管理办法（试行）〉的通知》（国税发〔2009〕124 号），规范了对非居民享受税收协定待遇的管理。

据国家税务总局统计，2009 年我国非居民企业所得税收入为 416.11 亿元，同比增长 55%，占非居民企业税收收入的 74.3%，占企业所得税收入的 3.4%。我国非居民企业所得税管理工作的地位越来越重要①。

（二）非居民企业所得税管理中存在的问题

尽管我国已经初步建立了非居民企业所得税管理制度。但是，在实际工作中仍然反映出一些问题，具体表现如下：

1. 大量税源在税收监控体系外流动，造成征管困难。我国传统的非居民企业所得税管理模式是各级税务机关被动受理售付汇税务凭证开具申请，仅从审查合同、发票等相关资料中发现涉税信息，进行征税、免征或不征企业所得税的判定，税源信息渠道比较单一。非居民企业因其具有税源分布分散、发生时间不确定、业务复杂、隐蔽性强、涉税信息难以掌握等特点，使得对其监控难度较大，税款容易流失。特别是随着纳税人跨国交易的不断发展，交易形式日趋多样，使非居民企业所得税税源流动性越来越强、隐蔽性越来越高，必然形成大量税源在税收监控体系外流动的局面。例如我国的售付汇税务凭证控管

① 数字来源于：国家税务总局收入规划核算司：《税收月度快报》2009 年第 12 期。

范围并不全面，对非居民企业转让我国境内企业股权等情况控管存在“盲区”，其谈判、签约、交易、付款等可能均发生在境外，涉税企业不需要到境内银行办理购付汇业务。

2. 非居民企业劳务纳税义务判定难度大。由于我国对非居民企业行使的是地域税收管辖权，因此，非居民企业只有来源于我国境内的所得才需要在我国纳税。税收实践中对非居民企业境内劳务所得的判定主要以纳税人所提供劳务的发生地点为前提，而举证资料大多仅为双方所签合同。随着电子商务、网络信息等手段的大量使用、交易手段的丰富，加大了跨国劳务和交易真实地点的核实难度，为跨国避税提供了更大空间。非居民企业经常通过合同将全部或大部分劳务确定为境外劳务，将实际发生在境内的劳务收入，虚假申报为发生在境外的劳务收入，以逃避纳税义务。在现行管理手段下，税务部门即使对纳税人举证资料的真实性存有疑义，也难以提出有力证据证明纳税人虚假申报，而要求非居民企业出具所在国注册会计师查证报告，又将增加税收遵从成本，影响劳务和资本的自由流动。

3. 适用政策依据较为复杂，缺乏有效的执法手段。对非居民企业所得税的征管与居民企业征管相比较更为复杂，不仅需要遵守国内企业所得税法的有关规定，而且还需要执行税收协定等相关条款。例如，对非居民企业取得的所得，需首先判定中国有无征税权，如有征税权，还要考虑税收协定是否有其他限制性规定。目前我国的税收执法手段尚不能完全适应税收国际化的需求。以股权在境外转让为例，虽然税法规定了扣缴义务人应当履行扣缴义务，但如果扣缴义务人位于境外，我国税务机关往往很难要求境外扣缴义务人履行扣缴义务。《中华人民共和国税收征收管理法》和《中华人民共和国企业所得税法》均未赋予我国税务机关有效的境外执法手段对其进行处罚。

（三）税务机关管理中面临的问题

上述问题的产生既有客观环境的限制，又有主观因素的影响，具体分析有以下原因：

1. 获取非居民企业涉税信息的渠道有待进一步通畅。税务机关获取纳税人信息的主要渠道是纳税人或者扣缴义务人的税务登记和纳税、扣缴申报。相对居民企业而言，非居民企业依法办理税务登记和纳税申报比例偏低，税务机关掌握的非居民企业涉税信息有限。股权转让、设备引进、租金、利息、专利权和专有技术使用等一些重要信息，往往难以在第一时间掌握，需要依靠相关部门协助提供。由于相关法规对于此类协助仅有原则性要求，相关部门能否及时、准确、完整地向税务机关提供这些重要涉税信息难以保障。此外，税务机关内部非居民企业信息的归集和传递也存在阻滞，有机会直接接触相关信息的部门和人员一般对此类信息不够敏感，从事国际税务管理的部门和人员又不能及时直接接触这些信息，给税收管理带来困难。

根据现有税收政策，外国企业从境内取得的发生在境外的劳务收入应免征企业所得税，国内企业在支付境外的外汇资金时，税务机关应开具不予征税证明。正是由于这一政策，实践中许多非居民企业将其原本并不属于劳务的一些所得项目想方设法往劳务上靠，这样，非居民企业或者以劳务发生在境外为由要求不予征税，或者虽劳务发生在境内但以不构成常设机构为由提出免税要求，而税务部门由于对信息掌握的不及时、不全面，造成证据难以收集，从而无法界定项目属性，带来管理上的诸多困难①。

2. 税源监控仍有漏洞，部门协作不完善。实践表明，监控非居民企业税源的关键，在于及时获取涉税信息并事前介入，否则事后难以追缴。非居民企业税源流动性较大、隐蔽性较强，工商、外汇、海关、商务、公安、建设、交通、文化、体育、金融等部门，不同程度掌握非居民企业的涉税信息。《中华人民共和国税收征收管理法》仅对工商、银行与税务部门的信息互通上作出明确规定，对于其他相关部门与税务部门的协作配合没有强制性规定。目前，非居民企业基本不需要在工商、银行进行登记、开户。而对其从事的贸易活动，包括技术转让、提供劳务、财产转让、融资贷款、文化体育等信息，只能从外经贸、外管、海关、建设、科技、文化、教育等部门获取，税务部门因信息缺失很难及时掌握税源情况，直接导致税收流失。

3. 所得税源泉扣缴难以落实。《中华人民共和国企业所得税法》规定，对于非居民企业取得来源于中国境内的所得，由支付人在支付款项时从该款项中预先扣除应缴所得税款。而从实践看，扣缴义务人的扣缴义务经常履行不到位，这是因为：一是我国许多公民、企业对非居民企业特许权使用费等情况是否需要在中国履行纳税义务并不了解，因而未能依法履行扣缴义务；二是一些扣缴义务人对扣缴义务存在认识偏差，把源泉扣缴这一法定义务错误认为是份外事，怕影响今后的经营合作，对应扣缴的税款不及时扣缴或少扣、不扣，甚至与纳税人合谋，通过税收筹划逃避纳税义务。

4. 所得税计税依据难以确定。一是关于非居民企业境内外收入的划分，

① 苑新丽："非居民企业所得税管理存在的问题及解决途径"，《财政研究》2009 年第 3 期。

缺乏合理标准。比如，当非居民企业劳务提供地点同时涉及境内外时，境内收入的确定存在较大难度。如果按五五比例平均分配境内外收入，虽然易于操作，但明显有失公允，也缺乏科学性；如果单纯按照境内外劳务时间划分，既增加了举证与审核的困难，也有失偏颇。二是关于非居民企业所得税计税依据的确定，缺乏合理性。目前，除了在我国境内设立的外国企业常驻代表机构需要办理税务登记（如外国企业承包工程项目等），其他情况不需要办理税务登记，同时大多数跨境劳务都是临时性的，非居民企业的业务活动基本上没有账册，无法合理计算相关成本、费用，难以准确核实计税依据。

5. 一些基层税务人员业务素质尚不适应征管需要。非居民企业所得税业务十分复杂，涉及税收、财会、法律、外语、国际金融、国际贸易等多方面知识，与税务机关特别是基层税务机关工作人员知识结构比较单一之间形成了矛盾。基层税务管理部门很难有效开展非居民企业税源的调查、管理工作。由于非居民企业管理机构设置不全、职能交叉、管理人员业务水平不高、处理国际税收事务的经验不足等，已成为制约非居民企业所得税管理工作深入开展的瓶颈。

6. 现行国际税收协调与合作的效用未能充分发挥。国际税收协调与合作在非居民企业税源管理方面成效显著，但我国尚未充分加以利用，主要表现在：一是税收情报交换程序繁琐，时间跨度大。按现行税收情报交换操作规定，情报交换必须经市、省、国家三级税务部门协作进行，交换周期约需一年至两年，不能适应人员频繁流动和交易稍纵即逝的特点；二是税收情报交换对象仅限于税收协定缔约国，且限定为税收协定适用税种，多为直接税；三是税收情报交换技术手段尚需完善，电子传输的运用有待加强，涵盖内容有待规范；四是税收情报交换方式有限，实践中真正取得实效的是专项情报交换和自动情报交换，行业范围内的情报交换和同期税务检查等方式，尚未付诸实践；五是一些缔约国不能及时反馈我方税收情报交换的请求，也影响了我方自动提供税收情报的积极性；六是避免双重征税协定的争端解决机制仅限于双方税务主管当局通过相互协商程序进行磋商，争端的解决取决于双方对具体问题的理解以及解决问题的诚意，缺乏外部约束力，效率不高①。

7. 有的地方对非居民企业所得税管理工作重视不足。在当前我国以组织收入为中心工作的大环境下，非居民企业所得税收入虽然潜力较大，但所占比

---

① 何键：“关于加强非居民税收管理的实践与思考”，《华商》2008 年第 11 期。

重较小，因而各级税务机关对非居民企业所得税管理工作缺乏足够的重视，管理人员的配备以及对各方面的投入还不够到位。

三、完善我国非居民企业税收管理的思考

非居民企业的特点，决定了其管理的复杂性和艰巨性。目前我国对非居民企业所得税管理工作尽管已经取得了一些成绩，但是由于诸多客观问题的存在，仍然需要税务机关采取多项措施进一步加强管理。借鉴和参考国际经验并结合我国的国情特点，现提出以下对策建议：

（一）进一步完善法律法规，规范操作程序

根据《中华人民共和国企业所得税法》及其实施细则，进一步制定和修改相关的非居民企业税收政策和管理办法，细化和规范现有的规定，修订不合时宜的税收协定，出台针对非居民企业所得税管理的规范性文件，形成简洁明了、可操作性强的非居民企业所得税法规体系，提高其严密性、针对性、操作性和指导性。

（二）加强税源管理，完善税收征管手段

1. 营造必要的税收征纳环境。要加强非居民企业所得税的管理，税务机关必须做到：一是充分重视非居民企业所得税管理工作。非居民企业所得税管理不仅关乎税收收入，更具有国家主权象征的政治意义。二是加强对税务机关非居民企业所得税管理业务的培训。培训对象不应仅针对国际税务管理人员，而且要延伸到相关岗位。培训内容不仅涉及非居民企业所得税政策，还要延伸到国际贸易、国际金融等相关知识。三是积极向纳税人讲解、宣传非居民企业所得税政策及管理规定、税收协定规定，告知扣缴义务人扣缴税款的计税依据、计算方法、扣缴期限、扣缴方式、应承担的法定义务和责任以及依法应享有的权利。特别应明确扣缴义务人与纳税人的区别，指导其正确对待纳税条款，帮助其在与境外企业洽谈合同时，正确维护自身合法权益。

2. 进一步落实税源监控。一是我国税务机关应严格执行非居民企业税务征管业务流程，制定网上申报业务标准，确保申报表数据采集质量；二是抓住居民企业与成本费用相关的对外特定支付，重点监控大额、高频、疑点项目；三是认真落实境内企业与境外企业经贸往来事项备案管理制度，以及非居民企业与扣缴义务人的税务登记、扣缴登记管理，对项目合同实行备案。税务机关要积极引导我国企业注意，当外国投资者转让其境内企业股权时，应当到主管税务机关进行备案。任何经济或者社会组织与境外企业签订项目合同，也应到

主管税务机关进行登记备案；四是税务机关要及时对合同进行审核，建立管理台账，从源头上跟进掌握非居民企业的纳税情况；五是建立健全与相关部门的信息交换机制，畅通信息来源渠道。

3. 强化源泉扣缴，定期开展税收专项检查。一是做好政策宣传和实地核查。在企业与境外公司签订合同时，提前进行税收政策辅导，使企业充分了解相关规定和代扣代缴责任，帮助企业在商定涉税条款时自觉维护企业自身利益和国家权益；二是要经常查阅企业交易合同清单，审查与境外交易项目及扣税情况；三是税务机关应加强对扣缴义务人的检查监督，监督扣缴义务人依法履行扣缴义务，及时、足额代扣代缴税款，实现源泉控管；四是加强税源专业化管理，尤其是对管理难度大的业务，应集中在地市级税务机关的国际税收管理部门办理，解决执法人员不足的问题，提高执法效果；五是税务机关应定期开展对非居民企业取得来源于中国的股息、红利、股权转让收益、利息、特许权使用费以及提供劳务等情况开展税收专项检查，及时更新发生股权变动的外资企业名单，逐一排查落实，掌握非居民企业业务变更情况及避税的动向。

4. 加强售付汇税务凭证管理和检查结算。一是税务机关应对出具售付汇税务凭证进行严格审核，尤其重点监控售付汇金额在5000万元以上的、列入国家、省、地市级重点建设项目的承包工程项目；二是加强与外汇管理部门的联系与合作，定期向外汇管理部门及指定银行收集售付汇企业名单、付汇金额及提供税务证明情况；三是对售付汇税务凭证制度落实情况加强检查和监督，把住售付汇闸门；四是税务部门要把对纳税人、扣缴义务人的纳税评估、所得税汇算清缴、专项税务审计、税务稽查工作，纳入日常工作内容。对应缴未缴、应扣未扣的扣缴义务人，依法做出相应处理。把对非居民企业所得税的汇缴、结算，作为管理的一项重要措施，加以制度化。

（三）进一步加强常设机构的管理

我国对外签订的税收协定一般均规定，外国企业在我国境内设立常设机构时，其通过常设机构获得的所得，属于来源于我国境内所得，税务机关有权对其征收所得税。根据这一原则，判定非居民企业在我国境内是否设有常设机构，是税务机关在非居民企业税务管理中的重要环节。税务人员在审查非居民企业常设机构时，需要注意以下几点：一是判断一个非居民企业在我国是否构成常设机构，不仅要做形式上的考察，更要注重实质方面的考察；二是一个居民企业可以成为属于同一个集团、拥有共同的发展战略的若干非居民企业，设在中国的共同的常设机构；三是一个非居民企业委托一个居民企业A从事自己业务的管理工作，或者一个居民企业 A 参加或受雇参加一个非居民企业与另外一个居民企业 B 签订合同的活动，该居民企业 A 有可能构成该非居民企业的常设机构；四是认真审核非居民企业的经营管理情况，尤其要关注非居民企业利用总机构与常设机构、常设机构与常设机构之间的交易，转移财产、经营利润以及不合理分摊成本、费用等形式避税。

（四）加强对滥用税收协定的防范

中国从 1983 年开始对外签订避免双重征税协定，截至 2009 年年底，共与 95 个国家（地区）正式签订了此类协定。然而，从目前中国税收立法的现状来看，尚缺乏防范滥用税收协定避税的有力措施，中外税收协定被滥用的现象时有发生。滥用税收协定的目的是为了获取协定所赋予的税收利益。反滥用的宗旨就是，否定滥用行为获取的税收协定利益，为公平竞争创造良好的税收环境。

结合我国税收征管的现状，建议采取以下措施，防范税收协定的滥用：一是在税收协定中加入利益限制（LOB）条款作为特定反滥用条款。该条款由美国所创，其核心就是规定，只有当居民企业与缔约国有实质经济利益联系并实施了实质经营行为，才能享受税收协定的利益。该条款列举了居民能够享受税收协定利益的条件，主要包括上市公司标准、所有权标准和积极的商业行为标准等，还规定了税务当局协商裁定的内容。该条款具有客观性和操作性强等特点，因此可以考虑在我国的税收协定中引入 LOB 条款。但是，考虑到完全引入该条款，将大大增加我国税收协定的复杂程度，并且在我国目前税收征管水平不足的情况下，会额外加重税务机关的负担，提高执行成本。建议应尽量避免全面引入该条款，可以在引入该条款主要内容的同时，加入一些原则性规定，如在判断是否避税时，主要检查其经济行为的目的是否主要为了税收利益等等。二是在税收协定中加入一般反滥用条款。我们可以在税收协定中引入透视法（look - through approach）和渠道法（Channel approach）作为一般反滥用条款。透视法是最直接的防范滥用税收协定的方法，规定协定利益只给予由缔约国一方居民企业拥有或控制的在另一国进行经营活动的企业。渠道法主要对缔约国一方的居民企业支付给第三国居民的股息、利息、特许权使用费在总收入中的比例作出限制，超出上限者不享受协定优惠。渠道法往往与透视法相结合使用，只有在查明第三国居民与缔约国居民企业存在实际控制关系时才可加以应用。三是一般反滥用规定与特殊反滥用条款的结合。我们在税收协定中设立一般反滥用条款时，须要规定特殊的排除条款。选用真实正当条款和实质经营条款作为特殊条款，将缺乏合理商业目的、从事虚假商业行为的纳税人，排除在享受税收协定利益之外。

（五）主动关注涉税信息，拓宽信息获取渠道

税务部门应从多方面拓宽信息获取渠道，在根据实际情况逐步推进国际税收情报交换工作的基础上，建立多元化的税源监控机制：一是建立部门间的信息共享机制。税务机关内部各部门要实现信息共享，横向之间，国际税务管理部门应主动加强与流转税、所得税、征管、收入规划核算、进出口、稽查等部门的信息沟通；纵向之间，上下级税务机关也要加强信息沟通，在税务系统内建立信息采集传递制度。确保非居民企业相关信息资料传递畅通，形成各相关部门通力合作的工作局面，共同做好非居民企业的税收管理工作。此外，税务机关要积极联系外汇管理、发展和改革委员会、海关、公安、银监、工商、贸促会等相关部门，加强与非居民企业所得税管理有关的政府主管部门间的协调，定期交换相关信息，及时掌握非居民企业税源管理的底数及变化情况。二是建立积极主动的信息搜集机制。安排专人从电视、报纸、互联网等新闻媒体和行业协会等渠道，搜集境外来华企业信息，积累税收情报。三是建立重大税源情报奖励机制，鼓励境内外单位和个人在非法定义务条件下，提供境外来华企业有关信息。如该信息最终帮助税务机关发现重大非居民企业所得税源并征收入库，税务机关给予信息披露人一定程度的物质奖励和精神奖励。四是实行提前介入重点税源企业的制度。税务机关应将可能较频繁与境外企业发生业务往来的重点企业、重点工程、重点项目，纳入重点监控对象，实时监控。税务干部在日常管理、检查过程中，也要有意识地向企业询问这方面的信息，查阅有关会计凭证和税务资料，做到主动介入。

（六）加强典型个案分析，堵漏增收

近年来，非居民企业利用税收政策漏洞或征管手段滞后规避纳税义务的现象越来越多，非居民企业税收问题层出不穷。为此，应加强调研，拓展非居民企业的反避税工作思路，探索反避税手段和方法。特别是对中外合作办学、非居民企业低价股权转让、派遣人员任职、处置不良资产、对外支付、承包重点工程项目等涉税事项进行个案分析，按照国内税法和税收协定准确判定纳税义务，追缴税款。例如，随着经济全球化进程的加快，教育也在走向国际化。在我们看好国外先进的教育资源的同时，国外也看中了我国广阔的教育市场。在大量的中外合作办学活动中，涉及大量的非居民税收问题，应该引起我国非居

民企业所得税管理部门的高度关注[①]。

（七）进一步加强国际税收协调与合作

非居民企业税源管理作为国际税收管理的重要组成部分，与关联交易转让定价调查、税收情报交换、企业所得税的纳税评估和税务审计等工作紧密相连。非居民企业税源管理信息为专项情报交换工作提供线索，情报交换又为非居民企业税源管理的深化提供解决手段。例如，对外付汇项目支出的真实性、合理性，关系到所得税税基是否受到侵蚀，对反避税调查和所得税评估有着重要的作用；再者，外方企业取得的收入已经纳税，并不代表境内企业所得税税前扣除就合理、合法；另外，境内劳务、特许权使用费等费用支出项目作价是否合理，也有待于反避税调查去审查确认。在实际工作中，要注意充分发挥国际税收合作与协调的效用，加强情报交换工作，堵塞漏洞，防止滥用税收协定。

1. 多管齐下，精心筛选情报线索。要结合涉外税收管理工作的需要，通过强化日常管理和深化审计、反避税等专项工作来获取情报线索：一是根据售付汇凭证展开工作，建立非居民企业管理档案。对国外从我国取得的各类所得按项目类型、频繁程度建立管理档案。对所得金额大、付汇次数多的非居民企业，实施重点监控；对售付汇凭证开具管理中存在较大疑问、列入跟踪管理的项目，作为发出专项情报的重点对象。二是根据所得税日常申报资料和汇算清缴资料获取线索，保证情报来源的完整性和准确性。三是通过税务审计查找可疑对外支付款项。

2. 深入调查，保证情报交换工作质量。稽查部门应协同管理员对企业的国际往来项目进行专题检查，并根据情报交换工作的要求认真审核，充分取证：一是对照管理规程的要求，审核对外支付项目是否适合作为情报对外发出，审查作为自动情报的款项是否属于规程要求的专项收入范围，请求内容是否合理。二是对企业对外支付款项进行梳理，审核情报涉及款项是否涉税，应税项目是否已正确足额扣缴税款。三是对照有关文件，审核情报附报资料是否齐全，避免多次往返，减轻纳税人负担，提高工作效率。

3. 认真核查，提高外来情报利用水平。在提高对外发出情报质量的同时，要加大对外来情报的核查力度，完善征管质量。获得的外来情报大多涉及大型

① 山西省国家税务局："中外合作办学项目扣缴非居民企业所得税案例"，《全国非居民税收管理培训班各地案例交流》2009 年 8 月。

跨国企业，在审计前要利用现有的征管资料，做好充分准备；在审计过程中，要重点审核企业有无利用国际资金的流动进行偷逃税，有无利用与投资方等关联企业的业务往来进行避税的现象；审计结束后，应尽快完成核查报告，对税收管理欠缺的方面及时弥补和纠正，不断完善征管措施。

参考文献

1. 靳东升、付树林：《外国税收管理的理论与实践》，经济科学出版社 2009 年版。

2. 葛夕良、沈玉平：《英国　西班牙企业征税制度比较研究》，中国财政经济出版社 2009 年版。

3. 温州市国家税务局课题组："当前非居民税源管理存在的问题与对策"，《浙江税收获奖论文集》，中国税务出版社 2009 年版。

4. 张子成："非居民企业所得税管理中存在的问题及对策"，《中国国际税收》2009 年第 4 期。

5. 徐云翔、宋雁、花明磊："江苏最大一笔非居民企业所得税税款入库"，《中国税务报》，2008 年 7 月 7 日。

6. 徐长英、张红东："非居民税收管理中存在的问题和解决办法"，《涉外税务》2007 年第 3 期。

7. 沈志华："正确执行税收协定　优化非居民税收管理"，《涉外税务》2009 年第 8 期。

8. 苑新丽："非居民企业所得税管理存在的问题及解决途径"，《财政研究》2009 年第 3 期。

（作者工作单位：国家税务总局税收科学研究所）

中国内地、台湾地区个人所得税制度比较研究

靳东升　庞　迪

新中国最早的个人所得税概念源自1950年公布的《税政实施要则》，其中规定要在中国内地课征薪给报酬所得税和利息所得税。但由于当时普遍实施低工资制，因此不具备开征个人所得税的条件。中国内地现行个人所得税自1980年正式立法开征，至今已经有30年的时间，且一直处于不断改革、丰富、完善过程中。台湾现行个人所得税是由最初的分类所得税制过渡到分类综合所得税制，最后演变为综合所得税制，这对中国内地个人所得税的改革和发展有很强的借鉴意义。

一、关于纳税人的比较

根据《中华人民共和国个人所得税法》的规定，在中国境内有住所，或者无住所而在境内居住满1年的个人，从中国境内和境外取得的所得，依照税法规定缴纳个人所得税。在中国境内无住所又不居住或者无住所而在境内居住不满1年的个人，从中国境内取得的所得，也要依照税法规定缴纳个人所得税。可以看出，中国内地采用的是属人与属地原则相结合的税收管辖权。优点是税法严密，符合税收公平和国际潮流。缺点：一是个人所得税将纳税人分为居民纳税人与非居民纳税人两种，但由于“有住所的个人”在实践中难以作出准确的判断和解释某个人是否属于居民纳税人；二是居民纳税人与非居民纳

税人两者扣除标准不同，导致纳税人之间缺乏公平；三是容易产生税收管辖权交叉，带来诸多涉外税收关系协调问题。

台湾地区的税法规定，凡有台湾来源所得之个人，不论其为台湾人或外国人，亦不论其是否居住在台湾境内，其有台湾来源所得者，均应申报课征或就源扣缴综合所得税。由此可以看出，台湾地区的综合所得税适用的是属地原则，即就来源地所得依法征收所得税，放弃了属人原则下居民纳税人的无限纳税义务。原因主要在于台湾经济对外依存度很高，华侨遍布世界各地，为促进台湾外向型经济良性发展，也为了避免重复征税带来税收行政上的复杂性。尽管台湾综合所得税的税收管辖权采用属地原则，但同时对中国内地、港澳居民的所得和台湾居民在中国内地和港澳取得的所得又另行作出规定。其优点是不区分国籍，也不对个人在境内是否有固定或暂时居所进行划分，在征收管理上更加简便。尤其是判别应纳税收入更加明确，采用源泉扣缴的方式也更加方便执行。缺点是导致居民投资者以个人身份对外投资以规避税负，违背税收中立、量能负担原则，导致税源流失。

二、关于征税对象和税率的比较

根据《中华人民共和国个人所得税法》的规定，中国内地采取分类分项，分别定率，源泉代扣代缴，分别征收的方式，应纳个人所得税的税目和税率如下：（1）工资、薪金所得，适用5%至45%的超额累进税率；（2）个体工商户的生产、经营所得和对企事业单位的承包经营、承租经营所得，适用5%至35%的超额累进税率；（3）稿酬所得，适用20%的比例税率，并按应纳税额减征30%；（4）劳务报酬所得，适用20%的比例税率，对一次收入畸高的，实行加成征收；（5）特许权使用费所得，利息、股息、红利所得，财产租赁所得，财产转让所得，偶然所得和其他所得，适用20%的比例税率。

台湾地区采取的是综合所得税制，即将各项应纳综合所得税的所得净额作为征税对象，适用6%至40%的五级超额累进税率（见表1）。应税所得包括以下10种：（1）营利所得；（2）执行业务所得；（3）薪资所得；（4）利息所得；（5）租赁所得及权利金所得；（6）自力耕作、渔、牧、林、矿之所得；（7）财产交易所得；（8）竞技、竞赛及机会中奖之奖金或给予；（9）退职所得；（10）其他所得。

除以上应税所得之外，台湾对一些特殊的所得也作了规定。主要有5类：实物所得、隐含所得、变动所得、公式性所得、福利性所得。除隐含所得由于征管不便不征税外，其他 4 项也要依法征税。

表 1　　台湾 2009 年度综合所得税征税级距、税率及累进差额表

单位：元（新台币）

征税级距	税率（%）	累进差额
0—410000	6	0
410001—1090000	13	25900
1090001—2180000	21	105100
2180001—4090000	30	283300
4090001 以上	40	655300

从内容来看，中国内地个人所得税和台湾综合所得税的应税所得都用正列举的方式列出，所列应税所得很相似，但也有一些差别。中国内地征税对象范围比较小，累进税率高，级差多。例如，对农业所得不征税，对实物所得、隐含所得、变动所得、公式性所得，一般也没有规定征税。而中国台湾征税对象范围比较宽，累进税率略低，级差少。

中国内地个人所得税与台湾综合所得税最重要的差异之一就在于税制种类的选择不同。中国内地采取分类分项，分别定率，源泉代扣代缴，分别征收的方式。台湾早期的个人所得税也是分类税制，后来过渡到分类综合税制，1955 年演变为综合税制。实行综合所得税制具有较好的调节分配功能，能够更好地发挥“自动稳定器”功能，实现税收公平。但是在经济水平不是很发达的条件下，受征管实际的限制，无法实行综合所得税制，产生较多不公平和低效率问题，更违背了“量能负担”原则，税收公平难以体现。

三、关于免税额和扣除项目的比较

最直接决定个人所得税税负的因素是税率、免税额和扣除项目，税率高低直接反映税负高低，纳税人对税率比较敏感。而免税额和扣除项目的多少，对税负的影响不明显，因此，纳税人也就对此不很敏感。

（一）免税额的比较

中国内地的免税额称为减除费用，根据纳税人和税目有不同的处理方法。居民纳税人工资薪金所得以每月收入额减除 2000 元后的余额作为应纳税所得额；对在中国境内无住所而在中国境内取得工资、薪金所得的纳税义务人和在中国境内有住所而在中国境外取得工资、薪金所得的纳税人，以每月收入额减除费用2000元，和附加减除费用2800元后的余额作为应纳税所得额。

台湾地区免税额按年计算，综合所得税免税额规定见表2。

表2　　中国台湾综合所得税免税额表　　单位：元（新台币）

年　份	免税额	年满70岁
基准年	60000	90000
2007年、2008年	77000	115500
2009年	82000	123000

由于可选择家庭联合申报综合所得税，对于有抚养亲属要求的纳税人，按规定可免除本人、配偶及符合条件的抚养亲属的免税额。另外，纳税人本人、配偶及受抚养直系尊亲属年满70岁者，免税额增加50%。免税额以每人每年6万元为基准，每遇消费者物价指数较上次调整年度之指数上涨累计达3%以上时，由财政部按上涨程度计算调整后公告，但配偶分开计算税额者，纳税人不得再减除配偶之免税额。

（二）扣除项目的比较

中国内地个人所得税应纳税所得额的计算中包含两类扣除项目：一类是基本扣除项目，也就是为取得收入的费用项目；另一类是特殊扣除项目。

1. 基本扣除项目。

（1）个体工商户的生产、经营所得，以每一纳税年度的收入总额，减除成本、费用以及损失后的余额，为应纳税所得额。

（2）对企事业单位的承包经营、承租经营所得，以每一纳税年度的收入总额，减除必要费用后的余额，为应纳税所得额。

（3）劳务报酬所得、稿酬所得、特许权使用费所得、财产租赁所得，每次收入不超过4000元的，减除费用800元；4000元以上的，减除20%的费用，其余额为应纳税所得额。

（4）财产转让所得，以转让财产的收入额减除财产原值和合理费用后的余额，为应纳税所得额。

（5）个人将其所得对教育事业和其他公益事业捐赠的部分，按照国务院有关规定从应纳税所得中扣除。

（6）纳税人从中国境外取得的所得，准予其在应纳税额中扣除已在境外缴纳的个人所得税税额。

2. 特殊扣除项目。

（1）个人缴付的基本养老保险费、基本医疗保险费和失业保险费，单位和个人分别缴存的住房公积金，公务用车和通讯补贴，可按规定扣除。

（2）个体工商户按规定缴纳的有关税、费，可按规定扣除。

（3）个人在转让技术过程中支付的中介费，在财产租赁过程中缴纳的有关税、费，向出租方支付的租金，由纳税人负担的修缮费，均可按规定扣除。

（4）个人资助非关联的科研机构和高等学校研究开发经费，可按规定扣除。

台湾地区个人所得税采用年综合所得总额减除免税额及扣除额后的综合所得净额计征。对于其中扣除额部分，纳税人可选择标准扣除额或列举扣除额之一减除，并减除特别扣除额。扣除额适用与免税额一样的方法随物价指数计算调整。

1. 标准扣除额（见表3）。

表3　台湾标准扣除额表　　单位：元（新台币）

年　度	个　人	有配偶者
基准年	38000	76000
2007年	46000	92000
2008年	73000	146000
2009年	76000	152000

2. 列举扣除额。

（1）捐赠扣除。对于教育、文化、公益、慈善机构或团体之捐赠总额最高不超过综合所得总额20%为限，可以扣除，但有关国防、劳军之捐赠及对政府之捐献，不受金额之限制。

（2）保险费扣除。纳税义务人本人、配偶及直系亲属之人身保险、劳工保险及军、公、教保险之保险费，每人每年扣除数额以不超过新台币24000元为限。但全民健康保险之保险费不受金额限制。

（3）医药及生育费扣除。纳税义务人及其配偶或受抚养亲属之医药费及生育费，以付与公立医院、公务人员保险特约医院、劳工保险特约医疗院、所，或经财政部认定其会计纪录完备正确之医院者为限。但受有保险给付部分，不得扣除。

（4）灾害损失扣除。纳税义务人及其配偶与抚养亲属遭受不可抗力之灾害损失，可以扣除，但受有保险赔偿或救济金部分，不得扣除。

（5）购屋借款利息扣除。纳税义务人购买自用住宅，向金融机构借款所支付之利息，其每一申报户每年扣除数额以30万元为限。但申报有储蓄投资特别扣除额者，其申报之储蓄投资特别扣除金额，应在上项购屋借款利息中减除。纳税义务人依上述规定扣除购屋借款利息者，以一屋为限。

（6）房屋租金支出扣除。纳税义务人及其配偶与受抚养直系亲属在境内租屋供自住且非供营业或执行业务使用者，其所支付之租金，每一申报户每年扣除数额以12万元为限。但申报有购屋借款利息者，不得扣除。

（7）竞选经费扣除。2007年11月7日修正公布公职人员选举罢免法规之竞选经费。分候选人是否开立政治献金专户的两种不同情形。

（8）政治献金法规定的捐赠扣除，即对政党、政治团体及拟参选人的捐赠。

（9）私立学校法规定的捐赠扣除。通过财团法人私立学校与助学基金会，对私立学校之捐款，其金额不得超过综合所得税额的50%。

标准扣除额和列举扣除额主要的不同在于，标准扣除额不需出具证明就可以适用，不论所得高低，都只能按固定金额扣除。而列举扣除额则须附证明文件，故平常即应注意支出凭证的搜集和保存。因为要附相关证明，有些列举扣除项目没有金额的限制，完全核实减除，像医药生育费及灾害损失等。

3. 特别扣除额。

（1）财产交易损失扣除。每年度扣除额，以不超过当年度申报之财产交易之所得为限；当年度无财产交易所得可资扣除，或扣除不足者，得以以后3年度之财产交易所得扣除之。

（2）薪资所得特别扣除。纳税义务人及与纳税义务人合并计算税额报缴之个人有薪资所得者，2007年度、2008年度及2009年度每人每年可扣除额分别为78000元、100000元及104000元，其薪资所得未达该标准者，就其薪资所得额全数扣除。

（3）储蓄投资特别扣除。纳税人及与其合并报缴之配偶暨受其抚养亲属于金融机构之存款利息、储蓄性质信托资金之收益及公司公开发行并上市之记名股票之股利，合计全年不超过27万元者全数扣除，超过者以扣除27万元为限（台湾的公司所得税制和个人所得税制合并以后，自1999年1月1日起取得公司公开发行并上市之记名股票股利，不再适用此规定）。

（4）残障特别扣除。纳税义务人、配偶或受其抚养亲属如为领有身心障碍手册或身心障碍证明者，及精神卫生法规定之病人，2007 年度、2008 年度及 2009 年度每人每年扣除分别为 77000 元、100000 元及 104000 元。

（5）教育学费特别扣除。纳税义务人之子女就读大专以上院校之子女教育学费每人每年扣除数额以 25000 元为限。

台湾地区 2007 年、2008 年、2009 年综合所得税免税额和扣除额额度（见表 4）。

表 4　台湾地区免税额和扣除项目金额表　单位：元（新台币）

项　目		2007 年	2008 年	2009 年
免税额		77000	77000	82000
纳税人本人及其配偶年满 70 岁者或年满 70 岁受纳税人抚养之直系尊亲属免税额		115500	115500	123000
标准扣除额	单身	46000	73000	76000
	有配偶者	92000	146000	152000
薪资所得特别扣除额		78000	100000	104000
残障特别扣除额		77000	100000	104000

（三）中国内地、台湾地区的差异

中国内地个人所得税工资、薪金一律实行定额扣除，这个规定比较简单，没有系统的按纳税人的负税能力来设置，不够规范与公平合理，难以体现量能负担的原则。同时，对中国内地居民和外籍人员的工资薪金采用不同的费用扣除标准，虽然在短期内有利于保持政策的连续性，但如长期采取这种措施必然产生税负的不均衡。

台湾地区的扣除标准相对比较复杂，接近于国际规范。纳税人可以选择标准扣除（选择单身或合并申报）或列举扣除这两种方式中的一种，再加上特别扣除，最终得到纳税人的所有扣除额。而且免税额和扣除额会随消费价格指数相应调整，体现出较好的灵活性。

四、纳税申报制度比较

中国内地个人所得税长期实行源泉征收，支付方代扣代缴的征管制度。目前实行的是以源泉扣缴为主、自行申报为辅的过渡性征收方式，与分类所得税制相对应，负有纳税申报义务的是有收入的个人。《国家税务总局关于印发〈个人所得税自行纳税申报办法（试行）〉的通知》（国税发〔2006〕162 号）

为中国个人所得税制度向自行申报制度的改革迈出了第一步。通知中规定：年收入在12万元以上者必须向当地税务机关自行申报所得。

台湾对居民纳税人所得除薪资、佣金、权利金、竞技机会中奖的奖金、业务报酬和检举奖金就取得所得之时以10%或20%预扣缴之外，其余均需申报纳税，以自行申报方式为主，及要求纳税人就综合所得进行年度结算，自行申报。非居民纳税人的来源于地区内的所得大部分按照所得项目以扣缴率实行源泉扣缴，扣缴率大多为20%，但财产交易所得、自力耕作所得和渔牧林矿所得要按20%申报纳税。

具体规定是，纳税人应于每年5月1日起至5月31日止，透过二维条码或网际网路《综合所得税电子结算申报缴税系统》办理申报，或填具综合所得税结算申报书（分为简式申报书和一般申报书两种），向户籍所在地主管稽征机关申报其上一年度个人综合所得总额，并依规定标准核准免税额、扣除额等，纳税人应附转账缴纳收据等证明文件及单据办理申报。台湾地区综合所得税的计税申报有以下四个种类：

第一类，单身申报。除本身没有谋生能力、身心残障、在校就学者外，凡年满20岁的单身居民，均应单独申报缴纳综合所得税。这种纳税申报人多为未婚者。

第二类，夫妻合并申报。确定纳税义务人较为灵活，可选择以下三种方式：一是以丈夫为纳税人，夫妻所得分开计税但合并申报；二是以妻子为纳税人，夫妻所得分开计税但合并申报；三是以家庭为申报单位，夫妻所得合并计税合并申报。

第三类，家庭结构有变化时的申报。主要是对新婚或刚离婚的家庭规定的，年终结算申报时可以选择分别申报或合并申报。

第四类，已分居夫妻。一般是双方分别申报，并注明“已分居”，由税务稽征机关归户，剔除重复列报部分，如需补税会按夫妻所得比例向双方发出补税通知。

纳税申报主体的确定和申报方法等方面，中国内地与台湾个税申报制度都存在着一定区别，这也是与中国内地分类所得税制和台湾地区综合所得税制的制度设计相适应。个人所得税自行纳税申报制度在中国内地推行时间较短，制度本身还存在很多不完善的地方。中国分类税制仅是一个过渡阶段，尚需进一步完善。

五、对完善中国个人所得税制度的若干思考

目前，中国内地的个人所得税制度主要由《中华人民共和国个人所得税法》和《中华人民共和国个人所得税法实施条例》构成，经过 30 多年的发展，基本制度已比较健全。税法规定明确，易于理解，有利于降低税收成本，节省征收费用。同时，实行分类所得税制，按所得来源不同分类征收，方便实行源泉扣缴，有利于加强征管，减少税收流失，有效发挥对特定所得的调节作用，实现特定的政策目标。现行个人所得税调节经济的效果在各方面均有所体现，已经成为中国税制体系中不可或缺的重要税种。

与台湾地区综合所得税相比，中国内地个人所得税有以下明显的优点：(1) 在纳税人认定上，采取的是属人与属地相结合的税收管辖原则，符合国际惯例，有利于维护国家税收利益；(2) 农民、牧民和渔民的来源于这些项目的收入免税，保障农民生活水平和农业发展；(3) 应税所得采取源泉扣缴方式，更好地控制税源，防止税款流失；(4) 纳税单位为个人，征管上更易操作。因此，深化个人所得税的改革是在原有基础上的完善，实现进一步的科学、合理、公平和规范。

（一）完善中国内地个人所得税制度的基本原则

2009 年中国内地个人所得税收入占全部税收收入的比重为 6.63%[①]，实现税收公平、调节收入分配和增加财政收入的功能非常重要。在深化个人所得税的改革中必须坚持以下原则。

1. 坚持税收公平原则。税收公平原则包括横向公平和纵向公平，既要求拥有相同纳税能力的人们必须缴纳相同的税收，也要求有较高纳税能力的人们多缴税。其中，前者主要体现为量能负担原则，后者主要依靠税制的累进性体现。税收公平原则是个人所得税制度的根本要求，要求税制充分考虑纳税人的总体负担能力，体现量能课税，以便更好地发挥公平税负、调节收入分配的作用。

2. 发挥税收调节功能的原则。个人所得税以其累进性，被认为是可以矫正不够公平的国民收入初次分配的有效手段。要解决中国收入分配严重不均的现实，有赖于个人所得税调节功能的发挥。对于个人所得税，在许多国家和地区被同时作为筹集财政收入和调节收入分配的主税种。而具体到中国内地，基

---

① 刘佐："中国个人所得税制度发展的回顾与展望"，《研究报告》2010 年第 15 期。

于现阶段出现收入差距加大趋势的要求，也受制于居民收入普遍较低的水平，再加上完备的货物和劳务税制是政府良好的聚财渠道，在当前和今后的一段时期内，个人所得税的功能定位需要更侧重于调节收入分配差距。

3. 保证财政收入的原则。税收具有组织财政收入的功能，它是税收的基本职能，也是个人所得税设计的基本原则之一。在实行比例税率的状况下，税收收入会随着国民经济运行形势起伏波动，适应性较强，在累进税制下，经济的扩张或收缩对税收收入有累进或累退影响。同理，个人所得税在筹集财政收入的过程中应随经济发展呈现稳步提升的特征。

（二）完善中国内地个人所得税制度的若干思考

个人所得税改革涉及人员多、范围广、社会影响大，需要积极稳妥，逐步实施。抓住主要矛盾，由渐变实现巨变，最终实现根本性变革。

1. 建立分类与综合相结合的模式，提高收入能力。个人所得税收入占国内生产总值（GDP）的比重，北欧国家最高（18%），西欧国家最低（不到7%），亚太国家与西欧国家水平基本相当。有数据显示，过去几十年中，部分 OECD 国家个人所得税收入占 GDP 的比重平均约为 11%，高于中国内地 10 个百分点。这些国家个人所得税收入占税收总收入的比重平均约为 28%，高于中国内地 20 多个百分点。另外，这些 OECD 国家 2001 年的个人所得税和企业所得税的税收收入之比平均为 4.5[①]，而中国这一比例从 2001—2008 年分别为 0.38、0.39、0.49、0.44、0.39、0.35、0.36 和 0.33，算术平均值仅为 0.39，远小于以上 OCED 国家平均水平。发达国家的这一组数字展示出中国内地个人所得税的收入发展前景。

通过台湾地区所得税制的发展历程我们看到，综合所得税制不是由分类所得税制直接转变来的，中间需要一段比较长的过渡过程，而分类与综合相结合的混合模式就是由分类所得税向综合所得税过渡阶段的一种模式选择。这期间将维持原有的分类征收、源泉扣缴模式，同时要进行与综合所得税制度相匹配的信息资源支持建设。

借鉴台湾地区经验，同时考虑到中国内地目前的金融管理水平、国民纳税观念、税收征管水平等多种条件制约，为了既增强个人所得税的公平性和可操作性，中国内地现阶段采用综合与分类相结合的所得税制作为过渡，符合积极

① Howell H. Zee. "Personal Income Tax Reform: Concepts, Issues, and comparative Country Developments", http: //www. inf. org/external/pubs/ft/wp/2005/wp0587. pdf.

稳妥的原则。

分类与综合相结合的所得税制设计要点在于：一方面将工资、薪金所得，个体工商户生产、经营所得，劳务报酬所得和稿酬所得这四种经常性劳动所得实行综合征收，在收入取得之时预缴，年终按照年净所得比照累进税率计算综合所得税；另一方面，对于股息、红利所得，财产转让所得、偶然所得等仍沿用现行做法实行源泉扣缴。这样做，既考虑了税收征管的现实性和可行性，又保证了综合所得部分税源充足。

2. 完善扣除制度，减轻劳动者负担。中国内地现行个人所得税制，按不同税目规定定额或比例扣除额，扣除标准设计比较简单，既不能客观反应纳税人取得各项所得所付出的“成本”，也不能有效体现纳税人的总体收入水平，更无法衡量纳税人的实际负担能力。根据各国通用的做法，同时借鉴台湾地区的经验，个人所得税的扣除项目可设计为基本扣除、生计扣除和特殊扣除三个部分。

（1）基本扣除。基本扣除主要指国家规定的免税限额，在实行个人所得税综合征收的国家，多数都规定有最基本的免税限额，不足免税限额的全额免除，其净值作为综合所得部分的税基。免税限额是国家基于经济效率、社会公平、政治稳定以及基本生活保障等政策性的考虑，对相关所得的一种豁免。免税限额可以根据平均工资水平、人均基本生活费用和物价指数等因素确定。

（2）生计扣除。生计扣除是为了维持最低生活保障费用的进一步扣除。中国个人所得税对劳动者负担减轻的理想实现方式是将低收入劳动者排除在个人所得税征税范围之外，同时对高收入人群多征税。中国台湾地区对标准扣除的标准是每人每年有一定额，以夫妻两人为纳税单位且合并计税的按此标准双倍扣除。值得注意的是，生计扣除与中国内地目前工资、薪金费用扣除标准有很明显的不同，这从台湾地区综合所得税的工资、薪金特别扣除就可以看出。中国内地将各种经常性劳动所得综合计入净所得后，也应设立以最低生活保障为标准的生计扣除，即标准扣除额。同时根据台湾地区经验，生计扣除额要依据物价指数上涨情况进行指数化调整。

对于相同收入的纳税人，由于家庭结构不同，其生活质量各不相同，因此在扣除时也要考虑无生活来源的配偶、子女和老人。但在现阶段，以个人作为个人所得税的纳税单位便于管理，且不会引起婚姻对税收的“惩罚”现象[①]，可以不采取家庭联合申报。但可采取纳税人提交家庭抚养人口相关资料申请加计扣除方式，且已申请为加计扣除的人口不可再与其他纳税人合并重复申请。

(3) 特殊扣除。特殊扣除主要指除上述情况之外的降低纳税人纳税能力的特殊生活支出扣除。这种支出并非所有纳税人均有，且支出项目、数额各不相同，有必要在税前据实列支据实扣除。虽可参考台湾地区经验，但由于征管水平有限，税制设计不应过于复杂，故台湾地区综合所得税中标准扣除额与列举扣除额任选其一的扣除方法不可照搬全抄，但其中列举扣除额中关乎国计民生的项目也可为特殊扣除设计提供参考。我们认为，根据中国内地的实际情况并借鉴台湾的经验，特殊扣除可以设计成三类。①医疗费用扣除。有保险支付的部分不予扣除，即治疗费、处方药费等超过未报销部分可以进行扣除，并可设立最高扣除比例。②教育费扣除。当今人才竞争日益激烈，教育支出数量明显上升，子女的学费、培训费实际上已经成为很多家庭的很大经济负担，对义务教育阶段的费用可全额扣除，对高中、技校、专科以及高等教育等阶段学费可设定扣除比例。③住房贷款利息或房租扣除。住房制度改革以来，住房支出已经占到居民总支持相当大一部分，为保障纳税人的基本住房需求，对纳税人唯一自住房屋的租金和贷款利息，可申请扣除。但有房屋出租、转让所得的纳税人，不应再扣除其房屋租金或贷款利息支出。

目前，个人所得税自行申报试点工作已引起广泛的关注，人们的纳税意识逐渐加强，为这种必须以申报为基础的扣除制度推行打下了良好基础。另一方面，信息系统的高速发展，银行联网、物业管理、票据管理等系统等已经发展得比较成熟，实行这种充分体现纳税人负担能力的扣除标准已具有一定可行性。

3. 完善累进税率制度，调节收入差距。加强中国个人所得税收入调节功能，需要一个良好的累进税制实现纵向公平，这就需要与中国正在进行的分类与综合相结合的所得税模式改革相结合。与分类所得税制比较，混合所得税制下，将能够更好地实现税收横向和纵向公平。

具体而言，对劳动和经营性质的所得在取得收入时以较低的预缴率预缴，在年度申报时与各项应税所得汇总为综合所得部分，再依据法定标准给予各项

---

① 即“婚姻税”现象，已婚者比未婚者承担更多的税收负担，参见郑春荣：“个人所得税纳税单位选择：基于婚姻中性的视角”，《社会科学家》2008 年第 2 期。

扣除，对余下的综合净所得实行更合理的累进税率，据此计算应纳税所得额，然后对已预缴部分多退少补。综合所得部分要充分实现量能负担和税收公平原则，提高累进税收制度调节收入分配差距的功能。对于累进税率的设计，也可借鉴国际上以及台湾地区的经验，为年度综合净所得设置五档或更少的税率级距，并降低最高级次的税率，避免过重的税收负担对高收入劳动者产生较强的替代效应，影响这部分劳动者的劳动积极性。

对于非劳动和经营性质的所得（主要为来源于资本、财产的所得和偶然所得等），可维持现有的固定比例税率制度（如20%），继续采取源泉扣缴方式。这样既可防止对现有资本市场的发展产生不良影响，避免开放经济背景下的资本外逃，又可以简化征收管理，并为促进个人所得税制度的进一步完善奠定基础。

参考文献

1. 刘佐、靳东升：《中国所得税》，民主与建设出版社2005年版。

2. 贾康、梁季：《中国个人所得税改革问题研究》，《财政研究》2010年第4期。

3. 《中华人民共和国个人所得税法》，中华人民共和国主席令第85号，2007年12月29日。

4. 刘佐：《2010年中国税制概览》，经济科学出版社2010年版。

5. 中国租税研究会：《“中华民国”租税制度与法规（2009年版）》，2009年2月。

6. 《公告2010年度综合所得税免税额、扣除额及课税级距之金额》，台财税字第09804567560号，2009年11月25日。

7. 林家祺：《所得税法》，台湾书泉出版社2003年版。

8. 福州市国家税务局：《台湾税收概览》，福建人民出版社2009年版。

9. 叶少群：《海峡两岸税收制度比较》，中国财政经济出版社2008年版。

10. 黄盈霏：《两岸个人所得税比较与协调研究》，暨南大学硕士学位论文，2006年。

11. Howell H. Zee. Personal Income Tax Reform: Concepts, Issues, and comparative Country Developments. http://www.inf.org/external/pubs/ft/wp/2005/wp0587.pdf

（作者单位：国家税务总局税收科学研究所；中央财经大学）

以签署 ECFA 为契机 加强台海两岸税收协调

福建省厦门市地方税务局课题组

税收制度作为基本经济制度，对经济发展起着推动或阻碍作用。两岸经济贸易发展经历了 20 多年的历程，跨境投资和贸易日益繁荣，随之而来的重复征税、跨境偷避税等问题也日渐凸显，亟需两岸双方共同协调解决。通过税收协调互动，可以开征或停征税种、提高或降低税率、扩大或缩小税基、实行税收抵免和饶让等政策，发挥税收对促进两岸经济发展的重要调控作用；同时可以促进资源优化配置和税负公平，打击偷避税，为两岸经贸往来稳定发展创造良好的税收环境。

2010 年 6 月 29 日，大陆海峡关系协会（简称海协会）与台湾海峡交流基金会（简称海基会）经过多轮谈判，在重庆签署了《海峡两岸经济合作框架协议》（ECFA）。ECFA 的诞生，标志着两岸合作在制度化上迈出了关键一步，是两岸关系发展的一个重要里程碑。在 ECFA 的推动下，两岸合作发展将迎来新的高潮，建立作为 ECFA 配套要件所必需的、以促进两岸共同发展为目标的税收协调保障机制，也更加迫切。

一、两岸税收协调的必要性和紧迫性

两岸税收协调的必要性和紧迫性是由经贸发展规律和经济发展阶段的特点所决定的，具有很强的必然性。

（一）ECFA 签署后两岸经济合作深入发展的迫切要求

20 世纪 70 年代末大陆实行经济开放以来，两岸经贸往来日益频繁。截至 2009 年年底，祖国大陆累计批准台资项目逾 8 万个，实际利用台资 490 多亿美元，两岸的贸易往来总额已突破 1000 亿美元，祖国大陆已是台湾地区的最大贸易伙伴①。但是这种由大陆让利和市场导向混合组成的经贸关系始终缺乏机制化保证，使两岸经贸关系具有不稳定性。2008 年 3 月，国民党在台湾地区领导人选举中获胜后，两岸双方都抓住难得的历史机遇，按照胡锦涛总书记提出的“建立互信、搁置争议、求同存异、共创双赢”的宗旨，积极推动两岸关系步入和平发展的轨道。经双方多层次的密切会谈协商，相继达成了多项协议和共识，取得了一系列的成果，并于 2010 年 6 月 29 日签署了 ECFA，初步形成了两岸经济合作的机制。制度化的经贸合作必须有制度化的税收协调机制加以保障。ECFA 的签署将有效推进两岸经济合作进一步深化发展，随之而来的税收问题也将更加突出，如不及时加以解决，将对两岸经济进一步融合形成阻碍。

（二）协调税制差异的现实要求

税收制度作为经济制度的组成部分，是根据一地的政治经济要求而确定的。两岸政治经济制度的差异，必然导致税收制度的差异。然而随着祖国大陆改革开放的不断深化，经济全球化和区域经济一体化趋势的推动，两岸经济一体化发展的趋势不断增强，从建立两岸自由贸易区进而建立两岸共同市场，其愿景和现实逐步明朗。经贸发展的向心归宿必然要求税收制度、税收政策的融合一致。但受制于政治因素，两岸税收制度一致性的进程，可能弱于经贸关系的发展。这样，为促进两岸经贸合作发展，通过协调两岸税收关系、消除制度障碍，就成为现实的选择，不仅具有经济意义更具有政治意义。

（三）消除重复征税的公平要求

两岸税收管辖权交叉重合和所得认定标准不一等，导致两岸跨境所得重复征税。如对于自然人居民的所得，台湾对来源于大陆的所得，既采用居民管辖权原则，又采用来源地管辖权原则，而对来源于大陆以外地区的所得，只采用来源地管辖权原则；大陆则同时采用居民管辖权与所得来源地管辖权。对于法人居民的所得，台湾和大陆都同时采用居民管辖权和收入来源地管辖权原则，这必然引发重复征税。在法人居民身份认定上，大陆采用注册登记地和实际管

① 汤白露、李泽民：“ECFA 激活‘四大效应’”，《每日经济新闻》2010 年 6 月 30 日。

理机构所在地相结合的标准，趋向于实质性全面管理和控制；台湾则采用总机构所在地标准。根据这些标准，如果一家在台湾注册而在大陆投资的公司，其实际管理机构在大陆，那么该公司将被两岸税务机关都认定为居民企业，重复征税也就产生了。避免重复课税，实现税负公平和税收利益的公平归属，是任何国家或经济体都十分重视的举措，互为重要经贸伙伴的海峡两岸不可避免地必须正确面对。

（四）落实税收优惠的发展要求

税收优惠政策是税收政策的重要组成部分，为吸引台商投资，大陆出台了一系列的优惠措施，但是由于两岸间没有税收饶让的规定，这些优惠政策并没有给台商带来实质的利好。根据台湾所得税法关于营利事业所得税抵免的规定，对于企业取得的所得已在境外缴纳的所得税税额，扣抵之数，不得超过因加计其在台湾境外所得，而依境内“适用税率计算增加之结算应纳税额”，即实行限额抵免，所以即使非居住地税负本来低于居住地的税负，居住地在计算总的税额时，仍然要补足征收。在目前两岸尚无税收安排给予相互饶让抵免待遇的情况下，如果台商将利润汇回台湾，其在大陆得到减免的那部分所得税，并不能视同已纳税额给予抵免，实质上是将大陆所减免的税款，转到台湾，增加了台湾的财政收入，而台商得不到实惠。相应地，随着大陆资本开放进入台湾，也会涉及税收饶让的问题。税收饶让不能正常实现，实际上是扭曲了税收立法企图，干扰了税收政策的实现，对双方的经济发展都是不利的，因此两岸互相予以税收饶让十分现实和必要。

此外，加强税收协调，签署税收安排（或协议），还是为各方纳税人提供相关优惠的有效手段。例如非居民企业在大陆境内未设立机构、场所的；或者虽设立机构、场所，但其取得的所得与其所设机构、场所没有实际联系的，其取得的股息、红利所得，根据《中华人民共和国企业所得税法实施条例》第九十一条规定，适用10%的税率，而大陆对外签订的双边税收协定中，有部分规定了8%、7%、5%税率，甚至零税率，协定待遇明显优于国内法的规定。而且，我国在国际协定与国内法的适用关系上，适用协定优于国内法原则。在两岸经贸往来繁荣发展的形势下，两岸税收安排的缺位，将使两岸经贸往来在政策层面上处于劣势，不利于两岸交流和合作的进一步深入。

二、两岸税收协调的现状和需求

（一）两岸税收制度和税负的简要比较

1. 税制比较。从两岸税制的简要比较分析看，主要差异表现在：

（1）流转税。大陆目前设置的流转税主要是营业税、增值税和消费税。营业税对提供规定的劳务、转让无形资产或销售不动产，就其营业收入全额或差额课税。增值税是对销售及进口货物或者提供加工、修理修配劳务，就其增值额课税。消费税是对生产、委托加工和进口规定的消费品就其销售额、销售数量课税。

台湾的营业税分加值型和非加值型，实质上是将营业税和增值税合一。台湾设置货物税，与大陆的消费税相同，均是就少数特定产品课税，但课税对象范围有所不同：台湾以水泥、饮料品、汽油、汽车、彩色电视机、平板玻璃等为对象；大陆则是以烟酒、化妆品、珠宝、汽油、汽车及鞭炮焰火等为对象。台湾对烟酒另设置烟酒税，与大陆对烟酒征收的消费税类似。台湾单独设置娱乐税，大陆则是在营业税下设娱乐业税目。

（2）所得税。大陆所得税包括企业所得税和个人所得税，各自独立立法。台湾所得税1998年起实行两税合一。一部所得税法中包括综合所得税（对应大陆的个人所得税）和营利事业所得税（对应大陆的企业所得税），企业所缴纳的营利事业所得税，可供企业股东或资本主用以抵扣综合所得税。大陆对企业利润征收企业所得税，税后利润分配给个人股东时，对个人仍要征收一道个人所得税，尚未解决重复征税问题。

大陆企业所得税经过“两税合并”改革后，2008年起执行的新企业所得税法，吸收了大量的国际惯例，与台湾营利事业所得税逐步趋向一致。而大陆的个人所得税与台湾综合所得税相比，仍存在较大差异：一是采用的税收管辖权原则不同，大陆同时采用居民管辖权和来源地管辖权，台湾除对来源于大陆的所得同时采用两种税收管辖权外，其他所得采用来源地管辖权。二是课税方式不同，大陆采用分类所得税制，费用扣除以定率、定额扣除为主，除对工资薪金所得、个体工商户生产经营所得、对企事业单位的承包承租经营所得，采用超额累进税率以外，其他所得采用比例税率；台湾采取综合所得税制，费用扣除额考虑年龄和抚养情况，且每年根据消费物价指数变动调整，适用五级超额累进税率。

（3）其他税。在对土地、房产征税方面，大陆主要有城镇土地使用税、耕地占用税、土地增值税、房产税、契税；台湾与此相对应的有土地税（含地价税、田赋和土地增值税）、房屋税、契税。其他相类似的税种有，大陆的车船税、印花税（大陆在证券交易环节征收的印花税，与台湾的证券交易税类似），对应于台湾的使用牌照税、印花税、证券交易税、期货交易税。目前大陆尚未开征而台湾已经开征的税种，主要是遗产及赠与税，大陆已经开征而台湾尚未开征的税种，主要是资源税、烟叶税、城市维护建设税、车辆购置税等。

2. 税负比较。以税收竞争对经济的扭曲程度较大的直接税为例，两岸税负差异状况如下：

（1）法人居民所得税的税负。台湾营利事业所得税率自 2010 年 1 月 1 日起，从 25% 降至 20%。2010 年 5 月 30 日，台湾“立法院”通过提案，将现行企业应缴纳的营利事业所得税税率再调低到 17%，且从 2010 年回溯施行。大陆从 2008 年 1 月 1 日起执行的《中华人民共和国企业所得税法》，虽然将内、外资企业所得税的税率统一为 25%，使内资企业所得税的税率下降了 8%，但相比台湾，税率仍然高出不少。

（2）自然人居民所得税的税负。大陆个人所得税实行分类税制，对所得分 11 个税目征收，现以占收入比重最大的工资薪金所得税目的税负作为比较。例如，某台籍人员 2009 年度在大陆任职，月薪 10000 元，全年应缴纳个人所得税总计 7980[①] 元；若在台湾任职取得同样收入，在 2010 年进行年度申报时，折合为新台币 571980 元（按 1：4.7665 计算），假设其抚养 1 位未满 70 岁的直系亲属、1 个孩子和 1 个配偶，则允许扣除新台币 480000 元（=82000 元×4 人+152000 元），全年综合应税所得额为新台币 91980 元，适用税率为 6%，应缴个人所得税新台币 5518.8 元[②]，折合人民币 1157.83 元，远低于应缴大陆个人所得税。按此方法，假设其不抚养他人，则其应缴纳的个人所得税为人民币 4531.38[③] 元，因此，即使该人员不抚养他人，其同等收入在台湾缴纳的税款也比在大陆缴纳的税款低 43%。

上述比较可见，由于经济发展阶段性差别和社会政治因素，两岸税收制度也存在明显差异。总体上看，大陆税制发展相对滞后，税负较重的问题凸显。

---

① 计算公式：7980 = ｛〔（10000－4800）×20%〕－375｝×12

② 根据《“财政部赋税署”公告 98 年度综合所得税课税级距金额、免税额、标准扣除额、薪资所得特别扣除额、身心障碍特别扣除额及计算退职所得定额免税之金额》，2009 年综合所得税之免税额，每人（未满 70 岁者）全年 82000 元；综合所得税之标准扣除额，纳税义务人个人扣除 76000 元；有配偶者 152000 元。实行累进税率，全年综合所得净额在 410000 元以下者，课征 6%；全年综合所得净额 410001－1090000 的，课征 13%；全年综合所得净额 131090001－2180000 的，课征 21%；全年综合所得净额 2180001－4090000 的，课征 30%；全年综合所得净额 4090001 以上，课征 40%。

③ 计算公式：4531.38 =〔（517980－82000－76000）×6%〕÷4.7665

（二）两岸税收协调的现状和问题

由于两岸对立的政治形势尚未改变，两岸之间税务管理合作的基础薄弱，缺乏较深层次的互动。两岸税务机关的个别来往也仅限于通过民间机构（税务学会或租税研究会等）开展局部的学术交流，并没有建立起直接的、正常的工作交流机制。与此同时，两岸经贸往来蓬勃发展，并逐步深化，这种差异性和制度建设的滞后性，带来了一系列问题，经过长期累积，最终必然阻碍两岸经济融合的进程。

在消除重复征税方面，虽然两岸在各自的税法中都规定了限额抵免，比如《台湾地区与大陆地区人民关系条例》第二十四条、第二十五条，大陆《企业所得税法》第二十三条、第二十四条、《中华人民共和国个人所得税法》第七条。但是，一方面，受到两岸政治形势限制，部分台商和台籍人员因赴大陆投资未经批准，而不敢或不愿将收入汇回台湾抵扣；另一方面，因税收协调程度低，抵免程序复杂，而双方税务机关没有畅通的沟通渠道，使得抵免难以有效进行。例如，台湾居民在台湾进行年度所得税申报时，如果要对在大陆缴纳的税收进行抵免，必须经大陆公证处公证后，通过台湾海基会传递到台湾税务当局，由台湾当地税务局与纳税人个人申报情况进行比对后予以确认抵扣。这种复杂的确认程序使相当部分台湾居民对抵免望而却步，使消除重复征税的措施难以落到实处。

在防止跨境偷税避税方面，台商到大陆投资有部分是直接赴大陆投资，更多的是经过低税的第三方设立管道公司再到大陆投资，大陆台商以及台湾母公司都存在不同程度地向第三地公司的“利益输送”行为。随着ECFA的签署，两岸在货物贸易、服务贸易和投资等方面将展开更广泛的交流和合作，跨境纳税人本身及其所得和财产的跨境流动也更加便利。避税方法除了原有的转移税收居所法、转让定价法外，跨境公司迅猛发展带来频繁的筹资，利用资本弱化避税等问题将更加凸显。台籍人员个人偷避税的问题也不容忽视。按照大陆个人所得税法规定，台籍人员到大陆任职受雇，在大陆居住满一年的，即构成大陆的税收居民，应就其在大陆工作期间取得的全部所得（不论是否由大陆企业或个人支付的）在大陆缴纳个人所得税。但是由于没有签署税收协调文件，两岸税务机关之间正常的收入情报交换难以开展，大陆税务机关无法获知台籍人员由台湾支付的所得情况。因此，台籍人员普遍仅就来源于大陆并由大陆支付的所得申报缴纳个人所得税，造成税源大量流失。大陆对台籍人员的个人所得税管理，不仅“居民管辖权”难以行使，就连“来源地管辖权”也无法行使到位。

（三）ECFA 签署后两岸税收协调的需求

ECFA 与两岸以往签署的专门性协议不同，它构建了两岸经济合作的框架，明确了目标、合作措施、贸易与服务、经济合作、早期收获和争端解决、机构安排等，其内容涵盖更广，且具有更便利化、自由化的市场准入等经济交流条件，为两岸进一步合作奠定了基础。可以预见的是，ECFA 签署后，祖国大陆市场向台湾开放的同时，台湾的市场也将逐步向大陆开放，双向投资将逐步均衡，货物和服务贸易往来将更加频繁和深入，人员往来也将更加自由和便利。大陆接受台湾资本输入和人员流入为主的格局，将逐步向双方均衡化转变，这将使双方税收利益格局发生重大转变，双方税务管理当局所站的角度将逐步转变，税收协调的焦点也将更加集中。

在消除重复征税的协调上，站在资本输出地的角度，目前台湾学者倾向于依照 OECD 税收协定范本，而大陆学者则倾向于依照联合国税收协定范本。例如对特许权使用费，台湾部分学者主张由居住地独占征税权，而大陆则主张由居住地和所得来源地分享征税权。但是随着双向投资的扩大，双方税收利益逐渐均衡，对税收协定范本的分歧将逐渐减弱。

在信息交换上，站在人员输出地的角度，目前台湾部分学者不主张与大陆进行人员信息交换，而大陆对台籍人员偷税避税问题，亟需台湾方面信息支持。这种税务管理站位也将随人员互动的加深而转变。

在税制协调上，ECFA 的签署可以看做是海峡两岸这一特殊区域经济体迈出了经济一体化的第一步。在世界经济中，经济一体化组织根据市场融合的程度，依次推进为：优惠贸易安排、自由贸易区、关税同盟、共同市场、经济同盟、完全经济一体化。ECFA 的签署类似于优惠贸易安排，虽然这是经济一体化中最松散和最低级的形式，但却标志着两岸经济一体化进程的启动，预示了两岸经济合作发展的方向。随着经济一体化的推进，税收制度一致性的要求日益凸显。

在经济一体化进程中首先涉及的是关税的协调。例如本次 ECFA 早收项目清单，大陆同意对台湾降税项目 539 项 138 亿美元，占 2009 年大陆自台湾进口金额 16.1%，预定分 2 年 3 期降为零关税，其中立即降税项目达 108 项；台湾同意对大陆降税项目 267 项 28.6 亿美元，占 2009 年台湾自大陆进口金额 10.5%。若自 2011 年起开始执行降税，台湾合计关税损失约 34 亿美元，大陆关税损失则约 295.7 亿美元。这种关税的互相减让将与一体化进程成正比，至双方进入自由贸易区阶段后，关税壁垒即取消，关税协调将从两岸内部互相协调转向两岸一致对外协调。相比较而言，地区内直接税和间接税、其他税种的协调难度则大得多，需要考虑对政治、经济、社会民生的影响，是一个需要长期互动、调整的过程和重点领域。

三、两岸税收协调的路径选择

（一）区域经济合作体税收协调经验的启示

当前已存在的区域经济合作体中，诸如欧盟、北美自由贸易区等，其多边税收国际协调与合作措施和规则已有相当程度的发展。例如，欧盟订有《税务相互协商公约》，丹麦、荷兰、挪威、冰岛和瑞典订有《北欧公约》等。两岸经济合作从某种意义上说仍属于区域经济合作范畴，对上述经验可以学习借鉴。

1. 协调模式。经过长期实践积累，税收区域经济合作体的税收协调模式按照协调程度划分，主要有三种，即税收协定模式、趋同模式和一体化模式。例如欧洲联盟采用的是趋同模式。

2. 协调原则。“平等互利、自主自愿”是区域经济合作中公认的原则，也是区域经济体内部进行税收协调必须遵循的重要原则之一。协调并非统一，必须站在税收竞争的角度看税收主权与协调的关系。任何区域经济体内部进行税收协调的过程，都是成员国放弃部分税收主权的过程。在这个过程中，如果成员国认为本国在税收协调中获得的利小于弊，就会不接受协调。当这种情况发生时，只能和成员国进行进一步磋商和谈判，对所协调的条款进行修改和完善，或是采取一些例外条款，允许某些成员国暂不执行或暂缓执行。

3. 协调方法。对于关税，主要是有选择地免除关税或降低税率，对于非成员国交易采取一致的关税政策，消除关税引起的贸易障碍。对于间接税，主要是统一税基、统一税率、平衡税负。对于直接税，主要以税收协定方式体现，协定不仅涉及所得税和财产税，而且涉及社会保障税、赠与税、遗产税和环保税等。

4. 协调进程。它是自发诱致性和政府主导性的结合，自发诱致性为主贯穿始终。政府主导性的作用则随一体化的深入而逐步加强，具有递进性和交叉性，是一个制度不断创新、逐步递进的过程。

（二）内地和港澳协调税收模式的借鉴

“一国两制”构想的提出，创设了在一个国家内部实行两种不同经济制度的机制，创造性地解决了香港和澳门的主权回归问题。香港和澳门顺利回归后，为进一步促进港澳繁荣，推动内地和港澳的经贸往来，内地分别于 2003 年 6 月 29 日和 10 月 17 日与香港、澳门签署了《内地与香港关于建立更紧密经贸关系的安排》、《内地与澳门关于建立更紧密经贸关系的安排》（CEPA），之后每年签订一个补充协议，使内地与港澳经贸自由化步步推进。签署 CEPA 是中国经济一体化战略的重要环节，是构建祖国大陆、香港、澳门、台湾的“大中华经济圈”的起点，是实质性区域经济合作的第一步。ECFA 的签署则使台湾正式回归“大中华经济圈”，为两岸四地的经济发展，迎来新的契机。

机遇伴随着挑战，办法在破解困难中产生。在“一个中国，两种制度”的原则下，香港特别行政区与澳门特别行政区拥有独立的税收体系。香港特别行政区的税收采用收入来源地管辖权原则，仅对来源于香港的收入征税，内地则同时采用居民管辖权和收入来源地管辖权的原则。因此，特别行政区与内地之间必然存在着税收管辖权交叉的问题。在税收协调上，内地与香港的税收合作采取了先行先试的模式。香港回归后仅 8 个多月，内地与香港即在 1998 年 2 月 11 日签署了《内地和香港特别行政区关于对所得避免双重征税的安排》，并于香港回归一年后生效，及时解决了香港回归后的有关税收协调问题。CEPA 签署后，为配合 CEPA，鼓励更多国际投资者通过香港进入内地市场，内地与香港又于 2006 年签署了《内地和香港特别行政区关于对所得避免双重征税和防止偷漏税的安排》，做出了更多的税收宽减，增加了信息交换条文，提高了内地与香港的税收协作效率。

然而，台海两岸的税收协调与内地和港澳的税收协调，既具有相似性，又具有不同点。相同的地方在于，都属于“大中华经济圈”范畴内、港澳台都与内地实行不同的经济制度，双方的经贸往来都密切频繁等。但其差异性也是相当明显的：一是从政治背景上看，内地与港澳签署税收安排是在港澳已经回归祖国、实现政治统一的前提下进行的，而目前台海两岸间的政治问题尚未解决，实行的是搁置争议、经济先行的政策，其谈判形式、谈判尺度等必将与内地和港澳的谈判有所不同；二是从税收安排本身内容上看，内地和港澳的税收安排涉及的，基本上是如何避免对所得与财产的双重征税和防止偷避税问题，而两岸税收安排不但应涉及上述内容，还应考虑两岸关系中的最根本问题、两岸税制的协调问题、鼓励和促进两岸交往的税收问题等。

综上可见，区域经济合作的规律和港澳模式必将提供我们富于智慧的税收协调借鉴思路，从某种意义上说，这也是 ECFA 的重要现实和理论依托。

（三）两岸税收协调的原则把握

1. 坚持“一个中国”的原则。海峡两岸同属一个中国的政治定位是中华民族的核心利益所在。因而，两岸税收协调必须在“一个中国”和“一国两制”的原则下进行。这是因为两岸税收协调除了两岸税制本身达成协调外，还将体现两岸政治与经济问题的交融与统合。搁置争议、经济优先的目的是，服从和服务于祖国统一大业。所以，坚持“一个中国”、在“一国两制”下进行税收协调和经济整合，是处理两岸税收关系的基本原则。

2. 坚持非歧视性原则。非歧视性原则是 WTO 的基本原则之一，坚持非歧视性，普遍推行无差别待遇，将大陆对外签订的国际税收协定给予其居民的税收待遇，同样给予台湾地区居民，使得台湾地区居民在内地从事经贸活动时与他国居民享有相同的税收待遇，以开展公平竞争。这是实现两岸双方互利互惠的基本前提。税收无差别待遇也是处理区域间税收关系的一项重要原则。在税收协定中，对税收无差别待遇所做出的规定，一般有四个方面：国籍无差别、常设机构无差别、支付无差别、资本无差别。

3. 坚持求同存异、互利共赢的原则。税收协调的实质是税收利益的相互妥协。因此在税收协调过程中要遵循平等互利、自主自愿的根本原则，在互认税制、互相尊重税收管辖权的基础上平等协商。这也决定了税收协调必须遵循循序渐进、先易后难、互利共赢的原则。两岸税收协调与双方税制独立性之间的矛盾主要表现在税收政策的目标取向存在偏差，在税收协调过程中要综合考虑，善于平衡。2009 年 5 月 17 日，商务部和国务院台湾事务办公室正式发布了《关于大陆企业赴台湾地区投资或设立非企业法人有关事项的通知》，启动大陆企业赴台投资。但是，截至 2010 年 5 月底，台湾方面已核准的 52 个陆资赴台项目，投资总金额只有 7713.7 万美元①。由此可见，在现阶段两岸经贸关系中，台湾主要作为资本输出地，大陆主要作为资本输入地。这种地位的差异，使得双方在避免重复征税安排签订的范本选择上，要求不同，台湾主张依据 OECD 范本，而大陆则倾向于联合国范本。因而在选择签订有关避免两岸重复征税文件的依据时，应注意整体利益的平衡。

4. 坚持有利于两岸关系发展原则。两岸关系的良性发展是两岸人民的共同愿望，也是历史发展的必然趋势，税收关系的协调必须服从和服务于这个大

---

① 欧阳进权：“财茂 6000 万美元收购台企　创下陆资赴台投资之最”，东南网，2010 年 6 月 23 日。

局。在 ECFA 的签署上，双方所确定的早收清单项目中，大陆和台湾争取到的项目、金额比分别约为 1：2 和 1：5。若自 2011 年起开始执行降税，双方关税损失估算比例为 9：1。大陆承诺给予台湾的待遇超越了 WTO 承诺，而台湾承诺给予大陆的待遇最多比照台湾在 WTO 的承诺。大陆提供给台湾的早收清单项目，约是大陆提供给东盟国家早收清单项目的 5 倍。这种巨大的让利，主要是基于推动两岸经贸发展、改善两岸关系的考虑。与此相适应，两岸的税收协调应该在维护公平、保证各方利益的前提下，灵活处理税收现实问题，充分考虑台商权益，保护台商投资积极性，促进两岸经贸、技术和文化交流，实现共同繁荣。

（四）海峡两岸税收协调模式的现实选择

鉴于海峡两岸税收制度的差异、经济发展所处阶段和水平的不同，海峡两岸税收协调必须顺应双方经贸交流发展的需要，分别不同阶段选择相应的模式：

1. 实现近、中期目标的模式选择。2008 年以来，随着海峡两岸关系的逐步改善，海峡两岸以海协会和海基会为平台，签署了一系列协议和共识。ECFA 的签署更为海峡两岸今后进一步交流和合作奠定了良好基础，海峡两岸签订税收合作框架协议或安排的时机已经逐步成熟。笔者认为，在近、中期，海峡两岸可基于区域经济合作的起步阶段的基本判定，借鉴内地和港澳的模式，签订"关于对所得避免双重征税和防止偷漏税的安排"。基于海峡两岸税收协调与内地和港澳税收协调的差异，关于税收安排的名称表述、谈判形式、谈判尺度、内容等，可通过双方协商，参照区域经济合作模式进行相应的调整。

2. 实现长期目标的模式选择。从长远来看，海峡两岸经贸关系的目标是"逐步建立具有海峡两岸特色经济合作机制"，目前海峡两岸一致认同的是建立"海峡两岸共同市场"，即在 WTO 框架下，以获取市场内的经济集聚和互补效应为宗旨，促进资源有效配置，实现海峡两岸经济共同发展而建立的经济合作模式。要实现这种模式，双方税收制度的协调至关重要。这种税收协调模式，是以实现双方的税收政策制度一致性为目标。其协调方法将逐步由法律条件下的税制融合机制转向依靠非法律手段，如备忘录、指导方针、行动准则等，达到双方税制的一致，或者是通过市场自发的力量达到税制的自然融合，区域经济向一体化发展，最终走向国家统一。

（五）海峡两岸税收协调的组织保障

海峡两岸的税收协调问题特殊而复杂，双方的协调将是一项长期工作，需要一定的机构和人员保障。建议授权成立税收协调专门机构，包括税收协调的执行机构（负责税收协调方案的起草、组织磋商和通过税收协调措施并负责监督实施）、研究机构（专家组等，负责税收协调问题的调查研究，提出税收协调的建议或草案，组织税收专业论坛等）和仲裁机构（负责税收纠纷的裁决）等。考虑到海峡两岸的政治经济发展形势，海峡两岸的税收协调与合作应充分发挥民间组织的作用。可委托海峡两岸的税务团体，如中国税务学会与中国台湾的“中国租税研究会”，就具体的税收制度的协调进行协商，或者可借鉴以往签署协议的方式，通过海协会和海基会开展双方的协商。ECFA 签署后，成立了“海峡两岸经济合作委员会”，负责处理与协议相关的事宜。海峡两岸税收协调也可考虑纳入 ECFA 的框架，依托“海峡两岸经济合作委员会”开展协调。在较低层级的实务操作、咨询、认证等方面，则可发挥授权中介机构的作用，保证双方居民涉税事宜的及时有效处理。同时，应积极促进两岸税务官员互访，邀请税务官员直接进行税收业务交流、学习、考察，以促进协调。经验表明，税收业务带有普遍性、先行性、预约性的特点。两岸的税务官员可以就两岸税收业务问题、税收信息交换问题、协调制度问题进行接触、沟通、交流、磋商、合作，并建立定期的协商制度，进而建立正常化的税收协调合作工作机制。

（六）大陆税制对税收协调的呼应

两岸税收协调需要在两岸税收结构调整基础上进行，协调并不是趋同的过程，必须让双方有机会对各自的税收机构和制度进行调整，包括税制结构、税种设置、征管制度等的调整，使之与所要达到的目标相一致。由于经济发展阶段和开放程度不同，大陆的税制建设在与国际惯例接轨上，相对落后于台湾，因此大陆要抓紧完善税制。

1. 在流转税方面，2009 年起执行的新营业税暂行条例，改变了原来营业税全额征税的初衷，对相当部分营业税税目都实行差额征税，这种改变适应了差额征税的流转税改革潮流，将加速营业税与增值税的融合。

2. 在所得税方面，应加大个人所得税的改革力度，逐步由分项所得征税向分项与综合相结合过渡，并最终向综合所得征税转变，引入抚养系数扣除，实行更为合理、立体的费用扣除体系。从长远看，可借鉴台湾实行个人所得税和企业所得税两税合一。在税制尚未合一之前，可以对个人从企业取得的股息实行免税政策，避免企业所得税和个人所得税对股息的重复征税。

3. 在财产税方面，要逐步完善财产税体系。一方面要深化房产税、城镇土地使用税改革，有效发挥税收对经济的调控作用，维护社会公平；另一方面要在金融制度不断完善的前提下，开征遗产与赠与税，以便在更大的框架内调节财富分配，实现社会公平。

4. 在税收征管方面，要逐步完善反避税法规建设。2009 年，国家税务总局制定下发了《特别纳税调整实施办法（试行）》，对特别纳税调整工作进行了规范，有效促进了反避税工作的开展。但是仍有两方面需要完善：一是该办法属于税收规范性文件，法律层级太低，建议在税收征管法中增设反避税调查调整规范，提升反避税工作的法律地位。二是该办法尚需配套，需要相关更加具体明确的规定对其予以补充。

四、两岸签署税收安排与设置实验区的框架构想

（一）关于签署对所得避免双重征税和防止偷漏税的税收安排的要点思考

ECFA 的签署确定了两岸经济合作的框架，使两岸签署对所得避免双重征税和防止偷漏税的税收框架协议或安排（下称两岸税收安排）的签署显得更为迫切。两岸税收安排并不同于税收协定，既要体现税收安排的常规内容，又要围绕两岸经贸投资往来的现状有所侧重。在此，笔者结合涉台税收管理实践，对需要特殊关注的事项和要素进行探讨。

1. 关于人的范围。在自然人居民身份判定上，祖国大陆对外开放以来，吸引了越来越多的台籍人员来大陆投资、就业、学习。随着两岸关系的改善，两岸的人员往来日益频繁，尤其是台籍人员，长期在大陆工作居住甚至举家定居大陆的情况越来越多。为便利两岸人员交往，同时考虑目前税收征管中对台籍人员管理的实际，建议在对居民个人的判定标准上适当从宽，采取“永久性住所或习惯性居所”的标准，而不采取居住时间标准。

在法人居民身份判定上，20 世纪 80 年代开始，台商就已经进入大陆进行投资，但由于两岸的特殊关系，很多台商为避开台湾当局对大陆投资的审查和限制，都采取从开曼群岛、维尔京群岛和香港等第三地转投资的形式。如果两岸签署避免双重征税的安排，投资人居民身份判定问题将是面临的首要问题。建议考虑目前的投资现状，按照“实质重于形式”的原则判定投资人居民身份，对通过境外导管、采取虚拟或空壳公司等形式转投资的台资企业，予以确定台商投资身份。在具体认定上，可以参考台湾 2009 年 6 月 30 日颁布的《大陆地区人民来台投资许可办法》第三条，“本办法所称投资人，指大陆地区人民、法人、团体、其他机构或其于第三地区投资之公司，依本办法规定在台湾

地区从事投资行为者。前项所称第三地区投资之公司，指大陆地区人民、法人、团体或其他机构投资第三地区之公司，且有下列情形之一者：一、直接或间接持有该第三地区公司股份或出资总额逾百分之三十。二、对该第三地区公司具有控制能力。前项第三地区投资之公司在台湾地区之投资，不适用外国人投资条例之规定”，按照对等原则设定，不仅维护台商投资大陆的利益，也维护大陆企业赴台投资的利益。

2. 关于常设机构及其营业利润。按照税收协定两个范本，“常设机构”一语是指企业进行全部或部分营业的固定营业场所。包括：（1）管理场所，分支机构，办事处，工厂，作业场所，矿场、油井或气井、采石场或其他开采自然资源的场所等。（2）建筑工地，建筑、装配或安装工程，或者与其有关的监管理活动，但仅以该工地、工程或活动连续“规定时间”以上的为限；一方企业通过雇员在另一方为同一个项目或相关联的项目提供的劳务，包括咨询劳务，仅以连续或累计超过“规定时间”的为限。（3）非独立地位代理人。其中，关于（2）中所述“规定时间”，OECD 范本规定为 12 个月，联合国范本规定为 6 个月，大陆对外签订的国际税收协定大多采用 6 个月，建议两岸税收安排的此项期限也规定为 6 个月。

对常设机构的营业利润，国际上一般通用两项征税原则：一项是归属原则，即只能对与常设机构本身活动有实际联系的所得从源征税，如常设机构本身的营业利润及其对其他企业投资、贷款的股息、利息等；另一项是引力原则，即如果非居民公司在收入来源国从事属于其常设机构营业范围内的经营活动，收入来源国可将其所得引归常设机构，行使收入来源地管辖权。显然，实行“引力原则”，征税面较大，这对收入来源国是有利的。联合国范本列入了这项原则，OECD 范本则未列入。大陆对外签订的双边税收协定采用的是归属原则，建议在两岸税收安排中仍实行归属原则。

3. 关于投资所得。对投资所得的股息、利息、特许权使用费等征税，国际通行做法是由所得者的居住地和来源地共享，并对来源地实行较低的限制税率，余下由居住地补征。两岸签署税收安排，其主要目的在于避免双重征税，并对符合条件的纳税人给予税收优惠待遇。在设置对投资所得征税的待遇时，建议双向考虑，不仅参考大陆对外签订的国际税收协定，也要参考台湾与其他地区签署的有关税收安排的规定，从促进两岸经贸往来、提升两岸交流合作的角度出发，尽量按照最优惠的税率签署两岸的税收安排。例如，为了平衡通过第三地转投资和直接投资的税负差异，鼓励两岸相互间的直接投资，建议对一方投资者取得的直接持有 25% 以上股份的对方企业的股息，比照内地和香港的税收安排，减按 5% 的税率征收预提所得税；对一方居民取得的来源于对方的利息和特许权使用费，减按 7% 的优惠税率征收预提税。

有部分台湾学者提出对特许权使用费由居住地独享，这是源于 OECD 范本主张特许权使用费由所得者居住地独占。但是这种主张侵害了来源地的税收利益，受到广大发展中国家坚决抵制。因此联合国范本主张与来源地共享，此项共享征税已被国际社会广泛接受。对此，反对最激烈的美国也已经改变其原来立场。2009 年 5 月开放大陆企业赴台投资后，两岸经贸往来的形势逐步从“一边倒”向双向投资改变，从长远看，规定特许权使用费由居住地独享也将影响台湾的税收利益。因此，建议在两岸税收安排中规定特许权使用费由两地分享征税。

4. 关于教师和研究人员。为促进文化交流，大陆早期对外签订的双边税收协定一般都包含“教师和研究人员”条款，即对这类人员应缔约国另一方政府或教育当局批准的大学或其他教育机构或科学研究机构的邀请，停留在缔约国另一方，主要是为了在上述大学或其他教育机构和科学研究机构从事教学、讲学或研究的目的，对其在上述大学或其他教育机构和科学研究机构从事教学、讲学或研究取得的个人劳务所得，缔约国另一方应自其抵达之日起一定期限内（一般是两到三年）免予征税，或者从第一次到达之日起停留时间不超过一定期限，该缔约国另一方应免予征税。

但是，近年来新签订的协定和安排一般都未包含该条款，如内地和香港的税收安排就未包含该条款。建议在与台湾谈签税收安排时，从鼓励两岸文化教育交流、扩大两岸民间交往的角度出发，在安排中包含该条款。

5. 关于消除双重征税。

（1）间接抵免。内地和香港 1998 年签署的税收安排只规定了双方所得征税的直接抵免，并未规定间接抵免。2003 年重新签署的税收安排对间接抵免进行了补充规定：“一方居民公司支付给另一方居民公司的股息，而该另一方居民公司直接或间接控制支付股息的公司股份不少于百分之十的，该另一方居民公司可获得的抵免额，应包括该支付股息公司就产生有关股息的利润（但不得超过相应于产生有关股息的适当部分）而需要缴纳的税款。”为进一步推动两岸投资，建议在两岸的税收安排中规定间接抵免，使台湾企业投资大陆也能享受间接抵免的优惠。

（2）税收饶让。税收饶让指居住国政府对其居民在国外得到减免税优惠的那一部分，视同已经缴纳，同样给予税收抵免待遇，不再按居住国税法规定的税率予以补征。它是配合抵免方法的一种特殊方式，是在抵免方法的规定基础上为贯彻某种经济政策而采取的优惠措施。大陆和OECD成员国的协定，除美国外，均订有税收饶让条款，主要是发达国家给予大陆的单方面饶让抵免，对在华减免税视同已征税给予抵免；大陆和一些发展中国家，如与马来西亚、巴基斯坦的协定等，则互相给予饶让抵免。为使台商在大陆获得的税收优惠得到真正落实，也为了支持大陆企业赴台投资，建议在两岸税收安排中规定双方互相给予饶让抵免。

6. 关于无差别待遇。实行税收无差别待遇，防止税收歧视是两岸谈签税收安排的目标之一。避免双重征税安排一般是针对所得税的，但是并不仅限于所得税。如果其他税种存在税收歧视，也可以扩大到其他税种。大陆2009年1月1日起执行的新修订的《营业税暂行条例实施细则》第四条，将“提供或者接受条例规定劳务的单位或者个人在境内”界定为发生在中国境内的应税劳务，并对其征收营业税。这令不少纳税人提出疑义，认为存在双重征税问题，建议在两岸的税收安排中，对此问题进行适当关注。

7. 关于协商程序。随着两岸经贸交往的不断深入，两岸的税务争端将不可避免，其解决需要依托一定的机制。建议在两岸税收安排中明确相互协商程序，较为理想的相互协商程序是：不考虑各自境内（对应国内概念，下同）法上的任何时限，或者中止此类时限，使达成相互协议成为可能；通过相互协商程序作出的税收协定的解释应优于境内法的解释；为避免协定未规定的双重征税而达成的相互协议应转化为境内法，以赋予其法律效力；相互协商程序的时间应缩短等。对于相互协商仍无法解决的税务争端，两岸应勇于创新和突破，借鉴欧盟税收《仲裁公约》设置的仲裁程序。

8. 关于信息交换。在大陆对外签订的双边税收协定中一般都包含情报交换条款，因为情报交换是打击偷税避税的一个重要手段，对加强跨境税收管理具有不可替代的作用。内地和香港在1998年签订的税收安排中并未包含情报交换条款，到2003年签订新安排时才增加了信息交换条款，其内容与情报交换基本一致。目前有部分台湾学者不主张在两岸税收安排中引入信息交换条款。从有利于税收管理的角度出发，建议在两岸税收安排中仍应积极引入信息交换，进而建立专门的税务信息交换中心和相关的监督管理机构，两岸齐心协力、共同打击和防范跨境偷税避税行为。

如果无法在两岸税收安排中一步到位地设置信息交换，建议先由民间团体

（如海协会和海基会或者民间税务协会）建立一个两岸共同的税收资料交换机构。该机构的主要任务是提供双方税务机关在税收关系上避免双重征税、防止偷避税等方面所需要的税务资料，提供诸如税务资料认证、税务文书传递、税款征收以及税收保全措施之类的相互协助。如大陆旅行社组团到台湾旅游，在计算营业税时，支付给台湾地接团的费用可以扣除，但必须凭“外汇付汇凭证、外方公司的签收单据或出具的公证证明”等凭证才能扣除。由于上述凭证在实际操作计算扣除时可能存在判定上的困难和差异，容易引起税企双方的争议，建议两岸协调确定台湾旅游企业可能出具的签收单据种类，具有公证资格的公证机关名单及相关公证证明格式，形成备忘录，以便查询判断和执行。

（二）关于设立税收协调先行实验区，逐步实现两岸税制协调一致的构想

两岸经济一体化长期目标对税收协调的要求是，实现税收制度和政策的一致，但这种一致性并非是简单的趋同，需要站在税收竞争的角度看两岸双方税收权利与协调的关系，其目标是使双方在税收方面保持最大限度的权利同时，使各自税制差别对经济的扭曲最小化。鉴于两岸税收协调的长期性、复杂性、敏感性和两岸经济发展阶段、市场体量以及居民的承受能力差异的客观实际，建议对敏感的税制和税收政策异动设置税制协调试验区，在试验区内先行先试，取得经验后，再逐步推广。在推行新政策时设置试验区，能有效检验政策的执行效果，及时根据推行情况改进完善政策，为政策的全面推广获取有益经验。

基于上述考虑，建议以国务院批准的“海西”经济区或福建省作为实验区，承担两岸税制协调的先行先试任务。“海西”经济区（或福建）与台湾隔海相望、一衣带水、具备成熟的条件。尤其福建省 20 多年来充分发挥与台湾地缘近、史缘久、血缘亲、文缘同、语缘通、商缘广的优势，积极同台湾开展经贸往来，在海上直航、台湾农产品进口、对台渔工劳务合作等方面，坚持先行先试，至 2009 年年底，闽台贸易总额累计达 669.52 亿美元[①]。同时，福建省还通过举办海峡论坛、海峡两岸贸易交流会等形式，加强与台湾的互动和交流，在对台经济合作交往上既取得了实效，又积累了经验。2009 年 5 月颁布的《国务院关于支持福建省加快建设海峡西岸经济区的若干意见》，赋予福建省“两岸人民交流合作先行先试区域”的战略定位，两岸税制协调试点可以作为福建省与台湾地区交流合作的重点项目着力推进。取得成熟经验后推展到

① 根据海关统计数据。

全国，这样也符合行稳致远的理念。

税收协调的必要性取决于对协调双方经济整体负面影响的程度，主要限于那些如果继续维持双方在这些税收上的差别，将会给市场机制造成巨大扭曲的税种。大陆和台湾双方应遵循相互认可税制、先易后难、求同存异、不断完善的理念，摸着石头过河，使两岸的税制伴随经贸发展的深化不断协调一致，水到渠成，以期保障互利双赢。

参考文献

1. 厦门市地方税务局课题组："加强税收协调推进海峡两岸经贸关系正常化"，《涉外税务》2009 年第 1 期。

2. 萧明同、林建立："关于海峡两岸避免双重征税的初步设想"，《涉外税务》2005 年第 12 期。

3. 赖勤学："'两岸共同市场'的税收协调安排"，《发展研究》2009 年第 9 期。

4. 张镇燕："国际税收协调的趋势探索与我国对策研究"，对外经济贸易大学硕士学位论文，2006 年 4 月。

5. 蒋晓蕙："海峡两岸经贸合作中的税收协调问题探讨"，《福建论坛·人文社会科学版》2007 年第 2 期。

6. 段浩："海峡两岸双重征税的法学分析"，《中北大学学报（社会科学版）》2009 年第 1 期。

7. 李刚、李海波："海峡两岸税收协调的基本原则与具体路径"，《税务研究》2010 年第 1 期。

8. 刘隆亨、孙健波、李玉红、吴军："海峡两岸税收协调与合作的研究"，《北京联合大学学报》2009 年第 11 期。

9. 张贻奏："浅谈闽台自由贸易区建设与税收协调"，《涉外税务》2009 年第 1 期。

10. 曹亮等："欧盟区域税收协调对中国—东盟自由贸易区构建的启示"，《宏观经济研究》2007 年第 6 期。

课题指导：吴振坤

课题组组长：曾安辉

成　　员：李栋文　吴莉梅

执　　笔：李栋文　吴莉梅

后ECFA时代两岸税收协调问题研究

福建省厦门市国家税务局课题组

一、海峡两岸税收协调的必要性

自2008年5月国民党在台湾重新执政以来，海峡两岸政治经济关系持续改善。作为两岸关系持续改善具有里程碑意义的，就是签订《海峡两岸经济框架协议》（Economic Cooperation Framework Agreement）（以下简称“ECFA”）。大陆海峡两岸关系协会（简称“海协会”）与台湾海峡交流基金会（简称“海基会”）经过近半年多的多次坦诚协商和共同努力，于2010年6月29日两会领导人第五次会谈后签订《海峡两岸经济框架协议》，并于当年9月12日正式生效。协议的生效将极大地促进两岸经贸关系的制度化、自由化。随着两岸经贸关系的不断发展，无论从规模上，还是从层次上，都有所突破。从事两岸经贸活动的企业和人数都在逐渐增长，其获得的跨两岸所得也随之增多。从各个领域获得所得的形式多种多样，既有营业利润、投资所得，也有各种个人劳务报酬所得等。由于大陆与台湾税制不同，且行驶税收管辖权存在矛盾，很容易造成跨两岸所得被大陆和台湾分别征税，从而导致对所得的双重征税，这对从事两岸生产经营活动的纳税人而言，显然加重其负担，影响其投资经营的积极性。因此在两岸经贸关系快速发展的大背景下，避免对跨两个税收管辖区的所得重复征税，海峡两岸税收协调，显得尤为迫切。

二、近年来两岸经贸关系发展概述

从大陆实行改革开放政策起，受大陆廉价的土地、劳动力等生产要素和巨大的潜在市场的吸引，台商开始试探性地对大陆投资。尽管由于台湾当局长期以来对进口大陆商品、对台商赴大陆投资，实行严格管制下的逐步有限开放，并对大陆资本赴台投资不予开放或高度设限，但两岸的经贸关系在市场机制的主导下仍然呈现良好的发展态势。随着两岸先后加入WTO，大陆大力鼓励台商投资的政策倾斜，更重要的是大陆经济高速发展，市场需求旺盛，使海峡两岸经贸关系日益密切，两岸贸易依存度大大提高。据大陆海关总署统计，1978年，两岸贸易额仅4650万美元，其中台湾向大陆出口50万美元，大陆向台湾出口4600万美元。1993年两岸贸易首次突破百亿美元大关，达到143.95亿美元。2000年两岸贸易额突破300亿美元。2002年两岸贸易额达446.5亿美元，其中台湾对大陆出口达328.2美元，约占台湾出口额的25%。2006年两岸贸易额突破千亿美元，达1078.4亿美元。2009年大陆与台湾贸易额为1062.3亿美元（同比下降17.8%）。其中，大陆对台湾出口为205.1亿美元（同比下降20.8%）；从台湾进口为857.2亿美元（同比下降17.0%）。据中国商务部统计，截至2009年12月底，大陆累计批准台资项目80061个，实际利用台资495.4亿美元（不含经第三地的转投资）。按实际使用外资统计，台资在大陆累计吸收境外投资的5.2%。目前，台湾已成为大陆的第7大贸易伙伴，第7大出口市场，第4大进口市场和最大的贸易逆差来源地；而大陆则成为台湾第1大贸易伙伴、第1大出口市场、第2大进口市场和最大的贸易顺差来源地①。2000—2009年台商投资大陆情况（见表1）。

表1　　2000—2009年台商投资大陆统计表②　　单位：亿美元

年　份	2000	2001	2002	2003	2004	2005	2006	2007	2008	2009
项目数（个）	3108	4214	4853	4495	4002	390	3752	3299	2360	2555
实际使用金额	23.0	29.8	39.7	33.8	31.2	21.6	21.4	17.7	19.0	18.8

2009年5月17日，商务部和国务院台湾事务办公室正式发布了《关于大陆企业赴台湾地区投资或设立非企业法人有关事项的通知》，启动大陆企业赴

① http://news.xinhuanet.com/newmedia/2003-07/24/content_992102.htm。

② http://www.chinanews.com/台湾/2010/10-21/2604345.shtml。

台投资，截至 2010 年 9 月底，台湾方面已核准的 50 多家企业，投资总金额 1.33 亿美元①。

三、海峡两岸税收协调实践回顾与评析

由于两岸经贸往来日益密切，两岸双重征税问题也随之而来，这种状况与双方都在迅速地融入经济全球化进程的时代要求，是格格不入的，也与公平税负的原理相矛盾的。两岸税务合作严重滞后于海峡两岸经贸关系的发展。究其原因，既有政策方面的人为性障碍，也与两岸长期以来缺乏税务合作的实践与经验等方面的不协调等客观因素有关。但是，加强两岸经贸合作，符合两岸同胞的共同愿望和根本利益，因此也是中国政府的一贯主张，对此我们一直采取积极措施来加以推动。

在加入 WTO 前，大陆对台湾实行特殊的优惠政策，对于两岸经贸关系的发展，维持台湾产品与台资企业在大陆市场上的国际竞争力，具有不可小视的作用。随着两岸相继加入世界贸易组织后，这种做法有违 WTO 最惠国待遇原则而难以为继。我们可以说，台湾经济能够保持目前的发展状况，与两岸的经贸合作是密不可分的。历史告诉我们，任何违背客观经济规律，出于某种政治目的，对两岸经济合作加以人为限制和干扰的做法，都是不得人心的，最终伤害的是台湾的经济，是台湾民众的切身利益。不过，让人欣慰的是，两岸正在以务实的态度推动全面的经贸合作与发展。《两岸经济合作框架协议》正是在这种巨大的需求下作出的制度性安排。

两岸税收管辖权交叉重合和所得认定标准不一，导致两岸跨境所得重复征税。对于自然人居民的所得，台湾除对来源于大陆的所得采用居民管辖权原则外，对其他所得采用来源地管辖权原则，而大陆则同时采用居民管辖权与所得来源地管辖权；对于法人居民的所得，台湾和大陆都同时采用居民管辖权和收入来源地管辖权原则，这必然引发重复征税。在法人居民身份认定上，大陆采用注册登记地和实际管理机构所在地相结合的标准，趋向于实质性全面管理和控制；台湾则采用总机构所在地标准。根据这些标准，如果一家在台湾注册而在大陆投资的公司，其实际管理机构在大陆，那么该公司将被两岸税务机关都认定为居民企业，重复征税也就产生了。避免重复课税，实现税负公平和税收利益的公平归属，是任何国家或经济体都十分重视的问题。作为同属一个国

① http://www.chinataiwan.org/wxzl/sj/sjjl/201005/t20100524_1383338.htm。

家、互为重要经贸伙伴的海峡两岸，同样不可避免地必须正确面对此问题。

（一）海峡两岸税收协调实践的回顾

海峡两岸税收协调的实践始于 20 世纪 90 年代初。1991 年 10 月 13—17 日，中国税务学会和台湾地区租税研究会在浙江省杭州市举办海峡两岸税收研讨会。中国税务学会会长、国家税务局局长金鑫，会见了台湾地区租税研究会理事长鲍亦荣等人。1992 年 10 月 9 日至 15 日，海峡两岸税务交流会第三次会议在北京举行。会议期间，时任国务院台湾事务办公室主任王兆国，接见并宴请了台北访问团全体成员。中国税务学会会长、国家税务局局长金鑫同台北访问团成员进行了座谈。1998 年 3 月底至 4 月初，应台湾地区租税研究会的邀请，中国税务学会会长金鑫率领中国税务学会代表团赴台湾地区进行税务交流。通过几次交流，取得了重大成果。

近年来，国共两党之间基层组织交流于 2005 年 8 月在多个基层县市之间开展，为两党交流深入开展积累了宝贵的经验。同时，中国共产党与亲民党联合在上海举行了首届两岸民间菁英论坛，就促进两岸经济交流与合作发表共同建议。此后，国民党多次派团前来大陆访问，与中共中央台办进行工作商谈，落实两党领导人达成的共识。

亲民党主席宋楚瑜应中国共产党中央委员会总书记胡锦涛的邀请，于 2005 年 5 月 5 日至 13 日，率亲民党大陆访问团正式访问大陆。两党认为，当前两岸关系发展正处于重要关键时刻，两党应共同努力，促进两岸关系的缓和，谋求台海地区和平稳定，增进两岸人民福祉，维护中华民族的整体利益，明确提出，“加强两岸经贸交流，促进建立稳定的两岸经贸合作机制”，“两岸合则两利，分则两害，通则双赢。双方愿促进加强推动两岸经贸等实质性交流；在互惠合作、创造双赢的基础上，开展两岸关系良性互动。促进两岸在互惠互利基础上商谈解决保护台商投资权益的问题；商谈处理避免对台商双重征税的问题。”

为了促进台湾经济发展，进一步密切两岸的经贸合作交流，国共两党经过商定达成共识，决定于 2006 年 4 月 14 日至 15 日在北京举办两岸经贸论坛。此次论坛之主题是“两岸经贸交流与直接通航”。其中，“在全球化浪潮下，两岸经贸交流对双方经济发展的影响”是第一大议题，被进行了广泛而深入的研讨。大家普遍认为，两岸经济交流与合作，符合两岸同胞的共同利益和期望。面对经济全球化和区域经济整合的各种机遇与挑战，两岸同胞应当在两岸经济关系持续发展之基础上，更加紧密地携起手来，全面深化和扩大经济交流与合作，相互扶持，优势互补，实现两岸共同繁荣，推动两岸关系朝和平稳定的方向发展，造福两岸同胞。共同探讨构建稳定的两岸经济合作机制，扩大和深化两岸经济交流与合作，促进两岸关系发展，实现共同繁荣。要努力推动两岸经济关系实现正常化、规范化、稳定化，消除在两岸经贸关系中的各种障碍。推动两岸学者专家、工商界人士就更紧密的两岸经贸合作关系、两岸共同市场的相关问题进行探讨。与会人士共同认为，在经贸发展全球化的浪潮下，两岸经贸的进一步推展与合作，必能产生互利互补的效果。因此，除了透过民间力量将大会所作结论认真推动外，并呼吁透过两党沟通平台所建立的机制，将大会结论运用各种管道积极研商付诸实施的办法，同时将建议转达两岸有关方面重视并获得支持。综上所述，海峡两岸积极有效的政治对话和理论研讨，对于包括双重征税在内的阻碍海峡两岸经贸发展诸多问题的解决提供了合作的可能和许多实际办法，对于海峡两岸的发展都具有十分重要的作用和意义。应该说这些交流更多是具有务虚方面的意义。

在两岸税收协调方面具有实质性举措应该说是从国民党在台湾重新执政开始。2006 年 9 月 18 日，中共中央台湾事务办公室与中国国民党台商服务联系中心在北京达成 10 项共同意见，其中第 3 项就是“大陆有关部门将继续推进依法治税，贯彻落实鼓励台商投资的各项税收优惠政策，加强对台商进行税收政策及法规的宣传。双方促进避免对已依法纳税企业和个人所得在两岸重复征税，对台商个人所得税的核算方式进行深入研究”。从而开始了两岸在双边税收协调的第一步。2007 年 2 月 25 日，双方又达成 10 项共同意见，其中第 7 项提出了“适时做好税制调整等工作”等主张，并就《中华人民共和国企业所得税法》的制定、城镇土地使用税和《中华人民共和国税收征收管理法》的修订等问题表示了关注。2008 年 5 月，国民党在台湾重新执政之后，两岸的税收协调进入了新的阶段。当年 11 月 4 日，海协会与海基会在台北正式签署了《海峡两岸海运协议》，其第 6 条，即“双方同意对航运公司因参与两岸船舶运输而在对方取得的运输收入，互相免征营业税和所得税”，这在两岸税收协调上具有划时代的意义。2009 年 4 月 26 日，海协会与海基会在南京签署的《海峡两岸空运补充协议》第 7 条也规定，双方同意在互惠的基础上，磋商互免两岸航空公司与经营活动有关的关税、检验费和其他类似税费等问题，并对两岸航空公司参与两岸运输在对方取得的运输收入，互相免征营业税和所得税。财政部联合国家税务总局日前发出通知，为推动海峡两岸空中直航，明确海峡两岸空中直航业务有关税收政策。自 2009 年 6 月 25 日起，对台湾航空公司从事海峡两岸空中直航业务在大陆取得的运输业务，免征营业税；自 2009 年 6 月 25 日起，对台湾航空公司从事海峡两岸空中直航业务取得的来源于大陆的所得，免征企业所得税①。两岸在税收协调方面有了初步的探索，但合作的领域还须进一步深化。

（二）海峡两岸税收协调评析

经过 20 多年的发展，两岸经济交流合作已经达到了相当的规模和水平，互补互利的格局基本形成，两岸同胞的利益更加紧密地联系在一起。两岸税收协调已有了萌芽，但从根本上说也只是初步的、单边措施，其根源主要是两岸关系中的政治因素，两岸的税收关系与两岸政治关系紧密相连，政治关系是税收关系的前提和基础。虽然目前两岸关系有历史性的突破，但涉及两岸税收主权、税收利益分配的税收协定还存在很大的障碍，因此两岸税收协调与合作是一个循序渐进、相互探索、互相适应的过程。欣喜的是，两岸都有进一步深化经济合作、实现共同发展的愿望。台湾经济正处于新的转型期，产业结构需要进一步升级，在全球产业分工中的地位需要巩固和加强。加强与大陆的经济合作，是实现这一目标的重要一环。为了实现共同的愿望，就必须加强两岸税收协调，以消除两岸经贸发展的障碍，深化两岸经济交流合作，努力构建和平稳定发展的两岸关系。

四、海峡两岸税收协调的思考

（一）海峡两岸税收协调的目的

首先，海峡两岸税收协调的主要目的是为了要避免双重征税。由于大陆与台湾因政治经济制度的差异，在税制上对所得征税的用语与征收制度也有不同。台湾地区以所得税法为统一法典，征收营利事业所得税与综合所得税。中国内地则以企业所得税与个人所得税法等两个所得税法，分别征收企业所得税和个人所得税。根据税收理论，双重征税违背了税收公平和税收中性原则，使从事跨地区经济活动的纳税人处于不利的竞争地位。

其次，要避免税收歧视待遇。虽然我国政府已先后同 90 多个国家和地区签署了有关对所得避免双重征税及防止偷漏税协定和安排，但由于目前这些协定和安排均不适用于中国台湾地区，使得中国台湾地区居民在内地从事经贸活动时，无法享有这些协定和安排所规定的税收优惠待遇。

---

①《厦门日报》，2010 年 9 月 15 日。

最后，要减少逃税行为。纳税人可能会利用所得税税制不同而采取手段逃税，导致各地域税收利益减少及丧失。同时，还可引发两地之间资本的不正常转移。

（二）海峡两岸税收协调的借鉴

"一国两制"构想的提出，创造性地提出了在一个国家内部实行两种不同经济制度的机制，创造性地解决了香港和澳门的主权回归问题。由于内地、港、澳、台四地彼此保持财政独立且实行独立税收制度，行使独立的税收管辖权，而四地当前又实行不同的所得税制度，有不同的会计体制运作，因此，四地难免存在税收管辖权冲突，导致双重征税现象的发生。尤其是海峡两岸之间，这种双重征税问题更趋严重。对于两岸问题，胡锦涛总书记提出了"建立互信、搁置争议、求同存异、共创双赢"的宗旨，这为积极推动两岸关系步入和平发展的轨道指明了方向。鉴于我国海峡两岸的特殊现状，在分析海峡两岸税收协调问题中宜对双重征税作宽泛化解释，即双重征税的主体应当超越主权国家的范围，可以笼统概括为不同的征税主体对同一纳税对象或税源进行两次或两次以上的征税行为。应当注重海峡两岸的特殊性和专有性，但是，如果只是局限在技术层面上探讨解决双重征税的方法时，可以而且应当借鉴国际上通行的解决国际双重征税的方法，这对于解决我国海峡两岸双重征税问题无疑是有积极意义。目前可以借鉴港澳的作法，将名称定为"内地和台湾地区关于对所得避免双重征税和防止偷漏税的安排"。其具体内容可以大致包括：人的范围，税种范围，一般定义，居民，常设机构，不动产所得，营业利润，海运、空运和陆运，联属企业，股息，利息，特许权使用费，财产收益，独立个人劳务，非独立个人劳务，董事费，艺术家和运动员，退休金，政府服务，教师和研究人员，学生和实习人员，其他所得，消除双重征税方法，无差别待遇，相互协商程序，情报交换，生效和终止等部分。在这方面可借鉴人陆与港、澳特别行政区签署的类似安排。

香港和澳门顺利回归后，为进一步促进港澳繁荣，推动内地和港澳的经贸往来，内地分别于 2003 年 6 月 29 日和 10 月 17 日与港、澳分别签署了《内地与香港关于建立更紧密经贸关系的安排》、《内地与澳门关于建立更紧密经贸关系的安排》（CEPA），之后每年签订一个补充协议，使内地与港澳经贸自由化步步推进。这是在 WTO 框架下三个单独关税区之间建立类似自由贸易伙伴关系的安排，标志着三方在货物贸易、服务贸易和贸易投资便利化方面将进行更深入的经济交流与合作。在"一国两制"下，香港特别行政区与澳门特别行政区拥有独立的税收体系。香港特别行政区的税收采用收入来源地管辖权原则，仅对来源于香港的收入征税，内地则同时采用居民管辖权和收入来源地管辖权的原则。因此，特别行政区与内地之间必然存在着税收管辖权交叉的问题。多年以来，香港因采用收入来源地原则和相对较低的税率而成为税收筹划者的天堂。因而许多跨国公司将其亚太总部设立在香港，或设立香港公司作为中介操纵各关联公司的平均利润，有效降低交易利润的税负水平。更重要的是，许多香港企业被作为投资中国内地的桥梁媒介。因此，跨境贸易所得双重征税不仅引起香港商界注意，而且引起现有的外国公司足够的重视。因此，为了解决日益增长的经贸关系中存在的税收障碍问题，内地与香港即在 1998 年 2 月 11 日签署了《内地和香港特别行政区关于对所得避免双重征税的安排》，并于香港回归一年后生效，及时解决了香港回归后的有关税收协调问题。为配合 CEPA，鼓励更多国际投资者通过香港进入内地市场，内地与香港又于 2006 年签署了《内地和香港特别行政区关于对所得避免双重征税和防止偷漏税的安排》，做出了更多的税收宽减，增加了信息交换条文，提高了内地与香港的税收协作效率。内地还与澳门在 2003 年 12 月签署了《内地和澳门特别行政区关于对所得避免双重征税和防止偷漏税的安排》。

签署 CEPA 是中国经济一体化战略的重要环节，是构建祖国大陆、香港、澳门、台湾的“大中华经济圈”的起点，是实质性区域经济合作的第一步。ECFA 的签署则使台湾地区正式回归“大中华经济圈”，两岸四地的经济发展将迎来新的契机。

借鉴内地与香港、澳门的税收安排，在研究借鉴内地与台湾重复征税的制度设计方面，首先，要注意正确划分征税权。重复征税是税收管辖权重叠导致的结果。因此，应当充分考虑海峡两岸之间经贸往来现状，公平合理地分配对跨地域所得及财产征税权。划分征税权不仅是为在海峡两岸之间分配由跨地区所得和财产产生的税收权益，而且是为了避免重复征税。其次，应当普遍推行无差别待遇。目前，我国政府与其他国家签订的税收协定给予其居民定的税收优惠，应同时给予台湾地区居民，使得台湾居民在内地从事经贸活动时与他国居民享有相同的税收待遇，以开展公平竞争。再次，应当建立税务资讯交换及税务管理的相互协助机制。可以考虑由内地、港、澳、台四地共同建立一个税务情报交换中心，就四地实施税收合作安排、各自税法以及防止逃税活动等方面所需的信息资料，广泛进行交换。同时，提供诸如纳税申报表送达、税款的征收以及对公关纳税人财产实际税收保全措施之类的相互协助，以便更有效地防止逃税活动的发生。最后，建立海峡两岸解决处理税务争议机制。可以主要通过相互协商，解决税务合作过程中产生的争端。

（三）海峡两岸税收协调的具体建议

1. 签订关于解决海峡两岸双重征税的安排。由于海峡两岸税制差异、缺乏双边税收协调文件和情报交换机制、台湾的抵免规定和程序相对复杂等原因，导致解决两岸所得税重复征税和跨境偷漏税的现状不理想。在两岸所得税协调的双边措施上，建议参照大陆对待港澳的做法，尽快签署双边税收安排，尽快建立两岸税务机关之间的工作交流机制。在单边措施上，台湾应当为台籍人员回台办理抵免大陆所得税提供更便捷的服务，同时，大陆自身也应加强税收管理，规范税收秩序。"金门协议"为我们做了一个成功的范例。1990 年 9 月 12 日，两岸红十字组织就解决违反规定进入对方地区的居民和刑事嫌疑犯或刑事犯的遣返问题在金门进行商谈，签署了"金门协议"。"金门协议"是 1949 年后两岸第一次签署的协议，开启了两岸事务制度化处理的先河，也是目前两岸执行最久的协议。"金门协议"之后，经过 10 年才有"小三通"，所以，"金门协议"很有创意，具有突破性，这也是搁置争议商谈的典范。"金门协议"的签署对两岸的会谈、和平发展意义重大，影响深远，对两岸税收协调无疑具有很好的借鉴意义。

其中，关于消除双重征税方法，建议应当包括：第一，内地居民从台湾地区取得的所得，按照双边税收安排规定在台湾地区缴纳的税额，允许在对该居民征收的内地税收中抵免。但是，抵免额不应超过对该项所得按照内地税法和规章计算的内地税收数额。第二，在台湾地区，消除双重征税如下：（1）台湾地区居民取得的所得，根据安排规定可以在内地征税时，除特殊款项规定的以外，该所得在台湾地区免予征税。（2）台湾地区居民取得的各项所得，根据相关规定，可以在内地征税的，台湾地区应允许在对该居民的所得征收的税收中扣除在内地缴纳的税额。但是，该项扣除额不应超过属于在内地征税的那部分所得应纳的所得税额。

2. 情报交换。台湾地区相对大陆属资本输出地，对消除双重征税更加迫切，为保护台商的合法权益，建议该安排在比照 OECD 和联合国范本签订时应注意一些特性。其中，情报交换可以作为解决双重征税和其他征管问题的有效措施。具体方法应当包括：第一，双方主管当局应交换为实施税收安排的规定所需要的情报，或双方关于安排所涉及税种的各自内部法律的规定所需要的情报（以根据这些法律征税与本安排不相抵触为限），特别是防止偷漏税的情报。一方收到的情报应作密件处理，仅应告知与安排所含税种有关的查定、征收、执行、起诉或裁决上诉的有关人员或当局（包括法院和行政管理部门）。上述人员或当局应仅为上述目的使用该情报，但可以在公开法庭的诉讼程序或法庭判决中公开有关情报。第二，不应被理解为一方有以下义务：（1）采取与该一方或另一方法律和行政惯例相违背的行政措施；（2）提供按照该一方或另一方法律或正常行政渠道不能得到的情报；（3）提供泄露任何贸易、经营、工业、商业或专业秘密或贸易过程的情报。

3. 建立对台税收合作交流基地。鉴于与台湾一水之隔的福建省具有地缘相近、血缘相亲、文缘相连、商缘相通、法缘相系的得天独厚的优势，且2009年5月颁布的《国务院关于支持福建省加快建设海峡西岸经济区的若干意见》赋予福建省"两岸人民交流合作先行先试"的政策，作为海峡西岸重要中心城市的厦门，要充分发挥对台工作的区位优势，通过局部先行先试，探索建立具有特色的海峡两岸税收交流合作新模式、新机制。1989年和1992年，厦门先后获准设立3个国家级台商投资区。1994年，厦门颁布实施了全国第一部地方性涉台法规——《厦门市台湾同胞投资保障条例》，激发了台商的投资热情。迄今，全市累计批准台资项目3600多个，合同金额近100亿美元，实际到资约70亿美元占全市引进外资总量的三成，而且衍生了四分之三的在厦台企到大陆其他地区扩大投资①。台资企业工业产值占全市工业产值的40%左右。仅2010年1—7月，新批合同利用台资又增长了94.3%②。透过数字可以看到，正是厦门一系列鼓励台胞投资的地方性法规和政策，吸引了台商涌入经商办厂，形成两岸经贸往来的热潮。因此厦门有条件在两岸税收协调中先行先试做些探索。

具体做法：第一，目前厦门已被国家有关部门批复建立对台会计合作交流基地、对台科技合作交流基地，这为厦门申请建立对台税收合作交流基地提供了很好的借鉴，我们可以到相关部门进行学习。第二，早在2005年国共两党基层交流就开始了，第一个前来大陆进行党际基层干部交流的国民党地方党部访问团——中国国民党台中市党部访问团，于当年8月23日来到厦门进行访问。这次国民党台中市党部组团来访，是中国共产党与中国国民党开展基层党务人员交流互访的"首航之旅"，意义重大。两党的政党交流以造福两地同胞

① 《人民日报》，2010年8月23日。

② 《厦门日报》，2010年9月8日。

为初衷，以服务两地发展为依归。对进一步密切两岸人员交往和经贸、文化等各种联系，增进两岸同胞的互相了解，起到积极的促进作用。厦门在两党基层交流方面也先走一步，这也为大陆基层税务部门与台湾税务部门进行交流合作提供了经验。厦门税务部门能否与台中市税务部门委托各自的税务团体先行开展交流合作，在两岸税收协调上作些有益的探索，如在两岸双边预约定价安排、两岸税务机关征管协助、服务双边企业等方面先行先试，在此基础上建立对台税收合作交流基地。

参考文献

1. 蒋晓蕙："海峡两岸经贸合作中的税收协调问题探讨"，《福建论坛·人文社会科学版》2007 年第 2 期。

2. 徐艳玲："海峡两岸经贸发展状况与问题研究"，《商业经济》2008 年第 7 期。

3. 许欣："中国—东盟自由贸易区税收协调问题研究"，《北方经济》2008 年第 12 期。

4. 张贻奏："浅谈闽台自由贸易区建设与税收协调"，《涉外税务》2009 年第 1 期。

5. 段浩："海峡两岸双重征税的法学分析"，《中北大学学报（社会科学版）》2009 年第 1 期。

6. 李刚、李海波："海峡两岸税收协调的基本原则与具体路径"，《涉外税务》2010 年第 1 期。

7. 刘隆亨、孙健波、李玉红、吴军："海峡两岸税收协调与合作研究"，《北京联合大学学报》2009 年第 11 期。

课 题 指 导：李华泽

课题组组长：修兴高

成　　　员：罗绪富　毛云芳　付景红

执　　　笔：罗绪富　付景红